白话資治通鑑

第六册

卷第一百二十三至卷第一百四十九

（宋纪五至梁纪五）

[宋] 司马光 著

萧祥剑 主编

團结出版社

目录

资治通鉴卷第一百二十三　宋纪五

起丙子（公元436年），止辛巳（公元441年），共六年。

【题解】本卷记录了宋文帝元嘉十三年至元嘉十八年共六年间的刘宋与北魏等国的大事：刘宋权臣刘义康、刘湛，趁文帝生病之机杀名将，毁长城，令魏人窃喜；刘义康专权跋扈，不把皇帝放在眼里；文帝病中，刘湛等为“弟继兄位”做准备，君相之间怨隙丛生；刘湛等想彻底消灭殷景仁，没料到文帝突然起用殷景仁，并将刘湛及其党羽杀掉；刘义康因得到会稽长公主的护持，才暂获平安。宋文帝喜好学术，立四学，并派雷次宗等人分别主持。魏人伐燕，燕王冯弘投降高丽后被杀，北燕灭亡，魏国从此统治北方；西城十六国归附魏国，朝贡不绝；魏主拓跋焘讨伐北凉，牧犍出降；柔然突袭魏地，被击退；魏主任用原凉州饱学之士，魏之儒风由此兴起。

太祖文皇帝中之上

元嘉十三年（丙子，公元436年）

春季，正月，癸丑朔日（初一），刘宋文帝刘义隆因为患病，不再举行朝会。

甲寅（初二），北魏君主拓跋焘回宫。

二月，戊子（初六），北燕王冯弘派使者向北魏进贡，请求把太子冯王仁送去当人质。北魏君主拓跋焘没答应，并打算率军讨伐北燕。壬辰（初十），北魏君主拓跋焘派十多位使者，分别前往东方高句丽各国，告诉他们北魏所采取的军事行动。

刘宋司空、江州刺史、永公檀道济，早在前任皇帝在位时就立下大功，有很大威名，他的左右心腹都身经百战，儿子们也都十分有才华。因此，刘宋文帝刘义隆对他又猜忌又畏惧。此时，刘宋文帝的病情一直不见好转，领军将军刘湛对司徒刘义康说：“皇上一旦去世，檀道济恐怕就难以控制了。”正巧刘宋文帝的病情加重，刘义康劝说刘宋文帝，召檀道济入京回朝。檀道济的妻子向氏对檀道济说：“自古以来，功高盖世的大臣，就容易被猜忌。现在没有战事却被召回朝廷，我想这是祸患来了。”檀道济到达建康，刘宋文帝留他在京一个多月。刘宋文帝刘义隆的病情好转一点，就准备派他回到任所，船已经到了码头，还没有出发，刘宋文帝的病情突然加重，刘义康便假传圣旨召回檀道济到祭祀路神的地方，说是为他设宴饯别，乘机将他逮捕。三月，己未（初八），刘宋文帝刘义隆下诏，说：“檀道济私下里散发钱财，招募一些地痞无赖，在我病重时，乘机谋划叛变！”于是，把檀道济交给专管司法的廷尉处理，加上他的儿子、黄门侍郎檀植等一共十一人，全被诛杀，只宽恕了檀道济年幼的孙子。同时，又杀了司空参军薛彤、高进之二人，他们都是檀道济的左右心腹，骁勇善战，那时人们把他们比为关羽、张飞。

檀道济被抓时，十分愤怒，目光如炬，他将头巾狠狠地丢在地上，说：“你们这样做是在毁坏自己的万里长城啊！”北魏的人听到檀道济被杀的消息，十分高兴，说：“檀道济一死，那么东吴的那些竖子，就不值得我们害怕了。”

庚申（初九），刘宋朝廷下令大赦天下。任命中军将军、南谯王刘义宣为江州刺史。

辛未（二十日），北魏平东将军娥清、安西将军古弼率一万精锐骑兵，讨伐北燕，平州刺史拓跋婴率辽西各路士兵在北燕与娥清等会合。

氐王杨难当自立为大秦王，改年号为建义。把自己的妻子封为王后，世子封为太子，仿照天子的制度设置文武百官。但仍然派使者向刘宋和北魏进贡，从不间断。

夏季，四月，北魏大将娥清、古弼率军包围北燕的白狼城，一举攻陷。

高丽派将领葛卢孟光率几万士兵，与北燕使者阳伊一起前往和龙迎接北燕王冯弘。之后，高丽军驻扎在临川。北燕尚书令郭生因为国内百姓不愿迁往他乡，便开启城门迎纳北魏士兵，北魏军队怀疑北燕故意引敌深入，不敢入城。于是，郭生率兵进攻北燕王冯弘，北燕王冯弘打开东门迎接高丽士兵进城，与郭生的叛军在城外展开大战，郭生身中流箭阵亡。葛卢孟光率军进入和龙城，他命令士兵将身上的破军衣脱掉，夺取了北燕的军械库和国库，重新武装自己的军队，在和龙城中大肆抢劫。

五月，乙卯（初五），北燕王冯弘率和龙城中所有百姓向东迁徙。临走前，北燕士兵纵火焚烧了宫殿，火势连续十天都没有熄灭。在北燕逃亡的队伍中，让妇女身穿铠甲走在队伍中间，阳伊等率精兵走在外面，高句丽的将领葛卢孟光率骑兵走在最后，两军组成方队前进，前后一直绵延八十多里。北魏安西将军古弼的部将高苟子准备率骑兵前去追击，但是古弼当时醉酒，拔刀阻止高苟子，所以，北燕王冯弘才得以逃脱。北魏君主拓跋焘知道这个消息后，十分生气，将古弼以及娥清装入槛车，押送回平城，二人都被罢免，贬为看门的士兵。

戊午（初八日），北魏君主拓跋焘派散骑常侍封拨出使高丽，命令他们把北燕王冯弘押送到北魏。

丁卯(十七日)，北魏君主拓跋焘抵达河西。

六月，刘宋文帝刘义隆下诏，派宁朔将军萧汪之率军攻打程道养。萧汪之的军队抵达郪口，帛氐奴投降。接着程道养大败，再次逃回郪山。

前夏国国君赫连定西迁时，杨难当占据上邽。秋季，七月，北魏君主拓跋焘派骠骑大将军乐平王拓跋丕、尚书令刘絜等率河西、高平各路军队讨伐杨难当。在军队到达以前，北魏君主拓跋焘先派平东将军崔赜前去，携带皇上的诏书，晓谕杨难当。

北魏散骑侍郎游雅到刘宋都城建康访问。

己未（初十），刘宋零陵王的母亲、太妃褚氏去世。刘宋朝廷对她追加谥号为晋恭思皇后，用东晋皇家的礼仪将她安葬。

八月，北魏君主拓跋焘前往河西狩猎。

北魏君主拓跋焘派广平公张黎率定州一万两千士兵，前去打通莎泉道。

九月，庚戌（初二），北魏乐平王拓跋丕率大军到达洛阳。杨难当感到十分恐慌，请求接受北魏的诏书，把驻守在上邽的士兵撤回仇池。北魏各将领在一起讨论，全都认为："如果不杀掉这个凶悍的首领，等我们军队撤回后，肯定又会再次聚集起来作乱。而且，我军是离家远征，如果不进行些掠夺，就无法补充军饷，无法赏赐犒劳将士。"拓跋丕准备听取大家的建议，中书侍郎高允担任拓跋丕的军事参谋，他劝谏拓跋丕说："如果听取各将领的建议，就会伤害他们归化朝廷的心，等到我们大军撤回以后，作乱肯定会更快。"拓跋丕这才放弃了这个念头，对刚刚归附的氐人部落进行安抚，严明纪律，不曾侵犯秋毫，秦、陇各地区开始慢慢安定下来。杨难当任命他的儿子杨顺为雍州刺史，镇守下辨。

高丽不想把北燕王冯弘送给北魏，并且派使者携带奏章前来北魏，说："请求允许高丽和冯弘一起接受北魏的教化。"北魏君主拓跋焘根据高丽违抗朝廷命令的种种表现，与大臣们讨论对高丽发起战争，打算征调陇右的精锐骑兵。刘絜说："秦、陇二地的百姓刚刚归附，应该减免他们的赋役，等到他们富有充实后，再加以重用。"乐平王拓跋丕也说："和龙城也是刚刚平定，应该大力发展农桑，等满足军事需要后，再率兵进攻，那么高丽就肯定会被我们一举歼灭。"北魏君主拓跋焘这才放弃了进攻的计划。

癸丑(初五)，刘宋文帝刘义隆封皇子刘浚为始兴王，刘骏为武陵王。

冬季，十一月，己酉（初一），北魏君主拓跋焘抵达稒阳，将野马驱赶到云中，并在那里设置野马苑。闰月，壬子（初五），北魏君主拓跋焘回宫。

起初，刘宋高祖刘裕攻占长安时，得到一个古代铜制的浑天仪，浑天仪的构架尚且完整，但是七星已经无法连缀。这一年，刘宋文帝刘义隆下诏，命令太史令钱乐之重新铸造浑天仪，直径共有六尺八分，用水作为动力运转，可以观测日出、日落和日中时的星象，与天象相对应。

柔然汗国与北魏断绝了和亲的友好关系，开始在北魏边界侵扰。

吐谷浑可汗慕容慕璝去世，他的弟弟慕容慕利延继承汗位。

元嘉十四年（丁丑，公元437年）

春季，正月，戊子（十二日），北魏北平宣王长孙嵩去世。

辛卯（十五日），刘宋朝廷大赦天下。

二月，乙卯（初九），北魏君主拓跋焘前往幽州。三月，丁丑（初二），北魏君主拓跋焘任命南平王拓跋浑为镇东大将军、仪同三司，在和龙镇守。己卯（初四），北魏君主拓跋焘回宫。

刘宋文帝刘义隆派散骑常侍刘熙伯前往北魏，商议公主出嫁事宜，正巧公主去世，因而取消。

夏季，四月，益州叛民赵广、张寻、梁显等分别率手下投降朝廷。别将王道恩斩杀了程道养，并把他的人头送回京师，他的余党全部被平定。丁未（初二），刘宋文帝刘义隆任命辅国将军周籍之为益州刺史。

北魏君主拓跋焘认为地方官吏大多都贪赃枉法，夏季，五月，己丑（十五日），北魏君主拓跋焘下诏，命令官吏和百姓可以对贪赃枉法的地方郡守进行检举。于是，一些地痞流氓借此机会专找地方官吏的错失，并拿此威胁在位的地方官吏，在乡里之间横行霸道。而地方官吏，都放低身份去对待他们，因此，地方官吏照样贪赃枉法。

丙申（二十二日），北魏君主拓跋焘抵达云中。

秋季，七月，戊子（十五日），北魏永昌王拓跋健率兵进攻山胡部落酋长白龙的残余势力，将他们全部歼灭。

八月，甲辰（初一），北魏君主拓跋焘抵达河西。九月，甲申（十二日），北魏君主拓跋焘回宫。

丁酉（二十五日），北魏君主拓跋焘派使者任命吐谷浑王慕容慕利延为镇西大将军、仪同三司，改封为西平王。

冬季，十月，癸卯（初一），北魏君主拓跋焘前往云中。十一月，壬申（初一），回宫。

北魏君主拓跋焘又派散骑侍郎董琬、高明等携带大量金银布匹出使西域，招抚西域九国。董琬等人抵达乌孙之后，乌孙王十分高兴，说："破洛那、者舌二国，也都愿意向北魏称臣，却没有门路来表示自己的意愿，如今你们应该绕路前去招抚他们。"于是，派向导和翻译陪同董琬前往破洛那，高明前往者舌。其他邻国知道这个消息后，都争相派使者，跟随董琬等人到北魏进贡，总计多达十六国。从此后，每年西域各国都向北魏进贡，从不间断。

北魏君主拓跋焘把他的妹妹武威公主嫁给河西王沮渠牧犍。河西王沮渠牧犍派右相宋繇带上奏章前去平城拜谢，并请教将来如何称呼武威公主。北魏君主拓跋焘命令群臣商议，都说："母以子贵，妻则随夫爵。沮渠牧犍母亲的称号应该为河西国太后，而武威公主在河西国内应当称为王后，回到京师则仍然称为公主。"北魏君主拓跋焘同意了群臣的意见。

起初，沮渠牧犍娶西凉武昭王李暠的女儿为妻，如今北魏武威公主嫁过来，李氏和她母亲尹氏便前往酒泉居住。不久，李氏去世，她的母亲尹氏抚摸着她的尸体，却没有掉眼泪，说："你早已经是国破家亡，直到今天才死，已经太晚了。"沮渠牧犍的弟弟沮渠无讳镇守酒泉，他对尹氏说："您的几个孙子都在伊吾，您准备前去投奔他们吗？"尹氏无法揣测沮渠无讳的真实用意，于是就欺骗他说："我的子孙都在四处流荡逃亡，在他乡栖身。我没有多少日子了，不如就死在这儿，也不必去做游牧地区的野鬼了。"不久，尹氏就偷偷逃往伊吾。沮渠无讳率骑兵前去追赶，等到追上时，尹氏对追兵说：“沮渠无讳已经允许我回到北方去，为什么又要将我追回。你们就把我的人头拿回去交差吧，我是不会回去了！”追兵不敢逼迫，只好退回。尹氏最后在伊吾去世。

沮渠牧犍派将军沮渠旁周前往北魏进贡，北魏君主拓跋焘派侍中古弼、尚书李顺把侍臣们的衣服赏赐给他们，并征召沮渠牧犍的世子沮渠封坛到北魏当人质。这一年，沮渠牧犍派沮渠封坛去北魏，同时派使者前往刘宋都城建康，将各种书籍和敦煌人赵䮾著作的《甲寅元历》呈献给刘宋朝廷，同时索要数十种杂书，刘宋文帝刘义隆都给了他们。

北魏尚书李顺自北凉返回京师，北魏君主拓跋焘问他说：“你当年提出进攻凉州的计谋，我当时以正在对东方北燕用兵为由，没有去实施，现如今北燕的和龙已经平定，我准备今年就西征，你看可以吗？”李顺说：“我以前说的那番话，从现在的形势看来，我认为仍然没错。但是国家常年发动战争，出去征伐，士兵和马匹都十分疲劳，所以西征的事情，还是请等几年再说。”北魏君主拓跋焘同意了。

元嘉十五年（戊寅，公元438年）

春季，二月，丁未(初七)，刘宋文帝刘义隆任命吐谷浑可汗慕容慕利延为都督西秦、河、沙三州诸军事、镇西大将军、西秦、河二州刺史，加封为陇西王。

三月，癸未(十三日)，北魏君主拓跋焘下诏，命令年龄在五十岁以下的和尚，全部还俗。

起初，北燕王冯弘来到辽东后，高丽王高琏派使者前去慰问冯弘说：“龙城王冯君，来到敝国荒郊，兵马都十分疲劳吧？”冯弘感到十分惭愧和恼怒，并以王的身份责骂高琏。高丽把冯弘安置在平郭，过了没多久，又把他迁往北丰。冯弘素来十分轻视高丽，执行政务刑法，奖励惩罚，仍然和在北燕时一样。于是，高丽强行夺走冯弘的侍从，并逼迫北燕太子冯王仁当人质。冯弘对高丽产生怨恨，便命令使者携带奏章前往刘宋请求将他迎接到南方，所以，刘宋文帝刘义隆派使者王白驹等前去迎接冯弘，且下令让高丽出资遣回。高丽王不愿意让冯弘前往南方，便命令部下将领孙漱、高仇等前往北丰把冯弘以及他的子孙共十余人杀掉，并给冯弘追谥号为昭成皇帝。刘宋使臣王白驹等率七千多士兵对孙漱、高仇进行讨伐，斩杀了高仇，擒获了孙漱。高丽王认为王白驹在他的领地里擅自滥杀自己的大将，派人前去抓获王白驹，并遣送回国。刘宋文帝觉得高丽是远方的小国家，不便让高琏失望，于是便将王白驹押入狱中，过了不久就释放了他们。

夏季，四月，刘宋文帝刘义隆将前黄门侍郎殷淳的女儿迎娶为太子刘劭的正妃。

五月，戊寅（初九），北魏下令大赦境内。

丙申（二十七日），北魏君主拓跋焘抵达五原。秋季，七月，拓跋焘从五原向北，进攻柔然汗国。拓跋焘派乐平王拓跋丕统领十五个将领，从东路发兵；派永昌王拓跋健统领十五个将领，从西路发兵；北魏君主拓跋焘亲自率大军从中路向柔然出发。大军抵达浚稽山，又把中路兵分为两支队伍：一支让陈留王拓跋崇率领，从大泽直往涿邪山，另一支由北魏君主拓跋焘亲自率领，从浚稽山一直向北前往天山。向西登上白阜山，都没有发现柔然汗国的部落，于是率大军撤回。当时大漠以北发生干旱，没有水草，北魏军队的人马死亡很多。

冬季，十一月，丁卯（初一），发生日食。

十二月，丁巳（二十二日），北魏君主拓跋焘返回平城。

刘宋豫章人雷次宗聪慧好学，隐居在庐山。刘宋文帝刘义隆曾经想征召他回京，担任散骑侍郎，他一直没有答应。这一年，雷次宗又以隐士的身份被征召到建康，朝廷在鸡笼山为他开设学馆，同意他招收学生教授学业。刘宋文帝一向十分喜爱文学，便派丹杨尹、庐江人何尚之专门设置玄学馆，命令太子带领更令何承天设置史学馆，命令司徒参军谢元设置文学馆，和雷次宗的儒学馆一起并称为“四学”。谢元是谢灵运同族弟弟，刘宋文帝刘义隆常常前往雷次宗的学馆，并命令雷次宗不用穿朝服侍讲儒学，赏赐十分优厚，刘宋文帝刘义隆任命雷次宗为给事中，雷次宗没有答应。过了一段时间，雷次宗又回到庐山。

◆臣司马光说：《周易》说：“君子要了解前人的言行教诲，学习以往的经验，以培养自己的德行。”孔子说：“文辞只要通达就可以了。”然而，史学是儒学的一部分，文学只能作为儒学的余事。至于老子、庄子二者的虚无学说，则根本无法用来讲授和传播。做学问的人，是在追求真理。可是天下就没有第二个真理，怎么可以有“四学”呢！◆

刘宋文帝刘义隆天性仁厚宽和，恭谨刻苦，从不会荒废政务。他遵循法规而不严峻，对人宽容而不放纵。文武百官都是长久地担任职务，郡守和县宰都以六年为一任期。不轻易罢免官吏，百姓才有所托付。在三十年间，刘宋境内，一直都是平安无事，人口繁盛，对于租赋徭役，只收取平常征赋，从来没有另外征收过。百姓早上外出耕作晚上回家休息，能够任意做事，都是安居乐业。而在乡里之间，学童的读书声此起彼伏，士人都十分重视操守，乡人也以轻薄无知为羞耻。在这个时代，江东的风俗，以这个时期为最好。后来评论前世政治的人，都称此为元嘉治世。

元嘉十六年（己卯，公元439年）

春季，正月，庚寅（二十五日），刘宋文帝刘义隆提升司徒刘义康为大将军，兼司徒，南兖州刺史、江夏王刘义恭为司空。

北魏君主拓跋焘前往定州。

起初，宋高祖刘裕有遗诏，命令他的儿子要按照长幼次序轮流前往荆州镇守。临川王刘义庆在荆州担任刺史已经八年，准备另外选择一人前去替代刘义庆，依照次序，应轮到南谯王刘义宣。刘宋文帝刘义隆认为刘义宣才能十分平庸，便没有任用他。二月，己亥（初五），刘宋文帝刘义隆任命衡阳王刘义季为都督荆、湘等八州诸军事，兼任荆州刺史。刘义季曾在春天外出打猎，有位老农夫身穿蓑衣在田间耕作，没有回避，刘义季左右侍从前去斥责他，老人说：“在游猎取乐中沉迷，是古人十分戒忌的。如今天气温和气候湿润，如果一天不耕作，百姓就会失去农时，哪里能够放纵于猎取的快乐而将忙于耕作的农夫驱走呢？”刘义季听了之后，勒住马缰说：“他实在是贤人啊！”于是，赏赐给老农食物，老农拒绝说：“只要大王不使百姓错失农时，境内的百姓就都能饱食大王的饮食，老夫怎么可以独自享受大王的赏赐呢？”刘义季向他询问姓名，农夫没有回答就离开了。

三月，北魏雍州刺史葛那率军进攻刘宋的上洛，上洛太守镡长生弃城而逃。

辛未（初七），北魏君主拓跋焘回宫。

杨难当的侄子杨保宗和他的哥哥杨保显一起从童亭投奔北魏。庚寅（二十六日），北魏君主拓跋焘任命杨保宗为都督陇西诸军事、征西大将军、开府仪同三司、秦州牧、武都王，镇守上邽，还将公主嫁给杨保宗。并将杨保显任命为镇西将军，封为晋寿公。

北凉河西王沮渠牧犍和他的嫂嫂李氏私通，他们兄弟三人轮流对她宠幸。于是，李氏和沮渠牧犍的姐姐一起谋划毒害北魏的武威公主。北魏君主拓跋焘派解毒的医师乘坐驿站马车急忙赶去救治，武威公主才得以救活。北魏君主拓跋焘向沮渠牧犍索要李氏，沮渠牧犍不肯交出，只是给了李氏很多钱财，让她迁往酒泉。

北魏派使者出使西域，经常让沮渠牧犍派向导护送北魏的使者走出流沙。使者自西域返回，抵达武威，沮渠牧犍左右侍从对北魏使者说：“我们国君听说柔然汗国的可汗妄言说：‘去年，北魏君主亲自前来讨伐我们，然而士兵和马匹染上瘟疫死的有很多，最后大败撤回。我还将他的长弟乐平王拓跋丕擒获。’我们君王听了之后十分高兴，在全国四处宣传。又听说柔然汗国可汗派使者前往西域各国，扬言称：‘北魏如今已经遭到削弱，天下只有我们柔然汗国最强大，如果再有北魏的使者前来，你们可以不供奉他们。’所以，西域各国对北魏怀有二心。”北魏使者返回京师以后，把所知道的消息全部告诉北魏君主拓跋焘。北魏君主拓跋焘派尚书贺多罗出使凉州，探听虚实，等到贺多罗回国后，也向拓跋焘汇报说沮渠牧犍虽然表面对北魏行臣子之礼进贡，实际上内心却是乖异叛离。

北魏君主拓跋焘想要前去攻讨北凉，向崔浩询问意见。崔浩说："沮渠牧犍背叛的心思早已露出来了，所以不能不去征讨。我国军队前几年北伐，虽然没有取得太多的胜利，实际上也没遭受什么损失。战马共三十万匹，算起来在路途上死伤的不足八千，平时每年病死的也不少于一万匹。然而远方的柔然汗国对此并不了解，认为我们的军力损耗无法恢复，如今我们率士兵出其不意地到达他们面前，他们肯定会惊慌失措，我们就一定可以将他们擒获。"北魏君主拓跋焘说："好！我也是这样认为的。"于是，北魏君主拓跋焘就召文武百官在西堂商讨。

弘农王奚斤等三十多人都对北魏君主拓跋焘说："沮渠牧犍，是西疆所附属的小国，虽然心中对我们并不是真正地臣服，但是自从他继位之后，每年的进贡从没有间断。朝廷把他当作藩臣般对待，把公主嫁给他作为妻子。而今他的罪状还不是十分明显，应该对其宽恕。我们国家刚刚攻打柔然汗国，兵马疲倦，无法再大举调兵征讨了。而且，听说西凉的土地多是盐碱地，十分贫瘠，生长的水草不多，我们大军前去，他们肯定会负城据守，如果我军一时攻克不下，荒郊野外又没有什么地方可以掠夺，这是危险的计划啊。"

起初，崔浩十分厌恶尚书李顺。李顺往返出使凉州一共有十二次，北魏君主拓跋焘认为李顺十分有才能。当年，北凉武宣王沮渠蒙逊常与李顺一同游乐玩宴，沮渠蒙逊常对他的下属说些骄慢的话，担心李顺泄露给北魏朝廷，就把金银财宝塞在李顺的怀中，李顺也就替他隐瞒了所说的那些话。崔浩听说这件事后，暗地里向拓跋焘报告，拓跋焘不信。等到商讨攻打北凉时，李顺与尚书古弼都说："从温圉水向西，一直到姑臧，枯石遍地，没有一点水草。当地人都说：'在姑臧城南的天梯山上，冬天有积雪，深达几丈。春天和夏天到的时候，积雪逐渐融化，从山上向下形成河流，居民就从河流里引雪水来溉灌田地。’如果他们听说我们军队前往的消息，一定会挖开河口，把水放完，那时候我们就会面临无水的情况。环绕姑臧城方圆百里以内，土地连杂草都不生长，我们人马就会饥渴，无法久留。奚斤他们所说的建议没有错。”于是，北魏君主拓跋焘让崔浩和奚斤等人相互辩论。百官们不再有别的话可说，只是声称：“那里没有水草。”崔浩说：“《汉书·地理志》中说：‘北凉的牲畜，是天下最富饶的。’如果那里水草全无，那么牲畜又是怎么繁殖的呢？还有，汉代肯定不会在没有水草的地方修建城池，设立郡县。况且山上的积雪融化以后，只能将地表浸湿，掩盖沙尘，又怎么会挖通渠道，集水灌溉田地呢？这话是骗人不可信的！”李顺说：“耳听不如亲眼所见，我曾亲眼看到过，你怎么能跟我辩论呢？”崔浩说：“你接受别人的金钱贿赂，为他们说话，你以为我没有亲眼所见就可以蒙骗我了吗！”北魏君主拓跋焘一直在屏风后面听他们的对话，听到这里，就走出来见奚斤等人，说话和神色都很严厉，百官们没有什么话敢说了，只是唯唯诺诺地听从命令。

文武百官走后，振威将军、代人伊馛对拓跋焘说：“凉州如果真的连水草都没有，他们哪里能够建立国家？众人的意见大多都不能采用，皇上您还是听取崔浩的意见吧。”北魏君主拓跋焘同意他的观点。

夏季，五月，丁丑（十四日），北魏君主拓跋焘前去平城西郊整治军队。六月，甲辰（十一日），从平城发兵。北魏君主拓跋焘派侍中、宜都王穆寿辅助太子拓跋晃主持朝政，处理日常的政事，朝廷内外都必须听从。北魏君主拓跋焘又派大将军、长乐王嵇敬和辅国大将军建宁王拓跋崇率领两万士兵在大漠南边驻扎，御防柔然汗国乘虚袭击。又命令百官发布文书，将河西王沮渠牧犍的十二条罪状一一清算，并且警告沮渠牧犍说：“你亲自率百官准备好礼物，远远地伏在地上前来迎接，并在我的马前跪拜请罪，这是上策。我率士兵抵达西凉，你反绑自己携带空棺出城迎接，这是中策。如果仍然坚持困守孤城，不知醒悟，不仅自己会被斩杀，家族也会被全部灭除，承受天下最严酷的惩罚。你应当思虑利弊，为自己着想！”

己酉（十六日），刘宋改封陇西王吐谷浑慕容慕利延为河南王。

北魏君主拓跋焘在云中渡过黄河。秋季，七月，己巳（初七），北魏君主拓跋焘抵达上郡属国城。壬午(二十日)，命令大军留下辎重，安排各军出发次序，派抚军大将军、永昌王拓跋健和尚书令刘絜、常山王拓跋素作为前锋，分两路一同出发；又派骠骑大将军乐平王拓跋丕，太宰、阳平王杜超作为后备部队；又派平西将军源贺作为他们的向导。

北魏君主拓跋焘询问源贺夺取凉州的作战方案，源贺说：“姑臧城的旁边有四个部落为鲜卑族，都是我祖父曾经的老部下，我愿意在大军到来之前向他们宣传我们国家的威信，并让他们了解利害关系，他们必定会相继归降。姑臧城外一旦归降，再对孤城发动进攻，就易如反掌了。”北魏君主拓跋焘听了之后说：“太好了！”

八月，甲午初二，北魏永昌王拓跋健缴获北凉河西的各种牲畜一共二十多万头。

河西王沮渠牧犍听到北魏大军前来的消息，惊恐地说：“怎么会这样！”沮渠牧犍采用左丞姚定国的意见，不愿出城迎接投降，并派人前去柔然汗国求援。沮渠牧犍派他的弟弟征南大将沮渠董来率一万多士兵出城在南边迎战北魏大军，北凉的士兵一下子就崩溃四处逃散。北魏前锋刘絜听从了卜者的话，认为日辰不利，于是收兵而回没有乘胜追击，这才使得沮渠董来逃回城中。北魏君主拓跋焘因此对刘絜十分恼怒。

丙申（初四），北魏君主拓跋焘抵达姑臧城，派使者前去通知沮渠牧犍，让他快速出城投降。沮渠牧犍听说柔然汗国要进攻北魏边境，所以期待北魏君主拓跋焘能够率大军东回。于是，沮渠牧犍命令士兵绕城坚守。沮渠牧犍哥哥的儿子沮渠祖翻过城墙，向北魏投降，于是，北魏君主拓跋焘知道了城中的真实情况，分兵几路将姑臧城包围。源贺率士兵招抚了他祖父原来部下的三万多部众，拓跋焘得以集中兵力进攻姑臧城，不再有所顾虑。

北魏君主拓跋焘见到姑臧城外茂盛的水草后，对李顺十分痛恨，他对崔浩说："你以前所说的话，现在真的应验了。"崔浩说："我坚决不敢说不实在的话，一向如此。"

北魏君主拓跋焘决定向凉州讨伐时，太子拓跋晃有些疑虑。于是，拓跋焘赐给太子诏书告诉他说："姑臧城的西门外有不断流出的泉水，一直流到城门北与那里的泉水合流，水流大得就像一条河流。除了灌溉农田水之外，其余的水顺着沟渠流到沙漠里，所以，这一带没有一个地方是干燥的。我特意颁布敕令，以解除你的疑虑。"

庚子（初八），刘宋文帝刘义隆封皇子刘铄为南平王。

九月，丙戌（二十五日），河西王沮渠牧犍的侄子沮渠万年率他的部下向北魏投降。随后，姑臧城沦陷，沮渠牧犍率文武百官共五千人，双手反绑，请求归降。拓跋焘将他的绳索解开，以礼相待。并获得城内的二十多万百姓，仓库里的珍宝多得无法计算。北魏君主拓跋焘派张掖王秃发保周、龙骧将军穆罴、安远将军源贺，分别前往各郡宣布这个消息，各族胡人向北魏投降的有几十万人。

起初，沮渠牧犍任命他的弟弟沮渠无讳为沙州刺史，都督建康以西诸军事，并兼任酒泉太守；任命沮渠宜得为秦州刺史，都督丹岭以西诸军事，并兼任张掖太守；任命沮渠安周为乐都太守，还任命他的堂弟沮渠唐儿为敦煌太守。等到姑臧城沦陷后，北魏君主拓跋焘派镇南将军、代郡人奚眷进攻张掖，派镇北将军封沓进攻乐都。沮渠宜得放火烧毁仓库，一路向西逃往酒泉，沮渠安周则向南逃往吐谷浑。封沓擒获数千户百姓返回，奚眷则继续进攻酒泉，沮渠无讳和沮渠宜得一起， 聚集北凉遗民一同逃往晋昌，又投奔沮渠唐儿镇守的敦煌。北魏君主拓跋焘派弋阳公元絜镇守酒泉，并分别派将领镇守武威、张掖二城。

北魏君主拓跋焘在姑臧设宴款待文武百官，他向百官说："崔公足智多谋，我已经不再感到稀奇了。但是伊馛是个射箭骑马的将士，有与崔公相同的见识，这真是让人惊奇。”伊馛擅长射箭，力气非常大，可以拉着牛倒着走，跑起来可以赶得上飞奔的骏马，而且他性情忠谨，所以北魏君主拓跋焘特别喜欢他。

北魏君主拓跋焘率大军西征时，宜都王穆寿一直将他送到黄河边，北魏君主告诫他说："柔然可汗郁久闾吴提和沮渠牧犍一向交情深厚，他听到我要讨伐沮渠牧犍的消息后，定会派兵侵犯我国边界。所以，我特意把精兵肥马留给你，让你辅佐在太子身边，等到庄稼收割后，我随即发兵讨伐漠南，我们分别埋伏在险要地点，等到柔然士兵到达的时候，将他们诱向深处，然后率士兵攻击他们，定可把他们全部攻克。凉州与我国距离太远，我无法挽救你的危难，你千万不要违背我所说的话！”穆寿叩头接受了命令。穆寿一向很信任中书博士公孙质，把他作为自己的主要谋士。而穆寿和公孙质二人对卜筮都十分相信，认为柔然士兵一定不会前来侵犯，所以没有做防备。公孙质是公孙轨的弟弟。

柔然汗国敕连可汗郁久闾吴提听到北魏君主拓跋焘西征姑臧的消息后，乘着北魏后方空虚而率兵大举进攻。当时，郁久闾吴提把他的哥哥郁久闾乞列归留下和北魏的长乐王嵇敬、建宁王拓跋崇在北镇相持。郁久闾吴提亲自率精锐骑兵深入北魏内地，到达善无的七介山，平城百姓大为恐慌，争相逃入城中。穆寿一时不知所措，准备关闭西外城门，让太子拓跋晃到南山躲避，窦太后不同意这样做，才停止。随后，派司空长孙道生、征北大将军张黎在吐颓山抵御柔然士兵。恰好长乐王嵇敬和建宁王拓跋崇在阴山北部把郁久闾乞列归的军队打败，擒获郁久闾乞列归和他的伯父郁久闾他吾无鹿胡以及五百将领，斩杀柔然士兵一万多人。郁久闾吴提听到这个消息，率兵逃走，北魏士兵一直追到漠南才返回。

冬季，十月，辛酉（初一），北魏君主拓跋焘东返，留下乐平王拓跋丕和征西将军贺多罗镇守凉州，强行把沮渠牧犍的宗族以及官吏百姓共三万户迁移到平城。

癸亥（初三），北魏秃发保周率各鲜卑部落叛变，占领张掖。

十二月，乙亥（十六日），刘宋太子刘劭举行冠礼，下令大赦天下。刘劭眉目清秀，十分喜欢读书，善于骑马射箭，喜爱宴请宾客。只要他要求什么，刘宋文帝刘义隆都会答应，于是，刘劭在东宫设立的军队和羽林军的数量一样多。

壬午（二十三日），北魏君主拓跋焘返回平城。因为柔然汗国的入侵并没有造成什么大损失，所以没有处决宜都王穆寿等人。拓跋焘仍把沮渠牧犍当作妹婿相待，将他任命为征西大将军、河西王。沮渠牧犍的母亲去世后，按照太妃的礼节埋葬。还为北凉武宣王沮渠蒙逊设置三十户守墓人。

凉州自从前凉国建立以来，一直以人才济济著称。沮渠牧犍尤其喜爱文学，任命敦煌人阚骃为姑臧太守，任命张湛为兵部尚书，让刘昞、索敞、阴兴三人担任国师助教，金城人宋钦为世子洗马，赵柔被任命为金部郎，任命广平人程骏和他的堂弟程弘为世子侍讲。北魏君主拓跋焘攻下凉州后，对上述这些人全部以礼相待，并依据各自才能加以任用，任命阚骃、刘昞为乐平王拓跋丕的从事中郎。安定人胡叟，从小就十分有才华，从前一直跟从沮渠牧犍，可是沮渠牧犍却不太重视他，胡叟对程弘说："沮渠牧犍身居偏僻的小国，却敢滥用帝王的尊号，僭越礼制，作为小国侍奉大国却没有诚心实意，表面上表现得仰慕仁义，而实际上却是毫不讲道德，他国家的灭亡马上就要来到了。我会像鸟儿一样择良木而栖，先到北魏去。与你暂且离别，并不会久别！"于是，胡叟前往北魏。一年后，沮渠牧犍战败灭亡。北魏君主拓跋焘认为胡叟有先见，便任命他为虎威将军，赏赐爵位为始复男爵。河内人常爽世代居住在凉州，不愿接受沮渠牧犍的礼遇和征召，北魏君主拓跋焘把他任命为宣威将军。河西人，北凉右相宋繇跟随北魏君主拓跋焘返回平城，没过多久去世。

北魏君主拓跋焘任命索敞为中书博士。当时，北魏朝廷十分崇尚武功，王公贵族的子弟都不把读书作为一件大事。索敞担任中书博士十多年，善于诱导，对待学生严肃有礼，贵族子弟对他都十分敬畏，大多数学生都刻苦学习，有所成就，学生中前后担任尚书、牧守的就有几十人。常爽在温水西边设置学馆，教授了七百多名学生，常爽设置赏罚条规，学生都服从他，就像事奉严肃的君主一样。从此，北魏的儒学风气开始兴盛。中书侍郎高允常常称赞常爽，认为他训导有方，并说："汉代的文翁是用柔和取胜，而先生您却用刚强取胜，虽然教育的方法有所不同，但是一样可以造就人才。"

陈留人江强，寄居在凉州，他将经、史、诸子百家的经典共一千多卷和书法呈献给北魏朝廷，北魏朝廷将他任命为中书博士。北魏君主拓跋焘命令崔浩担任秘书事，整理史书文献资料，又派中书侍郎高允、散骑侍郎张伟参与处理对这些史书的编著。崔浩上奏北魏君主拓跋焘说："阴仲达、段承根，都是凉州有才之人，请求征召他们共同参与修编国史。"于是，北魏君主拓跋焘将他们两人任命为著作郎。阴仲达是武威人，段承根是段晖的儿子。

崔浩整理收集各家历法，对汉代以来发生的日食、月食，以及金、木、水、火、土五星轨道运行的度数加以考订核对，对之前史官的错误加以纠正，另外编订了一本《魏历》，请高允过目。高允说："汉高祖元年，十月，五星在井宿会聚，这是历书上的一个错误。如今你批评汉代史官所修订的史书，却不知道自己所犯的错误，恐怕后人就会像我们今天批评古人一样来批评我们了。"崔浩问："你说的错误是什么？"高允说："按照《星传》上说的：'金星和水星，常常围绕太阳运行。'冬季，十月，早晨太阳在尾宿和箕宿之间，黄昏在申南方消失，这时，东井宿才会从寅的北方出现，金星和水星二星怎么会背着太阳运行呢？这是史官故意为了增加事件的神秘色彩，而没有加以合理推算的结果。"崔浩说："天文现象发生异常变化又有何不可呢？"高允说："这不是我们空言争论就可以解决的，应该对此做进一步的推算考察。"当时在座的人都认为高允所说的是怪论，只有东宫少傅游雅说："高允十分精通历法，应该不是空口虚言！"过了一年多，崔浩向高允说："我们以前所谈论的，我没有对此仔细研究，后来进一步考察推算，果然和你所说的一样。五星在前三月就在东井宿聚集，根本不是在十月。"大家这才对高允叹服。虽然高允对历法十分精通，但是却从不推算，也不和他人论说命运，只有游雅知道他的能力。游雅常常以灾异之事询问高允。高允说："阴阳灾异，是很难知道的，即使知道，也担心泄露天机，所以还是不明白的好。天下有很多奇妙可以探索的道理，不必要偏偏问这个。"游雅这才不再问下去。北魏君主拓跋焘曾经询问高允，说："处理政要，第一位是什么？"当时，北魏境内的很多田地都被朝廷划走，所以高允说："我从小贫贱，只是对农事有所了解，如果国家广辟田地，积累粮食，朝廷和百姓都有备粮，那么就不必担忧饥荒了。"于是，北魏君主拓跋焘下令把田禁解除，把农田交给百姓耕种，朝廷收取田赋。

吐谷浑王慕容慕利延，听到北魏对凉州进攻的消息，十分恐慌，率部众向西逃跑，越过沙漠。北魏君主拓跋焘认为慕容慕利延的哥哥慕容慕璝抓获呈献赫连定有功，所以，派使者前去安抚逃走的慕容慕利延，慕容慕利延这才率领部下返回原住地。

氐王杨难当率几万士兵前去征伐北魏的上邽，秦州百姓有很多人响应他。东平人吕罗汉对北魏守将拓跋意头说："杨难当势力强盛，如果现在不出城迎战，是对敌人显示自己的懦弱，那么我军士气就会低落，城池就无法防守了。"于是，拓跋意头派吕罗汉率精锐一千多骑兵，出城迎战杨难当，拓跋意头的骑兵所向无敌，斩杀杨难当左右亲兵共八人，杨难当感到十分恐慌。恰好北魏君主拓跋焘发布诏书谴责杨难当，于是，杨难当就率兵撤回了仇池。

刘宋南丰太妃司马氏去世，她是已故营阳王刘义符的王后。

刘宋叛民首领赵广、张寻等人再次计划背叛朝廷，被斩杀。

元嘉十七年（庚辰，公元440年）

春季，正月，己酉（二十日），前北凉沙州刺史沮渠无讳率兵进攻北魏酒泉。北魏戈阳公元絜轻敌，竟出城和沮渠无讳对话。壬子（二十三日），沮渠无讳将元絜抓获，包围酒泉。

二月，北魏的通直常侍邢颖，来刘宋访问。

三月，沮渠无讳的军队攻破酒泉。

夏季，四月，戊午（初一），发生日食。

庚辰（二十三日），沮渠无讳率兵进攻北魏占领的张掖，镇守张掖的将领秃发保周屯驻在删丹。丙戌（二十九日），北魏君主拓跋焘派抚军大将军、永昌王拓跋健率各路军队，讨伐沮渠无讳。

刘宋司徒刘义康独自一人总揽朝政大权。刘宋文帝刘义隆患病多年，稍微操劳，病情就会复发，病情屡次危急。刘义康尽心侍奉刘宋文帝，药物如果自己没有亲自尝过，绝不让文帝服用，有时一连几晚都不睡觉。朝廷内外大小事务都由他一人处理决定。他喜好处理政务，所以审核公文、解决诉讼等都处理得妥善精密。因此，刘宋文帝把大多政事委托给他处理，刘义康的所有奏请，立马都会批准。州刺史以下官吏的任免，都由刘义康选拔，至于生杀大事，也由刘义康以录尚书的身份来裁决。所以，刘义康的势力远近倾动，朝野上下从四面八方前来逢迎，聚集在他周围。每天早上，刘义康的府门前就有数百辆车子，刘义康对宾客躬身接待，从不懈怠。而且刘义康的记忆力非常好，对于耳闻目睹的，终身不忘，他喜爱在人多的场合，提起自己记忆的事情，以此来表示自己的聪明。士人中许多有才能的人，都被刘义康任用。他曾经对刘湛说："王敬弘、王球这样的人，有什么才能！白白地享有富贵，让人费解。"但是，刘义康一向没有学问，不懂得识大体，朝中有才能的人士都被他延聘到自己府中，府僚人士中没有才能的，以及得罪他的人都被罢斥到朝廷任职。他自认为兄弟之间有至亲的情感，所以不必用君臣的礼节来约束自己，做事一向直率，从不忌讳他的行为。他在府中私设奴仆六千多人，并没有上报朝廷。四方进贡的物品，都是把上品献给刘义康，将次一等的呈献给刘宋文帝。有一次冬天刘宋文帝在吃柑，叹息柑的外表和味道都很不好。刘义康说："柑今年也有好的。"于是派人回府中取柑，取回的柑比刘宋文帝吃的要大上三寸。

领军将军刘湛与仆射殷景仁之间有很深的过节，刘湛想要依靠刘义康的势力压制殷景仁。刘义康的权势十分强大，刘湛更加推崇刘义康的势力，使刘义康对刘宋文帝没有了臣属的礼节，刘宋文帝对他很不放心。刘湛刚刚入朝为官时，刘宋文帝对他非常看重。刘湛十分擅长谈论政治道理，对前代的历史事件熟记于心，每次分析起来，都是条理清晰，使人忘记疲劳。每次进宫朝见，一到云龙门，车夫就解开车马，左右侍从和仪仗队伍都随意四处分散，不到晚上，都不出来，这样的事都习以为常了。后来，刘湛就煽动刘义康，唆使刘义康任意妄为。刘宋文帝对他心怀不满，但是表面上仍对他礼遇有加，刘宋文帝曾经对他的亲信说："以前刘班（刘湛）从西方回到宫中，我与他说话，经常留意时间早晚，只害怕他走；近来他再入宫，我也是常常看时间早晚，是担心他不走。"

殷景仁暗地里向刘宋文帝刘义隆报告说："相王刘义康权势过大，不是长久之计，我们应该稍微压制他。"刘宋文帝刘义隆心里暗自同意了他的建议。

司徒左长史刘斌是刘湛的同族宗亲，大将军从事中郎王履是王谧的孙子，他们两人和主簿刘敬文，祭酒、鲁郡人孔胤秀都是因为谄媚诋毁他人，而深得刘义康的信任。他们见到刘宋文帝刘义隆体弱多病，都说："皇上一旦去世，应该拥立年长的人为君主。"刘宋文帝一度病重，让刘义康拟写托孤遗命，等刘义康回到府中后，痛哭流涕地告诉刘湛和殷景仁。刘湛说："治理天下是多么艰难，怎么可以是年幼君主所能做好的！"刘义康、殷景仁都没有回答。然而孔胤秀等人则前往尚书议曹，擅自提取当年晋成帝去世，改立他弟弟为晋康帝的旧记录，但是刘义康并不知道这件事情。等到刘宋文帝病情转好，稍微听到些情况。然而刘斌等人却秘密谋划，想让刘义康继承帝位。于是，他们一起结成死党，监视朝廷，如果有和自己想法不一致的，就会千方百计设计罪名加以陷害。同时，他们又搜集殷景仁的事情，或者虚构事实告诉刘湛。从此以后，刘宋文帝刘义隆和刘义康两人的感情彻底破裂。

刘义康想任命刘斌为丹杨尹，在谈话中，向刘宋文帝刘义隆说明刘斌的家境困难。但是话还没有说完，刘宋文帝就打断说："让他去担任吴郡太守。"后来，会稽太守羊玄保向刘宋文帝刘义隆请求调回京师，刘义康又想让刘斌前往接替会稽太守，便向刘宋文帝上书说："如今羊玄保请求调回京师，不知让谁前去接替呢？"当时刘宋文帝刘义隆还没有决定人选，仓促之间就回答说："我已经派了王鸿。"从前一年秋季开始，刘宋文帝就不再前往刘义康的东府。

五月，癸巳（初六），刘湛因为母亲去世，回家守丧，所以辞去职位。刘湛自知罪过已经暴露，已没有保全生命的机会，便对自己的亲信说："今年肯定会败落，往日只靠自己的口舌来争辩，因此能苟延存活下去。现在事情已成这样，马上就要遭受毒害，也没什么生的希望了，离祸患到来的时间不久了！"

乙巳（十八日），沮渠无讳再次包围张掖，无法攻下，于是撤回临松据守。北魏君主拓跋焘也没有再次派兵进攻，只是下诏安抚命他归顺投降。

六月，丁丑（二十一日），北魏君主拓跋焘的皇孙拓跋浚出生，下令大赦天下，改年号为太平真君，是因为寇谦之的《神书》上有记载说"辅佐北方太平真君"，所以改为这个年号。

刘宋太子刘劭抵达京口拜谒京陵，司徒刘义康、竟陵王刘诞等人都一同前往，南兖州刺史、江夏王刘义恭从江都前来与他们会合。

秋季，七月，己丑（初三），北魏永昌王拓跋健在番禾打败秃发保周的队伍，秃发保周逃跑，拓跋健派安南将军尉眷前去追击。

丙申（初十），北魏皇太后窦氏去世。

壬子（二十六日），刘宋皇后袁氏去世。

癸丑（二十七日），秃发保周因走投无路，自杀。

八月，甲申（二十九日），沮渠无讳派他的中尉梁伟前往北魏永昌王拓跋健的营地，请求归降，归还酒泉郡，并释放被俘的北魏将士元絜等人。北魏君主拓跋焘命令尉眷留下，镇守凉州。

九月，壬子（二十七日），刘宋安葬袁皇后。

刘宋文帝刘义隆认为司徒、彭城王刘义康的反叛行为已经十分明显，定会造成祸乱。冬季，十月，戊申日（有误），刘宋文帝刘义隆命令将刘湛逮捕，交给廷尉，并下诏公布刘湛的罪行，在狱中直接处决，同时斩杀了刘湛的儿子刘黯、刘亮、刘俨以及他的党羽刘斌、刘敬文、孔胤秀等八人，将尚书库部郎何默子等五人流放广州，下令大赦天下。这天，刘宋文帝刘义隆命令刘义康入宫值班，然后将他软禁在中书省。晚上，又逮捕了刘湛等人。青州刺史杜骥率兵在殿内警戒，以防意外发生。后来，刘宋文帝刘义隆派人把刘湛等人的罪过告诉给刘义康。于是，刘义康上书请求辞职，刘宋文帝刘义隆却下令任命刘义康为江州刺史，仍然保留侍中、大将军的官职，出京镇守豫章。

起初，殷景仁身患重病卧床五年，虽然没有与刘宋文帝见面，但是，一直有密函联系，每天有十几次，朝廷上的大小政务，刘宋文帝都征求他的意见，他们联系的行踪一直十分隐秘，不曾让人发现蛛丝马迹。刘宋文帝逮捕刘湛那天，殷景仁让家人整理他的衣冠，左右侍从都不明白他的用意。直到晚上，刘宋文帝前往华林园延贤堂，召见殷景仁。殷景仁仍说患有脚病，用小椅子抬着就座。刘宋文帝就把诛讨处分刘湛死党的全部事情，都委托给殷景仁处理。

起初，檀道济举荐吴兴人沈庆之给刘宋文帝刘义隆，说他谨慎忠心，通晓兵法，于是，刘宋文帝刘义隆派他领队在东掖门防卫。那时，刘湛担任领军将军，曾对沈庆之说："你担任这个官职已经多年，应该考虑一下自己升迁的问题了。"沈庆之严肃地回答："我在这里已经十年了，本就会调职，不敢再麻烦你！"刘宋文帝刘义隆逮捕刘湛的那天晚上，开放宫门召见沈庆之，沈庆之穿军服束裤全副武装进宫觐见，刘宋文帝说："你为什么这般打扮？"沈庆之说："半夜召见队长，肯定是有重要的事情，不能穿非作战的宽服大袖。”刘宋文帝刘义隆派沈庆之逮捕刘斌，并将其斩杀。

骁骑将军徐湛之是徐逵之的儿子，和刘义康关系十分亲密，刘宋文帝刘义隆对他很恼恨。刘义康失败后，徐湛之也被抓捕，罪当处死。徐湛之的母亲是会稽公主，在所有兄弟姐妹中是嫡出的老大，一直被刘宋文帝刘义隆礼遇。皇室的大小事情，一定先询问她的意见才决定。武帝刘裕低微贫寒时，曾在新洲砍伐荻草，身穿补过的棉袄，都是敬皇后亲手缝制的。武帝刘裕显贵做了皇上以后，将旧衣服交给公主看，说：“所有后世的子孙，如果有人骄傲奢侈，不懂得节俭，就拿这件衣服让他们看！”现在，因为徐湛之的事情，公主入宫面见皇上，失声痛哭，不再向皇上行臣妾礼节，而是将用绸缎包着的旧衣服扔在地上说：“你家本来就是贫贱，这是我母亲为你父亲缝制的衣裳，你现在才吃饱饭，就想杀害我儿子！”于是，刘宋文帝刘义隆赦免了徐湛之。

吏部尚书王球是王履的叔父。一直淡泊名利，勤劳俭朴，名声很好，为刘宋文帝刘义隆所重用。王履却生性喜好名利，与刘义康和刘湛的交情很深，王球屡次劝诫他，他都不听。诛杀刘湛的那天晚上，王履光着脚把这个情况告诉王球，王球让左右侍从替他拿来鞋子，然后先温了酒给他压惊，并对他说：“我平时是怎么跟你说话的呢？”王履害怕得不敢说话。王球慢慢地告诉他说：“有叔父在，你还害怕什么？”刘宋文帝刘义隆因看重王球，就赦免了王履的死罪，罢免官职回家。

刘义康权势鼎盛时，人们都争相奉承他，独有司徒主簿江湛有远见，早早地就疏远他，请求担任武陵内史。檀道济曾经因他的儿子向江湛提出通婚，江湛再三拒绝。檀道济又让刘义康出面，江湛更是拒绝得坚决。因此，江湛没有牵涉檀道济、刘义康二人的事情。刘宋文帝刘义隆听说这件事后，对他给予嘉许。江湛，是江夷的儿子。

彭城王刘义康被软禁在中书省十多天，后来参见刘宋文帝刘义隆并辞别，来到江边。刘宋文帝看着他悲伤痛哭，却没有一句话。刘宋文帝刘义隆派僧人慧琳看望他，刘义康说："您认为我还有回到京师的希望吗？"慧琳说："真遗憾你没有读过上百卷书！"

起初，担任吴兴太守的谢述，是谢裕的弟弟。一直辅佐在刘义康身边，多次规劝他，但却不幸早死。刘义康马上要南下前往豫章，叹息说："以前只有谢述规劝我退让，而刘湛却劝我要不断争取，最后刘湛活着，谢述却去世，所以我身败名裂也是理所应当的啊！"刘宋文帝也说："如果谢述还活着的话，刘义康肯定不会像现在这样！"

刘宋文帝刘义隆将征虏司马萧斌任命为刘义康的谘议参军，并兼任豫章太守，所有的大小事务，都让他处理。萧斌是萧摹之的儿子。又派龙骧将军萧承之，率兵前去防守。刘义康左右的亲信，愿意跟随的一同前往。刘宋文帝对刘义康的赏赐很优厚，而且书信往来，朝廷中的大事，都告诉刘义康。

很久之后，刘宋文帝刘义隆前往会稽公主的家宴，兄弟姐妹在一起十分欢乐。突然，公主站了起来，跪在地上对刘宋文帝刘义隆再拜叩头，表现得十分悲伤。刘宋文帝不知道她的想法，亲自将他的姐姐扶了起来，公主说："刘义康晚年的时候一定不为您所容，现在我特为他向您求情。"于是她就一直痛哭不止，刘宋文帝也痛哭流泪，他指着蒋山说："你不用再担忧了。以后我如果违背今日的誓言，就是对高帝的辜负。"于是，刘宋文帝将所喝的酒封起来，赐给了刘义康，并写了一封信："我和会稽姐姐一同饮宴，想起了你，所以将剩下的酒送给你。"因此，会稽公主在世时，刘义康都得以平安。

◆臣司马光说：刘宋文帝刘义隆对于刘义康的手足之情，刚开始时不是不厚重，但到了最后还是以失去兄弟之间的感情，丧失君臣之间的大义而告终。发生这种祸乱，正是因为刘湛这样的人贪图权力，欲望无边。《诗经》说："贪婪的人不仅害了自己，还会使家族亲党都遭到毁灭。"正是这个意思啊！◆

刘宋文帝刘义隆征召南兖州刺史、江夏王刘义恭为司徒、录尚书事。戊寅（二十三日），任命临川王刘义庆为南兖州刺史，任命殷景仁为扬州刺史，仍兼任原来的仆射、吏部尚书。刘义恭吸取刘义康的失败教训，虽然是总录，却只是奉行文书，不过问政事，刘宋文帝刘义隆这才放心刘义恭。刘宋文帝每年拨给相府的钱共有两千万，所赐的物品也值这么多。但是刘义恭奢侈浪费，费用支出常常不够，刘宋文帝刘义隆又另外给他钱，一年多达一千万。

十一月，丁亥（初三），北魏君主拓跋焘前往山北。

扬州刺史殷景仁任职后，病情又加重，刘宋文帝刘义隆对他十分爱护，下令到西州的路上禁止车马经过，以免发出声音。癸丑（初九），殷景仁因病去世。

十二月，癸亥（初九），刘宋文帝刘义隆任命光禄大夫王球为仆射。戊辰（十四日），任命始兴王刘浚为扬州刺史。那时刘浚还十分年幼，州事全部委托给后军长史范晔和主簿沈璞。范晔是范泰的儿子；沈璞，是沈林子的儿子。没过多久，范晔升迁为左卫将军。同时，刘宋文帝刘义隆将吏部郎沈演之任命为右卫将军，让他们一起掌管禁军，又任命庾炳之为吏部郎，一同参与朝廷的机密大事。沈演之是沈劲之的曾孙。

范晔十分有才能，行为却随便放荡，屡次违反当时的礼教规范，被士大夫所轻视。他的性情又十分急躁，热心名利，认为自己的才能没有完全发挥，经常抑郁不得志。吏部尚书何尚之对刘宋文帝说："范晔的野心太大，志向与其他人不一样，应该派他去担任广州刺史。如果留在朝廷犯下罪行，就不能不对他进行惩罚。刑罚太多，对国家来说不是好事。"刘宋文帝刘义隆说："刚刚处死刘湛，现在又要将范晔赶出京师，人们会议论你们无法包容人才，而我却相信谗言。只要所有的人都知道范晔的问题，他就无法祸害朝廷了。"

这一年，北魏宁南将军王慧龙去世，吕玄伯一直守在他的墓旁，终身不愿离去。

北魏君主拓跋焘想任命伊馛为尚书，加封郡公，伊馥辞让说：

“尚书这个职位工作繁多，公爵名位崇高，不是我这样年少愚昧的人可以胜任的。”拓跋焘问他想要什么职位，他回答说：“中书省、秘书省这里面大多都是文士，如果可以承蒙恩宠，我想加入他们的行列。”北魏君主拓跋焘同意，任命他为中护军、秘书监。

大秦王杨难当又将旧号恢复，称为武都王。

元嘉十八年（辛巳，公元441年）

春季，正月，癸卯（二十日），北魏君主拓跋焘任命沮渠无讳为征西大将军、凉州牧、酒泉王。

刘宋的彭城王刘义康前往豫章，请求辞去刺史职务。甲辰（二十一日），刘宋文帝刘义隆任命刘义康为都督江州、交州、广州三州各军军事。前龙骧将军、巴东人扶令育到达京城，上书刘宋文帝说：“以前袁盎规劝汉文帝说：‘淮南王刘长如果在路上遭遇风霜冻死，那您就有了杀害弟弟的罪名。’汉文帝没有听他的话，后来后悔也来不及。彭城王刘义康，是先皇所喜爱的儿子，是陛下的二弟，如果曾有一时的糊涂过失，用好坏的标准对他责备，用仁义来对他引导，哪里能够相信可疑的罪名，一日就将他罢免官职，流放到南方边境呢！民间的百姓，都为陛下感到痛心。庐陵王刘义真被迁新安而遭杀害的事，足够拿来作为借鉴。我深怕刘义康不幸去世，死在南方，我的地位虽然低贱，但仍然私下里为陛下感到羞愧。陛下只知道坏掉的树枝需要砍去，怎么不知道树枝被砍去会伤及树木。希望陛下可以快速将刘义康召回京师，使手足之情友爱，君臣和睦相处，这样，天下的怨恨就会消失，诽谤的谣言也能停止。何必非要将彭城王置于司徒公、扬州牧的位置上呢？如果我所说的对国家来说有害，我愿意被处死，向陛下谢罪。”奏章上呈后，刘宋文帝刘义隆就将扶令育抓获，关在建康的监狱，并命他自杀。

◆裴子野论说：在高位的人实行善政，就像布施云雨，降下甘霖，让万物都得到他的恩泽。但是，高位者如果实行恶政，就好像天地震裂，万物都会受到惊恐。这种结果，谁能不知道？谁能看不到呢？怎么会是杀一个人的性命，钳一个人的口舌，就可以逃避掩盖，就能消失的呢？这都是不能压抑自己的愤怒，而使疾病加重的啊。以太祖刘义隆的度量，还对杀害彭城王的规劝掩耳不听。这样以后，有谁还敢说话！刘宋的好几代，正直进谏的人都很少，是因为朝廷上士人的正直骨气不如古人，还是因为当时君主的刑法太过于苛刻呢？张约之冤死在权臣的手中，而扶令育却是被君主杀害，刘宋对人的严酷刑法，唉！真的是可怕啊！◆

北魏新兴王拓跋俊整日荒淫无度，三月，庚戌（二十八日），爵位被降为公爵。拓跋俊的母亲先前因获罪而被杀害，拓跋俊心里一直有着怨恨，计谋背叛朝廷。因事情泄露，被赐死。

辛亥（二十九日），北魏君主拓跋焘封柔然郁久闾乞列归为朔方王，封沮渠万年为张掖王。

夏季，四月，敦煌太守沮渠唐儿对沮渠无讳叛变，沮渠无讳将他的堂弟沮渠天周留在酒泉镇守，自己与弟弟沮渠宜得亲自率兵追击沮渠唐儿，沮渠唐儿战败而亡。北魏朝廷认为沮渠无讳早晚都是边境的隐患，庚辰（二十八日），北魏君主拓跋焘派镇南将军奚眷进攻酒泉。

秋季，八月，辛亥(初一)，北魏君主拓跋焘派散骑侍郎张伟访问刘宋。

九月，戊戌（十九日），北魏永昌王拓跋健去世。

冬季，十一月，戊子（初十），刘宋仆射王球去世。己亥（二十一日），刘宋朝廷任命丹杨尹孟顗为尚书仆射。

被北魏围困的酒泉城内粮食已经全部吃尽，有一万多人被饿死，酒泉守将沮渠天周杀死自己的妻子，分给战士充饥。庚子（二十二日），北魏将领奚眷率兵将酒泉攻克，抓获沮渠天周，押送平城处死。沮渠无讳的军队也缺乏粮食，又担心北魏的强大军队，于是打算向西度过沙漠，派他的弟弟沮渠安周向西进攻鄯善。鄯善王准备投降，正好北魏使者到达，规劝他要坚守，不能投降。因此，沮渠安周无法攻克，只好退保东城。

氐王杨难当倾尽全国的军力攻打刘宋，想要占据蜀土，他派手下建忠将军苻冲从东洛发兵，来抵御刘宋梁州的守兵。刘宋梁州、秦州二州刺史刘真道前去迎战苻冲，将其斩杀。刘真道是刘怀敬的儿子。杨难当攻克葭萌，擒获晋寿太守申坦，进而又将涪城包围。巴西、梓潼二郡太守刘道锡环绕城池坚守，杨难当一直攻打了十几天，无法攻下，于是退去。刘道锡是刘道产的弟弟。十二月，癸亥（十五日），刘宋文帝刘义隆下诏，派龙骧将军裴方明等率全副武装的三千士兵，又调遣荆州、雍州二州的士兵前去讨伐杨难当，全部由刘真道统一指挥。

刘宋晋宁太守爨松子发动叛变，宁州刺史徐循对其镇压。

天门蛮田向求等人率兵叛变，攻陷溇中。刘宋荆州刺史、衡阳王刘义季命令行参军曹孙念彻底将他们打败。

北魏道士寇谦之对北魏君主拓跋焘说：“如今君主是以真君来统治天下，对静轮天宫法术的建立，自开天辟地以来，从来没有过。应该登台接受符书，以表彰君主的圣德。”拓跋焘同意了。

资治通鉴卷第一百二十四　宋纪六

起壬午（公元442年），止丙戌（公元446年），共五年。

【题解】本卷记录了宋文帝元嘉十九年至二十三年共五年间的刘宋与北魏等国的大事：魏主数道北伐柔然，不听太子劝告，使柔然逃跑；魏尚书令刘絜欲败魏军，改魏主令，使诸将未按期到达被杀，又派人袭扰魏军，加罪给崔浩；刘絜欲立新主，甚至想自谋称帝，终被夷灭三族；魏主拓跋焘迷信道教，排斥沙门，焚毁经像，太子在劝阻无效的情况下缓下诏书，使各地沙门及经像得以转移；魏国境内盖吴作乱，安定卢水胡刘超又反，均被陆俟乃平定。刘宋孔熙先鼓动近臣谋反，遭告密而被杀；魏主纵兵寇宋三州，大肆杀掠；何承天向宋文帝建议收缩边防，寓兵于民；刘宋征讨林邑王范阳迈，使其大败而走；武都、仇池与吐谷浑地区动乱纷争不断；李顺被崔浩进言所杀，宋将刘真道等在平定仇池时私贪财物被处死。

太祖文皇帝中之中

元嘉十九年（壬午，公元442年）

春季，正月，甲申（初七），北魏君主拓跋焘准备好车驾，前往道坛接受符箓，打着的旗帜全部都是青色。从此以后，北魏朝廷的每个皇帝继承皇位时都要接受符箓。道士寇谦之又奏请修建静轮宫，并且要高到人在上面不能听到下面鸡鸣狗叫的声音，说是为了到上面以与天神相接。崔浩也力劝北魏君主拓跋焘建造静轮宫，花费的财力物力数以万计，建了几年还没有完工。太子拓跋晃劝谏拓跋焘说："天与人的道不同，一高一低已经确定，二者无法相连，这是理所当然的，如今我们白白地消耗国库，使百姓疲困，这种没有利益的事情，做来哪里有用呢？如果必须要如寇谦之所说的那样做，那么我请求将它建在万丈高的东山上，这样的话就比较容易。”北魏君主拓跋焘没有接受。

夏季，四月，沮渠无讳率一万多家百姓，舍弃敦煌，向西与沮渠安周会合。还没有抵达，鄯善王比龙很是害怕，率他的部下前往且末，他的世子投降了沮渠安周。于是，沮渠无讳占领了鄯善。沮渠无讳的士兵在经过沙漠时渴死的人数超过了一半。

逃亡的李宝又从伊吾率两千士兵占领敦煌，并修筑敦煌的城墙府第，安抚聚集原有的百姓。

沮渠牧犍逃走以后，凉州人阚爽占领了高昌，并且自称太守。唐契因为无法忍受柔然汗国的逼迫，率部下前往高昌，想要攻占高昌。柔然汗国派将领阿若前去追击他，唐契战败被杀。唐契的弟弟唐和聚集残余士兵投奔车师前部王伊洛。当时沮渠安周正屯居在横截城，唐和攻取横截城，又先后攻克高宁、白力两城，并派使者前去北魏请求投降。

甲戌(二十八日)，刘宋文帝刘义隆病愈，下令大赦天下。

五月，龙骧将军裴方明等抵达汉中，联合梁州刺史刘真道一起分别派兵攻打武兴、下辩、白水三个地方，全部攻下。杨难当派建节将军符弘祖镇守兰皋，派他儿子抚军大将军杨和率大军做后援。裴方明和符弘祖在浊水大战，符弘祖战败，被裴方明斩杀。杨和撤退逃走，裴方明一直追到赤亭，又击败杨和。杨难当逃亡到上邽，裴方明擒获杨难当的侄子建节将军杨保炽。杨难当任命儿子杨虎为益州刺史，镇守阴平，杨虎得知杨难当逃走，也率士兵退回到下辩，裴方明派他的儿子裴肃之前来迎击，擒获杨虎，送回建康斩首，平定了仇池。刘宋朝廷任命辅国司马胡崇之为北秦州刺史，镇守该地，并让杨保炽做杨玄的继承人，镇守仇池。北魏君主拓跋焘派中山王拓跋辰迎接杨难当到平城。秋季，七月，宋文帝刘义隆任命刘真道为雍州刺史，裴方明为梁、南秦二州刺史，裴方明推辞，不接受任命。

丙寅（二十二日），北魏君主拓跋焘派安西将军古弼统领陇右的各个军队和朝廷卫士，与武都王杨保宗从祁山向南发兵，派征西将军渔阳人皮豹子与琅邪王司马楚之统领关中的各个军队从散关向西发兵，两军在仇池会合。又派谯王司马文思统领洛、豫各军向南急速袭击襄阳，征南将军刁雍向东急速前往广陵，并且派人送文书到徐州，声称要为杨难当报仇。

甲戌晦（三十日），发生日食。

唐契进攻阚爽，阚爽派使者向沮渠无讳诈降，说要与沮渠无讳一起进攻唐契。八月，沮渠无讳率部下前往高昌，将要到达时，唐契已经战败身亡，阚爽关闭城门拒绝让沮渠无讳进入。九月，沮渠无讳率卫兴奴夜袭高昌，屠杀全城，阚爽投奔柔然。沮渠无讳将高昌占领，派他的常侍氾俊携带奏章前往建康。刘宋文帝下诏任命沮渠无讳为都督凉、河、沙三州诸军事，征西大将军、凉州刺史，加封河西王。

冬季，十月，己卯(初六)，北魏君主拓跋焘封皇子拓跋伏罗为晋王，封拓跋翰为秦王，拓跋谭为燕王，拓跋建为楚王，拓跋余为吴王。

甲申（十一日），柔然汗国派使者前往刘宋都城建康。

十二月，辛巳（初九），北魏襄城孝王卢鲁元去世。

丙申（二十四日），刘宋文帝刘义隆下诏命令鲁郡修整孔子庙以及学舍，免去孔子墓地旁边五户人家的赋税劳役，让他们专门清扫孔庙。

李宝派弟弟李怀达、儿子李承携带奏章前往平城。北魏君主拓跋焘任命李宝为都督西垂诸军事、镇西大将军、开府仪同三司、沙州牧及敦煌公，所有四品以下官员，全部由他秉承皇上的旨意任命。

刘宋雍州刺史晋安襄侯刘道产去世。刘道产善于处理政事，百姓安居乐业，丰衣足食。所以，民间有流传《襄阳乐歌》。在山中藏身的山蛮先后都没有人可以制伏，现在都走出深山，沿着沔水定居，而且人丁繁盛。等到刘道产去世，山蛮们护送他的灵柩一直到沔口。刘道产去世不久，各地的山蛮部落纷纷发生叛乱，征西司马朱修之率兵征讨，失败。宋文帝刘义隆下诏，派建威将军沈庆之代替朱修之前去讨伐山蛮，结果杀死的蛮人有一万多人。

北魏君主拓跋焘派尚书李顺依次评定文武百官的等级，并以此来赐给爵位。李顺接受贿赂，所以等级不公平。这一年，凉州人徐桀告发他，北魏君主拓跋焘十分生气，认为李顺是在欺君误国，因此下诏命李顺自杀。

元嘉二十年（癸未，公元443年）

春季，正月，北魏征西将军皮豹子进攻乐乡，刘宋将军王奂之等人战败，全部战亡。北魏军队进抵下辩，刘宋将军强玄明等人也全部战败而亡。二月，刘宋刺史胡崇之和北魏士兵在浊水交战，胡崇之被北魏军队擒获，余下的士兵逃回汉中。将军姜道祖也战败，投降北魏。于是，北魏占领仇池。杨保炽逃走。

丙午（疑误），北魏君主拓跋焘抵达恒山南坡。三月，庚申（二十日），拓跋焘回宫。

壬戌（二十二日），乌洛侯国派使者前往北魏。起初，北魏居住在荒凉的北方时，在乌洛侯国的西北祭祀先祖，凿打石头建筑寺庙，寺庙高七十尺，深九十步。等到乌洛侯国的使者抵达北魏时，说石庙现在仍然存在，北魏君主拓跋焘便派中书侍郎李敞前往石庙祭祀，李敞在洞庙的墙壁上刻下祝文后才返回，石庙与北魏都城平城相距四千多里。

北魏国河间公拓跋齐和武都王杨保宗分别镇守在雒谷两边，杨保宗的弟弟杨文德规劝杨保宗，让他占据险要，叛变北魏。有人将这报告给拓跋齐，夏季，四月，河间公拓跋齐诱抓杨保宗，并押送回平城斩杀。于是，前镇东司马苻达、征西从事中郎任朏等人，起兵立杨文德为盟主，占据白崖，并分兵夺取各个据点，进而包围仇池，杨文德自号征西将军，兼秦、河、梁三州牧和仇池公。

甲午（二十四日），刘宋文帝刘义隆封皇子刘诞为广陵王。

丁酉（二十七日），北魏实行大赦。

己亥（二十九日），北魏君主拓跋焘前往阴山。

五月，北魏安西将军古弼发动上邽、高平、岍城各地士兵前去讨伐杨文德，杨文德撤退。征西将军皮豹子统领关中各军抵达下辩，听到仇池已经解除围困，准备回去。古弼派人对皮豹子说："刘宋对这次战败感到羞耻，肯定还会再回来，士兵退回以后，再来就会十分艰难，不如就在这里练兵蓄积力量以等待刘宋的军队。不出秋冬，刘宋的军队一定会再来的。我们的士兵以逸待劳，肯定可以打胜仗。"皮豹子同意了。于是，北魏任命皮豹子为仇池镇将。

杨文德派使者请求刘宋支援。秋季，七月，癸丑（十四日），刘宋文帝刘义隆下诏，任命杨文德为都督北秦、雍二州诸军事，兼任征西大将军、北秦州刺史、武都王。杨文德在葭芦城屯驻，任命任朏为左司马。很多武都、阴平一带的氐人都归附了他们。

甲子（二十五日），刘宋前雍州刺史刘真道，梁、南秦二州刺史裴方二人因涉嫌在攻陷仇池时私藏金宝和良马，被抓捕入狱，处以死罪。

九月，辛巳（疑误），北魏君主拓跋焘抵达沙漠南。甲辰（初六），北魏军队舍弃辎重，率轻骑兵袭击柔然，一共兵分四路：乐安王拓跋范、建宁王拓跋崇分别率十五位将领从东路发兵，乐平王拓跋丕率十五位将领从西路发兵，北魏君主拓跋焘从中路发兵，中山王拓跋辰率十五位将领作为后援。

北魏君主拓跋焘到达鹿浑谷，与柔然的敕连可汗恰好遇见。太子拓跋晃对拓跋焘说："柔然贼人肯定没有想到我们大军突然来到，所以我们应该乘他们不备，立刻进攻。"尚书令刘絜却坚决阻止，他认为："贼营中烟尘很大，他们的士兵必多，我们前往平地和他们应战，害怕会被柔然的军队包围，不如等到各路军队聚集的时候再进攻。"拓跋晃说："他们军营烟尘浓厚，是士兵惊慌失措乱跑造成的，否则，营中怎么会有这么多烟尘呢？”北魏君主拓跋焘对此产生怀疑，没有急于攻击。于是，柔然军队逃跑，北魏君主拓跋焘一直追到石水，没有追到而返回。不久，被抓获的柔然骑兵说：“柔然军队并不知道北魏军队的到来，所以当知道这个消息时上下都十分害怕，慌作一团，可汗率兵向北逃走，逃了六七天，知道没有北魏士兵的追赶，才开始缓慢前行。”北魏君主拓跋焘知道后十分后悔。从此，军国大事，北魏君主都会与太子拓跋晃一起商讨。

司马楚之另率一支军队在押运军粮。镇北将军封沓逃走归降柔然汗国，他建议柔然汗国前去讨伐司马楚之，以断绝北魏士兵的粮食。不久，司马楚之的军队中有人报告说驴子被割了耳朵，各将领不明白原因，司马楚之说：“这肯定是贼人派奸细偷偷进入我们营中刺探，将驴耳取回去作为证据。贼人过不了多长时间就会到来，我们应快些做好准备。”于是，司马楚之命令砍伐柳木修筑城墙，然后把水浇在上面，让它冻成冰块。城墙刚刚建好，柔然汗国的军队就到了，因为城墙的冰既坚固又十分滑，无法进攻，于是，就撤回了。

十一月，刘宋将军姜道盛与杨文德一起集合二万士兵前去攻打北魏的浊水戍，北魏皮豹子以及河间公拓跋齐前来救援，姜道盛战败而亡。

甲子（二十七日），北魏君主拓跋焘返回京师，走到朔方时，下诏令太子拓跋晃总理全国的日常事务，统领百官。还说：“各位功臣已经辛劳很长时间，应带着自己的爵号回家休养，按季节、节日进宫朝见皇帝，与我共同饮酒欢聚，谈论你们对治国的见解就可以了，不必再担任劳苦的职位来麻烦自身。除此我们要另外选择一批贤能的新人来完善百官的职位。”十二月，辛卯（初一），北魏君主拓跋焘回到平城。

元嘉二十一年（甲申，公元444年）

春季，正月，己亥（初三），刘宋文帝刘义隆举行亲自耕种仪式，实行大赦。

壬寅（初六），北魏太子拓跋晃开始接管全国的事务，北魏君主拓跋焘派侍中兼中书监穆寿、司徒崔浩、侍中张黎和古弼一起辅佐太子处理日常事务，所有给太子上书的都需要称为臣，礼仪和称呼的尊卑与给皇帝上表相同。

古弼性情忠厚善良，为人正直，曾因上谷的皇家林园面积太广，而请求北魏君主拓跋焘减去一半面积，赏赐给贫民。当时，他入宫觐见北魏君主拓跋焘，打算报告这件事时，北魏君主正和给事中刘树坐在一起下围棋，一直没有注意到古弼的到来。古弼坐在那里等了很久，没有说话的机会，他突然站起来，抓住刘树的头发，把他拉下床，捏着他的耳朵打他的后背，说："朝廷政务无法及时处理，这都是你的罪过！"北魏君主拓跋焘脸色大变，放下棋子说："没有听你的报告，是我的错误！刘树哪里有罪呢？放了他。"古弼便将事情全部告诉了北魏君主，北魏君主拓跋焘对古弼的建议全部批准。古弼说："我身为人臣，在陛下面前如此无礼，罪过实在是太大了。"于是，出来后来到官署，将鞋帽脱掉，光着脚请罪。北魏君主拓跋焘将他召了进去说："我听说建筑祭坛的工作，是要歪着脚辛苦干活，完工后穿着礼服前去祭祀，神明就会降福于他。那么你哪有罪过呢？你还是将鞋帽穿戴好完成你的职务吧。只要是对社稷有利，对百姓有利的事情，你就尽全力去完成，不要有什么顾虑！"

太子拓跋晃监督百姓耕田，让家里没有牛的百姓去向有牛的百姓借牛来耕作，然后再为有牛的百姓除草来作为对人家的补偿。一般是每耕作二十二亩田就要帮别人除七亩的草，大概都按这个比率来做，百姓将自己的姓名标示在田前，这样就可以让人了解他的勤惰，与此同时，还禁止百姓饮酒以及游戏。所以，百姓的农产大大增加。

戊申（十二日），北魏君主拓跋焘下诏："王公以下一直到平民，如果有在家私自蓄养僧侣、巫师的人，全部都要送往官府。过了二月十五日没有交出的人，则僧侣以及巫人都要处死，私藏的人要灭族。"庚戌（十四日），拓跋焘又下诏，说："王、公、卿、大夫的儿子全部都要前往太学学习，而百工以及商人的儿子，全部都要学习并且继承父兄的职业，不可以私自设立学校。如果有敢违背的，就处死老师，当事人满门抄斩。”

二月，辛未（初六），北魏中山王拓跋辰、内都坐大官薛辨以及尚书奚眷等八位将领，因为在进攻柔然时后援没有及时到达，在都城南郊全部被斩杀。

起初，北魏尚书令刘絜，长期掌管朝廷的机要大事，他依仗所获得的恩宠而独断专行，北魏君主拓跋焘内心对他十分怨恶。北魏军队准备前去进攻柔然，刘絜劝谏说：“柔然汗国常常是迁居无常，没有固定处所，上次我们出师，只是白白地耗费劳力无功，不如我们对农业耕种进行扩大，广屯谷子将他们引诱过来。”司徒崔浩则坚决劝北魏君主拓跋焘出征，北魏君主拓跋焘接受了他的建议。刘絜因为北魏君主没接受自己的建议而感到羞耻，便想办法让北魏军失败。北魏君主拓跋焘和各路军队的将领约期在鹿浑谷会合，而刘絜却假传圣旨，私自改变了日期。北魏君主到达鹿浑谷一共用了六天，其他将领还没有前来，因此柔然汗国可以远逃，北魏士兵想要追赶已经来不及。等到军队回师，经过沙漠地区时，粮食全部吃尽，死了很多将士，刘絜暗地里派人惊扰魏军的军心，他自己也力劝北魏君主拓跋焘抛下军队自己回来，北魏君主没有答应。刘絜又以这次军队出师无功要求追究崔浩的责任。北魏君主拓跋焘说：“这是各路将领延误了日期，而我自己遇见贼人却没有攻击，崔浩哪里有罪呢？”于是，崔浩把刘絜假传圣旨的事报告给北魏君主拓跋焘，拓跋焘行军到五原时，将刘絜逮捕囚禁起来。北魏君主拓跋焘北征的时候，刘絜暗地里对自己的亲信说：“如果皇上不能回来，我就拥立乐平王拓跋丕为王。”刘絜又听说尚书右丞张嵩的家中藏有图谶，就向张嵩询问说：“听说图谶预言刘氏应该称王，继承国家大业，图谶中除了姓氏之外，有没有名字呢？”张嵩说：“有姓却无名。”北魏君主拓跋焘听说这件事后，命令有关负责的官吏彻底调查，对张嵩家进行搜查，真的得到那本谶书。这个事件还牵扯到南康公狄邻。最终，刘絜、张嵩以及狄邻三人全都被灭族，一共处死一百多人。刘絜在当政掌权时，一直作威作福，将领们打败敌人后所得到的财物都要分刘絜一份。他被处死后，对他进行抄家，财富多达万万计，北魏君主拓跋焘每次提及他就恨得直咬牙。

癸酉（初八），乐平王拓跋丕因忧伤过度而去世。起初，北魏君主拓跋焘建筑的白台，高二百多尺。拓跋丕梦见他自己登上白台，四顾望去却不见人，他命术士董道秀前来为他卜筮，董道秀占卜说："这是大吉的征兆。"拓跋丕心中十分高兴。等拓跋丕去世时，董道秀也因受牵连而被斩杀。高允听说这件事以后，说："卜筮的人都应该依据爻象来规劝人们忠孝。乐平王拓跋丕问董道秀这件事的时候，董道秀就应说：'高达极点就叫亢。《周易》上记载："亢龙有悔。"又说："高则无民。"这都是不祥的征兆，乐平王拓跋丕不能不以此为戒。'这样，在上就能使乐平王平安，在下，董道秀自己就可以保全性命了。董道秀反而却说这是吉利的征兆，他肯定会被处死。"

庚辰（十五日），北魏君主拓跋焘前往庐地。

己丑（二十四日），刘宋江夏王刘义恭升迁为太尉，并兼任司徒。

庚寅（二十五日），刘宋朝廷任命侍中兼右卫将军沈演之为中领军，左卫将军范晔为太子詹事。

辛卯（二十六日），刘宋文帝刘义隆封皇子刘宏为建平王。

三月，甲辰（初九），北魏君主拓跋焘回宫。

癸丑(十八日)，北魏君主拓跋焘派司空长孙道生镇守统万。

夏季，四月，乙亥（十一日），北魏侍中、太宰兼阳平王杜超被自己部下杀害。

六月，北魏北方部落百姓杀了立义将军衡阳公莫孤，集合了有五千多部落兵民向北逃走，北魏朝廷派兵追击，一直追到大漠南，斩杀了他们的首领，把其余的百姓迁往冀、相、定三州成为营户。

吐谷浑王慕容慕利延的侄子慕容纬世与北魏使者密谋向北魏归降，后被慕容慕利延所杀害。当月，慕容纬世的弟弟慕容叱力延等八人投奔北魏，北魏朝廷任命慕容叱力延为归义王。

沮渠无讳去世，他的弟弟沮渠安周代立为王。

北魏进入中原以来，虽然也使用古礼来祭祀天地、宗庙以及各种神明，但仍然保留有鲜卑旧有的习俗，祭祀很多鲜卑神明。司徒崔浩请求只保留符合祀典的五十七所寺庙，其他重复的寺庙或小的神明应全部废除。北魏君主拓跋焘同意了他的建议。

秋季，七月，癸卯（初十），北魏东雍州刺史沮渠秉密谋叛变，被斩杀。

八月，乙丑（初三），北魏君主拓跋焘去河西狩猎，尚书令古弼留守平城。北魏君主拓跋焘下诏让古弼把肥壮的马提供给狩猎的骑兵，然而古弼给的全都是瘦弱的马。北魏君主拓跋焘十分愤怒，说：“笔头奴胆敢改变我的命令！等我回京，一定先杀了这个奴才！”古弼的头很尖，所以拓跋焘常常将他的脑袋比作笔头。古弼的属下都很恐惧，害怕自己牵连被杀，古弼说：“我身为人臣，不可以让皇上沉迷在游猎中，这个罪状是小的。然而如果不为国家的不测之事做好预防，以至于使国家军事所用的物资匮乏，这个罪状才是大的。如今柔然正处于强盛之时，南方的贼人还没有消灭，所以我将肥马留给军事所需，瘦弱的马用于打猎，这是为我们国家的将来做打算。虽然会被处死，这又有何关系！而且这一切都是我自己一个人做的，各位不用害怕！”北魏君主拓跋焘听到以后，叹息着说：“我有如此臣子，真的是我们国家之宝啊。”于是，赐给古弼一套衣服、两匹马以及十头鹿。

有一天，北魏君主拓跋焘再次前往北山打猎，抓了几千头麋鹿。北魏君主拓跋焘下诏，命令尚书派五百辆车前来运送麋鹿。送诏书的人已经走了，又对左右侍从说：“笔头公肯定不愿意给我这么多车，你们还是用马来运吧！”交代完他就回宫了。北魏君主拓跋焘刚刚走了一百多里，就收到古弼的奏书说：“今年秋天的稻谷已经成熟而且颜色变黄，桑麻和大豆在田野遍布，野猪和野鹿都来偷吃，鸟雁也来啄食，加上风雨的吹打，这样损耗早晚就会相差三倍，所以请求可以将运鹿的事情暂缓，先将收割完的谷子尽快运送完。”北魏君主拓跋焘说：“果然像我说的那样，笔头公可真是我们国家的栋梁之臣啊！”

北魏君主拓跋焘派员外散骑常侍高济去刘宋访问。

戊辰（初六），刘宋朝廷任命荆州刺史衡阳王刘义季为征北大将军、开府仪同三司以及南兖州刺史，南谯王刘义宣为荆州刺史。起初，刘宋文帝刘义隆认为刘义宣没有什么大的才能，所以不用他，他的姐姐会稽公主再三为刘义宣说话，刘宋文帝不得已才任用他。刘宋文帝刘义隆先给他赐了一个手诏，告诫他说：“师护刘义康在西边的时间很长，这段时间常常上书请求回来，如今我准备答应他的请求，让你来接替他。刘义康虽然没有什么特殊的成绩，但是他洁身自爱，廉政节俭，胸怀广阔，待人诚恳，对部下不放恣，所以在西边的名声十分显赫，被士人和百姓所爱戴，监察的人都认为不应该调走他。如今既然已经更换成你，是因为你和他是同辈，想让你们两个人比比能力。你去西边上任，如果有一件事处理得比不过他，就会对荆楚一带产生很大的隔阂，而别人就会讥笑我用人不当，责任肯定归于我。对于这个职务，你努力治理也还是容易做到的，希望不要让别人产生议论，来指指点点。”刘义宣前往荆州以后，一直是勤勉认真，对自己严格要求，将各种政事处理得井井有条。

庚辰（十八日），刘宋会稽长公主去世。

吐谷浑的慕容吐力延请求北魏出兵征讨吐谷浑王慕容慕利延，北魏君主拓跋焘派晋王拓跋伏罗指挥各路大军袭击慕容慕利延。

九月，甲辰(十二日)，刘宋朝廷任命沮渠安周为都督凉、河、沙三州诸军事，凉州刺史及河西王。

丁未（十五日），北魏君主拓跋焘前往大漠南方，打算袭击柔然，柔然敕连可汗远远地逃走，北魏君主这才收兵。没过多久，敕连可汗去世，他的儿子吐贺真继承汗位，号称处罗可汗。

北魏晋王拓跋伏罗前往乐都，率兵从小路袭击吐谷浑，抵达大母桥。吐谷浑王慕容慕利延非常惊慌，逃到白兰，他的侄子慕容拾寅逃往河西。北魏士兵杀了吐谷浑五千多人。慕容慕利延的堂弟慕容伏念等带领一万三千多部众归降北魏。

冬季，十月，己卯（十七日），刘宋朝廷任命左军将军徐琼为兖州刺史，大将军参军申恬为冀州刺史。把兖州的州治迁移到须昌，冀州州治迁移到历下。申恬是申谟的弟弟。

十二月，丙戌（二十五日），北魏君主拓跋焘返回平城。

这一年，沙州牧李宝来北魏朝见北魏君主，北魏君主拓跋焘把他留在平城，任命他为外都大官。

担任刘宋太子率更令的何承天撰写《元嘉新历》，上报给刘宋文帝刘义隆。他依据月食时日月相对的关系来推测太阳的位置，又用中星来进行检查，知晓帝尧时期冬至这天太阳应该位于须女宿十度的位置，现在则在斗星十七度的位置。何承天还通过测日影来校正冬至和夏至的日期，最后发现有三天多的误差。他认为现在的冬至太阳应该在斗星十三四度的位置上。于是，他重新修订新的历法，把冬至向前移了三天五个时辰，太阳在它现在所在的位置向旧有的位置移动了四度。又因为月亮运转有快有慢，把原来历法中的初一十五拿来对照，发现月食并不在初一和十五这两个日子上。如今，他用每个月天数的多少，推算出闰月，校正了初一和十五的位置。刘宋文帝刘义隆下令让其他大臣再研究。太史令钱乐之等上书，认为何承天所讲的和他们都一样，但是何承天的历法连续三个月都是大月，连续两个月都是小月的现象和旧的历法比较起来相差较大，所以，认为还是应该采用旧历法。于是，刘宋文帝刘义隆下诏同意了新历法的颁布。

元嘉二十二年（乙酉，公元445年）

春季，正月，辛卯朔（初一），刘宋开始颁布使用新历法。起初，西汉京房将十二律的中吕、上生、黄钟，所有没有超过九寸的，全部改为六十律。钱乐之又将它扩大为三百六十律，每天使用一种乐器。何承天提出意见，认为上下相生，在三分之中增减其一，是古人所使用的简便易行的方法。就好像古历中能见到的天空三百六十五度四分度中的一个单位。而京房却没有真正明白其中的含义，而把它误以为六十。于是，何承天重新规定新的音律，林钟长有六寸一厘，就从中吕回到黄钟的位置，每十二律又回到第一音级，声韵没有偏差。

壬辰（初二），刘宋文帝刘义隆任命武陵王刘骏为雍州刺史。刘宋文帝想要收复关、河一带北方的土地，所以命令刘骏去镇守襄阳。

北魏君主拓跋焘派散骑常侍宋愔去刘宋访问。

二月，北魏君主拓跋焘到达上党，又向西到吐京，讨伐并迁移叛变的胡人，将他们配属到各个郡县。

甲戌（十四日），刘宋文帝刘义隆封皇子刘祎为东海王，刘昶为义阳王。

三月，庚申（疑误），北魏君主拓跋焘回宫。

北魏君主拓跋焘下诏："所有有疑问的讼狱案件全部交给中书，由中书根据经义进行裁决。"

夏季，四月，庚戌（疑误），北魏君主派征西大将军高凉王拓跋那等在白兰袭击吐谷浑王慕容慕利延，秦州刺史代人封敕文、安远将军乙乌头在枹罕进攻慕容慕利延的侄子慕容什归。

北凉河西灭亡时，鄯善人认为自己的土地与北魏相邻，感到十分恐慌，说："如果让北魏的使者来到我们这里，知道了我国的虚实，我们很快就会灭亡了。"于是，将与北魏相通的道路全部截断，有北魏使者往来这里，他们就前去抢劫。因此，北魏与西域之间隔绝了好几年。北魏君主拓跋焘派散骑常侍万度归带领凉州以西的士兵前去进攻鄯善。

六月，壬辰（初五），北魏君主拓跋焘去北方巡视。

刘宋文帝刘义隆计划对北魏进行讨伐，先是撤销南豫州，将它与豫州合并。辛亥（二十四日），刘宋文帝任命南豫州刺史南平王刘铄为豫州刺史。

秋季，七月，己未（初二），刘宋文帝刘义隆任命尚书仆射孟顗为左仆射，中护军何尚之为右仆射。

刘宋武陵王刘骏要去镇守襄阳，当时，靠着沔水两岸的各蛮族还是以抢劫为生，水陆交通全部都被阻塞。刘骏分出一部分军队让抚军中兵参军沈庆之统领前去突袭那些强盗，把他们打败。刘骏抵达襄阳后，蛮族切断了他和外界相连的道路，准备进攻随郡。随郡太守河东人柳元景集合了六七百人前去迎击蛮族，将他们击败。于是，各蛮族因此而平定，共俘虏七万多人。涢山的蛮族势力最为强大，沈庆之率兵前去讨伐，平定了那里，俘获三万多人，将其中的一万多人迁移到建康。

吐谷浑的慕容什归听到北魏士兵将要到达枹罕的消息后，连夜放弃城池逃跑。八月，丁亥（初一），封敕文到达枹罕，把当地的一千多家居民迁移到上邽，留下乙乌头镇守枹罕。

北魏的万度归抵达敦煌，放下辎重，率五千轻骑兵向西度过沙漠，向鄯善部落发起进攻，壬辰（初六），鄯善国王真达将自己反绑出城投降。万度归将部分士兵留在鄯善镇守，他与真达一起返回平城。从此以后，北魏与西域的道路再次相通。

北魏君主拓跋焘抵达阴山北，发动每个州的三分之一士兵在各州戒严，等待接下来的命令。又将杂居的五千多家少数民族迁移到北方边境，让他们在北方放牧，以引诱柔然前来进攻。

壬寅（十六日），北魏高凉王拓跋那率兵抵达宁头城。吐谷浑王慕容慕利延率他的部落越过沙漠向西逃跑。吐谷浑前可汗慕容慕璝的儿子慕容被囊率士兵前去迎战，被拓跋那击败。慕容被囊逃跑，中山公杜丰率精锐骑兵前去追赶，一直越过三危山，到达雪山，抓获慕容被囊和吐谷浑慕容什归及乞伏炽磐的儿子乞伏成龙，将他们全部送回平城。只有吐谷浑王慕容慕利延向西逃往于阗国，杀死于阗王，占据该国领地，杀了好几万人。

九月，癸酉（十七日），刘宋文帝刘义隆在武帐冈为衡阳王刘义季设宴践行。刘宋文帝要离开时，告诉他的儿子们暂时不要吃饭，等送别刘义季的宴会开始后再吃东西。但是儿子们一直等到太阳下山，刘义季还没有到，大家都饿得脸色十分难看。刘宋文帝刘义隆这才说："你们从小就在富裕的环境中长大，不了解百姓的生活艰苦，今天就是想让你们了解还有饥饿，以后才知道使用东西要节俭。"

◆裴子野评论说：刘宋文帝的这番训诫好极了！奢侈浪费产生于富有的环境，节俭产生在贫困的环境中。要让他们明白忧困然后成才的道理，不如让他们生活在贫贱的环境中。习惯了艰难困苦的生活，才能更好地担当重任；亲身了解了民情的虚实，就易于君临天下。太祖如果可以用这个教训作为表率，让儿子们的志向操行受到艰难环境的磨炼，降低他们的待遇等级，才能使他们教育有成，树立良好的道德风范，然后将政事交给他们处理，他们就不会懈怠，就能让四方百姓畏服。

高祖刘裕想要巩固自己家族的地位，对襁褓中的婴儿也进行封爵，后世也是遵守他的这一方法，让儿子们独镇一方。等到泰始初、升明末亡国的时候，在襁褓中被杀的幼小亲王宗室就有几十人。国家的存亡，如果不维系在幼小皇子的身上，那么过早地让他们身居高位，这确实不是正确的教诲。◆

北魏的民间谣传"灭亡北魏的是吴"的话，卢水胡族盖吴在杏城聚集群众起兵叛变，其他各族胡人都争相前来响应，集合了十多万士兵。盖吴派他们的代表赵绾来到刘宋都城，上表请求归降刘宋。冬季，十月，戊子（初三），长安镇副将拓跋纥率兵前去讨伐盖吴，拓跋纥战败而死。盖吴的兵势越来越强大，百姓们都渡过渭水前往南山投奔他。北魏君主拓跋焘发动高平敕勒骑兵前往长安，命令将军叔孙拔统领并、秦、雍三州的士兵，屯驻在渭水北岸。

十一月，北魏发动冀州百姓在碻磝津建筑浮桥。

盖吴派另一支部队主帅白广平向西去新平夺取财物，安定的各族胡人纷纷起来响应。盖吴又分兵向东夺取临晋以东的地方，北魏将军章直将他们击败，光是被黄河淹死的就多达三万人。盖吴又派兵向西侵略，一直到长安，与北魏将军叔孙拔在渭水北交战，盖吴兵败，有三万多人被斩杀。

河东蜀人薛永宗聚众响应盖吴，袭击闻喜。因为闻喜县没有军队驻守，县令感到十分恐慌，没有办法。县人裴骏率乡间的豪族与他们进行对抗，薛永宗只好引兵撤退。

北魏君主拓跋焘命薛谨的儿子薛拔对宗族的乡人进行聚集，屯驻在黄河边上，以此截断了盖吴和薛永宗两军会师的通路。庚午（十五日），北魏君主拓跋焘派殿中尚书拓跋处直等率二万骑兵讨伐薛永宗，派殿中尚书乙拔率三万骑兵前去讨伐盖吴，派西平公寇提率一万骑兵前去进攻白广平。盖吴自称天台王，设置文武百官。

辛未（十六日），北魏君主拓跋焘回宫。

北魏从六州中挑选出精骑二万，派永昌王拓跋仁、高凉王拓跋那分别率两路士兵，掠取淮水、泗水以北的地方，迁走青、徐二州百姓，充实河北。

癸未（二十八日），北魏君主拓跋焘西巡。

起初，鲁国孔熙先通晓文史并精通数术，有纵横天下的才华。在担任员外散骑侍郎的时候，不被当时人所了解，心中愤愤而不得志。他的父亲孔默之担任广州刺史，因贪赃枉法而获罪，幸亏有大将军彭城王刘义康营救，才幸免于死刑。等到刘义康被贬到豫章的时候，孔熙先感激刘义康而决定效力报恩，他认为依据天文、图谶，都说明刘宋文帝刘义隆一定会死于非命，是由于骨肉互相残杀，江州应该会出现天子。同时孔熙先觉得范晔心意也是对朝廷不满，于是想把他拉进来一起谋划，但是孔熙先素来不被范晔所看重。太子中舍人谢综是范晔的外甥，孔熙先全力奉承谢综，谢综将孔熙先引见给范晔，让他们相识。

孔熙先的家里十分富有，经常和范晔一起赌博，他常常故意以赌技不精将钱输给范晔。范晔既可以得到他的财物，又喜爱他的才华，于是，两人的感情逐渐融洽起来。孔熙先这才慢慢地向范晔游说："大将军刘义康为人英明果敢，被百姓和神明所瞩目，但是他却被调到南方，无法施展才华，天下的人都为他愤愤不平。而小人我接受先父遗命，要以死来报答大将军的恩德。如今，天下人心骚动，天象错乱，这就是所谓时运将要来到，是无法改变的事情。如果我们顺应上天以及百姓的归向，广交各路英雄豪杰，内外接应，从京师内部起兵，然后杀掉反对我们的人，拥立圣明的天子，来号令天下，有谁敢不服从！我愿意用我七尺身躯和三寸口舌，来建立功业成就大事，而后把功劳归于各位君子，先生以为怎样呢？"范晔听了感到十分惊讶。孔熙先又说："先前，毛玠对曹操是竭力侍奉，张温对孙权是全力议论，这二人都是国家的俊才，哪里是因为自己的言行不当而得到祸害侮辱的呢？全都是因为自己过于廉洁刚正，而长久地不被别人所容纳。先生您在本朝受信任的程度不比曹操对毛玠、孙权对张温的信任更深，但是，您在百姓中的美好声誉，却是远远超过那二人，想要对你有谗言的小人，肯定已经嫉妒很久了，而您与他们平等地竞争，哪里能够达到目的呢？最近，殷景仁只是说了一句谗言，刘班就被杀害，他的死哪里是因为父兄之间的大仇或者百世的宿怨呢？只不过是在争名利以及权势的先后罢了。争到最后，两方都唯恐自己陷害人还不够深，动手不够早，杀了上百人，还说自己没有满足。这真令人感到寒心恐惧，哪里是读书多了就不懂世事的原因呢！现在，是建立大功、崇奉贤明之人的时候，在容易的时候处理难办的事情，用安全来代替危险，还可以享受荣华富贵，收取美名，一个早上举兵就可以得到这些好事，怎么能够放弃不去争取呢？"范晔还是犹疑不决。孔熙先说："还有比这更重要的事情，我不敢说出来。"范晔说："那是什么？"孔熙先说："先生家世清白，身份显赫，而不可以和皇室通婚，这是人家把你当作猪狗来对待，而先生却不认为这是一种耻辱，却想为皇室献身，这不是很糊涂的事吗？"范晔的家门内人品不好，因此，孔熙先用这话想要激怒他。范晔虽然默不作声，但是，心中已经决定造反。

范晔和沈演之二人都被刘宋文帝刘义隆所信任，常常一同被召，每次范晔先到朝廷的时候，一定要等沈演之到了，才一同进宫，但是沈演之先到的时候，却曾被刘宋文帝单独引见，范晔因此心有怨恨。范晔曾经一直担任刘义康府佐，其间得罪过刘义康。但是谢综和他的父亲谢述却都受到了刘义康的重视，谢综的弟弟谢约，又娶了刘义康的女儿。谢综如今是刘义康的记室参军，从豫章返回建康，向范晔表明刘义康的歉意，请求范晔原谅曾经的嫌隙，于是，二人复归旧好。大将军府史仲承祖深受刘义康的宠信，听到孔熙先图谋叛变，便和他相密交结。丹杨尹徐湛之，素来也深受刘义康的喜爱，所以，仲承祖就竭力奉事徐湛之，并将密计告诉徐湛之。道人法略、尼姑法静也都感激刘义康的旧恩，都跟孔熙先来往。法静的妹夫许曜在朝廷上负责统领禁卫，答应作为孔熙先他们的内应。法静抵达豫章，孔熙先给了她一封书信，向刘义康说明图谶的含义。于是，他们私下里秘密布置，并将平时与他们对立的人，全部列入死亡名单。孔熙先派他的弟弟孔休先作一篇檄文，声称："贼臣赵伯符嚣张跋扈，使用兵器冒犯皇上，并对皇太子刘劭造成很大威胁，因此，徐湛之、范晔等奋命起兵，即日内诛杀赵伯符和他的党徒。现在，派护军将军臧质捧着皇上的玺绶去迎接彭城王刘义康来继天子之位。"孔熙先觉得举大事就应该用刘义康的命令来让大家知晓，因此，范晔又伪造了刘义康给徐湛之的书信，让徐湛之杀掉刘宋文帝刘义隆身边的坏人，把这封信拿给谋事的同党们看。

刘宋文帝刘义隆前往武帐冈赴宴，范晔等人谋划在这一天发动叛乱。许曜在刘宋文帝身边侍奉，将佩刀稍微出鞘，向范晔使眼色，范晔不敢抬头看。没有多久，宴会结束，徐湛之担心事情不成，就将孔熙先的计谋全部报告给了刘宋文帝刘义隆，刘宋文帝就让徐湛之详细查看政变的先后情况，徐湛之得到了他们的檄文以及参与叛乱者的名单，将他们交给刘宋文帝。于是，刘宋文帝刘义隆命令负责的官吏彻底追查这件事。当晚，范晔被召进宫后软禁在客省内，并事先抓获谢综及孔熙先兄弟，他们全部认罪。刘宋文帝刘义隆派人审问范晔，范晔还在隐瞒，孔熙先知道了这件事后，笑着说："我们所有的谋划、符檄以及书信，都是范晔所做的，怎么如此抵赖？"刘宋文帝刘义隆把范晔亲笔写的书信拿出给范晔看，范晔才将事情的先后情况都交代出来。

第二天，士兵把抓获的人交给廷尉处理，孔熙先顺着形势，从容道来，言辞坦白没有一丝胆怯。刘宋文帝刘义隆对他的才华感到十分惊讶，派人对他慰勉说："以你的才华，而被埋没在集书省这么长时间，难怪有别的想法，这是我对你亏待了啊。"他又责怪吏部尚书何尚之说："让快到三十岁的孔熙先只是担任散骑郎，他哪里不会叛变！"孔熙先在狱中上书给刘宋文帝，对他的恩典表示感谢，并将图谶的征兆报告给刘宋文帝，并深诫刘宋文帝要小心兄弟相残的祸乱，说："希望不要遗弃我写的这些东西，将它存放在中书省。如果我死了以后，或许可以想起来查看，那么我在九泉之下，也能稍微减少一些挑衅作乱的罪责。"

范晔在狱中作诗说："虽然没有嵇康被杀时抚琴而谈，但是可以像夏侯玄临死前那样不变脸色。"本来范晔认为下狱后当天就会被处死，然而，因为刘宋文帝在彻底追查这件事，过了二十天还没有什么动静。范晔便认为又有了生的希望。狱吏嘲讽说："外面传说太子的詹事范晔也许会长期囚禁。"范晔听到以后，既感到惊讶又十分高兴。谢综、孔熙先嘲笑说："詹事范晔以前是怒目奋起，跃马奔驰，自认为是一代豪杰，现在动荡混乱，却是如此怕死！即使皇上赐你不死，但是人臣企图谋害君主，又有什么颜面得以贪生呢？"

十二月，乙未(十一日)，范晔、谢综、孔熙先以及他们的儿子、兄弟、同党全部都被斩首。范晔的母亲前去刑场，痛哭流涕责骂范晔，拿手打范晔的脖子，范晔却没有后悔的样子，他的妹妹以及妻妾赶来诀别的时候，范晔不觉间泪流满面。谢综说："舅舅这个样子可是比不过夏侯玄当时的样子。”范晔这才停止流泪。

谢约没有参与谋反这件事，当初看到哥哥谢综和孔熙先交往的时候，常常规劝自己的哥哥说：“孔熙先这个人做事轻率轻浮，举止奇异，不行正道，行为果断决绝却不知检点，不能和他太亲近。”谢综没有听从他的劝告而致使事败。谢综的母亲因为儿子和弟弟自蹈叛乱，而不去刑场上看他们。范晔对谢综说：“姐姐今天没有来，是比别人高明很多啊。”

朝廷抄范晔家的时候，见到的乐器衣服以及珍玩，都十分珍奇美丽，妻妾们的珠玉多得用不完。但他母亲住在一个简陋的房子里，只有一个摆着薪柴的厨房。他的侄子冬天没有棉被，叔父在冬天只是穿着单层布衣。

◆裴子野评论说：有超越常人才能的人，必定有一飞冲天的抱负；有超然世俗胸怀的人，常常不愿久居人下。可以严守正道，用礼法来约束自己的人，几乎是很少了！刘弘仁（刘湛）、范蔚宗（范晔）二人都心志骄傲而贪慕虚荣权力，矜持自我的才能而图谋叛逆，历代积累的清白名声，一夕之间尽毁。平时所称赞的智慧能力，反而成为他们毁灭自己的工具。◆

徐湛之向刘宋文帝刘义隆告发的事情有很多都陈述得不详细，被范晔等人在供词中牵连出来，而刘宋文帝刘义隆赦免了他，不再追究。臧质是臧熹的儿子，曾经担任徐、兖二州的刺史，与范晔的关系十分亲厚，范晔被处死以后，他也被贬去担任义兴太守。

有关部门奏请刘宋文帝刘义隆把彭城王刘义康的爵位削去，并抓获他交给廷尉治罪。丁酉（十三）日，刘宋文帝刘义隆下诏，免去刘义康的爵位，将他的亲属全都贬为平民，在宗室户籍中除名，并把他们迁往安成郡。任命宁朔将军沈邵为安成相，率士兵在此看管刘义康。沈邵是沈璞的哥哥。刘义康在安成以读书消磨时光，看到淮南厉王刘长的事情时，将书放下长叹说：“以前就有这样的事，我居然一点都不知道，难怪我会获罪了。”

庚戌（二十六日），刘宋文帝刘义隆任命前豫州刺史赵伯符为护军将军。赵伯符是孝穆皇后赵氏德的侄子。

起初，江东二郊祭祀的时候还没有音乐，宗庙虽然有祭祀时所唱的歌曲，但是也没有文、武这两种舞蹈。这一年，南郊祭祀才开始设祭祀歌。

北魏国安南和平南二将军府向刘宋兖州官府发出公告，指责刘宋地方上设置的很多州，都是滥用北魏各州的名号。同时，他们又要求去南方的太湖游猎，兖州官府回信说："如果必须按照土地来设立州郡，那么你们所设立的徐州以及扬州，难道也有这土地吗？我们又得知你们想去太湖游猎，参观我们南国的风土教化。我们设置并装饰邸舍，有关部门会来接待你们。从前汉代匈奴单于呼韩邪前往汉朝所使用的仪式还在，我们用来款待客人的生肉米粮，常常储存得十分丰富。"

元嘉二十三年（丙戌，公元446年）

春季，正月，庚申（初六），刘宋尚书左仆射孟顗被免去职务。

戊辰（十四日），北魏君主拓跋焘率军前往东边的雍州，临近薛永宗的堡垒，崔浩说："薛永宗还不知道陛下亲自率兵来进攻，军心一定十分散漫。现在正是北风疾速的时候，我们应该趁机快速进攻。"北魏君主同意了他的建议，庚午（十六日），北魏士兵包围堡垒。薛永宗率士兵出来应战，结果大败，他与族人一起投汾水自杀。他的族人薛安都以前占据弘农，听到这个消息后，弃城逃往刘宋。

辛未（十七日），北魏君主拓跋焘向南前往汾阴，渡过黄河，到达洛水桥。听知盖吴驻扎在长安北边，北魏君主拓跋焘认为渭水北边没有粮草，就想向南渡过渭水，再沿渭水向西进军。北魏君主询问崔浩对此有何意见，崔浩说："打蛇的人就要先打蛇头，头如果被击破，尾巴就无法逃掉了。如今盖吴的军营和我们相距有六十里远，派轻骑兵快速前去，一天就可以到达，一旦到达那里，就肯定能把盖吴打败，打败盖吴后，再向南前往长安也不过是一天的时间，多一天的劳顿不至于有什么损失。如果从渭南进军，盖吴就有时间进入北山，我们就无法一下子平定他们。”北魏君主没有听从他的建议，自己率兵从渭水南岸向长安进军，庚辰（二十六日），军队抵达戏水。盖吴知道消息后，全部都分散进入北山之中，北魏士兵什么收获都没有。北魏君主感到十分后悔。二月，丙戌（初二），北魏君主拓跋焘到达长安，丙申（十二日），北魏君主抵达盩厔，又经过陈仓，然后返回，前往雍城，所到之处，将汉人、蛮夷以及与盖吴通谋的人全部杀死。乙拔等各军在杏城击败盖吴的军队。

盖吴又派使者携带奏章前去刘宋请求支援。刘宋文帝刘义隆下诏，任命盖吴为都督关、陇诸军事、雍州刺史，封为北地公，并且派雍、梁二州发兵屯驻在边境，作为盖吴的声援。派使者赐给盖吴一百二十一个大印，让盖吴可以随时代替朝廷加授官职。

起初，虽然林邑王范阳迈派使者向刘宋朝廷进贡，但依旧不断侵犯边境，而且他们所进贡的东西十分微小。于是，刘宋文帝刘义隆派交州刺史檀和之去讨伐林邑。南阳人宗悫，世代都是清白的读书人，只有宗悫十分喜好军事，他常说：“我愿乘长风破万里浪。”等到檀和之要去讨伐林邑时，宗悫自告奋勇请求加入军队，于是，刘宋文帝刘义隆任命宗悫为振武将军，檀和之派宗悫做前锋。范阳迈听说刘宋士兵要来进犯，便派使者请求刘宋文帝将所抢的日南百姓送回，并把一万斤黄金、十万斤白银作为赎金。刘宋文帝刘义隆命令檀和之说：“如果范阳迈真有这么大的诚意，可以同意他归顺。”檀和之率士兵到达朱梧戍，派府户曹参军姜仲基等人前去拜访范阳迈，范阳迈却将他抓了起来。于是，檀和之率士兵包围了林邑将领范扶龙所驻守的区粟城。范阳迈派他的将领范毗沙达去救援范扶龙，宗悫暗地里埋伏士兵迎击范毗沙达，把他打得大败。

北魏君主拓跋焘和崔浩都十分信任寇谦之，并信奉寇谦之的道术。崔浩一向就不喜欢佛教，常常对拓跋焘进言，认为佛教虚无荒诞，并且耗费财物，应该全部将其毁灭。等到北魏君主拓跋焘讨伐盖吴，抵达长安，进入一座佛寺，佛寺的僧侣让北魏君主的随从官吏喝酒。官吏们进入和尚们居住的内室，看到里面有很多兵器，便向北魏君主拓跋焘报告，北魏君主十分愤怒地说："这不是和尚们所用的东西，肯定是与盖吴相通，想要作乱的！"于是，北魏君主拓跋焘下令将佛寺的和尚全部杀死，搜查佛寺财产的时候，发现了酿酒的器具以及州郡主官、富人在此寄存的多达数以万计的东西，又发现了和尚们在地宫里窝藏的妇女。因此，崔浩建议拓跋焘下令把全国的和尚全部杀死，将各种佛经以及佛像摧毁，北魏君主拓跋焘同意了他的建议。寇谦之却反对，极力劝阻崔浩，崔浩不听。于是，他们先是将长安的和尚全部杀死，并把佛经佛像全部都烧毁，并给平城下令，发出诏书通知全国，按照长安对和尚们的办法，诛杀全国和尚。诏书说："以前，后汉的昏君信奉邪乱的佛教，以扰乱天道常规，从古代以来，九州之间从来没有发生这样的事情。荒唐的大话，根本不符合人情，但在乱世的时候，人们全都受到迷惑。因此，政教无法推行，礼义遭到破坏，全国之内，穷困潦倒，全部都变为丘墟。我继承上天的旨意，要铲除虚伪，保留真善，恢复伏羲、神农时期太平安定的社会，应该将佛教全部毁掉，消灭他们的踪迹。从今以后，如果有谁敢事奉胡人所信奉的神和塑造神的泥像或铜人佛像，全部满门抄斩。有不寻常的人，才可以有不寻常的事。没有我，谁可以将这历代积累的假物消除！有关部门要通告征镇各军、各州刺史，凡是发现寺塔、佛像以及佛经，全部都要摧毁，和尚们不分年纪大小全部都要活埋！"太子拓跋晃平时就喜爱佛法，他屡次劝谏北魏君主，北魏君主都不听。于是，他只好拖延宣告的诏书，使得远近地方的寺庙和尚可以事先知道消息，然后各自想办法躲避，很多和尚逃亡藏匿起来，才得以幸免，有的把佛经佛像也收藏起来，只是北魏境内的寺塔佛庙，全部都被摧毁。

北魏君主拓跋焘将长安有技艺的两千家工匠迁移到平城。回京的时候，到达洛水，分派军队前去诛杀以李闰为首反叛的羌族部落。

刘宋太原人颜白鹿秘密进入北魏境内，被北魏士兵抓捕，要杀他的时候，他欺骗说："是青州刺史杜骥命我前来归降。"北魏士兵把他送到平城，北魏君主拓跋焘十分高兴地说："杜骥是我的外家啊！"拓跋焘让崔浩给杜骥写了一封信，并命令永昌王拓跋仁、高凉王拓跋那分别率兵迎接杜骥，并到历城进攻冀州刺史申恬。杜骥派他的府司马夏侯祖欢等率兵去历城支援。北魏士兵便进攻兖、青、冀三州，一直到清水以东才撤回，掠夺屠杀了很多人，刘宋北部边疆的百姓人心骚动，感到不安。

刘宋文帝刘义隆对北魏的入侵感到十分忧虑，询问百官意见。御史中丞何承天上书认为："防备匈奴侵略的办法，不外乎两种：一是武将尽力前去征伐，一是儒士们主张借用和亲来建立友好关系。如果要仿效卫青、霍去病的做法，肯定要扩大淮水、泗水农田的面积，充实青、徐二州的力量，使百姓的储存丰裕，田野里有积粮，然后再发动精兵十万，便可以将敌人一举荡平；如果只是出兵前去征讨追击，报复他们的侵略，他们肯定会轻骑逃走，不愿和我们会战，白白地消耗我们的财物，对敌人却没有丝毫损伤，所以，这种采取武力报复的进攻，从此就不会停止，这是最下等的方法。最长远的方法，就是安定边境，巩固边防。我认为曹操、孙权之所以各霸一方，是因为他们的才智可以匹敌，而在长江、淮水之间的流域，各有数百里无人居住区，这是为什么呢？因为这是侦察士兵出没的郊野，而不是耕田放牧的地方。所以，将壁垒巩固，将人口迁走，以等待他们的到来，整顿武装以抓住对方的弱点，这样就可以保护百姓，顾全国家的完整，不会超出这条途径。简单说来，它的策略有四个方面：一是将住在远处的百姓迁到附近。如今青、兖二州旧有的百姓和冀州新归附的百姓，有三万多家在边界居住，可以将他们全部迁移到大岘以南，以此来充实内地的力量。二是多多地建筑城邑，让新迁来的百姓可以有地方居住，将房子借给他们，春夏时耕田畜牧，秋冬时可以进堡居住。这样北魏士兵入侵时，一个城邑有一千家，能够作战的人就不会少于两千人，其余的老弱病残，还能登上城堡呐喊助威，这样就足够抵抗三万敌人。三是将百姓的耦车耕牛编集起来，以此来运载粮食以及军械，合计一千家的财产，肯定不会少于一千头耕牛，五百辆车子，将它们调和钩连在一起，能够用来保护大众。即使城邑不牢固，可以从平地进入险要地带，这样一来，敌人就无法再进一步侵犯，而等到有紧急情况时，可以将附近的军队临时聚集起来，两夜就可聚集好。四是依照士兵的数量准备兵器。一个城邑有两千士兵，依据他们各自的能力，分配给他们自己的武器，让他们平时进行军事训练，自己刻上记号，练习结束回到城邑时把兵器存进兵库统一管理，外出迎敌时就将兵器取出来擦拭磨砺。百姓缺少的弓箭以及锐利的铁制武器，官府应该逐步加以补充完全。几年之内，军事方面就可以初具规模。现在附近的各郡军队，要前去很远的清水、济水屯驻，军资耗费十分巨大，士兵的劳苦怨恨也很深。依我之见，不如利用当地百姓的力量更为容易。如今，我们应该按照对百姓有利的准则去做，顺从形势并加以引导统领，兵力强大也就没有敌人入侵的忧虑，国家富足而老百姓并不劳苦，这和坐吃粮食，免除士兵的赋税，是不可相提并论的。”

北魏的金城人边固、天水人梁会以及秦州、益州各地杂居的百姓有一万多户据守在上邽东城，起兵反抗北魏，他们的攻势直逼西城。秦、益二州刺史封敕文率兵将他们击退。氐、羌二族一万多人，休官、屠各族两万多人，都纷纷起兵响应边固、梁会，封敕文进攻边固，杀掉了他，剩余造反的人又推举梁会为他们的领袖，和封敕文相对抗。

夏季，四月，甲申（初一），北魏君主拓跋焘到达长安。

丁未（二十三日），刘宋朝廷下令大赦天下。

仇池人李洪聚集百姓，自称为王。梁会向氐王杨文德请求支援，杨文德说：“两雄无法并立，如果必须要我帮忙，你应该先杀死李洪。”于是，梁会骗出李洪并杀了他，把李洪的头送给杨文德。五月，癸亥（十一日），北魏君主拓跋焘派安丰公拓跋闾根率骑兵前往上邽，还没到，梁会就弃城而逃了。封敕文事先在城外挖好几重壕沟，并派士兵严加防守，双方一直搏斗，从夜里到第二天天亮。封敕文说：

"贼人知道自己没有活路，所以同我们以死相拼，杀了我们很多士兵，我们很难战胜他们。"于是，封敕文高举白虎幡告诉梁会的部下士兵，只要他们投降就可以赦免，梁会的士兵立马溃败。封敕文又分别派士兵前去追讨，将他们全部平定。略阳人王元达在松多川屯驻聚集了很多百姓，封敕文又率士兵前去征讨，平定了他们。

北魏盖吴收集残余的部众屯驻在杏城，自封为秦地王，声势再次浩大起来。北魏君主拓跋焘派永昌王拓跋仁、高凉王拓跋那率北道各路士兵前去讨伐。

檀和之等人攻克区粟，斩杀范扶龙，并且乘胜一直追击到象浦。林邑王范阳迈发动全国的军力前来迎战，他把马甲披覆到大象的身上，象阵的前后望不到头。宗悫说："我听说外国有狮子，它的凶猛威严能够将百兽镇服。"于是，他们制作了很多狮子形的东西，以此来和大象对抗，大象果然被狮子惊走，林邑的军队大败。于是，檀和之攻克林邑，范阳迈父子快速逃走。刘宋士兵获得的稀世珍宝多得不可胜数，但是宗悫一样东西都没有拿，回家那天，他的衣着仍旧很俭朴。

六月，癸未朔(初一)，发生日食。

甲申（初二），北魏发动冀州、相州、定州三州的兵力二万人，屯驻在长安南山的各个山谷中，以防盖吴逃往其他地方。丙戌(初四)，又出动司州、幽州、定州、冀州四州的兵力十万人修建京畿外围的防卫工事，东起上谷，西到黄河，一直绵延覆盖了一千里。

刘宋文帝刘义隆命令修筑北堤，修筑玄武湖，并在华林园修筑景阳山。

秋季，七月，辛未（二十日），刘宋文帝刘义隆任命散骑常侍杜坦为青州刺史。杜坦是杜骥的哥哥。起初，晋朝名将杜预的儿子杜耽，为逃避晋朝战乱而迁到河西居住，在张氏的部下做官。前秦攻克凉州以后，他的子孙才又回到关中。刘宋高祖刘裕灭掉后秦以后，杜坦兄弟跟随高祖渡过长江。那时，江东的王、谢几个家族正是兴盛的时期，晚来的北方人受到歧视，朝廷把他们看作是北方荒凉之地的乡下人，即使有才能被任用，也不可以被征召为清贵之官。刘宋文帝刘义隆曾和杜坦一起谈论过金日磾，说："遗憾的是如今再也没有金日磾这样的人才了！"杜坦说："金日磾如果活在今天，养马都已忙不过来，怎么会被人所知道呢？"刘宋文帝脸色大变说："你把朝廷想得太刻薄了！"杜坦说："请以我自身为例，我家原是中原的名门望族，因为晋朝的动乱，不得已搬到西凉居住，并没有因为迁移而改变旧有家业。但是，现在只是因为我们南渡长江比较晚，就认为我们是荒伧而排斥我们。金日磾是匈奴人，身为给朝廷养马的人，居然可以越级升为内侍，和贤者相提并论。像现在这样，即使朝廷再次选拔人才，也未必可以轮到我。"刘宋文帝刘义隆听了他的话后默不作声。

八月，北魏高凉王拓跋那等率兵击败盖吴，抓获了他的两个叔叔。将领们打算将他们押送到平城，镇守长安的守将陆俟说："长安地势险要，风俗豪放凶悍，没有战乱的时候都不可以忽视它，更何况这正是在战乱之后呢，如果不杀死盖吴，长安的战乱就不会停止。现在盖吴一人潜逃流窜，假若不是他的亲信，又有谁可以将他捕获呢？留下十万兵众来追捕他一个人也不是长久的计策。不如我们私下里释放盖吴的叔叔，并赦免他的妻子和孩子，让他们去寻找盖吴，这样我们就一定可以抓到盖吴。"各将领都说："如今贼人党众已经散去，只有盖吴一个人逃走，他还能做些什么呢？"陆俟说："各位难道都没有看过毒蛇吗？不砍断它的头，它就还可以去伤害别人。盖吴天性凶狠狡诈，如果逃走，会自称有王命的人不会死，以此来诱惑愚昧无知的百姓，如此一来，造成的祸乱更大。"各将领说："你说得很对。但是抓到贼人而没有杀他们，还将他们放走，如果他们不回来了，谁来承担这个罪责？"陆俟说："这个罪名，我来替各位承担。"高凉王拓跋那也认为陆俟的计谋是正确的，于是，赦免了盖吴的两个叔叔，和他们约定好回来的期限就放了他们。到约定的日子，盖吴的两个叔叔还没有回来，各将领都将罪过推到陆俟身上，陆俟说："他们只是还没有找好机会下手而已，一定不会辜负我们的期望！"过了几天，盖吴的两个叔叔果然回来了，还带着盖吴的头。消息很快就传到平城。永昌王拓跋仁继续率兵讨平盖吴的残余部下白广平、路那罗等，将他们全部平定。北魏君主拓跋焘任命陆俟为内都大官。

正好赶上安定的卢水胡人刘超等人聚集一万多民众叛变北魏，北魏君主拓跋焘因为陆俟在关中的威名以及恩慈都十分大，又加授陆俟为都督秦、雍二州诸军事，镇守长安。北魏君主拓跋焘对陆俟说："关中的百姓奉承朝廷的教化还没有多长时间，我们的恩德还没树立起来，所以，当地的官吏百姓常常叛乱。如今，我把重兵交给你，刘超等人肯定也会同心协力，一起据守险要之地来对抗朝廷，攻取他们并不容易，如果我们派的士兵过少，就无法降服敌人，希望你可以谋划好战略来取得胜利。"于是，陆俟一个人骑马前往长安。刘超等人知道这件事后，十分高兴，认为陆俟是无所作为的。

陆俟到了关中以后，用事情的胜败，生死利害来对刘超进行劝导，并且假说要娶刘超的女儿为妻，以此做诱饵，通过结为姻亲来达到让刘超归顺的目的。但是，刘超自恃人多力大，仍然没有归降的想法。于是，陆俟就率他营帐内的部下亲自前去见刘超，刘超派人迎接陆俟，说："如果你的随从超过三百人，我们就用弓箭战马来对待，如果随从不到三百人，我们就会用美酒佳肴来招待。"于是，陆俟就带了二百骑兵前去见刘超，刘超的防卫十分严密，陆俟纵情饮酒一直喝醉才返回自己的地方。没过多久，陆俟又挑选了敢死勇士五百人借外出游猎为名，转到刘超所在的军营。陆俟与士兵约定说："发动进攻的时间应该在我喝醉的时候。"刘超招待陆俟，陆俟假装喝得酩酊大醉，骑上马大声喊叫，亲手砍下刘超的头颅。士兵们应声进攻，杀了刘超的士兵几千人，平定刘超。拓跋焘将陆俟征召回平城，任命他为外都大官。

这一年，吐谷浑汗国又回到他们的故土生活。

资治通鉴卷第一百二十五　宋纪七

起丁亥（公元447年），止庚寅（公元450年），共四年。

【题解】本卷记录了宋文帝刘义隆元嘉二十四年至二十七年共四年间刘宋与北魏等国的大事：魏将万度归与唐和平定西域；魏主拓跋焘几次出兵柔然，致使柔然逐渐衰弱；刘宋沈庆之、柳元景平定沔北诸蛮叛乱；魏主拓跋焘率兵南侵，宋将陈宪坚守、臧质等率兵救援，魏兵退去；魏国谋臣崔浩专制朝权，主编国史，听信小人之言，被灭族；刘宋佞臣王玄谟等怂恿文帝北伐，文帝不听沈庆之等人劝告，派兵进攻滑台；王玄谟进围滑台时，坐失良机，全军伤亡殆尽；从襄阳北出的柳元景等战势喜人，但因东线王玄谟惨败，只好撤回；刘义恭在部将张畅的坚持下，据城坚守；魏主拓跋焘攻彭城不克，派李孝伯出使彭城，与刘宋的张畅互逞辞令；沈璞、臧质合作守盱眙，公而无私；魏主拓跋焘建议南北分治，互通友好，刘宋内部意见不一，未予回复。

太祖文皇帝中之下

元嘉二十四年（丁亥，公元447年）

春季，正月，甲戌（二十六日），刘宋文帝刘义隆下令大赦。

北魏吐京胡以及山胡酋长曹仆浑等率兵叛变。二月，北魏征东将军武昌王拓跋提等人率兵前去将他们平定。

癸未（初五），北魏君主拓跋焘抵达中山。

北魏士兵攻克敦煌时，沮渠牧犍派人打开府库，拿走金银珠宝以及玉器，府库的大门从此不再关闭，百姓们争相进来盗走剩余的珠宝，北魏有关部门进行抓捕，没有抓到一个人。到此时，沮渠牧犍的左右亲信和看守府库的人才向北魏朝廷告发了沮渠牧犍，并且说沮渠牧犍父子藏有很多毒药，暗地里前后杀了好几百人。而且说沮渠牧犍的姐妹们都会邪术。有关部门搜查了沮渠牧犍的家，发现了沮渠牧犍所藏匿的财物。北魏君主拓跋焘十分恼怒，下令赐沮渠昭仪自杀，并将沮渠牧犍的族人全部诛杀，只有沮渠祖因为最先投降而免于一死。又有人告发沮渠牧犍还与他的旧臣有所联系，意图叛变，三月，北魏君主拓跋焘派崔浩前去沮渠牧犍的府第让他自杀，谥号为哀王。

北魏下令定州的三千家丁零部落迁移到平城。

六月，北魏西征将领扶风公拓跋处真等共八人，因吞没军用物资和侵占掠夺赃物，每人各得钱财数以千万计，全部被处斩。

起初，刘宋文帝刘义隆因为货币面值太大而物品价格太低，便下令改铸新的四铢钱。所以，百姓中有很多把古钱毁掉，用铜自己偷偷铸造新钱，刘宋文帝感到十分忧虑。录尚书事江夏王刘义恭向刘宋文帝建议说，请求用一个大钱当两个小钱。右仆射何尚之则建议说："货币的兴起，是以估货的价值为标准的，这种事情只要有买卖交易就会出现，哪里会因为多铸大钱而受到影响呢？货币数量少的话价值就高，货币数量多的话货物的价值就高，货币的多少虽然不一样，但是用它们交易的功能并没有什么不同。何况用一个大钱当作两个小钱，只是将表面的价值增加了而已。如果我们实施这个制度，那么富人的财产就会成倍地增加，贫苦百姓的生活会更加困苦，这恐怕不是一个可以使社会达到贫富均衡的好办法吧！"刘宋文帝最终采纳了刘义恭的建议。

秋季，八月，乙未（二十日），刘宋徐州刺史衡阳文王刘义季去世。刘义季自从彭城王刘义康被贬以后，就整日放纵饮酒，不再处理政事。刘宋文帝曾写信责备过他，并且加以规劝，但是刘义季仍然一如既往地酗酒，最终因饮酒过度而生病去世。

北魏乐安宣王拓跋范去世。

冬季，十月，壬午（初八），刘宋胡藩的儿子胡诞世杀了豫章太守桓隆之，占据豫章郡起兵造反，他想拥立前彭城王刘义康为皇上，前交州刺史檀和之在去官回京的路上，经过豫章，击败并斩杀了胡诞世。

十一月，甲寅(初十)，刘宋文帝刘义隆封皇子刘浑为汝阴王。

十二月，北魏晋王拓跋伏罗去世。

杨文德占据北魏的葭芦城，并招抚诱降氐、羌族部落的人，武都等五郡的氐人全都归附。

元嘉二十五年（戊子，公元448年）

春季，正月，北魏仇池的守将皮豹子率各路大军前去讨伐杨文德。杨文德大败，放弃葭芦城，逃往汉中。皮豹子逮捕了杨文德的妻子、儿子以及僚属，并没收其军资，同时又抓捕了杨保宗所娶的北魏公主，返回平城。

起初，杨保宗要叛变北魏，公主是尽力鼓励他。后来有人问公主说：“你为什么要反叛自己父母的国家呢？”公主说：“如果事情可以成功，我就是一国之母，怎么是现在小县公主身份可以相比的呢！”北魏君主拓跋焘命公主自杀。

杨文德因为失去所镇守的城池而被罢免官职，他的爵位及封土全部被削去。

二月，癸卯（疑误），北魏君主拓跋焘抵达定州，将建筑京畿外围要塞工事的人解散，并前往上党，下令杀了潞县叛变的百姓两千多家。同时将河西、离石的五千多家百姓强行迁往平城。

闰月，己酉（初七），刘宋文帝刘义隆在建康宣武场举行阅兵典礼。

起初，刘湛被斩首后，吏部郎庾炳之开始受到刘宋文帝的宠信，一直官至吏部尚书，权势在朝野压倒所有人。然而，庾炳之没有才学，而且个性暴躁浅薄，主持吏部尚书以后，喜爱辱骂宾客，而且接受很多贿赂，士大夫们全都对他十分厌恶。

庾炳之将两个尚书令史留宿在他家，受到有关部门的弹劾。而刘宋文帝认为他的罪过很小，不想过问。于是，仆射何尚之竭力揭发庾炳之的缺点，说："庾炳之看见别人有蜡烛盘和好的驴子，全部都要去索取；他所选用的人才不公平也不是一两件；他交结自己的党羽，喜爱挑拨是非，伤风败俗，甚过范晔，他与范晔相比所少的只是还没有对朝廷反叛这件事而已。就算不加罪于他，也应该把他撤职流放！"刘宋文帝刘义隆打算任命庾炳之为丹杨尹，何尚之又说："庾炳之犯罪辜负了皇上给予他的恩德，如果再给他封授丹阳尹这样的官职，就会使他的形势进一步增强。古人说：'有功不赏，有过不罚，就算是尧舜，也无法治理好天下。'我以前就因为范晔的事情向皇上禀告过，也担心会冒犯圣上。但是，我现在只要能把自己心中的话说出来，即使被处死也不后悔。历观古今很多大事，从来没有罪行累累，接受贿赂数百万，而可以像庾炳之这样得到高官厚禄的啊。"刘宋文帝刘义隆这才罢免了庾炳之的官职，任命徐湛之为丹杨尹。

刘宋彭城太守王玄谟向刘宋文帝上书说："彭城位于水陆交通的要道，请求皇上派皇子亲自莅临主持政务。"夏季，四月，乙卯(十四日)，刘宋文帝刘义隆任命武陵王刘骏为安北将军兼任徐州刺史。

五月，甲戌(初四)，北魏君主拓跋焘任命交趾公韩拔为鄯善王，镇守鄯善，对百姓的赋税和劳役，和北魏内地郡县的设置一样。

当刘宋用一个大钱当两个小钱的方法通行一段时间以后，朝廷和私人都认为很不方便。己卯初九，刘宋文帝刘义隆下令废除这个制度。

六月，丙寅（二十六日），刘宋荆州刺史南谯王刘义宣升迁为司空。

辛酉（二十一日），北魏君主拓跋焘前往广德宫。

秋季，八月，甲子（二十五日），刘宋文帝刘义隆封皇子刘彧为淮阳王。

西域般悦国与平城相距有一万多里，派使者前往北魏，请求和北魏分别从东西方共同讨伐柔然汗国，北魏君主拓跋焘同意了，下令北魏内外实行戒严。

九月，辛未（初二），刘宋文帝刘义隆任命尚书右仆射何尚之为左仆射，领军将军沈演之为吏部尚书。

丙戌（十七日），北魏君主拓跋焘前往阴山。

北魏成周公万度归前去进攻焉耆国，大败焉耆国，焉耆国王鸠尸卑那逃跑到龟兹。北魏君主拓跋焘下诏，派唐和与前部王车伊洛率各自的士兵和万度归会合，共同讨伐西域，唐和游说并收降了柳驴等六座城池，又趁机共同前去讨伐波居罗城，最终占领了波居罗城。

冬季，十月，辛丑（初三），北魏弘农昭王奚斤去世，他的儿子奚它观继承爵位。北魏君主拓跋焘说："奚斤以前在关西战败，论罪理应处死，但是，因为奚斤曾佐助过先朝，所以恢复了他的爵位和封邑，使他能够终享天年，君臣之间的情分已经可以了。"于是，将奚它观的爵位降为公爵。

癸亥（二十五日），北魏实行大赦。

十二月，北魏万度归从焉耆向西发兵讨伐龟兹，留下唐和镇守焉耆。驻守柳驴的乙直伽意图反叛，唐和进行反击，斩杀了乙直伽。从此，各族的胡人都十分畏服北魏，西域再次获得平定。

北魏太子拓跋晃在阴山行宫朝见北魏君主拓跋焘，然后跟随北魏君主前去攻伐柔然汗国。走到受降城，仍然没有见到柔然的士兵，于是，拓跋晃把粮食屯放在城内，在那里留下守卫然后返回平城。

元嘉二十六年（乙丑，公元449年）

春季，正月，戊辰朔（初一），北魏君主拓跋焘在漠南宴请各位大臣。甲戌（初七），北魏君主又起兵前去攻打柔然汗国。高凉王拓跋那从东路发兵，略阳王拓跋羯儿从西路发兵，拓跋焘和太子拓跋晃从涿邪山发兵，行军几千里。柔然处罗可汗郁久闾吐贺真十分恐惧，远远逃走。

二月，己亥（初三），刘宋文帝刘义隆前往丹徒，拜谒京陵。三月，丁巳（疑误），刘宋文帝下令大赦天下。募集了各州愿意迁居的几千家百姓迁来充实京口。

庚寅（二十四日），北魏君主拓跋焘回到平城。

夏季，五月，壬午（十七日），刘宋文帝刘义隆回到建康。

庚寅（二十五日），北魏君主拓跋焘前往阴山。

刘宋文帝刘义隆想要收复中原，文武百官争相献计前去迎合，希望可以取得刘宋文帝的宠信。彭城太守王玄谟尤其喜好进言，刘宋文帝刘义隆对侍臣说："认真想想王玄谟所说的话，让人有霍去病攻伐匈奴封狼居胥的感觉。"御史中丞袁淑向刘宋文帝上书说："皇上如今应该收复赵、魏旧有的土地，前去泰山祭祀天神。臣遇到这千载难逢的机遇，愿意呈上一封禅书。"刘宋文帝刘义隆听了十分高兴。袁淑是袁耽的曾孙。

秋季，七月，辛未（初七），刘宋文帝刘义隆任命广陵王刘诞为雍州刺史。刘宋文帝认为襄阳向外与关中、黄河相接连，所以想要扩张襄阳的财力军力，于是，撤除了江州军府，罢黜了江州的文武百官，全部改配给雍州。原来湘州百姓向朝廷交纳的租税也全部都给了襄阳。

九月，北魏君主拓跋焘率兵讨伐柔然，高凉王拓跋那从东路发兵，略阳王拓跋羯儿从中路发兵。柔然汗国处罗可汗郁久闾吐贺真动员全国所有的精锐部队将拓跋那的军队包围了几十重，拓跋那挖掘深沟在阵地坚守了好几天，郁久闾吐贺真向拓跋那挑战了好几次，都被拓跋那打败。郁久闾吐贺真认为拓跋那兵少却十分坚锐，猜测支援拓跋那的大军将要来到，于是，在夜间去除包围，率兵离开。拓跋那率兵追赶了九天九夜。郁久闾吐贺真越发感到害怕，放下辎重，越过穹隆岭远远逃走。拓跋那获得了郁久闾吐贺真的辎重，率兵返回，和北魏君主拓跋焘在广泽会合。略阳王拓跋羯儿掳获了柔然百姓和一百多万头牲畜。从此以后，柔然汗国逐渐衰弱，远远地躲避起来，再也不敢入侵北魏的边境地区。冬季，十二月，戊申（十七日），北魏君主拓跋焘返回平城。

沔北的各个山蛮族前来入侵雍州，刘宋的建威将军沈庆之率后军中兵参军柳元景、随郡太守宗悫等二万多人前去讨伐蛮族，共分八路一并进军。在此之前，各个将领讨伐蛮族，都是在山下驻扎营地，再逼近攻击迫使他们投降，蛮族占据在高山上的有利地势，发射乱石利箭攻击，刘宋士兵多次失利。沈庆之说："去年，蛮族的粮食大获丰收，他们将粮食囤积在深山中，我们无法与他们长期抗战，不如出其不意，一直攻入他们的腹部，肯定可以攻破。"于是，下令各路大军将树木砍倒，向山上登去，一路喊叫着向前进攻，各蛮族都感到十分震惊，刘宋士兵乘着他们惊慌而发动进攻，蛮族立刻全部崩溃，四处逃散。

元嘉二十七年（庚寅，公元450年）

春季，正月，乙酉（二十四日），北魏君主拓跋焘前往洛阳。

建威将军沈庆之从去年冬天一直到今年春天，多次击败雍州境内的蛮族势力，把蛮人囤积的粮食抢来，作为刘宋军队的粮食，前后一共斩杀了三千人，俘虏的有二万八千多人，归降的有二万五千多户百姓。幸诸山的大羊蛮族凭借地势险要建筑城堡，防守十分坚固。沈庆之前来进攻，命令士兵在山中连营扎寨，各自在营地内部挖水池，早晚都不出去取水。不久，刮起了很厉害的大风，蛮族偷偷派人在夜间潜入军营放火，各军用水池里的水将火浇灭，并在两边用弓弩发射，蛮族的军队四处逃散。蛮族所在位置据险坚守，没有办法攻破，沈庆之就设立了六个戍所在此驻守。时间长了，蛮族将粮食全部吃完，渐渐有人请求投降，刘宋士兵便将他们全部迁往建康，作为营户。

北魏君主拓跋焘率士兵入侵刘宋。二月，甲午（初三），北魏君主拓跋焘前往梁川狩猎练兵。刘宋文帝刘义隆听到这个消息后，下令给淮河、泗水的各个郡守说："如果北魏进行小规模的侵犯，那么就各自坚守城池；如果是大军侵犯，就率百姓全部前去寿阳。"因为边境的侦察不准确而状况不明，辛亥（二十日），北魏君主拓跋焘亲自率步兵、骑兵十万人突然越过边境。刘宋南顿太守郑琨、颍川太守郑道隐全都放弃城池逃走。

那时，豫州刺史南平王刘铄正镇守寿阳，他派左军行参军陈宪代替处理汝南郡政务，驻守悬瓠，悬瓠城中士兵不到一千人，拓跋焘率大军包围了悬瓠。

三月，刘宋因为战争兴起，将朝廷内外文武百官俸禄减少了三分之一。

北魏士兵日夜不停地攻击悬瓠，他们做了很多楼车，靠近城池来射击，一时间，箭如雨下，守城的士兵背着门板，去井里提水，北魏士兵在冲车的一头用大铁钩钩住城楼的围墙，把南部的城墙破坏。陈宪赶紧在里面又建了一道围墙，外面又加了一道木栅来抗拒。北魏士兵将沟堑填平，强行登上城墙和刘宋士兵肉搏，陈宪指挥将士苦苦奋战，双方士兵的尸体堆积如城墙一样高。北魏士兵踏着尸体登上城墙，与刘宋士兵短兵相接，陈宪锐气不减，更加奋勇迎敌，士兵们全部都是以一当百，杀伤的北魏士兵数以万计，而城中守城的士兵也死得超过一半。

北魏君主拓跋焘派永昌王拓跋仁率步兵、骑兵一万多人，将他们所掠夺的六郡百姓驱赶北上屯驻汝阳。当时，刘宋徐州刺史武陵王刘骏镇守彭城，刘宋文帝刘义隆派伺察敌情的使者前去通知刘骏出动骑兵，带上三日的粮食前去袭击北魏士兵。刘骏征用方圆百里得到一千五百匹马，一共兵分五军，派参军刘泰之率安北骑兵行参军垣谦之、田曹行参军臧肇之、集曹行参军尹定、武陵左常侍杜幼文、殿中将军程天祚等分别率五路大军，直指汝阳。北魏士兵只考虑到刘宋的救兵从寿阳而来，对于彭城中的刘宋士兵没有丝毫防备。丁酉（疑误），刘泰之等率兵偷袭北魏军队，杀死三千多人，纵火烧毁了北魏的辎重，北魏士兵四处奔散，俘虏也趁机向东逃跑。北魏军队侦察到刘泰之等人没有后援部队，于是，再次率兵回来进攻，垣谦之首先撤退，士兵感到十分惊慌，一时大乱，纷纷抛弃武器四处逃走。刘泰之被北魏士兵斩杀，臧肇之掉到水里淹死，程天祚被北魏士兵抓获，只有垣谦之、尹定、杜幼文和士兵一共九百多人得以逃走，另外还有四百多马匹和他们一起回来。

北魏君主拓跋焘围攻悬瓠四十二天，刘宋文帝刘义隆派南平内史臧质前往寿阳，和安蛮司马刘康祖一起率兵前去援救悬瓠，拓跋焘派殿中尚书任城公拓跋乞地真率士兵迎战，臧质等人迎击并杀了拓跋乞地真。刘康祖是刘道锡的堂兄。

夏季，四月，北魏君主拓跋焘率士兵开始撤回，癸卯(十三日)，北魏君主返回平城。

壬子（二十二日），刘宋安北将军武陵王刘骏被降号为镇军将军，垣谦之被诛杀，尹定、杜幼文押付尚方官署做苦工。陈宪被任命为龙骧将军，同时兼任汝南、新蔡二郡太守。

北魏君主拓跋焘给刘宋文帝写信说：“以前，盖吴叛变，煽动关、陇一带的百姓造反，你又派人前去加以诱导，把弓箭送给男的，把臂环送给女的。这不过是他们用欺骗的手法来获取贿赂之财，要不然怎么会有在远处却甘愿服从的道理，你作为大丈夫，为什么不出兵自己前来攻取，而用金银珠宝来诱惑我边境的百姓？还让投奔你的人免掉七年的赋役，你这是肆意奖赏奸邪小人的做法，我如今夺取你土地上的百姓数量与你前后所得我百姓的数量，谁多谁少呢？

“如果你想要保存好刘家的宗庙，就将长江以北的土地全部割让给我，然后让士兵撤回江南。这样我就把长江以南让给你居住。否则，你就应该好好地命令方镇、刺史、守宰恭敬地准备好酒食器具、床帐，等着我来年秋天前去攻取扬州。这是大势所然，我终不会放弃。从前，你向北与柔然交往，向西和赫连、沮渠、吐谷浑相勾结，向东又和冯弘、高丽联系。如今这些国家全部都被我灭掉，由此看来，你哪里可以单独存在呢？

“柔然可汗吴提、吐贺真都已经死了，如今我要向北征伐，先将那些骑马贼寇铲除，如果你不按我说的去做，明年秋天我肯定再次前来夺取，因为你没有那么多的骑马贼人，无法跑掉，所以我先不打你。等到我进攻的那一天，你要怎么办呢？不管你是挖深沟自守还是修筑城墙作为屏障，我一定会大方地前去攻打扬州，不像你一样偷偷地去耍一些小计谋，你派来侦察的人我已经抓获，并把他放回去了，这人眼睛看到了我们所有的一切，详细的情况你可以好好地问一问他。

“你曾经派裴方明前来夺取仇池，得到城池以后，却因为嫉妒他的谋略和战功，而自己无法容许。有这样好的大将，还是把他杀了，你哪里能够和我较量呢？你已经不是我的对手了！你常常想要和我作战，我既不是白痴，也不是骄傲的苻坚，何时与你作战呢？我白天命令骑兵将你包围，晚上让他在离你一百里外的地方宿营。吴人有晚上偷袭对方军营的技巧，但是，你所招募的士兵来到这里，走不过五十里，天就会亮了。你所招募来的这些士兵的头，哪里不会被我的士兵砍下呢？

“你父亲时的旧臣虽然年纪大了，但还是十分有智策，但是，我知道他们如今已经被你杀完了，这不是上天都在帮助我吗？而且杀你也不需要动用我的刀刃，我有善于念咒的婆罗门教士，自然就会有鬼绑着你来见我啊！”

刘宋侍中、左卫将军江湛升迁为吏部尚书。江湛性情公正廉洁，与仆射徐湛之一起得到刘宋文帝刘义隆的宠信，当时的人们将他们并称为“江徐”。

北魏司徒崔浩，自恃很有才能并且深受北魏君主拓跋焘的宠信，独揽朝中大权，他以前曾推荐冀、定、相、幽、并五州的几十个士族直接起用为郡太守。太子拓跋晃说：“早先征聘的人，也是才能足以担任州刺史、郡太守的人选，他们担任这些职务已经有很长时间了，一直工作勤劳辛苦而没有得到朝廷报答，应该先将他们补为郡守县令，然后让新征用的人替他们做郎吏。而且地方主官管理百姓，应该由有经验的人所担任。”但是，崔浩坚持力争，派他推荐的人前去担任。中书侍郎兼著作郎高允知道这件事以后，对东宫博士管恬说：“崔浩恐怕免不掉一场灾祸了！为了达到他无理的私心而与有权势的人对抗争胜，将怎么来保全自己呢？”

北魏君主拓跋焘任命崔浩为监秘书事，派他与高允等人一起编撰《国记》，拓跋焘对他们说：“必须要依据事实录写。”著作令史闵湛、郗标，性情奸巧、善于说话，深受崔浩的宠信。崔浩曾经注解《易》《论语》《诗》《书》等书，闵湛、郗标向皇上上书说：“马融、郑玄、王肃、贾逵等人所做的注解，没有崔浩做得精细，请求皇上可以把国内由以上这些人所注解的书没收，颁行崔浩所注解的书，命令全国都来学习，并请求皇上命令崔浩继续注解《礼传》，使得后人在将来可以看到正确的释义。”崔浩也极力推荐闵湛、郗标二人有著述的才华。闵湛、郗标二人又建议崔浩把他所撰写的《国史》刻在石碑上，以表彰崔浩的秉笔直书。高允知道这件事情以后，对著作郎宗钦说：“闵湛、郗标所做的这些事，如果有一点差错，恐怕就会给崔家铸成万世的大祸，那么我们这些人也无法幸免了。”然而崔浩居然同意了闵湛、郗标的意见，将《国史》刻在石碑上，立在平城郊外的天坛东边，占地一百步见方，共使用了三百万劳力才完成。崔浩书写了北魏先世们的事迹，史事都陈述得十分详细真实，他把石碑列在交通要道上，来来往往看到的人，都在议论这件事。北方鲜卑人对此十分愤怒，纷纷向北魏君主拓跋焘控告崔浩，认为他这是在大肆张扬先祖的污点。拓跋焘听了十分恼怒，下令有关部门调查处理崔浩和其他秘书郎吏等人。

起初，辽东公翟黑子深受北魏君主拓跋焘宠信，前去出使并州，接受他人一千匹布的贿赂，被发现以后，翟黑子和高允商量说：“皇上审问我的时候，我应该据实以告还是隐瞒不承认呢？”高允说：“你是朝廷的宠臣，犯了罪应该自首把事情说出来，或许有机会被皇上所赦免，不能再次欺骗皇上。”然而中书侍郎崔览、公孙质说：“如果你把实话说出来，皇上要如何处置你很难预测，还不如隐瞒不承认。”翟黑子埋怨高允说：“你为什么要害我置身于死地呢？”等到翟黑子面见北魏君主时，没有说实话，北魏君主十分生气，就杀了他。北魏君主拓跋焘随后派高允来教授太子拓跋晃经书。等到崔浩被抓捕入狱，太子拓跋晃召高允入东宫，留他住了一晚上。等到第二天天亮，二人一同入朝，走到宫门的时候，太子拓跋晃对高允说："我们入宫见皇上，我自会引导你去做些什么，如果皇上有问，你只管按照我说的话去作答。"高允问道："出了什么事吗？"太子拓跋晃说："你入宫就会知道了。"太子拓跋晃见到北魏君主拓跋焘说："高允做事小心细密，而且地位卑贱，所有的文章都是由崔浩一人所作，请求您将他的死罪赦免。"北魏君主召见高允，问道："《国书》都是崔浩一个人所写的吗？"高允回答说："《太祖记》，是由前著作郎邓渊所撰写，《先帝记》和《今记》，是我和崔浩一起撰写的。但是崔浩做的事情很多，对于《国书》他只是校订而已，并没有撰写多少，至于注疏的工作，我做的比崔浩做的多。"北魏君主听后十分生气，说："那么高允的罪过比崔浩还要大，哪里能够不死呢？"太子拓跋晃害怕地说："陛下的威严严肃庄重，高允这样的小臣被您的威严吓得惊慌失措而失去理智胡言乱语了，臣先前询问过他，他说全部都是崔浩所做的。"北魏君主质问高允说："真的如太子所说的那样吗？"高允回答说："我的罪过应当灭族，我不敢欺骗您。是因为我在太子身边侍讲的时间很长，所以他可怜我的遭遇，想要为臣谋求一条生路而已。实际上他没有问过我，我也没有说过这样的话，我不敢胡言乱语来欺骗您。"拓跋焘看着太子说："这就是正直的人啊！这在人情很难做到，可是高允居然可以做到，马上就要死了还不改变说辞，这就是诚实的人，为臣不敢欺骗皇上，这就是忠贞，应该特别免除他的罪，来表彰他的诚实。"于是，赦免了高允。

北魏君主拓跋焘再次召见崔浩，亲自审问他。崔浩恐慌无法答复。而高允当时却是事事都说得很明白，十分有条理。于是，北魏君主拓跋焘下令让高允写诏书，将崔浩和他的僚属宗钦、段承根等人，以及他们的仆吏，一共一百二十八人，全部都诛杀五族。高允犹豫没有写。北魏君主拓跋焘派人多次催促，高允请求再觐见北魏君主拓跋焘一次，才愿意写诏书。北魏君主命人将他带到自己面前，高允说："崔浩所犯的罪过被逮捕入狱，如果还有别的罪过，那么我就不敢多说，如果只是因为直笔写史而冒犯了皇族，那么他的罪过还不至于达到被处死的地步。"北魏君主拓跋焘听了十分生气，下令抓捕了高允。太子拓跋晃替高允求情，北魏君主的怒气才稍稍平息，说："如果没有这个人，就会有几千人被处死。"

六月，己亥（初十），北魏君主拓跋焘下诏，诛杀清河崔氏以及与崔浩的同宗族人，不管血缘的亲近，以及崔浩的姻亲范阳卢氏、太原郭氏、河东柳氏，全部都被诛杀全族。其余获罪的人，只诛杀本人。崔浩被关在一个木槛车里，由士兵押送到城南，押送的数十个士兵都在他身上小便，崔浩呼叫的惨声，过往的路人都可以听到。宗钦在被斩首前叹息说："高允算得上是圣人了。"

过了几天，太子拓跋晃责备高允说："人应该知道如何见机行事，我打算为你洗脱死罪，已经有了好的开始，而你却一直不合作，以至于如此激怒皇上，现在我每次想起来，都感到害怕。"高允说："史官，就是记载君主的好坏，以此来告诫后人，所以，君主就会有所畏忌，对自己的行为举止就会谨慎行事。崔浩对皇上的恩德有了辜负，用他自己的欲望淹没了他的廉洁，用他个人的爱恨遮蔽了他的公正秉直，这是崔浩的过错。至于对皇上起居动态的书写，陈述国家行政的得失，这是史官的重要原则，并不能说有多大的过错。我和崔浩实际上是共同做的这件事情，生死荣辱，应该一样才对。我接受太子赐给我的再生恩德，违背自己的良心而得以免于死罪，这并不是我愿意做的。"太子为之动容，一直赞叹着。高允退下后对别人说："我之所以没有听从太子的引导，是因为害怕辜负了翟黑子。"

最初，冀州刺史崔赜、武城男崔模与崔浩属于同一个祖宗而不属于同一个族系，崔浩对他们经常看不起，所以，与崔浩并不是十分亲善。等到崔浩被诛杀，全族被诛，只有这两家的人得以幸免。崔赜是崔逞的儿子。

辛丑（十二日），北魏君主拓跋焘向北巡视阴山。北魏君主杀了崔浩以后就十分后悔。恰好北部尚书宣城公李孝伯身患重病，有人传他已经死去。拓跋焘悲悼说："李宣城死得可惜！"接着又说："我说错了。应该是崔司徒死得可惜！李宣城的死让人哀痛！"李孝伯，是李顺的堂弟，自从崔浩被杀以后，国家的军事以及朝廷大事都由李孝伯处理，北魏君主对他的宠信和眷顾仅次于崔浩。

起初，车师大帅车伊洛世代臣服于北魏，北魏君主拓跋焘任命车伊洛为平西将军，封为前部王。车伊洛要到平城朝拜北魏君主，在高昌镇守的沮渠无讳截断了他的去路，车伊洛多次和沮渠无讳交战，把沮渠无讳打败。沮渠无讳在战败身亡以后，他的弟弟沮渠安周夺去了沮渠无讳儿子沮渠乾寿的士兵，车伊洛趁机派人前去游说沮渠乾寿，于是，沮渠乾寿率他的五百多家百姓投奔北魏。车伊洛又对李宝的弟弟李钦等五十多人游说，将他们全部游说成功，转送到了北魏。车伊洛向西前去袭击焉耆，留下他的儿子车歇守城，沮渠安周率柔然士兵从小路偷袭他们，攻克了车歇据守的城池。车歇逃到了他父亲车伊洛的地方，一起将残兵聚集在一起，镇守焉耆，并派使者给北魏君主拓跋焘上书，说："我们被沮渠氏包围攻击，先后已经有八年了，百姓们都很窘迫，无法生活，我如今已经抛弃自己的国土逃走，和我一起幸免一死的只余有三分之一，我们现在已经走到焉耆的东边，请求您拯救我们！"于是，北魏君主拓跋焘下诏，命令打开焉耆粮仓，救济车伊洛的人民。

吐谷浑王慕容慕利延被北魏所逼迫，给刘宋文帝刘义隆上书请求进入越巂自保，刘宋文帝答应了他的请求，但是慕容慕利延却没有来。

刘宋文帝刘义隆想要讨伐北魏，丹杨尹徐湛之、吏部尚书江湛、彭城太守王玄谟等人都赞成拥护文帝的想法，只有左军将军刘康祖认为："今年已经到了年底，请等待明年再说。"刘宋文帝说："北方苦于暴政，到处都有反抗的百姓，我们的军队如果再拖一年，就会让这些起义者感到灰心，所以我们不能这样做。”

太子步兵校尉沈庆之进谏说：“我们的军队是步兵，他们是骑兵，形势上对我们不利，檀道济两次率兵北伐都没有打赢，到彦之也是战败而回。如今，我估计王玄谟等人的才能，都无法超过檀道济、到彦之二人，我们军队的强盛也不如从前了，出兵恐怕会使我们的军队遭受侮辱。”刘宋文帝说：“我们的军队两次失败，另有它自己的原因，檀道济放纵贼人而抬高自己，到彦之在进军的中途生病导致失败。敌人所依赖的只有马，今年夏天的雨水很多，河道畅通无阻，如果我们乘船北上，北魏的守军一定会逃走，在滑台驻守的士兵，也是不难攻克的。占领这两城以后，就用敌粮来安抚百姓，虎牢、洛阳两关肯定也无法守住，等到初冬到来，我们各城已经相连接，敌人的战马一渡过黄河，我们就能将他们擒获。”沈庆之仍然再三陈述不可以讨伐北魏的原因，于是，刘宋文帝让徐湛之、江湛与沈庆之辩论。沈庆之说：“治理国家就好像治理自己的家，耕种要向农夫请教，纺织要向纺织婢女请教，皇上如今想要出兵讨敌，却和白面书生谋划，这有什么帮助呢？”文帝听了大笑。

太子刘劭和护军将军萧思话也极力劝谏刘宋文帝，刘宋文帝都没有采纳他们的建议。

北魏君主拓跋焘听说刘宋文帝刘义隆要北伐的消息，又给刘宋文帝写了一封信说：“我们双方已经和好很长时间了，而你却贪得无厌，引诱我边境的百姓。今年春天我南下巡视，顺便慰问我那些逃往你那里的百姓，驱赶他们一下便回到自己的境内。如今听说你准备亲自来，如果你能到达中山和桑乾川，就请随便行动，来的时候我不迎接，离开的时候我也不送。如果你对你的土地厌倦，那么你可以来平城居住，我也前去扬州居住，我们不妨相互交换土地。你都快到五十岁了，还从来没有迈出自己的家门，虽然你有自己的力量前来，但是也就像三岁的幼儿一样，和我们在马背上生长的鲜卑人相比，你该是什么样子的呢？如今我们也没有多余的东西可以送给你，只有二十匹猎马以及一些毛毡、药品，你远道而来，马力不足，可以乘坐我送给你的马。或者有水土不服时，可以吃我送去的药自己治疗。”

秋季，七月，庚午（十二日），刘宋文帝刘义隆下诏：“虽然敌人最近受到我们的挫折，但是他们的兽心并没有除去。今日，得到河朔、秦、雍华戎等地上表的奏章，他们都诉说了自己的痛苦，举踵翘首地等待我们去解救，他们暗地里已经联合起来等候大军的到来。甚至柔然也派使者秘密地远来以表达他们的诚心，发誓与我们联合进攻北魏。因此，我们出兵的大好机会，就在今天。现在，可以派宁朔将军王玄谟率太子步兵校尉沈庆之、镇军谘议参军申坦所统领的水军渡过黄河，接受青、冀二州刺史萧斌的督统，太子左卫率臧质、骁骑将军王方回直接到达许昌、洛阳，徐、兖二州刺史武陵王刘骏、豫州刺史南平王刘铄各自率自己所属的部下，从东西两方一起进攻。梁州、南秦、北秦三州刺史刘秀之在汧、陇一带侵扰破坏，太尉、江夏王刘义恭在彭城驻守，担任各军总指挥。”申坦是申钟的曾孙。

起初，全国军队大规模动员，上至王公、王妃、公主和朝廷的官员、牧守，下到富有的百姓，全都献出金帛以及其他物品来援助国家支用。因为兵力不够，又发动青、冀、徐、豫、北兖、南兖六州百姓，按每三个壮丁出一人、五个壮丁出两人的比例进行征召，也可以雇用他人代替参军。通知到达十天内，就要整理行装起程出发。长江五郡的壮丁在广陵聚集，淮水三郡的壮丁在盱眙聚集。同时，又招募国内擅长马步专长武力的壮士，对他们加以厚赏。有关部门又向朝廷报告军费不足，于是，扬州、南徐州、南兖州、江州四州，凡是富民家财超过五十万的、僧尼的积蓄超过二十万的，都要借出四分之一的钱来供军队急用，等到战事结束后就还钱。

建武司马申元吉率兵趋近碻磝。乙亥（十七日），北魏济州刺史王买德弃城而逃。刘宋青、冀二州刺史萧斌派将军崔猛攻打乐安，北魏青州刺史张淮之也弃城而逃。萧斌和沈庆之留下镇守碻磝，派王玄谟去围攻滑台。雍州刺史随王刘诞派中兵参军柳元景、振威将军尹显祖、奋武将军曾方平、建武将军薛安都、略阳太守庞法起率兵进攻弘农。后军外兵参军庞季明，已经七十多岁，自认为是关中的豪门望族，请求暗地里进入长安招集夷蛮民众，刘诞答应了他的请求。于是，庞季明从赀谷进入卢氏，卢氏人赵难收容了庞季明，庞季明游说当地的官员百姓，很多人响应他，薛安都等人因此从熊耳山通过，柳元景率士兵随后前进。豫州刺史南平王刘铄派中兵参军胡盛之从汝南出发，梁坦从上蔡出发向长社进军，北魏荆州刺史鲁爽镇守长社，弃城而逃。鲁爽是鲁轨的儿子。刘宋幢主王阳儿攻破北魏豫州刺史仆兰，仆兰大败逃往虎牢，刘铄又派安蛮司马刘康祖率兵援助梁坦，大军直逼虎牢。

北魏群臣刚刚听到刘宋士兵北上的消息，就报告给北魏君主拓跋焘，请求派士兵抢救黄河沿岸的谷粮以及绵帛。北魏君主说："如今我们的马匹还没有肥壮，天气也还是炎热的时候，出兵一定不会取得胜利。如果刘宋士兵不断进攻，我们就暂且回到阴山躲避一下。我们本来就是穿羊皮裤的，要这些棉布丝绸有何用！只要拖延到十月以后，我们就不用有什么好忧虑的了。"

九月，辛卯（疑误），北魏君主拓跋焘率兵向南援救滑台，命令太子拓跋晃屯驻漠南，以防柔然进攻，又命令吴王拓跋余在平城留下据守。庚子（疑误），北魏发动各个州郡五万士兵，分配给各军队。

刘宋宁朔将军王玄谟的军队气势强盛，所配备的武器也十分精良，但是，王玄谟刚愎自用，喜爱杀戮。起初包围滑台，城中有很多茅屋，各个将领请求用火箭将这些茅屋烧毁，王玄谟说："那些茅屋会是我的财产，怎么能把它烧掉！"这样使得城中的北魏守军将房屋赶快拆除，挖掘地穴居住进去。当时，黄河、洛水一带居住的百姓，争先把他们的粮食送给刘宋大军，而且，每天都有数以千计的人带着兵器前来投奔，王玄谟对这些投奔的士兵没有按照原有的军官配给，而是把他们分别派给和自己亲近的军官。他给每家一匹布，却要求每家交大梨八百个，于是，北方群众都大失所望。王玄谟进攻滑台城，几个月都没有攻克，听到北魏援兵将要来到的消息，众将领请求用马车作为营垒迎战，王玄谟没有听从。

冬季，十月，癸亥（疑误），北魏君主拓跋焘到达枋头，派关内侯、代人陆真在晚上和几个人突破刘宋士兵的包围圈，偷偷潜入滑台城中，安抚城中的北魏士兵。而且，登上城头察看王玄谟的军营，然后辗转出城返回报告给北魏君主。乙丑（疑误），北魏君主拓跋焘渡过黄河，号称百万大军，战鼓的声音就像打雷一样震动天地。王玄谟感到十分害怕，连忙退去。北魏士兵追击他，杀死刘宋一万多士兵，王玄谟的部将四处逃散，最后几乎没剩一个人，丢弃的军资以及兵器堆积如山。

起初，王玄谟派钟离太守垣护之率百艘军舰作为前锋，据守石济，在距离滑台西南一百二十里处。垣护之听到北魏大军即将到来的消息，立马快信给王玄谟，劝王玄谟进攻滑台，说："起初，武皇围攻广固，死的人有很多，何况今天面临的急迫与当时相比更甚，怎么可以再考虑士兵的伤亡劳苦呢？希望能够把屠城当作急务来处理。"王玄谟没有听从他的建议。等到王玄谟战败撤退时，来不及通报垣护之。北魏士兵把从王玄谟那里抢来的战舰用铁锁连了起来，一共结成三排，将黄河切断，断绝了垣护之的归路，黄河水十分湍急，垣护之从中流顺流而下，每次遇到铁锁，就用长柄斧头将铁锁切断，北魏士兵无法阻挡垣护之的军队，所以，到最后，垣护之只是损失了一只船，其余的船全部完好无损地安全返回。

萧斌命令沈庆之率五千士兵去救援王玄谟，沈庆之说："王玄谟的士兵都十分疲累，没有士气，然而敌兵已经逼近，我们必须要有几万人的兵力才可以前进，如果只率小部队轻率赶去救援，恐怕没有什么好处！"萧斌坚决让他前去，这时王玄谟正好逃回来，萧斌要斩了王玄谟，沈庆之再三劝谏说："北魏君主威震天下，率着百万大军，怎么是王玄谟可以抵挡的！而且斩杀战将是削弱自己的力量，这不是一个好办法！"萧斌这才没斩王玄谟。

萧斌打算坚守碻磝，沈庆之说："如今青、冀二州兵力虚弱，我们却是在空守孤城，如果敌人向东边进军，那么，清水东边就不再属于我们国家。碻磝地处孤绝，一旦与北隔绝起来，又会和朱修之据守滑台的情况一样了。"正好朝廷传达诏书的使者来到，说不允许萧斌退兵。于是，萧斌又把各将领召集在一起商议，大家一致赞同应该留守，沈庆之说："都城以外的战事，将军完全可以自己决定，皇上的命令从远方传来，是不知道目前的实际情况。你下边有一个像范增一样的谋士却不用他，还空谈什么可以使用的计策呢？"萧斌和在座的将领们都忍不住笑着说："沈公的学问真多啊！"沈庆之对众人厉声说："虽然你们通晓古今，却不如我耳朵仔细听到的多啊！"于是，萧斌派王玄谟驻守碻磝，申坦、垣护之据守清水河口，自己则率各路大军返回历城。

闰十月，庞法起等各路大军进入卢氏，斩杀卢氏县令李封，任命赵难为卢氏令，让他率当地百姓担任向导。这时，中兵参军柳元景从百丈崖跟随各路大军来到卢氏。庞法起等率士兵攻击弘农，辛未（十五日）攻占弘农，擒获北魏弘农太守李初古拔。建武将军薛安都留守弘农。丙戌（三十日），庞法起率兵进军潼关。

北魏君主拓跋焘命各位将领分路并进。永昌王拓跋仁从洛阳向寿阳进军，尚书长孙真向马头进军，楚王拓跋建向钟离进军，高凉王拓跋那从青州直逼下邳，北魏君主拓跋焘自己率兵从东平直指邹山。

十一月，辛卯(初五)，北魏君主拓跋焘到达邹山，鲁郡太守崔邪利被北魏士兵抓获。北魏君主看到秦始皇的石刻，命令士兵把它打倒，并派人用牛羊猪三种牲畜前去祭祀孔子。

刘宋楚王刘建从清水向西挺进，屯驻萧城，步尼公从清水向东挺进，屯驻留城。刘宋武陵王刘骏派参军马文恭率兵增援萧城，江夏王刘义恭派军主嵇玄敬率兵增援留城。马文恭被北魏士兵打败，步尼公在途中和嵇玄敬相遇，二人引兵进攻苞桥，想要渡过清水向西进军，沛县百姓正在放火烧毁苞桥，晚上在林中不停地敲鼓，北魏士兵以为刘宋大军来了，都争相渡过苞水，有一半都被淹死。

刘宋文帝刘义隆下诏任命柳元景为弘农太守。柳元景派薛安都、尹显祖先率兵到达陕城和庞法起等人会合，柳元景则在后方征收税粮。陕城地势险要，十分坚固，刘宋各军围攻也无法攻破。北魏洛州刺史张是连提率两万士兵越过崤山去救援陕城，薛安都等在城南与张是连提应战。北魏派骑兵突击，刘宋士兵无法抵挡，薛安都十分愤怒，解下头盔、战甲，只穿了一件红衣背心，他的战马也将马甲解下，怒目而视，手执长矛，单骑呐喊着奔进敌阵，无人可阻，北魏士兵左右夹射也未能射中。像这样突进敌人阵营有几次，杀伤北魏士兵无数。直到黄昏，另外一位将领鲁元保率兵从函谷关来到这里，北魏士兵这才撤退。柳元景派军副柳元怙率两千步骑前去援救薛安都等人，晚上抵达陕城城南，北魏士兵不知道。第二天，薛安都等人在城西南设置兵阵，曾方平对薛安都说："如今强敌当前，坚城在后，这正是我们战死的时候。你如果不向前进攻，我就杀了你，如果我不向前进攻，你就杀了我！"薛安都说："好！你说得没错！"于是，两军合战，柳元怙率士兵从南门击鼓呐喊直出，军旗招展，北魏士兵感到十分害怕。薛安都挺身奋战，身体受伤，流血在手臂上都已经凝固，长矛折断后又换矛再次向前进攻，各军愈战愈勇。从早上一直大战到黄昏，北魏士兵大败，斩杀了张是连提以及士兵三千多人，其余北魏士兵有很多掉入河沟而死，另外有两千多人投降。第二天，柳元景抵达，责备投降的人说："你们本来就是中原百姓，现在却为敌人卖命，直到打败以后才投降，为什么要这样做呢？"投降的北魏士兵异口同声地说："胡人驱使我们为他们作战，迟一些就会被灭族，他们用骑兵践踏驱赶我们，有很多人没有作战就已经被打死，这是将军所亲眼看到的。"各将领建议把俘虏全部杀死。柳元景说："如今，皇上让我们北上，应该用仁义的名声来为我们开路。"于是，释放了全部俘虏，让他们回家，大家都喊着万岁而回。甲午（初八），刘宋士兵攻克陕城。

庞法起等率士兵进攻潼关，北魏守将娄须弃城而逃，庞法起占据了潼关。关中豪杰纷纷起来反对北魏的统治，在四山居住的羌、胡二族的人也都送来犒劳士兵的物品，愿意归附。

刘宋文帝刘义隆认为王玄谟兵败逃走，北魏士兵从东部深入境内，柳元景等人就不应该单独进攻，于是，就把他们全部召回。柳元景派薛安都断后，自己率士兵返回襄阳。刘宋文帝刘义隆下诏任命柳元景为襄阳太守。

北魏永昌王拓跋仁进攻悬瓠、项城二城，将它们攻占。刘宋文帝刘义隆害怕北魏士兵到达寿阳，就命令安蛮司马刘康祖回来。癸卯(十七日)，北魏拓跋仁率八万骑兵前去追击刘康祖，追到尉武。刘康祖只有八千士兵，军副胡盛之准备依靠山险让军队走小路前往寿阳。刘康祖十分恼怒，说："我们前往黄河边寻找敌人，始终都没有找到，如今他们自己送上门来，我们为什么还要躲避呢？"于是，让士兵结成车营，继续前进，刘康祖下令说："作战时回头看的人斩首，转过身不前进的人砍断双脚！"北魏士兵从四面围攻，刘宋士兵全都是拼死作战，战斗一直从早上坚持到下午，刘宋士兵杀了北魏士兵一万多人，流血淹没人的脚踝。刘康祖身上有十多处受伤，但是斗志愈加坚强。北魏把士兵分为三部分，轮流作战。这时，正好赶上夜幕降临，刮起大风，北魏士兵用骑兵背草纵火将刘宋军营烧毁，刘康祖随即补救军营。有流箭射穿了刘康祖的脖子，刘康祖跌下马身亡，剩余的士兵没有人指挥，无法作战，于是立马崩溃，刘宋士兵被北魏士兵全部杀死。

刘宋南平王刘铄派左军行参军王罗汉率三百士兵据守尉武。北魏士兵突然到达，王罗汉的士兵想要跑到灌木中自卫，而王罗汉认为自己接受命令在这里守城，不愿意离开。北魏士兵攻进尉武，抓获王罗汉，北魏士兵用锁链锁住他的脖子，派三郎将看守。晚上，王罗汉砍掉三郎将的头颅，自己抱着锁链逃往盱眙。

北魏永昌王拓跋仁向寿阳进军，他们沿途掠夺焚烧马头、钟离二地。南平王刘铄围绕城池，加固防守。

北魏士兵占据萧城，与彭城相距十多里，彭城的刘宋士兵很多，但是粮食却很少。太尉江夏王刘义恭打算放弃彭城，返回南方。安北中兵参军沈庆之认为历城兵少粮多，建议用函箱战车装载，派精兵作为外围，护送江夏王刘义恭、武陵王刘骏以及他的妃子女儿直奔历城。又分兵一部分配给护军萧思话，让他留在彭城镇守。太尉长史何勖则建议去郁洲，然后再乘船从海路返回京师。刘义恭离开彭城的决心已定，但是对两种意见的选择有所争议，所以，经过一天也没有讨论决定。安北长史沛郡太守张畅说："如果我们能够到达历城、郁洲二地，下官哪里会不赞成！但是如今城中食粮短缺，百姓都有逃命的想法，只是由于城门紧闭，无法离去罢了。一旦大军出城离去，百姓就会四处逃散，我们想让他们到达本应该到达的地方，要如何做到呢？如今粮食虽然缺少，但是短期内还可以维持，这样，怎么可以把安全的办法舍弃，而要走危险死亡的道路呢？如果必须弃城离开，请让下官颈上的鲜血来污染大王的马蹄！"武陵王刘骏对刘义恭说："叔父你既然是统帅，去留的决定不是我们可以干预的。但我是一城之主，如果弃城逃走，实在是没有脸面对朝廷，所以，我要与彭城共存亡，张长史所说的话，我们不可以不听！"刘义恭这才决定不再离去。

壬子（二十六日），北魏君主拓跋焘抵达彭城，在戏马台上设置毡屋行宫，以此来眺望彭城城内的情况。

马文恭战败时，队主蒯应被北魏士兵抓获。北魏君主拓跋焘派蒯应前去彭城小市门向守军索要酒和甘蔗，武陵王刘骏就给了他，但是向北魏索要骆驼作为回报。第二天，北魏君主拓跋焘派尚书李孝伯前去彭城南门，送给刘义恭貂裘，给刘骏送去骆驼以及骡子，并且说："北魏君主致意于向安北将军张畅表示问候，你们可以暂时出城相见，我们也绝不攻打彭城，何必要辛苦劳累士兵，严加防守到如此地步呢？"刘骏让张畅出城前去和他相见，张畅说："安北将军致意向北魏君主表示问候，希望可以一直见面，来表达情谊，但是因为身为人臣，无法和国外的人有私交，所以，很遗憾不能出来与您见面。守备是国家边境很正常的事，只要百姓能够快乐地生活，虽然我们士兵辛劳，但却是心甘情愿没有怨恨！”北魏君主拓跋焘又索要柑橘以及赌博的器具，刘宋士兵将这些东西全部给了他，北魏君主又派人送去了毛毡、九种盐以及胡豆豉，同时，又向刘宋军队借用乐器，刘义恭回答：“我们身在军营，没有带乐器这种东西来！”李孝伯向张畅询问说：“为什么把城门匆忙关闭，吊起护城河桥？”张畅回答：“两位王爷认为北魏士兵的军营还没有扎稳，士兵也十分疲劳，我们的十万精兵，担心他们忍不住和你们自相践踏，所以，我们如今先关闭城门。让你们的将士休息一段时间，然后我们再在战场相见，定下日期交锋！”李孝伯说：“宾客如果有礼貌，就可以让主人随意来选择。”张畅说：“昨天我看到很多宾客来到城门口，似乎并不是彬彬有礼。”这时，北魏君主拓跋焘派人来说：“我向太尉、安北将军致意，你们为什么不派人到我们这里来呢？我们彼此之间的感情，虽然无法尽情倾诉，但是你们也应该派个人来看看我是大是小，了解我是老是少，观察一下我的为人怎么样！如果你们无法派左右佐吏前来，也可以派个童仆来啊！”张畅以两位王爷的命令说：“北魏君主的形貌以及才能力量，我们已从来往使者那里清楚了。李尚书也是亲自带着北魏君主的命令来过，如此一来，就不必担心我们彼此之间不能全面了解了，所以，我们就没再派使者前往。”李孝伯又说：“王玄谟只是一个一般将才而已，你们为什么要把这样大的事情交给他，导致他奔逃失败呢？自从我军进入你们境内七百多里，你们居然连一次抵抗都没有。邹山的地势险要坚固，这是你们的屏障，但是我们的前锋才刚刚接触你们，你们的崔邪利就害怕得躲藏进了洞穴，将领们把他倒着拖出来投降。北魏君主拓跋焘赐他们不死，现在，他也随从我们的军队来到这儿。”张畅说：“王玄谟只是我们的一位小将，不能算得上有才之士，我们只是把他作为前锋罢了，当时只是后方的大军还未来到，黄河正值结冰的时候，所以，王玄谟因为在夜晚班师回朝，导致兵马发生小乱罢了。崔邪利被抓获，对我们国家没有什么损害。北魏君主拓跋焘亲自领数十万大军仅仅是对付一个小小的崔邪利，这有什么值得说的呢？你们进入我们境内七百里而没有看到我们的抵抗，这是我们太尉的神机妙算，镇军将军的明策，用兵自有用兵的机密，无法相告！”李孝伯说：“北魏君主拓跋焘不会包围进攻彭城，但是他会亲自率大军直指瓜步山。如果南征顺利，彭城不用我们包围就会瓦解，如果我们不太顺利，彭城也就没有必要包围了。我们如今要南下饮长江的水来解渴啊！”张畅说：“你们是去是留，这需要由你们自己来决定，如果胡马可以喝到长江水，那就没有天理了。”以前有童谣流传：“胡马饮长江水，（佛狸）拓跋焘卯年死。”所以张畅说了这些话。张畅言谈举止文雅庄重，李孝伯以及左右的人都对他叹为观止。但是，李孝伯也辩才不停，临离开时，对张畅说：“长史要多加保重，我们相距只是几步，遗憾无法与你握手交谈言欢！”张畅也说：“您也要保重，希望平定祸害的日子不远，那时你也可以返回宋朝，今天就是我们相识的开始！”

刘宋文帝刘义隆把杨文德升迁为辅国将军，命令他率士兵从汉中西边进入北魏境内，侵扰汧、陇一带。杨文德的同宗杨高率阴平、平武各氐人抵抗杨文德，杨文德打败杨高，并斩杀了他，因此，阴平、平武全部平定。梁、南秦二州刺史刘秀之派杨文德前去攻讨啖提部落，无法攻克，刘秀之派人抓获杨文德，押送到荆州。派杨文德同曾祖的哥哥杨头戍守葭芦。

丁未（二十一日），刘宋朝廷下令大赦天下。

北魏君主拓跋焘围攻彭城，无法攻克。十二月，丙辰朔（初一），北魏君主率大军南下，派中书郎鲁秀在广陵发兵，高凉王拓跋那在山阳发兵，永昌王拓跋仁向横江发兵，所有经过的城池，无不烧杀抢掠，城邑全部崩溃。戊午（初三），刘宋都城建康戒严。己未（初四），北魏士兵到达淮河。

刘宋文帝刘义隆派辅国将军臧质率一万士兵前去增援彭城，到达盱眙，发现北魏君主的大军已经渡过淮水。臧质赶紧派冗从仆射胡崇之、积弩将军臧澄之在东山安营扎寨，派建威将军毛熙祚据守前浦，臧质自己率士兵据守盱眙城南。

乙丑（初十），北魏燕王拓跋谭进攻胡崇之，崇元、澄之、熙祚三人驻地全部都被攻克，臧质按兵不敢前去救援。胡澄之是胡焘的孙子。毛熙祚是毛修之的侄子。当晚，臧质的士兵也全部被击溃，臧质抛弃所有武器辎重，率七百单骑逃往盱眙城。

起初，盱眙太守沈璞前去任职时，王玄谟还在围攻滑台，长江、淮河一带都是平安无事。沈璞认为盱眙处于交通要道，所以，下令修筑城墙，疏通并加深环城的壕沟，蓄积财物粮食，准备矢石，做好守城准备，那时，他的部属都认为没有必要，朝廷也认为他做得太过分。现在北魏士兵南下，各地守官大多弃城逃走。有人规劝沈璞返回建康，沈璞说："如果敌人认为我们的城小而不予理会的话，我们又有什么好怕的呢？如果他们要来进攻，这正是我报效国家的时候，也是各位封侯之日，我们怎么可以逃走呢？各位以前见过几十万大军进攻一座小城而守城的人没有战败的情况吗？昆阳、合肥全部都失败，这就是明证！"大家的心这才稍微安定下来。沈璞征集了两千名精兵，说："这些就足够了！"没过多久，臧质来投奔，属下的人对沈璞说："如果敌人不来攻城，就用不到这么多的士兵；如果敌人前来攻城，城中也只可以容下现有的兵力。我们的地小人多，不能不说是忧患，而且敌人数量多而我们人少，这是人人皆知的，如果臧质的士兵可以击退敌人保住城池，那么功劳就不再是我们的了，如果我们逃避责任，撤回都城，则双方都要依靠船只，那么一定会互相残杀，反而会给我们带来祸患，不如把城门关闭不接收他们。"沈璞说："敌人肯定不会攻破我们的城池，这一点我敢向各位保证。我们乘船南回的计划，本来就已经否定了。敌人的凶狠残暴，是我们自古至今都没有见过的，他们掠夺屠杀的痛苦，是大家有目共睹的，其中最幸运的人，也是被驱逐到北魏当奴隶罢了。臧质的军队虽然是一群乌合之众，难道他们不怕这样吗？所谓‘同船共渡，胡、越也会同心’的说法，就是这些事情。如今我们士兵众多，敌人很快就会撤退，如果我们兵少，他们撤退得慢。我们怎么可以为了独得功劳而留住敌人为患呢？”于是，他打开城门，将臧质一行人接纳进来。臧质看到城内军资丰厚，十分高兴，士兵们都高呼万岁，于是，臧质与沈璞一起留守盱眙。

北魏士兵南下侵略，没有准备粮食等物品，只能靠掠夺来维持生活。渡过淮水以后，百姓大多藏匿起来，他们再也无法抢到什么东西，导致人马饥乏，北魏君主听到盱眙有存粮的消息，想把粮食抢回来作为回国的军资。北魏士兵打败胡崇之以后，城池却一直无法攻下，于是留下将领韩元兴率几千人围困盱眙，北魏君主拓跋焘则率大军南下，这样一来，盱眙城的防守就更加完善。

庚午（十五日），北魏君主拓跋焘前往瓜步山，摧毁百姓住宅，砍伐芦苇建造小筏，扬言要渡长江。建康城内一片惊恐，城里百姓都挑着担子要从城中出逃。壬午（二十七日），城内外戒备森严。丹杨尹统治境内征发壮丁，王公以下的贵族子弟都要入伍参军。刘宋文帝刘义隆又命令领军将军刘遵考等分别率兵防守重要的渡口，水上巡逻上到于湖，下到蔡洲，江面上排列着一排排的船只，沿岸相连，从采石矶一直到暨阳，长达六七百里。太子刘劭率军镇守石头城，并指挥水军作战，丹杨尹徐湛之镇守石头仓城，吏部尚书江湛兼领军之职，军事全部由他处理。

刘宋文帝刘义隆登上石头城，面带忧虑地对江湛说：“很少有人同意北伐的计划，如今士兵厌战，人民劳作辛苦，怨恨满城，作为一国之君，我不得不深感惭愧，还要给大夫增添忧虑，这都是我的过错！如果檀道济还在世，怎么会让胡马如此猖狂？”接着，刘宋文帝登上莫府山，观看战争形势。下诏悬赏购买北魏国主及其王、公的首级，并承诺若有成功者就加封爵位，赏赐金银绸缎，同时招募将士把野葛的毒酒放在无人的村落中，希望毒杀魏人，但最终都没能伤害到魏人。

北魏君主拓跋焘开凿瓜步山，修筑盘山路，并在山上建造毡屋。因为他不喝黄河以南的水，所以就让背着黄河以北的水的骆驼跟随在自己身边。为了求和，又送给刘宋文帝刘义隆骆驼、名马，并请通婚。于是刘宋文帝也派奉朝请田奇送给魏主珍奇的食物。当北魏君主得到黄柑，马上就吃下，并痛饮酃酒。北魏君主左右的人怀疑食物有毒，就附在他耳边告诉他。但北魏君主没有答复，只是举起手指向天，并把孙子给田奇看，说道："我从远方来到此地，不是为了扬显功名，而是为了使双方继续友好，使两国人民休养生息，安宁稳定，并结成婚姻。刘宋文帝如果能把女儿嫁给我的孙子，我就把女儿嫁给武陵王（刘骏），从此以后我的马匹不会再南来此地。"

田奇回来后，刘宋文帝刘义隆召集太子刘劭和大臣商议通婚这件事。在朝堂上，大家都认为应该答应，只有江湛说："戎狄没有亲近友爱，答应此事对我们没有好处。"刘劭听后极为愤怒，声色俱厉地对江湛说道："现在三位王都处在困厄的境地之中，我们内部彼此怎么可以有不同的意见？"下朝以后，大家都向外走，朝臣拥挤。刘劭便指使执剑卫士和左右的人排挤江湛，使江湛几乎被撞晕倒地。之后，刘劭又对刘宋文帝进言："北伐战败，我们遭受了奇耻大辱，数州沦陷，我国只有杀掉江湛、徐湛之才能向天下百姓谢罪。"但刘宋文帝回答说："北伐是我的意思，江湛、徐湛之他们只是没有表示异议而已。"于是从这以后太子刘劭和江湛、徐湛元两人结下仇怨，而北魏所提出的联姻，最终也没能实现。

资治通鉴卷第一百二十六　宋纪八

起辛卯（公元451年），止壬辰（公元452年），共两年。

【题解】本卷记录了宋文帝元嘉二十八年、二十九年共两年间的刘宋与北魏等国大事：魏主拓跋焘在瓜步山举酒赏群臣后，攻盱眙三旬不下，烧攻具而走；魏军过彭城，刘义恭不出击，放魏军北走；战争给宋国的青、冀等六州造成深重灾难；宗爱杀太子晃近臣，致使太子晃“以忧死”；宗爱杀魏帝拓跋焘，立皇子拓跋余为帝，后又将其杀掉；刘尼、源贺、陆丽等议杀宗爱等人，立皇孙拓跋濬，即高宗文成帝；拓跋濬即位后，法律严酷，一批元老连续被杀，唯对陆丽等格外宠用；宋帝刘义隆趁魏主拓跋焘死而兴兵北伐，东路退屯历城，其他三路也相继退兵；刘劭与弟弟造作巫蛊害父亲，刘义隆没有立即诛除二子，留下后祸；刘义康被杀，刘义隆宠用王僧绰。

太祖文皇帝下之上

元嘉二十八年（辛卯，公元451年）

春，正月，丙戌朔日（初一），魏主拓跋焘和本国群臣在瓜步山上举行宫廷聚会，魏主拓跋焘按功劳大小对臣子进行官爵行赏。这时，大批魏军沿长江边境举柴放火。刘宋太子左卫率尹弘听闻后对皇上说：“夷人这样烧火的举动，必定是要走的预兆。”果然，丁亥日（初二），魏军在掠夺城中百姓财物，焚烧百姓住宅后离去。

胡诞世造反叛乱时，江夏王刘义恭等人向宋文帝刘义隆报告说，彭城王刘义康经常有埋怨的言辞，以此来达到扰乱人们视听的目的，所以那些不满现实的人家也因此有了不当的图谋，上奏请求皇帝把刘义康迁到广州。宋文帝刘义隆将要迁走刘义康之前，先派人通知他，刘义康回复说："人生总有一死，我并不是贪生的人，但如果我的确是动乱的因素，即使到了远方，难道会有用吗？我对常被迁移感到耻辱，今天我请求死在这里。"刘义康终于没有被迁到广州。当魏军到瓜步山时，山中人心惶恐。这时，宋文帝刘义隆害怕不满现实的人又以刘义康的名义作乱。而太子刘劭和武陵王刘骏、尚书左仆射何尚之屡次告诫宋文帝刘义隆要及早对刘义康下手以避免叛乱发生。宋文帝刘义隆于是派中书舍人严龙给刘义康送去毒药赐他自杀。刘义康不肯吃下，他说："佛教不允许自杀，因此我希望由你们处置。"于是使者就用被子蒙住刘义康，使其窒息而死。

江夏王刘义恭认为守不住碻磝，就召令王玄谟回历城助战，但魏军追击打败了王玄谟，最后攻取碻磝。

起初，宋文帝刘义隆听到魏军即将入侵的消息，就先派广陵太守刘怀之去焚烧城中的府第和车船，而后率城中所有人渡长江南下。此时，山阳太守萧僧珍把人全部藏进城中。因为道路不通，台城送粮仗到盱眙和滑台的人无法前进，也都留在山阳城内；而萧僧珍则在山边蓄满水，等待魏军的到来，魏军一到，就决堤以水冲淹魏军。魏军知晓萧僧珍的计划后，经过山阳不敢停留，转而攻取盱眙。

这次，魏主拓跋焘要求臧质送酒到魏国，臧质把小便封在酒壶中送去给他。魏主拓跋焘非常愤怒，就筑起一个晚上就可以接合起来的长围，并运来东山的土石填充壕沟，再在君山建造浮桥，使盱眙与外界断绝水陆交通。此后，魏主拓跋焘在给臧质的信上说道："我现在所派的战士，并不是我们的族人，攻打城东北的是丁零人和胡人，攻打城南的是氐人和羌人。假使丁零人被敌军打死，恰好可以减少常山、赵郡地区的叛贼；胡人被敌军打死，恰好可以减少并州地区的叛贼；氐人、羌人被敌军打死，恰好可以减少关中地区的叛贼，如果你杀掉他们，对我们魏国无所不利，如此我魏国势必取胜。"后来臧质回信说道："从你的来信看，我完全了解你对我国的阴谋。你只是凭借有四只马脚，就屡次派军队侵犯我国边境，制造事端。王玄谟从东边后退，申坦从西边离散的原因，你知道是什么吗？你难道没有听过童谣里的话吗？这是因为卯年还没有到，所以就用这两支军队来引诱你喝长江水；这是由于你的死期将至，而不是由于人事不济。而我正是接受上天的命令来消灭你，我国军队走不远就要攻到白登。既然你是自行来送死，我怎么还会允许你活着回去，到桑乾河祭飨呢？你可能有幸而被乱兵所杀，陈尸沙场；也可能不幸被我骁勇的军队活捉，用一头驴背着，直接一路把你送回京城。我本来就不贪恋余生，如果天地真的无灵，让我被你打败，那么即使我的身体被刀剥切、研碎、屠杀、撕裂，也不足以报答本朝。只凭借你的智力和兵众的力量，如杯水车薪，怎么能够战胜苻坚呢？如今，已降下春雨，我们的兵士已从四面八方而来，但愿你能放心攻打城池，不要中途溜掉，粮食缺乏的话你可以告诉我，我自会打开粮仓为你提供粮食。如果我得到你送的刀，你是想要我挥刀砍向你的身体吗？”看完臧质的回信，魏主拓跋焘非常愤怒，立刻命人制作一张铁床，并在上面布满铁刺，厉声对左右人说道：“待破城以后，必要抓到臧质，让他坐在上面！”臧质又在给魏兵的信上说道：“你们告诉敌后的士族人民，在佛狸所写的信中，其实正以对待叛贼的方式对待你们。你们本也是奉行过中原历法的百姓，为什么要选择自取灭亡的结果，而不知道转祸为福的方法呢？”并写赏格对他们说道：“斩掉佛狸头的人，就许以万户侯，赐布、绢各一万匹的封赏。”

一天，魏兵用钩车来钩取宋国城楼，城楼内数百个士兵呼叫着用铁环拉住绳子，来拉取钩车的绳索，使得钩车不能向后退。到了晚上，城中的宋军把装有士兵的桶子悬出城外，来截取钩车的钩子，魏军只得作罢，无功而返。第二天清晨，魏兵又用冲车攻取城池，但城墙很坚固，每次用力冲击，只会掉落几升泥土而已。无奈魏军只能采用肉搏的方式，士兵分队轮流登城，一有人坠下，立即又有人登上，士兵众志成城，中途没有后退逃脱的。经过两天的厮杀混战，宋军杀伤数以万计的魏兵，使魏兵的尸体叠到与城墙齐平的高度。魏军一共围攻宋军三旬，始终不能攻破宋城。正好魏军中多人生病，又有人说建康水军从海上进入淮水境内，并命令彭城出兵以达到截断魏军归路的目的。二月，丙辰朔日（初二），魏军焚烧掉攻城的器械，从宋国退去。盱眙士兵想要追赶，沈璞却说："现在我兵不多，虽然可以坚守城池，却不可以出战，如果我们整顿水军，表现出要北渡淮水追击魏军的样子，则会使他们退去得更快，所以这是没必要采用的计策。"

臧质任命沈璞担任盱眙城主，并命令他把战胜的捷报写在露板之上，沈璞一再拒绝，并把功劳都归于臧质的正确引领。宋文帝刘义隆获知此事后，更是嘉勉他。

魏军经过彭城，江夏王刘义恭因为害怕，不敢进行截击。有人向他报告说："敌人掳走广陵一万多人民，晚上就留宿在离城几十里的安王陂。如果我军现在对他们进行追击，就可以把他们全部歼灭。"各将领都要求进击，可刘义恭仍然拒绝不予答应。第二天，朝廷的驿使到达彭城，下达宋文帝刘义隆让刘义恭全力追击敌军的命令。刘义恭派镇军司马檀和之奔向萧城时，事先知道消息的魏军把所掳之人全部杀死后离去。而程天祚则侥幸从魏军逃回。

战事中，魏军一共蹂躏了南兖、徐、兖、豫、青、冀六州土地，造成不可胜计的死伤，其中青壮年当即被斩杀；婴儿则被残忍地贯穿在槊上，而魏军就舞动槊作为游戏。魏军所经过的郡县，都被烧掠殆尽。连春天飞回来的燕子，都因为无巢可宿而飞到林木中。而魏国的士兵战马也死伤过半，哀鸿遍野，人民饱受亲人离别之痛，因此恨透了这样的穷兵黩武。

宋文帝刘义隆每次命令将领出兵之前，都要提前把作战规律交付给他们；交战一段时间后，将领也要等待皇上的命令，因此将帅在面对战事突发情况时往往会犹豫不前，不敢自己决定。与此同时，江南没有军籍的士兵无视军规，纪律涣散，在作战中任意进退，这是失败的主要原因。战败后地方日益萧条，元嘉政治逐渐呈现衰败的局面。

癸酉日（十九日），宋文帝刘义隆下令赈救被敌人摧残的郡县人民，并免除他们的税调。

甲戌日（二十日），宋文帝刘义隆下令贬降太尉刘义恭为骠骑将军、开府仪同三司。

戊寅日（二十四日），魏主拓跋焘渡过黄河北上。

辛巳日（二十七日），宋文帝刘义隆下令贬镇军将军武陵王刘骏为北中郎将。

壬午日（二十八日），宋文帝刘义隆到达瓜步。这一天，解除戒严。

起初，卢玄的儿子魏中书学生卢度世，因为牵涉崔浩的案子，被朝廷通缉，所以他从魏国逃出，被藏匿在宋国高阳人郑罴的家中。后来，魏国官吏逮捕了郑罴的儿子，他在牢狱中受到刑审。郑罴亲自告诫他的儿子说："身为君子一定有杀身成仁的勇气，你即使到死也不可以说出卢度世被藏匿在家中的事情。"他的儿子遵行父亲的命令，即使最后被施以火烧身体的酷刑，疼痛难忍，也一直坚持到死没有说出。等到魏主拓跋焘到达长江边上的时候，询问黄延年道："卢度世逃亡，已经逃到你们建康那边了吧！"黄延年回答说："我在建康没有听说过有卢度世这个人。"魏主拓跋焘于是赦免卢度世和他被抄的家族，卢度世就从郑罴家中出来，魏主拓跋焘任命他担任中书郎。卢度世为他的弟弟迎娶郑罴的妹妹，来作为对郑罴救命之恩的报答。

三月，乙酉日（初一），宋文帝刘义隆回宫。

己亥日（十五日），魏主拓跋焘回到平城，在宗庙祭告后，把五万多家投降的人民分别安置在接近平城一带的地方。

起初，魏主经过彭城的时候，派侍从对城里的百姓说："我们因为军中的粮食已经吃完，所以暂时离去，等到麦子成熟的时候我们就会再来！"等到了三月，江夏王刘义恭想要迁移人民，把他们聚集在土堡中来收割荞麦。镇军录事参军王孝孙知道刘义恭的想法后便对他说："如果敌人不再前来进犯，我们在彭城就可以自保，没有到土堡的必要；如果敌人又前来进犯，这办法也是行不通的。因为当人民被关在城内的时候，如果饥饿，他们就可以在春日自行到野外采集食物来充饥；而他们一旦进入土堡，马上就会被饿死。在他们知道一定会死的情况下，我们就会控制不了他们的行为。敌人如果会来，我们再割麦也不迟！”四边坐着的人都静默着，没有人敢对答。稍后，长史张畅说：“我们实在可以考虑孝孙的意见！”侍候在武陵王刘骏旁边的镇军府典签董元嗣也上前说：“王录事的意见不能改变！”别驾王子夏紧接着说：“王录事的说法是对的！”这时，张畅收起手，激动地指向刘骏，对他说：“下官要命令孝孙弹劾子夏！”刘骏问道：“王别驾是因为什么事呢？”张畅回答说：“割麦移民，可以说是一个大问题。一个地方的安危，全部取决于这件事。而子夏作为一州的幕僚长，本应统领全州，但他却没有提出任何有决策性的意见，等到元嗣出口后，就承欢应答来顺着旁人的心意，这样的人怎么能侍奉君主，为主分忧呢？”子夏、元嗣听到张畅的话后都很惭愧，刘义恭的意见也就因此没被采纳。

起初，鲁宗之投奔魏国时，他的儿子鲁轨担任魏荆州刺史和襄阳公，镇守长社。鲁轨经常想要回到南方，但因为自己曾经杀死刘康祖和徐湛之二人的父亲，所以不敢回来。鲁轨死后，他的儿子鲁爽沿袭了父亲的官爵，步入仕途。鲁爽年少时就精通武艺，武术超群，因此他与弟弟鲁秀都被魏主拓跋焘所宠爱。但不久，兄弟就都犯下了罪，魏主拓跋焘对他们进行责备。因此两人都怕被魏主所杀，于是在跟随魏主从瓜步山返回魏国，路经湖陆的途中，向魏主请求说：“奴才与南方有仇，每次兵来的时候，都害怕祖坟受到伤害，这次请让我们回到长社把祖先的遗骨送回平城安葬。”魏主拓跋焘听后便答应了。鲁爽、鲁秀到达长社以后，杀掉魏国数百守兵，然后率部曲和志愿随从的一千多家投奔到汝南。夏季，四月，鲁爽派鲁秀到寿阳向南平王奉上书信表示投降。宋文帝刘义隆知道后，非常高兴，任命鲁爽为司州刺史，镇守义阳；任命鲁秀为颍川太守，其余兄弟侄儿都授予官爵，赏赐十分丰厚。魏人因此毁坏他们的祖坟。徐湛之认为朝廷的谋划远大，是特意奖励接纳鲁氏兄弟，不敢申述私人恩怨，因此请求退职隐居农村，宋文帝刘义隆没有同意。

青州百姓司马顺则自称是晋朝皇室的近亲，聚众自号齐王。梁邹城的军队长官崔勋之前往州治所，五月，初二，司马顺则乘虚偷袭梁邹城。又有和尚自称司马百年，也聚众号称安定王，响应司马顺则。

壬寅日（十九），魏国宣布大赦。

己巳日，宋文帝刘义隆任命江夏王刘义恭兼领南兖州刺史，迁徙镇守盱眙，增加都督十二州诸军事。

戊申日（二十五），宋文帝刘义隆任命尚书左仆射何尚之为尚书令，太子詹事徐湛之为仆射、护军将军。何尚之认为徐湛之是皇亲国戚（文帝的外甥），有重要的关系，于是把每一件政事都推脱给他负责。宋文帝刘义隆诏令徐湛之和何尚之同时接受申诉。因此何尚之虽然为尚书令，但朝廷政事全部由徐湛之负责。

六月，壬戌日（初九），魏国改年号为正平。

魏主拓跋焘命令太子少傅游雅、中书侍郎胡方回等重新订正法令，其中共有三百九十一条增加删减。

魏太子拓跋晃代理国政时，非常相信左右的人。他又经营田园事业，从中获取利润。忠臣高允向他劝谏道："天地没有私心，所以能覆载万物。帝王没有私心，所以能容纳百姓。现在殿下作为国家的储君，应该是天下的模范，做天下人的表率。而殿下却从事经营私田、饲养鸡狗的勾当，甚至到了去市场贩卖粮食和鸡狗，与人民争夺利益的地步。因此现在国内到处是批评殿下的声音。众所周知，天下是殿下的天下，因此殿下富有四海。殿下想要的，哪一样东西没有呢？殿下却要与贩夫、贩妇来争夺尺寸的利益吗？从前虢国将要灭亡的时候，神赐给土田，而汉灵帝私自设立府藏，使汉覆亡，这实在是可怕的前车之鉴。从前武王喜爱周、邵、齐、毕等公，并能够重用他们，所以可以在天下称王；殷纣喜爱飞廉、恶来等人，所以使国家到了灭亡的地步。现在东宫中的人才不少，但是近来在殿下左右侍奉的人，恐怕都不是朝廷的上等人选，对殿下无益，希望殿下能够排斥奸邪之流，亲近忠良之辈；把所有的田园，分发给贫苦的下人；及时收拾贩卖的物品并发放给贫苦百姓。这样的话，殿下美好的声誉会与日俱增，而批评的人就会逐渐没有了。”太子晃一意孤行，不听高允的劝谏。

拓跋晃为政精明，善于洞察时事。而中常侍宗爱性情凶狠残暴，做了很多不法之事，因此太子十分厌恶他。给事中仇尼道盛、侍郎任平城两人平时都得到太子的宠爱和信任，专断许多事，而与宗爱不和。宗爱恐怕被仇尼道盛等人弹劾，因此向魏主拓跋焘诬告仇尼道盛有罪。魏主拓跋焘知道后，非常生气，一怒之下，没有详查就在市头斩杀仇尼道盛等人，而东宫官员多因受到牵连被赐死。戊辰日（十五日），太子拓跋晃因为忧郁而死去。壬申日（十九日），魏国在金陵埋葬太子，太子谥号景穆。魏主拓跋焘后来慢慢才知道太子原来无罪，非常后悔。

秋季，七月，丁亥日（初五），魏主拓跋焘到达阴山。

青、冀二州刺史萧斌派振武将军刘武之等攻击并斩杀司马顺则、司马百年二人。癸亥日（七月无此日），平定梁邹。

萧斌、王玄谟两人都因为对魏国退兵而被皇上免去职位。宋文帝刘义隆问沈庆之道：“萧斌要处死玄谟，你却加以阻止，这是为什么呢？”沈庆之回答道：“向后奔走的各位将领，其中没有不害怕获罪的；如果自动回来会被处以死刑，那么各将领将会逃跑散去，所以我就加以阻止，避免将领逃跑事件的发生。”

九月，癸巳日（十二日），魏主拓跋焘回到平城；冬，十月，庚申日（初九），魏主拓跋焘又来到阴山。

宋文帝刘义隆派使者到魏国，魏国也派殿中将军郎法祐到宋国来实现发展两国友好关系的目的。

己巳日（十八日），魏上党靖王长孙道生去世。

十二月，丁丑日（二十七日），魏主拓跋焘封景穆太子的儿子拓跋濬为高阳王；但不久，因为皇孙世嫡不适宜当藩王而不得不撤销对拓跋濬的封令。当时拓跋濬才四岁，就聪明过人，因此魏主拓跋焘很疼爱他，经常把他带在身边。魏主拓跋焘又把秦王拓跋翰迁任为东平王，燕王拓跋谭迁任为临淮王，楚王拓跋建迁任为广阳王，吴王拓跋余迁任为南安王。

宋文帝刘义隆派沈庆之把彭城数千家难民迁移到瓜步，征北参军程天祚把江西数千家流民迁移到姑孰。

宋文帝刘义隆任命吏部郎王僧绰担任侍中的职位。王僧绰是王昙首的儿子，他年幼时器宇不凡，很有成大器的气度，大家都期许他以后成为治国安邦的人才。僧绰喜好学习，并且思想有条理，通晓朝廷典章制度，后来迎娶宋文帝刘义隆的女儿东阳献公主为妻。僧绰在吏部时，熟悉人事，对举拔人才的事情处理得都很得当。担任侍中时，王僧绰才二十九岁，可他为人处世沉着有肚量，从不炫耀自己的才能。宋文帝刘义隆很惦念自己的后事，因为王僧绰很年轻，就让他参与朝政大事，想让他为相。从宋文帝刘义隆执政开始，他先委任王华、王昙首、殷景仁、谢弘微、刘湛之辈，然后再委任范晔、沈演之、庾炳之之辈，最后委任江湛、徐湛之、何尚之和王僧绰之辈，前后辅佐皇帝政事的一共有十二个大臣。

唐和来到魏国朝拜魏主拓跋焘，魏主用隆重的礼节接待他以示友好。

元嘉二十九年（壬辰，公元452年）

春季，正月，魏国五千多住在中山的宋虏及其家人计划发动叛乱，魏定州军加以攻打讨伐。冀州刺史张掖王沮渠万年因为牵涉与反叛人民相通的事情，被魏主拓跋焘赐死。

魏世祖思念景穆太子，不能停止对他的哀悼，因此中常侍宗爱经常害怕自己诬告仇尼道胜的事情暴露，而被皇上所杀。于是，二月，甲寅日（初五），宗爱弑杀魏主拓跋焘。弑杀成功后，尚书左仆射兰延，侍中和疋、薛提等秘密商定不公布魏主拓跋焘的丧事。因为皇孙年龄太小，有人提议立年龄大的皇子作为君主，于是就征召秦王拓跋翰入宫，把他安置在一个秘密房间，一起进行立君的讨论。拓跋翰认为拓跋濬是嫡皇孙，不能被废黜。因此虽然商议很久，仍不能决定皇上的人选。宗爱知道这件事后，认为自己已经得罪了景穆太子，而自己又一向厌恶秦王翰，却与南安王拓跋余相互交好，于是就秘密迎接拓跋余，让他从中宫便门进入皇宫，并伪造赫连皇后的命令召集兰延等人入宫。兰延等人认为宗爱地位低下卑贱，就没有怀疑他的行为，都跟随他入宫。宗爱事先命令三十名宦官手持兵器埋伏在皇宫中，等到兰延等人入宫，一个个捆绑和斩杀他们，再在永王巷杀死秦王翰，最后立拓跋余为皇上。拓跋余登基后，大赦魏国境内，改年号为承平，尊奉皇后为皇太后，让宗爱担任大司马、大将军、太师、都督中外诸军事兼中秘书的职位，并封他为冯翊王。

庚午日（二十一日），立皇子休仁为建安王。

三月，辛卯日（十三日），魏国在金陵下葬太武皇帝，庙号世祖。

宋文帝刘义隆获悉魏世祖去世的消息，更要谋求北伐大计，鲁爽等人又劝阻他。皇上询问其他大臣的意见，太子中庶子何偃说："淮水、泗水一带各州，战争的创伤还没有恢复过来，我们不应该轻举妄动，贸然北伐。"但宋文帝刘义隆不同意搁置北伐计划。何偃，是何尚之的儿子。

夏季，五月，丙申日（十九日），宋文帝刘义隆颁布诏书说："敌人的残暴，超过古今；如果我们没有进行杀戮，就要遭到上天的谴责。如果我们想要拯救同胞，扫除涤荡污秽，现在正是一个好时机。分派骠骑将军义恭、司空义宣统率部属，使东西能够相互接应。只要投降或立下功劳的人，按照功劳大小来进行奖赏。"于是派抚军将军萧思话率冀州刺史张永等向碻磝攻去，鲁爽、鲁秀、程天祚率荆州四万带甲士兵从许昌、洛阳出来，雍州刺史臧质率部属径直奔向潼关。张永，是张茂度的儿子。宋文帝刘义隆因为沈庆之坚决反对北伐，就没让他出征。

青州刺史刘兴祖向宋文帝刘义隆报告："河南人民因为在田野中不能获得粮食，困苦饥饿；各城坚守，也不是用一个月的时间就可以攻破的。现在大众滞留，转运疲劳，所以我们要利用时机，用最快的速度来解决。如今魏主拓跋焘刚死，加上暑期就要到来，魏国国情纷扰杂乱，其力量一定不能到达边远地区。我认为应该长驱直入到中山来控制重要据点。冀州以北的人民还算得上富裕，而且麦子将要成熟，可以食用，这样我们就容易取用所需资源。投诚的人民，必然会起来响应我们。如果中州震动的话，黄河以南地区，自当分崩溃败。我请求派将领率七千青州、冀州的士兵，直接攻入敌人心腹之地。如果前锋取得胜利，张永和河南各军，就可以同时渡过黄河，达到宣传和实力并行的目的，建立地方组织，抚慰最初依附的人民，稳定民心，向西以太行山作为据点，向北以军都山作为要塞。因为人大都有害怕被威胁和喜欢被宠爱的心理，所以要按照形势来指挥军队行动，根据政况授予投奔者官职。如果成功，那么统一指日可待；如果失败，对我们也没有大的伤害。因此我请求即刻迅速装备衣束，伏身来听从皇上的指令。"而宋文帝刘义隆的意思是只要得到河南即可，因此最终也没答应这个建议。宋文帝刘义隆又派琅邪人员外散骑侍郎徐爰跟随军队向碻磝进发，这样徐爰就可以接受宋文帝刘义隆的命令来临时指示各将领的作战策略。

尚书令何尚之因为年老向宋文帝请求退休离朝，退隐后在方山居住。议论的人，都认为何尚之最终不能坚持他的原意。果真不久以后，宋文帝又前后四次征召他上朝。六月，戊申朔日（初一），尚之就在宋文帝征召后又出来担任职位。御史中丞袁淑把古来隐居而不知道名字的真正隐者编录为《真隐传》，来嘲笑何尚之。

秋季，七月，张永等到达碻磝，率兵包围了城池。

壬辰日（十六日），宋文帝刘义隆把汝阴王刘浑迁任为武昌王，淮阳王刘彧迁任为湘东王。

起初，潘淑妃生下始兴王刘濬后，得到皇帝的宠爱。元皇后生性善妒，因为淑妃被皇帝宠爱，自己忧愁怨恨而病死。元皇后死后，潘淑妃垄断后宫内政，专权跋扈，因此太子刘劭深恨潘淑妃和刘濬。刘濬害怕将来被刘劭祸害，而小心翼翼地奉承刘劭，刘劭才和刘濬和好如初。

吴兴有一个叫严道育的女巫，自称不用食用五谷，还有能够驱使鬼神的本领。她因为东阳公主的婢女王鹦鹉的关系，得以自由进出公主府邸。严道育对公主说："今晚神灵将有符要赐给公主。"晚上公主卧床时，看到像萤火虫的流光飞入竹书箱中，她吃惊地打开来看，果然看到两颗青色珠子，这样，公主和刘劭、刘濬都对她深信不疑。刘劭、刘濬经常犯下过错和失误，几次被皇上责骂，两人不愿再被皇上责备，于是就来找道育，要求不要让皇上知道他们的罪过。道育回答说："我已经向上天陈说请求，它一定不会把事情泄露。"此后，刘劭等人很敬重她，把她称为天师。后来刘劭、刘濬就与严道育、王鹦鹉，东阳公主的奴仆陈天与、黄门陈庆国共同制作巫蛊，把用玉雕刻的皇帝的模型埋藏在含章殿前；刘劭补升陈天与担任队主。

东阳公主死后，王鹦鹉本来应当离开皇宫嫁与人家，刘劭、刘濬恐怕她泄露秘密，就想办法把鹦鹉留下，把她嫁给刘濬府上一向被刘濬亲近厚待的僚佐吴兴人沈怀远做妾室，希望她能保守秘密。

宋文帝听说陈天与担任队主，就责备刘劭说："你所用的队主、队副，都是奴仆吗？"刘劭无话可说，感到害怕，就写信告诉刘濬，刘濬回信说："那个人（皇上）如果再对你责备不止，我们就正好可以结束他的余命，这样我们就要有大庆祝（迎新君）呢！"刘劭和刘濬互相通信时，经常称皇上为"那个人"或"其人"，称江夏王义恭为"佞人"。

王鹦鹉先前曾与陈天与私通，后来再嫁给沈怀远，她怕前事泄露，就对陈庆国说，我要谋杀陈天与。陈庆国听后感到十分恐惧，说道："巫蛊的事，只有我和天与相互传达往来。现在天与被杀，那么我就危险了。”考虑再三，他就决定把事情的全部始末报告给宋文帝。宋文帝听后大吃一惊，当即派人逮捕关押王鹦鹉，并查封她的家，最后搜到刘劭和刘濬来往的几百张书信，上面写的都是咒诅巫蛊的事，又挖出埋藏的玉人。宋文帝刘义隆知道后，命令负责的官吏彻底追查这件事，听到消息的严道育逃亡，最终没有被官兵抓到。

先前，刘濬被从扬州刺史调任为京口镇守，后来庐陵王刘绍因为生病，被解除扬州刺史的职位，刘濬以为自己这次一定又会得到这个职位。但不久宋文帝刘义隆却任用了南谯王刘义宣，刘濬因此很不高兴，就要求出镇江陵，宋文帝刘义隆答应了他的要求。刘濬入朝后，又被宋文帝刘义隆派回京口，来处理行留的事务，没想到，只到京口数天，巫蛊之事就被揭发。当宋文帝刘义隆知道刘濬参与巫蛊之事后，失望至极，整天叹息，一日对潘淑妃感慨道：“太子意图谋取高贵，还有道理，虎头（刘濬的小字）却也这样，就不是按照常理所能想象到的，你们母子怎么可以一天没有我呢？”宋文帝之后派宫中使臣对刘劭、刘濬进行严厉的指责，刘劭、刘濬没有别的话可以对答，只是谢罪而已。宋文帝虽然很生气，但仍不忍心对两个皇子加以治罪。

宋各路军马分成三路进攻碻磝：张永等在东路，济南太守申坦等在西路，扬武司马崔训在南路。进攻已经多旬，但仍没能攻破。八月，辛亥日（初五）夜晚，魏军悄悄从地道潜出，焚烧崔训的军营和攻城器具；癸丑日（初七）夜晚，魏军又焚烧东边的军营和攻城器具，并对崔训攻城的路径进行摧毁。张永感到无力抵抗魏军，兵败已成必然，就在夜晚撤军，却没告诉其他将领。宋国士兵看到魏军的行为后感到惊慌，溃乱成沙，魏军乘机攻击，使宋军死伤满地，尸横遍野。后来，萧思话亲自来支援，增加兵力猛攻，仍然没有攻破魏军的突围。当时，青州、徐州没有收成，粮食短缺，士兵没有食物可以充饥，所以非常饥饿疲惫。丁卯日（二十一日），萧思话派各军退下驻守历城，并处死崔训，囚禁张永、申坦。

当鲁爽进军到长社时，魏长社城主秃髡幡丢弃城池逃离，鲁爽不战而胜。这时，臧质在襄阳近郊驻扎士兵，却没有及时发兵进行支援，只是派冠军司马柳元景率后军行参军薛安都等前去占领据守洪关。而梁州刺史刘秀之则派司马马汪和左军中兵参军萧道成率士兵向长安方向奔去支援。萧道成，是萧承之的儿子。魏冠军将军封礼从洹津南渡到弘农。九月，司空高平公皃乌干驻军防守潼关，而平南将军黎公辽驻军防守河内。

吐谷浑王慕利延死后，便立树洛干的儿子拾寅为嗣，起初居住在伏罗山一带的他们，在派使者到宋国请求封赏的同时也向魏国请求封赏。丁亥日（十一日），宋国任命拾寅担任安西将军，西秦、河、沙三州刺史，河南王的职位；魏国也任命拾寅担任镇西大将军、沙州刺史、西平王的职位。

庚寅日（十四日），鲁爽和魏豫州刺史拓跋仆兰在大索的交战中，鲁爽击破魏军，径直进入虎牢。当鲁爽听到攻打碻磝的宋军败退的消息，就与柳元景都率士兵退回兵营。萧道成、马汪等听说魏军救兵将要赶到，也快速退到仇池。己丑日（十三日），宋文帝刘义隆下诏解除萧思话的徐州刺史职位，让他改任冀州刺史之职，镇守历城。

宋文帝刘义隆认为各将领屡次出兵都无功而返，铩羽而归，不能只由张永等人担负罪名和责任，他在给萧思话的诏书中说："敌人既然乘着我们战败的机会获取利益，现在又接近隆冬时节，如果他们此刻敢来送死，我兄弟父子就全要出来抵挡，没有退缩的道理。说到这里，我就愤恨不已！你们可以把诏书出示给张永、申坦看！"又在给江夏王刘义恭的书信中说："早知道各位将领是如此的不尽如人意，我恨不得当初用白刃来驱赶你们，现在后悔却也来不及了。"刘义恭不久奏请撤免萧思话的官职，宋文帝刘义隆答应了他的请求。

违反次序登上皇位的魏南安隐王拓跋余为了收买众心，给予下属非常厚重的赏赐。于是，十天一月之间，就耗费光了国家的财库，而他又喜爱饮酒、声乐、打猎，终日沉醉于声色犬马之中，对政事毫不关心。宗爱作为宰相，总领三省和宿卫，坐召公卿，位高权大，日益跋扈乖张。拓跋余很担忧他功高盖主，便计划夺取他的权力，来确保自己的权威不被侵犯。宗爱知道后感到很愤怒。冬季，十月，丙午朔日（初一），拓跋余夜晚在东庙时，宗爱派小黄门贾周等人就地刺杀他，并对这个消息进行封锁。只有羽林郎中代人刘尼知道这件事。这时，刘尼劝告宗爱立皇孙拓跋濬为君主，宗爱吃惊地说："你这个愚笨的人！如果立皇孙为主，岂不是忘了正平时的事吗？"刘尼说："这样的话，你现在要立谁呢？"宗爱说："等待还宫以后，我自当选择各王中的贤者来继承皇位！"

刘尼因为害怕宗爱变卦，经过考虑，就秘密写书状向殿中尚书源贺报告宗爱杀主的事情。源贺和刘尼都掌管宫中警卫事务，两人就和南部尚书陆丽商量，说："宗爱既然立南安王为君主，现在又把他杀掉。但又不立皇孙为君主，这将对国家没有好处。"于是两人和陆丽共同决定扶持拥立皇孙拓跋濬。陆丽，是陆俟的儿子。

戊申日（初三），源贺和尚书长孙渴侯派士兵严守宫廷内门禁，并派刘尼、陆丽到鹿苑迎接皇孙。陆丽骑马抱着皇孙进入平城，源贺、渴侯开门接纳他们。这时，刘尼骑马迅速奔驰到东庙，向庙内大叫道："宗爱弑杀南安王，是大逆不道的行为，皇孙已经登上皇帝之位，我有诏书，请卫士都回宫！"大家听后，都激动地高呼万岁，抓住宗爱、贾周等人，刘尼又引领士兵进入皇宫，尊奉皇孙拓跋濬登上皇帝之位。在拓跋濬登上永安殿后，就宣布大赦全国，改年号为兴安。而宗爱、贾周被杀，施加五刑，并诛灭三代宗族。

西阳、五水各少数民族反叛宋国，宋国从淮水、汝水到长江、沔水一带，全都受到被侵占的威胁。情况危急之下，宋文帝刘义隆下诏，命太尉中兵参军沈庆之指挥江、豫、荆、雍四州士兵作战，对敌军加以追讨攻击。

魏国任命骠骑大将军拓跋寿乐担任太宰、都督中外各军、录尚书事的职位，长孙渴侯担任尚书令，加仪同三司。十一月，拓跋寿乐、长孙渴侯因为争夺权力获罪，后来全被赐死。

癸未日（初八），魏广阳简王拓跋建和临淮宣王拓跋谭去世。

甲申日（初九），魏主拓跋濬的母亲闾氏去世。

魏南安王拓跋余被立时，让古弼担任司徒，张黎担任太尉。到了高宗被立时，古弼和张黎因为意见和魏主拓跋濬旨意不相符，被贬黜为外都大官；后来因为两人对降职之事颇有怨言而获得罪名，又因为有家人奏告他们参与巫蛊之事，最后两人都被处死。

壬寅日（二十七日），庐陵昭王刘绍去世。

魏国追尊景穆太子为景穆皇帝，皇帝的母亲闾氏为恭皇后，皇帝的乳母常氏为保太后。

陇西屠各王景文叛反魏国，设置王侯，魏统万守将南阳王惠寿、外都大官于洛拔指挥四州军队加以讨伐平定，战胜后把他们的三千多家族人迁移到旧时的赵国与魏国边境一带。

十二月，戊申日（初四），魏国在金陵埋葬恭皇后。

魏世祖拓跋焘晚年，稍微放宽对佛教的禁令，而民间也经常有人私下学习佛教。到高宗即位时，大臣们请求恢复对佛教的开放政策。乙卯日（十一日），高宗拓跋濬颁布诏令，在州郡县三级人民聚居的地方，可以各建佛塔一座；如果有人想要做僧侣，任由出家，出家人数的名额定为大州五十人，小州四十人。诏令一经颁布，各地过去被摧毁的佛塔，大都被修复。为表对佛教的尊崇，魏主拓跋濬亲自为僧侣师贤等五人剃度头发，还把师贤任命为道人统。

丁巳日（十三日），魏国任命乐陵王周忸为太尉，南部尚书陆丽为司徒，镇西将军杜元宝为司空。陆丽因为有迎立魏主拓跋濬的功劳，受到魏主拓跋濬交心对待，是魏主拓跋濬的心腹之臣，朝廷大臣们的地位没有在他之上的。后来，魏主拓跋濬赐给他平原王的爵位，陆丽辞谢说："陛下是国家的真正继承者，本来就应该继承王位，这是顺理成章的事。而我作为臣子依照顺序奉迎陛下，是我本来的责任，因此不敢贪图天大的功劳，来求取大赏。"说完后，再三拒绝魏主的赏赐。但魏主拓跋濬不答应，坚持行赏。陆丽于是说："臣子的父亲侍奉先朝，忠诚勤劳。现在已将近晚年，希望把赏赐给臣子的爵位让给臣子的父亲。"魏主拓跋濬说："我身为天下的主人，难道不能让你父子两人都晋爵王位吗？"戊午日（十四日），魏主晋升陆丽的父亲建业公陆俟的爵位为东平王，又下旨把陆丽的妻子位列妃位，对他的子孙免除徭役，陆丽更是极力拒绝，魏主拓跋濬更是称赞嘉奖他。

魏主拓跋濬任命东安公刘尼为尚书仆射，西平公源贺为征北将军，并把他们晋爵为王位。然后依次赏赐朝堂群臣，并对源贺说："你从国库中任意挑选吧！"源贺推辞说："如今南北敌人尚未平定，钱粮紧需，国家的府库不可以空虚。"但魏主拓跋濬不答应，一定要他拿，于是他就挑取了一匹战马作为赏赐。

当高宗拓跋濬登上皇位时，高允也曾参与计谋，陆丽都得到厚重的赏赐，但赏赐并没有轮到高允，以至于高允终身都不高兴。

甲子日（二十日），周忸因事获罪，被赐死。当时魏国法律残忍冷酷，源贺上奏说："如果一个家庭谋反，十三岁以下且没有参与的男子，应该免去死罪，可以把他没入官奴的户籍。"文成帝拓跋濬依从了他的话，周忸最终免于死罪。

辛未日（二十七日），江夏王刘义恭回到朝廷。宋文帝刘义隆任命刘义恭为大将军、南徐州刺史，仍然担任录尚书。

起初，魏人效仿中原，使用《景初历》。后来，魏世祖拓跋焘攻克沮渠氏得到《玄始历》，而它当时被秘密地收藏起来，没有被使用，直到这一年，《玄始历》才开始实施。

资治通鉴卷第一百二十七　宋纪九

起止癸巳（公元453年），共一年。

【题解】本卷记录了宋文帝元嘉三十年一年间的刘宋与北魏等国的大事：宋主刘义隆得知太子刘劭与刘濬等二子仍在继续他们的罪恶活动，遂与信臣密谋废太子、杀刘浚，但迟迟未决定，刘劭得知后发动政变，杀了文帝刘义隆与其近臣，草草组成朝廷班底；沈庆之等佐助武陵王刘骏在西阳誓师，讨伐刘劭，南谯王刘义宣等举兵响应；沈正、顾琛等亦勤刘诞在浙东举义；刘骏率军东下，刘劭退守台城，消极待毙，台城一方官僚皆投向刘骏，刘骏即皇帝位；竟陵王刘诞所率的东方军在曲阿的务牛塘破台城军；台城被攻破，刘劭、刘濬及党羽被杀示众；刘骏大改元嘉制度，肆意封赏，宋国开始衰弱；周朗、谢庄等给刘骏上书，均不被采纳；萧简因兄被杀发动叛乱，被沈法系平定；刘骏从起兵便卧病，政务均由颜竣代理；功臣臧质与刘骏的矛盾日益激化，为日后的冲突埋下伏笔。

太祖文皇帝下之下

元嘉三十年（癸巳，公元453年）

春季，正月，戊寅日（初四），宋文帝刘义隆任命南谯王刘义宣为司徒、扬州刺史。

萧道成等率氐人、羌人进攻魏国武都，武都危急。魏国高平守将苟莫于便率两千骑兵前来支援武都；萧道成等得到消息后，率兵回到南郑。

壬午日（初八），任命征北将军始兴王刘濬为荆州刺史。因为宋文帝刘义隆的愤怒还没有消除，所以刘濬长久停留在京口。现在已经新任荆州刺史，于是就听从宋文帝刘义隆的命令回到朝廷。

戊子日（十四日），宋文帝刘义隆下令在五洲驻扎军队的江州刺史武陵王刘骏统率各路军队进攻西阳蛮。

在严道育逃亡以后，宋文帝刘义隆分派使者展开紧急的搜捕行动。开始时，严道育换上尼姑的装扮，被藏匿在东宫，之后她又跟随始兴王刘濬到达京口，一度住在平民张旿家中。刘濬入朝时，又把她带回东宫，两人一起到达江陵。二月，丁巳日（十四日），宋文帝刘义隆走到殿前与刘濬辞别，而刘濬前去接受命令。就在这一天，有人向宋文帝刘义隆报告说严道育在张旿家，宋文帝就下令派人逮捕张旿，捉到他的两个婢女，她们说严道育已经跟随征北将军回到京师。宋文帝刘义隆本以为刘濬和太子刘劭已经排斥严道育，当听到这两人还跟她有往来，心中溢满失望的情绪，他甚至感到惊奇以至于不能相信，于是就命令京口官吏送回两个婢女，等送到以后再进行审问，然后再治办刘劭和刘濬的罪。

潘淑妃听说后，抱着刘濬哭泣着说："你以前的咒诅之事被揭发后，我还希望你能小心反省，可你为什么还要窝藏严道育？皇上很生气，我即使叩头求恩，也不能排解他的愤怒之情。我现在活着有什么用呢？你可以送毒药过来，我应当先行自尽，因为我不忍心看到你的灾祸。"刘濬抖着衣服站起来对潘淑妃说："天下事都要靠自己解决，希望母亲放心，一定不会连累您。"

己未日（十六日），魏国京兆王杜元宝因为图谋造反被杀；建宁王拓跋崇和他的儿子济南王拓跋丽都被元宝所牵连，两人也都被赐死。

宋文帝刘义隆想要废黜太子刘劭，赐给始兴王刘濬死罪。在下令前，他先和侍中王僧绰商量，要求王僧绰先寻找汉魏以来废太子和废王的典故，再把典故送给尚书仆射徐湛之和吏部尚书江湛。

武陵王刘骏因为一向不被皇帝喜欢，所以经常被派到地方上去，不能留在建康。而南平王刘铄、建平王刘宏都为皇帝所喜爱，能够长留在建康。铄妃，是江湛的妹妹；随王诞妃，是徐湛之的女儿。因此江湛劝告皇帝立铄，徐湛之的意思则是立诞。王僧绰则说："设立太子的事，完全是由皇上决定，我们臣子不能越俎代庖。臣认为只能快速地决定这件事，不可长时间拖延。古人说：'当断不断，反受其乱。'因此我希望用大义来割除恩情，排除狭隘的不忍之心。不这样的话，便应该坦诚相处，真诚相待，不要彼此怀疑。事情虽然机密，但是仍容易被广泛宣扬，我们不可以让祸难发生在思虑范围之外，否则就会被后世所取笑。"宋文帝刘义隆说："你说的可是能断大事！但这事情太重要，我不可以不谨慎三思，而且彭城才死，如果又马上废黜太子，人民将说我完全没有慈爱之心，醉心于杀戮，我将会失去民心。"王僧绰回答说："臣是恐怕千年之后的人，会说陛下只能解决弟弟的事，不能解决儿子的事。"宋文帝刘义隆听后只是沉默并不作答，朝堂顿时一片寂静。江湛当时侍坐在旁，当他走出阁门时，对王僧绰说："你刚才所说的话难道不损害你的正直吗？"王僧绰说："我也遗憾你的不正直。"

这时，刘铄从寿阳回到朝廷，到达后，却又没有得到宋文帝刘义隆的命令。因为宋文帝又想下令设立刘宏为太子，可是又嫌弃他次序不对。就这样，宋文帝久久不能做出决定。为了尽早议定太子人选，他每天晚上都和徐湛之秘密商议谈论，有时甚至花费整日整夜的时间。宋文帝因为害怕有人窥听，经常叫徐湛之亲自拿着蜡烛，环绕着墙壁检查。在宋文帝把重立太子的计划告诉潘淑妃后，潘淑妃又转而告诉了刘濬，刘濬听完母亲的话后，立即骑马奔驰到刘劭的住宅向刘劭报告情况。刘劭知晓后，就秘密地和心腹队主陈叔儿、斋帅张超之等计划发动叛变。

起初，宋文帝认为宗室（他的弟弟）势力强大，害怕将来宫中出现内乱，于是特别增加东宫的兵力，使其兵力达到与羽林军相同的程度，以致东宫有了一万甲兵。刘劭敏锐而刚猛，宋文帝一向对他有深深的依赖。等到准备作乱的时候，刘劭每天晚上都宴请他东宫的将士，有时亲自给他们敬酒。王僧绰把这件事秘密向宋文帝刘义隆报告时，正好严道育的婢女即将押到。癸亥日（二十日）晚上，刘劭伪造宋文帝刘义隆的诏书说道："鲁秀造反，你们（东宫军）在拂晓时守住皇宫，再率众人进宫。"又派张超之等集合私自存蓄的都穿盔甲的两千多兵士；并命令内外禁卫队主队副管束整顿他们的部队，说是要有所征讨。晚上，召集前中庶子右军长史萧斌、左卫率袁淑、中舍人殷仲素、左积弩将军王正见，都进入皇宫。刘劭流着泪对他们说："因为皇上听信谗言，我将被废黜。可我反省自己，并没有过失与错误，因此我不能蒙受不白的冤枉，明天清晨我将会发动大事，希望你们能尽力帮助我。"于是起来一一向他们下拜。大家感到惊慌，都不敢说话。过了一段时间，袁淑、萧斌都说："自古以来就没有这样的事，希望太子能够好好考虑！"刘劭的脸顿时变了颜色，表现出愤怒的情绪。萧斌感到害怕，就与大家都说道："臣等自当会尽力遵奉命令！"袁淑骂他们说："你们真的以为殿下是要叛乱吗？殿下年幼时曾经患过疯病，或者现在是疯病又发作了。"刘劭听后更加生气，用眼睛瞄了袁淑一下说："你认为这件事情能够取胜吗？"袁淑说："如果处在没有人疑惑提防的地方，不用害怕取胜不了。只是害怕取胜了之后，不被天地所容纳许可，那么大的灾祸也就要到来，假使说能想到这里，还可以尽早停止不干！"左右的人把袁淑拉出来，说："这是何等的大事，怎么可以说罢休不干呢？"后来，袁淑回到左卫率省，在房间里开始一直绕着床徘徊走动，到四更才到床上睡下。

甲子日（二十一日），皇宫的门还没有打开，刘劭把红衣穿在战服上，与萧斌同乘着画轮车朝皇宫驶去。而他的卫士随从如同平常入宫的礼仪。刘劭紧急呼叫袁淑，袁淑正在睡觉没有起床，于是刘劭在奉化门停车，一再催促袁淑。袁淑慢慢地起床，当他到了车子前，刘劭要他上车，袁淑却拒绝，刘劭就气急败坏地命令左右士兵把他杀死。等宫门开后，刘劭便从万春门入宫。东宫卫队不能进宫城是原有的规定，刘劭把伪造的诏书递给守门的卫士说："我接受皇帝的命令，将进宫有所讨伐。”并且命令后面的军队快速赶来。张超之等数十人骑马奔驰进入云龙门和斋阁，拔出刀直接冲上合殿，殿内烛光还没有熄灭，门、阶、户、席间的当值卫兵还在睡觉。宋文帝看见张超之拿刀进来，就用手举起小几抵挡，五个手指都被刀削断，最后被杀死。徐湛之被声音惊起，慌张跑向北门，这时北门还没有开，因此没有逃走，最终被遇到的士兵所杀。刘劭进到合殿中阁，听到宋文帝已死的消息，就出坐东堂。萧斌拿刀随侍跟从，他呼叫中书舍人顾嘏，顾嘏害怕，犹豫不决，等来到以后，就问他："既然要共同废我，为什么不早说？"顾嘏还没有回答，就在前面被斩杀。此时，江湛正在上省当值，听到喧闹声后，叹息说："就是因为皇帝不听王僧绰的话，才会有这样的结果！"他躲到旁边的小屋中，刘劭派士兵把他杀死。宿卫旧将罗训、徐罕都望风使舵，选择归附刘劭。左细仗主、广威将军吴兴人卜天与，在慌乱之际都来不及穿盔甲，便执刀拿弓，快速叫左右士兵准备抗战。徐罕说："殿下入宫的时候，你有什么作为？"卜天与骂道："殿下经常来，为何现在说这种话，你与贼有什么区别！"一会儿后，他用箭几乎射中在东堂的刘劭。刘劭的兵众发现后，就对他进行攻击，最后卜天与断了手臂而死。队将张泓之、朱道钦、陈满都同时和卜天与战死。左卫将军尹弘惶恐通报，请求处分。刘劭又派士兵从东阁门进，杀掉潘淑妃和太祖数十亲信与左右侍从，并且紧急召令始兴王刘濬，让他率众军驻扎中堂。

刘濬当时在西州，不知情的府舍人朱法瑜奔过来告诉他说："台城内喧闹聒噪，宫门都被关闭，道路上传说是太子造反的缘故，我不知道祸变的真相。"刘濬假装惊讶地问道："那现在应该怎么办呢？"朱法瑜劝告他占据石头城。此时刘濬还没有得到刘劭的消息，不知道政变是否成功，心中激动之情满溢，到了不知所措的地步。将军王庆说："现在宫中正发生动乱，我们不知道皇上的安危，凡是做臣子的，都应该投袂赴难，只是自己守卫城池，不是作为臣子应有的节操！"刘濬不听，就从南门出来，径直向石头奔去，有一千多文武随从跟随。当时南平王刘铄率一千多士兵驻守石头城。不久刘劭派张超之的骑兵召见刘濬，刘濬屏退了左右侍从，询问反叛的状况，听到叛变成功的消息，刘濬当即穿着战服乘马离去。朱法瑜一再阻止刘濬，刘濬不听；从中门出来，王庆又劝谏说："如今，太子发动叛乱。全天下都是对他的怨恨和愤怒。你只要坚闭城门，坐食存粮，不超过三天，凶党就要到分崩离散的地步。这样的形势，你现在怎么可以离去呢？"刘濬说："这是皇太子的命令，谁敢再说话就处斩。"进宫以后，见到刘劭，刘劭欺骗他说："潘淑妃已经被乱军所杀害！"刘濬回复说："这正是我的意思，是我向来所希望的事情！"

刘劭伪造太祖诏书召集大将军刘义恭、尚书令何尚之入京，然后把他们关在宫内，又召集百官，但到的只有数十人。刘劭匆促登上皇位，颁下诏书说："徐湛之、江湛之辈忘恩负义，丑陋地弑杀皇帝，当我得到消息带兵进宫的时候，已经来不及挽救父皇性命，只有悲痛地哭号才能平复丧父之痛，使心肝到了破裂的地步。现在罪人已经被逮捕，首恶已经正法，可以大赦天下，把年号改为太初。"

刘劭在即位的礼节完毕以后，就以生病为托词回到永福省（太子住宅），不敢亲临先皇的丧事；因为害怕，他白天手执白刃来守卫，晚上则点燃整排的灯，来预防左右侍从图谋不轨。之后，他任命萧斌担任尚书仆射、领军将军，任命何尚之担任司空，任命前右卫率檀和之驻守石头，任命征虏将军营道侯刘义綦镇守京口。刘义綦，是刘义庆的弟弟。乙丑日（二十二日），刘劭把先前分别放置在各王和各地的武器，全都收进武库，并杀掉江湛、徐湛之的亲近者尚书左丞荀赤松、右丞臧凝之等人。臧凝之，是臧焘的孙子。又任命殷仲素担任黄门侍郎，王正见担任左军将军，张超之、陈叔儿都被授予官职，依次给予赏赐。刘劭对在建康的辅国将军鲁秀说："徐湛之经常要陷害你，我已经替你除去祸害了。"这样，刘劭得到了鲁秀的支持。他派鲁秀和屯骑校尉庞秀之轮流掌管军队。刘劭因为不知道王僧绰原来的计谋，便任命僧绰担任吏部尚书，司徒左长史何偃担任侍中。

武陵王刘骏在五洲屯扎驻守，沈庆之从巴水过来向刘骏询问讨伐蛮人的战略。三月，乙亥日（初二），典签董元嗣从建康到五洲一直陈述太子弑君的事情。刘骏派董元嗣向僚属宣告消息。沈庆之秘密对心腹说："萧斌是像妇人一样怯弱的人，而其余将帅都容易对付。太子的帮凶，不过三十人而已；其余的人，都是被逼迫的，一定不被他利用。现在辅佐新君（刘骏），讨伐叛逆之人，不必忧虑不能成功。"

壬午日（初九），魏主拓跋濬尊奉保太后为皇太后，追赠祖考名号，封给她兄弟官爵，待遇如同外戚。

太子刘劭分浙东五郡为会州，把扬州作为省会，设立司隶校尉并让他妃子的父亲殷冲担任司隶校尉。殷冲，是殷融的曾孙。又任命大将军义恭担任太保，荆州刺史南谯王义宣担任太尉，始兴王刘濬担任骠骑将军，雍州刺史臧质担任丹杨尹。

刘劭在检查文帝的巾箱和江湛家的书信时，得到王僧绰向宋文帝刘义隆报告太子飨士和前代废太子史事的文件。于是，甲申日（十一日），刘劭下令收押王僧绰，并杀死他。王僧绰的弟弟王僧虔此时担任司徒左西属，与他亲近的人都劝说他尽早逃亡，以避免因牵连带来的杀身之祸。王僧虔拒绝，他哭泣着说："我哥哥不仅忠贞报国，而且对我慈爱。今天哥哥出事，事情既然已经来了，如果我能与哥哥同归九泉，就如同羽化登仙一样。"刘劭诬告城北各王侯与王僧绰谋反，杀掉他厌恶的长沙悼王瑾、瑾弟临川哀王烨、桂阳孝侯觊、新渝怀侯玠等人。刘瑾，是刘义欣的儿子；刘烨，是刘义庆的儿子；刘觊和刘玠，都是刘义庆弟弟的儿子。

刘劭秘密送给沈庆之亲手所写的书信，要求他杀掉武陵王刘骏。后来，沈庆之求见武陵王，武陵王感到害怕，以生病为托词而拒绝请求。沈庆之于是撞门而入，把刘劭的书信给武陵王看，武陵王看完后，便哭泣着请求进入内屋和母亲诀别，沈庆之说："下官接受先帝厚重的恩情，今天的事，应当尽力为先帝效命，怎么会为刘劭效力呢？殿下为何对我有如此之深的怀疑！"武陵王感激不已，起身两次拜谢说："家庭和国家的安危，都要依靠将军了。"沈庆之就命令内外动员。府主簿颜竣说："现在天下四方都不知道义师的举动，无人响应，而劭据有首都之地的便利，如果我们不能与各地配合响应，那么这就是危险的办法。因此我们应该等待与各藩镇协调的时机，然后再行举兵起事。"沈庆之厉声叫道："现在要办大事，而像小孩子般无知识的人都参与，怎么会不失败，应该把你斩杀来示众。"武陵王赶忙叫颜竣拜谢沈庆之，沈庆之却对颜竣说："你只配写文章而已！"武陵王于是把军务全部委托给沈庆之处理。十天之后，内外整齐，人民都以为是士兵有了神力。颜竣，是颜延之的儿子。

庚寅日（十七日），武陵王戒严誓师。他任命沈庆之担任领府司马；襄阳太守柳元景、随郡太守宗悫担任谘议参军，统领中兵；江夏内史朱修之兼平东将军；记室参军颜竣担任谘议参军，兼任录事，兼领内外军务；谘议参军刘延孙担任长史、寻阳太守，留守府事。延孙，是刘道产的儿子。

南谯王义宣和臧质都不接受刘劭的命令，他们与司州刺史鲁爽一同起兵来接应刘骏。臧质和鲁爽都到江陵去拜见义宣，并派使者劝说武陵王称帝。辛卯日（十八日），臧质在建康的儿子臧敦等人听到臧质起兵，都逃亡了。刘劭听说后，要对臧质加以劝慰勉励，就颁下诏书说："臧质是国戚和功臣，正是京都的得力辅佐，而他的子弟却要逃亡，这确实是奇怪的事情，可以下令宣他们回来，都恢复原有的职位。"刘劭不久后把臧敦找回来，命令大将军义恭按照外戚规矩棒打三十棍，但还给臧敦厚重的赏赐。

癸巳日（二十日），刘劭在长宁陵下葬太祖，谥号景皇帝，庙号中宗。

乙未日（二十二日），武陵王刘骏在西阳起兵；丁酉日（二十四日），到达寻阳；庚子日（二十七日），命令颜竣写下要各地共同讨伐刘劭的檄文并分送到四方。在各州郡发放后，都得到热烈的响应。南谯王义宣派臧质率士兵到寻阳，与刘骏同下建康，留下鲁爽在江陵守卫。

刘劭任命兖、冀二州刺史萧思话担任徐、兖二州刺史，升迁张永担任青州刺史。萧思话从历城率部曲回到彭城起兵以响应在寻阳的武陵王刘骏的号召。在历城的建武将军垣护之也率部下参与对刘劭的讨伐。南谯王义宣任命张永担任冀州刺史。张永派司马崔勋之等率部到义宣处，义宣考虑到萧思话与张永并没有解除之前的嫌隙，就自行写信给萧思话，命令长史张畅写信给张永，劝说彼此坦诚相处。

在随王刘诞准备要接受刘劭的命令时，参军事沈正对司马顾琛游说道："国家这次祸乱，是开国以来所未有的，现在江东凭借精锐的士兵，在天下打着大义的旗帜，谁会不响应呢？怎么可以让殿下（随王刘诞）臣服凶恶的逆反之贼，并接受其虚伪的宠爱和信任呢？"顾琛回复说："江东已经遗忘战争很久，虽然这次占理，但实力强弱毕竟有所不同。我们应该等待四方先进行起义的军队，然后再响应他们也不迟。"沈正又说："天下未曾有过无父无君的国家，怎么可以自己忍受着耻辱，来责备别人无义呢？现在是正义与凶逆不共戴天。举兵的日子，哪能求得全体人的响应呢？冯衍说过：'大汉的贵臣，还不如楚国、齐国的贱士吗？'何况殿下在道义上也是臣子，应当做有助于国家的人！"顾琛于是和沈正共同说服了刘诞。沈正，是沈田子哥哥的儿子。

刘劭自以为一向学习武事，就可以在军事方面独当一面。他对朝中大臣说："各位只要协助我处理文书，没有参与军事的必要；如果有贼寇前来侵犯，就由我自己来解决，但恐怕贼寇是不敢对我动兵的！"等到四方起兵，刘劭才开始恐惧，于是进行森严的戒备，轮番召集全部将领和官吏，又把秦淮水以南的居民迁到北岸，把各王和大臣们集中到城内，并迁移江夏王义恭到尚书下舍，分散义恭各子到侍中下省。

夏季，四月，癸卯朔日（初一），柳元景率宁朔将军薛安都等十二军从湓口出发，司空中兵参军徐遗宝率荆州的兵众来响应他。丁未日

（初五），武陵王从寻阳出发，由沈庆之为总中军跟随。

刘劭立妃殷氏为皇后。

庚戌日（初八），武陵王的檄文分发到建康，刘劭看完檄文的内容，就知道是颜延之之子颜竣的手笔。他故意拿过来给太常颜延之看，问道："这是谁的手笔呢？"颜延之回答说："是颜竣写的。"刘劭说："言辞怎么会这样激烈呢？"颜延之说："颜竣尚且不顾念老臣，又怎能顾念陛下呢？"刘劭的愤怒稍微得到消解。他把武陵王的儿子全部囚禁在侍中下省，把南谯王的儿子全部拘囚在太仓的空屋中。他还准备杀尽雍、荆、江三镇官兵的家属。江夏王义恭、何尚之都说："凡是做大事的人都不会顾念家属，而且多是被逼迫的，你现在杀掉他们的家属，正是为他们的意志更加坚决创造机会。"刘劭也认为是这样，就颁布诏书对他们的家属全不过问。

后来，刘劭怀疑朝廷的旧臣都不愿为自己所用，就厚重地安抚鲁秀和右军参军王罗汉，把军事都委托给他们；让萧斌作为主要谋士，殷冲管理文书。萧斌劝说刘劭带领水军溯江来决一死战，不这样的话，就保卫梁山作为据点。江夏王义恭认为刘骏的南军是仓促组成的，并且军舰简单短小，不利于在水上作战，于是就提出建议："贼人刘骏年龄还小，没有学习过军事，他的军队远道而来一定会疲劳，所以我们应该凭借安逸闲适来对付他们。如果我军远出梁山，那么首都会空虚，会稽随王的军队可能乘虚而入。如果我军分兵两路，则力量分散，不如养精蓄锐，坐等敌人过来。而舍弃秦淮河南岸，阻断从石头北上建康的道路，这是先朝抗敌的旧法，我们采取这个方法就不怕攻不破贼人。"刘劭认为义恭的建议是正确的。萧斌面带严厉地说："南中郎将（刘骏）是一个二十来岁的年轻人，能干出这样的大事，我们怎么能够小看他呢？何况三方人马同时为奸，把长江上游全部占据。沈庆之军事精练，而柳元景、宗悫等人过去经常建立战功，功名显赫，这样的形势，实在不是小敌。我们只有趁人心还没有离散的时候，决力一战；如果坐在台城等候，怎么能够持久呢？现在的人君与上相，都不想作战，难道这不是天意？”刘劭不听。有人劝说刘劭固守石头城。刘劭说：“从前的人固守石头城的原因，是等待诸侯来救助君王。可如果是我守卫石头城，谁又会来搭救我呢？只有用力战来解决，不然的话，我们就取胜不了。”刘劭每天亲自外出调动军队，抚慰奖赏将士，还亲自指挥都水，整顿船舰。壬子日（初十），他下令焚烧秦淮河南岸的房屋和河中的船只，把居民都驱赶到河北岸。

之后，刘劭立儿子刘伟之为皇太子，任命始兴王刘濬妃子的父亲褚湛之为丹杨尹。褚湛之，是褚裕之哥哥的儿子。他还任命刘濬为侍中、中书监、司徒、录尚书六条事，加任南平王刘铄开府仪同三司，任命南兖州刺史建平王刘宏为江州刺史。太尉司马庞秀之率先从石头城投奔刘骏，因此引起大恐慌。又任命营道侯义綦为湘州刺史，檀和之为雍州刺史。

癸丑日（十一日），武陵王的军队如期到达鹊头。此刻，宣城太守王僧达正在为得到的武陵王讨伐刘劭的檄文犹豫不决，他思前想后，不知该如何决定自己的去向。有宾客对他说：“现在刘劭发动叛乱，罪过滔天，这是古今所未有的情况。你为君主打算，还不如接受义军的檄文，再转告给邻近的郡。只要是有心人，没有人会不响应，这是上策。如果不能的话，那么你可以选择带领志同道合的人，走方便的水路或陆路投奔义军，这是次策。”王僧达听取他的第二个建议，从警戒道路向南奔去，正好在鹊头遇到武陵王。武陵王任命他为长史。王僧达，是王弘的儿子。起初武陵王在寻阳出兵时，沈庆之就对别人说过：“王僧达一定会来归顺。”别人问他原因，沈庆之回答说：“我曾经看到他在先帝面前意气风发，志向明确，按这样来说，他一定会前来响应。”

柳元景因为船只不牢固，害怕打水仗，因此加速向前进发。丙辰日（十四日），到达江宁岸边，派薛安都率铁骑精兵到秦淮送文书给朝中大臣，向他们陈述叛逆与正义的道理。

刘劭升迁吴兴太守汝南人周峤为冠军将军。而随王刘诞的檄文也随后到达，周峤一向怯弱，犹豫不决，不知道所要跟从的对象，这时，府司马丘珍孙杀掉周峤，以全郡响应刘诞。

戊午日（十六日），武陵王军队到达南洲，不断有前来投降的人。己未日（十七日），军队到达溧洲。武陵王从寻阳出发，因为生病不能接见将士和左右辅佐的人，只有颜竣出入他的卧室，抱起武陵王到自己的膝上，并亲自照顾他的衣食起居，病情经常很危急，不能接受军队的报告，军务就全由颜竣决定。除了军政以外，颜竣也要处理文教书檄；接待远近的人之前，早晚都要痛哭吊唁先帝，因为这些看起来完全像是由武陵王自己一人做的。所以就这样经过了二十天以后，在船中的甲兵竟然也不知道武陵王病危的消息。

癸亥日（二十一日），柳元景潜进新亭，在山边搭建军营。新投降的人都劝说柳元景快速率军前进，柳元景却说："不可以，不能因为有道理就把自己的力量估计得过于强大，坏人聚集在一起往往也会互相帮助。我军在没有充分准备的情况下轻易冒进，这样容易引发敌人的攻击之心。"

这天，刘劭的龙骧将军詹叔儿观察到元景的军营还没有搭建好，就劝说刘劭率军出来作战，但刘劭不听劝说，没有答应。甲子日（二十二日），刘劭派包括萧斌率的步兵，褚湛之率的水兵，以及鲁秀、王罗汉、刘简之率的精兵在内的合计一万士兵，对新亭发起进攻，他为鼓舞士气，亲自登上朱雀门指挥军队作战。元景命令军中说："击鼓频繁的话，力气容易衰弱；喊叫太急促的话，力量容易衰竭。因此你们只需要口衔枚，快速进行战斗，并听我的鼓声指挥。"刘劭的将士因为全部得到厚重的赏赐，都视死如归，拼命作战。而元景水陆两面受到敌人士兵的攻击，此时战势越发紧急，而士兵意志越发顽强，元景帐下的勇士全部出去参与战斗，左右只留下几个人负责宣告传达号令。刘劭军队形势上将要得胜的时候，鲁秀突然敲打起退鼓，刘劭的军队听到鼓声后，误以为是退战的命令，于是很快都停止前进的步伐。元景抓住时机，马上打开军垒，趁机率士兵喊叫着前进，刘劭的军队来不及准备，意外落败，其中很多士兵掉入秦淮河中被淹死。刘劭不甘落败，亲自率残余部队对军垒发动攻击，元景又加以摧毁，这一战所杀伤的敌军人数比上一战还要多，军心瞬时崩溃，都选择逃命。他们争先恐后地渡过死马涧，而淹死的人阻塞了涧水；刘劭亲自杀掉撤退的人，但仍然禁止不了。战争结束后，刘简之被打死，萧斌受伤，只有刘劭幸免于难，逃回宫中，而鲁秀、褚湛之、檀和之都选择投奔南军。

丙寅日（二十四日），武陵王到达江宁。丁卯日（二十五日），江夏王刘义恭独自一个人骑着马投奔南军。之后，刘劭杀掉刘义恭的十二个儿子。

刘劭、刘濬满心焦虑，却无计可施，他们情急之下，就用车子迎接蒋侯的神像，然后把神像安置在宫廷中，并向它叩头求恩，希望求取战胜的策略，后来授予蒋侯大司马的职位，又封赏他为钟山王。刘劭授予苏侯骠骑将军的职位；任命刘濬为南徐州刺史，与南平王刘铄并为录尚书事。

戊辰日（二十六日），武陵王在新亭驻扎军队，大将军义恭呈上奏表劝谏武陵王刘骏登上皇位称帝。散骑侍郎徐爰在宫殿中欺骗刘劭，说他要追赶义恭，也投奔到武陵王麾下。当时，王军府才刚刚设立，大家并不知道朝廷的典章规则；而徐爰一向熟悉，于是就任命徐爰兼任太常丞，撰写即位的仪礼注释。己巳日（二十七日），武陵王登上皇位，宣布大赦天下。文武百官赐爵一等，从寻阳来的官吏则晋爵二等。并把去世的皇帝谥号改为文，庙号太祖；任命大将军刘义恭为太尉、录尚书六条事、南徐州刺史。当天，刘劭也出殿拜伟之为太子，大赦天下，并称“只有刘骏、刘义恭、刘义宣、刘诞，不在赦免之列”。庚子日（四月无庚子日，《宋书》作庚午二十八日），宋孝武帝刘骏任命南谯王刘义宣担任中书监、丞相、录尚书六条事、扬州刺史，任命随王刘诞担任卫将军、开府仪同三司、荆州刺史，命臧质担任车骑将军、开府仪同三司、江州刺史，任命沈庆之担任领军将军，任命萧思话担任尚书左仆射。壬申日（三十日），又任命王僧达担任右仆射，柳元景担任侍中、左卫将军，宗悫担任右卫将军，张畅担任吏部尚书，以刘延孙和颜竣同时担任侍中。

五月，癸酉朔日（初一），臧质率两万雍州兵到达新亭。而豫州刺史刘遵考派他的将领夏侯献之率五千步兵骑兵在瓜步驻扎。

起先，世祖（刘骏）派宁朔将军顾彬之率士兵向东前进，接受随王刘诞的指挥。刘诞派参军刘季之率军队和顾斌之会合，一齐奔向建康，而刘诞自己暂时停留在西陵，作为后备支援的力量。刘劭派殿中将军燕钦等抗拒敌军，两军在曲阿奔牛塘相遇，结果燕钦军队大败。刘劭为防守敌军，就在沿着淮水两岸竖立木栈，又决破岗、方山埭的河水，来隔绝东军。当时在男子已经征用完的情况下，就再次召令使用妇女。

甲戌日（初二），鲁秀等召令募集勇士进攻大航，并加以攻克。这时，王罗汉听到官军已经渡过秦淮河，认为抵抗无望，就放下武器投降，最后，沿沙洲驻防的幢队依次奔离分散，道路被士兵抛弃的器仗鼓盖充塞。当天晚上，刘劭紧急关闭六处城门，命令将士在城门内挖掘壕沟、竖立木栅。城中一片紊乱的局面，丹杨尹尹弘等文武官吏争先恐后出城投降，刘劭万念俱灰，开始在宫殿中焚烧车驾和皇帝衣冠。萧斌下令所属部队，解除武装，从石头城头戴白旗来投降，宋孝武帝刘骏下达在军门前斩杀萧斌的诏令。刘濬劝告刘劭乘坐载着珠宝的船从大海逃走，刘劭认为人心已经离散，因此没有听刘濬的劝告。

乙亥日（初三），辅国将军朱修之成功攻下东府。丙子日（初四），各军攻下台城，分别从各门进入，到宫殿会集。士兵抓捕到王正见，并杀了他。在张超之走到合殿御床处时，被遇见的军士所杀，军士残忍地剖开他的肠子，挖出他的心脏，然后各将领纷纷生吃他的肉。先前被刘劭所拘禁的建平等七王都号哭着逃出牢狱。刘劭翻越西墙，在准备进入武库井的时候，被队副高禽抓到。刘劭问他："皇帝（刘骏）在哪里？"高禽回答道："就近在新亭。"

然后刘劭被带到宫殿前，臧质看到他后痛哭流涕，刘劭问道：“我已经为天地所不容纳，丈人为什么还要为我而伤心流泪呢？”又向臧质问道：“我能够被流放发配到远方吗？”臧质说：“主上近来就在大航以南，等他回来后，自当会有所处理。”然后就把刘劭捆绑在马上，命人把他护送到军门。宋孝武帝刘骏当时找不到传国玺印，就命人来问刘劭，刘劭说：“玉玺由严道育保存。”于是到严道育处拿到。最后，宋孝武帝刘骏在牙门下斩杀刘劭和他的四个儿子。刘濬得到消息后，立刻率左右数十人挟持南平王刘铄向南逃走，未料在越城遇到江夏王刘义恭。刘濬下马对刘义恭说道：“南中郎现在在做什么？”刘义恭说：“主上已经登上皇位，君临天下。”又说：“虎头来得不晚吗？”刘义恭说：“的确晚得有点让人遗憾。”又说：“可以不赐我死罪？”刘义恭说：“你可以到行阙，向皇帝请罪！”又说：“不知能否赐给我一个官职？”刘义恭说：“这我就不知道了。”刘义恭勒令刘濬和他一起回来，在路上，刘义恭斩杀掉刘濬和他的三个儿子。刘劭、刘濬父子的头被悬挂在大航，他们的尸体就暴露在街市上。刘劭的妃子殷氏和刘劭、刘濬的所有女儿、妾侍和随嫁的人，都被赐死在牢狱中。刘劭的住宅也被挖毁为水池。在殷氏要受死的时候，对狱丞江恪说：“你们皇家骨肉不顾亲情，互相惨烈厮杀，但为什么要平白地杀害没有罪的人呢？”江恪说：“你被封为皇后，没有罪是什么？”殷氏说：“这只是暂时的，以后自当让鹦鹉当皇后。”因为褚湛之向南投奔后，刘濬就和褚妃离别绝散，所以褚妃免于被杀。而严道育、王鹦鹉都在市街上被鞭杀，然后尸体被火焚烧，骨灰被抛撒到长江。殷冲、尹弘、王罗汉和淮南太守沈璞也都被杀害。

庚辰日（初八），戒严被解除。辛巳日（初九），宋孝武帝刘骏到东府向百官请罪，下诏赦罪。甲申日（十二日），尊奉皇帝母亲路淑媛为皇太后。皇太后是丹杨人。乙酉日（十三日），立妃子王氏为皇后。皇后的父亲王偃，是王导的玄孙。戊子日（十六日），任命柳元景担任雍州刺史。辛卯日（十九日），追赐袁淑为太尉，谥号忠宪公；徐湛之为司空，谥号忠烈公；江湛为开府仪同三司，谥号忠简公；王僧绰为金紫光禄大夫，谥号简侯。壬辰日（二十日），任命太尉义恭为扬、南徐二州刺史，晋升到太傅之位，领大司马。

起初，刘劭任命尚书令何尚之担任司空、领尚书令，儿子征北长史何偃担任侍中。这样，何氏父子同时在朝中居于权要地位。刘劭失败后，何尚之左右属下都离开分散到各处，他无人可用，只能自己洗刷黄阁。等到殷冲等人被杀后，人们都为他感到寒心。后来，因为宋孝武帝刘骏认为何尚之和何偃一向有好的名声，而且在刘劭朝中任职时能用智力对付时事，不时做出挽救人民的事，受到人民的爱戴，所以特别对他们父子进行赦免，没有对他们的职位进行更改，恢复何尚之为尚书令，何偃为大司马长史。

甲午日（二十二日），宋孝武帝刘骏到初宁、长宁陵祭拜，追赠卜天与为益州刺史，谥号壮侯。为战争胜利做出贡献的卜天与与袁淑等四家的粮食长时间由公家供给。张泓之等各被追赠郡守。戊戌日（二十六日），任命南平王刘铄担任司空，建平王刘宏担任尚书左仆射，萧思话担任中书令、丹杨尹。六月，丙午日（初五），宋孝武帝刘骏回到皇宫。

起初，宋孝武帝刘骏征兵讨伐西阳蛮人的时候，臧质便派柳元景率士兵和他会合。等到臧质起兵，他准备尊奉南谯王义宣为主，于是就暗地派人命令柳元景率士兵回到西边的襄阳。柳元景对宋孝武帝刘骏很忠心，就把臧质送来的书信呈给他（当时为武陵王），并告诉送信的人说："臧将军应当是不知道殿下（武陵王）的大义之举，现在正是要讨伐逆贼的时候，军队不能西回。"臧质因此怨恨他。到了元景被皇帝任命为雍州刺史的时候，臧质忧虑他以后会成为荆州、江州的后患，就向宋孝武帝刘骏建议把元景作为得力助手，而不应该把他远放外地。宋孝武帝刘骏不好驳他的面子，在戊申日（初七），任命柳元景担任护军将军，兼领石头的防卫。

己酉日（初八），宋孝武帝刘骏任命司州刺史鲁爽担任南豫州刺史。庚戌日（初九），任命卫军司马徐遗宝担任兖州刺史。

庚申日（十九日），宋孝武帝刘骏下诏让官吏负责对有功的官员发放赏赐，封赏颜竣等人为公、侯。

辛未日（三十日），调任南谯王义宣为南郡王，随王诞为竟陵王，并立义宣的第二个儿子宜阳侯恺为南谯王。

闰月，壬申日（初一），宋孝武帝刘骏任命领军将军沈庆之担任南兖州刺史，镇守盱眙。癸酉日（初二），任命柳元景担任领军将军。

乙亥日（初四），魏太皇太后赫连氏死。

因为丞相义宣拒绝朝廷所封职务和儿子恺的王爵，宋孝武帝刘骏就在甲午日（二十三日）这天，重新任命义宣担任荆、湘二州刺史，恺担任宜阳县王，将佐以下官吏一并都加赏秩。任命竟陵王诞担任扬州刺史。

秋季，七月，辛丑朔日，天空出现日食。甲寅日（十四日），宋孝武帝刘骏颁下诏令征求批评他的言论。辛酉日（二十一日），宋孝武帝刘骏颁下诏令把细作署和尚方等官署合并，完全禁止浮华雕饰，贵族求利等行为。

这天，中军录事参军周朗上疏给宋孝武帝刘骏，他认为："如果人的身体有毒，一定要割除被毒素蔓延的地方。历下、泗之间，是不足够来防守的。评议的人都认为胡人内部混乱，力量衰弱，因此我们没有躲避的必要，却不知道我们自己的毛病比胡人还要严重。现在我军空守这座孤城，无所事事，只是对财货和人力的浪费。现在只要敌人发动三千骑兵，就可以任意出入城内外，他们截断水陆的货物运输，春天就可以过来掠夺麦子，秋天则可以过来掠夺禾谷。这对于贼人来说丝毫不会感到辛劳困苦，而我们地区却是完全不同的情况，将面对缺粮断路的困境。不到两年，就会很快落得兵散民尽的下场。现在我们虽然知道不用羊来追赶狼，不用螃蟹来捕抓老鼠，但是却用重车和肥马、孱弱的士兵和彪悍的胡人来竞逐，这不能取胜应该在情理之中。此外，三年的守丧期，本应该是天下人通行的丧礼，汉代人节制臣子守三年丧是可以接受的，但如果作为儿子，却要守短于三年的丧期就违背礼制了。凡是改变古人礼法，对待人情采取刻薄态度的行为，是行不通的；至于有失礼法而对人身适宜的规定，则要快速去实行。现在陛下凭借大孝的名义登上帝位，就应该下令反对不守三年丧的谬论。我们用全天下的所有来侍奉一位君主，陛下又何必忧虑不能够供给？一个人身体所穿的华丽衣裳，只用不到一百两的钱；一年的美衣，不过几套。收集一箱箱的宝物和一橱橱的衣服，眼睛怎么能看到这么多，身体怎么能穿这么多，简直是箱子戴宝物，橱子穿衣服，这奢侈到极点，太让人心生疑惑和鄙弃之意！陛下如今把细作署合并到尚方，来表示宫中的节俭，但市中仍然制造华丽奇巧的东西，并流传到民间，这同样是细作署所制作的奇巧。这是陛下只迁移单位，并没有对细作署进行裁撤的结果。那些平民，日渐采用奢侈的制度，只会看车马的形体，而不能分出贵贱；只会看衣冠的样子，而不知道尊卑之别。尚方今天制造出一物，小民在次日就已经可以瞧得清楚；宫中在早上制作出一件衣服，民家到晚上就已经依照样子缝制成。这是因为奢侈的源头，最先起自宫中。陛下又设置官吏，要任用适当的官吏，工作才能做好；有适当的人员，再设置官职。正如学识不足的王侯如果能力不足以担任职位，就不应该勉强让他担任。皇帝的儿子并没有任官，难道会有谁说他低贱吗？只要好好对待藩王，好好安置宾友，并选择正确得当的人来加以辅佐，何必一定要担任长史、参军、别驾从事，然后才算得上高贵之人呢？世俗喜爱诽谤他人来埋没人才，人们听到后，却不观察他毁谤的原因；喜爱称誉他人来推荐人才，人们听到后，却不观察他称誉的原因。如果毁谤者都是卑鄙之人，就要提升被毁谤者；如果称誉者都是庸才，就要黜退被称誉者。这样的话，诽谤和称誉就不会出现紊乱的局面，善和恶也就分明了。任何社会都有臣子上书建议的事，任何时代也都有皇帝主动下令接受批评的事。但太平盛世却从未出现，黑暗危险反倒不断而来，这是为什么呢？这是因为皇帝下令的本意并不是真诚实在的。”奏书上去后，因为害怕忤逆宋孝武帝刘骏的心意，就自行请求离职。周朗，是周峤的弟弟。

侍中谢庄也提出报告说道："诏书中说：'贵族争利，完全禁止。'这实在合乎人民的视听，满足人民的心意。如果贵族有所违犯，应该依照制度加以处分；如果废弃法律不进行处分，只强调恩宠宽大，这实际上就只是表面下诏禁止。臣子认为拥有禄位的大臣，尤其不能和人民争夺利益，不知我所说的合乎诏书吗？"谢庄，是谢弘微的儿子。

宋孝武帝刘骏改变许多太祖的制度，如把郡县主官改为满三年进行一次调动，拥有良好政治的宋国从此开始衰弱。

乙丑日（二十五日），魏濮阳王闾若文、征西大将军永昌王仁都因牵涉叛乱之事而获罪，王仁被魏文成帝拓跋濬赐死在长安，闾若文被处死。

南平穆王刘铄凭借才能，一向自负，经常表现出轻视皇帝刘骏的意思；而且又曾经为太子刘劭所用，投降最晚，宋孝武帝刘骏早对他心生不满，就暗地派人毒杀他。己巳日（二十九日），刘铄中毒而死，皇帝追赠他为司徒，并用商臣的谥号来追赠谥。

南海太守萧简占据广州后，在广州发动叛乱。萧简，是萧斌的弟弟。宋孝武帝刘骏下令新被任命的南海太守南昌人邓琬和始兴太守沈法系前去征讨萧简。沈法系，是沈庆之的堂弟。萧简欺骗众人说："台城来的士兵是贼人刘劭所派来的。"士兵相信了萧简，便固守城墙，没有人退缩。在邓琬先到达广州后，只集中兵力攻打一点。等沈法系到来，说："应该进攻四面，如果只攻打一点，要等到何时才可以攻破城池！"但邓琬不听他的意见，没有答应。沈法系说："如果再延迟五十天，你仍然攻不下城池，你就要放弃这个攻法。"邓琬到达约定日期后，因为攻不破城池，只好答应改变战略。沈法系率军队分由八路同时进攻广州，一天时间，城池就被攻破。九月，丁卯日（二十八日），斩杀萧简，平定广州。沈法系封锁了府库，把府库交给邓琬，而后回军。

冬季，十一月，丙午日（初八），宋孝武帝刘骏任命左军将军鲁秀担任司州刺史。

辛酉日（二十三日），北魏文成帝拓跋濬到达信都、中山。

十二月，癸未日（十五日），宋孝武帝刘骏改编东宫，撤销了太子率更令等官职，中庶子等官职名额各减少到原有数量的一半。

甲午日（二十六日），北魏文成帝拓跋濬回到平城。

资治通鉴卷第一百二十八　宋纪十

起甲午（公元454年），止戊戌（公元458年），共五年。

【题解】本卷记录了宋孝武帝孝建元年至大明二年共五年间的刘宋与北魏等国的大事：宋荆州刺史刘义宣与江州刺史臧质联络兖州刺史徐遗宝等起兵进攻朝廷，臧质及刘义宣均被杀，叛乱大体平定；宋孝武帝刘骏欲削弱王侯，刘义恭大力迎合；刘浑自立楚王，被孝武帝逼令自杀；宋孝武帝刘骏骄奢自恣，颜竣以藩朝旧臣，恳切劝谏，被外放；中书令王僧达矜才自负，又对皇帝亲戚无礼，被诬以罪名杀掉；宋孝武帝刘骏因淫乱无度大失人心，竟陵王刘诞宽而有礼，人心向之，刘骏心怀忌惮，出之广陵；宋孝武帝刘骏下令甄别审查所有僧徒，设立各种禁令；宋孝武帝刘骏宠用戴法兴、巢尚之、戴明宝，三人权重当时。魏臣高允谏魏主大兴宫殿，被魏主采纳，高允能屏人而谏，为魏主留情面，使魏主知其过而天下不知。

世祖孝武皇帝上

孝建元年（甲午，公元454年）

春季，正月，己亥朔日（初一），宋孝武帝刘骏到达南郊祭天，并把年号改为孝建，大赦天下。甲辰日（初六），宋孝武帝刘骏任命尚书令何尚之担任左光禄大夫、护军将军的职位，任命左卫将军颜竣担任吏部尚书、领骁骑将军的职位。

壬戌日（二十四日），宋孝武帝刘骏下令重新铸造孝建四铢钱。

乙丑日（二十七日），魏文成帝拓跋濬任命侍中伊馛司空的职位。

丙子日（《宋书》作丙寅日，二十八日），宋孝武帝刘骏把皇子子业立为太子。

起初，江州刺史臧质恃才傲物，认为自己有出众的才能，足以成为一世英雄。对于太子刘劭造反的事，臧质暗地存有不同的计谋，认为荆州刺史、南郡王刘义宣性格软弱，容易控制，想要在外推举他，再把他从王位推下，加以自立。臧质是刘义宣的内兄，他到了江陵，就以人主的名义向刘义宣下拜。刘义宣感到惊讶，问他原因。臧质说："战乱中，应该这样，我希望尊奉你为君主。"因为当时刘义宣已经尊奉皇帝（当时为武陵王）为主，所以他的计策没有行通。等到达新亭后，臧质又向江夏王刘义恭下拜，说："如今天下一片混乱危险的局势，礼数应该和平日有所不同。"

刘劭被杀后，刘义宣和臧质都是第一功臣，因此骄傲放肆，恣意横流，做事多专断独行。凡是他们所要求的，宋孝武帝刘骏没有不给予的。刘义宣在荆州十年，财力雄厚，兵力强大；朝廷所颁布的制度，如果他有不同意见，就不遵行。臧质从建康到江州，虽然只有一千多艘船，前后船队却有一百多里。在宋孝武帝刘骏亲自掌握权力后，臧质却以少主的方式来对待皇帝，完全不向他禀报有关政务刑法和庆贺奖赏的事，并不经允许，擅自使用湓口、钩圻的米粮。台城屡次下令追问臧质，以致两方彼此渐渐产生猜忌的情绪。

宋孝武帝奸淫了刘义宣的女儿们（皇帝的堂姐妹），刘义宣因此对宋孝武帝充满怨恨与愤怒之情。臧质于是秘密派使者游说刘义宣道："您拥有无法赏赐的大功，持有让人君震惊的威名，自古以来这样的人，能够保全自己性命的有几个？现在万民的心都期待着声名显著的您，您有这样好的征兆却不去把握，将会让别人抢先下手。如果命令徐遗宝、鲁爽率西北精兵，屯扎驻守在长江一带，而我率九江军舰做您的前锋，这样的话，我们已经得到一半天下。您慢慢推进八州的大军，即使韩信、白起再生，也不能使用计策替建康挽回了。而且在路上已经听说少主失德。沈庆之、柳元景各将领，都是我的旧人，谁肯替少主尽力呢？要知道不可存留的是年岁，不可失去的是时机。我经常害怕大家没有施展力量就会终老到死。现在为您来扫除障碍，我一点也不后悔。”刘义宣的心腹将佐谘议参军蔡超、司马竺超民等都有求取富贵的愿望，希望依靠臧质的威名，来完成事业，因此共同劝刘义宣答应这个计划。臧质的女儿是刘义宣儿子刘采之的妻子。刘义宣也认为臧质和他一心，就答应了。竺超民，是竺夔的儿子。臧质的儿子臧敦是黄门侍郎，宋孝武帝派臧敦来到义宣处。臧敦在路上经过寻阳的时候，遇到臧质，臧质要他再对刘义宣进行劝说引诱，刘义宣终于决定了心意。

豫州刺史鲁爽十分有勇气和力量，因此刘义宣一向与他交往甚密。后来，刘义宣秘密派使者通报鲁爽和兖州刺史徐遗宝，和他们相约在今秋同时出兵。使者到达寿阳时，鲁爽正是喝醉酒的状态，就领会错了刘义宣的意思，立刻出兵。鲁爽的弟弟鲁瑜正在建康，他听到鲁爽出兵的消息就逃跑了。之后，鲁爽命令他的士兵戴上黄色标帜，并私下制造标准服饰，到登坛场行礼，自号建平元年。鲁爽把和自己意见不同的长史韦处穆、中兵参军杨元驹、治中庾腾之都给杀掉。徐遗宝也带士兵向彭城奔去。

二月，刘义宣听到鲁爽已经出兵反叛的消息，也仓促出兵。鲁瑜的弟弟鲁弘担任臧质府佐，宋孝武帝刘骏派使者命令臧质收押鲁弘，臧质立即逮捕朝廷使者，随即出兵。

义宣和臧质都向宋孝武帝刘骏呈上表书，说皇帝被左右所蒙蔽，要诛杀皇帝身旁的坏人。刘义宣升任鲁爽为征北将军。鲁爽把所造的服饰车舆送到江陵，并命令征北府户曹把版书授予刘义宣等人，文章中说道：“丞相刘，现在进补为天子，名义宣；车骑将军臧，现在补任为丞相，名质；平西将军朱，现在补任为车骑将军，名修之。在各位收到版书后，开始实施。”刘义宣惊愕不止，把鲁爽所送的服饰都留在竟陵，不接受他的劝进。臧质加任鲁弘为辅国将军。他派谘议参军刘谌之率一万士兵到鲁弘处，又召令司州刺史鲁秀，要求他作为刘谌之的后继。鲁秀到江陵参见义宣，他出来后，悲恸地说：“我哥哥不听我的意见，竟然要与笨人一起作战，今年要失败了。”

刘义宣兼有荆、江、兖、豫四州的军力，他的军事力量震惊远近。宋孝武帝刘骏想要奉上帝王的车舆服饰来迎接刘义宣，竟陵王刘诞坚持不可以这样，说：“皇上怎么可以拿着帝位送人呢？”宋孝武帝刘骏这才停止。

己卯日（十二日），宋孝武帝刘骏任命领军将军柳元景担任抚军将军；辛卯日（二十四日），任命左卫将军王玄谟担任豫州刺史，命令柳元景率玄谟等各将领讨伐刘义宣。癸巳日（二十六日），占领梁山洲，在两岸建筑半月形的防卫堡垒，并在水陆两路等待。刘义宣自称督办中外诸军事，命令僚属都直称他的名字。

甲午日（二十七日），魏文成帝拓跋濬到达道坛，接受图箓。

丙申日（二十九日），宋孝武帝刘骏任命安北司马夏侯祖欢担任兖州刺史。三月，己亥日（初二），建康内外戒严。辛丑日（初四），宋孝武帝刘骏任命徐州刺史萧思话担任江州刺史，任命柳元景担任雍州刺史。癸卯日（初六），宋孝武帝刘骏任命太子左卫率庞秀之担任徐州刺史。

刘义宣分送讨伐檄文给各州郡主官，许诺要加进他们的位号，并要求他们同时出兵。雍州刺史朱修之假装答应，却派使者向宋孝武帝刘骏告发以表示对皇帝的忠心。而益州刺史刘秀之斩杀刘义宣的使者，派中兵参军韦崧率一万人袭击江陵。

戊申日（十一日），刘义宣率十万大军乘坐绵延几百里的船只从江津出发。他任命儿子刘慆担任辅国将军，与左司马竺超民共同在江陵留守。刘义宣发檄文给朱修之，要求他率一万士兵前进，朱修之不从。刘义宣早就知道朱修之和自己不同心，于是任命鲁秀担任雍州刺史，让他率一万多士兵攻击朱修之。王玄谟知道鲁秀没有来的消息后，高兴地说：“臧质就是容易对付呀！”

冀州刺史垣护之的妻子，是徐遗宝的姐姐。徐遗宝邀请垣护之一起反叛，垣护之不愿意反叛，就没有听从徐遗宝的意见，并出兵攻击他。徐遗宝派士兵在彭城袭击徐州长史明胤，但是没有攻下。明胤和夏侯祖欢、垣护之共同反击在湖陆的徐遗宝，徐遗宝弃下众兵，火烧城池，得以逃走投奔鲁爽。

刘义宣到达寻阳后，向臧质下达担任前锋向前进发的命令。这时，鲁爽也率兵径直扑向历阳，他和臧质各自率水陆军队向江东方向进发。殿中将军沈灵赐率百艘船舰，打败臧质在南陵的水军前部，并擒拿捕获军主徐庆安等人。臧质率军抵达梁山后，在长江两岸摆开阵势，与官军形成对峙局面。

夏季，四月，戊辰日（初二），宋孝武帝刘骏任命将军刘义綦担任湘州刺史；甲申日（十八日），任命朱修之担任荆州刺史。

宋孝武帝刘骏派左军将军薛安都、龙骧将军南阳宗越等在历阳驻扎守卫，与鲁爽的前锋杨胡兴等交战，斩杀杨胡兴。鲁爽的军队不能前进，就使军队停留在大岘，并派鲁瑜驻守小岘。宋孝武帝刘骏又派镇军将军沈庆之渡过长江，指挥各将讨伐鲁爽的行动。鲁爽军中因为缺少粮食，部队稍微向后退，而留下自己断后，沈庆之派薛安都率轻骑兵追击鲁爽。丙戌日（二十日），薛安都在小岘追击到鲁爽。鲁爽要出来迎战，却因饮酒大醉，不能控制自己的行动。薛安都看到鲁爽就跳下战马大叫，径直奔过去刺杀，鲁爽被刺倒地，薛安都的部将范双砍下鲁爽的人头，鲁爽的军队奔逃散去，鲁瑜也被部下所杀，薛安都于是乘胜攻下寿阳。徐遗宝逃到东海时，被遇到的东海人杀掉。

◆李延寿评论说：凶恶的人之所以能有所成就，是因为没有不利用社会动乱的机会。鲁爽却把乱世的投机情怀，用于升平的时代，因此他的失败是应该的。◆

在南郡王义宣到达鹊头后，沈庆之把鲁爽的头送给他，并给他写信说道：“我虽然承担一方职务，但纠纷却发生在我所管辖的地方，因此我率部分军队前往平定，交锋的结果是，贼人鲁爽被斩断了头。你和他情谊深厚，如果要你们相见，或许还可以识别出来，特别送来呈送给你看。”鲁爽家世代都是勇猛善战的名将，号称万人敌。

义宣和臧质听到他被杀害的消息，都很慌张害怕。

柳元景率军驻扎在采石矶。王玄谟认为臧质的士兵多，派人到建康向宋孝武帝刘骏要求增加兵力。宋孝武帝刘骏于是派柳元景进驻姑孰。

太傅义恭在给义宣的书信上说："从前殷仲堪把士兵借给桓玄，而桓玄不久就杀了他全家；王恭信任刘牢之，但转眼间就被刘牢之所杀害。臧质年少时没有好的品行，这你是知道的。现在他想利用荆楚的军力，来实现他的私人欲望，如果让他的奸计得逞，恐怕就不是你能控制的池中之物了。"义宣从此怀疑臧质。

五月，甲辰日（初八），义宣到达芜湖，臧质向义宣提议道："现在如果用一万人来攻取南州，那么梁山就会被截断后援；在万人牵制梁山的情况下，王玄谟一定不敢轻举妄动，下官再带上水军径直夺取石头城，这是上策。"义宣打算运用这个计策。刘谌之秘密地对义宣说："臧质要求做军队的前锋，我们很难预料他的志向。不如率全部精兵进攻梁山，待攻破后，再长驱直入，这才是万全之计。"义宣听后觉得有道理，就改变了原来的打算。

冗从仆射胡子反等守卫梁山西边阵地，正好西南风刮得很急，臧质派他的将领尹周之进攻西城。胡子反当时正准备渡过东岸接受王玄谟的作战命令，在获知西城被攻打的消息后立刻赶回作战。尹周之猛烈发动攻击，偏将刘季之率水军拼死奋战，他向王玄谟求救，王玄谟本来不肯派士兵前来支援，在大司马参军崔勋之坚决争取的情况下，才答应派崔勋之和积弩将军垣询之前往援助。当他们到达时，西城已被攻破，崔勋之、垣询之都战死沙场。垣询之，是垣护之的弟弟。胡子反率余下军队逃回东岸。臧质又派他的将领庞法起率数千士兵快速攻打南浦，想要从后面堵住王玄谟的退路，以解王玄谟不派援兵救援的仇恨。游击将军垣护之带领水军前来交战，击破庞法起。

朱修之截断马鞍山的道路，自己占据险地守卫。鲁秀攻击他，没有取胜过，反而经常被朱修之击败，于是他不得不退回到江陵，而朱修之却没有放过他的意思，率兵紧随其后，暗地跟着他。有人劝朱修之赶快追赶，朱修之说：“鲁秀，是勇猛的将领；就是一只野兽，你要把它追急了，它会回身和你拼死搏斗，所以对于鲁秀不能逼得太紧迫！”

王玄谟派垣护之向柳元景告急说：“如果不守卫西城，那么东城就只剩下一万人，而贼军有好几倍，弱不敌强，我要退守到姑孰，希望你能先协力阻挡，然后我们再商量进攻的事情。”柳元景不同意，说：“贼人的战斗力正是强盛之时，你不可以先退下，我立即整装来支援你。”垣护之说：“贼人称南州有三万军队，而将军才有十分之一的兵力，如果现在前往贼人的阵地，虚实就显露出来了，王豫州不可以过来，不如你分派士兵前来支援。”柳元景说：“好！”于是就留下虚弱的士兵守卫城池，而自己则率全部精兵协助王玄谟，并悬挂许多军旗来虚张声势。这样，梁山看起来好像有好几万士兵，被人以为建康的援兵全到达梁山，大家的心才安定下来。

后来，臧质自己请求进攻东城。谘议参军颜乐之向刘义宣说：“臧质如果攻克东城，大的功劳就要全部归他了，我们应派自己的部下前去攻打。”刘义宣就派刘谌之和臧质一同进攻。甲寅日（十八日），刘义宣到达梁山，在西岸驻扎军队，臧质和刘谌之进攻东城。王玄谟指挥各军应战。薛安都率突击骑兵先行冲入东南阵地，加以摧毁，砍下了刘谌之的头，刘季之、宗越又攻陷他们的西北阵地，臧质大败。垣护之用火焚烧长江中的船只，江面顿时被烟雾和火焰覆盖，连一直延伸到西岸的军营也被烧尽。各军乘机进攻，刘义宣的士兵溃不成军，刘义宣乘坐一只船赶快逃走，关上船门哭泣，此时还有从荆州跟随他的一百多艘船只。臧质想跟刘义宣商议事情，而刘义宣已经离去，臧质不知如何处理，也跟着走了，所有士兵都投降或逃散。己未日（二十三日），解除戒严。

癸亥日（二十七日），宋孝武帝刘骏任命吴兴太守刘延孙担任尚书右仆射。

六月，丙寅日（初一），魏文成帝拓跋濬到达阴山。

臧质到达寻阳后，烧掉自己的住宅，带着侍姬向西逃走。他宠幸的臣子何文敬领头带领余下的士兵向前方逃走，到达西阳。西阳太守鲁方平在给何文敬的信中说："诏书上说只要捕捉到首恶，其余的人就不追究，我们不如就此逃走。"何文敬就抛弃众人逃走。臧质先前让妹夫羊冲担任武昌郡太守，因此要投奔他，但是羊冲已经被郡丞胡庇之所杀，臧质无处可去，于是逃到南湖，摘取莲子吃。等追兵赶到的时候，臧质跳到湖中，用莲叶覆盖着头，把身体沉入水中，让鼻子从水中出来保持呼吸。戊辰日（初三），军主郑俱儿发现臧质后，用箭射中他的鼻心，然后用刀对准他的身体胡乱砍，臧质流出的肠胃缠绕着水草，他的头颅被砍下后送到建康，子孙都在市集被杀，他的同党乐安太守任荟之、临川内史刘怀之、鄱阳太守杜仲儒等也被杀掉。杜仲儒，是杜骥哥哥的儿子。功臣柳元景等人依照功绩被分别加以封赏。

丞相刘义宣逃到江夏后，听说巴陵有军队驻防，就又急忙退向江陵。此时，跟随他的兵众几乎全部逃光，他就与左右十多人走路，脚痛不能再走的时候，就借用民间的无篷车乘坐搭载；饥饿的时候，就沿街向路人乞讨食物。等他到江陵城城外时，派人通报竺超民。竺超民准备有羽旗装饰的士兵举行欢迎仪式。当时荆州的带甲士兵还有一万多人，在刘义宣左右的侍从翟灵宝劝告刘义宣要懂得抚慰和奖赏将士，刘义宣于是借用翟灵宝的话说道："臧质违背正确的指挥，以致失败。现在我们要重整装备、训练士兵，重新制订复兴计划。从前汉高祖就是经过上百次失败，才终于成就大业。"刘义宣忘了灵宝的原话，错说道"项羽有千次失败"。士众都掩口而笑。鲁秀、竺超民等人还想收拾余兵，重新决战，而刘义宣没有精神、沮丧之至，进入室内就不再出来，左右心腹等人渐渐离他而去。鲁秀要向北走，刘义宣自己不能守卫住，就要跟鲁秀一起去，于是携带儿子刘慆和女扮男装的五个爱妾跟随自己。当时城内纷扰杂乱，刀刃相互残杀，刘义宣因为害怕，从马上坠下，只得步行。刘义宣找不到鲁秀，左右的人又全都抛弃他，晚上就回到南郡的空官舍。第二天，竺超民用车子把他送进刺奸掾。当刘义宣进到监狱，坐在地上叹息说："臧质这老家伙害死了我！"五个妾不久被送出监狱，刘义宣不忍分别，对狱吏哭号说："平常打仗失败都不感到痛苦，今天要与亲人分别才是最痛苦的事情。"鲁秀因为兵众四散离去，不能向北，于是又回到江陵。江陵城上的士兵用箭射杀他，鲁秀掉落水中而死，他的头颅被士兵割取。

宋孝武帝刘骏下诏派右仆射刘孝孙到荆、江两州，调查识别忠贞或反叛之士，分别执行赏赐或诛杀处罚；又划拨出两州土地，另外设立新州。

起初，晋朝南迁时，把扬州作为首都地区，粮食布帛都由扬州供给；而把荆州、江州作为军事重镇，因此军队多在两州驻扎，并经常派大将驻守。这三州的人口，占到江南的一半，宋孝武帝刘骏不喜欢这三州太过强大，害怕朝廷将来会控制不住，所以想把这三个州再划分为数个小州。癸未日（十八日），便分出扬州浙东的五郡，设立东扬州，州治在会稽；分出荆、湘、江、豫州的八郡，设立郢州，州治在江夏；撤销南蛮校尉，把原有机构迁回建康。太傅刘义恭提议郢州州治应设在巴陵，尚书令何尚之则说："夏口在荆州、江州的中央，并正对沔口，可以连通雍州、梁州，是重要的水路中心，而且是自古以来的重镇，基础稳固。而夏口既有的城垣，不仅有大的港湾，而且停泊的船只又多，管理上也比较方便。"宋孝武帝刘骏同意何尚之的意见。从此，在荆、扬分州以后，增加官府的消耗花费。何尚之就又请求合并荆、扬二州，宋孝武帝刘骏没有同意。

戊子日（二十三日），宋国裁撤掉录尚书事的职位。宋孝武帝刘骏厌恶宗室强盛的局面，不愿意自己的权力比臣子的小。太傅刘义恭因为知道宋孝武帝的心意，就请求撤去。

宋孝武帝刘骏命令王公、八座给荆州刺史朱修之送信，要求丞相刘义宣自杀。庚寅日（二十五日），信还没有被送达，朱修之就进入江陵城，杀掉刘义宣和他的十六个儿子，以及同党竺超民、从事中郎蔡超、谘议参军颜乐之等人。

宋孝武帝刘骏又准备下令杀掉竺超民的兄弟。何尚之上书给宋孝武帝刘骏说："贼人刘义宣逃出江陵时，我一个人就可以把他抓捕回来。如果竺超民贪取利益，反复无常，我们就可以杀掉他。在要他投降不仅可以免罪，而且可以得到不义的赏赐的情况下，竺超民并没有免罪求赏的意思，这样也稍微可以了解他的为人。而且他任官时，也保全了城中的官宅，并且小心地保全府库的钱粮，正在坐着等待逮捕。如果现在还要杀他的兄弟，那么我们就与其他的叛党没有两样，这样的处分未免太重了。"宋孝武帝刘骏于是原谅了竺超民的兄弟。

秋季，七月，丙申朔日（初一），天空出现日食。

庚子日（初五），魏皇子拓跋弘出生；辛丑日（初六），魏国大赦境内，把年号改为兴光。

丙辰日（二十一日），宋国大赦天下。

八月，甲戌日（初十），魏赵王去世。

乙亥日（十一日），魏文成帝拓跋濬回到平城。

冬季，十一月，戊戌日（初五），魏文成帝拓跋濬先到中山，后转到信都；十二月，丙子日（十四日），从信都折回，到达灵丘温泉宫；庚辰日（十八日），又回到平城。

孝建二年（乙未，公元455年）

春季，正月，魏车骑大将军乐平王拓跋拔因为有罪，被赐令自杀。

镇北大将军、南兖州刺史沈庆之因为年老向宋孝武帝请求辞掉官职回家休养；二月，丙寅日（初五），宋孝武帝刘骏让他担任左光禄大夫、开府仪同三司。沈庆之一直推辞谦让，为此上了数十次表疏，又当面陈情，乃至于叩头哭泣。宋孝武帝刘骏不能强迫他改变自己的意愿，就同意他以始兴公的爵号回家，加厚俸禄。不久，宋孝武帝刘骏又要用到他，便派何尚之去请他。何尚之一再说明皇上的意思，沈庆之只是笑着说："沈公不效仿何公，去了而又回来（指何尚之退了职又复官）。"何尚之感到惭愧而不敢再去请他。辛巳日（二十日），宋孝武帝刘骏任命尚书右仆射刘延孙担任南兖州刺史。

夏季，五月，戊戌日（初八），宋孝武帝刘骏任命湘州刺史刘遵考担任尚书右仆射。

六月，壬戌日（初二），魏国改年号为太安。

甲子日（初四），宋国大赦天下。

甲申日（二十四日），魏文成帝拓跋濬到达平城。

秋季，七月，癸巳日（初四），宋孝武帝刘骏立皇弟刘休祐为山阳王，刘休茂为海陵王，刘休业为鄱阳王。

丙辰日（二十七日），魏文成帝拓跋濬到达河西。

雍州刺史武昌王刘浑，与左右开玩笑，写下檄文，自号楚王，把年号改为永光，重新设置百官。长史王翼之把刘浑的笔迹呈给宋孝武帝刘骏看。八月，庚申日（初一），宋孝武帝刘骏把刘浑废为平民，流放到始安郡。宋孝武帝刘骏派员外散骑侍郎东海人戴明宝去责问刘浑，实际上是想逼他自杀，而刘浑当时年仅十七岁。

丁亥日（二十八日），魏文成帝拓跋濬回到平城。

宋孝武帝刘骏下诏要在郊外的寺庙进行祭祀，命人开始制作完备的乐曲。这是依据前殿中曹郎荀万秋的提议。

宋孝武帝刘骏打算削弱王侯的力量。冬季，十月，己未日（初一），江夏王刘义恭和竟陵王刘诞上奏请求裁减王、侯的车服、器用和乐舞制度，一共有九条；宋孝武帝刘骏趁机示意有关官吏把要裁减的内容增加到二十四条，比如王、侯在听取政事时不可以向南坐；剑柄不可以被制作成鹿卢形；内史、相和封内的官长对王、侯要自称下官，不可以称臣；撤官后，则不再追敬。宋孝武帝刘骏下诏同意。

庚午日（十二日），魏文成帝拓跋濬任命辽西王常英担任太宰。

壬午日（二十四日），宋孝武帝刘骏任命太傅刘义恭兼任扬州刺史，竟陵王刘诞担任司空兼任南徐州刺史，建平王刘宏担任尚书令。

这一年，宋孝武帝刘骏任命已故的氐王杨保宗的儿子杨元和担任征虏将军，杨头担任辅国将军。杨头，是杨文德的同祖父哥哥。杨元和虽然是杨氏的正统血脉，但朝廷因为他年幼，也没有才能，就没有给他正式的位号，这样使得部落没有固定的主人。杨头先前驻守葭芦的时候，母亲、妻子、儿子、弟弟都被魏军抓去。而杨头对宋国忠贞，没有为解救家人向魏军投降的二心。雍州刺史王玄谟向宋孝武帝刘骏上书说："请让杨头担任假节、西秦州刺史，用来安抚他们的部族。等几年以后，杨元和年纪较大的时候，就可以让他继承先世的职位来执政。如果杨元和没有相配的才能，就让杨头另选他人。杨头能够作为汉川的屏障，消灭外患，而他们只是四千户的荒州，应该不会舍不得。如果葭芦守卫不住，汉川也就没有能够保全的道理。"宋孝武帝刘骏不同意他的意见。

孝建三年（丙申，公元456年）

春季，正月，庚寅日（初四），宋孝武帝刘骏立皇弟刘休范为顺阳王，刘休若为巴陵王。戊戌日（十二日），立皇子刘子尚为西阳王。

壬子日（二十六日），太子接纳迎娶右卫将军何瑀的女儿为太子妃。何瑀，是何澄的曾孙。甲寅日（二十八日），大赦天下。

乙卯日（二十九日），魏文成帝拓跋濬立贵人冯氏为皇后。皇后是辽西郡公冯朗的女儿，而冯朗是秦、雍二州刺史，因为牵涉政事被杀，女儿才因此被许配到宫中。

二月，丁巳日（初一），魏文成帝拓跋濬立拓跋弘为皇太子，先让拓跋弘的母亲李贵人分条记下所要交代的事并托付给她的兄弟，然后依照古有的成例赐她自杀。

甲子日（初八），宋孝武帝刘骏任命广州刺史宗悫担任豫州刺史。为了沿用原来府州内部行政都用书札来根据实情记载所办事务的制度，因此设置典签来掌管。宋朝被派到各藩镇担任刺史的各皇子大多年纪较小，因此都任命左右亲近的人来出任典签的职位，所以典签的权力比较大。从此，即使是年纪大的王或皇族的人出任州刺史，典签也都有左右政令的权力，他们掌握权要，连刺史都不能专擅他的职位。等到宗悫担任豫州刺史，临安人吴喜担任典签。吴喜常常坚持反对宗悫的刑法政治措施，一次，宗悫忍不住，大怒说："我都将近六十岁了，还在为国家效命，却才得以掌管如斗大的一个州，我当然不能够与你典签来共同管理！"吴喜惊慌，跪地叩头直至流血，宗悫的怒气才平息下来。

数千家丁零族人藏匿在井陉山中做盗贼，魏文成帝拓跋濬选派部尚书陆真率州郡组成的军队，讨伐消灭他们。

闰月，戊午日（初三），宋孝武帝刘骏任命尚书左仆射刘遵考担任丹杨尹。

癸酉日（十八日），鄱阳哀王刘休业去世。

太傅刘义恭认为南兖州刺史、西阳王刘子尚被宋孝武帝刘骏所宠爱，而选择避让他，因此请求辞掉扬州刺史的职位。秋季，七月，宋孝武帝刘骏就解除了刘义恭的扬州刺史职位。丙子日（二十三日），宋孝武帝刘骏任命刘子尚担任扬州刺史。当时天空中荧惑（火星）守着南斗星，宋孝武帝刘骏认为这个天象是分野扬州不吉的征兆，于是废除西州旧有的公馆，并命令刘子尚搬到东城来压住凶兆。扬州别驾从事沈怀文对宋孝武帝说："我们应该用道德来配合天道所显示的变化，而不是行动。现在把西州空置下来，恐怕对我们没有好处。"宋孝武帝刘骏不听沈怀文的话。沈怀文是沈怀远的哥哥。

八月，魏平西将军渔阳公尉眷攻击伊吾，把伊吾城攻破，在城内大肆掠夺而回。

九月，壬戌日（初十），宋孝武帝刘骏任命丹杨尹刘遵考担任尚书令。

冬季，十月，甲申日（初二），魏文成帝拓跋濬回平城。

丙午日（二十四日），宋国太傅刘义恭进位为太宰，兼任司徒。

十一月，魏文成帝拓跋濬任命尚书西平王源贺担任冀州刺史，赐给他陇西王的爵位。源贺向魏文成帝拓跋濬上书说："现在北方敌人（柔然）到处游荡攻击，而南方敌人（刘宋）在边疆前线依附着险要的地势，我们还需要防备守卫。臣认为，如果不是大逆不道赤手杀人，其他因犯贪污盗窃罪名或因过失要处以死刑的人，都是可以原谅的。把他们流放到边疆可以起到防卫作用，这样使得要死的人能够得到再生的恩惠；出征的人家，反倒可以得到休息的恩惠。"魏高宗拓跋濬同意源贺的建议。经过一段时间后，魏文成帝拓跋濬向群臣说道："我听从了源贺的话，一年中使不少人活下来，增加了很多的防卫兵力。各位如果都能像源贺一样，我会有什么忧愁的事情呢？"正好此时，武邑人石华来报告源贺计划造反，负责的官吏来向魏文成帝拓跋濬禀告说："源贺竭尽诚心报效国家，我向各位保证，他绝对不会做这种事，我是很清楚的。"于是下令对石华详加审问调查，石华果然是诬告源贺，魏文成帝拓跋濬杀了他以后对左右说道："凭借源贺的忠诚，还不免被人诬告陷害，不如源贺的人，怎么可以不小心谨慎呢？"

十二月，宋国濮阳太守姜龙驹、新平太守杨自伦率官吏和人民，丢弃下郡投奔魏国。

宋孝武帝刘骏提出把青州、冀州的州治，都合并到冀州的州治历城的想法，朝堂上讨论的臣子大多持有不同意见。青、冀二州刺史垣护之说："青州以北有黄河、济水，又多山地和沼泽，不是敌人所攻击的方向；敌人每次前来，一定会经过历城。把这二州并到历城，是战略上的考虑。北方又靠近黄河，前来投奔归附的人容易到达。历城近可以稳定人民，消灭祸患，远可以达到伸张天子威望的目的，是安定边疆、稳定国家的最佳计策。"宋孝武帝刘骏认为垣护之说得有道理，因此做出合并两州到历城的决定。

元嘉年间，官方铸造的四铢钱，外轮内廓、式样、铸造成本、币值都与五铢钱相同，所以人民不盗铸。等到宋孝武帝刘骏登上皇位，铸造式样薄小、外圆内方、不整齐的孝建四铢。因此偷铸钱币的人多了起来，窃贼把铅、锡掺杂到钱里，使钱不牢固；或者剪凿古钱，使钱更为薄小。地方官吏因为禁止不了，被牵涉处死或免职的事件相继发生。盗铸愈多，物价愈贵，朝廷对此感到很忧虑。去年春天，宋孝武帝刘骏下诏宣布太小的或轮廓不整齐的钱，都不能再使用，民间因为这件事一片喧闹纷扰的声音。

这一年，始兴郡公沈庆之建议，他认为："让人民去铸造钱币，在各郡县设置钱署，愿意铸钱的人家都住在钱署内，并规定一定的标准，淘汰其中有杂质的。去年春天所禁的新币，暂时允许继续流通使用，今年铸的就全要依照一万钱币课三千税的新规定，严格对盗铸行为进行追查。"丹杨尹颜竣反驳道："五铢钱的轻重，在汉代就已被规定，魏、晋以后，一直未改变。物品与货币既然是均衡的状态，那么如果对货币进行更改就容易产生作假的事情。现在说去年所禁的钱币，要在一段时间内通行，那么在这段时间内大小不一的钱币将全部通行，不用依照官铸的钱币。这样下去，人民就会养成追求利益的习惯，继而会有无穷尽的人造假，私铸或剪凿钱币的现象就会完全禁止不了，最后财物货物不足，而大钱已经用尽，几年之后，四铢钱就将全部化为尘土，消失殆尽。现在因为刚刚实行新的禁令，钱币式样还没有统一，但不久以后就自然会没有问题，这不足以让皇上感到忧虑；而国家库存空虚，财物匮乏，才是最值得皇上忧虑的事情。现在就是准许通行小钱，官方也不能从中获取利益，充实府库；百姓虽然富足，也不能解决官方财富匮乏的状况。使国家富足最可贵的办法，只有排除奢侈华丽的事物，力求勤俭节约。"之后，议论的臣子又说："因为铜很难得到，所以我国应该铸造二铢钱。"丹杨尹颜竣说："议论的臣子都认为为了改善官方库藏空虚的情况，请求更改旧钱，铸造轻钱；而又认为天下缺少铜，就更应该通行更小的货币。你们却不知道这对于官方府库的匮乏状况没有帮助，反而会大兴民间的奸邪取巧之风，天下的货物将销糜殆尽，纵使下令严格禁止，却会因为人民已深深陷入追利的深潭而难以杜绝停止，不出一两年，它的积弊将到不可收拾的地步。现在，百姓接受了大钱改小的教训，又害怕近日的新禁令，这时，市井之间，一定会纷扰杂乱，眼看远的利益还没有得到，近的弊病却先来到。这样富足的商人会得到利益，贫民会贫困窘迫，这都是绝对不可以允许发生的情况。”于是，改铸二铢钱的建议被否决。

魏定州刺史高阳人许宗之求取不合法度的利益，深泽平民马超批评他，许宗之不接受他的批评，殴打马超导致其死亡。后来，他因为害怕马超的家人向皇上告状，就向皇上报告说马超诋毁诽谤朝廷的政治事务。魏高宗拓跋濬回答说：“这一定是假的。我作为天下之主，还害怕马超批评的话！一定是许宗之诬告马超。”官府查案结果出来，果然是许宗之诬告，于是魏文成帝拓跋濬下令在都南斩杀许宗之。

宋国金紫光禄大夫颜延之去世。颜延之的儿子颜竣官职显达高贵，掌握大权。但是所有儿子提供给他的东西，他全都不接受，仍然穿着粗糙的麻布衣裳，住在由茅草搭建的房屋，如往常一样清贫，经常乘坐由一头瘦弱的牛拉着的笨重车子，当他遇到儿子颜竣的车队，就赶快到路边躲避。他经常对颜竣说：“我平生不喜欢见到要人，现在不幸见到你！”颜竣建盖房宅，颜延之对他说：“你要好自为之，不要让后人来嘲笑你笨拙！”颜延之曾经早起去看望颜竣，看到宾客满门，而颜竣还没有起床的情况后，生气地批评儿子说：“你在粪土之中出生，而现在升在云霞之上，如果这么骄傲，能够持久吗？”颜竣才守满一个月的父丧，宋孝武帝刘骏就升任他为右将军，并仍然为丹杨尹。颜竣坚持拒绝，十次上表陈说，宋孝武帝刘骏都不允许，派中书舍人戴明宝强抱颜竣上车，把颜竣搭载回官邸，赐给他一领布衣，内里却絮着彩色丝绵，派主衣局官吏亲自给他送过去，并给他穿上。

大明元年（丁酉，公元457年）

春季，正月，辛亥朔日（初一），宋国改年号为大明，大赦天下。

壬戌日（十二日），魏文成帝拓跋濬到崞山打猎。戊辰日（十八日），回到平城。

魏国任命渔阳王尉眷担任太尉、录尚书事。

二月，魏军入侵兖州，向无盐发起进攻，最后打败东平太守南阳人刘胡。宋孝武帝刘骏颁下诏令派太子左卫率薛安都率骑兵、东阳太守沈法系率水军，前往彭城防御魏军。并把战事交徐州刺史申坦指挥。当水陆军到达时，魏军已经离去。在此之前，聚集在任城灌木丛林中的群盗，多少年来都对官府形成威胁，他们被称为“任榛”。申坦请求在调回军队时顺便对这些盗匪加以攻讨，宋孝武帝刘骏答应了他的请求。任榛获得消息，都从任城逃跑散去到各处。当时天旱，人马饥渴难耐，疲惫乏力，又没有任榛的踪迹，只得无功而回。薛安都、沈法系因此获罪被废为平民而兼领原职，申坦则要被处死，群臣在朝堂上为他说情，宋孝武帝刘骏最终不同意减免对他的刑罚。到了申坦被处死的这一天，沈庆之在街市中的刑场抱着申坦哭着说：“你无罪却要被处死，我现在市中为你的死亡痛哭，因为我也将要跟着你去了。”官吏向上级报告，宋孝武帝刘骏才下令赦免申坦。

三月，庚申日（十一日），魏文成帝拓跋濬到松山打猎；己巳日（二十日），回到平城。

魏文成帝拓跋濬立他弟弟拓跋新成为阳平王。

宋孝武帝刘骏自从解除丧期之后，骄奢淫逸，恣意放纵，沉迷于声色犬马之中，修建了许多用来嬉耍玩乐的宫苑。丹杨尹颜竣认为自己是早时皇帝为外藩时的旧臣，进行几次诚恳贴切的谏诤，每次都直言相劝，对宋孝武帝刘骏的缺失无所回避，宋孝武帝刘骏因此渐渐地不喜欢他。颜竣自认为才干足以挽救时世，而受宋孝武帝刘骏宠爱信任的深切程度无人可以相提并论，可以身居朝廷的枢要地位，永远执掌朝政之事，但他所陈说的建议却大多不被皇帝采纳，就怀疑皇帝要故意疏远他。于是向宋孝武帝刘骏请求外放自己到地方去任职，来猜测揣度宋孝武帝刘骏的意思。夏季，六月，丁亥日（初九），宋孝武帝刘骏果真下诏任命颜竣担任东扬州刺史，颜竣这才大为恐惧起来。

癸卯日（二十五日），魏文成帝拓跋濬到达阴山。

雍州管辖许多侨郡县，刺史王玄谟向宋孝武帝刘骏上书说：“因为侨郡县没有实际的土地，所以出现新旧居民户口错乱，租税又不合时的情况，这样不利于国家管理。因此请求撤除侨郡县，而把它归属到现在实有的郡县中。”宋孝武帝刘骏认为有道理，就答应了他的提议。秋季，七月，辛未日（二十四日），宋孝武帝刘骏颁下诏书把雍州三郡十六县合并为一郡。郡县的新移民不愿意把原来的户籍归到新的郡县，他们知道这是王玄谟的建议后，就相约一起捏造谣言说王玄谟要起兵发动叛乱。当时柳元景的宗族盛多，同宗族的兄弟多担任雍州侨郡县两千石的官，他们也都乘着声势要讨伐王玄谟。王玄谟得到消息后，先想办法使内外平静下来，讲述合并郡县的原因，解除大家的疑惑，并快速地把事情的本末一一报告给宋孝武帝刘骏。宋孝武帝知道没有这件事，就派主书吴喜来安慰他，而且答复他说：“七十岁的老人，还会有什么要求呢？我们可以相互保证君臣的关系，你姑且笑笑，让眉头放松吧！”因为王玄谟生性严肃，不随便笑，所以宋孝武帝跟他开玩笑。

八月，己亥日（二十二日），魏文成帝拓跋濬回到平城。

甲辰日（二十七日），宋孝武帝刘骏调动司空、南徐州刺史竟陵王刘诞担任南兖州刺史，任命太子詹事刘延孙担任南徐州刺史。起初，高祖留下遗诏，认为京口重地距离建康很近，不是宗室近亲就不可以任命为刺史。刘延孙的祖先虽然和高祖同源，但高祖刘姓属于彭城，延孙刘姓属于莒县，两家从来没有对辈次进行排列过。宋孝武帝已经命令刘延孙镇守京口，于是就颁下诏令和刘延孙合并为一族，指派各王与刘延孙家一起来排列长幼辈分的次序。

宋孝武帝刘骏在宫中淫乱时，丝毫不考虑女子与他的亲疏、尊卑关系，风声流传到民间，人民无所不知。而宋孝武帝刘骏的弟弟刘诞为人宽容忠厚，对人讲礼节，又杀掉太子刘劭、丞相刘义宣，立下大功劳，人心私下都倾向他。刘诞也多聚集有才干的人士，蓄养精锐的甲兵，宋孝武帝刘骏因此感到害怕而对他有所猜忌，不想让他再居于朝中，就派他镇守京口，但还是嫌京口距离建康太近，于是便把他调任到更遥远的广陵。并把刘延孙作为心腹之臣，镇守京口以防刘诞。

魏文成帝拓跋濬将要东巡，冬季，十月，颁下诏令命太宰常英在辽西黄山盖造行宫。

十二月，丁亥日（十二日），宋孝武帝刘骏改顺阳王刘休范为桂阳王。

大明二年（戊戌，公元458年）

春季，正月，丙午朔日（初一），魏国下令禁酒，不论是酿造酒的人、卖酒的人，还是喝酒的人都要被处斩。在举办喜事、丧事的聚会上，可以开禁，但有一定日期限制。魏文成帝拓跋濬认为士人平民多因饮酒后发生打斗，然后批评国家政事，所以禁酒。他增设内外候官，来调查采集各曹和州、镇的违反者，候官有人穿着便服混入府寺中，查找百官的过失，对有过失的官吏进行彻底追究，为取得口供拷打讯问。官员收取的赃物赃款达到可以购买两丈帛的价值都要被处死，法律又增加七十九章。

乙卯日（初十），魏文成帝拓跋濬到达广宁温泉宫，并巡视平州。庚午日（二十五日），到达黄山宫。二月，丙子日（初二），他登上碣石山，观赏大海。戊寅日（初四），他先向南来到信都，再到广川打猎。

乙酉日（十一日），宋孝武帝刘骏任命金紫光禄大夫褚湛之担任尚书左仆射。

丙戌日（十二日），宋国建平宣简王刘宏因为生病而被解除尚书令的职务；三月，丁未日（初三），去世。

丙辰日（十二日），魏高宗拓跋濬回到平城，准备建筑太华殿。当时，给事中郭善明生性机灵投巧，说动魏高宗建造许多宫殿。中书侍郎高允认为此举不妥，便向魏高宗劝谏说："太祖开始建立都城的时候，所有营造建筑，一定会利用农事的闲暇时间，避免耽误农事。何况建国时间已久，永安前殿足够做朝堂集会之用，西堂、温室足够做游玩赏乐休息之用，紫楼足够做远望之用，即使要有所增建，也应该慢慢来，不可急促。现在计算要用到两万名工人，加上对老小供应粮饷又要多一倍的人，估计半年可以完成。如果一个男子不耕种，就会有人面临饥饿的状况，更何况四万人的花费，怎么可以数得过来呢？这是陛下应当注意的事。”魏高宗认为有道理，就接纳他的建议，不再修建。

高允喜爱劝谏，只要朝廷事务有不好的，高允就要求见魏高宗，魏高宗经常屏除左右侍从，单独接见他。他们的谈话有时从早上持续到黄昏，有时一连几天都不出宫，群臣都不知道他们的谈话内容。高允说话有时太激动，当魏高宗听不进去的时候，就命令左右侍从把他扶出宫殿，但魏高宗始终对高允很好。当时有人上书激烈批评高允，魏高宗查看后，对群臣说道：“君主和父亲是一样的，父亲有过错，儿子怎么不写书在大众面前来劝告呢？而儿子之所以要在房中隐处来劝告父亲，哪里是想要将父亲的过错张扬出去呢？至于侍奉国君，又何尝不是这样。国君有过失，不当着国君的面陈说叙述，而是选择上书公开劝谏，通过向臣子显扬国君的过错之处，来表现自己的正直，这哪里是忠臣所做的呢？如高允，就是忠臣。我有过失，他没有不当面直言的，至于我有听不下的，他都不闪避。只有我知道自己有过失而天下人不知道，这难道不叫忠心吗？”

和高允同时被征用的游雅等人，都做到大官、封侯，他们的部下从刺史到两千石的官吏也有数十百人，而高允则一直担任郎官，二十七年中从未升过官。魏文成帝拓跋濬向大臣们说：“你们虽然拿着弓刀站在我的左右，却从来没有一句规劝我的话，都是白站，只是等我高兴的时候，请求官爵，以至于你们现在没有功劳却做到王公之位。高允执笔数十年辅佐我治理国家，做出不小的贡献，但官位不过郎官，你们不觉得惭愧吗？”于是就任命高允担任中书令。

当时魏国百官没有俸禄，高允经常命他的儿子们去打柴谋生。

司徒陆丽对魏文成帝拓跋濬说："高允虽然受到优宠，但家庭贫困，妻子和儿子都没有可以谋生的产业。"魏文成帝拓跋濬说："你为何不早说呢？现在看到我重用他，才说他贫困吗？"当天，他亲自到高允家查看，看到只有几间草屋，床上只有粗糙的布被，破旧的絮袍，厨房中只有盐菜而已。魏文成帝感慨叹息，赏赐给他五百匹布帛，一千斛谷子，任命他的长子高悦为长乐太守。高允一直拒绝，魏文成帝不答应。魏文成帝拓跋濬尊重高允，经常叫他令公，而不叫他的名字。

游雅经常说："以前史书（《后汉书》）说卓子康、刘文饶两人为人宽容忠厚，有的心地褊小的人不相信会有这样的人。我与高子相交四十年，未曾看过他喜怒的颜色，才知道古人所说的一点也没错！高子内心文雅而外表柔和温顺，说话结结巴巴，经常说不出口。从前崔司徒（浩）对我说：'高生才能高超，学识渊博，是一代才俊。他所缺乏的，只是刚强坚毅的节操而已。'我当时也认为是这样。等到司徒得罪，起初以为是细微的小事，后来皇上颁布诏命，司徒当面受审，他哭叫不成声，双腿发抖，说不出话。宗钦以下的人，都伏在地上吓得冒汗，以至于没有一点人的气色。而高子却独自陈述事理，解释是非，言辞严肃端正，声音洪亮。君主为之感动，听者没有不神往的，这难道不是所谓的刚毅吗？宗爱正执掌权力之时，权威声势震惊天下，他曾经下令召集百官到都城集会，王公以下的百官都加快移动步伐到庭中拜见，只有高子径直走上台阶，长揖拱手。汲长孺可以卧见卫青，由此看来，这也算不得是违背礼节了。这不是所谓的节操吗？人心是很不容易了解的，最初我心中想象错误，而崔浩口中所说又出错。知心难得，难怪管仲要感伤地怀念鲍叔牙了。"

乙丑日（二十一日），魏东平成王陆俟去世。

夏季，四月，甲申日（十一日），宋孝武帝刘骏立皇子刘子绥为安陆王。

六月，戊寅日（初六），宋孝武帝刘骏为了不让他的权力在大臣之下，就把吏部尚书一职，分开由都官尚书谢庄、度支尚书吴郡人顾觊之两人担任。又裁减去五兵尚书的职位。

起初，在晋时，被选拔担任散骑常侍的人，声名和威望很重要，要达到与侍中相当的水平；后来因为职位事务闲散，就任命不重要的出任散骑常侍。宋孝武帝刘骏要加重这个职位，于是任用当时的名士临海太守孔觊、司徒长史王彧来担任。侍中蔡兴宗向别人说："虽然职位选用重要人士来担任，但常侍一职仍然空闲松散，这样只是表面上改用人选，而不增加职位的实际权力，虽然主上心中有轻重的标准，但一般人的观念怎么能随之改变呢？"不久散骑常侍的人选又减少，而选部的贵重仍与从前一样。孔觊，是孔琳之的孙子；王彧，是王谧哥哥的儿子；蔡兴宗，是蔡廓的儿子。

◆裴子野评论说：古代帝王早就说过任命官吏的困难，这已经有久远的历史了。周代的礼制，从学校开始，而后在州里评议，然后上报给六官，最后进献给王朝。而在汉朝，川郡储备人才，然后五府从中举用为掾属，三公再考核他们的得失，由尚书最后向帝王报告。选用一个人才，经历多人考核，所以官职都能得到适合的人才，很少出现失误。但魏、晋把选官制度加以更改，所以出现很多失误。有的人相貌忠厚诚恳，但内心却如同不可预测的深溪般阴险，因此通过观察人的言论和行为来选择任用官职，还恐怕有不周到的地方；何况现在在万人千群之中，片刻间只见一面就做出用人的决定；所有百官的职位，都由一个官属来专断，因此钻营取巧之风盛行，不能抑止。为求得晋升，官吏谄媚上级，贪赃渎法的手段兼而用之，从此，官场中不再有明晓廉耻的风气，官员也不再有谨慎宽厚的操守；最后到达官吏奸邪、国政败坏、没有纲纪的地步。假使让舜帝时期那个叫龙的大臣来接纳忠言，让舜做国家的君王，而想要政治清平，也未必一定能够做到，况且后来被任命的官吏呢？宋国的孝武帝虽然把尚书分为两人，但却不能回复到周、汉的制度上去，结果朝三暮四，反复无常，这怎么能够做好官吏的选拔工作呢？◆

丙申日（二十四日），魏文成帝拓跋濬到松山打猎；庚午日（六月无此日），到达河西。

宋国南彭城人高阇、僧侣昙标借用虚妄的言论来标榜自己，与殿中将军苗允等计划反叛，立高阇为帝。事情被宋孝武帝刘骏发觉，甲辰日（七月初二），有数十名叛乱之人被处死。于是宋孝武帝刘骏下令甄别审查所有僧徒，设立各种禁止的法令，并用连坐杀戮来严格防范，如果不是道行精深的高僧，都被要求还俗。但因为许多尼姑仍在宫廷中进出，使得禁令行不通。

宋国中书令王僧达，从小聪明敏锐，机灵警觉，擅长写文章，但行为豪放，不拘小节。宋孝武帝刘骏刚登上皇位，就升任他为仆射，地位在颜竣、刘延孙之上。王僧达自认为能力是当时的人所比不上的，在一两年内，就可以当上宰相。不久，被调任护军，心情郁闷不得志，几次向宋孝武帝刘骏上书请求辞职，宋孝武帝很不高兴，对他心生不满。因此渐渐地被降职，五年中被降七次，还被弹劾。王僧达感到可耻又怨恨，而他之前所呈上的书表，内容有褒有贬，又爱批评朝政，宋孝武帝已经累积了愤怒之情。路太后的侄子曾到王僧达家中去拜访，当他小步快走地坐上席子，王僧达就命人把这张席子抬出去扔掉。路太后大怒，坚决要求宋孝武帝刘骏杀了王僧达。正好高阇造反，宋孝武帝就把王僧达戴上与他串通谋反的帽子。八月，丙戌日（十五日），王僧达被廷尉收押，被赐自杀。

◆沈约评论说：君子和小人，只是人物的通称而已。能遵行正义之道，则是君子；违背正义之道的，则是小人。所以太公姜望是钓鱼翁，而成为周文王的军师；傅说是泥水匠，而成为殷高宗的宰相。从中可以看到，一个人的发达和隐微，是由才能来决定的。到了两汉，这种不论出身唯才是用的精神没有改变，因此，胡广虽家中世代是农民，而做到公相之职；黄宪是牛医的儿子，而名声和威望为京师所推重，不会像后来出现世族和平民永不相交的情况。魏武帝曹操认为人才的优劣，与门第的高低无关，于是开始设立九品中正选拔人才，但各州的中正官和那些热衷名利的人，根据自己的利益任意选用，淘汰虽有才能但出身低贱的人，只相互推荐出身更高的世家。这样就相沿袭成为习俗，最后演变成为制度。周、汉的制度，是用智者统治愚者；而魏、晋以来，是用贵者来统治贱者，把贵族与平民的界限划分得非常清楚。

裴子野评论说：在古代，只尊重讲道德和大义的人，而不论他们是否为背负东西的工人或商贩；如果不是适合的人才，为什么非要选用世族子弟呢？名士的子孙，与平民的子孙是齐等的；虽然有士族和平民的区分，但没有华宗、素门的永远分别。从晋初以来，这种风气稍微有所改变，乡间的人才，还能有被官府录用的机会，得以进入仕途；但是到了晋晚年，就专用阀阅之家的子弟为官。从此三公的儿子，傲视九卿；黄门侍郎、散骑常侍的孙子，蔑视县令，于是相互骄矜，争夺小利，只谈论高贵的门户，不问能力是否贤能。如果让谢灵运、王僧达在寒门出生，虽然有才华，还是会被摧残；但如果自恃世族的庇荫，不可一世，也是会招来祸害的。◆

九月，乙巳日（初四），魏文成帝拓跋濬回到平城。

丙寅日（二十五日），魏文成帝拓跋濬大赦境内。

冬季，十月，甲戌日（初四），魏文成帝拓跋濬向北巡视，要讨伐攻打柔然，到达阴山以后，遇到雨雪，便要撤回，太尉尉眷说："我们劳用大军来讨伐北方敌人，现在离开都城不远，如果车驾仓促退回，敌人一定会怀疑我们有内难，进而发起攻击。所以将士虽然冷，不可以不前进。"魏文成帝拓跋濬认为有道理，就同意了尉眷的意见。辛卯日（二十一日），在车仑山驻扎军队。

宋国积射将军殷孝祖在清水东岸建筑两城。魏镇西将军封敕文加以攻击，清口的驻军长官、振威将军傅乾爱抗拒敌人，击破魏军，取得胜利。殷孝祖，是殷羡的曾孙。宋孝武帝刘骏派虎贲主庞孟虬骑马奔驰过去救援清口，青、冀两州刺史颜师伯也派中兵参军苟思达前去援助，在沙沟打败魏兵。颜师伯，是颜竣的族兄。宋孝武帝刘骏又派司空参军卜天生率士兵会合傅乾爱和中兵参军江方兴屡次加以摧毁并击败魏兵，斩杀魏将窟瓌公等数人。十一月，魏征西将军皮豹子等率三万骑兵来帮助封敕文入侵青州，颜师伯防御敌军，辅国将军焦度刺杀皮豹子，皮豹子从马上坠落，焦度抢到他的铠甲、槊和其他装备，并亲手杀掉数十名敌军。焦度，本是南安氐族人。

魏文成帝拓跋濬亲自率十万骑兵和十五万辆战车，渡过大沙漠攻击柔然，旌旗前后连绵千里。柔然处罗可汗收到魏军进攻的消息后向远方逃去，而他的别部乌朱驾颓等率数千部落向魏军投降，魏文成帝拓跋濬刻立石碑，记载下战功，而后班师回朝。

起初，宋孝武帝刘骏在江州时，任命山阴人戴法兴、戴明宝、蔡闲为典签；到了他登上帝位以后，把他们都调任为南台侍御史兼中书通事舍人。这一年，三位典签都因为最初参与起兵攻伐太子刘劭的密谋，立下功绩，被赐爵为县男；此时，蔡闲已死，也追赐爵位给他。

宋孝武帝刘骏因为不信任大臣，亲自掌握朝廷政事，因为政事繁多，所以不得不依赖心腹耳目之臣。戴法兴稍微熟悉古今事务，一向被宋孝武帝刘骏亲近对待。而鲁郡人巢尚之，是士中的末流，涉猎文史，为宋孝武帝所熟知，也被任命为中书通事舍人。所有官吏的选用、迁调、赏罚等重要事务，宋孝武帝刘骏都和戴法兴、巢尚之商量决定；而宫内外的杂事，大多委托给戴明宝处理。因此三个人是当时除了宋孝武帝外最富有权力的人，尤其是戴法兴、戴明宝，他们凭借职位之便，大肆收取别人的贿赂。凡是他们所推荐的，宋孝武帝刘骏无所不从，天下人都集中到他们家中请求办事，门庭外来来往往宛如市集一般，两人都累积到千金家产。

只有吏部尚书顾觊之不向戴法兴等人低头。蔡兴宗和顾觊之一向彼此亲近友善，他嫌弃顾觊之的节操太严峻，顾觊之说："魏辛毗说过：'孙资、刘放不过是使我不能做三公而已。'"觊之经常认为："人的天赋上天自有定数，不是智力所能改变的事情，因此就应该自己恭敬，严守正道。而愚笨阴暗的人不通达，妄想侥幸，这样只会使正道亏损，无关得失。"于是按照他的意思，命弟子著《定命论》一书并加以解释。

资治通鉴卷第一百二十九　宋纪十一

起己亥（公元459年），止甲辰（公元464年），共六年。

【题解】本卷记录了宋孝武帝大明三年至大明八年共六年间刘宋与北魏等国的大事：宋竟陵王刘诞因受孝武帝刘骏猜忌而在广陵修城聚粮，预做防范，沈庆之“身先士卒，亲犯矢石”，攻克广陵，杀死刘诞；雍州刺史刘休茂因不愿受典签挟制，攻杀典签，占据襄阳自称车骑大将军，后被尹玄庆所杀。薛继考在刘休茂被杀后，威逼其僚属证明自己是平定襄阳之乱的功臣，被赐爵冠军侯，事实弄清后被杀；孝武帝记恨群臣的直言敢谏，很多谏臣因此被贬或被杀；孝武帝奢欲无度，大兴土木，戏称其祖为“田舍公”；孝武帝贪婪成性，除示意官员进贡外，还以蒲戏为名大肆敛财；孝武帝驾崩后，废帝即位，废帝临丧无戚容，母病不探视，为后文打下伏笔；顾命大臣刘义恭引身避事，小人专政，朝政面临严重危机。

世祖孝武皇帝下

大明三年（己亥，公元459年）

春季，正月，己巳朔日（初一），宋国兖州士兵在高平和魏国皮豹子交战，兖州士兵失败。

己丑日（二十一日），宋孝武帝刘骏任命骠骑将军柳元景担任尚书令，右仆射刘遵考担任领军将军。

己酉日（正月无此日），魏河南公伊馛去世。

三月，乙卯日（初二），宋国把扬州六郡列为王畿；又把东扬作为扬州，把州治迁移到会稽，这都是荧惑星出现的缘故。

三月，庚寅日（二十三日），宋孝武帝刘骏任命义兴太守垣阆担任兖州刺史。垣阆，是垣遵的儿子。

夏季，四月，乙巳日（初八），魏文成帝拓跋濬立他弟弟的儿子拓跋子推为京兆王。

竟陵王刘诞（为武帝刘骏的异母弟弟）知道宋孝武帝刘骏猜忌他，就暗地里防备；同时因为魏人入侵，而修筑城墙，疏通城沟，屯聚粮食，准备武器。刘诞的记室参军江智渊知道刘诞有二心，请假先行回到建康，宋孝武帝刘骏任命他为中书侍郎。江智渊，是江夷弟弟的儿子，年少时就有操守。沈怀文常称赞他说："人所应该有的，他全都具备，人所不应该具备的，他都没有，这样的人大概就只有江智渊了。"

当时，四处都传说刘诞造反。这时，正好吴郡人刘成上书给宋孝武帝刘骏说："我儿子刘道龙从前侍奉刘诞，看到刘诞在石头城修定制造帝王坐车的法物和排演帝王出入的仪式。刘道龙感到忧虑恐惧，私下和同伴说起这件事，然后被刘诞所杀。"又有豫章人陈谈之也上书给宋孝武帝刘骏说："我弟弟陈詠之在刘诞左右，看见刘诞写下陛下的生辰姓名，送到巫人郑师怜家诅咒，陈詠之秘密要向陛下报告，刘诞便诬赖陈詠之在饮酒时责骂自己，把他杀掉了。"宋孝武帝刘骏于是下令官吏负责报告刘诞的罪行，交付给廷尉治罪。乙卯日（十八日），宋孝武帝刘骏下诏贬谪刘诞为侯爵，并召回建康。诏书还没有颁下，就先把羽林禁军分配给兖州刺史垣阆指挥，以前去到任为名，与给事中戴明宝一起偷袭刘诞。

垣阆到达广陵时，刘诞还没有觉醒领悟。戴明宝当夜通报刘诞的典签蒋成，要他明天清晨开城门，作为内应。蒋成告诉了府舍人许宗之，许宗之又进入告诉刘诞。刘诞惊起，呼叫左右侍从和平常所蓄养的数百心腹，逮捕蒋成，率士兵自卫。天将亮时，戴明宝与坦阆率数百精兵猝然到达，但城门没有开；刘诞已经登到城楼上列兵，亲自在城门上斩杀蒋成，赦免城中因罪服劳役的人和坐牢的囚犯，再开门攻击垣阆，杀掉了他，戴明宝从小路逃回。宋孝武帝刘骏获悉后，下诏命令建康城内外戒严。任命始兴公沈庆之担任车骑大将军、开府仪同三司、南兖州刺史，率兵讨伐刘诞。甲子日（二十七日），宋孝武帝刘骏亲自总领禁兵驻扎在宣武堂。

司州刺史刘季之，是刘诞的旧将领，一向和都督宗悫有嫌隙，听到刘诞谋反的消息，害怕被宗悫陷害，丢弃官职，独自从小路奔回朝廷，到达盱眙；盱眙太守郑瑗怀疑刘季之和刘诞同谋，便杀了刘季之。

沈庆之率军到达欧阳，刘诞派沈庆之的同宗沈道愍送书信游说沈庆之，并送给他玉环刀。沈庆之命令沈道愍回去，不接受劝说，并向他数说刘诞的罪恶，希望他能及早归顺皇帝。刘诞焚烧外城，把百姓全部驱赶进城内，闭门自守，并分别送书，邀请远近的地方官入伙发动叛乱。当时山阳内史梁旷，家在广陵，刘诞抓捕他的妻子和儿女，然后派人邀请梁旷加入自己的阵营，梁旷拒绝并杀了使者；刘诞生气，杀掉了他的家人。

刘诞把写给宋孝武帝刘骏的奏章投到城外，他在上面说："陛下听信谗言，命无名小人前来袭击。我因无法忍受你们对我的冤枉和残酷对待，决定即时加以铲除。雀鼠尚且贪恋生命，我在迫不得已的情况下，对此也要有所违令。何况你现在亲自率部队，镇压徐、兖，逼迫我到了无以复加的地步。以前我们是有何等的福气，可以共同出生在帝王家？现在犯下什么罪过，成了像胡、越两地人那样的陌生人？我们就要交锋对敌，万死不顾，我希望决定胜负的时间，就在早晚。"又说："陛下在宫帷中的丑事，难道可以三缄其口，不说出来？"宋孝武帝刘骏看奏章后龙颜大怒，下令把刘诞留在建康的左右、腹心、同籍、期亲等全部杀戮，被杀死的有上千人；有的因家人已死，才从城内逃出来。

这天，沈庆之到达城下，刘诞登上城楼向他说道："沈公已经是白首之年，何苦来此呢？"沈庆之说："这是朝廷因为你太过狂妄愚笨，不必动用年轻人。"

宋孝武帝刘骏害怕刘诞投奔魏国，于是派沈庆之截断道路，沈庆之把军营迁移到距离广平城十八里的白土，接着又向新亭进军。豫州刺史宗悫、徐州刺史刘道隆都率兵前来会合。兖州刺史沈僧明，是沈庆之哥哥的儿子，也派兵前来帮助沈庆之。起初刘诞欺骗他的士众说："宗悫要帮助我们！"宗悫到达后，骑马绕城高叫道："我就是宗悫啊！"

刘诞看到大军包围，要弃城向北逃走，留下中兵参军申灵守卫广陵，自己则率数百步兵、骑兵和亲信随从，声称要出去作战，实际上却斜奔向海陵路。沈庆之派龙骧将军武念追击。刘诞逃了十多里后，他的部下都不愿再跟他前去，全都请求刘诞回到广陵。刘诞说："我回去容易，各位能为我尽力杀敌吗？"大家都答应。刘诞于是又返回，建筑盟坛歃血与众人宣誓许诺，战胜后，凡府州文武官吏都加官秩，任命主簿刘琨之担任中兵参军。刘琨之，是刘遵考的儿子。刘琨之拒绝说："忠孝不能并存，琨之的老父尚在建康，我不敢接受命令。"刘诞囚禁刘琨之十多天，但刘琨之始终不答应，就杀了他。

宋国右卫将军垣护之、虎贲中郎将殷孝祖等人攻击魏兵返回，到达广陵，宋孝武帝刘骏要他们接受沈庆之的指挥。沈庆之进营，向广陵城逼近。刘诞携带一百多人从北门出来给沈庆之送食物，沈庆之并没有打开看，全部烧毁。刘诞从城上投下函表，请沈庆之转送给宋孝武帝刘骏，沈庆之回答说："我接受皇帝的命令前来讨伐贼人，不能替你送表，你如果一定要回朝廷赴死，就应该开门派遣入朝投降的使者，我替你护送。"

东扬州刺史颜竣的母亲去世后，颜竣亲自把母亲的灵柩送回都城，宋孝武帝刘骏对他的恩遇很优厚，但是颜竣时时对亲戚旧友埋怨，有时还批评朝政的得失。正赶上王僧达获罪，他就怀疑是颜竣在宋孝武帝刘骏面前说自己坏话的缘故，他在临死时就向宋孝武帝陈述颜竣前前后后那些怨恨和批评朝廷的话。宋孝武帝刘骏很气愤，就派御史中丞庾微之前来弹劾颜竣，并免去他的官职，颜竣越发害怕，向宋孝武帝刘骏上书谢罪，请求活命，宋孝武帝刘骏更加生气，颁下诏书说："你的批评与怨恨，已经辜负我的愿望，而现在你又过多地思虑，恐怕不能够存活性命，哪里是臣下侍奉君主的忠诚之道呢？"到竟陵王刘诞造反的时候，宋孝武帝就借机诬赖颜竣和刘诞通谋，五月，收押颜竣，交付给廷尉，先砍断他的脚，然后令他自杀。又下令把颜竣的妻子流放发配到交州；走到宫亭湖，又把他家的男子全部丢进湖中淹死。

六月，戊申日（十二日），魏文成帝拓跋濬到达阴山。

宋孝武帝刘骏命令沈庆之在广陵西南桑里设置三处烽火台，如果攻下外城，就点燃第一个烽火台；攻克内城，就点燃第二个烽火台；抓到刘诞就点燃第三个烽火台。宋孝武帝刘骏颁布诏书督促，派来的使者一个接一个，一刻不停地催促沈庆之进攻广陵。沈庆之率兵用火焚烧广陵城的东门，填塞护城河，建筑攻道，竖立行楼、土山等所有攻城装备，却又恰逢阴雨连绵，因此不能攻城。宋孝武帝刘骏就指使御史中丞庾微之奏请撤销沈庆之的官职，后来又下诏说不要追究他的责任，来激励沈庆之。从四月到秋季七月，雨才停，但城还没有被攻下。宋孝武帝刘骏很生气，命令太史卜选日子，准备亲自渡过长江攻打讨伐刘诞，太宰刘义恭坚持劝谏，刘骏这才停止亲自率军的想法。

刘诞起初关闭城门拒绝使者，记室参军山阴人贺弼坚持阻拦，刘诞很生气，对他拔刀相向，他才不反对。刘诞派士兵出城作战，屡次战败，许多将士出城投降，有人劝贺弼应该及早出走，贺弼说："公（刘诞）起兵反对朝廷，此事必然不可跟从；但承蒙公的厚重恩德，在道义上又不能违背他的意思，因此我只有一死来表明心迹！"于是喝毒药自杀。本来，参军何康之计划打开城门迎接官军，没有成功，于是就杀掉守关人，出城投降。刘诞建造高楼，把何康之的母亲放在上面，暴露着不给食物，他的母亲呼叫康之，过几天就死了。刘诞任命中军长史济阳人范义担任左司马，范义的母亲、妻子都在广陵城内，有人向范义说："战事一定无法取胜，你确定要去吗？"范义说："我是人的佐吏，儿子不可以抛弃母亲，佐吏不可以反叛主君，如果要像何康之那样活着，我是不干的。"

沈庆之率军攻打城池，他身先士卒，迎着射下的箭石进攻。乙巳日（七月无此日），攻下外城，乘胜前进，又攻下小城。刘诞听到哥哥的部队已经入城，就跑到后园，队主沈胤之等追到刘诞，打伤了他，刘诞掉进水中，又被拉上来，然后被杀掉。后来，刘诞的母亲和妻子都自杀。

宋孝武帝刘骏听说平定广陵，高兴地从宣阳门出来，命令左右官吏侍从高呼万岁。侍中蔡兴宗陪侍在车边，却没有呼喊，宋孝武帝便转头问他说："为什么只有你不呼叫呢？"蔡兴宗神情严肃地说："陛下，今天的讨伐本应流泪，怎么可以要大家高呼万岁呢（皇帝刘骏为文帝三子，刘诞为文帝六子，骨肉相杀）？"宋孝武帝听后，很不高兴。

宋孝武帝刘骏下诏贬刘诞姓留氏，而不姓刘；广陵城中无论官吏还是百姓，也无论年龄大小一律杀戮。沈庆之向宋孝武帝请求五尺以下的孩子免于杀害，其余男子全部杀掉，女子则赏赐给军队士兵，这样也杀掉了三千多人。

长水校尉宗越主持屠杀，被处以死刑的先被挖开肠子再被挖出眼珠，有的被鞭打脸腹，再用酸醋浇淋伤口，而后砍头，宗越面对屠杀的惨烈局面，欣然自得。宋孝武帝刘骏命人把砍杀的人头堆积在石头南岸，成为髑髅山，侍中沈怀文劝谏，宋孝武帝刘骏不听。

起初，刘诞知道自己将会失败，命令黄门吕昙济和一向亲信的左右侍从把世子刘景粹藏匿在民间，说："事情如果办不成功，就想办法保全性命逃走；如果逃不了，可以深埋他的遗体。"然后分别送给他们金钱财宝。可一出城门，全部四散而逃，只有昙济没有逃走，他带着刘景粹四处躲避了十多天，最后被捕获，斩杀。

临川内史羊璿因为与刘诞交好，被捕下狱而死。

宋孝武帝刘骏后来升任梁旷为后将军，追赠刘琨之为给事黄门侍郎。

蔡兴宗奉宋孝武帝刘骏的命令去抚慰奖赏攻打广陵的军士。因为蔡兴宗和范义关系一向友好，他就收敛范义的尸体，并送丧回豫章。宋孝武帝刘骏知道后，质问他说："你怎么敢触犯王法？"蔡兴宗顶嘴说："你杀你的贼人，我埋我的朋友，有什么不可以呢？"宋孝武帝刘骏脸上露出愧色。

宗越带军严谨，善于训练队伍。每次有数万人在场操演时，宗越就亲自骑马在前，让军队随在后面，他的马停下，队伍就集合；马开始走，队伍就继续前进，从来没有出现过差错。

辛未日（初五），宋国实行大赦。

丙子日（初十），宋孝武帝刘骏任命丹杨尹刘秀之担任尚书右仆射。

丙戌日（二十日），宋孝武帝刘骏任命南兖州刺史沈庆之担任司空，仍担任刺史。

八月，庚戌日（十五日），魏文成帝拓跋濬到达云中；壬戌日（二十七日），回到平城。

九月，壬辰日（二十七日），魏文成帝拓跋濬在玄武湖北岸建筑上林苑。

起初，晋朝在建康南郊的巳方位建坛，尚书右丞徐爰认为这个方位不合乎礼制，宋孝武帝刘骏听从他的意见，就下诏把坛迁到牛头山西，正好是宫城的午方位。到废帝（刘骏的儿子刘子业）即位，认为祭坛原来的位置吉利，就又迁移回去。宋孝武帝刘骏又命尚书左丞荀万秋制造帝王所乘的五种车子，即玉路、金路、象路、革路、木路，并依照金根车制造，加用鸟羽为装饰。

大明四年（庚子，公元460年）

春季，正月，甲子朔日（初一），魏国大赦境内，改年号为和平。

乙亥日（十二日），宋孝武帝刘骏举行耕田仪式，大赦天下。

己卯日（十六日），宋孝武帝刘骏下诏祭祀郊庙，开始乘坐玉路车。

庚寅日（二十七日），宋孝武帝刘骏立皇子刘子勋为晋安王，刘子房为寻阳王，刘子顼为历阳王，刘子鸾为襄阳王。

魏国散骑侍郎冯阐来建康访问。

二月，魏国卫将军乐安王拓跋良讨伐河西及判魏的胡人。

三月，魏军入侵北阴平，朱提太守杨归子打败他们。

甲申日（二十二日），宋孝武帝刘骏的皇后亲自在建康西郊种桑，皇太后参加观礼。

夏季，四月，魏太后常氏去世。五月，癸丑日（五月无此日），魏国在鸣鸡山下葬太后。

丙戌日（二十五日），宋国尚书左仆射褚湛之去世。

吐谷浑王拾寅同时接受宋、魏的爵位封赏，他的起居出入都比照帝王的仪式。魏人对此感到愤恨，定阳侯曹安向魏文成帝拓跋濬上书说："拾寅现在保有白兰，如果我们的军队分别从他的左右进行攻击，他们就会走保南山的道路，不超过十天，他的人马一定会缺乏粮草，到那时我们就可以一举攻破他们。"六月，甲午日（初四），魏文成帝拓跋濬为攻击吐谷浑，派征西大将军阳平王新成等率统万、高平各军从南路出发，南郡公中山李惠等率凉州各军从北路出发，一同出击吐谷浑王。

魏国崔浩被杀后，魏文成帝拓跋濬就废弃史官，现在又恢复设置。

河西反抗的胡人到长安认罪，魏文成帝拓跋濬派使者安抚他们。

秋季，七月，宋国派使者到达魏国。

甲戌日（十四日），宋国开府仪同三司何尚之去世。

壬午日（二十二日），魏文成帝拓跋濬到达河西。

魏军到西平，吐谷浑王拾寅走保南山。九月，魏军渡过黄河追击，未料在路上遇到传染病，于是军队被迫撤回，俘虏劫获二十多万头牲畜。

庚午日（十一日），魏文成帝拓跋濬回到平城。

丁亥日（二十八日），宋孝武帝刘骏把襄阳王刘子鸾改封为新安王。

冬季，十月，庚寅日（初一），宋孝武帝刘骏下诏命沈庆之讨伐沿长江驻守的蛮人。

宋国前庐陵内史周朗，因为劝谏宋孝武帝时经常仗义执言，不讲忌讳，宋孝武帝刘骏对他怀恨在心，后来，宋孝武帝刘骏命令官吏诬告周朗在为母守丧时行为不符合礼仪规定，把周朗发配到宁州，然后在路上杀害了他。周朗在被传送时，侍中蔡兴宗正在当值，他请求和周朗送别，因此获得罪名，被废为平民，仍兼领原来的职位。

十一月，魏国散骑常侍卢度世等来建康访问。

这一年，宋孝武帝刘骏征召青、冀二州刺史颜师伯担任侍中，颜师伯因为善于谄媚奉承而被信任，群臣都比不上他，他借机收取许多贿赂，累积千金家财。宋孝武帝刘骏曾经和他赌樗蒲（今掷骰子），宋孝武帝先掷得雉，认为自己一定会赢；师伯接着掷，得到卢，宋孝武帝的脸立马就变了颜色。师伯故意收起骰子说："几乎得卢！"这一天，为了取悦宋孝武帝，师伯一次输百万。

柔然进攻高昌，杀掉沮渠安周，消灭沮渠氏，任命阚伯周担任高昌王。高昌称王就从这个时候开始。

大明五年（辛丑，公元461年）

春季，正月，戊午朔日（初一），宋国举行新年贺礼，天空中雪花飘落，一个有六角的雪花飘落到太宰刘义恭的衣服上，刘义恭上奏说是祥瑞的征兆，宋孝武帝刘骏很高兴。刘义恭以为宋孝武帝喜欢猜忌且性情暴戾，害怕心中容不下他，因此在宋孝武帝面前经常低声下气，曲意奉承，使得宋孝武帝在位期间，刘义恭免于灾祸。

二月，辛卯日（初四），魏文成帝拓跋濬到达中山；丙午日（十九日），到达邺城，又转而到达信都。

三月，宋孝武帝刘骏派使者到达魏国。

魏文成帝拓跋濬发动并州、肆州五千人民修理整治河西猎道。辛巳日（二十五日），魏文成帝拓跋濬回到平城。

夏季，四月，癸巳日（初七），宋孝武帝刘骏改封西阳王刘子尚为豫章王。

庚子日（十四日），宋孝武帝刘骏颁布建筑明堂的诏令，明堂的位置正好在大殿的丙、己方位的土地上，它的形状构造和太庙相像，只有十二间和太庙不同。

宋国雍州刺史海陵王刘休茂，年龄才十七岁，府中事务主要由司马新野庾深之处理，刘休茂性情急躁，非要自己专断决定，可庾深之和典签经常拒绝他，因此怀恨在心。刘休茂宠信身边的侍从张伯超，而张伯超做了很多恶事，受到典签的多次责备，张伯超因此害怕以后受到他的处置，便诬陷典签，对刘休茂说："典签一直秘密地向我诉说主官（休茂）的过失，他还要向皇帝报告，这样对你恐怕没有好处！"刘休茂说："现在我要怎么办呢？"张伯超说："只有杀掉庾深之和典签，率兵起义自卫，才能保全你自己。我们这里距离京都有数千里，即使大事不成，你也可以投靠敌军称王。"刘休茂同意了他的建议。

丙午日（二十日）晚，刘休茂和张伯超等率领夹毂队，在城内杀掉典签杨庆，又从金城出来，杀掉庾深之和典签戴双。然后征集军队，竖立牙旗，骑马奔驰到各地送檄书，任命佐吏奉刘休茂担任车骑大将军、开府仪同三司，加任黄钺。侍读博士荀诜劝告阻止，刘休茂杀了他。张伯超专揽军政和生杀大权，刘休茂左右侍从曹万期挺身要砍杀刘休茂，没有成功反而被他所杀。

刘休茂出城（襄阳），到城外巡视军营。这时，谘议参军沈畅之趁机率军队关闭城门，抗拒刘休茂。后来，刘休茂奔驰回城，不能进去，义成太守薛继考为刘休茂尽力攻城，攻破城后，斩杀沈畅之和与他同谋的数十名将领。当天，参军尹玄庆又率兵攻击刘休茂，活捉刘休茂后加以斩杀，刘休茂的母亲、妻子都自杀，和他同谋的也都被杀。城中纷扰杂乱的程度，没有人能控制。中兵参军刘恭之，是刘秀之的弟弟，众人推举他来执行州府的政事，薛继考用军队威胁刘恭之，让刘恭之给宋孝武帝上书，说“是薛继考推行义事”。而后薛继考自己乘车回到建康向宋孝武帝邀取功劳奖赏，宋孝武帝刘骏任命他担任北中郎谘议参军，赐给他冠军侯的爵位；不久他攻城的事泄露，被宋孝武帝刘骏下令杀掉。宋孝武帝刘骏任命尹玄庆担任射声校尉。

宋孝武帝刘骏自从登上帝位以来，一直压迫各个弟弟，既杀了广陵王刘诞，又把严峻的刑法加重来对付他们。沈怀文说：“汉明帝不让他的儿子和光武帝的儿子相比，以前的史家传为美谈。陛下既然像周公诛杀讨伐管叔、蔡叔，希望也能像周公一样封赏弟弟到唐、卫，来作为王室的屏障。”等到襄阳平定，太宰刘义恭在试探知道宋孝武帝的意思后，就呈上表书，请求压制各封王的力量，不要让他们出任边疆州刺史的职位，并要求他们交出所有的武器和军队，禁止他们与宾客往来。沈怀文坚持向宋孝武帝劝谏，认为不可以这样做，宋孝武帝刘骏这才停止计划。

宋孝武帝刘骏纵情游猎，没有节制，曾经有一次出城打猎，直到晚上才回来，命令开城门，侍中谢庄负责门禁，害怕入门的凭证有假，就不听命令，要求必须要有皇帝手谕才打开城门。因为宋孝武帝刘骏喝了酒，他从容地对谢庄说：“你难道是想要效法郅君章吗？”谢庄对答道：“臣子听说帝王祭祀、打猎，出入有节度。现在陛下早上出城，却到晚上才回来，臣恐怕是不法之徒，趁乱冒充，因此只有请陛下下笔，才敢开门！”

魏国出现大旱灾，魏文成帝拓跋濬下诏说：“州郡境内，不论大小神庙，都要洒水打扫进行祈祷，等到丰收以后，会各以合乎他们的品秩祭礼来进行祭拜！”因此过去已经荒废的各个神庙又恢复祭祀了。

秋季，七月，戊寅日（二十四日），魏文成帝拓跋濬任命他的弟弟拓跋小新为济阳王，加封征东大将军，镇守平原；任命拓跋天赐为汝阴王，加封征南大将军，镇守虎牢；任命拓跋万寿为乐浪王，加封征北大将军，镇守和龙；任命拓跋洛侯为广平王。

壬午日（二十八日），魏文成帝拓跋濬到山北巡视；八月，丁丑日（八月无此日），他回到平城。

戊子日（初四），宋孝武帝刘骏封皇子刘子仁为永嘉王，刘子真为始安王。

九月，甲寅朔日（初一），天空出现日食。

沈庆之坚决请求辞去司空的职位，而柳元景坚决请求辞去开府仪同三司，宋孝武帝刘骏颁布诏令同意，但仍然命令沈庆之在朝会时的位置在司空的次位，俸禄依照三司。柳元景位置在从公的上位。

沈庆之不识字，而家中向来富有，积累到万金的产业，奴仆多到用千计算的程度，献给官家千万钱，万斛谷子。先前有四处住宅，又在娄湖有园舍。沈庆之在一夜间，带领子孙和内外表亲迁居到娄湖，把四处住宅都捐给官家。沈庆之又蓄养许多艺妓侍妾，整天悠闲得无事可干，和她们尽情欢乐，如果不是朝廷举行贺礼的聚会，从来不出门，车马朴素，随从不过三五人，遇到的人都不知道他其实位在三公。

甲戌日（二十一日），宋孝武帝刘骏把南豫州州治迁移到于湖。丁丑日（二十四日），任命浔阳王刘子房担任南豫州刺史。

闰月，戊子日（初五），宋国皇太子妃何氏去世，谥号献妃。

壬寅日（十九日），宋孝武帝刘骏改封历阳王刘子顼为临海王。

冬季，十月，甲寅日（初二），宋孝武帝刘骏任命南徐州刺史刘延孙担任尚书左仆射，任命右仆射刘秀之担任雍州刺史。

乙卯日（初三），宋孝武帝刘骏任命新安王刘子鸾担任南徐州刺史。刘子鸾的母亲殷淑仪，在后宫受到宋孝武帝刘骏的专宠，因此刘子鸾与其他兄弟相比，更受到宋孝武帝刘骏的喜欢。凡是被孝武帝看到的东西，没有不送入刘子鸾府中的。等到刘子鸾出任南徐州刺史时，就割划吴郡来并入南徐州的土地。

起初，宋国的巴陵王刘休若担任北徐州刺史时，任命山阴令张岱担任谘议参军，负责执行处理府、州和巴陵国的政事。后来临海王刘子顼担任广州刺史，豫章王刘子尚担任扬州刺史，晋安王刘子勋担任南兖州刺史，而张岱历任这三府的谘议参军、执行处理三州的政事，和典签共同办事，政事兴办得没有过失。有人好奇地问张岱说："主王年龄小，而管事的又有许多部门，而你居然能调和公私，是怎么做到的呢？"张岱说："古人说：'专心一致就可以侍奉一百个君主。'我为政端正持平，待人接物讲究礼节，那么后悔的事，就无从产生。人行为的好坏和能力的高低，才是被任用的标准。"等到刘子鸾担任南徐州刺史，又任命张岱担任别驾、执行政事。张岱，是张永的弟弟。

魏国员外散骑常侍游明根等人来到建康访问。游明根，是游雅的同曾祖弟弟。

魏国广平王拓跋洛侯去世。

十二月，壬申日（二十日），宋国任命领军将军刘遵考担任尚书右仆射。

甲戌日（二十二日），宋国规定百姓一户一年要缴纳给官家四匹布。

这一年，宋孝武帝刘骏颁布和工商杂户通婚的士族要补任为军官的诏令，士族多为躲避兵役而逃亡，宋孝武帝刘骏于是下令严格强加制止，捉捕到的就斩杀，因此经常有士族奔跑到山泽中做盗贼。沈怀文劝谏，但宋孝武帝刘骏不听。

大明六年（壬寅，公元462年）

春季，正月，癸未日（初二），魏国乐浪王拓跋万寿死。

辛卯日（初十），宋孝武帝刘骏开始在明堂祭祀五帝，大赦天下。

丁未日（二十六日），宋孝武帝刘骏在中堂举行秀才、孝廉的策试。扬州秀才顾法对策说："源头清澈则流水干净，精神圣洁则形体健全，皇帝亲自实践好比风一吹草就倒下，可以更有效地教化天下。"宋孝武帝刘骏看到后，讨厌他的仗义执言，把他的策文丢在地上。

二月，乙卯日（初四），宋孝武帝刘骏下令恢复百官原有的俸禄数目。

三月，庚寅日（初十），宋孝武帝刘骏封皇子刘子元为邵陵王。

起初，侍中沈怀文因为几次直言劝谏而得罪宋孝武帝刘骏。沈怀文本来与颜竣、周朗关系友好，宋孝武帝刘骏对沈怀文说："颜竣如果知道我会杀掉他，也就不敢这样和你交好！"沈怀文沉默不语。侍中王彧，曾经在谈话中赞美颜竣、周朗的才华，沈怀文也跟着他附和。颜师伯便向宋孝武帝打小报告，宋孝武帝更加不喜欢沈怀文。宋孝武帝曾经准备外出射雉，但风雨忽至，沈怀文和王彧、江智渊相约要劝阻宋孝武帝。正好他们被宋孝武帝刘骏召入射雉场中，沈怀文说："圣上身体不能经受这么大的风雨。"王彧也说："沈怀文所说，应该可以听取！"江智渊还没有来得及说话，宋孝武帝刘骏就注视着弓，脸色阴沉地说："你是想要效法颜竣吗？为什么总是来管别人的事情！"又说，"颜竣小子！朕恨不得先鞭打他的脸！"每次宋孝武帝刘骏宴会饮酒，在座的人都喝醉，嘲谑失去仪态，沈怀文一向不喝酒，又不喜爱开玩笑。宋孝武帝认为他是故意要和自己唱反调。谢庄曾经告诫沈怀文说："你每次都与人不同，怎么能保持长久呢？"沈怀文说："我从小就这样，怎么可以一天就改变得了呢？我不是故意要与众不同，而是我的性情使然。"宋孝武帝刘骏就调沈怀文出任晋安王刘子勋征虏将军的长史，并兼任广陵太守。

沈怀文回到建康参加正月元旦朝会，仪式完毕后本应被遣回所任职的地方，但因为女儿生病而请求延期出发，因此没有按时走，被负责的官吏纠缠，遭到弹劾，被撤免官职，并且被惩罚十年内不得做官。沈怀文便卖了房子，准备回到东方的家乡，宋孝武帝刘骏获悉后，大怒，把沈怀文收交给廷尉处理，丁未日（二十七日），赐沈怀文自杀。沈怀文的三个儿子沈澹、沈渊、沈冲哭泣奔走，请求能免父亲一死，看到的人为他们感到伤心。柳元景为挽救沈怀文，向宋孝武帝刘骏说："沈怀文有三子，现在极为痛苦，我都不忍心亲眼看他们的悲痛模样，希望陛下快速适当地给他定罪。"但宋孝武帝刘骏没有改变心意，最终还是杀了沈怀文。

夏季，四月，宋孝武帝刘骏的淑仪殷氏去世，追拜贵妃，谥号为宣。殷氏死后，宋孝武帝刘骏悲痛不已，精神恍惚，荒废政事。

五月，壬寅日（二十三日），太宰刘义恭被解除兼领的司徒职务。

六月，辛酉日（十二日），东昌文穆公刘延孙去世。

庚午日（二十一日），魏文成帝拓跋濬到达阴山。

魏石楼胡人贺略孙反抗魏国，长安镇将陆真前去讨伐平定他。魏文成帝拓跋濬命令陆真在长蛇镇筑造城墙。氐族旧强敌仇傉檀反抗魏国，陆真又加以讨伐平定，并把城墙筑好后返回。

秋季，七月，壬寅日（二十四日），魏文成帝拓跋濬到达河西。

乙未日（十七日），宋孝武帝刘骏封皇子刘子云为晋陵王；同一天，刘子云去世，谥号为孝。

起初，晋庾冰建议要使佛徒尊敬帝王，桓玄也重复申述他的意见，但没有被实施。这时，宋孝武帝刘骏命令官吏上奏说："虽然儒家、法家分属不同支派，名家、墨家也有不同的义理，但对于尊崇亲人尊敬长辈的事情，他们的思想并没有差别。只有佛教徒，他们违反经义写作传记，拘泥于文字，妨碍正道，而属于佛教末流的思想更是厉害。佛教本是节操自守，谦虚低下，忠诚施行道义的，哪里只有下拜四圣（佛、菩萨、圆觉、声闻四辈）而失礼于双亲（父母）的呢？哪里只有向老僧叩头，而不向皇帝叩首呢？因此，臣等建议：佛教徒拜见皇帝，应当使用与俗世相同的诚敬、礼敬的仪式。"九月，戊寅日（初一），制定佛教徒要尊敬君主的礼制。等到废帝即位，又恢复先前的制度。

乙未日（十八日），宋孝武帝刘骏任命尚书右仆射刘遵考担任左仆射，丹杨尹王僧朗担任右仆射。王僧朗，是王彧的父亲。

冬季，十月，壬申日（二十五日），为了在龙山埋葬宣贵妃，在山上挖掘数十里通道。百姓受不了奴役，有很多人死亡。自从江南举行丧礼以来，这次规模的盛大与隆重是从来没有过的，而且又为她立了庙。

魏员外散骑常侍游明根等人又来到建康访问。

辛巳日（十月无此日），宋孝武帝刘骏加封尚书令柳元景担任司空。

壬寅日（十一月四日），魏文成帝拓跋濬返回平城。

宋国南徐州从事史范阳人祖冲之向宋孝武帝刘骏上书说道“何承天的《元嘉历法》有很大误差，应该重新制定新的历法。在旧历法中，冬至日有固定的位置，在不满一百年的时间里，就只差二度（四十五年八月差一度）。现在如果使冬至日度每年都稍有差距，将来就可以长久使用，不必麻烦地常常修改。按照旧历把位于正北的子作为辰首，虚宿在北方列宿的中央。新历则把以上元日度，是虚宿一起算。旧历的日辰之号，以甲子为先；新历，则上元岁在甲子。承袭旧法，日、月、五星都各自有元。新法，则七星的交会、运动的快慢，都以上元岁首为开始。”宋孝武帝刘骏命令精通历法的人对祖冲之的建议加以反驳，不能驳倒祖冲之。但不久宋孝武帝刘骏去世，以致不能颁行新历。

大明七年（癸卯，公元463年）

春季，正月，丁亥日（十二日），宋孝武帝刘骏命令尚书右仆射王僧朗担任太常，卫将军颜师伯担任尚书仆射。

宋孝武帝刘骏常常举行宴会，喜欢让群臣相互挖取彼此的丑事作为玩乐，而吏部郎江智渊性情一向恬静文雅，渐渐地不合宋孝武帝刘骏的心意。孝武帝曾经要他以王僧朗来戏弄他的儿子王彧。江智渊却严正地说："这个玩笑恐怕不好开吧！"宋孝武帝刘骏不高兴地说道："江僧安是痴人！痴人都会互相爱惜！"江僧安，是江智渊的父亲。江智渊听后，伏卧在席上哭泣，因此江智渊受宋孝武帝刘骏的宠爱和信任程度大大衰减。同时江智渊又建议把殷贵妃的谥号改为怀，宋孝武帝刘骏认为不够美，对他怀恨在心。等宋孝武帝刘骏改天和群臣乘马到贵妃墓，举起鞭子指着墓前的石柱，对江智渊说："这上面不容许有'怀'字！"江智渊更怕，忧虑恐惧而死。

己丑日（十四日），宋孝武帝刘骏任命尚书令柳元景担任骠骑大将军、开府仪同三司。

二月，甲寅日（初九），宋孝武帝刘骏巡视南豫、南兖两州；丁卯日（二十二日），在乌江圈围栅栏打猎；壬戌日（十七日），大赦天下；甲子日（十九日），到达瓜步山；壬申日（二十七日），回到建康。

夏季，四月，甲子日（二十日），宋孝武帝刘骏下诏："除非是在战场作战，否则不可以有杀人的专权；如果有人犯罪要被处死，要先向朝廷报告。违反的人以杀人罪论处。"

五月，丙子日（初二），宋孝武帝刘骏下诏："从今以后刺史、太守如果要动用民力调动军队，都需要皇帝的亲笔诏书；但仓促发生的边界外寇和内部叛变，不在这个限制之内。"

戊辰日（五月无此日），宋孝武帝刘骏命令左民尚书蔡兴宗和左卫将军袁粲担任吏部尚书。袁粲，是袁淑哥哥的儿子。

宋孝武帝刘骏喜欢侮辱群臣，从太宰刘义恭以下的百官，都免不了受到侮辱。他经常把金紫光禄大夫王玄谟叫作老伧，把仆射刘秀之叫作老悭，把颜师伯叫作齴；其他矮的、高的、肥的、瘦的，都有绰号。黄门侍郎宗灵秀身体肥胖，下拜后站起来很不方便，每到集会的时候，宋孝武帝刘骏大多要赏赐他，就是为了看他答谢后站起来摔倒的样子来寻取开心。他又宠爱一个南方的黑人，命他用棍子来打大臣们，从柳元景以下的官吏，都要挨打。因为害怕蔡兴宗方正严肃，不敢作弄他。颜师伯向仪曹郎王耽之说："蔡尚书常免于被戏弄，和一般人大大不同！”王耽之说：“蔡豫章（蔡兴宗的父亲）从前在相府的时候，也方正严肃不喜戏谑。武帝私宴群臣的时候，从来不召他。蔡尚书可说是继承了他父亲的遗业。”

壬寅日（二十八日），魏文成帝拓跋濬到达阴山。

六月，戊辰日（二十五日），宋孝武帝刘骏任命秦郡太守刘德愿担任豫州刺史。刘德愿，是刘怀慎的儿子。

宋孝武帝刘骏埋葬殷贵妃后，经常和大臣们一同去看她的墓。他向刘德愿等人说：“你们为贵妃哭泣，哭得最悲哀的就有厚赏！”刘德愿于是就放声大哭，达到抚胸跺脚，涕泪交流的程度。宋孝武帝刘骏很开心，就赏赐给他豫州刺史的职位。宋孝武帝刘骏又命医师羊志为贵妃哭泣，羊志也哭得不成声。改天有人问羊志说：“你哪来这么快的眼泪呢？”羊志说：“我那日是哭我死去的妾啊！”

宋孝武帝刘骏为人机警勇敢，学问渊博，文章敏捷，阅读公文，能同时看七行，又善于骑射，但却骄奢淫逸，没有限度。自从晋司马东渡以来，草率建成宫殿，朝会宴会时所对的，只有东、西二堂而已。晋孝武帝末年，才建成清暑殿。宋朝成立后，没有进行任何修改。到宋孝武帝刘骏的时候，就大肆修建宫室，在土木上都装饰锦绣图画，赏赐喜爱的近臣，倾尽了府库的收藏。又要拆毁高祖（刘裕）所居住的阴室，在该地重新建筑玉烛殿，于是就和大臣们去察看现场情况，发现床头上还有土墙，墙壁上挂有葛布灯笼、麻线苍蝇拂。侍中袁顗因此而称赞高祖俭朴的美德。宋孝武帝刘骏默不作声，独自说：“田舍翁（指刘裕）拥有这样的住所，已经很过分了。”袁顗，是袁淑哥哥的儿子。

秋季，八月，乙丑日（二十三日），宋孝武帝刘骏封皇子刘子孟为淮南王，刘子产为临贺王。

丙寅日（二十四日），魏文成帝拓跋濬到河西打猎；九月，辛巳日（初九），回到平城。

庚寅日（十八日），宋孝武帝刘骏命新安王刘子鸾兼任司徒。

丙申日（二十四日），宋孝武帝刘骏封皇子刘子嗣为东平王。

冬季，十月，癸亥日（二十二日），宋孝武帝刘骏任命东海王刘祎担任司空。

己巳日（二十八日），宋孝武帝刘骏到姑孰围猎。

魏员外散骑常侍游明根等人来宋国访问。明根作为奉使，在两国之间三次往返，宋孝武帝刘骏因为他是一位德高望重的人，对他很礼遇。

十一月，癸巳日（二十二日），宋孝武帝刘骏在梁山演习水兵。

十二月，丙午日（初六），宋孝武帝刘骏到达历阳。

甲寅日（十四日），宋国实行大赦。

己未日（十九日），宋孝武帝刘骏加任太宰刘义恭尚书令的职位。

癸亥日（二十三日），宋孝武帝刘骏回到建康。

大明八年（甲辰，公元464年）

春季，正月，丁亥日（十七日），魏文成帝拓跋濬封他弟弟拓跋云为任城王。

戊子日（十八日），宋孝武帝刘骏命徐州刺史新安王子鸾兼任司徒。

夏季，闰五月，壬寅日（初五），宋孝武帝刘骏命太宰刘义恭兼任太尉。

宋孝武帝刘骏在晚年特别贪求财富和利益，如果刺史、两千石的官罢官回京，一定要派人前来奉献钱物；而且又和官吏赌博来捞取，把他们赢到口袋光光为止。他整天喝醉酒，少有清醒的时候，经常靠在小桌上昏睡，外头一有报告，马上就严肃地整理面容坐起来，没有酒醉的样子。因此宫廷内外都害怕他，不敢有丝毫松懈怠慢。庚申日（二十三日），宋孝武帝刘骏在玉烛殿驾崩。他在遗诏中说："解除太宰刘义恭尚书令的职位，而加任中书监；命骠骑将军、南兖州刺史柳元景兼任尚书令，居住在台城内。事情不论大小，都由两人负责，大事则与始兴公沈庆之共同商议解决；如果有军事任务，全由沈庆之负责；尚书中的事务，则由仆射颜师伯负责；外监的统一管理，则由领军将军王玄谟负责。”这一天，太子（刘子业）继承皇帝位，年十六岁，大赦天下。吏部尚书蔡兴宗亲自奉上玺绶，太子接去，面带骄傲而没有忧伤的样子。蔡兴宗出宫，向人说道：“从前鲁昭公不为父丧哀伤，叔孙知道他没有好结果。现在太子也是这样，家国的祸害，就在这儿了！”

甲子日（二十七日），宋废帝刘子业下诏命太宰刘义恭担任尚书事，柳元景加任开府仪同三司，兼任丹杨尹，解除他南兖州刺史的职务。

六月，丁亥日（二十日），魏文成帝拓跋濬到达阴山。

秋季，七月，己亥日（初二），宋废帝刘子业任命晋安王刘子勋担任江州刺史。

柔然处罗可汗去世，儿子予成继位，被赐受罗部真可汗的封号，改年号为永康。部真率兵攻打魏国，辛丑日（初四），魏北方的游击军将其击破。

壬寅日（初五），魏文成帝拓跋濬到达河西。高车五部族相聚在一起祭天，群众多达几万人。魏文成帝拓跋濬亲自前往看视，高车人对此感到高兴。

丙午日（初九），宋国在景宁陵葬孝武皇帝，庙号为世祖。

庚戌日（十三日），宋废帝刘子业尊奉皇太后为太皇太后，皇后为皇太后。

乙卯日（十八日），宋废帝刘子业废除南北向的两条驰道，以及孝建以来所改的制度，恢复元嘉年间的旧制度。尚书蔡兴宗在都座感慨地对颜师伯说：“先帝虽然不是盛德的君主，大抵原则却始终一致，三年不改制度，这是古书所赞赏的。现在灵堂才撤，陵墓就在不远处，而所有的制度办法，不管是非，全部都改变，即使把皇位传给另外一个族姓的人，也不至于这样。天下有见识的人，应当能够从这里看到因人不同的作风。”颜师伯同意蔡兴宗的看法。

太宰刘义恭一向害怕戴法兴、巢尚之等人，虽然是接受遗诏辅佐政事，却经常抽身躲避，从此政事归于宋废帝刘子业近侍管理。而戴法兴等得到垄断朝廷政权的机会，威行近远，诏命都出自他们手中；尚书事务无论大小，也都由他们决定。这样刘义恭和颜师伯只有空的官衔而已。

蔡兴宗自以为是吏部尚书，有遴选人才的职责，每次上朝，就向刘义恭陈述推荐贤士的想法，又规劝推行政治的得失，广泛批评朝政。刘义恭生性懦弱，为阿谀奉承戴法兴，经常思虑失旨，听到蔡兴宗的话，恐惧而不能回话。蔡兴宗每次上奏关于官吏选用的事情，戴法兴、巢尚之等人就加以点定或回换，很少留存他推荐的名额。于是蔡兴宗就在朝堂对刘义恭、颜师伯说：“主上因为守丧，不能亲自处理政务，而选用人才的机密事务都被删改，既不是你们的手笔所批，也不是皇帝的意思！”他几次因为选用人才的事而与刘义恭发生争执，经常和他们争论，以致刘义恭、戴法兴都厌恶他。因此蔡兴宗被降职为新昌太守，不久，又因他有人望，而把他留在建康。

丙辰日（十九日），宋废帝刘子业追赠何妃为献皇后。

乙丑日（二十八日），新安王刘子鸾解除兼任的司徒职务。戴法兴等厌恶王玄谟刚正严格的性格。八月，丁卯日（初一），调任他为南徐州刺史。

王太后病重，呼叫宋废帝刘子业，废帝说：“病人所在的地方多鬼，我怎么可以过去！”太后知道废帝的态度后很生气，就对侍者说：“拿刀子来！我要剖开我的肚子，看看我怎么会生出这样的儿子呢？”己丑日（二十三日），太后去世。

九月，辛丑日（初五），魏文成帝拓跋濬回到平城。

癸卯日（初七），宋废帝刘子业任命尚书左仆射刘遵考担任特进、右光禄大夫。

乙卯日（十九日），宋国在景宁陵埋葬文穆皇后。

冬季，十二月，壬辰日（二十八日），把王畿各郡作为扬州，扬州作为东扬州。癸巳日（二十九日），宋废帝刘子业任命豫章王刘子尚担任司徒、扬州刺史。

这一年，宋国把青州的治所移到东阳。

宋国境内，共有二十二州，二百七十四郡，一千二百九十九县，九十四万多户人民。东方各郡连年出现旱灾饥荒的状况，一升米就要花费几百钱，在建康一升也要一百多钱，饿死的人有十分之六七。

资治通鉴卷第一百三十　宋纪十二

起止乙巳（公元465年），共一年。

【题解】本卷记录了宋明帝泰始元年，即宋废帝刘子业永光元年，后来又改称景和元年这一年间刘宋与北魏等国的大事：宋废帝刘子业为掌权诛杀、罢免前朝宠臣；柳元景等欲废刘子业改立刘义恭，事情泄露被杀；废帝刘子业杀弟、杀舅，杀姑父，逼反刘昶，纳其姑为妃；宋废帝忌恨诸权，尤其三王，对他们进行关押、凌辱；宋废帝因其祖、父都以排行老三而起家为帝，忌恨三弟刘子勋，派人往杀，导致刘子勋僚属武装起事；湘东王刘彧的亲信阮佃夫等与废帝身边的柳光世等串连政变，杀死废帝并拥立刘彧做了皇帝；刘彧称帝后，大力任用文帝诸子；刘彧杀了废帝的胞弟刘子尚及一批宠臣，并对废帝的兄弟进行裁抑；刘彧以加官晋爵的方式招抚起事反朝廷的刘子勋等人，邓琬等人不从。魏文成帝拓跋濬去世，其子拓跋弘即位，因年幼被权臣乙浑把持国政，很多大臣被杀。

太宗明皇帝上之上

泰始元年（乙巳，公元465年）

春季，正月，乙未朔日（初一），宋废帝刘子业改年号为永光，大赦天下。

丙申日（初二），魏文成帝拓跋濬大赦境内。

二月，丁丑日（十四日），魏文成帝拓跋濬到达楼烦宫。

自从孝建年间以来，民间百姓有人偷着铸造坏钱，使商品不能通行。庚寅日（二十七日），朝廷下令重新铸造二铢钱，它的形式更小。官钱一发行，民间就有人马上模仿制造更加薄小、没有轮廓、不磨平的钱币，叫作“耒子”。

三月，乙巳日（十二日），魏文成帝拓跋濬回到平城。

夏季，五月，癸卯日（十一日），魏高宗拓跋濬驾崩。起初，魏世祖拓跋焘向四方扩张疆域，国力消耗很大，加上又时有内乱发生，使朝野上下都感到痛苦不堪。魏高宗拓跋濬继承王位后，依照四时，休养生息，无为而治，使中外向心于他，人民又恢复安居乐业的局面。甲辰日（十二日），太子拓跋弘登上皇位，大赦境内，尊奉皇后为皇太后。

魏显祖拓跋弘，当时十二岁。侍中、车骑大将军乙浑专制权事，伪造皇帝诏书命令在宫中杀死尚书杨保年、平阳公贾爱仁、南阳公张天度。侍中、司徒、平原王陆丽在代郡温泉治病，乙浑派司卫监穆多侯召令他回到平城。穆多侯对陆丽说：“乙浑心中没有君主，现在先君去世，而你德望很高，被奸臣所忌讳，你应该再停留一时，来观察朝廷的动静，然后再回京也不算晚！”陆丽说：“哪有听到君父去世，只在心中忧虑而不前去奔丧呢！”就不听穆多侯的劝说，立刻奔赴平城。后来乙浑做了很多不法的事，陆丽几次和他争执。戊申日（十六日），乙浑又杀掉陆丽和穆多侯。穆多侯，是穆寿的弟弟。己酉日（十七日），魏国任命乙浑担任太尉、录尚书事，东安王刘尼担任司徒，尚书左仆射代人和其奴担任司空。殿中尚书顺阳公郁计划杀掉乙浑，反而被乙浑所杀。

壬子日（二十日），魏国任命淮南王担任镇西大将军、仪同三司，镇守凉州。

六月，魏国开放酒禁。

壬午日（二十一日），宋国命柳元景兼任南豫州刺史，命颜师伯兼任丹杨尹。

秋季，七月，癸巳日（初二），魏国任命太尉乙浑担任丞相，他的官位在各王之上，无论大小政治事务，都交由乙浑来决定。

宋废帝幼年时就凶狠残暴，在他刚登上皇位时，还对太后、大臣和戴法兴等人有所顾忌，不敢放肆。太后死后，随着他年纪逐渐长大，就想为所欲为，戴法兴就压制他，对宋废帝刘子业说道："你如此作为，是想做营阳王（被废）吗？"宋废帝刘子业听后越来越感到无法忍受。他宠幸阉臣华愿儿，赏赐给他无数金帛，戴法兴常常加以裁减，华愿儿因此怨恨戴法兴。宋废帝刘子业派华愿儿在外察听民谣，华愿儿就对皇帝说："道路上的人都说：'宫中有两个天子：法兴为真天子，而皇上为假天子。'而且皇上久居深宫中，不和外人相接触，而戴法兴和太宰（刘义恭）、颜师伯、柳元景为一伙，常有数百的宾客来往他们的住处，朝廷内外士人平民无不畏惧佩服。戴法兴，原来是孝武皇帝的左右侍从，久居宫中，现在他居然和别人合为一家，恐怕这个皇位不会再是你所有了。"宋废帝刘子业相信了华愿儿的话，就下诏免去戴法兴的官职，将他遣返回家乡，而后又把他流放到远郡。八月，辛酉日（初一），宋废帝刘子业赐戴法兴自杀，并解除巢尚之舍人的职务。

员外散骑侍郎东海人奚显度，也曾经被宋世祖所宠信。他经常征召人民服劳役，他的监督苛刻残虐，鞭打狠毒，人民都怨恨他。宋废帝刘子业经常开玩笑说："现在奚显度被人民所怨恨，这就当是除掉他的方法。"左右侍从都说好，就宣旨把他召来杀掉。

尚书右仆射兼卫尉卿、丹杨尹颜师伯掌握政权很久，骄奢淫逸，被士族所怨恨。因此宋废帝刘子业要亲自处理朝政，庚午日（初十），宋废帝刘子业任命颜师伯担任尚书左仆射，解除卫尉卿和丹杨尹的职务，并任命吏部尚书王彧担任右仆射，来分散他的权力，颜师伯这才害怕起来。

起初，因为宋世祖刘骏善于猜忌，王公、大臣都小心行动，不敢相互来往，害怕遭到世祖的怀疑招致灾祸。在宋世祖刘骏死后，太宰刘义恭等都相互庆贺说："今天终于可以免于横死了。"刚刚祭拜过世祖的陵墓，刘义恭和柳元景、颜师伯等就日夜不停地听歌饮酒，宋废帝刘子业内心不平。在杀了戴法兴以后，大臣们无不感到震惊，人心一片惶惶，于是柳元景、颜师伯秘密计划废掉皇帝，改立刘义恭，他们日夜聚在一起商议，但犹豫迟疑，始终不能做出决定。柳元景把计划告诉沈庆之，沈庆之和刘义恭一向不友好，而颜师伯又经常不和沈庆之商量，擅自决断朝政之事。颜叔伯对尚书令史说："沈公，只是爪牙而已，怎么能参与处理政事！"沈庆之知道后，就怨恨他，向宋废帝刘子业揭露他们的计划。

癸酉日（十三日），宋废帝刘子业亲率羽林兵攻击刘义恭，把他杀死（刘义恭为皇帝叔祖父），并杀死他另外四个儿子。皇帝切断义恭的肢体，割裂他的肠胃，挖出他的眼睛并用糖蜜浸渍，称为"鬼目粽"。另外又派使者召见柳元景，并命令军队跟随在使者后面。使者奔去报告柳元景，说："兵刃紧急。"柳元景知道祸害即将到来，就入室辞别母亲，穿好上朝的衣服乘车前去应召。他的弟弟车骑司马柳叔仁身穿战服，率左右壮士打算要抵抗，柳元景苦苦禁止。当走出巷口，大军就到了。柳元景面色平静地下车接受杀戮，被杀害的还有他八个儿子、六个弟弟和所有侄儿。军队又在路上捕获颜师伯，杀掉他和他的六个儿子。又杀掉廷尉刘德愿。改年号为景和，文武官员都官升二等。又派使者杀害湘州刺史江夏世子刘伯禽（刘义恭的儿子）。从此自公卿以下的官吏，都被糟蹋得像奴隶一样。

起初，宋废帝刘子业在东宫的时候，犯下许多过失与错误，宋世祖刘骏想要废黜他，立新安王刘子鸾为太子。侍中袁顗称赞说："太子喜好学习，有日求进步的美德。"宋世祖刘骏才没有废黜他。宋废帝刘子业从此感激袁顗。在屠杀了各员大臣以后，就引进袁顗，把朝政委托给他，升任他为吏部尚书和尚书右丞。徐爰也凭借杀掉刘义恭等人的功劳，而被赐予官位和县子爵。

徐爰，善于逢迎谄媚，也读过相当多的书籍。从元嘉初年，他就在皇帝左右侍奉，参与顾问工作，既擅长拉拢关系，又善于修饰文章，所以被宋太祖所信任。他在大明年间特别被委以重任，当时殿省的旧官员大多被杀戮或排斥，只有徐爰巧于逢迎，始终对皇帝没有冒犯，宋废帝刘子业对他更加器重，群臣都不能相比。宋废帝刘子业经常和沈庆之、山阴公主同乘一辆车，徐爰也一起。

山阴公主，是宋废帝刘子业的姐姐，嫁给驸马都尉何戢。何戢，是何偃的儿子。公主性情非常淫乱，曾经对宋废帝刘子业说："我与陛下，虽然男女有别，但都是先帝所生。陛下六宫有数以万计的女人，而我却只有驸马一人，这事太不公平了。"宋废帝刘子业就为公主设置三十个面首（美男子）侍从，晋爵会稽郡长公主，官秩与郡王同列。吏部郎褚渊长得很俊美，公主要求宋废帝刘子业把褚渊许给她，皇帝答应，褚渊侍奉公主十多天，备受逼迫，发誓用死来拒绝公主的要求，才幸免。褚渊，是褚湛之的儿子。

宋废帝刘子业命令太庙重新画祖先的画像。宋废帝刘子业进入宗庙，指着高祖（曾祖父刘裕）的像说："他是大英雄，曾经抓到好几个帝王！"指着太祖（祖父刘义隆）的像说："他也不错！但晚年却被儿子砍去了头！"又指着世祖（父亲刘骏）的像说："怎么没画出他的大酒糟鼻呢？"立即叫画工改画世祖的鼻子为酒糟鼻。

宋废帝刘子业任命建安王刘休仁担任雍州刺史，湘东王刘彧担任南豫州刺史，然而却让他们留在建康城中，不让他们到任所赴任。

甲戌日（十四日），宋废帝刘子业命司徒、扬州刺史豫章王刘子尚兼任尚书令。乙亥日（十五日），任命始兴公沈庆之担任侍中、太尉，沈庆之坚决请辞拒绝。并征召青、冀二州刺史王玄谟担任领军将军。

魏国在金陵埋葬文成皇帝，庙号高宗。

九月，癸巳日（初三），宋废帝刘子业到湖熟；戊戌日（初八），回到建康。

新安王刘子鸾先前被世祖所宠爱，因此宋废帝刘子业怨恨他。辛丑日（十一日），宋废帝刘子业派使者赐刘子鸾（皇帝异母弟）自杀，又杀掉他同母的弟弟南海王刘子师和同母的妹妹。他挖毁殷贵妃（刘子鸾母亲）的坟墓，又要挖毁景宁（皇帝父亲世祖）陵，太史认为如果挖了坟墓会对宋废帝刘子业不利，他才没有挖。

起初，金紫光禄大夫谢庄在殷贵妃死后，为她写作《诔》，诗中说道“赞轨尧门”，宋废帝刘子业认为谢庄把贵妃比作汉代的钩弋夫人，而要杀掉谢庄。有人对宋废帝刘子业说：“死的感受谁都相同，一下子的痛苦，算不了什么。谢庄从小生长在富贵之家，现在把他关在尚方做劳役，让他知道天下人的痛苦，然后再杀他也不迟。”宋废帝刘子业同意了。

徐州刺史义阳王刘昶（刘昶，是世祖刘骏的弟弟），一向被世祖所讨厌，而民间常常谣传刘昶要造反的消息。这一年，谣言更盛，宋废帝刘子业经常对左右的人说：“我自从登上帝位以来，还没有下过戒严的命令，真使人不愉快！”刘昶派典签蘧法生奉表书到建康，向宋废帝刘子业请求让自己回到朝廷。宋废帝刘子业对蘧法生说：“义阳和太宰要谋划造反，我正准备要讨伐他。现在他要回来，正好！”又多次责问蘧法生，说：“义阳要谋反，你为何不报告？”蘧法生害怕，逃回彭城；宋废帝刘子业因此而出兵。己酉日（十九日），朝廷内外戒严，宋废帝刘子业下诏讨伐刘昶，并亲自率兵渡过长江，命令沈庆之统率各军先遣部队。

蘧法生到达彭城后，刘昶就召集军队进行反抗，把檄文分送到辖区内的各郡，但各郡都不接受，斩杀掉刘昶派来的使者，而且州府的将佐文武官员都和他异心。刘昶自知大事不能成功，就抛弃了母亲和妻子，携带着爱妾，在夜晚和数十名骑兵打开北门投奔魏国。刘昶非常有学问，能写文章，魏国人很敬重他，就把公主嫁给他，授予他侍中、征南将军、驸马都尉的职位，赐给他丹杨王爵位。

吏部尚书袁顗，开始时很受宋废帝刘子业所宠信，但忽然因为有事不合皇帝心意，待遇就被削减。宋废帝刘子业派官吏弹劾他的罪状，并夺去他的官衔。袁顗感到害怕，计划辞职并向宋废帝刘子业请求向外调任。甲寅日（二十四日），宋废帝刘子业命袁顗担任雍、梁各州军事都督、雍州刺史。袁顗的舅父蔡兴宗对他说："襄阳分野的星宿凶恶，不吉利，怎么可以去？"袁顗说："白刃已经在身前，就顾不得流矢了。现在我离开京城就任，只求脱离虎口而已。天道辽阔广远，不一定都灵验！"

当时，临海王刘子顼任荆湘等八州各军事都督、荆州刺史，朝廷任命蔡兴宗担任刘子顼的长史、南郡太守，执行府州政务，但蔡兴宗拒绝上任。袁顗向蔡兴宗强调说："朝廷情势的危险，是大家所共见的。在朝内的大臣，朝不保夕，舅舅现在出任陕西，执行八州政事，我在襄阳、沔水，地势险峻，军力强大，距离江陵又很近，水陆可以通达。如果朝廷发生事变，我们就可以建立如同齐桓、晋文的功业。在建康受制于凶狠狂妄之人，并要面对难以预测的祸害，哪里可以与这相比呢？现在有机会却不走，等以后再要求走，怎么还会有机会呢？"蔡兴宗回复说："我门第寒素，平稳做官，和君上的关系很疏远，没有理由会得到祸害。宫廷内外，人们不能自保，一定会有政变发生。如果内乱难以消弭祸害，在外的变乱，也很难预测。你要在外寻求安全，而我却选择在内寻求避开祸端，我们各自实现各自的愿望，不是很好吗？"

袁顗于是仓促地上路，一路上还害怕有追兵，当走到寻阳，就高兴地说道："现在才免除祸患了。"邓琬是晋安王刘子勋的镇军长史、寻阳内史，执行江州的政治事务。袁顗和他交游玩乐，亲密异常，一有空闲，两个人一定会整天整夜待在一起。袁顗和邓琬两人，为人出身本来都不相同，却能如此投机，有见识的人知道这是因为他们一定都有了反抗朝廷的心意。不久，宋废帝刘子业又任命蔡兴宗担任吏部尚书。

戊午日（二十八日），宋国解除建康的戒严。宋废帝刘子业从白下渡过长江到达瓜步。

沈庆之又上奏请求让民间私自铸钱，因此货币制度又进入混乱时期。一千个铜币串起来，大小都一样，长度还不满三寸，叫作"鹅眼钱”；比这更差的，叫作“綖环钱”，把它用丝线贯穿，放入水中都不会下沉，随手一抓就会破碎，市场上的钱不能计算多少，十万钱双手都捧不满。当时米价一斗一万，商人做买卖都不要这种钱。

冬季，十月，丙寅日（初七），宋废帝刘子业回到建康。

宋废帝刘子业的舅舅东阳太守王藻迎娶世祖的女儿临川长公主，公主生性喜欢忌妒，向宋废帝刘子业说王藻的坏话。己卯日（二十日），宋废帝刘子业下令把王藻逮捕入狱处死。

会稽太守孔灵符，所到之处都有好的政绩，因为得罪了宋废帝刘子业的左右近臣，近臣向宋废帝诉说孔灵符的过错，宋废帝刘子业便派使者用鞭子抽死了孔灵符，并杀掉他的两个儿子。

宁朔将军何迈，是何瑀的儿子，迎娶皇帝的姑母新蔡长公主（文帝第十女刘英媚），宋废帝刘子业把她放置在后宫，假称为谢贵嫔，并谎称公主已经死亡，杀死一个宫婢，用她的尸体来冒充公主的尸体，送回何迈家埋葬，并举行丧礼。庚辰日（二十一日），宋废帝刘子业封他的姑母“谢贵嫔”为夫人，坐鸾旗龙旗的车子，以帝王礼出入。何迈一向豪迈侠义，蓄养许多可以为他效死的侠士，计划利用宋废帝刘子业出去游玩的时间，把他废掉，改立晋安王刘子勋为皇帝。最终，计谋泄露。十一月，壬辰日（初三），宋废帝刘子业亲率士兵攻杀何迈。

起初，沈庆之在揭发颜师伯、柳元景的计谋以后，就被宋废帝刘子业所宠爱信任，他几次规劝宋废帝刘子业并向他进谏，渐渐地不被宋废帝刘子业喜欢。沈庆之感到害怕，就关闭府门不接见宾客。他曾派左右亲信范羡到吏部尚书蔡兴宗的宅第。蔡兴宗要范羡对沈庆之说：“沈公闭门断绝与门客的来往，为的是逃避众人的拜托而已，至于我，并不是有求于公的，为何要拒绝？”于是，沈庆之又派范羡邀请蔡兴宗到自己的府第。

蔡兴宗便得以前往拜访沈庆之，对他游说道：“皇上最近的作为，丧尽伦理道德，要期待他改变操守，已经没有希望。现在他所顾忌的，就只有你一个人；痛苦的人民，所能够仰望和依赖的，也只有你一人而已。你向来有显赫的威名，被天下人所敬佩服气。现在朝廷人心惶惶，人们都始终怀着恐惧的心情。如果有你指挥行动，会有谁不来响应呢？如果犹豫不决，坐观失败，岂止灾祸降临，而且全天下人都会把所有谴责集中在你头上。我承蒙你的厚爱，所以胆敢说得彻底，希望你能详细计划！”沈庆之说：“我的确也知道今日危急困难的处境，我连自己的性命都难以保全，但竭尽忠心侍奉国家的心愿却始终如一，现在只有由天意来决定了！加上我已年老退居家门，兵力变小，虽然想要有所作为，事情也很难成功。”蔡兴宗说：“当今存有谋求变革之心，并不是为求取功劳来得到富贵，只是为了逃脱早晚都会到来的死亡。殿中的将帅，只是在等待听从外边的动态。如果有你带头提倡，事情就很容易成功。何况你曾在几朝带过兵，旧日的部属，分布在宫省，有很多人受过你的恩惠，沈攸之等人都是你家的子弟，难道还害怕没有人跟从吗？而且你又有门徒、义附和三吴的勇士。你的同乡殿中将军陆攸之，把许多铠甲武器，存在青溪还没有打开，现在他入东讨伐贼人，你可以取得武器分给部下，派陆攸之带领先锋，而我在尚书中自会领导百官，依照前代的成例，更换贤能的人，以继承国家，那么天下大事也就确定了。另外，民间传言你也参与朝廷的各种作为，如果你现在不当机立断，就会有比你先起兵的人，那时你也免除不掉附从罪魁的祸害。我听说皇帝经常到贵府停留喝酒，又是隔离左右侍从，独自进入门内，这是千载难逢之机。”沈庆之说：“感谢你高超的见解，但这种大事，不是我能做的。如果祸事临头，我也只有效忠而死罢了。”

青州刺史沈文秀，是沈庆之弟弟的儿子。在出来镇守青州前，他带领部属屯扎驻守到白下，也对沈庆之进行说服：“皇上这样狂暴，不久就会有祸害；而我们一家受到他的宠爱信任，天下人就会说我们和他同样有狂暴之心。而且这个人爱恨无常，特别喜欢猜忌，不论我们进或退，都会发生不能预测的祸害。现在凭借众多的军力，要铲除他，非常容易。你不可以失去这样难得的机会。”他再三陈述，以至到了流泪的程度，但沈庆之始终不答应。沈文秀于是到青州上任。

宋废帝刘子业杀了何迈，料想沈庆之一定会入朝劝谏，于是封锁青溪上的各桥梁。沈庆之听到何迈被杀的消息，果然要入朝，但因为不能进去而回到自己家中。后来宋废帝刘子业派沈庆之伯父的儿子直阁将军沈攸之送给沈庆之毒药要他自杀，沈庆之不肯喝，沈攸之就用被子把他活活闷死，沈庆之享年八十岁。沈庆之的儿子侍中沈文叔想要逃走，又担心会像太宰刘义恭一样被肢解，便对他的弟弟中书郎沈文季说：“我可以陪着父亲去死，但你要留下来，日后好为父兄报仇！”就喝下赐给沈庆之的毒药而死，他另一个弟弟秘书郎沈昭明也上吊自杀，沈文季挥着刀骑马奔驰而去，追赶的士兵都不敢逼近他，沈文季得以幸免。宋废帝刘子业假装说沈庆之病死，追赠侍中、太尉，谥号为忠武公，为他举办很隆重的葬礼。

领军将军王玄谟几次流泪劝说宋废帝刘子业不要杀戮太重，宋废帝刘子业因此大怒。王玄谟是元老将领，有很高的声望，路上的行人都谣传王玄谟已被宋废帝刘子业所杀。蔡兴宗曾经担任东阳太守，而王玄谟的典签包法荣的家也在东阳，于是王玄谟就派包法荣到蔡兴宗住所。蔡兴宗对包法荣说：“领军将军当然会感到忧虑恐惧。”包法荣说：“领军近日几乎吃不下饭，晚上睡不着觉，一直说皇帝就要派兵到家中收拾他，自己的性命已经片刻不能保全。”蔡兴宗说：“领军忧虑恐惧，就要制定计策谋略来应对，怎么可以静坐着等待灾祸到来呢？”于是要包法荣劝告王玄谟起兵，包法荣答应。王玄谟又派包法荣对蔡兴宗说：“这事还不容易做，希望你不要泄露。”

右卫将军刘道隆，被宋废帝刘子业所宠信，专门管理宫中禁兵。蔡兴宗曾经和他一起随从宋废帝刘子业在晚上外出，刘道隆经过蔡兴宗车子的时候，蔡兴宗对他说：“刘君！近来想听听你的感受！”刘道隆了解他的意思，就用手指甲掐蔡兴宗的手，说：“请蔡公不要多说话！”

壬寅日（十三日），宋废帝刘子业立路氏为皇后，路氏是太皇太后弟弟路道庆的女儿。

宋废帝刘子业畏惧顾忌叔父们，恐怕他们在外成为他的敌对力量，就把他们聚集在建康，关押在宫殿内，进行殴打侮辱，不讲一点人伦天理。湘东王刘彧、建安王刘休仁、山阳王刘休祐身体都很肥壮，宋废帝刘子业把他们关在竹笼，称他们的重量，因为刘彧最重，就叫他“猪王”，叫刘休仁“杀王”，叫刘休祐“贼王”。又因为这三王年纪最大，特别讨厌他们，经常把他们囚禁在旁边，跟随自己左右不离开。东海王刘祎天性低劣，宋废帝刘子业就叫他“驴王”，桂阳王刘休范、巴陵王刘休若因为年纪还小，所以能够放任他们。宋废帝刘子业曾经派人用木槽盛着与杂粮搅和在一起的饭，再掘地穴做有泥水的坑，把刘彧裸身放在坑内的泥水中，叫他张口喂给他吃杂粮饭，这样来让自己取乐欢笑。有好几次，宋废帝刘子业想要杀掉这三王，都是凭借刘休仁的机智灵巧，用谈笑逢迎来使宋废帝刘子业高兴，忘记当时的想法，才能一次拖过一次。

后来，少府刘曚的妾侍怀孕要临产的时候，宋废帝刘子业居然把她接入后宫，要等到她生男孩，立他为太子。刘彧曾经违背宋废帝刘子业的意旨，宋废帝刘子业就派人脱光他的衣服，绑住他的手脚，再用木棍贯穿绳索，叫人担出交给掌管膳食的太官，说：“今天杀猪！”这时，刘休仁为挽救刘彧的性命，就笑着说：“猪不应该死！”宋废帝刘子业问他原因，刘休仁回答说：“等到皇子出生，再杀猪掏取肝肺庆贺。”宋废帝刘子业就息了怒说：“那就把他暂时交给廷尉。”过了一夜后，便把刘彧放了。丁未日（十八日），刘曚的妾侍生下儿子，起名叫皇子，宋废帝刘子业因而大赦天下，给普天下父亲家业的合法继承人每人加升一级。

宋废帝刘子业又因为太祖、世祖在兄弟中都排行第三，江州刺史晋安王刘子勋（他的三弟）也排行第三，因此讨厌他，就乘着何迈事件，派左右朱景云送毒药赐刘子勋自杀。朱景云到湓口后，停滞不前。刘子勋的典签谢道迈、主帅潘欣之、侍书褚灵嗣获得消息后，立即奔走告知长史邓琬，哭着请求挽救刘子勋的办法。邓琬说："我是南方寒士，承蒙先帝的厚重恩德，并把爱子托付，怎么会只爱惜自家一百多人的性命？我自当以死来报效先帝。幼主为政昏庸，凶狠残暴，以至于国家到了危险的境地。他虽然叫天子，所作所为实在是独夫的表现。我现在就带领文武百官，径直奔向京邑，与各公卿大臣，废掉昏庸的皇帝，共立圣明的君主。"戊申日（十九日），邓琬以刘子勋的教令，命令部队戒严。刘子勋身穿军装出来视事，集合部属，派潘欣之口头向大家宣告，四边的人还没有反应过来，录事参军陶亮就首先请求担任先锋为邓琬以生命报效，而后大家都愿意接受命令。于是任命陶亮担任谘议参军，兼任中兵，总指挥军事；功曹张沈担任谘议参军，统率船舰；南阳太守沈怀宝、岷山太守薛常宝、彭泽令陈绍宗等一同担任将领。起初，宋废帝刘子业派荆州录送前军长史、荆州行事张悦到湓口，被军队逮捕，邓琬以刘子勋的命令，解开他的铐镣，用自己所乘坐的车来接他，并任命他担任司马。张悦，是张畅的弟弟。邓琬、张悦两人共同掌管内外众多事务，另外派将军俞伯奇带领五百人截断大雷，禁止商旅往来和公私事务。他们派使者到江州各郡征召民兵，并收集武器，十天之内，就得到五千带甲士兵，后来派他们到大雷两岸修筑堡垒。又任命巴东、建平二郡太守孙冲之担任谘议参军，兼任中兵，和陶亮共同统任前军，并送起义檄文到远近各地。

戊午日（二十九日），宋废帝刘子业召集各王王妃、公主排列在宫殿前面，强令左右侍从奸污她们。南平王刘铄的王妃江氏拒绝，宋废帝刘子业愤怒，就杀死王妃的三个儿子南平王刘敬猷、庐陵王刘敬先、安南侯刘敬渊，并鞭打王妃一百鞭。

先前民间谣传湘中出现天子，宋废帝刘子业打算南巡荆州、湘州加以镇压。计划第二天清晨，先杀掉湘东王刘彧，然后出发。

起初，宋废帝刘子业在杀掉各大臣后，害怕部下暗算他，就把直阁将军宗越、谭金、童太一、沈攸之等有勇力的人作为自己的爪牙，赏赐他们，使他们的家中充满美人、金帛。宗越等久在殿省，众人对他们畏怕恐惧，而他们都为皇帝卖力，皇帝恃仗他们，更加无所顾忌，放肆妄为，宫廷内外因此更加纷扰杂乱。他左右的卫士都有二心，但因为害怕宗越等人而不敢发作。当时三王被禁锢已久，不知道如何作为。湘东王刘彧的主衣会稽人阮佃夫、内监始兴人王道隆、学官令临淮人李道儿和直阁将军柳光世以及宋废帝刘子业左右卫士琅邪人淳于文祖等相互计划刺杀皇帝的谋略。宋废帝刘子业因为立皇后，动用了各王的太监，而刘彧的太监钱蓝生也在其中，刘彧就命他注意皇帝的动静。

此前，宋废帝刘子业在华林园竹林堂游戏玩乐，命令宫女裸体和他互相追赶。有一人不肯，宋废帝刘子业便命人杀了她。当夜，宋废帝刘子业梦见有女子在竹林堂骂他说："皇帝暴虐无道，将活不到明年秋收。"宋废帝刘子业梦醒后，就在皇宫中找到一个与梦中女子模样相像的宫女，命人把她杀死。到晚上又梦到这被杀的宫女说："我已经上天告诉上帝了。"于是巫觋就说竹林堂中有鬼。当日下午，宋废帝刘子业从华林园出来。建安王刘休仁、山阳王刘休祐、会稽公主都随从，湘东王刘彧独自在秘书省，不被召见，感到更加忧伤恐惧。

宋废帝刘子业一向讨厌主衣吴兴人寿寂之，到了一看到他就咬牙切齿的程度。阮佃夫就把他要刺杀宋废帝刘子业的计划告诉给寿寂之，以及外监典事东阳人朱幼、细铠主南彭城人姜产之、细铠将晋陵人王敬则、中书舍人戴明宝等人，寿寂之等知道这个消息后，都响应支持他。朱幼预先安排内外，派钱蓝生秘密向王休仁、王休祐报告。当时宋废帝刘子业要南巡，心腹宗越等人都受命外出整顿装备，只有队主樊僧整在华林园防卫。柳光世和樊僧整是同乡，因此秘密邀请樊僧整参与政变，樊僧整答应了。一共有十多个同谋的人。阮佃夫忧虑人少，力量不够，想要拉拢更多的人。寿寂之说："庞大的计划就容易泄露，不必动用更多的人！"当天晚上，宋废帝刘子业屏退了全部卫士，与巫人和数百彩女，在竹林堂射鬼。等仪式完毕，将要奏乐的时候，寿寂之拔刀带头向前走，姜产之其次，淳于文祖等都随在后面。王休仁听到快步声，对王休祐说："事情发动了。"两人相随奔向景阳山，宋废帝刘子业看到寿寂之到来，便拉取弓箭对他射击，没有射中。这时，彩女都四处奔走逃命，宋废帝刘子业也想逃跑，大叫"寂寂"三次。寿寂之追上前去把他给杀了（时年十七岁）。他向侍卫宣告说："湘东王接受太皇太后的命令，除掉暴君，现在已经平定。"殿省人心惶惶，一片恐惧，不知所措。

王休仁到秘书省看到湘东王刘彧，便自称臣，然后引领他到西堂，登上皇帝的座位，召见大臣。当时因为时间仓促，湘东王掉了鞋，戴着乌帽赤脚跑到西堂，等他坐好后，王休仁命主衣拿白帽给他换上，并准备羽仪，虽然还没有即位，但所有事全都以令书的形式施行。宣告太皇太后令，其中逐条陈述宋废帝刘子业的罪恶，命湘东王继承皇位。到了天亮，宗越等才进来，湘东王给他们很厚重的安抚。宋废帝刘子业同母弟弟司徒、扬州刺史豫章王刘子尚性情顽劣，有他哥哥的作风。己未日（三十日），湘东王用太皇太后的命令，赐刘子尚和会稽公主（山阴公主）自杀。建安王刘休仁等被软禁的人，得以走出宫外，并释放了谢庄。宋废帝刘子业此时还陈尸在太医阁口。蔡兴宗对尚书右仆射王彧说："他虽然凶狠残暴，但仍是天下之主，不应该以简单丧礼埋葬，如果这样，天下一定有借口兴师问罪。"于是在秣陵县南埋葬废帝刘子业。

起初，湘东王刘彧的亲生母亲沈婕妤早年就已去世，他由路太后抚养长大。湘东王刘彧谨慎恭敬地侍奉太后，太后对待刘彧也是感情深厚。刘彧已经杀掉宋废帝刘子业，就想安慰太后的心，便下令命太后的弟弟路休之担任黄门侍郎，路茂之担任中书侍郎。

朝廷论功行赏，寿寂之等十四人都被封县侯、县子。

十二月，庚申朔日（初一），朝廷任命东海王刘祎担任中书监、太尉。升任镇军将军、江州刺史晋安王刘子勋为车骑将军、开府仪同三司。癸亥日（初四），任命建安王刘休仁担任司徒、尚书令、扬州刺史，任命山阳王刘休祐担任荆州刺史，桂阳王刘休范担任南徐州刺史。乙丑日（初六），调任安陆王刘子绥为江夏王。

丙寅日（初七），湘东王刘彧登上皇位，大赦天下，改年号为泰始，撤除废帝时期的荒唐制度和错误封号。

庚午日（十一日），朝廷任命右卫将军刘道隆担任中护军的职位。刘道隆在先前被废帝宠爱，废帝曾经在建安王刘休仁面前，命令刘道隆奸淫建安太妃，因此，建安王刘休仁见到刘道隆是中护军，就立即请求辞职，宋明帝刘彧不得已赐刘道隆自杀。

宗越、谭金、童太一等人虽被宋明帝刘彧所安抚接纳，但宋明帝刘彧也不要他们在台城，于是心中感到不安。宋明帝刘彧很从容地对他们说："你们遭遇凶暴的皇帝，已经勤劳很久，应该有个可以休养的地方，兵马大郡任随你们选择。"宗越等本来就怀疑皇帝的居心，听到这话，都相顾失色，因此就计划叛变，并告诉沈攸之，沈攸之却向宋明帝刘彧揭发他们，宋明帝刘彧下令逮捕宗越等人，并下狱处死。沈攸之因此而又入直阁。

辛未日（十二日），宋明帝刘彧调动临贺王刘子产担任南平王，晋熙王刘子舆担任庐陵王。

壬申日（十三日），宋明帝刘彧命尚书右仆射王景文担任尚书仆射。王景文，即王彧，因为要规避皇帝刘彧的名讳，而把字改为名。

乙亥日（十六日），宋明帝刘彧追尊他的亲生母亲沈太妃为宣太后，陵墓叫崇宁陵。

起初，豫州刺史山阳王刘休祐入朝，任命长史、南梁郡太守陈郡人殷琰执行掌管豫州府的政务。等到刘休祐被调任荆州刺史，就任命殷琰担任都督豫州、司州各军事、豫州刺史。

有关官吏上奏请求路太后应改称使用先前的名号，并迁移到外宫居住，但宋明帝刘彧不答应。戊寅日（十九日），尊奉路太后为崇宪皇太后，居住在崇宪宫，供奉的礼仪，和往常相同。立妃王氏为皇后。

皇后是王景文的妹妹。

宋明帝刘彧废除二铢钱，禁用鹅眼、綖环钱，其余钱币仍然通用。

江州佐吏在得到宋明帝刘彧下给晋安王的任命书后，都很高兴，一起来拜见邓琬说："暴乱已除，殿下（晋安王刘子勋）又升任黄阁（开府仪同三司），于公于私，都是值得庆贺的事情。"邓琬认为晋安王刘子勋与世祖相同，都是第三子，而且和世祖同样在寻阳起兵，是相同的皇帝符瑞，所以举办大事一定能够成功。他把任命书拿过来摔到地上说："殿下应该打开端门做天子，黄阁应该是我们干的！"大家都感到震惊。邓琬更和陶亮等制造武器，向四方征兵。

袁顗到了襄阳后，就和谘议参军刘胡修理完善武器，选拔召集士兵，假托受到太皇太后的命令（路太后）起兵，并当即竖立牙旗，分送檄文到各地，奉上劝刘子勋登上皇帝位的表文。

辛巳日（二十二日），宋明帝刘彧更换山阳王刘休祐的职位，命他担任江州刺史，而荆州刺史临海王刘子顼则留本任，不调动。

先前，宋废帝刘子业任命邵陵王刘子元担任湘州刺史，而命中兵参军沈仲玉负责上任的行程事务，刘子元走到鹊头，听到寻阳起兵，便心生畏惧，不敢继续向前进发。邓琬派数百士兵半劫半迎刘子元，又叫刘子勋在桑尾竖立牙旗，并传送檄文到建康，说："我（刘子勋，当时十岁）志在遵循前人的经义典章，要罢黜掉昏庸的君主，升用英明的人来担任。"又对当今皇帝（刘彧，刘子勋的叔父）说："你假托太皇太后的命令毒死刘子尚（废帝刘子业的二弟），窃取帝位，违反按照长幼继承皇位的次序（刘彧以世祖刘骏之弟继承，刘子勋为刘骏三子），孤立我们兄弟（废帝刘子业、刘子尚为刘子勋的哥哥），藐视我们十三个同胞手足，先帝（世祖）之灵有何罪过，竟然断绝了后人对他的祭祀。"

郢州刺史安陆王刘子绥第一次接到刘子勋的檄文后，想要参与攻击废帝的战斗。等听到废帝已死的消息，当即解甲罢兵。后来又听到江州、雍州拥兵独立的消息。郢州府中行事苟（一作荀）卞之因为郢州夹在江、雍二州之间，感到很恐惧，两眼都昏花迷离，他就派谘议兼中兵参军郑景玄率士兵带着军备和粮草快速顺长江而下。荆州行事孔道存辅佐刺史临海王刘子顼，会稽将佐辅佐太守寻阳王子房，都带领士兵来响应刘子勋。

资治通鉴卷第一百三十一　宋纪十三

起止丙午（公元466年），共一年。

【题解】本卷记录了宋明帝泰始二年刘宋与北魏等国大事：宋明帝刘彧取得帝位，而刘骏诸子部下将佐与各州郡长官均支持刘子勋在寻阳称帝；兖州刺史殷孝祖入援建康；刘彧朝廷将领吴喜等率军东伐，平定东方诸郡；西部战线，两军会战于赭圻、鹊尾、浓湖一线；朝廷名将张兴世与沈攸之等连破寻阳军，浓湖军营被沈攸之等占据；沈攸之进驻寻阳，杀掉刘子勋；荆州的宗景杀荆州行事刘道宪，执刘子顼投降；湘州行事何慧文兵败不屈而死；孝武帝刘骏的几个儿子及拥戴刘子勋的将领均被杀，荆、湘地区平定；萧惠开归顺朝廷，益州平定；殷琰率部投降，刘勔厚抚之，寿阳民众大悦；刘彧发兵北上，薛安都等惶恐降魏，魏国拓跋石等率兵援助薛安都，青、兖、徐、豫等州大片土地归于魏国。

太宗明皇帝上之下

泰始二年（丙午，公元466年）

春季，正月，己丑朔日（初一），魏国实行大赦，改年号为天安。

癸巳日（初五），宋明帝刘彧征召会稽太守、寻阳王刘子房担任抚军将军，命巴陵王刘休若代为会稽太守。

甲午日（初六），宋国朝廷内外戒严。宋明帝刘彧任命司徒、建安王刘休仁统率征讨等诸军事，命车骑将军、江州刺史王玄谟担任副手。刘休仁在南州驻扎军队，命沈攸之担任寻阳太守，率军队屯扎驻守在虎槛。当时王玄谟还没有出发，前锋部队已有十军，后面的军队又不断来到，彼此不相配合，每天晚上，各军便以自己主帅的姓氏为口令，复杂纷扰。沈攸之于是就对各将领说："现在各军的姓号不同，如同农夫、渔夫在晚上相互呵斥责骂，以致军队秩序紊乱，这是作战失败的因素。请以一军为准统一编立姓号。”各军将领都认为有道理，同意他的意见。

邓琬强调符瑞，伪称接受了路太后的玺书，率将佐为晋安王刘子勋立尊号。乙未日（初七），刘子勋在寻阳登上帝位，改年号为义嘉。任命安陆王刘子绥担任司徒、扬州刺史；寻阳王刘子房、临海王刘子顼都加封开府仪同三司；任命邓琬担任尚书右仆射，张悦担任吏部尚书；袁顗加任尚书左仆射；从其余将佐到各州郡官吏，都依次加进爵号。

丙申日（初八），宋明帝刘彧任命征虏司马申令孙担任徐州刺史。申令孙，是申坦的儿子。设置司州，州治在义阳；任命义阳内史庞孟虬担任司州刺史。

徐州刺史薛安都、冀州刺史清河崔道固都起兵响应寻阳的刘子勋。宋明帝刘彧向青州刺史沈文秀征召士兵，沈文秀派他的将领平原人刘弥之等率兵到达建康。正好薛安都也派使者邀请沈文秀加入自己的阵营，他于是改变心意，改命刘弥之响应安都。济阴太守申阐占据睢陵响应建康，薛安都便派他侄儿直阁将军薛索儿、太原太守清河人傅灵越等攻击睢陵。申阐，是申令孙的弟弟。薛安都的女婿裴祖隆镇守下邳，刘弥之到了下邳，却改变主意，又响应建康，袭击裴祖隆。裴祖隆兵败，和征北参军垣崇祖投奔彭城。垣崇祖，是垣护之的侄儿。刘弥之的族人北海太守刘怀恭、侄儿刘善明都起兵响应他，薛索儿获悉，就放下睢陵，率兵攻击刘弥之，刘弥之被打败，逃走以保护北海。申令孙进据淮阳，向薛索儿投降。庞孟虬也拒绝诏令，起兵响应寻阳。

宋明帝刘彧召令寻阳王长史、行会稽郡事孔觊担任太子詹事，而命平西司马庾业代为寻阳王长史；又派都水使者孔璪入东抚慰犒赏军士，孔璪游说孔觊：“建康力量弱小，不如用五郡来附和袁顗、邓琬。”孔觊就起兵驰送檄文，辅助寻阳。吴郡太守顾琛、吴兴太守王昙生、义兴太守刘延熙、晋陵太守袁标都占据郡治来响应寻阳。宋明帝刘彧又命庾业代刘延熙担任义兴太守，不料庾业走到长塘湖，马上就投奔了刘延熙。

益州刺史萧惠开听说晋安王刘子勋起兵的消息，就召集属下的文武将官，对他们说："湘东王（刘彧），是太祖（刘义隆）的儿子；晋安王（刘子勋），是世祖（刘骏）的儿子，两人作为继承人，都并无不可。但景和（宋废帝，年号景和）虽然昏暴，也是世祖的后嗣，如果他不再任社稷之任，他下面还有很多弟弟可以选择。我承受世祖厚重的恩惠，应当推举尊奉九江晋安王。"于是派巴郡太守费欣寿率五千士兵顺长江东下。同时湘州行事何慧文、广州刺史袁昙远、梁州刺史柳元怙、山阳太守程天祚都附和刘子勋。柳元怙，是柳元景的堂兄。

这一年，四方都向寻阳刘子勋俯首称臣，进献贡品。而朝廷所保有的，只有丹杨、淮南等数郡而已。其中若干县已经响应刘子勋，东兵已经到达永世，建康朝廷所面临的形势非常危险，人人恐惧不安。宋明帝刘彧召集大臣商量反败为胜的方法。蔡兴宗说："现在天下都有了二心，发动叛变，我们应当镇静，待人诚信。反叛者的亲戚多分布在宫省，如果对他们加刑处罚，那我们马上就会瓦解，所以我们应该申明犯罪并不株连家人的大义。只要人心稳定，就有战斗力，用勇敢的六军，犀利的兵器，来等待没有经过训练的敌兵，这样形势相差很大，希望陛下不必忧虑。"宋明帝刘彧认为有道理。

建武司马刘顺游说豫州刺史殷琰归附寻阳，殷琰认为家人还在建康，没有答应。右卫将军柳光世从省内出来投奔彭城，经过寿阳时，对殷琰说建康一定不会保住。殷琰相信了柳光世的话，但因为自己没有部队，被土豪前右军参军杜叔宝等所控制，不得已而跟从他。殷琰命杜叔宝担任长史，内外军事都由杜叔宝专断决定。宋明帝刘彧对蔡兴宗说："各地还没有平定，殷琰又附从别人叛逆，近日的人心怎么样？事情能够成功吗？"蔡兴宗回答说："臣不能分辨出是逆势还是顺势。现在来往各地做买卖的商人被封锁道路，但米粮多而便宜，四方人集合，人心更加稳定，由此推测，我们一定可以平定动乱。但臣所忧虑的，是在平定动乱之后的事情，就如羊公（羊祜）所说：'平定之后，才要烦劳圣上操心呢。'"宋明帝刘彧说："的确如你所说。"宋明帝刘彧知道殷琰附和寻阳不是他的本意，因此厚重安抚他的家属，希望来召他回归。

汝南、新蔡二郡太守周矜在悬瓠起兵，响应建康。袁顗引诱周矜的侍从司马汝南人常珍奇捕获周矜，并斩杀他，而命常珍奇代替周矜担任太守。

宋明帝刘彧派冗从仆射垣荣祖回到徐州说服薛安都，薛安都回复说："现在离京都已不足一百里，只要攻打取得胜利，我自可拍手大笑，而且我不要辜负孝武（刘子勋为孝武帝刘骏的儿子）。"垣荣祖说："孝武的暴行，足以余留祸害。现在天下虽然一时如雷响应，但这正是表示他的势力很快就要消灭了。"薛安都仍然不答应，便留下垣荣祖担任将领。垣荣祖，是垣崇祖的堂兄。

兖州刺史殷孝祖的外甥司法参军颍川人葛僧韶请求宋明帝刘彧征召殷孝祖回到朝廷。宋明帝刘彧答应，就派葛僧韶前去。当时薛索儿率军在渡口边屯扎驻守，葛僧韶就绕小路到达，对殷孝祖说："景和（废帝）的凶暴，是开国以来从未有过的，朝野人士终日处在危险的境地，性命片刻就会得不到保全。而皇上（刘彧）消除凶暴，重新改造天地。在国家朝廷的动乱中，应该扶持年长的君主，而那群迷途的人相互煽动，无缘无故地制造问题，认为利用年幼无知的（刘子勋）会有利于自己的控制，竞相谋求自己的幻想，如同让天道帮助叛逆。暴徒们辅佐晚辈，则幼小的君主就会面临艰难的时局，权力不能集中，兵变就会不断发生，哪里有人会有容身之地呢？舅舅年少时就有立功的宏伟志向，如果你能控制济河一带的壮丁，来辅助朝廷，不仅可以帮助君主平定动乱，而且可以名垂青史。"殷孝祖详细询问朝廷的消息，葛僧韶随机说明，并陈述宋明帝刘彧有强壮的士兵，要委任他担任前锋将领。殷孝祖当天就把妻子安置在瑕丘，率两千文武官员，跟随葛僧韶回到建康。当时四方都依附寻阳，朝廷只保存有丹杨一郡而已，而永世县令孔景宣又反叛朝廷，义兴率兵已逼近到延陵，朝廷内外感到危险忧虑，正要四处奔散，殷孝祖忽然到达，增加不少兵力；加上中原和荆州的壮丁，强盛的兵力使得人心大为安定。甲辰日（十六日），宋明帝刘彧晋升殷孝祖担任抚军将军，持节统领前线各军事务，率兵到达虎槛，宋明帝刘彧对他进行非常厚重的赏赐。

起初，宋明帝刘彧派东平人毕众敬到兖州去招募壮丁，到达彭城时，薛安都摆出利害关系说服他归顺，再假造皇帝的命令，任命毕众敬担任兖州行事，毕众敬答应。殷孝祖派司马刘文石守卫瑕丘，毕众敬率兵攻杀他。薛安都一向和殷孝祖有过节，就派毕众敬尽杀殷孝祖的儿子们。兖州各地都附和毕众敬，只有东平太守申纂占据无盐，不服从毕众敬。申纂，是申钟的曾孙。

丙午日（十八日），宋明帝刘彧亲自指挥军队，出居中堂。辛亥日（二十三日），任命山阳王刘休祐担任豫州刺史，指挥辅国将军彭城人刘勔、宁朔将军广陵人吕安国等各军向西攻击殷琰；任命巴陵王刘休若指挥建威将军吴兴人沈怀明、尚书张永、辅国将军萧道成等各军向东攻击孔觊。当时将士多为东方人，他们的父兄子弟都已经向孔觊投奔。宋明帝刘彧在送别军队时，广为宣布说："我正要修养品德，减轻刑罚，使父子兄弟的罪不相牵连，避免彼此拖累的情况；从前顺从或叛逆的，视他现在的顺从来做了断，不追究已经过去的往事。各位应该明白我这样说的用意，不要再因为亲戚的事而感到忧虑。"兵众因此都很高兴，所有反叛者在建康的亲人，都一样地做官任职。

壬子日（二十四日），路太后去世。

孔觊派他的将领孙昙瓘等在晋陵九里驻扎军队，部队拥有强大的阵势。沈怀明到达奔牛，所率的士兵人数少力量又弱小，就挖筑堡垒来防守。张永到达曲阿后，不知道沈怀明是否安全，却惊扰到百姓，退回延陵，依附巴陵王刘休若，各将领都劝说刘休若退回保护破冈。当天，正值寒流到来，风雪很大，河堤和大坝都被破坏，众心有所动摇。刘休若发布命令说："敢说撤退的就加以斩杀！"众心稍微稳定下来，于是挖筑堡垒，来调整休息。不久得到沈怀明的书信，知道敌人停下未进，军主刘亮又将来到，兵力会逐渐强大，人心才安定下来。刘亮，是刘怀慎的侄孙。

殿中御史吴喜因为是侍奉世祖的主书，不久升迁河东太守。此时，他请求得到三百精兵，在东方效命。宋明帝刘彧假意授予吴喜建武将军的职位，挑选羽林勇士分配给他。有人批评说："吴喜是拿笔的文官，不曾担任过将领，不可以派他领兵打仗。"中书舍人巢尚之说："吴喜以前曾多次在军中跟随沈庆之，本性勇敢，又熟习战阵；如果任用他，一定会取得战绩。纷纷批评的人，都是不能辨识人才的。"于是仍然派吴喜领兵出征。吴喜早时曾经数次奉命到东吴，因为他性情宽厚，所到之处人民都怀念爱戴他。现在百姓听说吴喜从河东要过来，都闻风向他投降，所以吴喜所到之处，全都取得胜利。

永世人徐崇之攻杀孔景宣，吴喜上奏让徐崇之兼任县事。吴喜到达国山时，遇到东军，就发起进攻，并歼灭他们。他从国山出来再进入吴城驻守，刘延熙派将领杨玄来抵抗，虽然吴喜兵力薄弱，杨玄兵力强大，但吴喜率军奋力作战，斩杀杨玄，进逼义兴。刘延熙用木栅截断荆溪，来到长桥上，保守郡治，吴喜则修筑堡垒和他对峙。

庾业率领七千人在长塘湖口两岸建筑城堡，与刘延熙遥相应接。沈怀明、张永和晋陵军相对峙，久久不能决定胜负。担任外监的朱幼向宋明帝刘彧举荐勇敢而有胆识的司徒参军督护任农夫，宋明帝刘彧就配属给任农夫四百人，让他帮助吴喜向东讨伐。任农夫从延陵攻打长塘，庾业因为正在建筑城堡还没有前来会合，任农夫快速攻击，奋力作战，终于击破城池，庾业战败，丢弃城池，逃到义兴，任农夫收取遗留下来的船只武器，向义兴前进，以帮助吴喜作战。二月，己未朔日（初一），吴喜渡水攻击郡城，他分散兵力攻打各个堡垒，并登高指挥，要从四面同时进攻。义兴人很是吃惊恐慌，各堡垒都溃败，刘延熙在逃走途中不慎掉入水中淹死，最后攻下义兴。

魏国丞相太原王乙浑专断朝政，杀了许多人。安远将军贾秀担任吏部尚书，乙浑多次向贾秀请求改称他的妻子为公主，贾秀回答说："公主的名号，哪里是庶姓所能称呼的（魏，凡不是国姓拓跋，都是庶姓）！我宁可在今天死去，也不能被后世取笑！"乙浑愤怒怨恨，便骂他道："老奴才！吝啬！"这时正好侍中拓跋丕告发乙浑谋反，庚申日（初二），冯太后收押乙浑，杀掉他。贾秀，是贾彝的儿子；拓跋丕，是烈帝的玄孙。太后临朝执掌政权，任用中书令高允、中书侍郎渔阳人高闾和贾秀，共同决议大政事务。

宋沈怀明、张永、萧道成等驻扎在九里西边，与东军呈现相对峙的局势。东军获知义兴军败的消息，都感到恐惧惊慌，宋明帝刘彧派积射将军济阳人江方兴、御史王道隆到晋陵去察看东军形势。孔觊的将领孙昙瓘、程扞宗把五城相互连接，而程扞宗的城池还没有建造牢固，王道隆于是和各将领计谋说："程扞宗的城池还没有建好，这对我们来说是可以利用的时机。向上可以符合皇上的心意，向下可以鼓舞大众的士气。"辛酉日（初三），王道隆率所属部队快速进攻，攻破城池，砍下程扞宗的头，张永等人乘胜进击孙昙瓘等人，壬戌日（初四），孙昙瓘等人兵败，与袁标一起弃城逃走，于是朝廷攻克晋陵。

吴喜的军队到达义乡后，孔璪在吴兴南亭驻守军队，太守王昙生到孔璪处商议，听到台城军已经逼近的消息，孔璪很害怕，竟然从座椅上摔了下来，说："朝廷所要悬赏购买的人头，就只有我一个人，现在还不快走，就将被抓到了！"就与王昙生一起奔跑到钱塘。吴喜的军队进入吴兴，任农夫率兵攻向吴郡，顾琛抛弃郡城，奔向会稽。宋明帝刘彧认为晋陵、义兴、吴兴、吴郡等四郡已经被平定，就留下吴喜，要他统率沈怀明等将领攻击东边的会稽，召令张永等人向北攻击彭城，江方兴等人向南攻击寻阳。

宋明帝刘彧任命吏部尚书蔡兴宗担任左仆射，侍中褚渊担任吏部尚书。

丁卯日（初九），吴喜率军队到达钱塘，而孔璪、王昙生则奔逃到浙东。吴喜派强弩将军任农夫等率兵攻向黄山浦，东军此时占据岸边结营，任农夫等击破他们。吴喜则从柳浦渡水，攻取西陵，斩杀庾业。会稽人感到非常惊讶，将士多逃亡，孔觊不能制止。戊寅日（二十日），上虞令王晏起兵攻打郡城，孔觊逃到嵴山；车骑从事中郎张绥封锁府库，等待吴喜。己卯日（二十一日），王晏进入郡城，杀掉张绥，在别署逮捕寻阳王刘子房。他对士兵的大肆抢劫采取放任态度，府库为之一空，捕获孔璪，加以杀戮。庚辰日（二十二日），嵴山人民把孔觊捆绑起来送给王晏。王晏对孔觊说："这事是孔璪干的，与你无干，你可以作自首的文辞，我自当替你向上申诉。"孔觊说："江东的事情，全由我自己处理；如果推卸罪过来求得活命，那是你的意思。"王晏于是就斩杀了他。顾琛、王昙生、袁标等都向吴喜自首请罪，吴喜都饶恕了他们。东军的军主一共有七十六人，在对阵中杀了十七人，其余的都被赦免。

薛索儿进攻申阐，久久没有攻下，就命申令孙进到睢陵说服申阐，申阐听从劝告，打开城门投降，最后薛索儿把申阐和申令孙都给杀了。

当时山阳王刘休祐在历阳，辅国将军刘勔进军小岘，南汝阴太守裴季之献出合肥投降。

邓琬个性贪婪卑鄙，喜爱钱财，掌握大权以后，父子就卖官鬻爵，让婢女奴仆到市场贩卖东西，而自己则日夜不停地听歌赌博，并且骄傲自大。有宾客登门求见，经过十天还不能见到他。他把内务都委任给褚灵嗣等三人，小人放肆，更加威风，因此遭到士兵和百姓的怨恨，内外离心。

邓琬派孙冲之率龙骧将军薛常宝、陈绍宗、焦度等一万士兵作为前锋，占据赭圻。孙冲之在上奏给晋安王刘子勋的书信上说："船只已经置办好，粮食武器也完备，三军踊跃，人人争相效命，就要顺流起航，直到白下，希望皇上赶快派陶亮众军兼程相接，分别占据新亭、南州，那么就可以平定天下了。”刘子勋加授任冲之为左卫将军，陶亮为右卫将军，统率郢、荆、湘、梁、雍五州共计两万士兵，同时顺江而下。陶亮本来就没有才能和本领，听说建安王刘休仁亲自溯江而上，而殷孝祖又将到达，因此不敢前进，在鹊洲驻扎军队。

殷孝祖倚仗自己对宋明帝刘彧的忠诚，经常侮辱将领，朝廷军中凡是有亲属在晋安王刘子勋那里的，都被他追究查办，因此造成原来依附他的人心都分离消散，没有人乐意被他任用。而宁朔将军沈攸之却能善待士兵，对内安抚将士，使将士欣慰；对外使将领和谐相处，保持对自己的依附之心，于是众人都依赖他。殷孝祖每次都带着鼓盖出来作战，军中有士兵相互议论说道：“殷统军可以说是不害怕死亡的将领了。每次与敌人交战的时候，都会把自己与其他士兵相区别，用羽仗来标明显示自己。如果有十个善射的敌军同时向他射击，他怎么能保全性命不死呢？”三月，庚寅日（初三），宋明帝刘彧派各路大军从水路、陆路同时进发，对赭圻发起攻击，陶亮等人率兵进行支援，最后，殷孝祖在战争中果真因为中箭而死。让人感到震惊的是军主范潜竟然率五百人向陶亮投降，而范潜认为沈攸之应该代替殷孝祖担任军队的指挥。

当时建安王刘休仁正屯守驻扎在虎槛，不能亲自前往赭圻。于是派宁朔将军江方兴、龙骧将军襄阳人刘灵遗各自带领三千士兵到赭圻支援守卫。沈攸之认为在殷孝祖死后，陶亮一定会产生乘胜进攻的计划，因此，如果明天不把防守的计划改为进攻，就是主动向敌军示弱。而江方兴和他自己有相同的宁朔将军的名位，一定不会愿意屈居在自己下面，容易出现不同的军令。如果两人没有达成统一军令，就会造成战士的迷茫，扰乱作战计划，会成为战事失败的原因。于是他率各军军主去拜见江方兴说：“现在四方都发生造反叛乱，国家所拥有的只有百里土地。而朝廷所依赖的只有殷孝祖一个人，但是他不幸阵亡，这样的交战结果，使得文武百官都垂头丧气，朝廷上下产生危难之心。明天早上的战事关系到大势是否能够被挽回，如果这一战仍不能取得胜利，就会造成全盘皆输的结果。所以大家都认为应该由我指挥这场战事，但是我认为自己生性懦弱微薄，才能谋略都比不上你，现在我想推举你担任总指挥，我们自当努力来跟随你进行战斗。”江方兴听到后很高兴，就答应了他的提议。在沈攸之离去以后，他的各军军主都因他不计较名位的高低就答应而埋怨他。沈攸之说：“我的本意是挽救国家，保住家人的性命，怎么会计较名位高低呢？而且我的名位可以低于他，但他一定不愿意使自己的名位低于我，为了共同度过艰难的时期，两人怎么可以持有不同的立场呢？”

孙冲之对陶亮说：“殷孝祖虽然是勇猛的将士，但是一进行战斗就死于沙场。这说明天下的事已经决定，没有必要再进行战斗，便可以直取京都。”但陶亮不答应。

辛卯日（初四），江方兴指挥各将领进行攻击。建安王刘休仁又派军主郭季之、步兵校尉杜幼文、屯骑校尉垣恭祖、龙骧将军济地人顿生、京兆人段佛荣等三万人前往会合作战。从清晨寅时一直激战到午时，大败陶亮的军队，向北追击他到达姥山然后返回。杜幼文，是杜骥的儿子。

孙冲之在巢湖、白水会合口修建两座城池，被军主竟陵人张兴世攻占。

壬辰日（初五），宋明帝刘彧任命沈攸之担任辅国将军、假节，代替殷孝祖指挥军队前线。

陶亮在听到湖、白二城已经失守的消息后，感到非常惊恐，急忙召令孙冲之回到鹊尾，留下薛常宝等人守卫赭圻，先前驻扎在姥山和分别驻扎在各要塞的营地，也都被撤回，共同守卫浓湖。

当时因为战争兴起，朝廷的钱额用度不够，就招募人民捐献金钱粮食，并依照数量的多寡，赐给荒县、荒郡，或五品到三品的散官。

因为军中粮食很少，建安王刘休仁为了安抚将士，就按照人数的多寡把粮食平均分配给他们，并表现出悲痛怜惜的样子，吊唁祭拜死者，慰问伤者，使得士兵感到欣慰，所以十万士兵都没有动过离开他的心思。

邓琬派他的豫州刺史刘胡带领三万步兵和两千骑兵，向东驻扎在鹊尾，加上原有的士兵，人数共计十万。刘胡，是久经沙场的老将，他足智多谋，屡次建立战功，将士们都敬畏他。司徒中兵参军冠军人蔡那有子弟在襄阳，刘胡每次与蔡那作战，都要把他的子弟悬吊在城外作为人质来威胁他，但蔡那只是奋勇作战，不顾念人质。吴喜平定了三吴以后，就率所属的五千人并携带粮食装备，一起到达赭圻。

薛索儿率骑兵步兵一万多人从睢陵渡过淮水，进逼青州、冀州刺史张永的军营。丙申日（初九），宋明帝刘彧下诏命令南徐州刺史、桂阳王刘休范率兵讨伐北方各军，进占广陵，又下诏命萧道成率兵救援张永。

戊戌日（十一日），寻阳王刘子房到达建康。宋明帝刘彧宽恕了他，贬爵为松滋侯。

庚子日（十三日），魏国任命陇西王源贺担任太尉。

宋明帝刘彧派宁朔将军刘怀珍率龙骧将军王敬则等人带领步骑兵五千人，帮助刘勔攻打讨伐寿阳，斩杀庐江太守刘道蔚。刘怀珍，是刘善明的侄儿。

中书舍人戴明宝向宋明帝刘彧报告，请求派军主竟陵人黄回招募军队，然后攻杀寻阳所署的马头太守王广元。

之前奉朝廷命令前来支援的寿阳人郑黑，在淮水起兵，响应建康，向东抵抗殷琰，向西抗拒常珍奇。乙巳日（十八日），宋明帝刘彧任命郑黑担任司州刺史。

殷琰的部将刘顺、柳伦、皇甫道烈、庞天生等人率骑、步兵八千人向东占领宛唐；刘勔率各军一并前进，在距离刘顺军营数里处安营扎寨。当时殷琰所派的各军，名义上都接受刘顺的指挥，但皇甫道烈是土豪，柳伦又是朝廷所派，而刘顺出身低下，地位卑微，就不让他指挥这两支军队。刘勔到的时候，防御工事还没有修筑完成，刘顺想要立刻进行攻击，但皇浦道烈、柳伦两军不同意他的意见，刘顺不能单独行动，所以没有进行攻击。等到刘勔的堡垒筑好的时候，就再没有有机会进行攻打，因此两方出现对峙的局面。

壬子日（二十五日），建康朝廷禁用新钱，专用古钱。

沈攸之率各军包围赭圻城。薛常宝等人的粮食吃尽后便向刘胡请求援助，刘胡想出把装米的袋子绑在浮木和船腹下，使船表现出翻覆的状态，可以乘风顺流而下到赭圻支援常宝。而沈攸之怀疑翻船有异样，就派人取下船和木头查看，米袋就这样被发现。丙辰日（二十九日），刘胡率步兵一万赶来支援薛常宝，在夜间砍伐山林中的树木来开辟道路，用布袋装米补给赭圻，清晨虽然到达城下，但还隔着一条小沟，因此不能进入。沈攸之率各军迎面打击刘胡，两军进行生死激战，结果刘胡的士兵大败，抛掉粮食和甲兵，沿山逃走，很多士兵在路上被斩杀，虽然刘胡受伤，但最终得以返回军营。薛常宝等感到惊惶和害怕。夏季，四月，辛酉日（初四），薛常宝打开城门突围敌军，最后逃到刘胡的军营。不久，沈攸之就攻下赭圻城，斩杀守城的宁朔将军沈怀宝，接纳数千名士兵投降。陈绍宗乘坐单船航行到鹊尾。建安王刘休仁从虎槛拔营进驻赭圻。

刘胡等人兵力依然很强盛。宋明帝刘彧为安抚人心，派吏部尚书褚渊到虎槛，选用将士为官。当时很多人凭借军功而出任官职。因为任职的版书不够使用，就开始使用黄纸。

邓琬以晋安王刘子勋的命令，征召袁顗顺江渡到寻阳，袁顗把雍州军队全部带出，邓琬任命黄门侍郎刘道宪掌管执行荆州政务，侍中孔道存代为处理雍州的政务。上庸太守柳世隆乘虚袭击襄阳，但没有成功。柳世隆，是柳元景弟弟的儿子。

后来，散骑侍郎明僧暠起兵攻击沈文秀，来响应建康。二十五日，宋明帝刘彧任命明僧暠担任青州刺史。分别占据琅琊、盘阳、临济的平原、乐安郡守王玄默，清河、广川郡守王玄邈，高阳、渤海郡守也一并发动军队来响应建康。王玄邈是王玄默的堂弟，刘乘民是刘弥之的侄子。沈文秀派军主解彦士向北海发起进攻，攻克北海，并杀掉刘弥之。刘乘民的堂弟刘伯宗和他一起统率士兵夺回北海后率军攻打青州州治东阳城。刘文秀率兵抵抗，而刘伯宗战死。明僧暠、王玄默、王玄邈、刘乘民再次合力攻打东阳城，但每次都被刘文秀抵挡，这样攻打了十几次后，最终也没有攻克东阳城。

先前，杜叔宝认为台军在历阳驻守，因此不能着急前进，后来刘勔率军到达时，上下才感到震惊。杜叔宝这才命令刘顺开始率兵出击，但刘顺只带了足够一个月食用的粮食，当与刘勔出现相互对峙的状态，粮食很快就耗费完了。杜叔宝得知这个消息后，亲自带领五千精兵护送一千五百辆运载米粮的车辆去补给刘顺。吕安国获悉后，便对刘勔说："刘顺有八千带甲精兵，我们军队的数量不及他的一半，如果两军相持的时间越来越久，那么敌强我弱的形势就显示出来；如果情势又发生转变，我们则不能自立。因此我们所能依赖的就是对方粮食将尽，而我方尚有余粮的情况。倘使杜叔宝把米粮送到刘顺的军营，我们不仅难以取得胜利，恐怕也不能长久防守。现在我们只有采取出其不意地从小路偷袭他们米车的方法，他们如果不能战胜就会选择走掉。"刘勔认为有道理，就留下老弱士兵守卫军营，挑选一千精兵配属给安国和龙骧将军黄回，命他们从小路包抄到刘顺后面，在横塘对他加以拦截。

吕安国刚出发不久，他携带的够吃两天的熟食就被食用完了，但这时杜叔宝还没有到达，将士因为饥饿都要求回去。吕安国说："各位早上已经吃过一顿，今晚米车一定会到达；如果不到达，我们等晚上再回去也不迟。"

晚上杜叔宝果然到达，并把米车摆成函箱的阵势。他在车阵外围巡逻，幢主杨仲怀率五百人在车前守卫，这时吕安国、黄回等突然出来偷袭米车，杀尽杨仲怀和他的士兵。杜叔宝正准备逃走，黄回想要乘胜攻击他，吕安国说："他们会自动逃走，没有必要再进行攻击。"黄回答应，便后退三十里，驻扎军营留宿下来，晚上派骑兵斥候前去查看，发现杜叔宝果然放弃米车逃走。吕安国连夜前往焚烧米车，并赶回了两千多头牛。

五月，丁亥朔日（初一），晚上，刘顺的军队溃乱，作战失败，后来，他们奔向淮西，投靠常珍奇。于是刘勔击鼓进兵攻向寿阳。杜叔宝聚集居民和余下的散兵，依靠城池进行守卫，而刘勔和各军队分别在城外驻扎军营。

山阳王刘休祐派人给殷琰送书信，向他陈述利害得失。宋明帝刘彧又派御史王道隆送诏书赦免殷琰，刘勔以及殷琰哥哥殷瑗的儿子殷邈也送给他书信。后来，殷琰和杜叔宝等人都心生投降的愿望，但众人心意不一，所以他们又固守城池。

弋阳西山蛮酋田益之起兵响应建康，宋明帝刘彧颁布诏书，命田益之担任辅国将军，监督指导弋阳西蛮事务。壬辰日（初六），宋明帝刘彧命辅国将军沈攸之担任雍州刺史。丁未日（二十一日），宋明帝刘彧命尚书左仆射王景文担任中军将军。庚戌日（二十四日），宋明帝刘彧命宁朔将军刘乘民担任冀州刺史。

甲寅日（二十八日），宋明帝刘彧在修宁陵埋葬昭太后。

薛索儿在和张永、萧道成等人的交战中大败，退保石梁；粮食吃尽后，他又跑到乐平，最后被申令孙的儿子申孝叔斩杀。薛安都的儿子薛道智走到合肥向裴季之投降。傅灵越则在淮西被武卫将军沛郡人王广之活捉，押送给刘勔，刘勔责问他叛乱逆反的事情，傅灵越回答说："全国都起义，难道只是我一个人吗？薛公不能任用机智勇敢的人，却把大事委任托付给子侄，这是他之所以失败的原因。人生到最后都会有一死，我实在没有脸面请求存活性命。"刘勔就把他送到建康。宋明帝刘彧原本决定要赦免他，但傅灵越始终不改变口气，不得已而杀掉他。

邓琬认为刘胡和沈攸之对阵持久，却仍没有决断，于是便命袁顗督导征讨各军军务。六月，甲戌日（十八日），袁顗率一千艘军舰、两万战士来到鹊尾。袁顗本来就缺乏指挥能力，个性又胆小懦弱，他在军中未曾穿过军服，说话的内容不涉及战术，只是吟诵诗歌谈论义理而已，从来不抚慰各将领；刘胡每次和他谈论公事，他都简单地答复。袁顗因此大失人心，刘胡经常切齿埋怨邓琬的决定。后来，刘胡因为南运过来的米粮没有到达，军士缺少粮食，便向袁顗借用襄阳的物资，袁顗不答应，说："都下还有两处房宅没有建筑成功，也正需要物资来进行处理。"后来，刘胡又相信来往的人关于建康大米贵到一斗数百钱的传说，认为不用发动进攻，建康就会自行崩溃，因此拥兵以待。

田益之率一万多蛮兵包围义阳，邓琬派司州刺史庞孟虬带领五千精兵援救义阳，田益之没有作战就带领军队分散四退。

安成太守刘袭、始安内史王识之、建安内史赵道生，同时带着他们管辖的郡县来建康投降。刘袭，是刘道怜的孙子。

邓琬派人收捕萧道成的儿子南康赣令萧赜下狱。萧赜的门客兰陵人桓康担着萧赜的妻子裴氏和儿子萧长懋、萧子良逃到山中。后来，他和萧赜的族人萧欣祖等集结一百多门客攻打郡中的监狱，救出萧赜。萧赜在和率军追赶他的南康相沈肃之交战中，擒获沈肃之。萧赜自封宁朔将军的名号，在占据的南康郡起兵与刘袭等人相呼应。邓琬命中护军殷孚担任豫章太守，督导上流的五个郡，来提防刘袭等人。

起兵响应建康的衡阳内史王应之，在长沙袭击湘州行事何慧文。王应之和何慧文离开军队，单打独斗，最后，何慧文身受八伤，他先砍断王应之的脚，再杀死他。

始兴人刘嗣祖等人占据郡城，并起兵响应建康。广州刺史袁昙远派他的将领李万周等人攻打讨伐刘嗣祖。刘嗣祖欺骗李万周说："寻阳已被平定。"李万周就心生背叛之心，回到京师偷袭番禺，捕杀袁昙远，立下功劳，因此宋明帝刘彧命李万周执行广州政务。

起初，武都王杨元和统治白水时，因力量微弱，不能独立，就抛弃国家投奔魏国。后来，杨元和的堂弟杨僧嗣又自立为王，屯守驻扎在葭芦。

费欣寿到达巴东时，巴东人任叔儿占据白帝，并自称辅国将军，他攻击并斩杀费欣寿。于是任叔儿趁势控制三峡。治中程法度受萧惠开的派遣，率三千士兵从梁州出兵东下，杨僧嗣率各部氐人截断他的通道，派使者辗转来到建康报告，立下功劳。秋季，七月，丁酉日（十二日），宋明帝刘彧任命杨僧嗣担任北秦州刺史、武都王。

建康各军和袁顗在浓湖对峙，久久未能分出胜负。龙骧将军张兴世建议说："敌人占据上游，并且兵力强大，占据有利的地形，我方虽然尚有余力防守，但是没有绝对制胜的把握。但我们能够任用数千奇兵潜往江水上游，依附险峻的峭壁见机行动，使敌人首尾不能兼顾，进退两难，最后中流被切断，运粮困难。这是制伏敌人的奇计！最为狭窄、距离大军不远的钱溪江岸，向下靠近弯曲水道，船往下游时一定要在此停靠，而又有可以隐藏船只的横浦，如果派一千人守卫这个险地，一万人都不能通过，没有比这个地方更重要的地势了。"沈攸之、吴喜都称赞这个计策。正好这时庞孟虬率兵前来援助殷琰，刘勔紧急派人向建安王刘休仁求救。刘休仁想派张兴世前往进行援救。沈攸之说："庞孟虬是乌合之众，一定不会有什么作为，另外派将领率兵数千，就可以制伏。而张兴世的军事行动，是影响安危的关键，不可以中止。"刘休仁认为有道理，于是就派段佛荣率士兵前去援救刘勔，而另外挑选七千战士，二百艘轻船，分配给张兴世。

张兴世率部属乘坐船只逆流而上，稍微前进，不久却又退回，就这样往来了一整天。刘胡知道这个消息后，笑着说："我尚且不敢乘船顺流越过敌方阵地，直取扬州，而张兴世是何许人物，居然想轻易占据我的上游。"于是没有进行提防守卫。一天夜里，四更天的时候，正好出现有利风向，张兴世立即开始径直向前航行，船只渡过湖、白，越过鹊尾。刘胡发觉后，就派他的将领胡灵秀带领士兵到东岸，靠近侧翼前行。戊戌日（十三日）晚上，张兴世率军在景洪浦过夜，而张灵秀也停留下来。与此同时，张兴世派他的将领黄道标暗地带领七十船人直奔钱溪，建立营寨。己亥日（十四日），张兴世率士兵占据钱溪，胡灵秀无可奈何。庚子日（十五日），刘胡亲自率水、步兵共二十六军来攻打钱溪。将士准备迎战，张兴世禁止，说："敌人距离钱溪还远，他们心气旺盛，就会很快地射箭，快射的话，箭就容易射完；而正因为心气旺盛，也容易衰微下来，我们不如等待，而不要出击。"他仍然命令将士挖筑城堡。不久刘胡的船只航行进入弯曲的回流中，逐步靠近，张兴世便命寿寂之、任农夫带领数百壮士加以攻击，各军随后支援，刘胡的军队失败逃走，有数百士兵被斩首，刘胡便收兵顺水退回。当时张兴世所建的城寨还没有牢固，建安王刘休仁忧虑袁顗会集中兵力进攻钱溪，就想分散他的力量。辛丑日（十六日），他又命沈攸之、吴喜乘坐牛皮包裹的船只进攻浓湖，斩杀俘获数以千计的敌军。这一天，刘胡率两万步兵、一千精锐骑兵，要重新攻打张兴世，还有数十里到达钱溪，袁顗用浓湖告急的消息，很快把刘胡追回，钱溪城因此能建起来。刘胡派人传播说："钱溪已经被攻打平定。"大家都很恐惧，沈攸之说："这不是事实。如果钱溪真的被攻破，一万人中总会有一个人逃脱出来。一定是他们被打败，所以说空话来欺骗大家！"他下令约束军中士兵不可轻举妄动，不久钱溪的捷报就到了。沈攸之把钱溪送来的胡军死者的耳鼻展示给浓湖的军队看，袁顗感到害怕。沈攸之在傍晚时带领士兵回去。

龙骧将军刘道符进攻山阳，程天祚请求投降。

庞孟虬进攻弋阳，被刘勔派遣的吕安国等人在蓼潭迎击并歼灭，庞孟虬逃跑到义阳。王玄谟的儿子王昙善起兵占据义阳，来响应建康。因此庞孟虬又从义阳逃走，最后死在蛮地。

刘胡派辅国将军薛道标袭击合肥，薛道标杀死汝阴太守裴季之。刘勔派辅国将军垣闳攻击薛道标。垣闳，是垣阆的弟弟；薛道标，是薛安都的儿子。

淮西人郑叔举带领士兵攻击常珍奇，以响应郑黑；辛亥日（二十六日），宋明帝刘彧任命郑叔举担任北豫州刺史。

崔道固因为被当地原住民攻击，只得关闭并守卫历城，宋明帝刘彧为收买人心，就派使者安抚他，最后，崔道固请求向建康投降。甲寅日（二十九日），宋明帝刘彧任命崔道固担任徐州刺史。

八月，皇甫道烈等人获知庞孟虬兵败的消息后，打开寿阳城门投降。

张兴世占据钱溪，截断补给浓湖的水路，使浓湖的袁顗军队缺乏粮食。邓琬本想要大量地补给，但因为害怕张兴世，不敢前进。刘胡原本决定率四百艘轻船，从鹊头内的水道进攻钱溪，但考虑到自己的性命可能因此不保而心生退意，停顿了片刻就对长史王念叔说："我年少时学习陆战，不熟悉水战。如果是陆地作战，我总是在千军万马中冲杀；而水战只能在一船之上进行，而每条船各走各的，不相连接，我只是在一船三十人之中而已。这不是万全之策，因此我不干！"于是假托自己有疟疾，居住在鹊头不走。刘胡又派龙骧将军陈庆带领三百艘船只驶向钱溪，告诫陈庆没有必要进行攻打，他说："张兴世是我所了解的，自然会走的。"陈庆到达钱溪后，在梅根驻扎军营。

刘胡派别将王起带领一百艘船只进攻张兴世，张兴世迎击抵抗，大败王起。刘胡带领其余的船只快速驶回，他对袁顗说："张兴世的营寨已经建好，我们不可以快速攻打，昨天小战的失败，算不上损失。陈庆已经和南陵、大雷各军共同阻遏他们的上游；大军在此，而鹊头各将又截断他们的下游，敌人已经坠入到我们的包围中，因此不足以再忧虑。"袁顗对刘胡不进行战斗的行为感到愤怒，说："粮食运输被封锁，我们要怎么办呢？"刘胡回答说："他们可以溯流穿越我军而上，我们为什么不能顺流穿越他们而下呢？"于是袁顗派安北府司马沈仲玉率一千士兵快速前行到南陵接运粮食。

沈仲玉到达南陵，在数十艘船只上装载三十万斛米和钱布，并在船上竖立木板为墙想突破防线。等航行到贵口时，不敢前进。沈仲玉派人通告刘胡，要他再派重兵前来支援。张兴世派寿寂之、任农夫率三千士兵到贵口攻击船队，沈仲玉逃回到袁顗营中，所有的粮食军需全被虏获。刘胡的军队大惊，将领张喜投降。

镇东中兵参军刘亮进兵，接近刘胡军营，刘胡不能阻止。袁顗恐惧地说："贼人进入人的肝脾里，怎么能够存活呢？"刘胡计划暗地里逃走，己卯日（二十四日），便欺骗袁顗说："要再加两万步骑兵，上可以用来攻取钱溪，下可以用来为大雷的粮食运输服务。"袁顗相信了，就把全部人马分配给他。当天，刘胡就抛弃袁顗而去，一直向梅根奔去。先令薛常宝置办船只，发动南陵各军，焚烧大雷各城而逃脱。一直到当晚袁顗才知道，他大怒，骂道："今年我被这小子所害！"然后命令部属牵来平常骑的好马"飞燕"，对他的部属说："我自己去追！"也走掉了。

庚辰日（二十五日），建安王刘休仁带领士兵进入袁顗的军营，接纳十万投降的士兵，并派沈攸之等追赶袁顗。袁顗走到鹊头，要和守军军主薛伯珍及所属的数千士兵一起走到寻阳。晚上，停宿在山上，为慰劳奖赏将士就杀掉马匹，袁顗对薛伯珍说："我不是不能死，而是想要到寻阳一趟向主上谢罪，然后自杀而已。"说到激动处，呼唤左右索取符节，但是没有人回话。天要亮时，薛伯珍请开了旁人，要和袁顗说话，乘机砍下袁顗的头，再派人送给钱溪军主襄阳人俞湛之，俞湛之却杀了薛伯珍，把人头送报，作为自己的功劳。

刘胡率两万人奔向寻阳，他欺骗晋安王刘子勋说："袁顗已经投降，他的军队已经四散而去，你应当尽快准备，作为战争之用，我当会停留在湓城，誓死没有二心。"于是晚上从长江外水道奔到沔口。

邓琬听到刘胡军队已经离去的消息后，忧虑愁苦到无计可施的地步，命令中书舍人褚灵嗣等人前来商量，但他们都想不出解决办法。张悦假托生病为借口，叫邓琬前来谋划商量公事，他预先命令左右武装埋伏在帐后，告诫他们说："你们如果听到我要酒，就出来杀掉邓琬！"邓琬来到后，张悦说："你首先提倡拥立晋安王的计谋，现在大事紧急，你可想出什么办法吗？"邓琬说："只好杀掉晋安王，封锁府库，来谢罪而已。”张悦说：“你现在可以出卖殿下来求取活命吗？”就呼叫要酒，他的儿子张洵提刀出来杀了邓琬。中书舍人潘欣之获知邓琬已死的消息，就带领士兵到来。张悦派人告诉潘欣之说：“邓琬谋反，现在已经被杀。”潘欣之这才退回。并捉到邓琬儿子，把他给杀了。张悦就乘坐单船带着邓琬的头顺水而下，向建安王刘休仁请降。

寻阳纷扰杂乱，蔡那的儿子蔡道渊被囚禁在寻阳城外的作部，后来他脱锁逃出监狱进入城中，逮捕并囚禁了刘子勋。沈攸之等各军队到达寻阳，斩杀晋安王刘子勋，把刘子勋的头颅送到建康，当时刘子勋才十一岁。

起初，邓琬派临川内史张淹从鄱阳山路进入三吴，在上饶驻扎军队，后来刘胡作战失败，军副鄱阳太守费晔斩杀张淹投降建康。张淹，是张畅的儿子。

宋废帝刘子业执政时，士大夫害怕招致杀身灾祸，都要求远出做官。到现在，他们在外流离失所，遇到灾难，一百个中活不了一个，大家这才佩服蔡兴宗的远见。

九月，壬辰日（初八），宋明帝刘彧命山阳王刘休祐担任荆州刺史。

癸巳日（初九），宋国解除戒严，大赦天下。

庚子日（十六日），司徒刘休仁到达寻阳，派吴喜、张兴世进军荆州，沈怀明进军郢州，刘亮和宁朔将军南阳人张敬儿进军雍州，孙超之进军湘州，沈思仁、任农夫进军豫章，平定残余的叛党。

刘胡逃到石城后，被捕杀。郢州行事张沈也被追杀，就化装为和尚逃走。荆州行事刘道宪获知浓湖被平定的消息，就解散士兵，并派人向朝廷请罪。荆州治中宗景等带领士兵入城，杀了刘道宪，逮捕临海王刘子顼来投降。雍州行事孔道存在知道寻阳已被平定的消息后，就派使者请求投降，不久又听到柳世隆、刘亮即将到达，大家都逃跑散去，孔道存和三个儿子都自杀了。宋明帝刘彧认为何慧文兼有文武的才能，派吴喜宣读赦免他的圣旨。何慧文说："我已经身陷叛逆的境地，又亲手杀掉忠诚的臣子，有什么面目来见天下之士。"于是就自杀了。安陆王刘子绥、临海王刘子顼、邵陵王刘子元（都是皇帝刘彧的侄子，都是十一岁以下的孩子）和刘顺及在荆州的余党都被赐死。皇帝还下诏追赠所有为朝廷而死的臣子，并依照功劳大小封赏有功劳的人。

己酉日（二十五日），魏国听从中书令高允、相州刺史李訢的请求开始设立郡学，设置博士、助教、生员的职位。李訢，是李崇的儿子。

宋明帝刘彧在杀了晋安王刘子勋以后，像平日里一样对待世祖刘骏的其他儿子。司徒刘休仁（刘彧弟弟）从寻阳回来，对宋明帝刘彧说："松滋侯他们兄弟（刘子勋的弟弟们）还活着，将来不会是国家的福气，应该尽早做出安排！"冬季，十月，乙卯日（初一），松滋侯刘子房（十一岁）、永嘉王刘子仁（十岁）、始安王刘子真（十岁）、淮南王刘子孟（八岁）、南平王刘子产、庐陵王刘子舆、刘子趋、刘子期（两人年小，未封）、东平王刘子嗣（四岁）、刘子悦（未封）兄弟都被赐死，以及镇北谘议参军路休之、司徒从事中郎路茂之（二人是路太后的侄子）、兖州刺史刘祗、中书舍人严龙，都因连坐的罪名被杀。世祖刘骏的二十八个儿子到这时都死光了。刘祗，是刘义欣的儿子。

刘勔包围寿阳，垣闳攻击合肥，但都没能攻下。刘勔感到忧愁焦虑，召集各将领举行会议。骑兵统领王广之说："我如果能够得到将军所乘坐的马，一定能够平定合肥。"幢主皇甫肃愤怒地说："王广之竟然敢夺取将军的马匹，应该杀掉！"刘勔则笑着说："看他的意思，一定能够立下功劳。"立即推鞍下马，把马让给了他。王广之前往攻打合肥，三天后，就攻下。薛道标突出重围，奔走到淮西，投靠常珍奇。刘勔升任王广之为军主。王广之对皇甫肃说："将军如果听你的话，不把马让给我骑，我凭什么来平定贼人呢？你不识人才，居然到了这样的地步！"皇甫肃有学问，到刘勔死后，就依附王广之，后来王广之向齐世祖推荐他担任东海太守。

沈灵宝从庐江率兵进攻晋熙，晋熙太守阎湛之丢弃城池逃走。

徐州刺史薛安都、益州刺史萧惠开、梁州刺史柳元怙、兖州刺史毕众敬、豫章太守殷孚、汝南太守常珍奇，都派人到建康请求投降。宋明帝刘彧认为南方已经被平定，决定向淮北显示威力。于是，乙亥日（二十一日），准备令镇军将军张永、中领军沈攸之率五万带甲精兵去迎接薛安都。蔡兴宗说："薛安都的归顺，是出于诚意，而不是虚情假意，所以只要派一个使者送诏书过去就可以，现在派大兵前去迎接他，一定会被怀疑，如果招来北方的敌人，才是大患。陛下如果认为他是叛臣罪孽深重到不可以不杀的地步，就要想到以前所赦免的不是也有很多像他一样的人吗？更何况薛安都还在外占据靠近边疆的大州，地势险要，兵马强壮，难以围攻，从国家的利益来考虑，特别要对他加以安抚，如果他背叛国家，向敌军投降，将成为朝廷辛劳对付的祸害。"但宋明帝刘彧不听，向征北司马南徐州行事萧道成说："我现在为此而北伐，你的意思怎样？"萧道成回答道："薛安都狡猾有余，现在用兵逼他投降，恐怕不符合国家的利益。"宋明帝刘彧说："各军非常勇猛敏锐，有什么攻克不了的，你不必多说！"薛安都获知大军北上的消息，感到害怕，就派人向魏国请求投降，常珍奇也以悬瓠地投降魏国，并且两人都请求魏兵的援救。

戊寅日（二十四日），宋明帝刘彧立皇子刘昱为太子。

薛安都把儿子放在魏国做人质，魏国派镇东大将军代人尉元、镇东将军魏郡人孔伯恭等率一万骑兵从东路出来前去援救彭城；派镇西大将军西河公拓跋石、都督荆、豫、南雍州各军事张穷奇从西路出来前去援救悬瓠。并任命薛安都为都督指挥徐、雍等五州各军事、镇南大将军、徐州刺史、河东公；命常珍奇担任平南将军、豫州刺史、河内公。

兖州刺史申纂假意向魏国投降，尉元接受他的投降，但是加以提防。魏军到达无盐，申纂却关闭城门抵抗守卫。

毕众敬不与薛安都一样召引魏兵，而是派人向建康请求投降，宋明帝刘彧任命毕众敬担任兖州刺史。而毕众敬在建康的儿子毕元宾因为牵涉其他的罪名而被杀。毕众敬获知这个消息后，大怒，拔刀边砍柱子边说道："我等到头发花白，才有这么一个儿子，却不能保全他的性命，留我一人独自活着又有什么用处！"十一月，壬子日（二十九日），当魏兵到瑕丘的时候，毕众敬又向魏兵请求投降。然后，尉元派部将占领了他的城池。毕众敬很悔恨，几天吃不下东西。尉元长驱进入宋境。十二月，己未日（初六），在秺县驻扎军队。

西河公拓跋石率军到达上蔡，常珍奇率文武官员出来迎接。拓跋石想要向汝水北方扩张，没有即时入城。魏中书博士郑羲说："现在常珍奇虽然投降，但心意还不可以揣测，不如直接进入城中，夺取他的锁匙，来达到占据府库、控制他的腹心的目的，这才是万全的办法。"拓跋石就乘马进城，设置酒宴来玩乐。郑羲说："我看常珍奇表现出不平静的样子，我们不可以不做防备。"于是拓跋石布置严兵来设防。当晚，常珍奇本想派人焚烧魏将领的住宅，从而发起兵变，但因拓跋石有所防备就没有行动。郑羲，是郑豁的曾孙。

淮西七郡百姓大多不愿归附魏国，他们联结各营，向南逃奔。魏国派建安王陆馛抚慰新近依附的百姓，百姓中是军中奴婢的，陆馛全都赦免他们，从而受到新依附百姓的欢迎和爱戴。

乙丑日（十二日），宋明帝刘彧下诏，因为依附寻阳获罪而被削去官爵禁止做官的人，都除去原罪，依照才能又进行录用。

刘勔包围寿阳，从初春到冬末，内攻外御，没有打过败仗，他待人宽容忠厚，从而深得将士之心。在寻阳平定后，宋明帝刘彧派中书写诏书劝殷琰投降，蔡兴宗说："天下已经平定，现在应该是殷琰后悔难过的时候了。陛下应该亲自写下数行诏书来安抚他，现在只是派中书写诏书，他一定会心生怀疑，认为皇帝是假意劝降，这不是快速解决一方困难的办法。"宋明帝刘彧不听。殷琰在得到诏书后，果真以为是刘勔在欺骗他，就不敢投降。杜叔宝禁绝寻阳失败的消息，有传说的就立即被杀，而守备越发结实坚固。后来一有向宋明帝刘或投降的人，宋明帝刘彧就把他送到寿阳城下，让他和城中的士兵说话，因此士气开始涣散。

殷琰本来想要向魏国投降，主簿谯郡人夏侯详对殷琰说："今日我们的行动，本来就是在为国家效忠，因此在国家有君主的情况下，就应该归附朝廷，现在怎么可以到北面去侍奉胡人呢？而且魏国士兵就在附近的淮水旁边驻军，而建康的军队还不知道我们的去向，如果现在派人向建康投降，我们一定会被抚慰接纳，不只是免除罪责而已。"殷琰于是就派夏侯详出城来会见刘勔。夏侯详对刘勔说："现在城中的士兵和百姓虽然知道情况艰难，但是仍然要坚守寿阳城，是因为害怕被将军屠杀，希望将军宽恕并赦免要投归魏国的人，那么就没有人不来归附了。"刘勔认为有道理，便答应，命夏侯详到城下呼叫城中的人民，宣告如果他们投降，刘勔就会宽恕他们的消息。丙寅日（十三日），殷琰反绑自己后率将佐出城投降，刘勔抚慰他们，没有杀掉一个人。在刘勔进入城池后，严格约束将士的行为，丝毫没有抢夺士民的财物，寿阳人因此很高兴。等魏兵到达师水准备要救被围困的寿阳，听知殷琰已经出城投降，就抢劫几千义阳人离去。到后来，殷琰官做到少府，因病而死。

萧惠开在益州时，经常对人实行刑罚杀戮，因此蜀人猜忌怨恨他。听知费欣寿败亡，程法度被阻挡不得前进的消息，于是各郡都响应晋原一郡的造反行动，他们集合士兵包围成都。城中依附寻阳的士兵数量不到两千，萧惠开把蜀人放出城去，独自与部下抗拒守卫。蜀人听闻寻阳已经平定的消息，争先恐后攻打城池，有多达十多万兵众包围城池。萧惠开每次派兵出城作战，都打胜仗。

宋明帝刘彧派萧惠开的弟弟萧惠基走陆路到达成都赦免萧惠开的罪责。萧惠基到达涪县，因为蜀人阻止，不能前进。后来萧惠基率部攻击并斩杀他们的头目，才得以前进。最后，萧惠开奉旨投降，没有再围攻城池。

宋明帝刘彧派萧惠开的同宗萧宝首从水路来慰劳益州士兵，萧宝首想把平定蜀地的功劳占为己有，就教唆指使蜀人攻击萧惠开，于是到处都出现扰乱动荡的局面。以前离散的蜀人，再次集合起来，与萧宝首进逼成都，号称有二十万士兵。萧惠开想要出城还击，将佐都劝告说："现在朝廷派来慰劳的使者到达，你却用兵抗拒，将来要怎么说明？"萧惠开说："现在呈上来的书表说明道路都被切断，如果不作战，如何才能派使者到建康通报消息？"于是萧惠开派宋宁太守萧惠训等率一万兵作战，大败萧宝首军队，活捉萧宝首并将其关在成都，派使者到建康报告。宋明帝刘彧派使者押回萧宝首，并召令萧惠开回到建康。宋明帝刘彧向他询问出兵的情形。萧惠开说："臣只知道选择叛逆或顺从，而不认识天命；不是臣不能作乱，而是臣不能够平定叛乱。"宋明帝刘彧听后释放了他。

这一年，宋国设立侨兖州，治所设在淮阴；徐州的治所设在钟离县，而州治在郁洲的青、冀二州共用一个刺史。海中的郁洲，周围百里都是累石所筑的高八九尺的城墙，郡县如同空设，实际没有多少人民。

张永、沈攸之进兵逼近彭城，在下磕驻扎军队，另外派羽林监王穆之率五千士兵在武原防备守卫。

薛安都出城迎接到达彭城的魏尉元。尉元派李璨和薛安都先进城，他又收取薛安都的锁钥，另外派孔伯恭带领两千精兵安抚内外，然后才入城。当天晚上，张永攻打南门，无功而退。

尉元无礼地对待薛安都，薛安都后悔投降，又计划反魏，被尉元知道，但他没有在当时揭发。薛安都就用厚重的财物来贿赂尉元等人，然后把罪过推卸给他的女婿裴祖隆，最后把他杀掉。尉元派李珠（又作李璨）和薛安都守卫彭城，而自己又率士兵攻击张永，截断他运输粮食的通道，再在武原摧毁王穆之。王穆之率余下的士兵依附张永，尉元再对张永进行攻击。

资治通鉴卷第一百三十二　宋纪十四

起丁未（公元467年），止庚戌（公元470年），共四年。

【题解】本卷记录了宋明帝泰始三年至泰始六年共四年间的刘宋与北魏等国大事：魏将尉元、薛安都等在吕梁之东大破宋将张永、沈攸之，淮北四州与豫州之淮西诸郡落入魏人手中；沈文秀、崔道固先乞降于魏，后又乞降归宋，继而为刘宋据守青、冀二州；魏将慕容白曜先在无盐破杀宋将申纂，又获肥城等地；沈攸之二次进攻彭城，惨败；魏将尉元轻取下邳，又取团城、兖州、兰陵；魏将孔伯恭等攻取宿豫、淮阳，慕容白曜取得历城、梁邹；沈文静率军救青州被魏军围杀；沈文秀在青州坚守三年后，被魏军攻破，慕容白曜对青、冀抚慰有方；魏国冯太后还政于子，拓跋弘勤于朝政，很有作为；柔然部真可汗侵魏，魏主拓跋弘在武川大破柔然；魏主拓跋弘杀慕容白曜、李敷、李奕兄弟等人；宋明帝刘彧杀其弟庐江王。

太宗明皇帝中

泰始三年（丁未，公元467年）

春季，正月，张永等晚上弃城而逃，正好遇到大雪，泗水结冰，张永只得率士军弃船步行，最后士兵大半被冻死，有十之七八手脚被冻断。从前面迎击的尉元和从后面追击的薛安都，在吕梁东边大败张永军队，最后张永军队损失好几万人，尸体相连起来有六十多里，不计其数的军备武器被抛弃。张永的脚趾也被冻掉，与沈攸之仅能免于一死而已，梁、南秦二州刺史垣恭祖等人被魏军所俘虏。宋明帝刘彧获悉，召蔡兴宗来，把打败仗的文书给他看，说："我在你面前感到很惭愧！"于是把张永降职为左将军，撤去沈攸之的官职，以贞阳公领职，撤回军队驻扎淮阴。从此宋国失去淮水以北四州和豫州淮水以西的土地。

◆裴子野评论：古时齐桓公在葵丘骄傲自大，因此九国反叛；曹操不礼遇张松，因此天下分裂。都是一点儿的失误，却造成严重的后果。太宗（刘彧）刚开始登上皇位时，命令所能到达的地方，不足百里，士兵离心，官僚大夫也没有为他坚守的决心。后来因为他能改变之前的做法，以诚心待人，坦白无私，使得没有人不感恩，佩服他的品德，为他效命，所以才能成功进行西征北伐，最后平定天下。不久，国家的军队取得胜利，地方臣服，而太宗却开始展示余威，没有目的地任意发动军队，致使长江淮水以北的土地在片刻之间成为胡地，这实在太可惜了！如果他能坚持之前的谦虚品德，不骄傲不自大，那么薛、毕、常三人哪里又会反叛呢？高祖（刘裕）身穿有虱子的盔甲，辛苦地开辟疆域，但是后代的子孙却使国土面积日渐减小。要守住祖先的成业，哪里会是容易的呢？◆

魏国尉元认为被战争破坏的彭城无论官府还是民间，都很艰辛困苦，就上书请求魏国朝廷给冀、相、济、兖四州人民发放补给粮食，用张永所抛弃的九百艘船只顺着清水运载过来赈济新依附的人民，魏朝廷认为有道理，就答应了他的请求。

在长安发动反叛的魏东平王拓跋道符，杀掉副将驸马都尉万古真等人。丙午日（二十四日），魏国担任司空的和其奴等率殿中军队前来攻打讨伐他。丁未日（二十五日），拓跋道符的司马段太阳攻击并斩杀拓跋道符。魏国朝廷任命安西将军陆真担任长安镇将，以安抚长安的士兵和百姓。拓跋道符，是拓跋翰的儿子。

闰月，魏国任命顿丘王李峻担任太宰。

沈文秀、崔道固因为被青、冀州的当地人所攻击，遂派人向魏国请求投降的同时也向建康请求救兵支援。

二月，魏国西河公拓跋石从悬瓠率士兵进攻汝阴太守张超，在没有攻克的情况下，退而屯扎驻守在陈项，然后计划回长社，等秋天再进行攻打。郑羲说："张超聚合亡命之徒，粮食已经吃尽，即使不投降也会失败逃走，我们很容易就会等到结果。现在如果放弃远去，张超就会有时间修筑城堡挖取沟渠，积累薪柴储存粮食，等到那时再来进攻就困难了。”拓跋石没有听从他的建议，按照计划回到长社。

起初，寻阳被平定时，宋明帝刘彧下诏派辅国将军刘怀珍率三千骑、步兵和沈文秀的弟弟沈文炳同行抚慰沈文秀，还没有到达，张永就被魏军打败，刘怀珍返回山阳镇守，沈文秀前去进攻青州刺史明僧暠。宋明帝刘彧又派刘怀珍率龙骧将军王广之以及五百骑兵、两千步兵乘坐船只从海路前往援救明僧暠，到达东海时，明僧暠已经退守东莱，刘怀珍于是进占朐城，这时军心动荡不安，士兵要求退守郁洲，刘怀珍说：“沈文秀想把青州送给魏人，可是当地百姓哪里会甘心服侍胡人呢？现在如果我们带领士兵勇往直前，宣布威德，各城就可以使用檄书召令投降，怎么可以守在这里而不前进，自为沮丧呢？”于是他就率士兵前进，当到达黔陬的时候，沈文秀所管辖的高密、平昌二郡太守都弃城而逃，刘怀珍要沈文炳向他传达朝廷宽恕的意旨，但沈文秀还不投降，而当地人民听到刘怀珍到达的消息，都很高兴。沈文秀所管辖的长广太守刘桃根率数千人驻扎守卫不其城。后来，刘怀珍在洋水驻扎军队，部属以为应该暂时防守来等待作战时机，刘怀珍却说：“现在我们士兵数量少而粮食耗尽，属于孤军深入，正应当率精兵快速进攻，趁其没有防备取得胜利。”于是他派王广之率一百骑兵袭击并攻下不其城。沈文秀听到各城都已经失败的消息，于是派人请求投降，宋明帝刘彧任命他担任青州刺史。崔道固也请求投降，宋明帝刘彧又任命他担任冀州刺史。刘怀珍于是带领军队胜利班师。

魏国济阴王拓跋小新成去世。

沈攸之从彭城回来时，留下长水校尉王玄载和积射将军沈韶分别守卫下邳和宿豫，此外在睢陵、淮阳也都留下军队驻守。王玄载，是王玄谟的堂弟。当时分别守卫无盐、梁邹、升城和团城的东平太守申纂、幽州刺史刘休宾、并州刺史清河人房崇、辅国将军清河人张谠和兖州刺史王整、兰陵太守桓忻，以及在肥城、糜沟、垣苗等地驻扎军队的指挥官都不归附魏国。刘休宾，是刘乘民哥哥的儿子。

魏国派平东将军长孙陵等人率兵到达青州，燕太祖的玄孙征南大将军慕容白曜率五万骑兵作为他的后援。等到慕容白曜到达无盐，想要攻打城池，但将佐都认为攻城器械还没有准备，不应仓促进攻。左司马范阳人郦范说："现在我们轻装前进，长途跋涉来突袭敌人，已经深入敌境，怎么可以中途逗留而延缓呢？况且申纂一定认为我军来得快，还没有时间发起进攻，因此不进行防备守卫；现在如果趁对方没有意料到就采取行动，就可以一攻而下。"慕容白曜说："司马的策略是正确的。"于是率兵假装退去。申纂信以为真，因此没有设防。慕容白曜在夜晚进行部署，在三月甲寅日（初三）的清晨攻打城池，在守军吃早饭的时候一举攻下，申纂逃走，后来被捕获并斩杀。慕容白曜本想把无盐人全部赏给魏军做奴隶和仆人，郦范说："齐地作为形势很重要的地方，我们应该进行长远的经营。现在我军刚到这里，人心并不融洽，连城相望，他们都有抗拒的心意，如果没有用道德信用来对待他们，是不容易平定的。"慕容白曜说："很好。"于是赦免了他们。

慕容白曜将攻打肥城，郦范说："肥城虽小，但进攻需要花费时日，打胜不能够增加军队气势，失败则会损害军队的威严。如果他们看到无盐残败破旧，军队死伤遍地的场面，不会不害怕；如果我们送去书信进行警告，他们即使不投降，也会逃跑。"慕容白曜同意他的建议，送去书信扬言灾祸就要来临，以此威胁城中士兵和百姓，肥城果然崩溃，并获得三十万斛粮食。慕容白曜对郦范说："这次行动，如果不是得到你的建议，那么三齐不会完全平定。"于是他又攻取垣苗、糜沟两个据点，并在十天当中连续攻占四城，震惊青州各地。

丙子日（二十五日），宋明帝刘彧任命尚书左仆射蔡兴宗担任郢州刺史。

房崇吉守卫升城，他的士兵中还有不超过七百人能拿起兵器打仗。慕容白曜于是修筑长堤先来包围升城，再发起进攻，一直从二月攻打到夏季四月，才攻下。慕容白曜对于宋军不投降的行为感到愤怒，就想把城中人全部活埋，参军昌黎人韩麒麟劝阻他说："现在在强大的敌人面前，活埋他们的人民，那么各城人都会坚守在此城的东边，我们就不能攻克。到那时我们军队疲劳，粮食吃尽，再加上被敌军进攻，这是危险的情形。"慕容白曜于是放弃原来的想法，安抚城中人民，让各人从事原有的工作。

房崇吉脱身逃走。房崇吉的母亲傅氏、申纂的妻子贾氏二人，跟济州刺史卢度世的母亲是内表姐妹，但来往已经疏远。后来两人被魏军所俘，卢度世恭敬地侍奉傅氏、贾氏，周济救助很丰厚，卢度世的家庭内部，祥和有礼，虽处在乱世，家庭贫富状况不稳定，但一家百人祥和欢乐，无论有无都一同分享。

崔道固为抗拒魏军关闭城门。沈文秀派人向魏军投降，并请求援兵，慕容白曜想派士兵支援，郦范说："沈文秀家人的坟墓都在江南，现在他拥有数万士兵，城墙牢固，盔甲坚硬，士兵敏锐，如果能坚持攻打就抗战，不能攻打就逃走。我军还没有逼近东阳城，他并没有紧急的危险，没有什么好畏惧害怕的。为什么他却急忙前来请求我军支援呢？而且我观察他所派来请降的使者，说话时眼睛一直看着地下并且面带惭愧，话语杂乱，这是心里害怕的表现。他一定是用诈降来引诱我军，因此不可以答应他的请求。我们不如先攻取历城，拿下盘阳，再攻打梁邹，平定乐陵，然后从容缓慢地对付他，不用害怕他会不服。"慕容白曜说："崔道固等人兵力单薄，不敢出来应战，而我军通行无阻，径直攻打到东阳，他自知一定会灭亡，所以顺应形势来请求投降，这有什么好怀疑的呢？"郦范说："历城士兵众多，粮草充足，不是片刻就可以攻下的。沈文秀占据各城的核心东阳，现在如果我们多派士兵前去，就没有余力攻打历城；如果少派士兵前去，就不能控制东阳；前进则会被沈文秀抗拒，后退则会被其他各城的守军迎击，这样前后受到敌人的夹击，丝毫不安全，希望能改变计划，不要掉入敌人的圈套。”慕容白曜认为有道理，就听取郦范的建议停止发兵的计划。而沈文秀果然没有投降。

魏国尉元上书给魏国朝廷上表说：“彭城是过去敌人重要的外部屏藩，但因为没有力量雄厚的军队和足够的粮草，所以不能防守住外敌；如果能够多积囤物资，即使刘彧全力发兵，也不敢暗中观察淮水以北的地方。”他又说：“如果敌人向彭城进攻，一定要从清水、泗水经过宿豫、下邳；到达青州，也要从下邳、沂水，经过东安。因此这几个地方，都是贼人用兵的重要地点。现在我军如果先攻下下邳，并平定宿豫，控制淮阳，最后占据东安，那么青、冀等城可以不攻自破；如果下邳等四城没能拿下，虽然占领青、冀等城，人民还会观望，存有侥幸之心。臣认为可以调走在青、冀等城的军队，先行平定东南地方，来打破刘彧北侵的幻想，断绝愚民南望的心理。该地夏天虽然多水，却没有水路可用来航行；冬天虽然有陆路可以通行，却没有可以固守的高城。这样用暂时的劳苦，就可以永远占领淮北。用兵以快速为贵，拖得时间久就会发生变化，如果拖久下了雨，或许有水路可以通行，那么南粮就可运载更多的人，等到这时再计划进攻，恐怕淮水的人民会改变意思，青、冀二州也不能马上取下了。”

五月，壬戌日（十二日），宋明帝刘彧任命太子詹事袁粲担任尚书右仆射。

沈攸之从淮阴运输米粮到下邳，魏国人派清、泗二水一带的人欺骗沈攸之说：“薛安都要回归投降，请求派军士前去迎接。”军副吴喜请求派一千人去接薛安都，但沈攸之不答应。不久来请求前去迎接薛安都的人越来越多，吴喜也一再请求，沈攸之就把前来报告的人集合起来，对他们说：“各位既然有真诚的心意，如果能够与徐州刺史薛安都管辖下的人民一起来归附，就把你们原有的乡县都给你们，听从你们的意思；如果不这样的话，你们就不必白白地跑来跑去了。”这些人听后，就一去不复返了。沈攸之派军主彭城人陈显达率一千人协助驻守下邳，他率军队返回。

薛安都的儿子薛伯令潜逃到梁、雍二州交界一带，聚集数千人，攻陷郡县。秋季，七月，雍州刺史巴陵王刘休若派南阳太守张敬儿等人前去击杀薛伯令。

宋明帝刘彧又派中领军沈攸之等人进攻彭城。沈攸之认为清、泗二水干涸，不能运输粮草，就坚持不同意，派人七次上书陈述道理，宋明帝刘彧很生气并且强制他执行命令。八月，壬寅日（二十三日），宋明帝刘彧任命沈攸之为南兖州刺史，率兵北出；派行徐州事萧道成率一千士兵镇守淮阴。萧道成开始蓄养势大才高的人，他的门客逐渐多起来。

魏兵进入彭城时，垣崇祖正率部下奔走并占据朐山，他派人到宋军投降。萧道成任命他担任在朐山驻守的军队指挥官。朐山接近大海，孤立无助，因此人心难以安定。垣崇祖便在水边准备船只，一出现紧急情况，就从海上乘船逃亡。魏东徐州刺史成固公驻守圂城，垣崇祖部下中有人因犯罪而逃出投降魏军。成固公派两万步兵和骑兵袭击朐山，距离朐山只有二十里。这时，垣崇祖正好送客出去，因此，城中的百姓惊慌害怕，都要乘坐船只逃走。垣崇祖回来后，对亲信的人说：“敌人来攻打我们，并不是他们自己本来就有计谋，而是依据反叛者的话而来，因此容易欺骗他们。现在只需要有一百多人回到城内，事情就好办。但是人心一惊慌，就会达到不可收拾的地步，各位可以快速前去距离此地一里以外的地方，然后再走回来大声喊叫着：“艾塘的义人已经打败敌人，需要驻扎的军队前往支援并对敌人加以驱逐。”部属依照他的话做，逃跑到船中的人民果然很高兴，争先恐后地上岸，垣崇祖又命人把他们引入城中，然后命被派到海中岛上的老弱病残的人，一人拿两个火把在山头喊叫。魏斥候的骑兵看到误认为守军和装备很强大，于是退回。宋明帝刘彧任命垣崇祖担任北琅琊、兰陵二郡太守。

垣荣祖也从彭城逃到朐山。他因以前奉命召令薛安都的事情没有成功，害怕获罪不敢外出，于是就到淮阳依附萧道成。垣荣祖年少时学习骑马射箭，有人对他说："学武艺可怕，为什么不学习文书！"垣荣祖回答说："从前曹操父子上马就能横持长矛，下马就可以吟咏诗句，这真可以说不辜负人生了。各位学文，因此没有保护自己的技能，这与软弱的犬羊有何两样？"刘善明的堂弟刘僧副率两千部下住在海岛躲避魏军，萧道成也召令安抚他。

魏国派人在天宫寺铸了一座大佛像，佛像高四十三尺，用了十万斤铜、六百斤黄金。

魏国尉元派孔伯恭率一万步骑兵前去攻打沈攸之，并把沈攸之以前被打败时俘虏的受伤残疾的宋兵送回给沈攸之，来影响他的士气。宋明帝刘彧不久便后悔令沈攸之攻打彭城，于是就召令他回来。沈攸之这时到达距离下邳五十多里的焦墟，而陈显达则带领士兵在睢清口迎接沈攸之。因为被孔伯恭所属的军队击破，沈攸之便率士兵撤退，但孔伯恭进行追击，沈攸之大败，龙骧将军姜彦之等都当场阵亡。沈攸之受了重伤，进入保显达的军营。丁酉日（十八日）晚，沈攸之的军队溃败分散，沈攸之单骑南走，抛弃了数以万计的军资和武器，返回驻守淮阴。

尉元写信给徐州刺史王玄载，扬言灾祸就要到来，王玄载因此丢弃下邳城逃走。魏国任命陇西人辛绍先担任下邳太守。辛绍先为政不是只在细节上做文章，而是善于抓主要问题，教导人民只是进行生产和防御，从此下邳就被他安定了。

孔伯恭进攻宿豫，守卫宿豫的将领鲁僧遵也丢弃城逃走。魏将孔大恒等率一千骑兵从南进攻淮阳，淮阳太守崔武仲焚烧城池后逃走。

慕容白曜率军进入瑕丘并驻扎下来。崔道固还没有向建康投降前，绥边将军房法寿担任王玄邈的司马，他经常打败崔道固的军队，因此历城人民都害怕房法寿。等到崔道固投降后，房法寿等人就都罢兵。后来，崔道固因为害怕房法寿煽动人民反对他，就强制派房法寿回到建康。正好房法寿的堂弟房崇吉因为母亲和妻子都被魏军所捕而从升城逃过来，找房法寿商量对策。房法寿不愿回到南方，就埋怨崔道固逼迫他。当时崔道固派兼治中房灵宾督导清河、广川二郡事驻守磐阳，房法寿于是就和房崇吉偷袭并占据磐阳，并向魏国的慕容白曜投降，希望赎回房崇吉的母亲和妻子。之后，崔道固派兵攻打磐阳，慕容白曜从瑕丘派将军长孙观前往营救，最后，崔道固率兵退回。慕容白曜呈上奏表推荐冠军将军韩麒麟和房法寿一同担任冀州刺史，命房法寿的堂弟房灵民、房思顺、房灵悦、房伯怜、房伯玉、房叔玉、房思安、房幼安等八人都担任郡守。

慕容白曜从瑕丘率兵进攻崔道固守卫的历城，派平东将军长孙陵等人进攻沈文秀守卫的东阳。崔道固坚持守卫，不愿投降，慕容白曜就采取修筑长堤包围历城的办法。在长孙陵等人到达东阳后，沈文秀请求投降，因此长孙陵等人进入西边外城，他放纵魏兵任意抢劫掠夺。沈文秀后悔愤怨，关闭城门据守，出击打败长孙陵的军队，因此长孙陵等退驻在清河西边，多次攻城，最终不能攻克。

癸卯日（二十四日），宋国实行大赦。

戊申日（二十九日），魏国献文帝拓跋弘的李夫人生下儿子拓跋宏（孝文帝）。李夫人，是李惠的女儿。冯太后亲自抚养拓跋宏，不久，把政事交付给献文帝拓跋弘，魏国献文帝拓跋弘开始亲自执掌国家政治事务，他努力不懈地治理国家，赏罚严格分明，并选拔任用有节操、不苟取的人，罢黜贪官污吏，从此魏国才出现以廉洁而闻名的官吏。

从太祖元嘉时就执政当权的太中大夫徐爰，一向对皇帝无礼，因此宋明帝刘彧讨厌他，颁下诏令列举他奸猾谄媚的罪过，把他迁到交州。

冬季，十月，辛巳日（初三），宋明帝刘彧调动义阳王刘昶担任晋熙王，派员外郎李丰用一千两黄金到魏国去赎回刘昶。但魏国不答应，让刘昶给宋帝写信，他在信中称宋帝为兄弟（刘昶为文帝刘义隆的第九子，明帝刘彧为第十一子）。宋明帝刘彧责备他不称臣，刘昶没有答复。魏献文帝拓跋弘又要刘昶给宋明帝刘彧上奏书信，刘昶拒绝，说："臣本是刘彧的哥哥，对他并没有称过臣，如果再写书信改变前书对他的称呼而称臣，那么我将向两个国家称臣；如果仍然不改称谓，他（宋帝刘彧）也不会接纳。所以臣不敢遵从您的命令。"刘昶和宋明帝刘彧的通信就这样停止了。魏献文帝拓跋弘因此很爱惜刘昶，把三个公主嫁给他。

十一月，乙卯日（初八），宋明帝刘彧划出徐州部分，设立东徐州，任命辅国将军张谠担任刺史。

十二月，庚戌日（初三），宋明帝刘彧任命幽州刺史刘休宾担任兖州刺史。刘休宾的妻子，是崔邪利的女儿，她生下儿子文晔，和崔邪利都沦陷在魏国。慕容白曜把刘休宾的妻子送到梁邹城下让他看，刘休宾则秘密派主簿尹文达到历城见慕容白曜，并看望刘休宾的妻子和儿子。刘休宾要归降魏国，但他哥哥的儿子刘闻慰反对，慕容白曜派人到城下大叫："刘休宾几次派人来见仆射请求投降，但是为什么违背约定的期限而没有来投降！"这样城中的人都知道了这件事，共同制止刘休宾不可以投降，魏兵于是围城。

魏国的西河公拓跋石又进攻汝阴，因为汝阴有所防备，无功而返。常珍奇虽然向魏国投降，实际不是真心，于是刘勔又前去抚慰。正好西河公拓跋石进攻汝阴，常珍奇乘虚抢劫焚烧悬瓠，掠夺上蔡、安成、平舆三县的人民，在灌水驻扎士兵。

泰始四年（戊申，公元468年）

春季，正月，己未日（十三日），宋明帝刘彧到达南郊祭祀上天，并大赦天下。

魏国汝阳司马赵怀仁率兵前去侵占武津，豫州刺史刘勔派龙骧将军申元德迎战，击败魏军，在汝阳台东边杀掉魏于都公阏于跋，获得一千三百辆运输车。魏军又侵占义阳，刘勔派司徒参军孙台瓘击败魏军。

淮西人贾元友给宋明帝刘彧呈上奏书，陈述北伐魏国，夺回豫州、淮西的策略。宋明帝刘彧把书信给刘勔看，刘勔对宋明帝刘彧报告说："贾元友说：'敌人的头目幼小软弱，内外多灾难，上天很快就要灭亡他们。'而臣认为敌人从去年冬天践踏我国国土以后，就盘踞在数郡，因此人民多有伤亡。今年春天以来，城池连着被围攻进逼，现在连国土都不能恢复，哪里还能有消灭敌人的余力！贾元友所陈述的话，多是荒唐狂妄，毫无事实的事，说起来容易，做到却很难。臣认为自从元嘉以来，江北边区的知识分子多喜爱干涉国家政事，而不担负责任，都劝朝廷率兵讨伐贼人，而朝廷每次相信接纳后，都因兵败而感到后悔。当地人也随着军队的强弱而改变态度：朝廷军队一到，一定款待欢迎；如果见到败退的军队，便到处骚扰。这是很常见的现象，鲜明的教训不止一次而已。"宋明帝刘彧因此而不理贾元友的游说。

魏尉元派人前来游说东徐州刺史张谠，张谠以团城向魏国投降。魏国朝廷任命中书侍郎高闾和张谠一同担任东徐州刺史，李璨与毕众敬一同担任东兖州刺史。尉元又游说兖州刺史王整和兰陵太守桓忻，二人也都向魏国投降。魏国朝廷任命尉元担任开府仪同三司、徐、南北兖三州诸军事都督、徐州刺史，镇守彭城。并召见薛安都、毕众敬进入朝廷，当他们到达平城以后，魏国用对待上宾的礼仪对待他们，其他投降的人都封赏侯爵，赐给宅第，待遇很丰厚。

慕容白曜包围历城已经有一年时间，二月，庚寅日（十四日），他攻下东外城。癸巳日（十七日），崔道固捆绑自己出来投降。慕容白曜派崔道固的儿子崔景业和刘文晔一同到达梁邹，因此刘休宾也出城投降。慕容白曜把崔道固、刘休宾和他们的部下送到平城。

辛丑日（二十五日），宋明帝刘彧任命前龙骧将军常珍奇担任都督司北豫二州诸军事、司州刺史。魏西河公拓跋石攻击他，常珍奇就独自骑马逃奔到寿阳。

乙巳日（二十九日），车骑大将军、曲江庄公王玄谟去世。

三月，魏国的慕容白曜进攻并包围东阳。

宋明帝刘彧任命崔道固哥哥的儿子崔僧祐担任辅国将军，率数千士兵从海路去援助历城，等他到了不其城后，听到历城已经沦陷的消息，就立即向魏国投降。

交州刺史刘牧去世。交州人李长仁杀掉刘牧从北方带来的部下，占据州城发动反叛，自称刺史。

广州刺史羊希派晋康太守沛郡人刘思道攻打俚人。刘思道因为指挥错误导致作战失败，铩羽而归。羊希准备派人拘押他，刘思道于是率兵攻打州城，最后羊希兵败而死。同样率兵攻打讨伐俚人的龙骧将军陈伯绍，在往回调动军队时攻击刘思道，将他擒获并斩杀。羊希，是羊玄保哥哥的儿子。

夏季，四月，己卯日（初四），宋明帝刘彧又减少一半郡县的田租。

宋明帝刘彧调任东海王刘祎为庐江王，山阳王刘休祐为晋平王。宋明帝刘彧因为废帝把刘祎叫作“驴王”，所以把庐江分封给他。

刘勔在许昌打败魏兵。

魏国任命南郡公李惠担任征南大将军、仪同三司、都督关右诸军事、雍州刺史，把他的爵位升为王。

五月，乙卯日（十一日），魏献文帝拓跋弘到崞山打猎，后来转到繁畤。辛酉日（十七日），回宫。

六月，魏国朝廷任命昌黎王冯熙担任太傅。冯熙，是太后的哥哥。

秋季，七月，庚申日（十六日），宋明帝刘彧任命骁骑将军萧道成担任南兖州刺史。

八月，戊子日（十五日），宋明帝刘彧任命南康相刘勃担任交州刺史。

宋明帝刘彧任命沈文秀的弟弟征北中兵参军沈文静担任辅国将军，统率高密等五郡军务，从海路前往营救东阳。当沈文静到达不其城时，被魏军拦截，因此坚守城池，而魏军攻打城池，最终没有攻克。

辛卯日（十八日），宋国把青州划分出来，另外设为东青州，任命沈文静担任刺史。

九月，辛亥日（初八），魏献文帝拓跋弘立皇叔拓跋桢为南安王，拓跋长寿为城阳王，拓跋太洛为章武王，拓跋休为安定王。

冬季，十月，癸酉朔日（初一），天空出现日食。宋明帝刘彧发动各州兵北伐。

十一月，李长仁派使者向建康请降，并自贬为行州事；宋明帝刘彧答应了他。

十二月，魏军攻占不其城，杀掉沈文静，进入东阳西外城。

因为义嘉（晋安王刘子勋的年号）年间发生造反的叛乱，因此巫师请求挖开孝武帝刘骏母亲昭太后（路淑媛）的修宁陵，摧毁墓中的静室，来诅咒叛乱取得胜利。这一年，改葬昭太后。

先前，中书侍郎、舍人等官职都是由豪门士族出任，从宋太祖刘义隆开始，任用了出身寒门的秋当来担当此任。宋世祖刘骏在位时则是对士族和平民兼收并蓄，如巢尚之、戴法兴都曾经任事。到了宋明帝刘彧登上皇位，就全部任用出身低微的平民，如游击将军阮佃夫、中书通事舍人王道隆、员外散骑侍郎杨运长等，都参与政事，拥有巢尚之、戴法兴所不能企及的仅次于皇帝的权力。阮佃夫尤其粗暴不讲道理，别人巴结他或得罪他，马上相应就有福或有祸。因此他大肆收取贿赂，如果请求他办事的人送的东西少于二百匹绢，就不给呈报任何官职。他的园林房宅和饮食的奢侈程度，超过了各王；歌妓音乐和服饰的排场，是宫殿中人所不知道的。朝廷中的大小百官没有不奉承的。他家中的奴仆都不依照次序而升迁官职，车夫都做到虎贲中郎将的职位，马夫都做到员外郎的职位。

五年（己酉，公元469年）

春季，正月，癸亥日（二十二日），宋明帝刘彧举行耕田仪式，大赦天下。

沈文秀守卫东阳城，而魏军三年连续围困城池，沈文秀又没有外援，就率士兵昼夜抗战，连甲胄都生出了虱子，却始终没有反叛宋国投降魏国的意思。

乙丑日（二十四日），魏军攻下东阳城，这时，沈文秀解下外面的军服，端正自己的衣服和帽子，拿着宋国的符节坐在室内。魏兵涌进来，问："沈文秀在哪里？"沈文秀厉声说："就是我。"魏军逮捕他，脱去他的衣服，把他捆绑起来送给慕容白曜，慕容白曜要他下拜，沈文秀说："我们各自是两国的大臣，我为何要拜你？"于是，慕容白曜给他穿上衣服，为他摆设筵席，再给他戴上枷锁押送到平城。魏献文帝拓跋弘责备沈文秀投降而又叛反的罪过，最后赦免他，但很低贱地对待他，给他粗衣粗饭。不久，因为尊重他不屈服的精神，而稍微礼貌地对待他，任命他担任外都下大夫。从此，青州、冀州等地全为魏国所占有。

戊辰日（二十七日），魏平昌宣王和其奴去世。

二月，己卯日（初九），魏献文帝拓跋弘任命慕容白曜担任都督青齐东徐三州诸军事、征南大将军、开府仪同三司、青州刺史，并晋爵为济南王。因为慕容白曜用正确的方法安抚，东方新归附的人民都安于他的统治。

魏国从天安（466年）以来，连年发生干旱饥荒，再加上对青、徐州用兵，山东的人民都受不了沉重的赋税。于是，魏显祖拓跋弘颁行依照人民的贫富分三等缴税的办法，又把每一等分三品：上三品缴往平城，中三品缴给他州，下三品缴给本州。魏国旧有常赋之外还有十五种杂调的税制，到这时全部被废除，使得人民稍微能过上富足的生活。

河东人柳欣慰等计划反叛，要立太尉庐江王刘祎为皇帝。刘祎自认为是宋明帝刘彧的哥哥，但宋明帝刘彧和其他兄弟都轻视他，因此和柳欣慰等共同策划。征北谘议参军杜幼文向宋明帝刘彧告密，皇帝得知。丙申日（二十六日），宋明帝刘彧下诏降刘袆担任车骑将军、开府仪同三司、南豫州刺史，镇守宣城，他还派亲近之臣杨运长带领兵将监视防卫刘袆。柳欣慰等则被处死。

三月，魏军入侵汝阴，太守杨文苌打退他们。

夏季，四月，丙申日（二十七日），魏国实行大赦。

五月，魏国下令把青、齐地方的人民迁徙到平城，并在桑乾把升城、历城的州治设置为平齐郡，让他们居住。剩下的人民则作为分赐给百官的奴婢。

魏沙门统昙曜呈上奏书给朝廷说："一年能够捐赠六十斛谷子给僧家的平齐郡民户或人民，就列为僧祇户，捐粟的则为僧祇粟，遇到荒年，就可以用来赈济解救饥饿的百姓。"又请求道："犯下重罪的人民和官家的奴婢，可以列为佛图（佛寺）户，让他们来洒扫佛教寺院。"魏献文帝拓跋弘认为有道理，就都答应。于是僧祇户、僧祇粟和佛图户遍及州镇。

六月，魏献文帝拓跋弘立皇子拓跋宏为太子。

癸酉日（初五），宋明帝刘彧任命左卫将军沈攸之担任郢州刺史。

宋明帝刘彧又下令让负责的官吏奏报庐江王刘袆气愤皇帝并且对皇帝有抱怨的言辞，官吏请求彻底追究刘袆的责任，但是宋明帝刘彧不允许。丁丑日（初九），宋明帝刘彧撤免刘袆的官爵，派大鸿胪手持符节诏书来责备刘袆，逼迫他自杀。刘袆的儿子辅国将军刘充明，也被废黜官职，流放发配新安。

冬季，十月，丁卯朔日（初一），天空出现日食。

魏国顿丘王李峻去世。

十一月，丁未日（十一日），魏国又派使者来到宋国请求与宋国和好并通婚，从此以后每年两国都会有使者互相往来。

闰月，戊子日（二十二日），宋明帝刘彧任命辅国将军孟阳担任兖州刺史，州治开始改设在淮阴。

十二月，戊戌日（初三），司徒建安王刘休仁被解除扬州刺史的职位。刘休仁年龄和皇帝相近（刘彧为文帝十一子、刘休仁为十二子），两人一向友好亲爱。景和（废帝刘子业）时，宋明帝刘彧依靠他的智力才得以免除灾祸。到泰始初年，四方起兵反对宋明帝刘彧，刘休仁辅佐宋明帝刘彧建立大功，总管百官，身负重任，因此朝野人士都集中到他的门下，宋明帝刘彧渐渐不高兴。刘休仁了解皇帝的意思，就呈上奏表请求辞去扬州刺史的职位。己未日（二十四日），宋明帝刘彧任命桂阳王刘休范担任扬州刺史。

宋国分出荆州的巴东、建平二郡和益州的巴西、梓潼二郡，联合设置为三巴校尉，治在白帝。先前，三峡的蛮族人、獠族人每年都进行抢劫，所以设立校尉府来镇守这一地区。宋明帝刘彧任命司徒参军东莞人孙谦担任巴东、建平二郡太守。孙谦将要上任时，宋明帝刘彧让他自行募集一千人跟随。孙谦说："蛮夷之所以不礼貌对待官吏，是因为不知道对待他们的分寸，不是故意为之，因此没必要劳烦军队来消耗国家的经费。"坚持拒绝不接受。等他到达郡治，开始施布恩德信义，蛮、獠民族都非常愉快并自然地相信佩服他，争先恐后进献金银宝物。孙谦都抚慰他们，但并不接受东西。

临海反叛人民的首领田流自称为东海王，攻打抢掠海盐，杀掉鄞县县令，整个东土都很震惊。

六年（庚戌，公元470年）

春季，正月，乙亥日（初十），宋朝开始制定每隔两年祭拜一次南郊，每隔一年祭拜一次明堂的律令。

二月，壬寅日（初八），宋明帝刘彧任命司徒刘休仁担任太尉，兼任司徒。刘休仁坚决推辞，并不接受。

癸丑（十九日），宋明帝刘彧纳江智渊的孙女为太子妃。甲寅日（二十日），大赦天下。宋明帝刘彧命令百官都要进献财物，始兴太守孙奉伯却只献了琴和书。宋明帝刘彧龙颜大怒，赐给他自杀的毒药，不久又赦免了他。

魏国任命东郡王陆定国担任司空。陆定国，是陆丽的儿子。

魏献文帝拓跋弘派征西大将军上党王长孙观攻击吐谷浑。

夏季，四月，辛丑日（初八），魏国实行大赦。

戊申日（十五日），魏国的长孙观和吐谷浑王拾寅在曼头山作战，拾寅被打败后逃走，派别驾康盘龙向魏国贡献方物，最后魏献文帝拓跋弘囚禁了他。

癸亥日（三十日），宋明帝刘彧立皇子刘燮为晋熙王，过继给晋熙王刘昶做后嗣。

五月，魏献文帝拓跋弘立皇弟拓跋长乐为建昌王。

六月，癸卯日（十一日），宋明帝刘彧任命江州刺史王景文担任尚书左仆射、扬州刺史，任命尚书仆射袁粲担任右仆射。

宋明帝刘彧在宫中大办宴会，召裸露的宫女进来观赏，王皇后就用扇子遮面不看。宋明帝刘彧愤怒地说："宫外寒酸土气，现在大家在宫内共同娱乐，为什么不看！"王皇后回答说："可以娱乐的事有很多方法，哪里会有集结姑姑姐妹们来观看裸体女人作为娱乐的？宫外的娱乐，和这大不相同。"宋明帝刘彧极为愤怒地让王皇后起来离开。王皇后的哥哥王景文获知这个消息后说："皇后在娘家很柔弱，现在居然能够如此刚毅正直。"

南兖州刺史萧道成在军中的时间很长，而民间有人传说萧道成有异于常人的外貌，一定可以成为天子。宋明帝刘彧听到这个传说后就对他心生怀疑，征召他进京，担任黄门侍郎、越骑校尉。萧道成害怕，不愿意向朝内调动，却没有能留在外边任职的计策。冠军参军广陵人荀伯玉劝说萧道成派数十名骑兵进入魏国境内，故意做出有所图谋的样子，果然引来魏国数百骑兵也进入宋国境内，萧道成向宋明帝刘彧报告，宋明帝刘彧就又派他担任原来的职位。秋季，九月，宋明帝刘彧又命萧道成把州治迁移到淮阴。任命侍中、中领军刘勔担任都督南徐、兖等五州各军事，镇守广陵。

戊寅日（十七日），宋明帝刘彧下令设立总明观，并设置祭酒一人，儒、玄、文、史学士各十人。

柔然部真可汗入侵魏国，魏献文帝拓跋弘带领大臣对此进行商议。尚书右仆射南平公目辰说："如果皇帝亲自率军去讨伐，那么京师（平城）人民会面临危险和恐惧，不如把持重兵在京师坚守。敌人孤立无援地深入到作战地区，因为粮草运输补给不上，不能持久作战，自然不久就会退回，这时我们再派士兵前去追赶，就一定可以歼灭他们。"给事中张白泽说："敌人愚蠢，轻易侵犯我国的边境地区，如果陛下率兵亲自前去征讨，他们一定会远望我们踪影就已经吓得溃散，怎么能对敌人坐视不理并放纵他们呢？陛下万乘的尊贵之躯，却在城中，采取守卫的态势，这不是畏服四方的做法。"魏献文帝拓跋弘选择听从张白泽的建议。张白泽，是张衮的孙子。

魏献文帝拓跋弘派京兆王拓跋子推、任城王拓跋云等人分别指挥各军从西路、东路出发；汝阴王拓跋天赐、陇西王源贺等分别指挥各军为前锋、后继；镇西将军吕罗汉等留下掌管处理平城政务。各军先在女水岸和魏献文帝拓跋弘率领的军队会合，然后与柔然交战，柔然大败。魏军乘胜向北追击，斩首五万多人，一万多人投降，俘虏缴获不计其数的战马兵器。在十九天中，往返六千多里，魏献文帝拓跋弘命令改叫女水为武川。司徒东安王刘尼因酒醉昏沉，使军阵不整，而被罢免官职。壬申日（十一日），魏献文帝拓跋弘回到平城。

当时，魏国朝廷百官没有俸禄，很少有廉洁自立的。魏献文帝拓跋弘颁下诏令："官吏接受属下一头羊、一斛酒的，处死；送的人也同罪。如果有能检举尚书以下官吏犯罪的人，则依照被检举官职的大小授给他官职。"张白泽上书劝谏魏献文帝拓跋弘说："从前周朝的下士，还有代替他耕田所得的俸禄，但现在的皇朝大臣，工作没有回报补偿，如果只因为收礼而受到刑罚杀戮，被检举者取代职位，臣恐怕奸人将会趁机而起，忠臣将会灰心懈怠。如此而要求政事简明，人民平安，不是很难吗？臣请求仍然依照旧法，以俸禄来奖励给廉洁的官吏。"魏献文帝拓跋弘认为有道理，因此撤销新法。

冬季，十月，辛卯日（初一），宋明帝刘彧下诏认为宋世祖刘骏的儿子（二十八个）没有一个活着，就把皇子刘智随过继为世祖之子，立为武陵王。

起初，魏国的乙浑独揽大权时，慕容白曜热心地附和他。魏献文帝拓跋弘因为还顾念旧恨，就假称慕容白曜造反，把他和他弟弟慕容如意一起杀掉。

起初，从小就相互交好的魏国南部尚书李敷和仪曹尚书李䜣，与中书侍郎卢度世三人都因为有才华和能力而被世祖、显祖所宠信，他们参与讨论国家机密，掌握管理皇帝的诏命。后来李敷掩盖和包庇出任相州刺史的李䜣，被人告发接受贿赂的事情，显祖拓跋弘知道后，就派囚车捉拿李䜣，在检查取证后李䜣服罪，应该处以死刑。当时李敷的弟弟李弈得到冯太后宠爱，因此显祖拓跋弘有意疏离他们之间的关系。负责官吏遵显祖拓跋弘的旨意要求李䜣出面告发李敷兄弟暗中干的不可告人的行为，这样他就可以免于死罪。李䜣对他的女婿裴攸说："我和李敷的宗族虽然是疏远的同宗，但我们的情感超过同胞兄弟，现在官吏劝说我告发他，我实在于心不忍，我曾经用头簪自刺，也曾经解下腰带自绞，但最终都死不了。而且我怎么知道他们暗中干的不可告人的行为，我应该怎么办呢？"裴攸说："何必为别人而牺牲自己的性命呢？先前曾被李敷所害的冯阐家人非常痛恨他，现在询问冯阐的弟弟，那么李敷暗中干的不可告人的行为就可以知道。"李䜣就依照裴攸的话去做。另外，赵郡人范檦陈述李敷兄弟的三十多条罪状，负责官吏向魏献文帝报告，魏献文帝拓跋弘极为愤怒，杀掉李敷兄弟。李䜣因此免于死罪，只受鞭打剪发的刑罚，并被发配做劳役。不久，魏献文帝拓跋弘又任命他担任太仓尚书，并代理南部尚书一职。李敷，是李顺的儿子。

魏阳平王拓跋新成去世。

这一年，宋明帝刘彧任命龙骧将军义兴人周山图率兵屯扎驻守在浃口，讨平田流。

柔然进攻于阗，于阗派使者素目伽恭敬地用手捧着表书到魏国求救。魏献文帝拓跋弘召集公卿商议，大家都说："于阗所在的地方距离京师（平城）有将近一万里，而蠕蠕（柔然）只习惯在原野掠夺，不会攻打城池，如果于阗被攻打，早就灭亡了。即使我们现在派军队前去支援，也来不及了。"魏献文帝拓跋弘向使者说明商议的结果，使者也认为正确。魏献文帝拓跋弘于是颁下诏令对于阗王说："我本来要急速派各军来拯救在危难之中的你，但距离太远，来不及拯救当时的危急，你应该体谅。我现在正在训练甲兵，一两年之中，我当亲自率猛将，替你除去祸害，你要小心警备守卫，等待反攻时机的到来。"

资治通鉴卷第一百三十三　宋纪十五

起辛亥（公元471年），止乙卯（公元475年），共五年。

【题解】本卷记录了宋明帝刘彧泰始七年至苍梧王刘昱元徽三年共五年间的刘宋与北魏等国大事：刘彧即位时颇有善举，但后来则残暴猜忌，杀了几位叔叔，又杀了曾拥他为王的寿寂之，受拥戴的刘子勋，平定东方诸郡的大功臣吴喜也被秘密赐死，政权岌岌可危。刘彧死后其子刘昱继位，袁粲等欲改弊政，无奈小人当道；刘宋栋梁之臣蔡兴宗死；宋将沈攸之积蓄力量，欲叛乱；建康形势危急时，萧道成成为中心人物；黄回与张敬儿诈降后将刘休范杀死；袁粲与敌军决战，陈显达等猛烈出击，大败刘休范部将，进攻建康的军队以失败告终；荆州刺史沈攸之杀刘休范二子，江州平定；萧道成取得朝廷大权，张敬儿做好与朝廷内外夹击沈攸之的准备；魏主拓跋弘厌弃尘世，禅位于其子拓跋宏，退位却没有休息，不断改革，使魏国呈现生机。

太宗明皇帝下

泰始七年（辛亥，公元471年）

春季，二月，戊戌日（初十），宋国分别从交州、广州划分出来一部分设置越州，州治在临漳。

起初，宋明帝刘彧担任湘东王时，为人宽厚平和，有良好的名声，因此被宋世祖刘骏亲近信任。在他登上皇位初年，赦免很多附和义嘉（晋安王刘子勋）的人，并依照才能加以任用，待遇与旧臣一般。可他到了晚年，变得喜欢猜忌，性情残忍，喜好鬼神，尤其有许多忌讳。他下令要回避数百种以上有“祸败”“凶丧”以及类似词句的言语和文书，有犯的一定杀戮，把字形很像“祸”字的“騧”字改为“骊”

字。如果有人违犯就一定会进行杀戮，经常有违犯他意旨被剐内脏斩杀的左右臣子。

当时淮水、泗水一带对魏国用兵攻打，国库空虚到内外百官都中断俸禄的程度，但是宋明帝刘彧却没有限度地奢侈浪费，每次制造器物，一定为正御、副御、次副各做三十个。他左右的亲近之臣独揽大权，贿赂公然实行。

宋明帝刘彧因为没有儿子，就秘密地把有身孕的其他王的妾室送进宫中，等她生下男孩，就把她杀掉，然后让自己宠爱的姬妾抚养这个孩子。

这时宋明帝刘彧生病，因为太子幼小，所以很避忌弟弟们。他的弟弟南徐州刺史晋平剌王刘休祐，因为以前镇守江陵时，贪婪残暴没有限度，宋明帝刘彧就把他留在建康不让他再出镇，而派长史执行该州政治事务。前后不止一次得罪宋明帝刘彧的刘休祐生性刚强狠毒，这时，宋明帝刘彧怨恨积聚不能平息，忧虑将来不能制伏，想要找机会除掉他。甲寅日（二十六日），刘休祐随从宋明帝刘彧到岩山射雉。刘休祐的左右侍从都跟随在仪仗后面，日色渐渐昏暗，宋明帝刘彧先行回宫。他派左右寿寂之等数人，逼迫刘休祐从马车上下来，再共同围攻殴打，把他打死，传声呼喊说："骠骑落马！"宋明帝刘彧假装惊动的样子，派御医不停地前往，等到刘休祐左右到达的时候，刘休祐已经气绝而亡。他们卸掉马车的车轮，用车箱抬着尸体返回府第。宋明帝刘彧追赠刘休祐为司空，按照礼制埋葬他。

建康民间谣传荆州刺史巴陵王刘休若（皇帝第十九弟）有最尊贵的相貌，宋明帝刘彧把这话告诉刘休若，刘休若感到忧虑恐惧。戊午日（三十日），宋明帝刘彧命刘休若代替刘休祐担任南徐州刺史。刘休若极亲近的将佐，都认为刘休若如果回到朝廷，一定不能免于灾祸。中兵参军京兆人王敬先对刘休若说："现在皇上病重濒死，政治事务由禁中决定，这些狂妄的小人，想要消灭全部宗室，来实现他们的私人愿望，殿下声誉久享海内，接受诏令进入朝廷，一定有去无回。荆州有十多万甲兵，地方数千里，实力强大。上可以扶助天子，清除奸臣，下可以保护境土，安定自身。怎么可以等待被赐剑自杀，臣妾吞泪而不敢埋葬的日子呢？”刘休若一向谨慎胆小，便假装答应他的建议进行抵抗。等王敬先出去后，就命人逮捕他，向宋明帝刘彧表白实情后杀掉了王敬先。

三月，辛酉日（初三），魏国代理员外散骑常侍邢祐来访问。

魏献文帝拓跋弘派殿中尚书胡莫寒选用西部敕勒人为殿中武士。胡莫寒大收财富货物，敕勒人愤怒，杀掉胡莫寒和代理高平军镇的临时统领奚陵。夏季，四月，各部敕勒都进行造反叛乱。魏献文帝拓跋弘派汝阴王拓跋天赐以给事中罗云为前锋率兵前来镇压，敕勒假意投降，突袭并杀死罗云。而拓跋天赐幸免于难，得以逃出。

晋平刺王刘休祐被杀后，建安王刘休仁更加不自在。宋明帝刘彧和嬖幸的亲近之臣杨运长等人商量自己的身后之事，而杨运长等则忧虑皇帝死后，如果刘休仁执政，自己就不能独揽大权，越发赞成皇帝先对付弟弟们。宋明帝刘彧病情更加严重，朝野内外没有人不看中刘休仁为下任皇帝，主书以下的官吏都到东府拜访并预先结交刘休仁所亲信的人，其他在当值不能出去的，都感到恐惧。宋明帝刘彧知道这件事后，更加厌恶刘休仁。五月，戊午日（初一），宋明帝刘彧诏令刘休仁入宫会面，不久又说：“你今晚先在尚书下省过夜，明天早上再早点过来。”当晚，他就派人送毒药逼迫刘休仁自杀。刘休仁得知后，骂道：“皇帝能够得道天下，是凭借谁的力量呢？现在却忘恩负义，连兄弟之情都不顾念。孝武（刘骏）因为诛杀兄弟，导致自己子孙灭绝，今天轮到你这样做，宋的国命还会长久吗？”然后就服药而死。之后，宋明帝刘彧因为忧虑事情发生变故，就勉强支撑病体坐轿走出端门，当他知道刘休仁已经死去的消息后，才安心回宫。最后，宋明帝刘彧颁下诏令说：“刘休仁勾结禁兵，计划叛变，我本不忍心严格公正地教训，把他处决，但刘休仁惭愧畏罪，就匆忙自杀。现在赦免他的两个儿子，把建安王降为始安县王，由他的儿子刘伯融承袭爵位。”

宋明帝刘彧害怕各方人心惊恐慌乱，于是给各大臣和各州刺史颁下诏书说：“刘休仁和刘休祐相处亲密，刘休仁对刘休祐说：‘你只管去奉承皇上，此法足以容身。我一向从这个方法中受益。’刘休祐性情贪婪残暴，他的死去，本是为民除害，但刘休仁却从此感到忧伤恐惧，不能安心，我每次要他进入禁中，他便见杨太妃，（休仁的母亲）与她诀别。我在春天多和他去射雉，有时因为下雨没有出去，刘休仁就对他的左右侍从说：‘我又多活了一天。’刘休仁已经经过讨伐寻阳的战争，和负责宫中警卫的将帅都曾经一起做事，我前些日子身体不舒适，他便出入宫中，无不对将帅和颜相对，厚加宠络。他的用心，真让人难以揣测，事情不得真相，我反复思考，不得不做出近日的处置。恐怕各位对这事不容易立刻了解，所以进行通告。”

宋明帝刘彧和刘休仁本来关系就很要好，虽然杀了他，但是每次都会对人说：“我与建安王（刘休仁）年龄相近，从小相互亲近和嬉戏。景和、泰始年间，他所立的功勋实在很大；但事情到利害关头，我不得不把他铲除。可思念的深切，真让人难以承受。”因此不自觉地流下眼泪。

起初，宋明帝刘彧在任职湘东王时，与褚渊因为彼此文采作风相同而互相友善交好。等到刘彧登上皇位，就把重任委托给褚渊。后来，宋明帝刘彧卧病在床，就急速召令担任吴郡太守的褚渊进宫，宋明帝刘彧流着泪对他说：“我的病情已经危急，所以召见你，希望你能穿黄衩（扶持幼主）！”黄衩，是皇子乳母的衣服。宋明帝刘彧想和他商量杀掉建安王刘休仁的事情，但褚渊认为不可以。宋明帝刘彧愤怒地说：“你是傻瓜！不足以参与大事！”褚渊害怕而选择听从。于是又任命褚渊担任吏部尚书。庚午日（十三日），宋明帝刘彧任命尚书右仆射袁粲担任尚书令，任命褚渊担任左仆射。

宋明帝刘彧厌恶勇猛的太子屯骑校尉寿寂之，正好有关部门上奏寿寂之擅自杀死逻尉的事情，就把他贬谪到越州，并命人在路上把他杀掉。

丙戌日（二十九日），宋明帝刘彧追废晋平王刘休祐为平民。

巴陵王刘休若（刘彧的十九弟）到达京口，听到建安王已死的消息，感到更加害怕。宋明帝刘彧认为刘休若为人温和厚道，有平定人心的办法，恐怕将来会夺取幼主的皇位，要派人杀他，又害怕他不听命；想要征召他入朝，又恐怕他心生猜疑，惊惶慌乱。

六月，丁酉日（初十），宋明帝刘彧任命江州刺史桂阳王刘休范担任南徐州刺史，任命刘休若担任江州刺史。宋明帝亲自书写词句恳切的诏书征召刘休若在七月七日赴宴。

丁未日（二十日），魏献文帝拓跋弘到达河西。

秋季，七月，巴陵哀王刘休若到达建康；乙丑日（初九），宋明帝刘彧把刘休若赐死在他的宅第中，死后赠侍中、司空的谥号。又任命桂阳王刘休范担任江州刺史。当时宋明帝的弟弟都被他杀尽，只有刘休范因能力低下，不被宋明帝所顾忌，所以保全性命。

◆沈约评论说：古代圣王建立法律制度，并使之流传后世，所以后世的人经常援引和称述先王，以证明自己所为的合理性。宋太祖（刘义隆）治理国家的规模虽然巨大宏伟，但没有采用好的治理国家的方法。彭城王刘义康没有学习先王的遗训，只知道兄弟亲密的伦理道德，而不知道君臣贵贱的礼仪，把应该用于家庭的情感用于国家。因此他去冒犯正猜疑妒忌的君主（文帝义隆）；不了解兄弟感情淡薄，以至于一点点可以用责骂解决的小事情，居然造成灭亲的大灾祸。从此开创彼此猜忌的前例，并传给后人。太宗（刘彧）占有猜忌的心思，依照先人的前例，一点也不犹豫地杀除弟弟。这样导致国家没有宗室的依赖，幼主孤立无援，政权因为势力衰弱而逐渐丧失，国命因为众人拥护而转变。这就如同下霜结冰一样，需要日积月累，不是一下子就形成的。

裴子野评论说："知道爱惜自己儿子的猛兽能咬伤老虎；知道保护自己鸟巢的老鹰能抓捕狐狸。太宗保全养育一个螟蛉子（养子），却杀害自己的同胞弟弟，他既迷惘于兄弟的天性，又不知道父子的伦理纲常。不是上天终结宋国的国命。亡国的君主，都是抛弃嫡系的子孙，而养育旁系的宗族亲人，信任嬖人，厌恶父兄，却不知道借鉴前车之鉴的人。如果让兄弟继承，可以让祖庙祭祀上天；如果异姓成为君主，那么宗庙将要断绝祭祀。太宗不考虑这个，心甘情愿地消灭兄弟；晋武帝违背文明皇后的嘱托，杀死弟弟司马攸，而使中原地区大乱，最后西晋被少数民族灭亡的罪魁祸首就是晋惠帝司马衷的皇后贾南风；宋太祖刘义隆撕毁丢弃当初宁陵的誓约，杀掉弟弟刘义康，而登上合殿弑杀宋太祖刘义隆的正是太子刘劭。祸福无门，所以应该事先就进行抉择；能够友爱兄弟，不是最安全的吗！◆

丙寅日（初十），魏献文帝拓跋弘到达阴山。

起初，吴喜攻讨会稽时，曾经对宋明帝刘彧说："如果抓捕到寻阳王刘子房和贼军主帅，都要在会稽就地处死。"不久他就攻破会稽，把刘子房活着押送到建康，而释放了顾琛。宋明帝刘彧认为他刚刚立下大功，便不追问责任，然而却怀恨在心。等到吴喜攻下荆州后，抢劫得到数以万计的赃款。寿寂之被宋明帝刘彧杀死时，吴喜正担任淮陵太守，都督豫州各军事，他知道这个消息后，心里感到很恐惧，就主动向宋明帝刘彧上奏请求担任闲散的中散大夫一职，但宋明帝刘彧更加怀疑他的居心。有人向宋明帝刘彧打小报告说萧道成在淮阴有背叛宋国投靠魏国的心意，宋明帝刘彧用银壶盛酒并封装好，命吴喜前去送给萧道成。见到带着酒的吴喜，萧道成感到害怕，便想逃跑，而吴喜把酒没有毒的实情告诉他，并自己先喝，萧道成再喝。吴喜回到朝廷，向宋明帝刘彧保证萧道成没有二心。有人秘密地报告宋明帝刘彧，检举吴喜的言语和行动。宋明帝刘彧认为吴喜善于计谋，一向深得人缘，恐怕不能侍奉幼主，于是就召令吴喜进入内殿，很诚恳地和他聊天，待他进殿后，赐给他上等菜肴。一会儿，就逼迫他自杀，然后颁下诏令丰厚地抚恤他。

宋明帝刘彧又给刘勔等人颁下诏书说："吴喜性情狡猾万端，善于骗取人心。从前大明年间，黟、歙等地有数千个逃命的人攻打县邑并杀害官长，刘子尚率三千精锐士兵前去攻打讨伐，但仍然打败仗。孝武帝派吴喜率数十人到县城，游说贼人，贼人立即投降，他诡计多端竟然到了如此地步。在泰始初年向东讨伐时，吴喜只率三百人径直抵达三吴，从破冈向东一直到海边的十郡，都被他扫荡平定。百姓听到吴喜从河东来到，便望风而退。如果他不是对三吴人民有恩情，怎么能这么顺利地平定！考察吴喜的心意，怎么能够侍奉奉行文治的君主，而对可以乘机夺取国家的机会漠不关心呢？这就如同吃药散，当人虚弱寒冷的时候，就要依靠药散来暖和全身，等到热气发作，则又要抛弃药散，使疾病消失停止。不是忘记了药散的功用，是形势已经用不着它了。"

戊寅日（二十二日），宋明帝刘彧把淮阴列为北兖州，征召萧道成入朝，萧道成所亲近的部下，都认为朝廷现在正在杀戮大臣，所以劝告他不要应征。萧道成说："各位看不清事情形势，皇上自认为太子幼小，所以要杀除弟弟以绝后患，这与非宗室的人有何关系！现在我只有从速出发，如果逗留观望，一定会被皇帝怀疑，而且皇帝杀害骨肉，并不是政权长治久安的好兆头，祸难将要发生，我正要与各位共同努力！"等他到了建康，被任命为散骑常侍、太子左卫率。

八月，丁亥日（初一），魏献文帝拓跋弘回到平城。

戊子日（初二），宋明帝刘彧任命皇子刘跻继承江夏文献王刘义恭的王位。

庚寅日（初四），宋明帝刘彧病稍微好些，大赦天下。

戊戌日（十二日），宋明帝刘彧封皇子刘准为安成王。刘准实际上是桂阳王刘休范的儿子。

魏显祖拓跋弘聪明早熟，刚毅果敢，喜爱黄、老、佛教的学术，常常与朝堂官员和僧侣共同谈论玄理，他淡薄富贵，经常有逃避时世、隐出政治生活的心愿，认为叔父中都大官京兆王拓跋子推典雅仁厚，很有清明的声誉，想把皇帝之位禅让给他。当时太尉源贺正在漠南指挥各军，拓跋弘急令他回到平城，然后与公卿开会讨论，大家都不敢先说话。任城王拓跋云，是拓跋子推的弟弟，他起来说：“陛下正治理太平盛世，怎么可以向上违背宗庙，向下抛弃百姓呢？而且父子相传的制度，由来已久。陛下如果一定要卸下政务，也该由太子继承帝位。陛下如果要祖宗传下来的天下授给旁系血亲，这恐怕不是先人的本意，反将会开启奸人的野心，现在的抉择将决定我们未来面临的祸福状况，不可以不慎重。”源贺也说：“陛下现在要禅位给皇叔，臣认为这恐怕会扰乱继承的次序，将来会出现违备叛逆祭祀顺序的批评，希望陛下能考虑任城王的话。”东阳公拓跋丕等人说：“皇太子虽然从小就很聪慧，但毕竟是幼儿。陛下正是强壮之年，才开始总理成千上万的事务，怎么就只知道顾念自身，而不把天下放在心上，这将如何对得起宗庙和百姓？”尚书陆馛说：“陛下如果放弃让太子继承，而改立其他的王，臣就请求在殿庭上自杀，不敢遵守陛下的命令！”魏献文帝拓跋弘大怒，变了脸色，询问宦者选部尚书酒泉人赵黑的意见，赵黑说：“臣只能以死来拥戴皇太子，其他的并不知道。”魏献文帝拓跋弘于是沉默不语。当时太子拓跋宏才五岁，魏献文帝拓跋弘因为他年龄太小，所以才想要把皇位传给拓跋子推。中书令高允说：“臣不敢多话，希望陛下能想到宗庙所寄托和背负的重大责任，并回想古时周公扶助成王的故事。”魏献文帝拓跋弘说：“那么如果立太子为皇帝，公卿辅佐，有什么不可以的呢？”他又说：“陆馛，是耿直的臣子，一定能够保护我的儿子。”于是就任命陆馛担任太保，与源贺持节恭敬地捧着皇帝的玺绂把皇位传给太子，大赦境内，把年号改为延兴。

魏高祖拓跋宏年龄小而富有情感，显祖拓跋弘在前年生病长痈，高祖拓跋宏亲自用嘴吸吮。等到接受禅让登上皇位的时候，悲伤哭泣，不能停止。显祖拓跋弘问他原因，他回答说：“代替父亲，心中是痛切的感觉。”

丁未日（二十一日），魏显祖拓跋弘颁下诏书说：“我心求自然，志向淡泊，现在命太子升登皇位，我就可以悠闲舒适，清白高洁地颐养身心。”

大臣们上奏：“古时汉高祖称皇帝，尊奉他的父亲为太上皇，是用以表明不统治天下。现在皇帝年幼，还要由陛下总管国家事务，谨尊皇上为太上皇帝。”魏显祖拓跋弘答应。

己酉日（二十三日），魏国太上皇拓跋弘迁居到不加雕饰、还是土台阶的崇光宫，但国家大事仍由他决定。崇光宫在北苑中，他又在苑中的西山建造鹿野佛寺，和禅僧一起居住。

冬季，十月，魏国沃野、统万二镇的敕勒族人反叛魏人。太上皇拓跋弘派太尉源贺率兵前去攻打讨伐，镇压两千多部落，追击敕勒的残余士兵到枹罕、金城，并加以歼灭，最后斩杀八千多人，虏获男女一万多人，各种牲畜三万多头。太上皇拓跋弘又命令源贺指挥三路各军，屯扎驻守在漠南。

先前，魏国为防备柔然，每年都在秋、冬之交三路一起出兵巡逻，到第二年仲春才回来。源贺认为：“往来奔走，就会疲劳导致不能坚持长久，臣请求招募各州镇三万多强壮的人，然后分别修筑三城来驻扎防守，让他们冬天训练，春天耕种。”太上皇拓跋弘没有听从。

庚寅日（初五），魏国朝廷任命南安王拓跋桢担任都督凉州和西戎各军事，兼任护西域校尉，镇守凉州。

宋明帝刘彧任命北琅琊、兰陵二郡太守垣崇祖规划营治淮北，垣崇祖从郁洲率数百人进入魏国境内七百里，占据蒙山。十一月，魏国东兖州刺史于洛侯对他进行攻击，于是垣崇祖率士兵退回宋国境内。

宋明帝刘彧把他以前担任湘东王时的故宅，改为修饰得极为壮丽的湘宫寺，还要另外建造十层的佛寺，但因太高不能建造，只好分建为两个佛寺。新安太守巢尚之辞职入京参见宋明帝刘彧，宋明帝刘彧说：“你到过湘宫寺没有？这是我积累的大功德，用钱不少。”在旁边侍候的通直散骑侍郎会稽人虞愿说：“这都是用百姓卖掉儿女、典当妇女所得的钱所建造的，佛如果有知，应当要慈悲叹息。这比佛塔还高的罪恶，有什么功德可言！”侍坐的人都大惊失色，宋明帝刘彧大怒，命人把他从宫殿赶出去。虞愿慢慢地走出，没有一丝惊慌害怕的神色。

宋明帝刘彧喜爱下围棋，但棋技笨拙低劣，与当时的第一高手彭城丞王抗对弈时，王抗都故意谦让他，说：“臣不能切断皇帝的飞棋。”宋明帝刘彧始终不了解，而更加喜欢下棋。虞愿又说：“围棋是尧教他愚笨的儿子的玩意儿，不是为人君主所应该喜好的。”宋明帝刘彧虽然感到生气，但因为虞愿是他原先担任湘东王时的旧臣，所以宽恕了他。

王景文经常害怕自己因为骄傲得罪朝廷，屡次请求辞去职位，虽然宋明帝刘彧始终不允许，但他心中仍然认为王景文凭借外戚而心高气盛，另外张永长久地经营军中事务，宋明帝刘彧怀疑二人将来难以信任，就自己造谣言说：“一士（王）不可亲，弓长（张）射杀人。”王景文越来越害怕，便自己上表诚恳地请求宋明帝刘彧解除扬州刺史的职位。宋明帝刘彧给他诏书说：“人担任重要职务，只看他有怎样的居心。大明年间，巢尚之、徐爰和戴法兴、戴明宝，职位不过是皇帝的警卫，但权力大到可以和皇帝相比的程度。现在袁粲担任仆射并且兼任尚书令，而人们却往往不知道有他的存在，当袁粲升任为尚书令，对自己所处的地位毫不怀疑，人们也倾向他，但他一如平日地淡泊简单朴素。像他这样的人担任重要的职位，皇帝心里当然不会产生恐惧。所以居高位会有孤立高耸的恐惧，处低位会有被埋没的忧虑，与其有心避免灾祸，不如无心顺其自然。存亡的关键，大小都是一个原则。”

泰豫元年（壬子，公元472年）

春季，正月，甲寅朔日（初一），宋明帝刘彧久病未愈，把年号改为泰豫。戊午日（初五），皇太子刘昱在东宫会见四方来朝贡的人，并接受朝贡簿册。

大阳蛮族酋长桓诞率沔水以北、滍水与叶县以南地方的八万多聚落向魏国投降，他自称是桓玄逃跑躲藏在蛮人中的儿子，因为才智双全而被各聚落的蛮人推举为领袖。魏国朝廷任命他担任征南将军、东荆州刺史、襄阳王，并任由他自己选择郡县官吏。又任用部郎京兆人韦珍和桓诞一起来安抚新依附的人民，安排处理各种事务，桓诞都做得很适宜。

二月，柔然前来侵略魏国，太上皇拓跋弘派将领前去迎击，柔然退走。东部敕勒人背叛魏国投奔柔然，太上皇拓跋弘亲自率兵追击到石碛，没有追赶上而回。

宋明帝刘彧病重时，忧虑他死后如果皇后亲临朝廷处理政事，江安懿侯王景文会凭借母舅的地位，当上宰相，这时王家族人强盛，可能会有谋朝篡位的野心。于是，己未日（三月初七），宋明帝刘彧派使者送给王景文毒药赐他自杀，并亲手写信道："为了保全你的族人，所以才会直接与你打交道。"命令到达时，王景文正与客人下棋，他打开诏书看完后，不改神色地继续下，还与客人思考如何围劫棋子，等到下完以后，便把棋子装进盒子，慢慢说："我遵奉皇帝的命令被赐死。"说完以后，才把诏书拿出来给大家看。

中直兵焦度人赵智略愤怒地说："大丈夫怎么能够坐而受死？（扬）州中有数百文武官吏，也足够一拼。"王景文说："我知道你的好心，你如果当真要帮我的话，一定要为我家一百口人着想。"于是就用笔回复致谢皇帝，然后饮药而死。死后追赠他开府仪同三司。

宋明帝刘彧梦到有人告诉他："豫章太守刘愔造反。"醒后，就派人到豫章郡杀死了他。

魏显祖拓跋弘回到平城。

庚午日（三月十八日），魏国孝文帝拓跋宏举行亲自耕田的仪式。

夏季，四月，宋明帝刘彧任命垣崇祖执行徐州政事，迁徙到龙沮戍守。

己亥日（十七日），宋明帝刘彧病情危重，濒临死亡，他任命江州刺史桂阳王刘休范担任司空，尚书右仆射褚渊担任护军将军，加任中领军刘勔为右仆射。宋明帝刘彧颁下诏令命褚渊、刘勔与尚书令袁粲、荆州刺史蔡兴宗、郢州刺史沈攸之同时接受遗嘱。褚渊一向和萧道成友好，便向宋明帝刘彧推荐他，宋明帝刘彧于是又下诏任命萧道成为右卫将军，兼任卫尉，与袁粲等共同掌管机密大事。当天晚上，宋明帝刘彧驾崩。庚子日（十八日），太子刘昱登上皇位，大赦天下。当时苍梧王刘昱才年仅十岁，袁粲、褚渊共同执政，一改太宗时期奢侈的风尚，致力于节俭，以挽救前朝积聚下来的弊端，但阮佃夫、王道隆等人玩弄权术，贿赂公然实行而不能禁止。

乙巳日（二十三日），宋国朝廷任命安成王刘准担任扬州刺史。

五月，戊寅日（二十七日），宋国在高宁陵安葬明皇帝刘彧，庙号太宗。六月，乙巳日（二十四日），尊奉皇后为皇太后，立妃江氏为皇后。

秋季，七月，柔然部帅无卢真率三万骑兵入侵魏国敦煌，镇将尉多侯击败他们。尉多侯，是尉眷的儿子。无卢真又入侵晋昌，也被守将薛奴击败。

戊午日（初七），魏孝文帝拓跋宏到达阴山。

戊辰日（十七日），宋国后废帝刘昱尊奉母亲陈贵妃为皇太妃，并把各王太妃称为太姬。

右军将军王道隆认为蔡兴宗刚强耿直，淡泊名利，自己并不想身居上位，闰月，甲辰日（七月无此日），任命蔡兴宗担任中书监，改任沈攸之为都督荆、襄等八州各军事、荆州刺史。蔡兴宗拒绝，请求辞去中书监的职位，但不被接受。王道隆经常到蔡兴宗住的地方，放轻脚步悄悄地走到前面，不敢坐到席子上，经过一段时间才离去，但蔡兴宗却始终不招呼他坐下。

沈攸之认为自己的才能见识胜过他人，自从到夏口以来，就暗地里密谋反叛的计划。等他被调任到荆州，事先挑选郢州精锐的人马和武器跟随自己，到任后，就以讨伐蛮人的名义，充实兵力，招聚勇士，严明整顿军队，经常是如临大敌的气势。并加重赋税来制造武器盔甲，留下旧时要供应给台城的武器，畜养两千多匹马，制造将近一千艘战舰，粮仓、府库无不充满。经过荆州的士子、商人多被留下；四方逃命的人，多归属躲藏到荆州，来拥护沈攸之；他的部下如果有人逃亡，无论远近，一定要追到。他施行专横的行政措施，不再承认朝廷的符敕命令，而朝廷既怀疑他，又害怕他。他为政凶暴，有时会鞭打士大夫；高级军官以下，则当面辱骂。但吏治清明，部下不敢有任何欺瞒；治安良好，境内没有盗贼，夜不闭户。

沈攸之厉害地勒索各蛮族，又禁止五溪的鱼盐，蛮人最后由怨恨变为想要反叛。酉溪蛮王田头拟死后，弟弟田娄侯篡位自立为王，而田头拟的儿子田都则逃跑到獠族中。于是各蛮人部落大乱，一直抢夺到武陵城下。武陵内史萧嶷派队主张英儿打败他们，杀掉田娄侯，立田都为王，各蛮族才稳定下来。萧嶷，是萧赜的弟弟。

八月，戊午日（初八），乐安宣穆公蔡兴宗去世。

九月，辛巳日（初二），魏孝文帝拓跋宏回到平城。

冬季，十月，柔然入侵魏国，到达五原。十一月，太上皇拓跋弘亲自攻打讨伐，将要北度沙漠，但是柔然已经向北逃了数千里，太上皇拓跋弘才回到平城。

丁亥日（初九），魏孝文帝拓跋宏封太上皇的弟弟拓跋略为广川王。

己亥日（二十一日），宋国朝廷任命郢州刺史刘秉担任尚书左仆射。刘秉，是刘道怜的孙子，他虽然性情温和懦弱，没有才干，但在宗室中有清高的名声，所以袁粲、褚渊引进他。

中书通事舍人阮佃夫，加任给事中、辅国将军后，权力逐渐膨胀，并要任用他所亲近的吴郡人张澹担任武陵郡太守。袁粲等都不同意，阮佃夫就以皇帝的命令强制执行，袁粲等人因而不敢再反对。

魏国有关部门向朝廷奏报：全国共有一千〇七十五所祭祠，每年要有七万五千五百头牲畜用于祭拜。太上皇拓跋弘讨厌多杀生，便颁下诏令："从现在开始，除祭祀天地、宗庙、社稷之外，都不准使用牲畜，只用酒和肉干就可以。"

苍梧王上

元徽元年（癸丑，公元473年）

春季，正月，戊寅朔日（初一），宋国改年号为元徽，大赦天下。

庚辰日（初三），魏国员外散骑常侍崔演来访问。

戊戌日（二十一日），魏太上皇拓跋弘调回在外打仗的军队，到达云中。

癸丑日（二月初六），魏国朝廷下令要求各郡守劝勉地方加强农业耕作；同一军队管辖区内，贫富之家要相互救助接济，家中有牛的，要借给没有牛的人家。如果不听从诏书，一家人全部终身不得做官。

戊午日（二月十一日），魏太上皇拓跋弘回到平城。

甲戌日（二月二十七日），魏国朝廷下诏令说："一个能够平定治理一县到没有盗贼程度的县令，可以同时统领治理两个县，并同时多一县的俸禄；能够平定治理两县到没有盗贼的程度，可以同时统领治理三县，三年内可以升迁为郡太守。二千石的郡守能够平定治理两郡，乃至三郡，比照相同的例子，三年内可以升迁为刺史。"

宋桂阳王刘休范，能力平庸，不会说话，也没有什么知识，因此哥哥们不把他当作兄弟对待，百官也没有倾向他的心思，所以在太宗刘彧末年，刘休范能够免去灾祸。到了刘昱登上皇位，因为他还幼小，皇族以外的士人可以参与政权，近臣也独揽大权，所以刘休范就认为自己高贵，无人可比，应该做宰相，但又不如愿，因此心中很是怨恨愤懑。典签新蔡人许公舆替他想主意，要刘休范对贤者以礼相待，对学者尊敬，送给厚重的礼物，于是远近来投归的人一年以万计；他便收养勇士，制造武器。朝廷知道他有二心，也暗地防备。正好夏口缺少刺史，朝廷认为该地位于寻阳上游，应该由心腹官吏掌握。二月，乙亥日（二十八日），朝廷任命晋熙王刘燮为郢州刺史。当时刘燮才四岁，就任命黄门郎王奂担任长史，执行府州的政治事务，配合军力，镇守夏口，又害怕上任经过寻阳时被刘休范所劫留，就从太湫径直抵夏口。刘休范知道这个消息后，极为愤怒，就秘密地与许公舆计划偷袭建康；他上表要修筑城池，但却把城墙板材拆下收藏。王奂，是王景文哥哥的儿子。

吐谷浑王拾寅入侵魏国浇河，夏季，四月，戊申日（初二），魏国任命司空长孙观为大都督，出兵讨伐。

魏国任命孔子第二十八代孙孔乘担任崇圣大夫，赐给十户人家以供洒扫并服劳役。

秋季，七月，魏孝文帝拓跋宏下诏："河南六州人民，一户征收一匹绢，一斤绵，三十石谷子。"

乙亥日（初一），魏孝文帝拓跋宏到达阴山。

八月，庚申日（十六日），魏太上皇拓跋弘到达河西。

长孙观率兵攻入吐谷浑境内，抢割他们秋天成熟的谷子。吐谷浑王拾寅处境困窘，情急之下请求投降，派儿子斤进入平城作为人质，从此每年向魏国进献贡品。

九月，辛巳日（初八），太上皇拓跋弘回到平城。

宋国派使者访问魏国。

冬季，十月，癸酉日（三十日），宋国将南兖、豫州部分土地分割出来，另外设立州治在钟离的徐州。

魏太上皇拓跋弘将率兵入侵宋国，颁下诏令说："在州郡的人民中，十个男子取一个人入伍，一户征收五十石谷子以备军事需要。"

魏武都氐族人反叛魏国，攻打仇池，魏国朝廷命令长孙观从吐谷浑调回军队讨伐氐人。

武都王杨僧嗣在葭芦去世，他的堂弟杨文度自立为武兴王，并派使者向魏国投降，魏国任命杨文度担任武兴镇将。

十一月，丁丑日（初四），宋国尚书令袁粲因为母亲丧事而离职。

癸巳日（二十日），魏太上皇拓跋弘南巡，到达怀州。枋头镇将代人薛虎子，早先被冯太后贬谪罢黜为门士，当时山东发生饥荒，盗贼四起，相州人民孙诲等五百人称薛虎子镇守相州时，境内平静，就请求再派薛虎子，太上皇拓跋弘于是又任命薛虎子担任枋头镇将，当天就上任。后来，冀、相、怀等州都没有了盗贼。

十二月，癸卯朔日（初一），天空出现日食。

乙巳日（初三），宋国江州刺史桂阳王刘休范升任为太尉。

宋后废帝刘昱颁下诏令起用袁粲，以卫军将军之名代理原来的职位，但袁粲坚持拒绝。

壬子日（初十），柔然入侵魏国，柔玄镇二部敕勒人起来响应。

魏国有十一州发生水灾和旱灾，相州有两千八百多人民饥饿而死。

这一年，魏国反抗者刘举召集郡内的群众，自命为天子。齐州刺史武昌王拓跋平原攻击并杀了他。拓跋平原，是拓跋提的儿子。

元徽二年（甲寅，公元474年）

春季，正月，丁丑日（初五），魏太尉源贺因为生病被免职。

二月，甲辰日（初三），魏太上皇拓跋弘回到平城。

三月，丁亥日（十六日），魏员外散骑常侍许赤虎到宋国访问。

夏季，五月，壬午日（十二日），桂阳王刘休范反叛朝廷，掠夺人民的船只作为原料，并依照各军各队的多寡准备船只，交给船工模板，与军队合力打造船只，没有几天就完成造船任务。丙戌日（十六日），刘休范率两万士兵和五百骑兵从寻阳出发，日夜赶路，把文书交给朝廷各执掌政事的官吏，说："杨运长、王道隆迷惑先帝（刘彧），使建安王、巴陵王无罪被杀，希望你们能够逮捕这两个奴才，来拜谢冤屈的灵魂。"

庚寅日（二十日），大雷守军指挥杜道欣骑马顺江奔驰把事故通报到建康，朝廷惊慌害怕。护军褚渊、征北将军张永、领军刘勔、仆射刘秉、右卫将军萧道成、游击将军戴明宝、骁骑将军阮佃夫、右军将军王道隆、中书舍人孙千龄、员外郎杨运长，都集合在中书省商议，没有人讲话。萧道成说："从前长江上游的反叛者（刘义宣、刘子勋），都因为进军缓慢而失败，刘休范一定能从以前的错误中得到教训，军队轻装急速而下，趁着我军没有准备的时机发起进攻。现在应变的方法，是军队不应远出迎战，如果部分军队失去纪律，那么众人军心就会动摇。应该驻扎在新亭、白下，坚持守卫皇城、东府、石头，以等待叛军。他们孤军从千里而来，后面没有补给，又不能进行战斗，时间一长自然会瓦解。我请求带领军队守卫新亭，来抵挡叛军的先锋，而征北将军守卫白下，领军屯守驻扎在宣阳门，以调动各军，而其他各位就安坐在殿中，不需要争先恐后地外出，最后我一定可以攻破贼人。"说完就取来笔写下决议，其他的人都签注"同意"。孙千龄暗地与刘休范私通，独自说："应该依旧派军占据梁山。"萧道成沉下脸说："敌人已经接近梁山，怎么能够做到！新亭是一个重要的军事据点，如果不保，我当会以死报国。平时可以不坚持我的意见，现在不得不如此！"起身转头对刘勔说："领军已经同意我的建议，不可更改！"袁粲知道情况危难，被牵扶着进入宫殿。当天，宫内外全部戒严。

萧道成率前锋出发驻守新亭，张永驻守白下，前南兖州刺史沈怀明驻守石头，袁粲、褚渊守卫宫内台省。因时间仓促，事情紧急，所以来不及分发武器，于是就打开南北二武库，由将士随意拿取。

萧道成到达新亭，修筑城墙的工事还没有完成。辛卯日（二十一日），刘休范的前锋部队已经到达新林。萧道成为安定军心，就脱掉衣服悠闲地躺着，并从容地取象征帝王的白虎幡挂起。他登到西城上，派宁朔将军高道庆、羽林监陈显达、员外郎王敬则率水兵和刘休范军作战，消灭了不少叛军。壬辰日（二十二日），刘休范到达新林并离船上岸。他的将领丁文豪请求刘休范径直攻打台城，但刘休范派丁文豪的副将率兵攻打台城，而自己率大军攻打新亭城堡。萧道成则率将士从巳时到午时，全力抗战，攻城的兵势越来越盛大，城内众人都面露惊色。萧道成对士兵说："贼人虽然数量多却秩序杂乱，不久就可以打败贼人。"

身穿白衣的刘休范坐着轿子，登上新亭城南的临沧观向远方眺望，这时只有几十个人在他身边防备守卫。屯骑校尉黄回和越骑校尉张敬儿计划用假意投降的方法来偷袭他。黄回对张敬儿说："你可以动手去做，但我发誓不杀桂阳王。"张敬儿向萧道成报告。萧道成说："你如果能杀掉刘休范，我就奖赏你担任本州（雍州）刺史。"于是张敬儿就同黄回一起从城南出来，丢下武器，大叫投降。刘休范大喜，把他们召集到轿边。黄回假装说萧道成要投降的秘事。刘休范信以为真，便把两个儿子刘德宣、刘德嗣送给萧道成作为人质，他的两个儿子一到新亭，立即被萧道成斩杀。刘休范让黄回、张敬儿跟随在他左右，他所亲近宠信的李恒、钟爽劝告阻止，但他不听。当时刘休范天天喝醉酒，一天，黄回看他没有防备，便用眼神暗示张敬儿，张敬儿立即上前夺下刘休范的防身刀，斩下刘休范的头，左右侍从都惊慌散走。张敬儿骑马拿头奔回新亭。

萧道成派队主陈灵宝把刘休范的头送回台城。未料在途中遇到刘休范的士兵，情急之下只得把头丢到水中，最后脱身到达台城，高叫"已经平定叛乱"，但是因为没有证据，大家都不相信。刘休范的将士也不知道刘休范被杀的消息，将领杜黑骡猛烈进攻新亭。这时，萧道成在射堂，刘休范的司空主簿萧惠朗率由数十人组成的敢死队冲破东门，到达射堂下。萧道成上马，率众人奋战，打退萧惠朗，萧道成才又占据新亭城。萧惠朗，是萧惠开的弟弟，他的姐姐是刘休范的妃子。萧惠朗的哥哥黄门郎萧惠明，当时担任萧道成的军副，也在新亭城内，萧道成对萧惠明没有一点儿疑惑之心。

萧道成和杜黑骡从傍晚到天亮一直对战，箭石没有停歇过。晚上，因为下大雨，听不到击鼓的声音，将士整天没吃没睡，军中战马夜惊并在城内乱跑。萧道成拿着蜡烛正襟而坐，严厉加以呵斥。这种情形前后共发生四次。

丁文豪在皂荚桥打败朝廷军，并径直追赶朝廷军到朱雀门浮桥南岸；杜黑骡也放弃攻打新亭，向北奔向朱雀门；右军将军王道隆率羽林精兵在朱雀门内，急忙召回在石头的鄱阳昭公刘勔。刘勔到达后，命令撤走朱雀浮桥，来阻挡南岸敌军的攻势，王道隆愤怒地说："贼人已经到达，应该进行攻击，怎么可以自己拆毁浮桥示弱呢？"刘勔不敢再说，王道隆催促他迎战，刘勔渡到浮桥以南，最后战败而死。杜黑骡等乘胜渡过淮水，王道隆舍弃众人逃回台城，被杜黑骡追兵所杀。黄门侍郎王蕴受重伤，跌倒在御沟边，有人扶起他才幸免于难。王蕴，是王景文哥哥的儿子。此时朝廷内外异常惊慌，路上都传说："台城已经被攻陷落入敌军之手了！"白下、石头的军队立时崩溃，张永、沈怀明逃回宫中，接着又传说新亭也陷落。太后拉着宋后废帝刘昱的手哭着说："天下败了。"

在此之前，月亮掩盖右执法星，太白金星掩盖上将星的光芒，有人劝刘勔辞职。刘勔说："我的存心和行为，无愧天地，如果灾祸一定要到，怎么能躲避得了？"刘勔晚年相当高洁，建筑名叫东山的园林住宅，抛弃俗世事务，遣散部队。萧道成对刘勔说："将军接受先帝遗诏，辅助年幼的君主。在这艰难的日子，却生活悠闲，遣回部下，如果一旦有急事，将会后悔莫及。"但刘勔不听，后来果然失败而亡。

甲午日（二十四日），抚军长史褚澄打开东府门接纳南军，占据东府拥护安成王刘准，声称桂阳王刘休范叫他说："安成王，是我的儿子，不可以侵犯。"褚澄是褚渊的弟弟。这时，中书舍人孙千龄打开承明门从小路进到杜姥宅向杜黑骡投降。皇宫中恐惧慌张的气氛迅速蔓延，当时府库的金钱已经枯竭，太后、太妃就拿出宫中的金银器物来奖赏身边的士兵，但士兵并没有作战的斗志。

不久丁文豪的士兵知道刘休范已死的消息，就渐渐地萌生退散的心思。丁文豪厉声叫道："难道我就不能自己平定天下吗？"许公舆假传桂阳王在新亭，士民惊慌害怕，有好几千人到萧道成的阵地投放名片请求投降。萧道成把请降的名片都给烧了，登上新亭北城对众人说："刘休范父子昨天已经被杀，尸体在南冈下，我是平南将军萧道成，各位看清楚，名片都已经被烧掉，因此不要忧虑害怕！"

萧道成派陈显达、张敬儿和辅师将军任农夫、马军主东平人周盘龙等率兵从石头渡淮河，然后从承明门进入保卫皇宫。袁粲慷慨地对各位将领说："现在贼人已经逼近，但是众人之心消沉沮丧，没有作战的斗志，我接受先帝的托付保卫国家，现在却不能安定国家，请求能够和各位一起为国家效忠而死！"说完就披上战甲骑上马，向前冲去。陈显达等人也带领士兵出去迎战，在杜姥宅大败杜黑骡，但陈显达被飞箭射穿眼睛。丙申日（二十六日），张敬儿等人又在宣阳门打败杜黑骡并斩杀杜黑骡和丁文豪，进占东府，其余刘休范的余党都被平定。最后，萧道成整顿军队，回到建康，人民沿路围过来观看，说："保全国家的，就是这一位！"萧道成和袁粲、褚渊、刘秉都呈上奏表把过失归于自己，请求辞职，但宋后废帝刘昱不答应。丁酉日（二十七日），解除戒严，大赦天下。

柔然派使者到宋国访问。

六月，庚子日（初一），宋后废帝刘昱任命平南将军萧道成担任中领军、南兖州刺史，留守建康，与袁粲、褚渊、刘秉每日轮流值班裁决政治事务，号称"四贵"。

桂阳王刘休范想要反叛时，命道士陈公昭作《天公书》，在书中题写"沈丞相"，再送到荆州刺史沈攸之门下。沈攸之不拆开看，直接押解陈公昭，送给朝廷。当刘休范起兵反叛时，沈攸之对部属说："桂阳王一定会宣称我响应他的举动。如果我没有起兵援助君主的行为，一定会增加朝野对我忠心的怀疑。"于是他就与南徐州刺史建平王刘景素、郢州刺史晋熙王刘燮、湘州刺史王僧虔、雍州刺史张兴世一起起兵讨伐刘休范。刘休范留下中兵参军毛惠连等留守寻阳，而刘燮派中兵参军冯景祖袭击寻阳。癸卯日（初四），毛惠连等打开城门请求投降，杀掉刘休范两个儿子，其余各州都撤去士兵。刘景素，是刘宏的儿子。

乙卯日（十六日），魏国朝廷下诏说：“小民凶狠残暴，都不顾念是否会连累亲戚；一人作恶，要使满门遭殃。我作为人民的父母，深深地怜悯他们。从今以后，除谋反、叛逆、通敌三罪之外，犯罪只置办本人。”于是魏国开始撤除杀满门和满房的严酷刑罚。

魏显祖拓跋弘为政勤奋，奖罚分明，谨慎选择地方的主官，晋升廉洁的官吏而罢黜贪污的官吏。旧时多在上奏时决定各官署的疑惑案件，而且由皇帝口传命令，以至于有时会出现官吏擅自作假的事件。现在太上皇拓跋弘无论大小案件，都要依据法律来确定罪名，没有因为疑惑而请求裁决的奏事，如果符合法律就批示可以；不符合，就驳回重新审定，而且全用墨笔手写。从此案件都裁决得仔细谨慎。他尤其重视刑罚，死刑大多一再反复审问，以致有的人被囚禁多年而没有判决。群臣对此多有闲言碎语。太上皇拓跋弘说：“拖延判决人犯的确不是好的办法，但是比仓促间错误地判决要好吧！人在囚禁中受到痛苦，就会有想要做好事的欲望，所以有见识的人都会认为监牢是一个可以造福于人的教育场所。我认为受刑的人的确很辛苦，所以要使他们悔改，然后加以宽恕！”从此犯人虽然被囚禁的时间较久，但判刑多合适恰当。他又认为颁布大赦令会助长犯罪事件的发生，所以从延兴年间以后，就不再实行大赦。

秋季，七月，庚辰日（十一日），宋后废帝刘昱立弟弟刘友为邵陵王。

乙酉日（十六日），宋后废帝刘昱加封荆州刺史沈攸之开府仪同三司，沈攸之坚决推辞。执行政事的大员想要征召沈攸之回京，但又害怕自己下命令他不听，于是就用太后的命令派中使对沈攸之说：“您久久在外辛苦劳累，现在应该返回京师。您还担负重要的职责，并不会减轻。愿意与否，任由您选择。”沈攸之说：“臣不是国家栋梁之材，久居朝中，能力实在不配。至于讨伐攻打蛮、蜑，平定江、汉，则不敢夸耀。虽然以上是这样说，但去留全凭朝廷的命令。”于是朝廷就打消了调动他的意思。

癸巳日（二十四日），柔然入侵魏国敦煌，尉多侯率兵击败他们。魏国尚书呈上奏书称：“敦煌位置偏远，在西方吐谷浑和北方柔然两个强大的敌人之间，恐怕不好守卫，臣请求把人内迁，并入凉州。”大臣们商议后都认为是对的。只有给事中昌黎人韩秀独自以为：“敦煌的设置，已经很久，地方虽然接近强大的敌人，但是人民已经习惯战斗，即使发生小的动乱，也不足成为大害。平常驻守的力量已经足够自保；并且能截断西、北两方敌人，使他们不能相互通信。现在如果内迁凉州，不仅削小国土面积，而且姑臧距离敦煌有一千多里路，巡逻很困难，两敌一定会共同谋划，成功实现暗中观望我们的野心。如果骚扰到了凉州，那么关中也就不能平静。如果有的军民留恋本土，不愿离开，而招引外来的寇贼，就将成为国家的深重忧患，不可不加以深思熟虑。”于是就停止从敦煌撤离的计划。

九月，丁酉日（二十九日），宋后废帝刘昱命尚书令袁粲担任中书监，兼司徒，加任褚渊为尚书令，刘秉为丹杨尹。袁粲坚决推辞，请求回家守孝，但最终不被允许。

褚渊任命褚澄担任吴郡太守，司徒左长史萧惠明就在朝廷公开指责褚渊说：“褚澄曾经打开城门接纳盗贼，现在竟然还可以主宰一个大郡；王蕴用力作战几乎战死，却抛弃不任用，赏罚这样不公，国家怎么不会乱呢！”褚渊听后觉得有道理，很惭愧。冬季，十月，庚申日（二十三日），任命侍中王蕴担任湘州刺史。

十一月，丙戌日（十九日），宋后废帝刘昱加冠，大赦天下。

十二月，癸亥日（二十七日），宋后废帝刘昱任命皇弟刘跻担任江夏王，刘赞担任武陵王。这一年，魏建安贞王陆馛去世。

三年（乙卯，公元475年）

春季，正月，辛巳日（十五日），宋后废帝刘昱祭祀南郊（天）、明堂（宗庙）。

萧道成认为襄阳是重镇，张敬儿的年龄幼小、地位卑微，就不想让他去。但张敬儿不断请求，对萧道成说："您也知道沈攸之在荆州是想做什么的，您如果不派我出去，以求内外防备，恐怕不符合您的利益。"萧道成只是笑着不说话。三月，己巳日（初四），他任命骁骑将军张敬儿担任指挥雍、梁二州各军事的都督及雍州刺史。

沈攸之听知张敬儿溯长江而上的消息，恐怕被偷袭，就暗地里进行防备。张敬儿到达襄阳后，奉承沈攸之，对他非常尊敬，一有动态就及时向他报告，并且派人不断地赠馈礼品。沈攸之认为张敬儿很有诚意，也给予他丰厚的酬报，并写信给张敬儿，邀请以游猎为名在荆州、雍州交界见面。张敬儿回信说："我们心中契合就如同已经相会，但形式上就不应该显露得太密切。"沈攸之因此就更加信任他。而张敬儿把这些事情的经过，都秘密报告给萧道成。萧道成给沈攸之写信，问："张敬儿雍州刺史的职位被撤换的日子，将要由谁来拟定？"沈攸之想要离间张敬儿和萧道成的关系就把信拿给张敬儿看。

夏季，五月，丙午日（十二日），魏孝文帝拓跋宏派员外散骑常侍许赤虎到宋国访问。

丁未日（十三日），魏孝文帝拓跋宏到达武州山；辛酉日（二十七日），到达车轮山。

六月，庚午日（初七），魏国开始禁止屠杀牛马的行为。宋国的袁粲、褚渊都坚决推辞新官。秋季，七月，庚戌日（十七日），宋国又任命袁粲担任尚书令。八月，庚子日（八月无此日），加任护军将军褚渊为中书监。

冬季，十二月，丙寅日（初六），魏孝文帝拓跋宏调动建昌王拓跋长乐担任安乐王。

己丑日（二十九日），魏国城阳王拓跋长寿去世。

宋国南徐州刺史建平王刘景素，为人孝顺友爱，心性纯正恬静美好，生活节俭朴素，又喜爱文学，以礼相待士大夫，因此有很好的声誉。宋太宗刘彧也特别喜爱他，用异于常人的礼数来对待他。当时宋太祖刘义隆的儿子都已经死光，孙子中只有刘景素年龄最大；而宋明帝刘彧凶狠狂妄不讲道德，因此朝廷内外都把希望寄托在刘景素身上。

宋后废帝刘昱外祖母家陈氏因此很厌恶刘景素，杨运长、阮佃夫等想要独揽大权，立年纪大的君主对他们不利，也想要除掉刘景素。因此刘景素的亲近将佐大多劝告刘景素起兵，只有镇军参军济阳人江淹反对，刘景素因此不高兴。这一年，防阁将军王季符因为得罪刘景素，独自骑马逃到建康，向皇帝报告刘景素造反。杨运长等就要发兵攻打讨伐，袁粲、萧道成认为不可以；刘景素也派世子刘延龄到朝廷求情。朝廷于是把王季符调到梁州，并撤销刘景素征（镇）北将军、开府仪同三司的职务。

资治通鉴卷第一百三十四　宋纪十六

起丙辰（公元476年），止戊午（公元478年），共三年。

【题解】本卷记录了苍梧王刘昱元徽四年至宋顺帝升明二年三年间刘宋与北魏等国大事：宋国刘景素起兵谋划废掉宋后废帝刘昱，兵败被杀；刘道欣怀疑沈攸之居心叵测，阻其东下，被沈攸之等所杀；刘宋宋后废帝刘昱性情乖张，肆意杀戮，被身边人所杀，萧道成夺得大权，改立安成王刘准为傀儡；沈攸之假借太后之命，发兵讨伐萧道成；袁粲等谋划在石头城起兵攻杀萧道成，兵败，袁粲父子被杀；沈攸之攻郢城，三月不克，返回江陵；沈攸之派兵一度攻得武昌、西阳二郡，后被击败；张敬儿杀死沈攸之的诸子孙，江陵平定，沈攸之得知，自杀身亡；萧道成在乱后启用王僧虔等人，让自己的儿子掌控重要之处，排除异己；萧道成急于谋取帝位，经王俭谋划，被授予特殊礼遇；魏国冯太后毒杀魏显祖拓跋弘，怨杀李䜣，夷灭李惠十余家。

苍梧王下

元徽四年（丙辰，公元476年）

春季，正月，己亥日（初九），宋后废帝刘昱举行春耕仪式，大赦天下。

二月，魏司空东郡王陆定国倚仗皇恩而违法乱纪，被免除官爵，成为士兵。

魏冯太后行为不端，因为男宠李弈被杀，而怨恨魏显祖拓跋弘，秘密下毒。夏季，六月，辛未日（十三日），魏显祖拓跋弘被毒死。壬申日（十四日），大赦境内，改年号为承明，在金陵下葬魏显祖拓跋弘，谥号为献文皇帝（按《魏书》《北史》都没有记载毒杀的事）。

魏大司马、大将军代人万安国因假托诏命杀害神部长奚买奴，而被赐死。

戊寅日（二十日），魏国任命征西大将军、安乐王长乐担任太尉，尚书左仆射、宜都王拓跋目辰担任司徒，南部尚书李䜣担任司空，冯熙担任侍中、太师、中书监，尊奉皇太后为太皇太后。冯熙认为自己是外戚，坚持请辞内廷的官职，才改任为都督、洛州刺史，仍担任侍中、太师。

因为魏显祖拓跋弘的牌位放在太庙进行祭祀，负责官吏奏报庙中祭祀的官吏，请求依照往例赐给爵位。秘书令广平人程骏上奏："帝王重视建封诸侯分给土地的事情。有的因为亲属有贤德的才能而被封，有的因为各种功劳而被封，但从来没有听说因为神主在太庙合祭，执事的官吏受封的事情。皇家的前例，只是一时的恩赐，怎么可以作为永远的法度规则呢？"太皇太后认为他的建议是正确的，就听从他，并对大臣们说："凡是讨论政治事务，要依照的是旧时法制中的正确言论，怎么能够只依照前例！"就赏赐给程骏一套衣服，二百匹帛。

魏国的太皇太后天性聪明，读过书，能计算，通晓政事，衣着俭朴，餐食减去往例的十分之七八，但善于猜疑和妒忌，多能想出随机应变的计策。魏高祖拓跋宏天性极为孝顺，能迎合心意求得欢心，无论大小事务，都依赖太皇太后决定。后来，太皇太后常常独自裁定事件，不再向皇帝表白。她所宠幸的宦官高平人王琚、安定人张祐、杞嶷和冯翊人王遇、略阳人苻承祖、高阳人王质，都依仗宠幸掌握大权，其中，张祐官职做到尚书左仆射，封新平王；王琚官职做到征南将军，封高平王；杞嶷等人也做到侍中、吏部尚书、刺史，封为公、侯等爵位不等，并得数万赏钱，被赐铁券，准许不被处死。还有，太卜令姑臧人王睿也得太皇太后的宠幸，提升到侍中、吏部尚书，封爵为太原公。秘书令李冲，虽然因为才能而被任用，实在也是私宠，得到多得不可计算的赏赐。东阳王拓跋丕、游明根等，都获得非常优厚的赏赐，每次褒奖赏赐王睿等人时，就同时把拓跋丕等列入，来表示自己不偏心。拓跋丕，是烈帝拓跋翳槐的玄孙；李冲，是李宝的儿子。

魏国的太皇太后认为自己行为不好，害怕人议论自己，因此属下说的话只要稍有被怀疑猜忌，就命人把他给杀掉。而她所宠幸的左右，如果犯下小的过错，一定会加以鞭打，有时打到一百多下；但没有隔夜的仇怨，第二天马上就像往常一样恩赐，甚至因此而更加富贵，所以左右侍从虽然被体罚，却始终没有人离心。

乙亥日（十七日），宋后废帝刘昱加任萧道成为尚书左仆射，刘秉为中书令。

杨运长、阮佃夫等人更加妒忌仇恨建平王刘景素，刘景素于是就和录事参军陈郡人殷沵、中兵参军略阳人垣庆延、参军沈颙、左暄等谋求保护自己的方法，派人往来于建康，结交有才能和实力的人。冠军将军黄回、游击将军高道庆、辅国将军曹欣之、前军将军韩道清、长水校尉郭兰之、羽林监垣祗祖，都暗地和刘景素共同谋划，还有不得志的军人，也都归附刘景素。当时宋后废帝刘昱喜爱独自在郊野游玩，曹欣之计划占据石头城，等待宋后废帝刘昱外出再发动政变。高道清、郭兰之游说萧道成趁着宋后废帝刘昱夜出时，加以逮捕，来迎接刘景素，萧道成如果不听从，便立即给予处置。刘景素每次都加以禁止，让他们暂缓行动。杨运长、阮佃夫稍微知道这件事，就派北方人周天赐假装投奔刘景素，劝告刘景素立即出兵。刘景素知道是假，就斩杀周天赐，并把他的头送回台城。

秋季，七月，垣祗祖率数百人从建康投奔京口，说京师已经溃败散乱，劝告刘景素赶快率兵进入。刘景素相信，于是，戊子日（初一），在京口起兵，有数以千计的士民响应。杨运长、阮佃夫获知垣祗祖反叛逃走的消息，就命令建康戒严。己丑日（初二），宋后废帝刘昱派骁骑将军任农夫、领军将军黄回、左军将军兰陵人李安民率步兵，右军将军张保率水兵，前去讨伐攻打刘景素。辛卯日（初四），又派南豫州刺史段佛荣担任都统。萧道成知道黄回有二心，所以就派李安民、段佛荣与他同行。黄回私下告诫士兵："如果在路上遇到京口兵，不准与他们交战。"萧道成则屯扎驻守在玄武湖，冠军将军萧赜镇守东府。

始安王刘伯融、都乡侯刘伯猷，都是建安王刘休仁的儿子。杨运长、阮佃夫忌讳他们年纪较大，就假颁诏书赐他们自杀。

刘景素要切断竹里，来抵抗台军。垣庆延、垣祗祖、沈颙都说："现在天气干燥炎热，把远道而来的疲惫台军引来，用我们的安逸对待他们的疲劳，就可以一战而胜。"殷沵等一再力争，但都没有用。任农夫等到达京口，放火焚烧市邑。垣庆延等各自观望，都没有斗志。刘景素本来就缺乏谋略，这时惊慌害怕到不知怎么办的程度，黄回受到段佛荣的牵制，而且看到京口军队势力衰弱，也不敢率兵发动攻击。

张保率水军停泊在西渚，刘景素左右数十名勇士，相约以死相拼，进击水军。甲午日（初七），张保作战失败而死，但因各将领不能相互支援，以至于又被台军所击败，台军已经逼近城下，沈颙先率士兵逃走，垣祗祖也跟着逃走，其余各军相继奔跑退回，只有左暅在万岁楼下与台军尽力作战，但因所配属的兵力太少，不敌而崩溃分散。乙未日（初八），朝廷的军队攻下京口，黄回的军队先进入城池，因为事先有不杀诸王的誓言，而把刘景素交给殿中将军张倪奴处置，张倪奴逮捕了刘景素，并一起斩杀了他和三个儿子。同党垣祗祖等数十人都被斩杀。萧道成放过了黄回、高道庆，并不追问，像平日一样安抚，这一天，解除戒严。丙申日（初九），大赦天下。

起初，巴东建平蛮族叛反宋国，沈攸之派士兵攻打讨伐。等到刘景素反抗台城，沈攸之就急切地追回长江峡谷军队，奔跑赶赴建康。巴东太守刘攘兵、建平太守刘道欣怀疑沈攸之有叛变的计谋，就带兵切断峡谷，不放沈攸之军队顺江而下。刘攘兵儿子刘天赐担任荆州西曹，沈攸之派他向他父亲解释。刘攘兵知道刘景素是真的造反，于是就向沈攸之解甲谢罪，沈攸之像平常一样对待他。刘道欣仍然坚守建平，刘攘兵加以解说，不听，就和讨蛮的军队，一起攻杀刘道欣。

甲辰日（十七日），魏孝文帝拓跋宏追尊他的母亲李贵人为思皇后。

八月丁卯日（初十），宋后废帝刘昱封皇弟刘翙为南阳王，刘嵩为新兴王，刘禧为始建王。

同月庚午日（十三日），宋后废帝刘昱任命给事黄门侍郎阮佃夫担任南豫州刺史，留下守卫京师。

九月戊子日（初二），宋朝廷赐死骁骑将军高道庆。

冬季，十月辛酉日（初五），宋朝廷任命吏部尚书王僧虔担任尚书右仆射。

十一月戊子日（初三），魏孝文帝拓跋宏任命太尉、安乐王拓跋长乐担任定州刺史，任命司空李䜣担任徐州刺史。

顺皇帝

升明元年（丁巳，公元477年）

春季，正月乙酉朔日（初一），魏国改年号为太和。

同月己酉日（二十五日），略阳氐王元寿集合五千多家群众，自称为冲天王，反叛魏国。二月辛未日（十七日），魏国的秦、益二州刺史尉洛侯攻破王元寿。

三月庚子日（十七日），魏孝文帝拓跋宏任命东阳王拓跋丕为司徒。

夏季，四月丁卯日（十四日），魏孝文帝拓跋宏到达白登，壬申日（十九日），到达崞山。

起初，宋国的苍梧王刘昱在东宫，喜欢爬漆帐竿子，能爬到离地一丈多，并且又喜怒无常，斋内主帅没法禁止，宋太宗刘彧就让苍梧王的母亲陈太妃痛打他。到他即位后，对内害怕太后、太妃，对外害怕各大臣，所以不敢放纵。但从加冠以后，内外就逐渐没人管制了，经常出游。开始出宫时，还有整齐的仪仗队，不久后，就丢弃仪队车马，带领左右几人，有时到郊区，有时到街市。每次太妃都坐青盖牛车，跟在后面，来约束他们。但轻骑一下子就走了一二十里远，太妃就赶不上了，仪仗队也害怕灾祸就不敢追了，只能排着整齐的队伍，在旁边观看。

起初，宋太宗刘彧曾把陈太妃赐给宠臣李道儿当妾，不久之后被接回来，生了现在的小宋后废帝刘昱。所以小宋后废帝刘昱每次便服外出，就自称为刘统，或是李将军。经常穿着小裤衫，在军营官署的街道，到处走动；有时晚上住在旅店，有时白天睡在路上，至于那些低贱的奴仆，也和他们往来，有时候被怠慢侮辱，也欣然接受。所有低下的事，比如裁衣服、做帽子，一看就学会了；他从来没有吹过篪，但是一拿到竹管就吹得很和谐。京口刘景素被扑灭以后，刘昱更加骄纵，没有一天不出去的，晚上出去，清晨回来；清晨出去，晚上回来。随从的人都拿着矛，路上的行人无论男女和犬马牛驴，只要遇到就没有不受伤害的。百姓因此受到骚扰，商贩也都休业，于是白天关门，行人绝迹。钳子、锥子、凿子、锯子等工具都不离开身体，有稍微看不顺眼的人，就屠杀砍凿，如果一天不杀人，就闷闷不乐，殿省百官惊恐，饮食作息不定。阮佃夫跟直阁将军申伯宗等人，计划趁皇帝外出江乘射雉时，假传太后命令，把仪仗队叫来，关闭城门，命人捉拿皇帝，然后废掉，改立安成王刘准。事情被发觉，甲戌日（二十一日），刘昱逮捕阮佃夫等人，全部杀掉。

太后多次训斥宋后废帝刘昱，刘昱很不高兴。刚好端午节，太后赐给皇帝一柄羽毛扇，皇帝嫌弃扇子不漂亮，就让太医煮毒药，要毒死太后。左右的人阻止说：“如果这么做的话，你就要做孝子守孝，还怎么能出入外间嬉戏呢？”皇帝说：“你说的话很有道理！”这才没有做。

六月甲戌日（二十二日），有人检举散骑常侍杜幼文、司徒左长史沈勃、游击将军孙超之等人，说他们是阮佃夫的同谋，刘昱马上自率卫士，逮捕三家人，把他们全部杀死，并剖解切割肢体，连婴儿小孩都不放过。当时沈勃的亲人去世，他住在倚庐。皇帝左右护卫没有到，皇帝就舞刀独往。沈勃知道活不了，就用手来反拽着皇帝耳朵，骂道："你的罪过超过桀、纣，被人杀戮的日子已经不远了！"说着就被杀掉了。当天，宋国实行大赦。

宋后废帝刘昱曾经直接进入领军府。那时天气炎热，萧道成白天光着身子睡觉。皇帝让萧道成站在室内，在肚子上画箭靶，自己就拉弓要射肚子。萧道成收紧手板遮住说："微臣没有罪！"萧道成的左右王天恩说："领军的肚子大，是很好的箭靶，如果一箭就射死了，那以后就不能再射了，不如改为骨箭头来射。"皇帝就改用骨箭头射，正中肚脐，放下弓后大笑说："我的手法怎样？"宋后废帝刘昱嫉妒萧道成的威名，曾经亲自磨矛说："明天就要杀死萧道成！"于是陈太妃骂他说："萧道成对国家有功，如果杀死他，让谁为你尽力呢？"宋后废帝刘昱这才停止。

萧道成害怕，偷偷找袁粲、褚渊商讨废掉宋后废帝刘昱改立别人，袁粲说："皇上年纪小，犯小错容易改。伊尹、霍光废除太甲、昌邑王的事，不是乱世所能行的，纵然能够废立成功，最后也难保不动乱。"褚渊默不作声。领军功曹丹阳人纪僧真对萧道成说："朝廷现在猖狂，人人都不能自保。天下的威望，并不在袁、褚，长官（萧道成），怎么能坐以待毙。存亡的时机，希望能仔细考虑。"萧道成赞许他。

有人劝萧道成奔回南兖州州治广陵起事。萧赜是萧道成的世子，当时担任晋熙王的长史，主持郢州政事，萧道成想让萧赜带郢州兵东下长江，在京口会师。萧道成秘密派亲信刘僧副告诉他的堂兄代理青、冀二州刺史刘善明说："百姓都劝我到北方巩固广陵，恐怕不是长远的策略。现在秋风就要起，如果你能与担任东海太守的垣荣祖一同挑起魏军的行动，那么我的各项计划就能成功（可以征讨之名，率兵离去）了。”同时也告知东海太守垣荣祖。刘善明说：“宋家刘氏即将灭亡，愚智的人都知道，如果北方的敌人蠢动，反倒是您的忧患。您的神智英勇，功高盖世，应该安静等待，趁机奋发，事业自定，但不能远离根本，自留祸患。”垣荣祖也说：“领军府离台城很近，公然出逃，谁都会知道；但是如果单骑轻行，广陵人闭门不接纳，您要到哪里啊！您现在只要一离开脚下的床，恐怕就会有人敲台门打小报告，这样大事就完了。”纪僧真说：“虽然皇上无道，但是国家几代人立下的基础，还比较稳固。您百口的家人，不能全部北渡长江而去，即使得到广陵城，小皇帝深居皇宫，发号施令，全把你看作叛贼谋反，你怎么逃避！这不是万全的方法。”萧道成的族弟镇军长史萧顺之和萧道成次子骠骑从事中郎萧嶷，都认为：“小皇帝喜欢独自走路，如果从这方面去计划，就容易成功，如果在外州起兵，是很难成功的，只是让祖先坟墓受祸害而已。”萧道成这才停止了出逃的计划。

东中郎司马、代行会稽郡事李安民想奉江夏王刘跻在东方起兵，萧道成制止了他。

越骑校尉王敬则自行暗地交结萧道成，晚上穿着青色的衣服，在路上匍匐前进，替萧道成打听皇上的行动。萧道成让他秘密勾结宫中皇帝的近臣杨玉夫、杨万年、陈奉伯等十五人，观察可以下手的机会。

秋季，七月丁亥日（初六）晚，宋后废帝刘昱穿着便服走到领军府门前，他旁边的人说：“全府的人都在睡觉，怎么不爬墙进去呢？”宋后废帝刘昱说：“我今晚要在外地游玩，等明晚再说吧。”员外郎桓康等在萧道成的门间听见了这番话。

同月戊子日（初七），宋后废帝刘昱坐着无篷的车子，与近臣在台城的来冈赌跳踯的游戏，稍后仍到青园尼寺，晚上，就到新安寺偷狗，让昙度道人煮狗肉吃，喝醉酒后，就回到仁寿殿睡觉。平常杨玉夫很讨宋后废帝刘昱开心，但最近刘昱却突然讨厌他，一看到他，就咬牙切齿地说："明天一定要杀了这小子，挖取他的肝肺！"这天晚上，就让杨玉夫等人看天上织女星渡银河，说："看到它的话，一定要向我报告；如果看不到，就要杀了你！"当时宋后废帝刘昱出入宫中没有固定的时间，宫中的大门，晚上都不会关。厢下的官属害怕值班，就没人敢出来，卫士也都逃了，内外都不能相互支援。当天晚上，王敬则故意出殿，杨玉夫趁着宋后废帝刘昱熟睡，就跟杨万年取下宋后废帝刘昱的防身刀割下了他的头。命令正在两侧乐队里服务的乐工陈奉伯把宋后废帝刘昱的人头藏在袖中，照例行事，说宋后废帝刘昱要打开承明门外出，就把人头交给了王敬则。王敬则快速到领军府，敲门大喊。萧道成害怕苍梧王骗他，就不敢开门。王敬则把人头从墙上扔过去，萧道成用水洗干净看清后，就穿着军服乘马出去了，王敬则、桓康等人都紧随其后。入宫到承明门，假称宋后废帝刘昱外出归来，王敬则害怕门内人看到，就用刀环把窥视洞盖上，很急地叫开门，开门后就进去了。以前晚上的时候，苍梧王每次叫门，守门的都很害怕，不敢抬头看他，所以这一次也没有怀疑。萧道成进入殿中，殿中官员惊恐，一听到苍梧王已经死了，都大喊万岁。

己丑日（初八）早上，萧道成穿着军服走到殿庭的槐树下，用太后名义命令袁粲、褚渊、刘秉进殿商议。萧道成对刘秉说："这是你们刘家的事，怎么决定呢？"刘秉没有答复。萧道成的胡须上翘，眼光像闪电一样锐利。刘秉说："尚书的事情，可以交代；对于军事的处理，就全由领军（萧道成）决定。"萧道成假意推让袁粲，袁粲也不敢担任。王敬则拔出闪亮的刀，在床上跳着说："天下事都应该由萧公决定，如果敢有开口说一句的，血就要染上我的刀了。"拿起白纱帽戴在道成的头上，要求立刻即位，说："看现在谁还敢再动！大事就要趁热打铁！"萧道成呵斥他说："你不了解情况！"袁粲刚要说话，王敬则大声呼喝，这才没有说。褚渊说："没有萧公不能解决的！"拿着大家所要签注的议案交由萧道成决定。萧道成说："既然你们都不愿意接事，我就不好推辞了。"于是取下议案，准备好法驾，到东府城去迎接安成王刘准。那些手执长刀的武士围住袁粲、刘秉等人，不准他们一同前往，他们大惊失色，仓皇离开。刘秉出殿时，在路上遇见堂弟刘韫，刘韫下车前来问道："今天的事，不是应该由哥哥来负责吗？"刘秉说："我已经让给领军了。"于是刘韫就拍着胸悲愤地说："哥哥你还有血性吗？今年咱们就全要被灭族了。"

这一天，萧道成以太后的名义发布命令，一再斥责苍梧王的罪恶。说："我密令萧领军推行他英明的政略，安成王刘准，应该接管天下。"追立刘昱为苍梧王。仪仗队到东府门时，安成王刘准命令守门的不要开门，要等袁司徒到了才开。袁粲到了之后，刘准才进入宫中。壬辰日（十一日），安成王刘准即皇帝位，当时才十一岁，改年号为升明，实行大赦。把苍梧王刘昱埋葬在南郊祭坛西边。

魏国京兆康王拓跋子推去世。

甲午日（十三日），萧道成把自己的办事机构迁到了东府。丙申日（十五日），朝廷任命萧道成为司空、录尚书事、骠骑大将军；袁粲被调任中书监，褚渊加开府仪和三司；刘秉调遣尚书令，加中领军；任命晋熙王刘燮为扬州刺史。刘秉本来认为尚书重任，应该让宗室出任，天下才不会变动；但不久之后，萧道成总领军国大权，安插心腹，裁决自定，平素褚渊又附和他，刘秉和袁粲只能拱手让权。辛丑日（二十日），朝廷任命尚书右仆射王僧虔为仆射。丙午日（二十五日），朝廷任命武陵王刘赞为郢州刺史，萧道成兼任南兖州刺史。

八月壬子日（初一），魏国实行大赦。

癸亥日（十二日），宋顺帝刘准下诏，令袁粲驻守石头城。袁粲个性温和文静，每当有朝廷任命，经常坚辞，迫不得已才任职。现在他知道萧道成有不忠于刘宋的异心，为暗地里提防，他随即答应任命。

起初，宋太宗刘彧让自己的宠妃陈昭华（昭华为妃嫔名）抚养了顺帝刘准，戊辰日（十七日），宋顺帝刘准封昭华为皇太妃。

丙子日（二十五日），魏国皇帝拓跋宏下诏："工商、奴隶，都有不同的身份，但是负责官吏浮滥，让工商、奴隶出身的人混进高贵的阶级，从今往后属于工役户的人，官只能做到本部丞，但如果有重要功劳，不在此限制。”

萧道成坚持让出了司空；庚辰日（二十九日），宋国朝廷任命他为骠骑大将军、开府仪同三司。

九月乙酉日（初五），魏国更改了法令。

同月戊申日（二十八日），宋国朝廷任命杨玉夫等二十五人为侯、伯、子、男。

冬季，十月，氐族主帅杨文度派他弟弟杨文弘攻击魏仇池城，并攻陷。

起初，魏国徐州刺史李䜣，在魏显祖拓跋弘时担任仓部尚书，信任卢奴县令范檦。李䜣的弟弟左将军李瑛劝他哥哥说：“范檦能用媚色来侍奉人，凭借财物来利用人，轻视道德，注重势力，听他的话很甜美，但他的行为却很奸邪，如果不早和他断绝往来，将后悔莫及！”李䜣没有听弟弟的劝告，重要的事，都告诉给了范檦。

魏国尚书赵黑跟李䜣都受到魏显祖拓跋弘的宠幸，一起掌控选部，李䜣因为私心任用心腹为刺史，赵黑向魏显祖拓跋弘告发了李䜣，因此两人就有了矛盾。不久，李䜣就揭发先前赵黑在任监藏时，盗用官财，赵黑因此被贬为守门者。赵黑痛恨李䜣，为此吃不下，睡不着。刚过了一年，赵黑就又被任侍中、尚书左仆射兼选部。

魏显祖拓跋弘去世后，赵黑就报告冯太后，说李䜣专权，并调李䜣为徐州刺史。范檦知道太后怨恨李䜣，于是就在太后面前诬告李䜣在外造反。太后就把李䜣召到平城审问，李䜣回答说没有，太后就让范檦做证。李䜣向范檦说：“现在你诬告我，我还能说什么？但是你从我这儿得到这么厚重的恩惠，怎么这么忍心？”范檦说：“我受你的恩惠，怎么能比得上你受李敷的恩呢？你都忍心对付李敷，我怎么不能忍心对付你？”李䜣叹息说：“我当初没听李瑛的话，这时后悔也来不及了！”赵黑在中间又罗织他的罪名。丙子日（二十六日），冯太后下令杀掉李䜣和他的儿子李令和、李令度。从此，赵黑才吃得下，睡得着了。

十一月癸未日（初三），魏国征西将军皮欢喜等三位将军带兵四万攻击杨文弘。

同月丁亥日（初七），魏国怀州的百姓伊祁苟自称是尧的后代，把群众聚集在重山反击魏国的统治。洛州刺史冯熙征讨他们。冯太后要杀光全城百姓，雍州刺史张白泽劝告说："恶首逆党，都已经被杀死。城里哪里没有忠良的人呢？怎么能不问黑白，就都给杀死呢？"这才没有执行。

十二月，魏国皮欢喜的军队到了建安，杨文弘弃仇池城逃跑。

起初，沈攸之与萧道成在大明、景和年间一同轮值殿省，深相亲善，萧道成的女儿是沈攸之儿子中书侍郎沈文和的妻子。沈攸之在荆州时，直阁将军高道庆住在华容，请假回家路过江陵，因与沈攸之赌双陆发生争执，一怒之下，返回了建康，说沈攸之要造反，请求带领三千人突袭江陵。执政大员都觉得不行，萧道成还保证沈攸之不会叛变。杨运长等人讨厌沈攸之，暗地里与高道庆计划派刺客杀害沈攸之，但是没有成功。刚好苍梧王被杀，主簿宗俨之、功曹臧寅劝告沈攸之趁机起兵，沈攸之因长子沈元琰在建康任司徒左长史，所以不敢轻举妄动。臧寅，是臧凝之的儿子。

当时杨运长已经不在宫省，萧道成派沈元琰把苍梧王杀人刀具拿给沈攸之看。沈攸之觉得萧道成名声地位一直在自己的下面，但是现在却专制朝权，心里感觉不平，就对沈元琰说："我宁愿像王凌讨叛逆司马而死，也不愿像贾充一样依附叛逆司马而生。"但是来不及起兵，就上表祝贺，却趁机把自己的儿子沈元琰留在了江陵。

雍州刺史张敬儿，一直与沈攸之的司马刘攘兵关系友好，怀疑沈攸之要起兵，偷偷地问刘攘兵。但是刘攘兵没有说话，只寄给张敬儿一只马镫。张敬儿就做了防范。

沈攸之有十数行白绢书，经常藏在背心衣角里，说是宋明帝刘彧给他的约定。沈攸之就要起兵，他的妾崔氏劝告说："你年纪已经很大了，怎么能不替百口家人的生命打算？”沈攸之指着背心角给她看，并且又说是太后已经派来了使者，给了沈攸之蜡烛，他剖开蜡烛，得到了太后的手令，手令写道：“国家的事，就全托付给你了。”于是率领军队、移送檄文，派使者邀请张敬儿和豫州刺史刘怀珍、梁州刺史范柏年（梓潼人）、司州刺史姚道和、湘州行事庾佩玉和巴陵内史王文和一同起兵。张敬儿、刘怀珍、王文和都斩杀了使者，马上上表报告。王文和立即弃州城，奔走到夏口。范柏年、姚道和、庾佩玉都各怀两心，执观望态度。姚道和，是后秦高祖姚兴的孙子。

辛酉日（十二日），沈攸之派辅国将军孙同等相继顺江而下。沈攸之在命人送给萧道成的信中写道：“少帝刘昱昏庸狂大，你应该和各位大臣秘密商讨，一同报告太后，下令废除他。怎么能交结皇帝左右，亲自杀害，而且又不及时将少帝收殓停灵，让尸虫爬到门户呢？所有的臣下，谁不害怕？而且又废弃朝廷，安置亲信，宫廷门禁，都让你家控制。我不知霍光、诸葛亮帮助幼主的遗训难道就是这样的吗？既然你有贼心害宋氏的企图，我怎么能捐弃申包胥复国的节操呢？”朝廷知道后，很是害怕。

丁卯日（十八日），萧道成驻守朝堂，命令侍中萧嶷担任镇守东府，抚军行参军萧映驻守京口。萧映，是萧嶷的弟弟。戊辰日（十九日），朝廷内外严戒。己巳日（二十日），任命郢州刺史武陵王刘赞为荆州刺史。庚午日（二十一日），任命右卫将军黄回为郢州刺史，指挥前线各个军队，讨伐沈攸之。

起初，萧道成任命世子萧赜为晋熙王刘燮的长史，掌管郢州政事，制造武器，防备沈攸之。召集刘燮为扬州刺史，任命萧赜为左卫将军，跟刘燮一同从长江而下。刘怀珍对萧道成说：“夏口是重要据点，要使用适当的人。”萧道成就给萧赜写信说：“现在既然你要回朝廷，就应该选一个文武兼备并且跟你心意相合的人，成为你的后任。”萧赜就推荐刘燮的司马柳世隆来接任他。于是萧道成就任命刘世隆为武陵王刘赞的长官，掌管郢州政事。萧赜将离开时，对刘世隆说："一旦沈攸之发动兵变，烧毁夏口的船只，顺流向东，就不能制止。如果沈攸之不下长江的话，就留下攻打郢城，否则就难以一下攻占，你在城中攻击，我在城外夹击，他们一定会失败的。"到沈攸之起兵时，萧赜到了寻阳，没有看到朝廷有任何处理。部下大都想快速赶回建康，萧赜说："寻阳处在长江中游，靠近京师。如果留在湓口，对内屏障朝廷，对外援助夏口，占领好的形势，掌控西南，今天刚好路经停留此地，就是上天的安排。"有人觉得湓口城小难以巩固，左中郎将周山图说："现在占领中游，可以援助四方，不能把这小事当作困难，如果大家万众一心，这里的长江与群山都是我们的有利屏障。"庚午日（二十一日），萧赜守护刘燮驻守湓口，萧赜让周山图负责军事。周山图拦住行旅船只，拆船板建造瞭望高台，靠着树立水栅，十天就做好了准备工作。萧道成知道后，高兴地说："萧赜，不愧是我的儿子！"任命萧赜为西讨军指挥，萧赜推举周山图为副指挥。当时江州刺史邵陵王刘友驻守寻阳，萧赜认为寻阳城不能坚守，上表把刘友转移到湓口，一起驻守，留下江州别驾胡谐之（豫章人）驻守寻阳。

湘州刺史王蕴之前遇母丧而罢官回建康，走到巴陵时，与在江陵的沈攸之建立了紧密的联系。那时沈攸之还没有起兵，王蕴经过郢州时，想趁萧赜出来吊丧的机会进行劫杀，以便占据郢城。萧赜知道后，没有去吊丧。王蕴回到建康，到达东府时，又想趁着萧道成出来吊丧，来劫杀，萧道成也没有去吊丧。王蕴就与袁粲、刘秉偷偷谋杀萧道成，将帅黄回、任候伯、孙昙瓘、王宜兴、卜伯兴等也都参与了此事。卜伯兴，是卜天与的儿子。

萧道成开始知道沈攸之起兵时，亲自到石头城看望袁粲，袁粲回绝不见。通直郎袁达对袁粲说："不要对萧道成显出不一样的心志。"袁粲说："如果看到他，他以君主年幼政事困难为借口，好像桂阳王起兵时的理由，来逼迫我回台城，我该用什么话拒绝？一旦这样，哪里还有机会反对呢？"萧道成就召褚渊来，和他连席同坐，每次有事找他商量。当时刘韫是领军将军，在门下省任职，卜伯兴担任当值宫门，黄回等将领都驻守新亭。

起初，褚渊是卫将军，因母丧离开职位，没到满丧期朝廷就催他复职，他没有答应。袁粲有很高的声望，亲自去看望褚渊，说服褚渊恢复官职。等到袁粲担任尚书令，也遭到母丧离职，褚渊很真诚地劝他，袁粲始终没有听，从此褚渊就对袁粲产生了怨恨。后来沈攸之起兵，萧道成和褚渊讨论，褚渊说："虽然西边荆州（沈攸之）挑衅，但一定不会成事，您要提防的就在内部。"袁粲反抗萧道成的计划已经确定，就要告诉给褚渊，大家都说褚渊和萧道成关系很好，不能告诉他。袁粲说："虽然褚渊和萧道成关系很好，萧道成怎么能允许他有大不同的做法？如果现在不说，事成之后他就会被杀。"于是就告诉了褚渊，褚渊立刻转告了萧道成。

萧道成事先也知道袁粲的谋略，派军主苏烈、薛渊、王天生（太原人）带兵帮助袁粲守石头。薛渊坚决推辞，萧道成勉强他。不得已，薛渊就流泪拜别。萧道成说："率军前往石头，早晚就能来往，为何这么悲伤，为什么还要拜别？"薛渊说："莫非您能保证袁公始终不变，共同成为一家？现在我前去跟他附和，就要背叛公；如果不附和就要受祸，怎能不悲伤？"萧道成说："我派你前去，就是要能做到随机应变，让我没有后顾之忧。希望能努力去做，别再多说了！"薛渊，是薛安都的侄儿。萧道成命骁骑将军王敬则为当值宫门，跟卜伯兴共管禁兵。

袁粲计划假借太后令，命令刘韫、卜伯兴率禁卫兵攻打在朝堂的萧道成，令黄回等人率兵等待响应。刘秉、任候伯等一同到石头城，原本计划在壬申日（二十三日）晚上发动，但刘秉害怕不能等待，于是在午后就整装待发，要出发时，饮羹汤，竟然洒到了胸上，手发抖也不能控制。天还没黑，带着女人、全部财物奔向石头城，数百部下布满了道路。到了石头城后，看到袁粲，袁粲惊奇地说："为什么那么快就到了？现在坏大事了！"刘秉说："只要能看到公，即使万死也没有遗憾了！”孙昙瓘获悉后，也立刻投奔石头城。丹阳丞王逊等告诉萧道成，袁粲等的计划就被全部暴露出来。王逊，是王僧绰的儿子。

萧道成偷偷派人告诉王敬则。当时宫门已经关了，王敬则要开门出去，但是卜伯兴严兵防守，王敬则就锯开所住房子的墙壁跑出去，到中书省要捉拿刘韫。刘韫已经装束好了，成列的烛光照着，看到王敬则突然来了，赶紧迎接，说：“兄长为什么晚上来呢？”王敬则斥责说：“你怎么敢做贼？”刘韫抱住王敬则，王敬则用拳打狠打他的脸，把他打倒在地，然后杀了刘韫，又杀掉卜伯兴。苏烈等人占领仓城，抵抗袁粲。王蕴听到刘秉已经走了，叹息着说：“事情办不成了。”于是狼狈地带着数百部下奔向石头城，本来约好开南门，晚上很暗，薛渊占领南门用箭射王蕴。王蕴认为袁粲已经失败，就四散逃走了。

萧道成派军主戴僧静（会稽人）率数百人去石头城，帮助苏烈等人，从仓门进去，一起进攻袁粲。孙昙瓘英勇善战，有一百多朝廷军死掉。王天生拼死作战，因此相持了很久。从亥时到丑时，戴僧静分兵攻打并放火烧毁了府西门。袁粲和刘秉在城东门，看到起火，就往府宅赶。刘秉和两个儿子刘俣、刘陔跳墙逃走。袁粲出城，点亮蜡烛，对他的儿子袁最说：“原本就知道一根木头不能撑住快要倒下的大厦，但为名为义就是这样。”戴僧静趁着黑暗越城独进，袁最感觉有外人侵入，就用身体护卫父亲，戴僧静就向前砍，袁粲对儿子说：“我不失为忠臣，你也不失为孝子！”于是父子都被杀死。百姓都很同情袁粲父子，就唱着歌谣：“可怜的石头城，宁愿像袁粲死，也不为褚渊生！”刘秉父子逃到额檐湖时，被捕获斩杀。任候伯等一起乘船到石头城，到达后，萧道成的朝廷军已经集结，不能前进，就快速转回。

黄回严守起兵日期，天刚亮，就率所属兵将从御道直奔台城门，攻击萧道成。知道事情泄露，就不敢采取行动。但萧道成仍旧如常地来安抚。王蕴、孙昙瓘都逃跑，萧道成首先捕杀了王蕴，对袁粲的其余党羽就不再追究了。

袁粲的典签莫嗣祖，代替袁粲、刘秉密谋，萧道成召见并责问他："袁粲造反，为什么不早说？"莫嗣祖说："我没有见识，只知道报恩，怎么敢泄露大事？现在袁公已死，理不求生。"此外王蕴宠人张承伯藏匿王蕴，两人都被萧道成赦免并任用。

袁粲生活简朴，淡泊名利，没有治世的本领，喜欢饮酒、吟诗，身处重职，却不愿办事，尚书主事常要找他前去裁决，有时他却用吟咏来对答，闲居高卧，家里没有宾客，不了解人情世故，所以才会失败。

◆裴子野评论说：袁景倩（袁粲，字景倩），是人民所敬仰的国家精英，身受重大的寄托，但是智慧、谋略、才能不足以除奸，临时应变能力不足以应对突发事件，国家萧条散乱，危险但不能扶持。到了宋室轻微，萧氏将要夺取政权时，守在小城中，即使万死也不拒，这是他有匹夫的节操，而不能称作栋梁。◆

甲戌日（二十五日），宋国实行大赦。

乙亥日（二十六日），宋国任命尚书仆射王僧虔为左仆射，新任命的中书令王延之为右仆射，任命度支尚书张岱为吏部尚书，吏部尚书王奂调任丹杨尹。王延之，是王裕的孙子。

刘秉的弟弟刘遐担任吴郡太守。司徒右长史张瓌，是张永的儿子，在吴郡遭父丧，家业向来鼎盛，萧道成派张瓌趁机解决刘遐，正好刘遐召集张瓌到府宅，张瓌带领部下十多人冲入斋中，逮捕刘遐，郡中没有人敢反抗。萧道成知悉后，就转告张瓌的叔父张冲，张冲说："张瓌用家族的生命作赌，刚一出手，就取得胜利。"萧道成就任命张瓌为吴郡太守。

萧道成移军驻守阅武堂，仍把重兵交给黄回，让他溯流而上，再配心腹来监视他，黄回一直与王宜兴不和，害怕王宜兴反告他造反。闰月辛巳日（初二），找个事由收押了王宜兴，并将其斩杀。萧道成各将都说黄回握有重兵一定会造反，宁朔将军桓康要求独自前往刺探，萧道成说："各位为什么怀疑？他是没能力做这些的。"

沈攸之派中兵参军孙同等五将带领三万兵为前锋，司马刘攘兵等五将带领两万兵跟在后面，又派中兵参军王灵秀等四将分别出兵经由夏口，占领鲁山。癸巳日（十四日），沈攸之到夏口，自恃强兵，面带傲色。觉得郢城弱小，不值得攻打，说："一定要向安西将军（武陵王刘赞，当时在郢州）问好！"暂时停在黄金浦，派人对柳世隆说："我受太后的命令，应该返都，既然你也忠于国家，想必一定能赞同我的想法。"柳世隆回答说："承蒙你们东下军队的问候，郢城是个小镇，我们足以自守。"宗俨之劝说沈攸之攻打郢城，臧寅则认为："郢城虽然兵少，但是地势险要，易守难攻，不是十来天就能攻下的，如果不及时拿下，会伤害高昂的士气，现在顺着长江长驱建康，计日可达，如果摧毁了根本，郢城怎么能守住？"沈攸之听了臧寅的计划，要留下部分军队看守郢城，自己带大军东下。乙未日（十六日），就要出发，柳世隆派人在西边河洲上宣战，前军中兵参军焦度在城楼上咒骂沈攸之，并且用很脏的话侮辱。沈攸之大怒，改变攻城计划，命令各军登岸烧外城房子，修筑长围，日夜攻打。柳世隆随机应战，沈攸之无法攻下。

萧道成命令吴兴太守沈文秀指挥吴郡、钱唐郡军队，沈文秀捕杀沈攸之的弟弟新安太守沈登之，并杀死他所有的族人。

乙未日（十六日），宋朝廷任命后军将军杨运长为宣城太守，至此，从前宋太宗刘彧的近臣没有在禁省的了。

◆沈约评论说：君主统领国家，深居宫里，早晚都让近臣奉陪，并与朝官隔绝；然而宫中的任命，自然由他们掌控。长久由接近奉迎而产生恩宠，再由宠幸而产生信任，他们没有害怕的样子，只有能亲近的颜色。世祖刘骏、太宗刘彧扩大权威，刑法复杂，很难以普遍合理，近臣的耳目所见，就习以为常了。他们关注君主的喜怒哀乐，从中附和旨令，认为全是对的。君主觉得近臣身份低地位薄，不会有重权，但却不知如老鼠凭社神而显贵，狐假虎威，近臣也借着君主的权力作威作福。表面上，他们没有逼迫君主的嫌疑，但是里面却有被宠幸的事实，势力倾倒了天下，但是君主仍不觉悟。到了太宗晚年，忧虑由盛转衰，所宠幸的臣子，恐惧宗室，就要孤立幼主，永远掌控政权，于是就制造了矛盾和猜忌，让太宗的弟弟、宗室各王，相继被杀光，刘宋的倾覆，就是这个原因。◆

辛丑日（二十二日），尚书左丞江谧（济阳人）建议授予萧道成黄钺，被批准。

宋国朝廷任命秦州刺史武都王杨文度为指挥北秦、雍二州各军军事都督，任命龙骧将军杨文弘为略阳太守。壬寅日（二十三日），魏国皮欢喜攻下葭芦，斩杀了杨文度。魏国任命杨难当族弟杨广香为阴平公、葭芦守军指挥，仍下令修建骆谷城。杨文弘上表书向魏国谢罪，派儿子杨苟奴到魏国做人质。魏国任命杨文弘为南秦州刺史、武都王。

乙巳日（二十六日），萧道成驻守新亭，对骠骑参军江淹说："天下大乱，你觉得怎样？"江淹说："成败在于德行，而不在于军队的多少。公武勇有计谋，是第一制胜的条件；宽容仁恕，是第二可制胜的条件；有才能尽力帮助，是第三能制胜的条件；民心归向，是第四能制胜的条件；奉皇帝以讨伐造反，是第五制胜的条件。沈攸之志向短小，器量小，是第一要败的因素；有威无恩，是第二要败的因素；士兵分解，是第三要败的因素；世族不支持，是第四要败的因素；军队远离数千里不能相支援，是第五要败的因素。虽然有十万豺狼之兵，终将被我们消灭！"萧道成笑着说："你说得也太过分了。"南徐州行事刘善明对萧道成说："沈攸之聚集步骑兵，制造船只和武器，隐藏祸心，到现在已经十年了。个性凶险急躁，不能自重，出兵几十天，却迟迟不进兵，一是军事不顺，二是人心涣散，三是有受到牵连的麻烦，四是上天抢去他的灵魂。本来担忧他们快速挺进，袭击未备，就要决此一战。但现在六军齐全，诸侯共进，他们已经成为笼中鸟了。"萧赜向周山图询问关于沈攸之的事，周山图说："我跟沈攸之相邻，几次一同征伐，很了解他的为人，生性凶险刻薄，不得军心。现在屯兵在坚固的城池下，正是他走向离散的开始！”

二年（戊午，公元478年）

春季，正月己酉朔日（初一），宋国的文武百官穿着军服进入朝廷。

沈攸之用尽精锐攻打郢城，柳世隆趁隙几次打败沈军。萧赜命令军主桓敬等八军占据西塞，来声援柳世隆。

沈攸之捕获郢州府法曹范云（南乡人），让他送信到郢州城，并送武陵王刘赞一只小牛、柳世隆鱼三十尾，都砍去了头。城中人要杀范云，范云说："我母亲弱弟，都在沈氏的掌控之中，如果违背了他的命令，就一定会连累亲人，如果今天被杀了，也甘之如饴。"柳世隆就赦免了他。

沈攸之命令他的将领皇甫仲贤率兵进攻武昌，命令中兵参军公孙方平率军进攻西阳。武昌太守臧涣被沈攸之降服，西阳太守王毓逃到湓口，孙方平占领西阳，豫州刺史刘怀珍命令建宁太守张谟等率一万士兵攻打西阳。辛酉日（十三日），孙方平因失败而逃走。平西将军黄回等军抵达西阳，然后溯流而上。

沈攸之原本就失人心，只凭借武力迫劫。从江陵出发时，就有士兵逃亡了；到了进攻郢城时，三十多天都攻不下，逃亡的就更多了。沈攸之早晚都骑马到各个军营去慰问士兵，但逃亡的仍然不断。沈攸之大怒，聚集各军主说："我奉太后的命令，为了正义进兵建康，如果大事成功，大家一起戴白纱帽；如果不成功，朝廷就只杀我的家族，不关其他的人，现在士兵逃离，都是各位不在意的原因，我也没法追问逃亡者，从今往后军中有逃亡的，军主要负罪责。"因此一人逃亡，就派人去追，追的人也没回来，大家不敢揭发，都有离散的心思。

刘攘兵把书信射进郢州城请求投降，柳世隆开门接引；丁卯日（十九日）晚，刘攘兵烧坏军营逃离。士兵看见起火，都争相弃甲而走，将帅不能制止。沈攸之知道后，就愤怒地咬着自己的胡须，收押刘攘兵哥哥的儿子刘天赐和女婿张平虏，全都斩杀。早晨，沈攸之率大军渡过长江，到达鲁山，军队全都离散，将帅也逃走了。臧寅说：“只侥幸贪图成功，却在失败之时抛弃他，我不忍心去做！”就投水而死。沈攸之有数十骑兵跟随，沈攸之在军中散布说：“荆州城中还有不少钱，大家可以取出来，用以储蓄物资粮食。”郢城没有追兵，但是散兵又怕蛮人抢劫，因此重新凝聚，大约两万人，随后沈攸之就回江陵了。

张敬儿在斩杀沈攸之的使者后，就立即带兵，侦察到沈攸之已经离江陵沿长江东下，就偷袭江陵。沈攸之留儿子沈元琰和长史江乂、别驾傅宣一同驻守江陵。张敬儿到沙桥时，观望未进。江陵城中的军民在夜间听到鹤啼，以为是军队来攻，江乂、傅宣开门逃走，官吏百姓四处溃散。沈元琰也逃到宠洲，被人杀掉。张敬儿到江陵时，杀了沈攸之的两个儿子、四个孙子。

沈攸之回到离江陵一百多里的时候，得知江陵城已被张敬儿占领，士兵随即就散去了。沈攸之无处可藏，就与他的儿子沈文和走到华容的边界，在栎树林中自杀而死。己巳日（二十一日），村民斩了他的头并送到江陵。张敬儿用盾把头支起来，又用青伞遮住，然后在各个市集示众，又送回建康。张敬儿又杀了沈攸之的附和者，并没收了他们的数十万财物，都由他独吞了。

起初，仓曹参军金城人边荣，被荆州府录事羞辱，沈攸之为边荣鞭杀了录事。等到张敬儿带军将到，当时边荣是留守荆州的司马，有人劝他向张敬儿投降，边荣说：“我受到沈公的恩宠，共议这样的大事，一旦紧急，就改变人心，我是不能做的。”城池崩溃以后，军士逮捕到边荣来见张敬儿。张敬儿说：“边公为什么不早来？”边荣说：“沈公委托我守城，不忍心弃城，本来就不求活，何必再问呢？”张敬儿说：“比死还难吗？”就下令斩杀边荣。边荣含笑而去。边荣的门客程邕之（太山人）抱住边荣说：“我与边公交游，不忍看到边公被杀，请先杀了我吧！”士兵不能行刑，就向张敬儿报告，张敬儿说：“求死很容易，为什么不许？”于是先杀了程邕之，然后杀掉边荣，士兵见了没有不落泪的。孙同、宗俨之等也都被处死。

丙子日（二十八日），朝廷解除戒严，任命侍中柳世隆为尚书右仆射，萧道成回到东府镇守。丁丑日（二十九日），朝廷任命右卫将军萧赜为江州刺史，侍中萧嶷担任中领军。二月庚辰日（初二），朝廷任命尚书左仆射王僧虔为尚书令，右仆射王延之担任左仆射。癸未日（初五），加封萧道成太尉、指挥南徐等十六州各军军事都督，任命卫将军褚渊为中书监、司空。萧道成上表送还了黄钺。

吏部郎王俭，是王僧绰的儿子。他神采旷达，好学博闻，年轻时就有宰相之志，当时官场讨论也推崇他。萧道成任命王俭为太尉右长史，对他很亲密，不管大小事都委托他。

丁亥日（初九），魏孝文帝拓跋宏到了代郡温泉；癸卯日（二十五日），回到平城。

宕昌王弥机刚立。三月丙子日（二十九日），魏国派使者任命弥机为征南大将军、梁益二州牧、河南公、宕昌王。

黄回不喜欢待在郢州，坚决请求担任南兖州刺史，他不等朝廷任命，就带领部下回来。同月辛卯日（三月无此日），朝廷改任他指挥南兖等五州各军军事都督、南兖州刺史。

起初，王蕴离开湘州时，湘州刺史王翔还没有到任，长沙内史庾佩玉暂时管理湘州府事。王翔先派中兵参军韩幼宗带兵驻守湘州，韩幼宗不能与庾佩玉合作。等到沈攸之造反时，两人相互猜疑，庾佩玉袭击韩幼宗。黄回到郢州，命令辅国将军任候伯代行湘州府事，任候伯就杀死了庾佩玉，希望自己能幸免一难。后湘州刺史吕安国到职，萧道成让吕安国杀了任候伯。

夏季，四月甲申日（初七），魏孝文帝拓跋宏到达崞山。同月丁亥日（初十），魏孝文帝拓跋宏回到平城。

萧道成认为黄回最后必成祸乱；黄回有数千部下，萧道成要遣散收编他们，又害怕黄回反抗。辛卯日（十四日），萧道成召集黄回进东府，到达后，让他停在外斋等候，命令桓康率数十人，斥责黄回的罪过，然后杀了他，同时还杀了他的儿子竟陵相黄僧念。

甲午日（十七日），宋国朝廷任命淮南、宣城二郡太守萧映（萧道成的儿子）主持南兖州政事，让他的弟弟萧晃接替他担任淮南、宣城二郡太守。

五月，魏国朝廷下令制止皇族、贵戚、士人之家不顾及氏族门第，与下等不同阶级的人通婚，犯罪的人以违制论处。

魏孝文帝拓跋宏和冯太后亲自观赏在笼子中的老虎，有老虎跑出来，爬上了阁道，几乎跑到皇帝的座位那儿，侍卫都离开了，吏部尚书王叡拿着戟在旁保护，太后称赞他的忠心，对他更加信任和重用。

六月丁酉日（二十一日），宋国朝廷任命辅国将军杨文弘为北秦州刺史、武都王。

同月庚子日（二十四日），魏国皇叔拓跋若去世。

萧道成觉得从大明以来，无论是官府还是民间，奢侈浪费之风很严重。秋季，八月，就奏请撤销御府，关闭两个专门为宫廷铸造雕饰器玩的官署。辛卯日（十六日），又奏请制止民间制造生产华而不实的东西，一共十七条。

乙未日（二十日），宋国朝廷任命萧赜为领军将军，任命萧嶷为江州刺史。

九月乙巳朔日（初一），发生日食。

萧道成要任用当时的贤者来协助建立新王朝的宏伟大业。夜里，萧道成召见骠骑长史谢朏，屏除左右跟他谈话。过了很久，谢朏一句话都没说。当时还有两个拿烛的男孩子，萧道成害怕谢朏为难，就自己拿烛，让孩子走了。但谢朏还是没有话，萧道成这才又呼叫左右。谢朏，是谢庄的儿子。

太尉右长史王俭知道萧道成的心思。几天后，趁空闲对萧道成说："有大功的得不到嘉奖，古今并不是只有一例。凭借公今天的地位，最后即位，行吗？"萧道成假意严肃地制止他，但是内心却很舒服。因此王俭又说："俭承蒙公的特殊照顾，所以敢说别人所不敢说的话，为什么这样拒绝呢？刘宋失德，如果不是公怎么能支持到今天？但人们的感激之心很淡薄，不能持续，如果公稍做推托，就要丧失人们的仰望，不仅不能建立功业，恐怕连个人的性命都难以保全。”萧道成说：“你说的也不是没有道理！”王俭说：“公在今天的地位，本来应该为宰相，应该让您所受的礼遇与文武百官有根本上的不同，稍微显露一些改朝换代的意思。应该先让褚公知道，俭愿意受命去说！”萧道成说：“我要亲自去！”过了几天，萧道成亲自去慰问褚渊，谈得很融洽。谈了很长时间，才说：“我梦到升官了！”褚渊说：“现在您刚加授了太尉、都督，恐怕在一两年内不好再升了吧！而且好的梦未必立刻应验。”萧道成回来后，把事情经过告诉了王俭。王俭说：“褚渊真是不通情达理啊！”于是王俭就提议加任萧道成太傅，假黄钺，让中书舍人虞整做诏书。

萧道成的亲信任遐说：“这是件大事，应该通知褚公。”萧道成说：“如果褚公不同意，怎么办？”任遐说：“彦回（褚渊字彦回）要保护好自己的妻儿老小，但没有奇异的才能和操守，我一定能控制他。”褚渊果真没有反对。

丙午日（初二），宋顺帝刘准诏令升萧道成假黄钺、指挥中外军事的大都督、太傅，兼任扬州牧，进殿可以佩剑，入朝不用疾趋，赞拜不要称名，让持节、太尉、骠骑大将军、录尚书，并仍担任南徐州刺史。萧道成坚决推辞特殊的礼遇。

宋国朝廷任命扬州刺史晋熙王刘燮为司徒。

戊申日（初四），太傅萧道成任命儿子萧映为南兖州刺史。冬季，十月丁丑日（初三），萧道成让儿子萧晃做豫州刺史。

己卯日（初五），萧道成捕获并斩杀了孙昙瓘。

魏国员外散骑常侍郑羲到达建康访问。

壬寅日（二十八日），宋顺帝刘准册立皇后谢氏。皇后，是谢庄的孙女。

十一月癸亥日（二十日），因谋反的罪名，临澧侯刘晃和他的附和者都被杀。刘晃，是刘秉的侄子。

同月甲子日（二十一日），宋国朝廷调任南阳王刘翙为随郡王。

魏国冯太后忌恨青州刺史南郡王李惠，诬告李惠要造反投奔宋国；十二月癸巳日（二十日），杀了李惠和他的妻子，还有他的儿子、弟弟。太后对她所猜忌的十多家人实行灭族，而李惠在任期间，都有良好的功绩，魏国人都对他的被杀感到特别惋惜。

宋国尚书令王僧虔向朝廷报告说："现在朝廷的礼仪，大多违背了古代的正规制度。孝武帝大明时，就用庄严的皇家乐器，为民间的小调伴奏， 虽然节奏配合，但是恐怕违背了旧时的雅乐。流行的清商乐，其实是曹操在铜爵台（爵通雀）设立乐府而来。曹操、曹丕、曹睿三祖传下来的旧曲，起初还到处可听，京师、洛阳加以推崇，江南尤其珍惜，没有比这种音乐更中庸文雅的了。但由于情势的变化，逐渐衰败，在数十年间，清商曲有一半将要亡佚，民间竞相制作了新声杂曲，繁杂放纵又没有节制，应该命令有关官员补充整理。"朝廷采纳了他的建议。

这一年，魏国怀州刺史高允因为年老而辞职回乡养老，不久，又被魏国朝廷用礼车召回平城，拜为镇军大将军、中书监，他坚决推辞，朝廷没有允许。魏孝文帝拓跋宏允许他乘车入殿，在朝贺时可以不用下拜。

资治通鉴卷第一百三十五　齐纪一

起己未（公元479年），止癸亥（公元483年），共五年。

【题解】本卷记录了齐高帝萧道成建元元年至齐武帝萧赜永明元年共五年间的刘宋、南齐与北魏等国大事：萧道成让王俭带头劝进；萧道成举行篡位典礼；萧道成杀大臣裴顗，废弃谢朏，又杀宋顺帝刘准，并对刘姓皇族进行诛杀；北魏派四路大兵攻齐，齐将崔文仲在钟离、垣崇祖在寿春大破魏军；魏国又派五路大军攻齐，南齐玄元度等在朐山大破魏军；淮北四郡百姓不愿归属魏国，民变不断；南齐将领在淮北、淮阳、淮西大破魏军，军事形势一片大好；南齐太子萧赜以年长功大不守制度被告发，在众人的团和下才化险为夷；齐武帝萧赜即位后，强加罪名杀掉垣崇祖、荀伯玉，又杀了张敬儿、谢超宗；魏将薛虎子建议在徐州开展屯田，魏主同意；魏将李崇、齐州刺史韩麒麟均深得民心；秦州刺史于洛侯因刑法严苛被魏主杀掉；褚渊、王俭因助萧道成篡位大受赏赐，受到何点等人嘲讽；褚渊死后，其子耻于继承爵位，不仕南齐，居于墓下。

太祖高皇帝

建元元年（己未，公元479年）

春季，正月甲辰日（初二），宋国朝廷任命江州刺史萧嶷为都督荆、湘等八州诸军事，兼任荆州刺史。任命尚书左仆射王延之为江州刺史，安南长史萧子良担任都督会稽等五郡诸军事，兼任会稽太守。

起初，沈攸之图谋不轨，故意聚合兵士，开示百姓相互告发，士民因被诬获罪被判罚服兵役、劳役的有很多。萧嶷到荆州镇守，一天就遣散了三千多人。对于府州的仪仗公物，都尽量节省开销，减轻刑罚，减少赋税，部属和士民都很高兴。

辛亥日（初九），宋国朝廷任命竟陵世子萧赜做尚书仆射，封号中军大将军、开府仪同三司。

太傅萧道成觉得谢朏很有名望，一心要推荐他参与辅佐军国大计，任命他为左长史。萧道成曾备酒席与谢朏谈论魏、晋以前的事情，趁机说："石苞没有趁早劝晋文王禅代，等晋文王死后，才悲伤大哭，这比起冯异劝汉光武进位来说，算不上是能洞察先机的了。"谢朏回答他说："晋文王世代侍奉魏室，想必将终身北面称臣；即使魏按照尧、舜禅让的先例让位，他也应该再三逊让，才能显得节行清高。"萧道成听后很不高兴。甲寅日（十二日），任命谢朏为侍中，再派王俭做左长史。

丙辰日（十四日），任命给事黄门侍郎萧长懋做雍州刺史。

二月丙子日（初四），宋国邵陵殇王刘友去世。

辛巳日（初九），魏国的太皇太后冯氏及魏孝文帝拓跋宏到达代郡温泉。

甲午日（二十二日），宋顺帝刘准下令重申以前的诏令，令太傅（萧道成）朝拜天子时不用唱名。

己亥日（二十七日），魏国太皇太后冯氏及魏孝文帝拓跋宏前往西宫。

三月癸卯朔日（初一），发生日食。

甲辰日（初二），宋国朝廷任命太傅（萧道成）为相国，总领百官，赏赐十个郡，号称齐公，加封九锡；骠骑大将军、扬州牧、南徐州刺史的官职依旧。乙巳日（初三），宋顺帝刘准诏令萧道成在自己封国内的官爵礼仪，都可以效仿天朝的例子。丙午日（初四），萧道成任命世子萧赜为南豫州刺史。

杨运长离开宣城郡郡守的官职，偷着回家，齐公萧道成让人把他杀了。凌源令潘智和杨运长交情深厚；临川王刘绰是刘义庆的孙子，刘绰命令心腹陈赞去游说潘智说："您是先帝的大臣，作为宗室近亲，像这样的情形，您怎么能长久保全？如果聚集内外志士，想必会有很多人跟随。台城里的人经常有这份心思，只是苦于没人发动而已。”潘智立刻去向齐公萧道成报告。庚戌日（初八），齐公萧道成下令杀死刘绰兄弟和他们的党羽。

甲寅日（十二日），齐公接受天子的策命，赦免境内，规定石头城作为世子的宫殿，规模跟太子的东宫完全一样。褚渊援引何曾由魏的司徒做到晋丞相的旧例，要求担任齐国的职位，齐公没有答应。齐公任命王俭做齐尚书右仆射，总领吏部。王俭当时二十八岁。

夏季，四月壬申朔日（初一），宋顺帝刘准册封齐公的爵位为王，并加封十个郡。

甲戌日（初三），武陵王刘赞去世，但他不是病死的。

丙戌日（十五日），宋顺帝刘准赏赐齐王萧道成特殊的礼遇，册封世子为太子。

辛卯日（二十日），宋顺帝刘准下令把帝位禅让给齐王萧道成。壬辰日（二十一日），宋顺帝刘准应当驾临平台接见群臣，但是却不愿意出来，躲在供佛的佛屋宝盖底下。王敬则带领军队到内殿，用普通的步舆进宫接皇帝。太后很害怕，就亲自带领太监搜索，找到了皇帝。王敬则劝皇帝出来，让他上了车子。宋顺帝刘准擦干眼泪对王敬则说：“你要杀了我吗？”王敬则说：“我只是想请您出去住而已，以前官家获取司马家的天下也是这样的。”宋顺帝刘准落泪，弹着自己的手指，说：“只愿投胎转世，世世代代都不要再诞生在帝王家了！”宫里人都哭了。宋顺帝刘准拍了拍王敬则的手，说：“只要我没有性命之忧，我会封赏辅国将军十万钱。”这天，百官跟随逊位，侍中谢朏当值，应该解除印绶，他假装不知道，说：“有什么公事吗？”传达命令的说：“把印绶解下交给齐王。”谢朏说：“齐王应该有侍中。”因此拿了枕头躺下。传达命令的害怕，让谢朏假装有病，想找个兼任侍中的人。谢朏说：“我没病，为什么要这么说？”就穿了朝服走出东掖门，依旧上车回家去。于是，萧道成就让王俭做侍中，王俭上去把刘准身上的印绶解除。禅让礼完毕后，刘准就坐着轮毂饰画彩漆的车子，出东掖门去东邸了。他问左右的人："为什么今天不吹奏音乐？"左右没有人应答。右光禄大夫王琨，是王华同祖父的弟弟，在晋朝已经做了郎中，这时候，他握住挂在车上用以避尘的獭毛，悲痛大哭，说："人们认为高寿是可喜的事，老臣觉得高寿是可悲的。既不能像蝼蚁一样早早结束生命，偏偏又多次看到这种（威逼禅位的）事！"呜咽不能自制，百官也跟着落泪。

司空兼太保褚渊等人带着印绶，领着百官到齐王宫殿请齐王即位；齐王推辞不接受。褚渊的堂弟，也就是前安成太守褚炤对褚渊的儿子褚贲说："司空现在在哪里？"褚贲说："捧着印绶在齐大司马门前等着呢！"褚炤说："不知道你们家司空把一家的东西交给另一家，是什么意思？"甲午日（二十三日），齐王在南郊即位。回到宫里，赦免境内，改年号为建元。任命宋顺帝为汝阴王，优待尊崇的待遇，都仿照宋初对待晋室的旧例。在丹杨修建宫殿，安排官兵守卫。宋室的神位迁到汝阴庙，诸王都贬谪为公；除非尽力为齐室效劳的，其余的都撤销封国，只安置南康、华容、济乡三国，以便侍奉刘穆之、王弘、何无忌的后裔，撤销封国的一共有一百二十人。宋台和齐台的官僚，按照原任掌管职务，名号不同、员额限制也有多余的，另外再详细商议。

任命褚渊做司徒。道贺的客人坐满席位。褚炤感慨地说："彦回年轻时已建立名声节操，哪里想得到能猖狂到这个地步！由于家门不幸，才有了今天的官拜司徒。如果彦回做中书郎的时候就死掉，不就是一个名士了吗？名节德操不大，但竟然还有百年的高寿！"于是褚渊就坚决推辞不拜受。

掌理朝会请召的裴顗（河东人）上表，述说皇帝的过错，挂了官帽就直接走了。齐高帝萧道成大怒，就杀了他。太子萧赜要求杀死谢朏，齐高帝萧道成说："杀了他就能让他成就美名，应该勉强在可能限度之外容纳他。"时间长了以后，最终借某个事端，把他罢黜在家。

齐高帝萧道成向前任抚军行参军沛国人刘瓛请教治政的道理，对答说：“为政的道理，都记载在《孝经》里。大概宋朝之所以灭亡，陛下之所以能得天下，都离不开《孝经》上的道理。如果陛下拿前车的过失作为警戒，再加上待人宽厚，就能转危为安；如果按照颠覆的旧轨迹前进，即使安定也一定倾危了。”齐高帝萧道成感叹道：“儒者的话，可以流传到千秋万世！”

丙申日（二十五日），魏孝文帝拓跋宏到达崞山。

丁酉日（二十六日），齐高帝萧道成任命太子詹事张绪为中书令，齐国左卫将军陈显达担任中护军，右卫将军李安民担任中领军。张绪是张岱哥哥的儿子。

戊戌日（二十七日），齐高帝萧道成任命荆州刺史萧嶷为尚书令、骠骑大将军、开府仪同三司、扬州刺史，任命南兖州刺史萧映为荆州刺史。

齐高帝萧道成命令群臣各自商讨政治得失，淮南和宣城两郡太守刘善明要求废立宋朝大明、泰始以来的一些苛政细节，讲求简单。刘善明还认为：“交州偏远，地势险要，宋末政治苛刻，导致人民怨恨叛离，现在开始大教化，应该布施恩德感化他们。并且那个地方所出产的，只有珠宝，确实不是圣朝迫切需求的，征伐交州的事，我觉得应该先停止。”给事黄门郎崔祖思（清河人）也上言，他认为：“如果人民不学习，就不会懂得道理，这是背逆肇祸扰乱滋生的事由。如今员额以外的官员，平白无故地接受俸禄，受人侍奉，耗废人民的财力。应该开办文、武两类学校，监督台、府、州、国里员限外的人，各自顺应自己的兴趣，依照大道，学习知识。如果有荒废学业、怠慢苟且的，都被打发回旧郡；经学技艺优秀的，可以不按等次录用。再者，虽然当今陛下亲自讲求节俭，但属下群臣还是习惯奢华，应该褒扬任用朝士之中俭约朴素、清高有为的，贬斥那些骄慢奢侈、荒淫享乐的，这样的话，风俗就可以转移了。”宋元嘉时代，凡事都要督责郡县去办，宋世祖刘骏要求迅速，但是由于郡县办事缓慢，才派台使去监督他们。从此使者纵横往来，竞相作威作福，谋求私利，收受贿赂，使得公私都受骚扰。会稽太守闻喜公萧子良上表极力痛陈其间的弊病，认为："台里如果有需求，只要能明确地下诏令，约定适当的期限，那么每个人都想尽力达成；要是稽留延迟，自然要遵照律法判罪服刑。虽然现在使者很多，但真正办事的还是那些郡县的人，徒然相互疑虑迁怒，反倒更懈怠拖延，应该撤销台使才行。"员外散骑郎刘思效进言："宋从大明以来，逐渐露出衰退弊端，征敛赋税多了，但天子的府库更加贫困。小民怨恨，看不到活下去的希望；然而贵族富家，都以奢侈华丽相互炫耀，加上兼并土地，导致住在深山沼泽地带的人民，不敢采摘水草做食物。皇上应该革新王法，改正这些缺点。"齐高帝萧道成对他们都给予褒扬赏赐，有时把表章交给外廷，让主事的官员仔细选择适宜的事项，表奏推进。同月己亥日（二十八日），齐高帝萧道成诏令上宫的诸王皇子和东宫的诸王皇孙都不准恃强经营庄园宅第，把山岳湖泊据为己有。

魏孝文帝拓跋宏回到平城。

魏国的秦州刺史尉洛侯、雍州刺史宜都王拓跋目辰、长安镇将陈提等人，都因为贪婪残暴不守法制被判罪，尉洛侯、拓跋目辰伏法被杀死，陈提被流放到边远地区。

魏孝文帝拓跋宏又下令说："一千多候官，职责是伺察内外，如今他们对获得重罪的，就接受贿赂替罪人开脱，轻罪的就吹毛求疵，大力检举，应该把候官都撤掉。"又重新挑选安排几百个正直的人，让他们在重要街道巡防，只是捉拿那些喧哗斗殴的人而已。从此吏民才得以安居乐业。

自从宋明帝刘彧泰始年间以来，内忧外患，将帅们都各自招集部众，在建康聚合驻守。李安民上表，认为："除了淮北常备兵士，其他的军队都该被遣散，如果要安置随身侍从，就限定人数让他们去做。"齐高帝萧道成接受了李安民的意见。五月辛亥日（初十），齐高帝萧道成诏令确定各位将帅所能招募部众的人数。

壬子日（十一日），齐高帝萧道成奖赏帮助创业的功臣褚渊、王俭等人，进封爵号，增赏户口，各有差别。处士何点对人说："我的《齐书》已经写完了，颂赞说：'褚渊出自世族，王俭也是国家的精英，他们已经无心帮助舅父，哪还能顾虑国家？'"何点，是何尚之的孙子。褚渊的母亲是宋代的始安公主，他的继母是吴郡公主；自己又娶了巴西公主。王俭的母亲是武康公主，自己又娶了阳羡公主。所以何点才这么说。

己未日（十八日），有人骑马经过已经退位并被封为汝阴王的宋顺帝刘准的门前，卫士都很害怕。有作乱的人，趁机冲进汝阴王的府中杀了刘准，却说是因病去世，皇上没加罪罚，反倒奖赏了他。辛酉日（二十日），杀了刘宋宗室阴安公刘燮等人，无论老少全被杀死。曾任豫州刺史的刘澄之，是刘遵考的儿子，跟褚渊关系友善，褚渊一再为他求情，说："刘澄之兄弟既没有武力，对刘氏宗室关系又疏远。"因此唯独刘遵考的家族免去了杀身之祸。

丙寅日（二十五日），齐高帝萧道成追尊去世的父亲萧承之为宣皇帝，追尊去世的母亲陈氏为孝皇后。

丁卯日（二十六日），齐高帝萧道成任命皇子萧钧为衡阳王。

齐高帝萧道成对兖州刺史垣崇祖说："我刚刚得到天下，索虏（魏）一定会借言接纳刘昶而入侵边境。寿阳是敌人南犯的要道，如果不是你，就没法压制这些敌人。"于是调任垣崇祖为豫州刺史。

六月丙子日（初六），齐高帝萧道成杀了游击将军姚道和，因为他背叛了皇上并附和沈攸之。

同月甲子日（十四日），齐高帝萧道成封王太子萧赜为皇太子；皇子萧嶷为豫章王，萧映为临川王，萧晃为长沙王，萧晔为武陵王，萧暠为安成王，萧锵为鄱阳王，萧铄为桂阳王，萧鉴为广陵王；任命皇孙萧长懋为南郡王。

乙酉日（十五日），齐国在遂宁陵埋葬宋顺帝刘准。

齐高帝萧道成因为建康居民成分错杂，很多作奸犯科的盗贼，想重建编制，让五家担保，拿出符信互相检核。右仆射王俭劝告说：“京城是四方聚集的地方，一定要携带符信验证身份，办起事来很烦琐，虽然道理能成立，但是也很难长久实行；谢安所说的‘不这样，怎么称其为京师’呢？”因此就中止了这种构想。

起初，交州刺史李长仁去世，由他的堂弟李叔献代为统理交州事务。但是李叔献的号令无法在当地通行，于是他就派使者向刘宋朝廷请求获取交州刺史的任派令。刘宋朝廷没有接受他的请求而是派南海太守沈焕作为交州刺史，任命李叔献为沈焕的宁远司马并兼任武平和新昌两郡太守。李叔献得到朝廷的任命后，人心都顺服于他，于是他就派军队据守在险要的地方，不肯接纳沈焕做刺史。沈焕停留在郁林，因病去世。

秋季，七月，丁未日（初七），齐高帝萧道成下达诏命说：“唯独交趾、比景两地违抗命令不奉正朔，这是前朝运数衰微，因此沿袭过去错误的做法。现在应当纾解人意赦免交州，于是任命李叔献为刺史，来抚慰安定南边的疆土。”

北魏的葭芦镇主杨广香请求归顺，丙辰日（十六日），齐高帝萧道成任命杨广香做沙州刺史。

八月，乙亥日（初六），魏孝文帝拓跋宏前往方山。丁丑日（初八），返回宫中。

齐高帝萧道成得知北魏军队将要来犯，九月，乙巳日（初六），派豫章王萧嶷做荆、湘两州刺史，照旧担任都督统领八州军务；并派临川王萧映做扬州刺史。

丙午日（初七），齐高帝萧道成派司空褚渊执掌尚书令。

壬子日（十三日），北魏派侍中、司徒、东阳王拓跋丕做太尉，侍中、尚书右仆射陈建做司徒，侍中、尚书代人苟颓做司空。

己未日（二十日），北魏安乐厉王拓跋长乐阴谋造反，北魏孝文帝拓跋宏赐令他自尽。

庚申日（二十一日），北魏陇西宣王源贺去世。

冬季，十月，己巳朔日（初一），北魏下令大赦全国。

癸未日（十五日），南齐的汝阴太妃王氏去世，给她谥号为宋恭皇后。

起初，晋寿百姓李乌奴与白水氐族的杨成等人侵扰梁州，梁州刺史范柏年说服李乌奴得以投降，转而攻击杨成，并把他击垮。后来沈攸之的事情发生，范柏年派军队从魏兴出发，表示要入城援助，实际上是等候一旁观望局势发展。事情平息后，朝廷派王玄邈前去替代范柏年的职务，并下诏命令范柏年与李乌奴一同前往江南。李乌奴劝说范柏年不要接受朝廷的安排；范柏年犹豫不定之时，王玄邈已经到达梁州；范柏年就将李乌奴留在汉中，自己返回魏兴，徘徊流连，迟迟不肯出发前往江南。左卫率豫章人胡谐之曾经找到范柏年请求赠送马匹给他，范柏年回答说："马和狗是不一样的，我怎么能答应你无止境的请求！"他对胡谐之的使者也很是冷淡。使者返回后，对胡谐之说："范柏年说：'胡谐之是什么狗东西！只知道索求，不懂得满足！'"胡谐之因此怀恨在心，于是就在齐高帝萧道成面前诽谤范柏年，说："范柏年仗恃着地势险要，聚集士兵，想要占据梁州。"齐高帝萧道成遣雍州刺史南郡王萧长懋劝导范柏年，并征派他做王府长史。范柏年到了襄阳，齐高帝萧道成无意再追究此事，胡谐之却说："好不容易快要捕捉到的老虎，难道还要放它返回深山里去吗？"甲午日（二十六日），齐高帝萧道成赐令范柏年自尽。李乌奴叛变，逃到氐人的势力范围，并投靠了杨文弘，带领一千多氐人士兵侵扰梁州，攻陷白马戍。王玄邈派人假意投降引诱李乌奴中计，李乌奴就带着部队轻装简行偷袭梁州城，王玄邈在沿途设下埋伏，拦截攻击，大大击垮了李乌奴的部队，李乌奴奋力突围，又逃入氐人的疆界。

起初，王玄邈担任青州刺史，萧道成在淮阴镇守，遭到刘宋明帝的猜疑，想到北边去依附北魏，于是派人送信给王玄邈，有意和他交结。王玄邈的长史清河人房叔安说："将军身负一州重任，要是毫无缘由地抛弃忠孝之道，齐地的士子文人，宁愿跳东海自尽，也不敢跟随将军成就大业。"王玄邈就没有回复萧道成的来信。后来王玄邈卸任刺史返回朝中，走到淮阴，他命令军队严肃警戒直接通过；到达建康之后，他把一切禀告给了刘宋明帝，声称萧道成有谋反之心。等到萧道成做骠骑大将军时，他举荐王玄邈做自己的司马，王玄邈心虚害怕，但萧道成对待他就和往常一样。王玄邈率军打败李乌奴的军队，齐高帝萧道成说："王玄邈果然没有辜负我待他的一番心意啊！"当时房叔安是宁蜀的太守，齐高帝萧道成对他很是赏识，认为他忠心正直，想任命他做梁州刺史，刚巧他因病去世。

十一月，辛亥日（十三日），齐高帝萧道成册立裴氏做皇太子妃。

癸丑日（十五日），北魏孝文帝拓跋宏派暂时被封为梁郡王的拓拔嘉率两员大将由淮阴出发，陇西公拓拔琛率三员大将由广陵出发，河东公薛虎子率三员大将由寿阳出发，共同拥戴丹杨王刘昶入侵南齐。北魏承诺帮助刘昶恢复旧有的基业，世代统领江南，但必须向北魏称藩进贡。大阳蛮的首领桓诞请求担任前锋，于是孝文帝拓跋宏任命桓诞做南征西道大都督。

义阳百姓谢天盖自称为司州刺史，要拿司州做筹码讨好北魏，镇守北魏乐陵的将领韦珍率领军士渡过淮河来接应他。豫章王萧嶷派中兵参军萧惠朗率两千士兵，来协助司州刺史萧景先征讨谢天盖的叛军，韦珍掠夺了七千多户百姓的财物后撤军离去。萧景先是高帝的侄儿。南兖州刺史王敬则得知北魏士兵将要渡过淮河，就放弃防守逃离此地，返回建康，使得百姓惊慌逃散，流离失所，没想到北魏军队竟没有侵扰南兖州。齐高帝萧道成考虑到他是功臣，就没有追究这件事。

齐高帝萧道成辅佐刘宋的时候，曾派骁骑将军王洪范出使柔然，并与柔然约定共同征讨北魏。王洪范从蜀地出发，路经吐谷浑和西域，才到达柔然。这时候，柔然发动十几万骑兵攻打北魏，一直打到了塞上才班师回朝。

这一年，北魏孝文帝拓跋宏颁布诏书，命令中书监高允研议律令。高允年纪大了，但是心志和见识并未衰退。诏书表示：因为高允家中贫困，供养微薄，命令乐部指派十个吹奏管弦的人，每隔五天到高允家一次，以此来愉悦他的心志，并且早晚供应膳食，初一、十五还赠送牛肉、美酒给他，每月提供衣物绸缎；入朝觐见就为他准备好拐杖。魏孝文帝拓跋宏还亲自向他询问治国的道理。

契丹首领莫贺弗勿干率部落一万多人，入塞归附北魏，定居在白狼水东边。

二年（庚申，公元480年）

春季，正月，戊戌朔日（初一），齐国大赦天下。

齐高帝萧道成任命司空褚渊担任司徒，尚书右仆射王俭担任左仆射；褚渊推辞，不肯接受任命。

辛丑日（初四），齐高帝萧道成在京师南郊祭天。

北魏陇西公拓拔琛等人带兵攻陷马头戍，杀死了太守刘从。乙卯日（十八日），齐高帝萧道成下诏命令内外戒严，并发动军队抵抗北魏的进攻，征调南郡王萧长懋做中军将军，镇守石头城。

北魏广川庄王拓跋略去世。

北魏军队进攻钟离，徐州刺史崔文仲带兵击退北魏大军。崔文仲派军主崔孝伯渡过淮河，攻打北魏茌眉戍主龙得侯等人，并把他们杀掉。崔文仲是崔祖思的同族。

众多蛮族人依凭着山谷居住，遍布在荆州、湘州、雍州、郢州、司州等五州地界。得知北魏大举入侵，南齐从民间大量征调壮丁充实军队，南襄城的蛮族酋长秦远趁乱侵扰潼阳，杀了当地的县令。司州蛮人带领北魏军队入侵平昌，平昌戍主苟元宾击退北魏军队。北上黄蛮人文勉德也趁势入侵汶阳，汶阳太守戴元宾丢弃城池，逃跑到江陵；豫章王萧嶷调派中兵参军刘伾绪率一千人去征讨文勉德，等军队到了当阳，文勉德请求归降南齐，秦远逃跑。

北魏将领薛道标领着军队奔赴寿阳，齐高帝萧道成嘱咐齐郡太守刘怀慰伪造冠军将军薛渊的信，去招降薛道标；北魏朝廷听到这件事，就将薛道标召回，让梁郡王拓跋嘉替代薛道标带兵。刘怀慰是刘乘民的儿子。春季，二月，丁卯朔日（初一），拓跋嘉和刘昶率军入侵寿阳。将要开战时，刘昶面朝四方向将士们跪拜行礼，他涕泪俱下地说："希望大家齐心协力，一起洗刷仇恨与耻辱！"

北魏号称有二十万骑兵，豫州刺史垣崇祖召集文武幕僚商议对策，打算整饬外城，修建水坝拦截肥水以保全豫州。大家都说："以前佛狸拓跋焘入侵，南平王装备整齐、兵力充足，比现在多了好几倍的力量，最后还是因为外城区域广大难以固守，选择撤退全力保全内城。再说，有肥水之后，从来没有人在肥水之上建坝拦水，只怕徒劳一番，得不到什么好处。"垣崇祖说："假使丢弃外城，敌军一定会占据它，在外城修筑瞭望台，在内修建长长的围墙，那我们只能坐着等候被敌军俘虏了。谨守外城，修筑水坝拦水，这计策我已经决定了，你们不用再劝我了。"于是派人在城西北边筑了水坝，拦住肥水，水坝北边建起了小城，并在四周挖了很深的城壕，派几千士兵防守，说："敌军看见城很小，以为轻易就能攻取下来，一定拼尽全力攻打，想方设法破坏水坝，我们就放水冲击他们，然后他们都会变成漂浮的尸体了。"后来，北魏人果然像蚂蚁一般攀附到城墙上去攻打小城，垣崇祖戴了白纱帽，坐着小轿登上城头。申时，他下令破坏水坝，放水冲击；攻城的北魏士兵被冲进水里坠落深壕，溺死的士兵和战马数以千计。后来北魏的军队撤退了。

谢天盖的部属杀了谢天盖来投降南齐。

刘宋朝廷从宋武帝刘骏孝建年间以来，政务松弛紊乱，登记户口的簿册经常出现疏漏错误。齐高帝萧道成颁布诏书命令黄门郎会稽人虞玩之等重新加以审核验定，并说："登记户口的黄籍，是管理百姓最重要的资料，是朝廷统治百姓最根本的依据。现在取巧作伪的情况越来越严重，该怎么改善呢？”虞玩之奉上奏表，他认为：“元嘉年间，已故的光禄大夫傅隆年过七十，还亲自缮写簿册，仔细校对。现在想要整顿政务，一定要使各州县的长官能做到精勤廉明，克己奉公。我认为应该拿元嘉二十七年的户籍做样本，重新确立明确的奖罚，任由百姓自首悔过；要是执迷不改，就依照法制，一定要严格处罚；如果有虚报作假，州县长官也要处以同样的刑罚。”齐高帝萧道成听从了他的建议。

齐高帝萧道成因为众蛮族屡次叛乱，便从荆、益二州分划出一部分，另设置了一个巴州来镇守。壬申日（初六），齐高帝萧道成任命三巴校尉明慧昭做巴州刺史，兼任巴东太守。当时，南齐境内，共有二十三州，三百九十郡，一千四百八十五县。

乙酉日（十九日），齐国崔文仲调派军主陈靖攻陷北魏的竹邑，杀掉戍主白仲都；崔叔延攻陷北魏的睢陵，杀掉淮阳太守梁恶。

春季，三月，丁酉朔日（初一），齐高帝萧道成下令侍中西昌侯萧鸾担任郢州刺史。萧鸾是齐高帝萧道成的兄长始安贞王萧道生的儿子；幼年丧父，被齐高帝萧道成收养，对他的疼爱超过自己的几个儿子。

北魏刘昶以雨水正盛为由，奉上奏表请求班师返回，魏孝文帝拓跋宏答应了他的请求；丙午日（初十），北魏派车骑大将军冯熙带领军队前去接应他。

夏季，四月，辛巳日（十六日），北魏孝文帝拓跋宏前往白登山；五月，丙申朔日（初一），北魏孝文帝拓跋宏前往火山；壬寅日（初七），返回平城。

自从晋朝以来，建康宫殿的外城，只设了竹篱笆，却有六个大门。适巧有人掀开白虎樽的盖子，酒后进言说：“白门有三道关口，竹篱穿过来穿过去，不够坚固。”齐高帝萧道成被这个人的话感动，命人改建了都城的围墙。

李乌奴几次乘出兵，侵扰梁州，豫章王萧嶷调派中兵参军王图南率益州军队从剑阁突击梁州城；梁、南秦两州刺史崔慧景发动梁州大军屯兵驻守在白马，与王图南腹背攻击李乌奴，李乌奴大败后退兵逃到武兴并占据此地。崔慧景为崔祖思的族人。

秋季，七月，辛亥日（十七日），北魏孝文帝拓跋宏前往火山。

戊午，（二十四日），南齐皇太子穆妃裴氏去世。

齐高帝萧道成下诏命令南郡王萧长懋调防去镇守西州。

角城戍主献上城池投降北魏。秋季，八月，丁酉（八月无此日），北魏派徐州刺史梁郡王拓跋嘉前去接应角城戍主。又调派将军白吐头等两位将领从海西进发，平南将军郎大檀等三位将领从朐城进发，将军元泰等两位将领从连口进发，将军封延等三位将领从角城进发，镇南将军贺罗从下蔡进发，同时侵犯南齐。

甲辰（八月无此日），北魏孝文帝拓跋宏前往方山；戊申（八月无此日），魏孝文帝拓跋宏游览武州山石窟寺。庚戌日（八月无此日），返回平城。

崔慧景派长史裴叔保带兵前往武兴攻打李乌奴的驻军，被氐王杨文弘打败。

秋季，九月，甲午朔日（初一），发生日食。

丙午日（十三日），柔然派使者前来南齐聘问修好。

齐国汝南太守常元真、龙骧将军胡青苟归降北魏。

春季，闰月，辛巳日（十八日），齐高帝萧道成调派领军李安民巡察清、泗几个把守的据点，以防范北魏的进攻。

北魏梁郡王拓跋嘉率十万军队进攻朐山，朐山戍主玄元度加强守备，青、冀两州刺史范阳人卢绍之派儿子卢奂带领士兵援助朐山。庚寅日（二十七日），玄元度大破北魏军。齐国朝廷派军主崔灵建等人率一万多人由淮河进入东海，夜晚到达时，每个人手里高举两支火把；北魏军队远远看见这等情景，吓得四散逃走。

冬季，十月，王俭多次请求解除自己吏部尚书的职务，齐高帝萧道成应允了他；加封王俭侍中的官位，让太子詹事何戢掌吏部尚书。

齐高帝萧道成认为何戢资历老，性格又稳重，想加封他做常侍，褚渊说：“您的旨意常认为戴蝉冕饰貂尾的侍中、中常侍不宜太多。臣与王俭既然已经在朝冠上加饰了貂尾，做了侍中，如果再封何戢戴蝉冕饰貂尾，那么八座之中就有三个饰貂的人；如果加封他为骁骑、游击将军，也不算低了。”于是齐高帝萧道成任命何戢为吏部尚书，加封骁骑将军。

甲辰日（十二日），齐高帝萧道成任命沙州刺史杨广香做西秦州刺史，又任命他的儿子杨炅做武都太守。

丁未日（十五日），北魏孝文帝拓跋宏任命昌黎王冯熙为西道都督，与征南将军桓诞从义阳出发，镇南将军贺罗从钟离出发，一同入侵南齐。

淮河北边四个州的百姓不乐意隶属于北魏，常常想归顺南齐，齐高帝萧道成派很多间谍去劝诱他们造反。于是徐州人桓标之、兖州人徐猛子等人一窝蜂做了盗匪，明抢暗劫，集结民众，据守五固，并推举司马朗之做领袖。北魏孝文帝拓跋宏派淮阳王尉元、平南将军薛虎子等人率兵去讨伐他们。

秋季，十一月，戊寅日（十六日），齐国丹阳尹王僧虔进言说：“郡县监狱相互庇护掩盖，有送汤药杀囚犯的行为，名义上是治疗疾病，事实是施行暴力冤杀囚犯。哪有这样生死大权私下被一些卑微的狱吏所操控的？我认为囚犯患病，必定要先向郡县禀报，请求典狱官和医生一同诊查，要是性命攸关的病情，远县的囚犯要等家人前来探视之后，才开处方诊治。”齐高帝萧道成接受了他的建议。

戊子日（二十六日），齐高帝萧道成任命杨难当的孙子杨后起担任北秦州刺史、武都王，镇守武兴。

冬季，十二月，戊戌日（初七），齐高帝萧道成下令司空褚渊做司徒。褚渊入朝时，用佩在腰间的折叠扇挡住阳光，征虏功曹刘祥从旁路过，说：“你做出这种举动，不好意思露脸见人，用扇子遮挡又有何用？”褚渊说：“这寒门文人出言不逊！”刘祥说：“我不能（像你一样）杀袁粲、刘秉去谋求高官厚禄，怎么能免去自己寒门的身份呢？”刘祥是刘穆之的孙子。刘祥喜好文学，而性情刚强，不太合群，撰写《宋书》，讥讽斥责齐高帝萧道成受禅替代刘宋王室。王俭秘密地将此事报告给齐高帝萧道成，刘祥因此被判流放广州，最后在广州去世。

南齐太子萧赜在玄圃宴请朝中大臣，右卫率沈文季和褚渊言语间起了冲突，沈文季愤怒地说："褚渊自以为是忠臣，不知道死的时候，怎么有脸去见宋明帝？"太子笑着说："沈文季大概是喝醉了。"

壬子日（二十一日），齐高帝萧道成任命豫章王萧嶷做中书监、司空、扬州刺史；任命临川王萧映做都督荆雍等九州诸军事、荆州刺史。

这一年，北魏尚书令王叡加升爵位为中山王，并加封镇东大将军；王府设置二十二个属官，派中书侍郎郑羲为王傅，郎中令以下官员都是当代名士。魏孝文帝拓跋宏又封王叡的妻子丁氏为中山王妃。

三年（辛酉，公元481年）

春季，正月，齐高帝萧道成封皇子萧锋做江夏王。

北魏军队侵扰淮阳，在甬城驻兵围困军主成买。齐高帝萧道成派领军将军李安民做都督，与军主周盘龙等率军前去援救成买。北魏军队沿淮河大肆劫掠，江北百姓都惊惶奔走渡过长江，成买奋力抗击战败而死。周盘龙的儿子周奉叔带领两百人深陷敌阵，北魏派一万多骑兵，从左右两翼包抄围困他。有人对周盘龙说："周奉叔已经死了。"周盘龙骑马奔驰，举起长矛奋力冲刺，直接冲进北魏军阵营，所到之处，敌军都四散溃逃。周奉叔杀出重围后，又掉头杀入敌阵去寻找父亲周盘龙。父子两人两匹马在敌军阵营四处冲撞，北魏几万士兵竟没有一个敢于抵挡的；北魏军就此战败，死伤的有好几万人。北魏军队撤退，李安民等人率领士兵追赶，在孙溪渚又再次击垮北魏军队。

己卯日（十八日），北魏孝文帝拓跋宏到南边巡视，司空苟颓留守京师；丁亥日（二十六日），北魏孝文帝拓跋宏前往中山。

二月，丁卯朔日（初一），北魏大赦境内。

丁酉日（初七），齐国游击将军桓康又在淮阳打败北魏军，进攻樊谐城并攻陷此地。

北魏孝文帝拓跋宏从中山出发前往信都；癸卯日（十三日），又前往中山；庚戌日（二十日），返回肆州。

魏国境内有个叫法秀的和尚凭借妖术蛊惑群众，在平城阴谋作乱；苟颓率禁兵围击捕捉，把作乱的人全部抓起来。北魏孝文帝拓跋宏返回平城，主事的人囚禁法秀，给他加套了笼头，配上铁锁，锁头却无缘无故自己松脱了。看守的人用铁链穿过他的颈骨，诅咒着说："如果真的有神，该让铁链刺不进去，无法穿过。"结果顺利穿过他的颈骨并将他示众，三天之后，他才死去。后来有人建议把所有出家修行的和尚全都杀了，冯太后不同意，这才作罢。

宋国垣崇祖击败北魏军时，担心北魏再来侵扰淮北，就调动下蔡的戍卒到淮东驻守。不久，北魏军果然到来，想进攻下蔡，得知下蔡百姓已经向内迁徙，又想把旧城踏平。己酉日（十九日），垣崇祖率军渡过淮水攻打北魏军，把北魏军打得落花流水，俘虏了好几千人。

在晋、宋时期，荆州刺史多数不兼任南蛮校尉，由朝廷另外安排踏实稳重的官员担当。豫章王萧嶷做荆、湘两州刺史时，也统领南蛮。萧嶷卸任以后，齐高帝萧道成重新任命侍中王奂担任南蛮校尉，王奂坚决推辞，说："西边的疆土经过战火之后，严重损毁，一时难以恢复原貌。如今又把它从都府的统辖中割离开来，重新安置校尉，论威望不足以协助强化实力，论实际却互相牵制，不少弊病。并且资历与权力既已划分，职务管理范围突然增大，官员的工作量必然会加倍，案头文书必然增多而且烦琐，我个人认为这样的治理方策不很妥当。"癸丑日（二十三日），齐高帝萧道成取消了南蛮校尉的官职。

春季，三月，辛酉朔日（初一），北魏孝文帝拓跋宏前往肆州；己巳日（初九），返回平城。

北魏法秀和尚的谋反，牵连了兰台御史张求等一百多人，这些人违背律法理应抄家，罪连亲族。尚书令王叡请求诛杀罪魁祸首，从轻发落其他人。北魏孝文帝拓跋宏就下诏："按法应当诛五族的，减刑为诛三族；理应斩三族的，减轻为诛一家；应当诛一家的，减轻为只诛杀犯罪者本人。"因此所宽免的有一千多人。

夏季，四月，己亥日（初十），北魏孝文帝拓跋宏前往方山。冯太后喜欢方山的景色，说："将来我死了，一定要把我葬在这里，不必合葬在祖先坟墓所在的山陵。"于是孝文帝派人替太后营建寿陵，又在山上修筑永固石室，想以此作为将来祭祀使用的庙宇。

南齐的桓标之有数万士卒，所据山寨地势险要，向朝廷请求援助；庚子日（十一日），齐高帝萧道成下诏命令李安民督率诸位将领前往援助，又派兖州刺史周山图从淮河入清水，日夜兼程赶去接应。淮北百姓桓磊魂在抱犊固打败北魏军。李安民赶去援救，慢了一步，桓标之等人都被北魏人杀了，其他部众得以返回南方的还有好几千人；北魏人也大肆掠夺，俘虏了三万多人返回平城。

北魏任城康王拓跋云去世。

夏季，五月，壬戌日（初三），邓至王像舒派使者到北魏进贡。邓至，是羌族的分支，在宕昌的南边建立国家。

夏季，六月，壬子日（二十四日），南齐大赦境内。

甲辰日（十六日），北魏中山宣王王叡去世。王叡病重时，太皇太后和北魏孝文帝曾多次到他家探病。王叡去世后，北魏孝文帝拓跋宏追封他为太宰，于平城南边为他建庙。前来为王叡作哀诗、哀诔的文士有一百多人。等到安葬时，自称是亲属姻亲、以前老友，有一千多人穿着丧服哭着送殡。北魏孝文帝拓跋宏任命王叡的儿子中散大夫接替王叡做尚书令，统领吏部。

戊午日（三十日），北魏孝文帝拓跋宏封皇叔拓拔简做齐郡王，封拓拔猛做安丰王。

秋季，七月，己未朔日（初一），发生日食。

齐高帝萧道成派后军参军车僧朗出使北魏。甲子日（初六），车僧朗到达平城，北魏孝文帝拓跋宏问他说："齐国皇帝萧道成辅佐刘宋的时间很短，为什么能登上大位？"车僧朗回答说："虞舜、禹以人臣的身份被选用，后来又升级做了国君；魏、晋匡正辅佐前朝，是为了将权势遗留给他们的子孙，不过是时代环境不同罢了！"

辛酉日（初三），柔然别帅他稽率士兵投降北魏。

北魏杨文弘派使者到南齐请求降顺，齐高帝萧道成下诏命令他做北秦州刺史。当初，杨广香去世，他的部众一半去投奔杨文弘，一半投奔梁州。杨文弘派杨后起进军占据了白水。齐高帝萧道成虽然授予他官爵，却暗中下令给晋寿太守杨公则，让他寻找机会，设法除掉杨文弘。

刘宋升明年间，宋顺帝刘准派使臣殷灵诞、苟昭先前往北魏，得知齐高帝萧道成接受禅位，殷灵诞对北魏的典客令说："宋魏一向交好，祸福同当。宋现在灭亡了，北魏不去援救，还说什么和善亲近！"等到刘昶入侵，殷灵诞请求做刘昶的司马，北魏人不答应。九月，庚午日（十三日），北魏孝文帝拓跋宏在南郊阅兵，随后宴请群臣，把车僧朗安置在殷灵诞的席位之后，车僧朗不肯就座，说："殷灵诞过去是刘宋的使臣，现在只是平民。我请求您按照礼节来安排席位。"殷灵诞就和他互相怒骂。刘昶买通从刘宋投降到北魏的解奉君，在宴会上刺杀车僧朗，北魏孝文帝派人逮捕解奉君，把他杀了；魏国隆重地办理车僧朗的丧事，放殷灵诞等人返回南方。等到南齐武帝即位，苟昭先把殷灵诞在北魏的言语全部禀告给武帝，殷灵诞因此获罪，在监狱里死去。

辛未日（十四日），柔然可汗派使臣来南齐通问修好，在给齐高帝萧道成的书信中，称高帝为"足下"，自称为"吾"，并送给高帝狮子皮做的骑马装，约定共同讨伐北魏。

北魏将领尉元、薛虎子攻下五固，杀了司马朗之，平定东南几个州县。尉元回朝后担任侍中、都曹尚书，薛虎子担任彭城镇将，升调徐州刺史。当时州镇戍守的军队，财物丝绢都由自己收藏，不纳入公库。薛虎子奉上奏表，认为："国家想要取得江东，首先必须在彭城积存谷粮。况且名列镇戍的士兵，不少于几万人，抵折粮食的丝绢，每人分有十二匹，用度无确定的标准，经常来不及替换，难免饥寒，于公于私都是浪费。徐州良田有十万多顷，土地肥沃，水源充足，清、汴两条河流都流经这里，完全可以满足灌溉之需。假使将军中配给的丝绢去买牛，能买一万头，再安置士兵屯田，一年之间，就能供给军队的粮食。一半士兵除草垦殖，一半士兵屯田戍守，一边戍守一边耕种，没有妨碍镇守边疆的工作。一年的收成，足以超过丝绢价值的十倍；短暂的耕种，就足够供给几年的粮食。此后军中的财物都储存在公库里，五年之后，谷物与丝绸都有盈余，不仅戍卒丰衣饱食，还可以生出吞灭敌人的气势。"北魏孝文帝拓跋宏听从了他的建议。薛虎子处理政事，仁爱惠民，兵民都很感念他。适巧沛郡太守邵安、下邳太守张攀因为贪赃枉法，被薛虎子检举弹劾，他们各自让儿子上书，诬告薛虎子私通南齐，北魏孝文帝拓跋宏说："薛虎子必定不会这般。"推究调查，果真是虚枉不实，就下令将邵安、张攀都赐死，各打两个儿子一百鞭子。

吐谷浑王拾寅去世，世子度易侯登位。冬季，十月，戊子朔日（初一），齐高帝萧道成任命度易侯担任河南王以及西秦、河两州的刺史。

北魏中书令高闾等人更订新的律法，一共八百三十二章；刑罚牵连到族人的律令占有十分之六，有关死刑的共二百三十五章，其他各种刑罚的律令共三百七十七章。

起初，高昌王阚伯周去世，儿子阚义成继位；这一年，他的堂兄阚首归杀了阚义成自己即位。高车王可至罗斩杀阚首归兄弟，下令敦煌人张明担任高昌王，高昌国的人杀害张明，拥护马儒为国王。

四年（壬戌，公元482年）

春季，一月，壬戌日（初七），齐高帝萧道成下诏太学招收两百名学生，任命中书令张绪做国子祭酒。

甲戌日（十九日），北魏实行大赦。

春季，三月，庚申日（初六），齐高帝萧道成召见司徒褚渊、尚书左仆射王俭，让他们接受辅佐太子的临终嘱托；壬戌日（初八），齐高帝萧道成在临光殿病逝。太子即位，特赦境内。

齐高帝萧道成深谋远虑有容人之量，博学广识能为文章。生性清廉节俭，在主衣里发现有精美的玉导，齐高帝萧道成敕令中书说：“留着这种奢侈品，正是助长各种不良风气的源泉！”就命人将它敲碎；继续检验有没有其他特殊物品，一经发现，都照这个事例处理。齐高帝萧道成常说：“要是让我治理天下十年，我要让黄金与泥土价值相当。”

乙丑日（十一日），齐世祖武皇帝萧赜任命褚渊总领尚书事务，任命王俭担任侍中、尚书令，任命车骑将军张敬儿开府仪同三司。丁卯日（十三日），任命前任将军王奂做尚书左仆射。庚午日（十六日），任命豫章王萧嶷做太尉。

庚辰日（二十六日），北魏孝文帝拓跋宏到养虎的兽栏观看，下令说：“虎狼凶猛残暴，猎捕之时，常造成损害，既没有益处又耗费人力，从今以后，不要再猎捕进贡了。”

夏季，四月，庚寅日（初六），南齐为已故的皇帝追加谥号为高皇帝，庙号太祖。丙午日（二十二日），齐高帝被安葬在泰安陵。

辛卯日（初七），齐武帝萧赜追封穆妃为皇后。夏季，六月，甲申朔日（初一），册封南郡王萧长懋做皇太子。丙申日（十三日），齐武帝萧赜立太子妃王氏。太子妃是琅琊人。齐武帝萧赜封皇子闻喜公萧子良为竟陵王，临汝公萧子卿为庐陵王，应城公萧子敬为安陆王，江陵公萧子懋为晋安王，枝江公萧子隆为随郡王，萧子真为建安王，皇孙萧昭业为南郡王。

司徒褚渊得病，自己奉上奏表让位，齐武帝萧赜不允许；褚渊再三请辞，非常恳切。癸卯日（二十日），齐武帝萧赜任命褚渊做司空，掌骠骑将军，照旧做侍中，总领尚书事务。

秋季，七月，北魏发动从各州郡征调来的五万人，修筑灵丘道。

齐国吏部尚书济阳人江谧，性情急躁，又好巴结。齐高帝萧道成去世时，江谧遗憾没能接受高帝临终遗命；齐武帝萧赜即位以后，江谧又没有升官，所以内心怨恨，不免说些诋毁的话。适巧齐武帝萧赜有病，江谧去见豫章王萧嶷，请求屏退左右之人，并说："皇上病得很重，东宫太子又不是有才之人，公侯您如今有什么打算？"齐武帝萧赜得知后，命御史中丞沈冲奏明江谧前后所犯罪过，庚寅日（七月无此日），齐武帝萧赜赐令江谧自尽。

癸卯日（七月无此日），齐国南康文简公褚渊过世。世子侍中褚贲，以父亲失节事齐为耻，服丧期满，就不再做官，将爵位让给弟弟褚蓁，终生隐居在父亲的坟墓旁。

秋季，九月，丁巳日（初六），因为国丧，武帝命令撤销国子学。

氐王杨文弘去世，由于他的几个儿子年龄都太小，就让哥哥的儿子杨后起做继嗣。九月，辛酉日（初十），北魏孝文帝拓跋宏任命杨后起做武都王，杨文弘的儿子杨集始做白水太守。不久，杨集始自立为王。杨后起打败了他。

北魏孝文帝拓跋宏顾虑荆州巴族、氐族扰乱不安，任命镇西大将军李崇做荆州刺史。李崇是魏显祖（拓跋弘）舅舅的儿子。李崇将要前往镇所时，孝文帝拓跋宏命令调派陕、秦两州的军队送行，李崇推辞说："边境百姓不和睦，本来就怨恨刺史。现在我奉了皇上的命令去替代他，自然就能安定下来；我去镇所只需一纸诏书罢了，不必麻烦皇上发动军队来保护我，而使边境百姓心怀畏惧。"孝文帝拓跋宏听从了他的请求。李崇就轻装带领几十人骑马奔驰到上洛，宣读诏令，抚慰告谕，百姓与蛮夷都安心顺从。李崇命令边界戍守将俘虏到的齐人，都送还南齐；因此，齐人也送还了两百多北魏俘虏，两国边境和平相处，不再有狼烟示警。很久之后，李崇升迁兖州刺史。兖州过去有很多盗匪，李崇就命令每个村落设置一座高楼，每座高楼上都悬挂了鼓，盗匪出现的地方，就拼命击鼓；最先听到鼓声的邻近村落，就击鼓一次；其次的村落听到一次鼓声，就击鼓两次；再次的村落击鼓三次，以此类推，不多久，鼓声便传布百里之远，并且每个村落都派人守住险要地带。因为这番安排，每次出动的盗匪，没有不被捕获的。此后，好几个州都模仿他的做法，这套防盗措施，是由李崇最先创立的。

辛未日（二十日），齐武帝萧赜下令征南将军王僧虔做左光禄大夫、开府仪同三司，下令尚书右仆射王奂担任湘州刺史。

刘宋已故建平王刘景素的主簿何昌寓、记室王摛和所举荐的秀才刘琎，多次上书陈述刘景素的德行完美，为他争辩喊冤。冬季，十月，辛丑日（二十日），齐武帝萧赜下诏，允许他们用士人之礼把刘景素的遗体迁回旧坟安葬。刘琎是刘瓛的弟弟。

冬季，十一月，北魏孝文帝拓跋宏准备亲自祭祀七庙，下令主事的官吏拟妥仪式法度，依照古礼准备祭祀用的牛羊牲口、器皿礼服及乐曲。从此一年四季通常要举行的祭祀都如此举办。

世祖武皇帝上之上

永明元年（癸亥，公元483年）

春季，正月，辛亥日（初二），齐武帝萧赜在南郊祭天，大赦天下，改年号为永明。

齐武帝萧赜下诏：由于边境安宁无事，普遍恢复边境官员全数的俸禄。

齐武帝萧赜任命太尉豫章王萧嶷执掌太子太傅。萧嶷不参与朝廷政务，却常常私下进献计策。齐武帝萧赜多数都依照他的建议去办。

壬戌日（十三日），齐武帝萧赜任命皇弟萧锐做南平王，萧铿做宜都王，皇子萧子明做武昌王，萧子罕做南海王。

春季，二月，辛巳日（初二），齐武帝萧赜任命征虏将军杨炅担任沙州刺史、阴平王。

辛丑日（二十二日），齐武帝萧赜任命宕昌王梁弥机做河、凉两州刺史，邓至王像舒做西凉州刺史。

刘宋末年，因为治民的官员任期六年，时间太长，于是决定以三年为期，叫作小满；可是官员的升调，此去彼来，又不能完全依照三年的约制。春季，三月，癸丑日（初四），齐武帝萧赜下诏：从今以后，完全以“小满”做期限。

齐国执事的官员因为天文运转失常，请求祭祀来消除灾祸。齐武帝萧赜说：“配应天道，一定用实际的表现，不靠外在的虚文。我克制自己的欲望，一心治理国家，想要施行仁政爱民；如果灾祸是由我的缺失而引起的，即使祭祀禳除，又有什么益处？”

夏季，四月，壬午日（初四），齐武帝萧赜下诏说：袁粲、刘秉、沈攸之等人，虽然没有坚守晚节，但最初的忠诚表现也值得称赞，命令按照礼仪重新改葬他们。

齐武帝萧赜做太子的时候，自认为年龄较长，曾与高帝一起开创帝业，朝廷事务不拘大小，大都独断专行，有很多地方违背了以往的制度。齐武帝萧赜信任侍奉自己的张景真，张景真傲慢奢华，衣服被褥、杂用物品，都僭越身份，比拟天子；内外臣子忌惮他，没有敢说半句不妥的。

司空谘议荀伯玉，向来被高帝亲信厚待，他感叹地说：“太子所作所为，皇上始终不知道，我怎能因为怕死，而使皇上耳目被蒙蔽？我不上奏让皇上知道，还有谁能启奏的！”于是趁太子出行拜谒坟陵的时候，秘密向高帝启奏。高帝大怒，命令检查东宫。

太子拜谒坟陵返回，到方山时天色已晚，正要停船靠岸，豫章王萧嶷从东府骑着名马飞燕往东前去接应太子，把高帝愤怒的因由告诉他。太子连夜返回东宫，高帝也站在门锁边等待他。第二天，高帝派南郡王萧长懋、闻喜公萧子良宣布敕令，诘问谴责，并把张景真的罪状呈示出来，要太子发令逮捕张景真，依法除掉。太子忧虑恐惧，称病逃避。

一个月过去了，高帝萧道成怒气未消，白天在太阳殿躺着休息。王敬则直接过殿，叩头向高帝萧道成启奏说："皇上拥有天下，时日不长，太子无端被责问，臣民难免惶恐不安，希望皇上能到东宫去一趟，消除彼此的误会！"高帝萧道成不说话，王敬则于是大声宣布高帝的旨意，准备装束前往东宫，又命令御厨摆设酒食，呼唤左右的人去找辇车。高帝萧道成却一点都没有动身的意思。王敬则拿衣服披在高帝身上，这才勉强让他登上辇车。高帝萧道成不得已，到了东宫，召集诸王在玄圃欢宴。长沙王萧晃擎着华丽的伞盖，临川王萧映举着雉尾做的扇子，闻喜公萧子良端着酒杯，南郡王萧长懋斟满了酒劝高帝喝酒。太子及豫章王萧嶷、王敬则亲自捧送酒菜食物。到了黄昏，大家都喝醉了才各自返回。

高帝萧道成嘉奖荀伯玉忠诚爱君，更加信任他，多数军国机密大事都委托他去办，他的权力震动了各郡县州府的官员。荀伯玉遭逢母丧，离开宅第两里多远，宾客的冠服车盖已经把路都堵满了。太子左卫率萧景先、侍中王晏一齐去拜祭，从早晨等到黄昏，才能近前行礼。等到出门的时候，又饿又累，气息奄奄，疲惫不堪，郁怒的神情都表现在脸上。第二天，他们对高帝萧道成说："臣等所见皇上和太子两宫的门庭，比起荀伯玉府宅来，真算是寂静无人，门可罗雀了。"王晏是王敬弘的侄儿。

骁骑将军陈胤叔，当初也向高帝萧道成报告过张景真和太子的过错，但对太子都说是"荀伯玉说给皇上听的"。太子因此非常怨恨荀伯玉。

高帝萧道成暗地里有拿豫章王萧嶷来取代太子的意思；但萧嶷侍奉太子愈加恭谨，因此太子对他的友爱也丝毫不减。

豫州刺史垣崇祖不归附太子，正逢垣崇祖打败北魏军，高帝萧道成把他召回朝廷，和他秘密商讨大事。太子起疑心，便表面上加以礼遇，对他说："世间流传的一些闲话，我已毫不在意，从今以后，我将把富贵托付给你。”垣崇祖向太子拜谢。适巧高帝萧道成又派荀伯玉接受敕令去处理边界事务，荀伯玉接了旨意连夜出发，没来得及到东宫向太子辞行；太子认为他不忠诚，心里更加记恨。

高帝萧道成临终时，指着荀伯玉嘱咐太子要信任他。武帝萧赜即位，垣崇祖累次升官，做到五兵尚书，荀伯玉累次升官，做到散骑常侍。荀伯玉内心忧虑恐惧，武帝萧赜因为荀伯玉与垣崇祖交情友善，怕他们合力叛变，特别用心安抚他们。丁亥日（初九），齐武帝萧赜下诏，诬指垣崇祖集结长江以北的亡命之徒，要和荀伯玉一起作乱，逮捕并杀掉了他们。

庚子日（二十二日），北魏孝文帝拓跋宏前往崞山；壬寅日（二十四日），返回宫中。

春季，闰月，癸丑日（五月初五），北魏孝文帝拓跋宏后宫宫人平凉人林氏生了儿子拓跋恂，孝文帝拓跋宏大赦境内。文明太后认为拓跋恂应为太子，就赐令林氏自尽而死，自己抚养拓跋恂。

夏季，五月，戊寅朔日（闰月初一），北魏孝文帝拓跋宏前往武州山石窟佛寺。

车骑将军张敬儿很相信梦的征兆。当初做南阳太守时，他的妻子尚氏梦见一只手热得跟火一样；在做雍州刺史时，梦见一边肩胛发热。做开府仪同三司时，又梦见半身发热；张敬儿利欲熏心，常跟亲近的人说：“我的妻子再做梦，那就是浑身发热了。”又自己说是梦到家乡旧村子的社树高耸入云，齐武帝萧赜知道这些后，心里很嫌恶他。垣崇祖死后，张敬儿内心不安，怕有不测，刚好有人控告张敬儿曾派人到蛮族所在地区做生意，齐武帝萧赜怀疑他心怀不轨。适巧齐武帝萧赜在华林园陈设八关斋，朝臣都参加了斋宴，就在宴席上逮捕了张敬儿。张敬儿脱下饰貂官帽丢在地上，说：“这东西误了我！”丁酉日（闰月二十日），齐武帝萧赜下令除掉张敬儿和他的四个儿子。

张敬儿的弟弟张恭儿，经常担心自己可能被哥哥的灾祸所连累，就居住在南阳郡的冠军县，不曾走出襄阳，村落深远险阻，高墙矮墙，重重叠叠。张敬儿每次派人送信，他就骑上马匹，拿着弓，手探箭囊，问明底细，才肯接见送信的人。张敬儿被杀的消息传来，张恭儿就把所有家属、财物尽数迁入蛮区。后来主动返回，齐武帝萧赜也原谅了他。

张敬儿的女儿为征北谘议参军谢超宗的儿媳，谢超宗对丹杨尹李安民说："'以前斩杀韩信，如今斩杀彭越'，您想做何打算？"李安民将谢超宗的话都向齐武帝萧赜启奏。齐武帝萧赜向来就嫌厌谢超宗轻佻怠慢，便授意让御史中丞袁彖奉上奏表弹劾谢超宗。丁巳日（闰月无此日），齐武帝萧赜派人逮捕了谢超宗，把他交付廷尉处理，流徙越巂，在途中，齐武帝萧赜赐令让他自杀。因为袁彖弹劾的言辞不够苛刻明切，齐武帝萧赜又派左丞王逡之奉上奏表弹劾袁彖随便写文，上奏言过于简略，枉曲法令，包容有罪的人。袁彖被判罪，免去官职，十年之内禁止他做官。谢超宗是谢灵运的孙儿；袁彖是袁顗弟弟的儿子。

秋季，七月，丁丑日（初一），北魏孝文帝拓跋宏及太后前往神渊池；甲申日（初八），前往方山。

北魏孝文帝拓跋宏派代理员外散骑常侍顿丘人李彪前往南齐通问交好。

齐国侍中、左光禄大夫、开府仪同三司王僧虔再三请辞开府仪同三司的职务，对哥哥的儿子王俭说："你在朝廷已经承担重大的职责，很快就有时机担任这三项官职，我如果又接受这个授命，那就是一门之中有两个台司了，我实在很惶恐！"几年下来，都坚持不肯拜受职务，齐武帝萧赜才答应他的请求。戊戌日（二十二日），齐武帝萧赜加封王僧虔为特进。王俭盖了一所长屋梁的房子，规制有些僭越，王僧虔看了很不高兴，竟然不肯进门。王俭当天就将房子拆毁了。

起初，王弘和兄弟聚会，放纵儿孙随意戏耍，王僧达跳上跳下地装小老虎，王僧绰端正地坐着，收集蜡烛的珠子做成凤凰，王僧达一把抢过来把凤凰打坏了，王僧绰倒也不计较；王僧虔把十二个棋子堆积起来，不曾掉落一子。王弘感叹地说："僧达俊秀爽朗，应不比其他人逊色，但我怕他终究会连累到我们王家；僧绰应该会因名声德义被人赞美；僧虔一定是个显贵的人，地位可以做到公卿台司。"后来，这几个兄弟的境遇果然都如他说的一样。

秋季，八月，庚申日（十四日），齐国骁骑将军王洪范从柔然返回，路行三万余里。

冬季，十月，丙寅日（二十一日），齐武帝萧赜派骁骑将军刘缵到北魏去回访，北魏的典客令李安世负责接待。北魏人把宫内收藏的珠宝拿出来，让商人在市场上买卖。刘缵说："北魏的宝玉价格好低廉，该是本地山川出的吧？"李安世说："圣朝不把宝玉看得贵重，所以价格低廉得跟瓦片小石头一样。"刘缵本来想多买一些珠宝，听了李安世的话，内心惭愧，也就不买了。刘缵好几次奉令出使北魏，冯太后于是私下宠幸他。

冬季，十二月，乙巳朔日（初一），发生日食。

癸丑日（初九），北魏开始禁止同姓结婚。

王俭进封卫将军，参加管理拣选的事务。

这一年，齐国撤销了巴州的建制。

北魏秦州刺史于洛侯性情残暴，处罚罪人必定斩断手腕，割掉舌头，把四肢分解悬挂起来。全州百姓都感到惊慌恐惧，州民王元寿等同时造反。有关部门上奏弹劾于洛侯，北魏孝文帝拓跋宏派使者到秦州，在洛侯常杀人的地方，向官员百姓宣布告示，然后杀了于洛侯。

齐州刺史韩麒麟处理政务崇尚宽和，州里的佐吏刘普庆规劝韩麒麟说："主公持着符节来镇守齐州，却没有什么斩首的，怎么向百姓示威？"韩麒麟说："刑罚是用来戒止百姓做坏事的，有仁德的人在迫不得已的情况下才用它。如今百姓并不犯法，又斩杀谁呢？假使必定要靠杀人才能树立威信，那就该拿你去应景了！"刘普庆惭愧害怕，转身走了。

资治通鉴卷第一百三十六　齐纪二

起甲子（公元484年），止己巳（公元489年），共六年。

【题解】本卷记录了公元484年至489年，即齐武帝萧赜永明二年至永明七年共六年间南齐与北朝魏等国的大事。记录了魏、齐两国发生边境摩擦，各有胜负；记录了魏国的政治改革，给官员颁发俸禄，力禁贪污、严禁图谶、实行均田制，实行三长制，清查户口、设置州郡、兴建学校、建立常平仓、招揽人才等；记录了南齐茹法亮、吕文显、纪僧珍等因武帝萧赜宠信而掌控朝权，引发群臣不满；虞玩之、吕文度等人审查户籍，编订人丁，激发民变；此外还记录了刺勒进攻柔然，在西漠被打败，以及魏国儒臣高允死，南齐重臣王俭死等等事件。

世祖武皇帝上之下

永明二年（甲子，公元484年）

春季，一月，乙亥日（初二日），将军柳世隆被任命为尚书右仆射，竟陵王萧子良被任命为护军将军和司徒，统率军队，安置佐官，镇守西州。萧子良年少时就高风亮节，广纳宾客，才华横溢的人都聚集在他的门下。萧子良将西邸开放，收集了很多古人用的器皿服饰来充实装点它。记室参军范云、萧琛、乐安人任昉、法曹参军王融、卫军东阁祭酒萧衍、镇西功曹谢朓、步兵校尉的沈约、扬州吴郡秀才陆倕，这些人都因为在文学方面有特殊造诣，得到萧子良的亲自接待，他们并称为竟陵八友。法曹参军柳恽、太学博士王僧孺、南徐州济阳秀才江革、尚书殿中郎范缜、会稽人孔休源都在这些宾客之中。萧琛是萧惠开的侄儿；而柳恽是柳元景的侄孙；王融是王僧达的孙儿；萧衍是萧顺之的儿子；谢朓是谢述的孙儿，沈约是沈璞的儿子；王僧孺是王雅的曾孙；范缜是范云的堂兄。

萧子良非常喜爱佛家学说，请来有名的僧人，给他讲述讨论佛法，当时信仰佛学的风气兴盛，是江左一带从来没有过的。萧子良有时还亲自替众多僧人分发派送食物，平常就递送茶水，这种做法让当时很多人认为他有失宰相身份。

范缜极力强调在人世间没有佛的存在，所以萧子良说："你既然不相信有因果报应，那你怎么解释人间会有富贵、贫贱这些不同的遭遇呢？"范缜说："人生就像树上的花朵一样会同时绽放，并一起随着风飘散。有的拂过帘幕坠落在床上，有的穿过篱笆掉落在粪厕。那些坠落床席上的，就比如是殿下您；掉落粪厕里的，就比如是下官我。那些富贵贫贱虽然说起作用的途径不同，但是因果又是在哪里呢？"萧子良没办法再和他辩论下去。范缜又写了《神灭论》一书，他认为："形体，是精神的本质，精神是形体的作用。精神对于形体，就好像锋利对于刀子一样，如果刀子没有了而锋利就不能存在，那又怎么能容许形体死亡了，而精神还能存在呢？"这个议论发出后，引起了朝廷内外的喧哗争论，于是就有很多人和范缜辩论，但却始终没办法让他理屈词穷并折服。太原人王琰写了一篇论文来讥笑嘲讽范缜，说："哎呀！范先生竟然不知道他的先祖神灵在的地方是哪里！"想以此来反驳范缜以后的回复和辩论。范缜回答并辩论说："哎呀！王先生竟然知道他的先祖神灵所在的地方，但他却不能自杀去追随服侍他的先祖神灵！"萧子良嘱咐王融传话给范缜说："凭借你横溢的才华，还怕官职不能做到中书侍郎吗？但是你却故意用它来作这种怪异的文章，真是可惜了你的才华呀！你现在应该赶快把那文章销毁了丢掉。"范缜大笑说："要是我范缜用出卖论文来换取官职的话，我恐怕早已经做到尚书令、尚书仆射了，又何止是中书侍郎呢？"

萧衍善于筹谋划策，拥有文、武两方面的才干，王俭对他的才华很惊异，非常器重他，说："萧衍三十岁后，他所拥有的地位将尊贵得不得了。"

壬寅日（二十九日），齐武帝萧赜任命柳世隆为尚书左仆射，任命曾经的丹杨尹李安民为尚书右仆射，王俭则担任丹杨尹。

夏季，四月，甲寅日（十二日），北魏孝文帝拓跋宏到方山；戊午日（十六日），返回皇宫。庚申日（十八日），北魏孝文帝拓跋宏到鸿池；丁卯日（二十五日），回到皇宫。

同年五月，甲申日（十二日），北魏孝文帝拓跋宏派员外散骑常侍李彪等人来齐慰问。

同年六月，壬寅朔日（初一日），齐国中书舍人吴兴人茹法亮被封为望蔡男。当时的中书舍人有四个人，各在一个省当值，叫作“四户”，齐国朝廷任命茹法亮和临海人吕文显等人去担任“四户”，但在当时他们总揽当地大权，势力影响朝廷上下。镇守各地的主管几次更换，四方这个走了那个又来，其间送给他们的礼品，一年就有好几百万。茹法亮曾经当着很多人的面说：“何必再向皇上请求增加俸禄呢？这里的一‘户’中，我们每年都可以从中得到好几百万。”这种说法也只是大略说说。后来天体的运行有些不合规则，王俭极力劝谏齐武帝萧赜说：“吕文显等人专揽大权，徇私枉法，上天之所以出现异象，就是因为灾祸都来自‘四户’。”齐武帝萧赜针对王俭的建议亲自下达命令，但不能改正“四户”所固有的缺点。

北魏以前的封建制度：每户户税征收两匹帛、两斤絮、一斤丝、二十斛谷；此外还缴送一匹二丈的帛，这些放在州库里把它们作为户税之外的费用，所征收的户税就各自按照当地出产物品的多少来决定。丁卯日（二十六日），北魏孝文帝拓跋宏下诏说：“安置官吏，颁发俸禄，这项措施已经施行很久了。自从中原战乱，这个制度就被中断了。朕从以前的典礼制度中取有用的礼法，经过深思熟虑后才有办法施行俸禄这个制度。每户增加户税三匹布、二斛九斗粮食，将它们作为我朝官吏的俸禄；增加户税之外的两匹帛。如果俸禄制度颁发以后，官吏胆敢贪赃枉法，布贪污满一匹者就处以死刑。现在制度刚变更，朝廷上下应该重新开始，因此大赦天下。”

秋季，七月，甲申日（十三日），皇子萧子伦被封为巴陵王。

乙未日（同月二十四日），北魏孝文帝拓跋宏去了武州山的石窟寺。

九月，北魏孝文帝拓跋宏下诏颁布施行俸禄制，从十月开始，将三个月作为一个季节，每个季节派发一次俸禄。以前旧的制度是，官员歪曲法律制度和上级命令，贪污受贿十匹布帛的，将处以死刑；官员因为人情而接受赠送的礼品，若接受的礼品有二十匹布帛，也被判处死刑。现在法律制度修改为：如果有官员因为人情而接受别人的礼品，收受布帛一匹，也要被处以死刑；官员要是歪曲法律命令去办事，无论接受多少贿赂，都会被处以死刑。还命令巡察使者分别到各州纠察贪污受贿的官员。

秦、益两州的刺史弘农（北魏避讳改称恒农）人李洪之，认为自己是外戚非常尊贵，他处理政务对百姓贪婪凶暴，北魏孝文帝拓跋宏颁行俸禄制后，李洪之成为第一个贪赃枉法的人。北魏孝文帝拓跋宏命令把他套上枷锁押送到平城，召集朝廷百官，孝文帝拓跋宏亲自在现场列举他所犯下的罪行，但还是顾念他是朝廷大臣，让他在家里自杀。各地主管的人员因为贪赃枉法被判处死刑的有四十几人。朝廷接受俸禄的官员没有不诚惶诚恐的，经过这次事件后，接受贿赂的恶劣行径几乎不再发生。那些小官吏、百姓触犯了其他罪刑的，北魏孝文帝拓跋宏大多都从宽处理；有疑问的案件，经过官员的上表奏明，一般都免去死罪发配戍边，这样的犯人每年都有上千人。在京师被处死的犯人，每年不超过五六个。

过了很长时间，淮南王拓跋佗上奏请求像以前一样不实行俸禄制度，文明太后冯氏于是召集群臣来商议此事。中书监高闾认为：“饥饿与寒冷，是亲身经历过的感受，在饥饿寒冷的情况下，慈爱的母亲不能保护她的儿女周全。皇上现在颁布的俸禄制，使清廉的官员因为俸禄足够维持生活，就不用去滥用职权夺取百姓；那些贪婪的官员因为俸禄制得到警醒告诫，他们就会被规劝勉励而向善；如果朝廷要是不支付供给俸禄，贪婪的官员就会更肆无忌惮地做坏事，清廉的官员在这种大势下却不能自我保全。由此看来淮南王拓跋佗的提议，不是很荒谬吗？”于是文明太后冯氏就下诏命令依从高闾的建议，保留并颁行俸禄制度。

高闾又奉上奏表，认为：“北边的蛮族柔然强壮愚昧，他们的生活跟禽兽一样。他们擅长在空旷的野外作战，这种作战方法不足以攻取城池。我们如果利用蛮族柔然不足的地方，来消减弱化他们的长处，那么即使他们人数再多，也不能形成灾祸忧患了，即使柔然来侵犯骚扰我们，他们也没法深入了。再说，蛮族柔然分散居住在荒野有沼泽的地方，他们跟着水草的生长更换住所。如果双方作战，柔然必须把家业一起带来；如果战败奔逃，他们就得连带家畜一起赶着逃跑。因为他们作战时不必随时携带钱财粮米，他们吃的喝的都能自己供应充足，所以柔然一族历朝历代都能对边境构成灾患祸害。我朝现在六个镇压边境的地区，力量分散，但敌人军队的人数却在成倍增加，以至我方镇守边疆的将兵不敢和敌军上阵拼搏，最终只能被敌军围困并被迫投降。所以我军很难制伏敌军。我请求皇上遵循秦朝、汉朝旧有的制度，在边境六镇的北边修筑长城，选择在地势险要的地方开建城门，在城门的旁边建造小城，在小城中安置军队用来防守城门捍卫领土。那样蛮人既不能攻夺城池，又不能在原野掠夺食物，他们不能有收获，他们的牛马把野草吃完，就会走了，如果我们这样做，他们一定会受到惩戒。仔细算来边境六镇东西的距离不超过一千里，一个工人一个月可以建造长一丈八尺的城墙，每个工人的力量有大有小，大致合算一下，建造城墙的人数不过十万人，按照这个速度城墙一个月就能造好；虽然百姓暂时辛苦一下，但可以换来永远的安逸。只要将长城修好就会有五种利益：第一，可以免除防守人员来回活动的辛苦；第二，百姓在北部放牲口，就免除了被掠夺的祸患；第三，将士登上高城，就可以观察敌人的活动，一劳永逸；第四，我朝就可以从此停下随时准备战斗的紧张状态；第五，每年就可以运送粮米补给边境，边境粮食就不致匮乏。”北魏孝文帝拓跋宏对高闾礼遇有加，下诏答应他的建议。

冬季，十月，丁巳日（十八日），齐武帝萧赜任命南徐州刺史长沙王萧晃为中书监。起初，齐高帝萧道成临终前，把萧晃托付给齐武帝萧赜，希望齐武帝萧赜能让萧晃待在他身旁或者待在距离他近的藩国之中，不要将萧晃放任在远的地方，并且说：“宋氏内部如果不是骨肉相互残杀，其他的氏族哪会有机会复兴繁盛起来？你要引以为戒！”以前的制度是：诸侯王在都城的时候，只能在左右两边安置持刀保卫自己的卫士四十人。萧晃喜欢在武器力量方面讲究排场，等到他被罢除南徐州刺史的职务，私自运载足够几百人使用的兵器回都城建康，中途被防禁诸王的禁司发现，萧晃就命人把兵器全丢进江中。齐武帝萧赜得知这件事非常生气，打算用法令来惩罚他。豫章王萧嶷在齐武帝萧赜面前叩头哭着说：“萧晃的罪行确实不能被原谅，但是陛下要想想先帝临终之时是如何记挂萧晃的呀！”齐武帝萧赜听后也掉泪了，最终打消杀萧晃的意图，却不宠爱萧晃。对此议论的人认为齐武帝萧赜优越于魏文帝曹丕，但逊色于汉明帝刘庄。

武陵王萧晔才艺兼备，个性狂放率直，因此也不得齐武帝萧赜的宠爱。曾经在宴席上陪侍齐武帝萧赜，萧晔因为醉酒，趴在地上，帽上的貂尾沾到了盘子里的肉，齐武帝萧赜笑着说：“肉弄脏了貂尾。”萧晔却回答说：“陛下因爱惜羽毛却疏远了亲生骨肉。”齐武帝萧赜听后很不高兴。萧晔不重视钱财，喜爱施舍，所以没有积蓄；他把后院的山取名叫“首阳”，这是在抱怨贫穷，抱怨齐武帝萧赜待自己不够亲切。

高丽国王高琏派遣使者到北魏进献贡品，也到齐国进献贡品。高丽正值强盛，在北魏安置各国使者的官邸中，齐国使臣的待遇居于第一，高丽国使臣其次。

益州居住在大渡河的獠人，倚仗益州地势险要，骄傲放纵，前任和后来任命的刺史都无法管束他们。等到陈显达做益州刺史，派遣使者督促责令獠人缴纳租金税费，让他们用钱财物件补赎曾经犯下的罪过。獠人的统帅说："两个眼睛的刺史还不敢动我，何况你这一个眼睛的刺史！"獠人统帅杀了陈显达派来的使者。后来陈显达部署将士小吏，扬言他要去外面打猎，到了夜里，陈显达带军队偷袭獠人，下令不分男女老少全都杀死。

晋朝之后，益州刺史都被著名将领担任。冬季，十一月，丁亥日（十八日），齐武帝萧赜打破旧例任命始兴王萧鉴担任都督益宁诸军事、益州刺史，征发调用陈显达做中护军。起初，强盗土匪首领韩武方集聚党羽一千多人，阻断流水，做一些凶残的事，郡县官员都没有办法阻止。萧鉴担任刺史来到上明，韩武方就出来投降了，长史虞悰等人都请求把韩武方杀了。但是萧鉴说："杀了他就会丢失信用，以后就不能规劝他人向善了。"于是萧鉴就向台省禀报了这件事，齐武帝萧赜宽恕了他们所犯的罪行。于是当时巴西一带，行事凶残暴虐的蛮夷人见此都来归降朝廷了。萧鉴当时十四岁，到达新城的时候，听到百姓纷纷议论，说："陈显达大肆挑选士兵、马匹，不肯接受征发调派。"于是萧鉴在新城停了下来，派遣典签张昙皙去调查当时的形势。没多长时间陈显达就派遣使者来看望萧鉴，萧鉴手下的人都规劝萧鉴把陈显达派来的使者抓起来。萧鉴说："陈显达在本朝做官的时候，很有名声气节，他一定不会做这样的事。"两天后，张昙皙回来将陈显达的事情详细说明："陈显达已经将全家人都搬出益州府城，每天每夜盼望着殿下到来。"于是萧鉴不再逗留继续向前走。萧鉴爱好文学，他所用的器皿、穿的衣服都像个清寒素雅的人士，蜀地的百姓都很喜欢他。

乙未日（二十六日），北魏员外散骑常侍李彪等人来了解问候。

同年，齐武帝萧赜下诏命令增加豫章王萧嶷封地的户口，总数为四千户。宋元嘉年间，诸侯王进入皇帝的书房，可以穿平常的衣服、可以戴裙帽（宋朝、齐朝之间，为王室所用的区别于官帽的一种平常戴的帽子），诸王只有在太极殿（前殿）四个厢房进出时，需要着整套朝服，后来这种优待诸王的制度不再实行。齐武帝萧赜对萧嶷很友善宠爱，在宫里赐宴挽留他时，特准他按照元嘉时代的礼节。萧嶷坚定地推辞了，表示他不敢那么做。当齐武帝萧赜坐辇车来到他的府门前，他才会穿便服、戴乌纱帽出来侍候齐武帝萧赜饮宴。在宴会上穿的衣服，使用的杯盏器皿都是遵循法律制度，一举一动，都要向齐武帝萧赜报告，没有独自做主，总是想办法节省开支。齐武帝萧赜见后不准他这样做。萧嶷经常考虑到自己处于极盛的状态，于是请求辞去扬州刺史，授给竟陵王萧子良。齐武帝萧赜不肯答应，说："你就做一生的官吧，不要再说了。"萧嶷身高有七尺八寸，注重修饰自己的容貌、仪表，出外使用的仪仗，使用的器物，以及卫队、侍从等等，都在百官之上。每当他进出皇宫府邸，对他瞻仰的人没有不心怀敬意的。

交州刺史李叔献接受任命以来，竟然截断周边小国对朝廷进献的贡品，齐武帝萧赜想讨伐他。

永明三年（乙丑，公元485年）

春季，正月，丙辰日（正月无此日），齐武帝萧赜任命大司农刘楷担任交州的刺史，派他调动南康、庐陵、始兴三地的军队去征讨李叔献。李叔献听到征讨他的消息，派遣使者请求齐武帝萧赜把自己的任期延长几年，并说他愿意向齐武帝萧赜进献十二队纯银打铸的头盔和用孔雀羽毛做的装饰物，齐武帝萧赜不答应。李叔献害怕遭到刘楷的进攻，就选择走偏僻的小路，从湘州返回都城。

同月戊寅日（初十日），北魏孝文帝拓跋宏下达诏命说："用隐语来预示吉凶风尚的兴起，是在夏朝、商朝、周朝的晚期，这些隐语既然不是用来治理国家的典礼书籍，只能被妖怪邪魔之人利用。从现在开始，隐喻寓言、玄秘纬书，这些全都烧毁，胆敢保留这样种类的图籍的人，都按死刑定罪！"又严令禁止男巫女巫进行祈祷和小巷占卜算命等不是旧有经典所记录的种种行为。

北魏冯太后编著了《皇诰》十八篇，癸未日（十五日），冯太后在太华殿摆宴宴请众臣，并颁布《皇诰》。

辛卯日（二十三日），齐武帝萧赜在南郊拜祭上天，下诏大赦天下。

齐武帝萧赜下达诏书重新开办国学，用周公之礼祭奠先师孔子。

同年，二月，己亥日（初二日），北魏规定封赐有爵位的皇子、皇孙，每年俸禄不一样。

辛丑日（初四日），齐武帝萧赜在北郊祭祀大地。

春季，三月，丙申日（二十九日），北魏孝文帝拓跋宏封赏皇弟拓跋禧为咸阳王，拓跋干为河南王，拓跋羽为广陵王，拓跋雍为颍川王，拓跋勰为始平王，拓跋详为北海王。文明太后下令开设学馆，仔细挑选好的师傅来教育这些王爷。拓跋勰在众多王爷中，是最贤德聪慧和爱好学习的，他擅长写文章，北魏孝文帝拓跋宏对他的习性非常诧异，格外喜爱他。

夏季，四月，癸丑日（十七日），北魏孝文帝拓跋宏去方山；同月甲寅日（十八日），返回宫里。

起初，宋太宗明帝刘彧开设总明观来聚集有志之士，总明观也叫作东观。齐武帝萧赜因为国学已经开设了，五月，乙未日（二十九日），就去了总明观视察。当时王俭担任国子祭酒一职，齐武帝萧赜下诏命令在王俭的府邸里设置学士馆，从总明观里拿了四部书籍来充实学士馆，齐武帝萧赜又下诏，嘱咐王俭将府邸用作办公的地方。

自从宋孝武帝刘骏喜欢文章以来，朝廷的士大夫都拿文章来相互切磋，不将专门精通某一部经典当作自己的工作。王俭少年时喜欢《礼学》和《春秋》，所说言论，行为举止，都一定要合乎儒家学者的行为原则，因此官宦人家都跟他学习，对儒家学说更加推崇。王俭杜撰有关朝廷的礼节，国家的典礼法制，对晋、宋以来典制，没有不清楚的，所以他在处理朝廷事务时，裁决判断都明快利落。他经常广博地论述，从典制中引出证据，从官员八坐到左右丞、诸曹郎，没人对他有什么异议的。令史、谘问政事的经常有几十个人，座位没有空的，王俭对待辩解剖析，从不拖泥带水，发表言论及写作，都有声有色。每十天返回国学一次，监察考试学生，满园都是头戴葛巾、手拿经卷的学生，佩剑的卫士和令史，着装都很正式。王俭发明了一种“解散髻”，将发簪斜斜地插着，朝廷上下都仰慕他的风采，争着模仿学习他的打扮。王俭经常对别人说：“江左称得上是风流倜傥宰相的，只有谢安一个人。”王俭的话是将自己和谢安比。齐武帝萧赜对他非常信任依赖，对关于士人的选录，只要是王俭担保上奏，齐武帝萧赜没有不应允的。

六月，庚戌日（十五日），北魏加封河南王度易侯为车骑将军，并派给事中吴兴人丘冠先出使河南，在路上保护柔然的使者。

辛亥日（十六日），北魏孝文帝拓跋宏到方山，二十二日，回转宫廷。

秋季，七月，癸未日（十八日），北魏封赐宕昌王梁弥机哥哥的儿子弥承做宕昌王。起初，弥机死了，弥机的儿子弥博继承爵位，但遭到吐谷浑的威逼胁迫，潜逃投奔仇池。在仇池镇守的将领穆亮认为弥机侍奉北魏皇帝向来谨慎宽厚，对他国亡身死很哀痛，但考虑到弥博以前凶狠残暴不讲理，他的部下都嫌弃厌恶他，所以弥承被他的部众拥护，于是穆亮向上请求自己带领部队护送弥承返回原地，北魏孝文帝拓跋宏答应了。穆亮领率三万骑兵，在龙鹄驻扎，将吐谷浑的军队击退，把弥承立为宕昌王，自己才调兵返回了仇池。穆亮是穆崇的曾孙。

戊子日（二十三日），北魏孝文帝拓跋宏去鱼池，上了青原冈；甲午日（二十九日），返回皇宫。八月，己亥日（初五日），北魏孝文帝拓跋宏去了弥泽；甲寅日（二十日），登上了牛头山；甲子日（三十日），返回宫廷。

北魏建国初期，百姓大多数都归附豪强请求他们保护，那就可以为官府服役了，但是豪强对他们征收的土地赋税比朝廷还多几倍。给事中李安世向北魏孝文帝拓跋宏奏明说：“每年百姓收获的粮食很少，颠沛流离，田地家业多数被豪强强占；既然说井田制度规定的种桑耕织很难恢复，那就该重新平均衡量，让劳动力与产业相称。再说，豪强强占的百姓土地，就应该规定年数裁决判断，如果隔的年数久了，不清楚了，将土地都归现在的田主，那也就好杜绝欺上瞒下了。”北魏孝文帝拓跋宏很赞同他的意见，从此开始商议怎样将土地平均。冬季，十月，丁未日（十三日），北魏孝文帝拓跋宏下诏派遣使者到各州郡巡视，使者和州郡首长将天下的田地平均出来给予百姓：那些十五岁以上的男子，领受田地四十亩，只能种粮食不能种树，在一定时候要还给官府，成年妇女每人领受田地二十亩，奴婢和成丁的普通人一样；养一头牛，分给三十亩田地，牛的数量限制到四头。百姓被颁给的田地，一般都是规定数量的两倍，如果是耕种三年需要轮休的贫瘠田地，就在原来的基础上再增加一倍，用来补充耕种和还田领田的差额。有人到了可以承担耕作的年龄就能领受田地，年老免税和人死了的时候朝廷就收回田地。对于奴婢与牛的数量，就看看有没有，以此决定时归还朝廷还是授予他人。起初，领受田地的男人，朝廷给予二十亩田地，朝廷监督他要种植五十株桑树，桑树田是自家世代承袭的产业，即使死了也不归还朝廷。田地的授予是根据当时的人口来计算，哪一家有多出的土地便不再颁授田地，也不归还田地；如果哪一家田地不足够，他们就依照前面的办法，去官府领受颁授田地，有多余的土地人家可以出卖土地。那些管理百姓的官员，都可以在他任职的地方根据官职得到不同的公田，来更换替代朝廷支付的俸禄；若官员离职胆敢变卖公有田产，按照法律判刑。

辛酉日（二十七日），北魏的魏郡王陈建死了。

北魏员外散骑常侍李彪等人来吊唁慰问。

冬季，十二月，乙卯日（二十二日），北魏孝文帝拓跋宏任命侍中淮南王拓跋佗为司徒。

夷族柔然入侵北魏边境，北魏任城王拓跋澄带领军队抵抗，柔然人战败逃走。拓跋澄是任城王拓跋云的儿子。氐、羌二族叛逆，北魏孝文帝拓跋宏下诏命令拓跋澄任都督梁益荆三州诸军事、梁州刺史。拓跋澄到了梁州等地，征讨叛逆，安抚慰问归顺者，氐、羌安定下来。

起初，齐高帝萧道成命令黄门郎虞玩之等人检察登录户口的名册。齐武帝萧赜即位后，又开设了校籍官，安置令史，限定每人每天都要查几件违法案件，连续不间断，百姓对此很是担忧怨恨，内心不安。任命的外监会稽人吕文度向齐武帝萧赜上奏说：百姓户籍被撤销的都派往远的边城充军，百姓大多数也因此逃走，以此来躲避罪罚。富阳有一个叫唐寓之的人用妖邪之术蛊惑百姓作乱，已经将富阳攻陷，吴兴、吴郡、会稽等地被撤销户籍的百姓都去投奔唐之的乱军，军队有三万多人。

吕文度与茹法亮、吕文显等都靠着谄媚得到了齐武帝萧赜的宠爱。吕文度担任外监，控制兵权，以致领军一职徒有虚名。茹法亮担任中书通事舍人，权力和势力很大。王俭经常说："我虽然有很高的官职，但我执掌的权力怎么能比得上茹法亮呢？"

同年，柔然族可汗死，可汗的儿子豆仑继位，称作伏名敦可汗，将年号改为太平。

永明四年（丙寅，公元486年）

春季，正月，癸亥朔日（初一日），北魏高祖孝文帝拓跋宏面见众臣，开始穿中国历史上的天子的冠服——衮冕。

正月，壬午日（二十日），柔然侵犯骚扰北魏边境。

钱塘被唐之攻陷，吴郡几个县的县令大多数弃城逃走。唐寓之在钱塘自立为帝，册封太子，设置朝廷百官；唐寓之又派遣部将高道度等人将东阳攻陷，杀东阳的太守萧崇之。萧崇之是齐太祖萧道成的堂弟。唐寓之又派遣部将孙泓攻打山阴，孙泓到了浦阳江，屯戍浃口的戍主汤休武把他击垮。齐武帝萧赜调派了几千禁军，数百匹马，向东攻打唐寓之。朝廷军队来到钱塘，唐寓之的乌合之众很害怕骑兵，作了一次战就被击溃。把唐寓之虏获斩杀，军队又进一步将几个郡县都平定。

朝廷军队趁着胜利，行为放纵，惊扰百姓。军队调回之后，齐武帝萧赜知道这件事，将军队的前锋将军陈天福抓起来处以死刑；左军将军刘明彻被罢除官职、除去封爵，交给东冶亭处理。陈天福是齐武帝萧赜喜欢的将领，他死后，朝堂上下没有不震惊警觉的。齐武帝萧赜派通事舍人丹阳人刘系宗到军队慰问，刘系宗走遍被贼寇侵犯的郡县，却没有慰问遭到驱散调遣的百姓。

二月，闰月，癸巳日（初一日），齐武帝萧赜封赐皇子萧子贞为邵陵王，任命皇孙萧昭文为临汝公。

氐王杨后起死了。丁未日（十五日），齐武帝萧赜下诏命令白水太守杨集始任北秦州刺史、武都王。杨集始是杨文弘的儿子。杨后起的弟弟杨后明被任命为白水太守。杨集始也被北魏任命为武都王，杨集始入北魏献贡，北魏孝文帝拓跋宏将他任命为南秦州刺史。

正月，辛亥日（十九日），齐武帝萧赜在藉田耕作。

二月，己未日（二月无此日），齐武帝萧赜封赐皇弟萧銶为晋熙王，萧铉为河东王。

北魏无乡党邻里组织的制度，只是设置宗主督察将其保护，百姓大多数都隐瞒、假冒，三五十家才算作是一户。内秘书令李冲向北魏孝文帝拓跋宏上奏：“我朝应该以以前的制度为标准：每五家设置邻长，每五邻开设里长，每五里设置党长，这些职位从乡里选取身体好并谨慎的人担任。每个邻长能免除一个壮丁的兵役，每个里长能免除两个壮丁的徭役，每个党长能免除三个壮丁的徭役。这些在职的人，只要三年没有过失，就能晋升一级。对百姓永调法收税：一夫一妇的缴纳一匹布，两石粮食，大约有十匹做公调，二匹作为调外的费用，三匹作为官员的俸禄。此外，还有杂调。百姓年纪八十岁以上的人，允许有一个儿子不服兵役，那些孤儿、独老头、残障、病重、贫穷等不能靠自己谋取生活的人，让邻长、里长、党长这些人轮流养活他们。”文书上奏之后，北魏孝文帝拓跋宏下诏命令百官共同研究讨论。中书令郑羲等认为方法不行；太尉拓跋丕说："臣想这个办法如果实行的话，于公于私都有利。但是现在正是征收赋税的时候，如果审核户口，劳民伤财，百姓肯定会抱怨。我请求过了今年秋季，到冬季后，再派遣使者去做这件事，那就比较合适了。"李冲说："'可以让百姓按照规定做，很难让他们了解为什么这样做。'如果不趁着征收赋税的时候，将新的办法施行，百姓就会只知道设置邻、里、党长和核对户口不容易，而看不到将力役平均、赋税减轻，到时百姓心中肯定会有怨恨。所以我们应该趁着征收赋税时，让百姓了解赋税均等的好处。百姓既能明白这套办法，又能享受到利益，这样实行起来会较容易的。"百官大多数说九品等差的租调法，已经施行很久了，一旦更改，恐怕滋生扰乱。文明太后说："设置邻、里、党三个职位，那么征收赋税就有了一定的准则，可以查出来被包庇的人家，也不会有侥幸的百姓了，那为什么不施行呢？"甲戌日（十三日），开始设置党、里、邻三长，确认了百姓的户籍。百姓起初忧愁苦闷，尤其是那些富强土豪都不愿意。不久，征收赋税节省了十多倍的费用，于是朝廷上下都安心遵循新办法了。

三月，丙申日（初五日），柔然派使臣牟提出使北魏。当时敕勒反叛柔然，柔然伏名敦可汗亲自率军去讨伐他，追击到大漠西边。北魏左仆射穆亮等请求趁机偷袭柔然，中书监高闾说："秦朝和汉朝时期，因为平定了四海，所以才能远征匈奴。现在我朝南边有吴地倭寇祸患，又怎能不考虑其他而深入柔然的核心地带呢？"北魏孝文帝拓跋宏说："行军打仗，是最危险的事，圣贤之人只有在迫不得已时才会用。先帝献文帝拓跋弘多次出征，是因为夷族不来朝贡。现在朕接承太平的伟业，为什么要无故发动战争呢？"于是就用优厚待遇对待柔然使者，并遣护他返回柔然。

夏季，四月，辛酉朔日（初一日），北魏开始制造朱、紫、绯、绿、青五等朝服。甲子日（初四日），北魏孝文帝拓跋宏第一次穿了朝服登上御辇，去南郊祭祀上天。

四月，癸酉日（十三日），北魏孝文帝拓跋宏到灵泉池。戊寅日（十八日），返回皇宫。

湘州蛮夷造反，刺史吕安国因病不能带兵。丁亥日（二十七日），齐武帝萧赜任命尚书左仆射柳世隆为湘州刺史，带兵讨伐蛮夷，平定了乱事。

同年六月，辛酉日（初二日），北魏孝文帝拓跋宏去方山。

己卯日（二十日），北魏的文明太后给皇子拓跋恂命名，大赦天下。

秋季，七月，戊戌日（初九），北魏孝文帝拓跋宏到方山。

八月，乙亥日（十七日），北魏赏赐朱衣、玉佩、大小不同的有纹彩的丝织带，赏赐给尚书和五等爵位的官员。

同年九月，辛卯日（初三日），北魏兴修建造明堂、辟雍。

冬季，十一月，北魏颁定，治理百姓的官员把所管理百姓户口的多少，作为分发俸禄的依据。

十二月，柔然入侵滋扰北魏边境。

同年，北魏把中书学更改为国子学。分别设置州郡，总共设置三十八州，黄河以南有二十五州，黄河以北有十三州。

五年（丁卯，公元487年）

春季，正月，丁亥朔日（初一日），北魏孝文帝拓跋宏下诏命令审查乐章，除去不雅致的。

戊子日（初二日），齐武帝萧赜将豫章王萧嶷任命为大司马，任命竟陵王萧子良为司徒，加封临川王萧映、卫将军王俭、中军将军王敬则三人为开府仪同三司。萧子良向齐武帝萧赜奏明：想将记室范云外放做郡守。齐武帝萧赜说："朕得知他喜欢向你卖弄，但是朕不想严格按照法律制度，你看在他长期以来的努力上就原谅他吧。"萧子良回复说："不是这样的，范云有时候勉励教诲我，他给我一些规劝进谏的书信，我都保留着呢。"于是将信拿来给齐武帝萧赜，信件有一百多张纸，言辞非常真诚恳切。齐武帝萧赜叹息着对萧子良说：

“没想到他能这样做！我正想让他辅佐你，那又怎么能让他外放做郡守呢？”文惠太子萧长懋曾外出去东宫东边的东田楼上，观看百姓收割粮食，文惠太子萧长懋转身对宾客说：“收割也是可以用来观赏的呀！”宾客都答：“是！是！”只有范云说：“春季耕种、夏季耕耘、秋季收割，其实是在长时间地辛勤努力。希望殿下能明白百姓耕种收割的艰辛，不要只贪图一天的享乐。”

流落到荒野的桓天生，自称是桓玄的族人，桓天生向雍州、司州的蛮夷蛊惑煽动，带领他们占据南阳旧城，向北魏请求派兵支援，将要进犯齐国。丁酉日（十一日），齐武帝萧赜下诏授予丹杨尹萧景先符节，率领步兵和骑兵，直接进军义阳，司州境内各军都要受调派约束；又授予护军将军陈显达符节，率领征虏将军戴僧静等水军进军宛县、叶县，雍、司两州各军都接受陈显达的安排调度，去征讨桓天生。

北魏光禄大夫咸阳文公高允，一连辅助过北魏五个皇帝，出任尚书、中书、秘书三省。任职五十几年来，从未被责罚；冯太后以及北魏孝文帝拓跋宏都对他很器重，经常命令中黄门苏兴寿搀扶高允。高允性行仁爱、宽恕、清简、宁静，虽然身居高位，但他的心境好像清寒的志士；高允拿着书本吟诵浏览，书日夜不离手；他教育人向善好学，诚恳而不懈怠；优待亲属，想念朋友，这些教诲从没有背弃。刘宋时，显祖献文帝拓跋弘平定青、徐二州，把两州的有名望的家族都搬到代城，那些人大多数是高允的亲戚，饥寒交迫，流离失所；高允就把家财全拿出来救济他们，让他们都受到照顾。高允又按照每个人的才能、德行，将他们推荐给朝廷。谈论的人大多数因为这些人刚归附就出言离间挑衅，高允说：“任用有贤德有才能的人，哪能分什么新旧！人才要讲求合用，怎能用新旧这种理由来压抑他们？”高允一直以来没有得过病，到了这时候有点不舒服，还是按照往常的起居作息，高允几天以后就去世了，享年九十八岁。北魏孝文帝拓跋宏追念赐赠他为侍中、司空，并赠予丰厚的财物来帮家属办丧事。北魏建国以来，不论是生前还是死后所能接受的赏赐，都没有人比得上他。

桓天生带领几万北魏军队到达沘阳，陈显达派戴僧静等人在深桥和桓天生打了一仗，桓天生被打败，陈显达杀死、俘虏了好几万人。桓天生撤退军队保住沘阳，戴僧静率兵围攻沘阳，没有攻陷，就撤回军队。流落到荒野的胡丘生在悬瓠起兵响应齐国，北魏军队将他打败，胡丘生来投奔陈显达。桓天生又带领北魏军队侵犯舞阴，舞阴戍主殷公愍抵抗还击，打败北魏军队，将副统领张麒麟斩杀，桓天生被伤，就率军撤退。三月，丁未日（二十二日），齐武帝萧赜任命陈显达为雍州刺史，陈显达率军占领了舞阳城。

夏季，五月，壬辰日（初八日），北魏孝文帝拓跋宏去灵泉池。

癸巳日（初九日），北魏南平王拓跋浑死。

甲午日（初十日），北魏孝文帝拓跋宏返回平城，下诏命令七庙的子孙和缌麻服以上的外姓亲戚，免除赋税徭役和租税力役。

北魏南部尚书公孙邃、上谷公张儵率领军队和桓天生又来侵犯舞阴，殷公愍击退了他们。桓天生返还逃窜到荒郊野外。公孙邃是公孙表的孙子。

北魏春、夏两季大旱，代地尤其严重；加上牛闹瘟疫，很多百姓饿死。六月，癸未日（二十九日），北魏孝文帝拓跋宏下诏朝廷众臣尽心想办法，不要有所顾忌隐瞒。齐州刺史韩麒麟奉上奏表说：“以前贤德的君王，就会储存九年的粮食；到两汉时期，也看重农业，进献粮食和斩杀敌人的人都能封爵，努力耕种田地的和孝亲友爱的人都有赏赐。现在京都有很多百姓，不种田，闲游混饭吃的人就占三分之二之多。太平日子过久了，每年都丰收，大家争着矜持互夸，形成了奢华的习惯。富有的人家，童仆、侧室都穿精美的衣服，工匠、商人人家，奴仆也吃美味的食物；而耕种田地的农夫连酒糟米糠都吃不饱，养蚕的妇人都穿很短的粗布衣服。所以耕种田地的人越来越少，田地出现荒芜；五谷、丝帛，朝廷官府府库里都没有，而珍贵的货物却充满民间；很多百姓家里没有衣服穿食物吃，路上却充满了穿着华丽服饰的人。百姓饥饿冻寒的根本原因，就在于此。臣以为只要是珍奇特异的物品，都该禁止，对于吉庆凶灾的礼节，都应备有相当的规格，朝廷应该劝导督求百姓致力于农耕养蚕，对其要有严格的奖赏处罚。几年之后，国库一定能得到充盈。以前核对的户籍，百姓缴纳的租赋很少，臣所管辖的齐州，租税得到的粮食刚好够官吏的俸禄，没有多出来的可以存入仓库，这对百姓虽有好处，但却不是长久的计策。朝廷要是有什么军事活动，或者遇到天灾，只怕粮食不能得到供应。以后可以减少丝绢粗布的征收，增加粮食的租税；遇到丰收就多积存一些，收成少时，就发粮食救济百姓。百姓个人的粮食，存放在官府，官府有很多的存粮，那么百姓就不会有荒年所遇的灾祸了。”秋季，七月，己丑日（初六日），北魏孝文帝拓跋宏下诏命令主事的官员打开官仓借贷救济百姓，让百姓自己出城谋生。并派遣使臣编造名册，分别安排留住或离去的百姓，离开的百姓供给粮米，留下来的由党、邻、里三长供养。

柔然的伏名敦可汗凶残不仁，他的大臣侯医垔、石洛候多次向他劝谏，建议他与北魏来往和亲。伏名敦很生气，诛灭了他们的家族，从此伏名敦可汗渐失人心。八月，柔然入侵北魏边境，北魏孝文帝拓跋宏任命尚书陆叡为都督，和柔然交战，柔然大败。陆叡，是陆丽的儿子。

起初，高车的阿伏至罗拥有十万多的部落，归属柔然，听柔然命令。伏名敦可汗入侵北魏侯，阿伏至罗劝说阻止，伏名敦不听他的。阿伏至罗很生气，与他的堂弟穷奇率领部落向西方走了，在车师前部王都城的西北边，自封为王。百姓都叫他为“候娄匐勒”，就是中国的天子；尊敬地称穷奇为“候倍”，就是中国的太子。他们两人关系很好，分别管辖一些部落。阿伏至罗在部落北边，穷奇在部落南边。伏名敦率兵追杀他们，都被阿伏至罗打败，伏名敦于是率领军队往东搬走。

九月，辛未日（十九日），北魏孝文帝拓跋宏下诏命令罢免起部（掌百工之事）没有好处的劳作，解散皇宫中不从事机杼纺织的人。

冬季，十月，丁未日（二十六日），北魏孝文帝拓跋宏又下令解散尚方执掌的制作锦绣、绫罗的工匠，如果士、农、工、商想制造的，可以从事，不加限制。此时，北魏很长时间都平安无事，物品将官府的库房都堆满了。北魏孝文帝拓跋宏下诏把宫里库房的衣服、宝物、吃饭的器皿、乘马车的工具、内务府的弓箭刀剑等的大多数，全部拿出来，外族官吏的衣物、丝绸布匹、丝絮，只要是朝廷用不上的，把一大半赏赐给众官和工人、商人、衙役，赏赐遍及武川、抚冥、怀朔、怀荒、柔远、御夷这六个边城戍守的地方，北魏孝文帝拓跋宏管辖内的鳏夫、寡妇、孤儿、没有儿女的人、贫穷的人、残疾人，都有不同程度的赏赐。

北魏秘书令高祐、秘书丞李彪上表请求将《国书》编年体更改为纪、传、表、志，北魏孝文帝拓跋宏答应了。高祐是高允同曾祖父的弟弟。冬季，十二月，北魏孝文帝拓跋宏下诏李彪与著作郎崔光修改《国书》。崔光，是崔道固的兄弟的孙子。

北魏孝文帝拓跋宏问高祐："怎么才能没有盗窃的事发生呢？"高祐回应说："汉明帝刘庄时期宋均很讲究以德服人，因此就连老虎都过河走了；汉平帝刘衎时期卓茂教化众人，连蝗虫都不去他管辖的地区。又何况是盗贼呢？对于人，只要选好治理管辖的官吏，教化有好的方法，要使盗贼灭绝就容易了。"高祐还上奏，说："当下选举人才，不看重才华的好坏，只考虑资历的深浅，这不是才有所用的办法呀。我们应该停止这种只看表面取才的方法，丢掉资历，只要有才能的就任用，那么官场上自然就清明了。对于以前有功劳的臣子，虽然说他们多年在任的辛苦是值得提的，但他们的才华有的并不适合管辖百姓，皇上可以对他们追加爵位赏赐，但不可以将当地的行政大权交给他们。这就是所说的在天下称王的人，私下可以将财富送人，却不能私下将官职作为人情送人啊！"北魏孝文帝拓跋宏很欣赏他。

高祐担任西兖州刺史，坐镇滑台，他认为郡里有学校，县、党也应该设置学校，他下令县设置讲学，党设置小学。

六年（戊辰，公元488年）

春季，正月，乙未日（十五日），北魏下诏："犯死罪的人，有父母、祖父母年纪大，除了罪犯外没有成人的儿子、孙子，也没有期服的亲戚的，详细写好交上来，让朝廷知道。"

以前，齐武帝萧赜把担任右卫将军的儿子萧子响过继给豫章王萧嶷做儿子，萧嶷后来有自己的儿子，奉上奏表想将萧子响留下来做世子。萧子响每次上朝，马车服饰和其他王爷的不一样，他就用拳头击打车壁。齐武帝萧赜得知这件事后，下诏特准他的马车服饰和其他皇子一样。管理这种事的官吏上奏，说萧子响应该回到皇室。三月，己亥日（二十日），齐武帝萧赜封赐萧子响为巴东王。

在角城守卫的将领张蒲，在有大雾天气乘船进入清水河砍柴，背地里却接纳北魏的士兵。城主皇甫仲贤发觉情况有变，率领军队在城门中和魏兵交战，勉强击退北魏兵。此时北魏的步兵、骑兵三千多人来到护城河，淮阴军主王僧庆等率领军队来救援，北魏军队才撤退。

夏季，四月，桓天生又率领北魏军队占领隔城，齐武帝萧赜下诏游击将军下邳人曹虎率领各路军队征讨桓天生。辅国将军朱公恩率领军队侦察埋伏的敌兵，碰到北魏巡逻的士兵，双方交战，打败了北魏军队，朱公恩率军包围了隔城。桓天生带领北魏步兵和骑兵共万余人来作战，曹虎拼命反击，将敌军攻破，虏获、击杀两千多人。第二日，曹虎将隔城攻破，杀北魏襄城太守帛乌祝，又虏获、击杀了两千多人。桓天生最后舍弃平氏城逃跑。

陈显达入侵北魏；甲寅日（初五日），北魏孝文帝拓跋宏派豫州刺史拓跋斤率领军队对抗陈显达。

甲子日（十五日），北魏大赦天下。

乙丑日（十六日），北魏孝文帝拓跋宏去灵泉池；丁卯日（十八日），到达方山；己巳日（二十日），返回皇宫。

北魏在醴阳修筑城池，醴阳被陈显达攻陷，陈显达又进攻沘阳。城里的将士都想出去迎战，池阳守将韦珍说：“敌军刚来，士气正高，不能和他们对抗；暂且守城，等他们疲惫不堪的时候，我们再出兵反击。”于是众将士凭借城墙抵抗，十二天后，韦珍在夜里打开城门进攻，出其不意，陈显达的军队撤退了。

夏季，五月，甲午日（十五日），北魏孝文帝拓跋宏任命宕昌王梁弥承为河、凉两州刺史。

秋季，七月，己丑日（十一日），北魏孝文帝拓跋宏去灵泉池，又到方山。己亥日（二十一日），返回皇宫。

九月，壬寅日（二十五日），齐武帝萧赜去琅琊城宣讲武艺。

同月，癸卯日（二十六日），北魏淮南靖王拓跋佗去世。北魏孝文帝拓跋宏正在宗庙祭祀，祭祀才开始，就听到消息，于是取消祭祀，去探望拓跋佗，孝文帝非常伤心。

冬季，十月，庚申日（十四日），立冬，孝文帝返回太极殿下令宣读冬季的时令。

第二年，闰月，辛酉日（闰月无此日），齐武帝萧赜将尚书仆射王奂任命为领军将军。

辛未日（闰月无此日），北魏孝文帝拓跋宏去灵泉池；癸酉日（闰月无此日），返回皇宫。

冬季，十二月，柔然的伊吾戍主高羔子率领军队三千人，将城池进献给北魏以表愿归附。

齐武帝萧赜了解到京都和外藩的五谷丝帛价格都很低，就采取了尚书右丞江夏人李珪的提议，用国库中拨出的五千万的银钱和各州拨出的钱，命令买进五谷与丝帛。

戍守西陵的官员杜元懿提议说：“吴兴今年没有收成，会稽今年大丰收，买卖的客商来往，比往年多了一倍。西陵牛埭的关税，规定每天的税收是三千五百，依臣看来，每天多增加一倍都不为过，加上浦阳的南、北渡口、柳浦的四个水坝，我请求代替朝廷管理一年，在官家规定的关税之外还可以增加四百多万。在西陵戍前查收税收，对戍守的事并不妨害；至于其他的三个关口，陛下可以自己推举有能力可靠的人来把守，这样一来戍守和税收两不误，还能充实国库。”

齐武帝萧赜把这个提议吩咐下去，会稽行事吴郡人顾宪之把此事和他人商量之后，认为：“设置牛埭的本意，不是为了逼迫百姓交付税收，而是因为河里的风浪湍急危险，设置牛埭不仅可以救急，而且可以便利物品通畅。现在监理统领牛埭的人，不了解设置牛埭的本意，只顾各自寻求自己的功劳，有官员禁止通行别的道路，使商人旅客不得不经过牛埭，以便借此机会来征收关税；甚至有的规定：只要在船江中航行，即便没有货物，也要缴纳关税。这几年吴兴连年歉收，今年更加严重，众多百姓流离失所，大多都离开空乏的家乡而迁往丰收的地方，实在是为饥饿所迫才不得不远离自己的家乡迁来此地，但是主管关口征税的官吏责问他们并索要税款，并且依照规定一分一毫都不肯减少。以前律法规定凡是刚迁来的百姓可以依照他们的家庭状况征收税款，只是还没有和众位大臣公开商议此事也就迟迟没有公布，现在要在规定以外加倍征收税款，这算是什么方略？陛下慈爱，体谅百姓的苦痛，开放仓库分发米粮，免去赋税，但杜元懿却幸灾乐祸，只知道衡量自己的利益，增加人民的困苦。一个人如果没有仁爱之心，不管是在古代还是在如今，都一定会被人们憎恨！假如事情和我们事先预料的不一样，额外增加的税款没有事先预算的多，他为了不被陛下谴责，一定会用尽残酷的方法侵犯骚扰百姓，让人民怨恨朝廷。杜元懿这个人本性苛刻，他过去所做的事情就是最明显的证据；假如把统辖牛埭的责任交给他，让他来管理牛埭的人民，那就犹如让狼去带领羊群；而他所说的为陛下推举得力可靠的人，也不过是老虎戴帽子伪装一下罢了，它残暴的本性是不会因此而消失的！古书《礼记·大学》说：‘与其有专事搜刮的家臣，宁可有盗窃公家财物的家臣。’这是说国家因为盗窃财物而造成的损失还算是微小的，但是搜刮人民的财物所遗留的祸害才是最大的。我个人又认为，方便适宜的意思，是对朝廷方便，对百姓有好处。而我看这几天来和陛下谈方便适宜的人，并不能在用好民力的同时，合理地利用天时地利，他们的想法大多都是眼前对人民有害，将来对朝廷也没有一点好处的，最后本来是为人民着想却适得其反，遭人民怨恨，违背朝廷的政治体制，但凡有可能造成这样情形的事情，就该深入考察，不能怠慢。”齐武帝萧赜再三思索后觉得他说得有理，就采纳了他的议论，不再考虑杜元懿的建议。

北魏孝文帝拓跋宏一直忧心如何安定民心，让百姓安居乐业，就将此事在朝堂上探问群臣的意见。丞相李彪呈上密封的奏书，他认为："当地有钱有势显赫富贵的人家，生活过度奢华，已经和他们的身份不相适宜，所以我觉得应该给他们的住所、配车和服饰区分等级，以此来约束他们过度奢华。

"其次，国家的兴亡，关键在于嫡长子品性的好坏；而嫡长子的好坏，在于老师教导的好坏。高宗文成皇帝拓跋濬以前曾对众臣说：'朕刚刚开始学习的时候，年龄还小，心思不能集中；等到朕真正即位，开始处理朝廷大事以后，又没多少空余时间来学习。现在想起来，难道仅仅是朕一个人的过错吗？这恐怕也是因为教师、辅相教诲得不够认真吧。'尚书李䜣听后立马脱下帽子谢罪。这是最可以用以借鉴的事情啊。臣以为应该按照古时的方法，增设教师、辅相的官职来教导太子。

"再者，汉朝设置常平仓来救济收成匮乏的地方。去年京都的收成也不好，官府将百姓迁到收成好的地方，这样的方法，一方面荒废了百姓引以为生的农田，另一方面，百姓经过艰难困苦以后，平白无故亨运通达，这对国家的法制，在实际上是有害的。为什么不预先在仓库里储备米粮，这样在需要的时候不仅可以安抚百姓，必要时发放米粮供应也可以暂时解决百姓的燃眉之急，这难道不比驱赶敦促年老体弱的百姓到千里之外糊口好得多？把州郡每年九分之二的税收提出来，京都每年把支出用度多余的也提出来，各自设官专门管理，遇到丰收的年岁，就买米将它储存在仓库里，遇到粮食歉收的年份，就增加两分的利息卖给百姓。这样一来，百姓一定会努力耕种田地，用多余的粮食取得官家的丝绢，并存钱购买官家的米粮。年岁丰登时，每年都储积米粮；年岁歉收时，就直接供应粮食以解百姓的燃眉之急，这样用不了几年就能做到米粮存积，百姓供养充足，即便有灾害，也不会成为使百姓流离失所的祸患了。

“还有，朝廷还应该在大河之外的荆州、兖州、豫州、洛州、青州、徐州、齐州七州的百姓之中，选拔人才，按照他们的门第，考察审核他的才情，然后选拔优秀的人才来都城，依照历代都城任用官员的例子，给他们安排官职。这样就可以把朝廷对现在和以前百姓拥有同等待遇的意思以实际行动推广，二来可以安抚长江、汉水一带百姓归附。

“再者，父子兄弟，虽然不是一个身体，血脉却一样，犯了罪不相互牵连，这是皇上很大的恩典；害怕犯罪连坐，本来就是自古以来永恒的事。没有亲情的人，父亲兄长关在监狱里，作为儿子兄弟的丝毫没有悲痛警惕的表情；儿子兄弟逃避刑罚，作为父亲兄长的丝毫没有惭愧羞赧的样子；安心享受显赫富荣的地位，带着随从悠闲自得，乘坐的马车，穿戴的衣服帽子，也不改平常奢华的装饰；依照骨肉亲情的恩情义气的关系，怎能这个模样？臣愚蠢地建议，父亲兄弟要是犯了罪，应该命令儿子兄弟穿朴素的衣服，赤裸着上身，到皇宫中请罪。儿子兄弟要是犯法，应该命令父亲兄长上奏表明，引咎反省，请求辞去官职；若是朝廷上有必要的话，不应该答应他辞官，安慰劝勉他，并挽留他。这样做，足够来激励俗世之人，让浅薄的风俗变敦厚，使人们了解哪些是真正可耻的事情。

“再者，朝中官员遇到双亲生病去世，丧期满了，赶紧去担任官职；穿着华丽的衣裳，乘着有篷帘的车，参加君王祭天祭祖的大型祭祀；玉佩碰响，低着帽带，和别的大臣一起参加赏赐庆贺的宴席；这样做真是损害了为人子的操守，损伤了天地间的纲常。臣以为：只要遭遇祖父母、父母丧事的大臣，都让他们把丧期服完；如果当时的官职没有适合的人选，无人能替代的，就另外颁旨，优待宽厚地劝慰暗示他，任用他做事，但只大致地执掌出纳、上奏而已，关于国家喜庆吉祥的事，一律不准他参与。对于在军事上有警戒紧急的情况，他穿着丧服，参加战斗，虽不合礼节，但也应该就事论事。”北魏孝文帝拓跋宏都答应照做。此后魏国公家私人都丰富充足，即使经常有水灾、旱灾，但百姓并不穷困。

北魏调派军队去攻打百济，百济大败北魏。

七年（乙巳，公元489年）

春季，正月，辛亥日（初七日），齐武帝萧赜在南郊祭祀上天，大赦天下。

北魏孝文帝拓跋宏在南郊祭祀上天，出行时开始乘坐最隆重的车驾。

壬戌日（十八日），齐国临川献王萧映逝世。

起初，齐武帝萧赜担任镇西长史，主簿王晏擅长献媚，被齐武帝萧赜亲近信任，经常在齐武帝萧赜府邸走动。齐武帝萧赜做了太子，王晏就担任中庶子。齐武帝萧赜得罪齐高帝萧道成时，王晏说自己得了病，齐武帝萧赜就疏远了他。等到齐武帝萧赜登位，王晏担任丹杨尹，和以前一样意气风发，受齐武帝萧赜信任，早晚朝见齐武帝萧赜一次，讨论朝廷大事时，连豫章王萧嶷和王俭都降下身份，有意接近他。

春季，二月，壬寅日（二十八日），王晏担任江州刺史。但不想外放，齐武帝萧赜就将他留在京都，担任吏部尚书。

春末，三月，甲寅日（十一日），册立皇子萧子岳为临贺王，萧子峻为广汉王，萧子琳为宣城王，萧子珉为义安王。

夏季，四月，丁丑日（初四日），北魏孝文帝拓跋宏下诏说：“以前建造楼阁，散发物品，赏赐给百姓，甚至弄得人仰马翻，很多人物受伤损毁；现在可以去除老式做法，把原本的费用拿去赏赐给年老、有病、贫穷、无子嗣的百姓。”

丁亥日（十四日），北魏孝文帝拓跋宏去灵泉池，又去方山；己丑日（十六日），返回皇宫。

齐武帝萧赜厚待礼遇南昌文宪公王俭，下诏命令王俭三天上一次朝，如果有事让尚书令史外出向他请教咨询。齐武帝萧赜还认为王俭来回的次数太多，又下诏命令王俭返回尚书下省，每个月接听十日左右的事务。王俭坚持请求辞职改选他人。齐武帝萧赜下诏命令他改任中书监，参加掌管择官的事务。

夏季，五月，乙巳日（初三日），王俭逝世。王晏担任礼部尚书，权力很大，与王俭过不去。礼官想依照王导的事例，给王俭追加谥号文献。王晏上奏齐武帝萧赜说："以王导的才干能够获得这个谥号；但自从宋氏以来，这个谥号向来不加封给异姓臣子。"王晏走出了皇宫，对身边的人说："'平头宪'（姓王的谥个'宪'字）的事情已经定了。"

徐湛死时，他孙子徐孝嗣还在娘的肚子里，因此免去了死罪，他的孙子八岁时承袭封爵做了枝江县公，和刘宋的康乐公主成婚。等到齐武帝萧赜登位，徐孝嗣担任御史中丞，性行端庄简朴。王俭向别人说："徐孝嗣将来肯定会做宰相。"齐武帝萧赜曾经问王俭说："谁将来可以继承你宰相的位子？"王俭说："臣去除相权时，对徐孝嗣有很高的期望！"王俭逝世，徐孝嗣正担任吴兴太守，齐武帝萧赜下诏让他担任五兵尚书。

庚戌日（初八日），北魏孝文帝拓跋宏在沼泽地带开辟建筑方形的小丘作为祭祀的地方。

齐武帝萧赜想要任命领军王奂担任尚书令，询问王晏。王晏不想推举王奂，应答说："柳世隆有名望功勋，只怕不应该将他安置在王奂后面。"甲子日（二十二日），让尚书左仆射柳世隆担任尚书令，王奂担任左仆射。

夏季，六月，丁亥日（十五日），齐武帝萧赜前往琅琊城。

北魏怀朔镇的镇守将领汝阴灵王拓跋天赐，长安镇的都大将兼雍州刺史南安惠王拓跋桢，两人犯了贪赃的罪行，应该处以死刑。冯太后和北魏孝文帝拓跋宏去了皇信堂，接见王公大臣，太后发问说："你们觉得应该保存亲人而破坏法度呢？还是应该杀了亲人而伸张制度？"众臣都说："两个王爷都是景穆皇帝拓跋晃的儿子，应该可怜宽恕他们。"太后不应答。北魏孝文帝拓跋宏于是下达诏书，声称："两位王爷所犯之错本不可原谅，但太皇太后追念高宗文成皇帝拓拔濬，顾念手足仁义，并且南安王拓跋桢对母亲温厚孝顺，天下有名，现在特地下旨免去死罪，剥夺官爵，一生不能再为官。"

起初，北魏朝廷得知拓跋桢凶暴贪婪，命中散大夫闾文祖去长安监督勘察，闾文祖收受拓跋桢的贿赂，帮他遮掩；事情被发现之后，闾文祖也被同罪判刑。冯太后对众臣说："闾文祖曾经为人清廉，现在竟犯法。这样来说，的确不能知道人心呀。"北魏孝文帝拓跋宏说："以前有等待外放的臣子。你们审视看看，如果有人无法抵御贪婪的诱惑的，我允许辞官，回到自己的府中。"宰官、中散大夫慕容契上言说："我们的心是不会永远不变的，但是君王的法度是固定不变的，拿不会永远不变的心去遵守永远不变的法度，我想不是我能承受的，我请求辞官！"北魏孝文帝拓跋宏说："慕容契明白人心不能永久不变，那么就明白贪婪是让人厌恶的了，又何必请求辞官呢！"加封他做了宰官令。慕容契，是慕容白曜弟弟的儿子。

秋季，七月，丙寅日（二十五日），北魏孝文帝拓跋宏到灵泉池。

北魏孝文帝拓跋宏让众臣商量："长久地和齐国断交，现在想派遣使者和齐相交，该怎么做呢？"尚书游明根进言："朝廷不派使者告知齐国，就在醴阳兴建城池，深深地进入齐的国境，这都是齐主萧赜的责任。现在就让我们再派遣使臣出使齐，不是也说得过去吗？"北魏孝文帝拓跋宏同意他的提议。秋季，八月，乙亥日（初四日），调派兼员外散骑常侍的邢产等人到齐国访问。

秋季，九月，北魏派出宫女，赏赐给北镇穷苦没有妻子的人。

冬季，十一月，己未日（十九日），北魏安丰匡王拓跋猛逝世。

冬季，十二月，丙子日（初七日），北魏河东王苟颓逝世。

齐国平南参军颜幼明等到北魏访问。

北魏将尚书令尉元任命为司徒，左仆射穆亮任命为司空。

豫章王萧嶷自己认为地位太高，有很大的归隐心理。这年，上奏请求回归家园。齐武帝萧赜任命他的世子萧子廉代替他镇守东府。

太子詹事张绪，掌管扬州中正，长沙王萧晃嘱咐他让吴兴人闻人邕担任州议曹从事史，张绪不肯答应。萧晃指使书佐上求，张绪严肃地说："这个州郡是我出生成长的家乡，殿下怎么能够逼我呢？"

侍中江斅担任都官尚书。中书舍人纪僧真得到齐武帝萧赜的宠爱，仪表容态都有志士的风采，他向齐武帝萧赜请求说："臣本来的出身是县武吏，幸运地身在圣明的年代，荣誉地位能到这个地步，为儿子娶到荀昭光的女儿，我不再有什么需求了，我只想向皇上请求，任命让我为士大夫！"齐武帝萧赜说："这事得由江斅、谢瀹决定，我不能增加一点意见，你自己去寻找他们。"纪僧真接纳了齐武帝萧赜的旨意去拜访江斅，在矮榻上坐好后，江斅回过头命令身边的人说："搬动我的床，远离客人点。"纪僧真泄气沮丧告退，告诉齐武帝萧赜说："士大夫原来不是皇上任命的呀！"江斅是江湛的孙子；谢瀹是谢朏的弟弟。

柔然另一支系的领袖叱吕勤，带领军队归顺北魏。

资治通鉴卷第一百三十七　齐纪三

起庚午（公元490年），止壬申（公元492年），共三年。

【题解】本卷记录了公元490年至492年，即齐武帝萧赜永明八年至永明十年共三年间南朝齐、北朝魏两国的大事。主要记录了梁武帝萧赜四子荆州刺史萧子响因谋反而被诛杀的经过，萧赜事后痛悔不已；魏国冯太后死，孝文帝悲伤过度，颇显孝心；魏主将拓跋珪、拓跋焘定为祖宗，以魏国为水德，敬老亲养；宋牟出使南齐，回国后禀明南齐的处境危险，并预言萧赜子孙传承不久；齐臣萧琛、范云出使北魏，受魏主喜爱，但被魏臣李元凯嘲笑，等等。

世祖武皇帝中

永明八年（庚午，公元490年）

春季，正月，齐武帝萧赜下诏放了隔城监禁的俘虏两千多人，让他们返回北魏。

乙丑日（二十六日），北魏孝文帝拓跋宏去方山；二月，辛未日（初三日），去灵泉池；壬申日（初四日），返回皇宫。

地豆干经常侵犯滋扰北魏边境，夏季，四月，甲戌日（初七日），北魏征西大将军阳平王拓跋颐将敌军击退。拓跋颐是拓跋新城的儿子。

夏季，甲午日（二十七日），北魏调派兼员外散骑常侍邢产等人前来询问。

五月，己酉日（十二日），库莫奚侵犯滋扰北魏边境，安州都将楼龙儿将敌军击退。

秋季，七月，辛丑日（初五日），齐武帝萧赜任命会稽太守安陆侯萧缅为雍州刺史。萧缅是萧鸾的弟弟。萧缅对诉讼的问题很细心，调查到有被迫劫持而犯罪的人，就将他们都放了回去，应允他们改过自新，再次犯罪的就增加惩罚；老百姓很害怕他，也很尊敬他。

癸卯日（初七日），齐国大赦天下。

丙午日（初十日），北魏孝文帝拓跋宏去方山；丙辰日（二十日），去灵泉池；八月，丙寅朔日（初一日），返回皇宫。

河南王度易侯逝世；乙酉日（二十日），他的世子伏连筹担任秦、河两州刺史，调派振武将军丘冠先予以封赐，并安慰抚问丧事。伏连筹逼迫丘冠先跪祭，丘冠先不肯顺从，伏连筹用手推丘冠先，丘冠先坠崖而死。齐武帝萧赜赏赐他的儿子丘雄丰厚的财物，敕令：人已经死在了很远很难通行的地区，不能寻找了，事情过去就够了，你尽职做官，将来一定会升官，不要存有猜疑的心理。

荆州刺史巴东王萧子响，勇猛威武有力气，擅长骑马射箭，喜欢武艺，自己挑取六十人，让他们带着兵器，在身边守护，这些人都有才干胆量；到了镇守的地方，在里进的房子里多次用好酒好肉安抚款待他们。又私底下制造锦绣袍子，红色短袄，想送给蛮夷之人，用来交换兵器。长史高平人刘寅、司马安定人席恭穆一起秘密上奏。齐武帝萧赜下令仔细核对检查。萧子响得知朝廷使者来了，不接受诏令，集合刘寅、席恭穆及谘议参军江悆、典签吴修之、魏景渊等，指责询问他们，刘寅等人守密，不肯说；吴修之说："皇帝既然已经下了圣旨，我们应该斟酌情形，搪塞过去。"魏景渊说："应该先核对检查。"萧子响很生气，在后堂逮捕刘寅等八个人，将他们杀害，又详尽地向齐武帝萧赜上奏报告。齐武帝萧赜想赦免江悆，得知他们全死了，不由生气，壬辰日（二十七日），改封随王萧子隆担任荆州刺史。

齐武帝萧赜想调派淮南太守戴僧静带军队征讨萧子响，戴僧静面对面上奏说："巴东王萧子响年纪还小，长史刘寅等人密谋告发逮捕他，做得太急切了，巴东王萧子响一时生气，不顾及以后的艰难苦处，以致到了这个地步罢了。皇上的儿子一时失误杀了人，这不是什么了不起的大罪。皇上突然调军向西出发，百姓诚惶诚恐，结果令人担忧。僧静不敢领旨。”齐武帝萧赜不回应但认为他的话很有理。于是分派卫尉胡谐之、游击将军尹略、中书舍人茹法亮率领皇宫内几百个武功高手去江陵，搜查逮捕那些犯法的武士，皇上下赦令说：“萧子响如果自己投降回京，还可以保住性命。”齐武帝萧赜将平南内史张欣泰任命为胡谐之的助手。张欣泰向胡谐之说：“这次的任务，如果成功没什么名声，失败了便有了很大的耻辱。敌方都是聚合在一起的凶暴狡猾的小人，巴东王萧子响之所以利用他们，可能是因为赏赐的利益、权势的逼迫，不能自己散了。我们的军队在夏口停下来，给他们说明好坏的道理，便可不战而擒获巴东王了！”胡谐之不听从这个提议。张欣泰是张兴世的儿子。

胡谐之到达了江津，在燕尾洲建筑城池。萧子响穿着白色的衣服登上城楼，派使者传达了自己的心思说：“天底下哪有儿子反叛父亲的！我没有想谋反，只是有些粗疏罢了。现在就乘船返回朝廷，接受死刑的惩罚，为什么兴建城池来捕捉我呢？”尹略自己回应说：“谁和你这个反叛父亲的人说话！”萧子响落泪哭泣。萧子响于是宰牛，准备酒和菜，慰劳士兵，尹略将饭菜丢在江水里。萧子响大喊茹法亮，茹法亮惊疑害怕，不愿意前来。萧子响又请求见传达诏命的使者，茹法亮也不愿让使者去，又绑架了萧子响的使者。萧子响难忍气愤，便调派私养的士兵召集府、州的兵丁两千人，从灵溪向西渡过长江；萧子响带着一百多人带着强弩，驻扎在长江岸边。第二天，府州士兵和官府战斗，萧子响在岸上放箭射击，官府军战败，尹略战死，胡谐之等人乘小船逃跑。

齐武帝萧赜又调派丹杨尹萧顺之率军赶去，萧子响在当日率领穿白衣服的三十个护卫，乘着小舟往建康顺流而去。太子萧长懋一直以来对萧子响猜忌，萧顺之从建康出发时，太子萧长懋私下嘱咐萧顺之，让他早做安排，不能让萧子响回京城。萧子响见到萧顺之后，萧子响申请叙述表明自己的心思；萧顺之不答应，在射室将他缢杀。

萧子响死前，向齐武帝萧赜上奏说："臣的罪行大过山海，我心甘情愿接受死罪。您下令派胡谐之等来，他们竟不宣说旨意，撑起旗号挺进渡口，向荆州城南岸修筑的城池准备攻击。臣多次派人带去书信招呼茹法亮，请白衣求见，茹法亮一直不愿意见我。我手下的人害怕惊恐，于是才进攻应战，这是臣的过错。臣在这个月二十五日，束缚自己，投降于朝廷，臣希望能返回朝廷。臣若能在府邸生活一个月，就会了结自己的生命，让齐国不至于有杀害儿子的讽刺评价，臣也可以除去叛逆父亲的罪孽。无可奈何的是这并不能如人愿，现在我的生命就要结束了。面临奏表，哭泣得没有声音，哪里知道究竟说了些什么！"

掌管这件事的官员上奏请求在宗族里去除萧子响，收回爵位封地，改姓为蛸氏，受牵连的人，再考察审核，讨论判定罪罚。

很久之后，齐武帝萧赜游走观看华林园，看见一只蹦跳着将自己摔在地上的猿猴，悲痛地叫，就问身旁的人，身旁的人回应说："前天小猿猴坠崖摔死了。"齐武帝萧赜很思念萧子响，于是哽咽落泪了。茹法亮被齐武帝萧赜愤怒地责备一顿，萧顺之自责害怕，生病死了。豫章王萧嶷奉上奏表请求埋葬萧子响；齐武帝萧赜不答应，将萧子响贬为鱼复侯。

萧子响作乱时，州郡长官都上奏说萧子响是谋逆，兖州的刺史垣荣祖说："这不是应该说的话。应当说：'刘寅等人辜负皇上的赏赐，逼迫巴东王，使他发展到了这种地步。'"齐武帝萧赜仔细想想，认为垣荣祖说的话很有见解。

朝廷军队烧毁了江陵官府的房子，官府的文书，一时间全都烧毁。大司马记室南阳人乐蔼因为做过多次荆州的佐贰官员，齐武帝萧赜下旨接见，咨询他西边的事。乐蔼详细应答，回答灵敏，齐武帝萧赜很高兴，让他担任荆州治中，交代他修建府州的事情。乐蔼休整几百区的官舍，没多久都修复了，用到的劳动力并没有打扰到百姓，荆州百姓都对他称颂赞扬。

九月，癸丑日（十八日），北魏太皇太后冯氏逝世，高祖孝文帝拓跋宏不吃不喝，已经有五天了，伤痛对身体很有害，程度超过了礼节。中部法曹华阴人杨椿向孝文帝拓跋宏劝谏说："陛下继承祖宗的伟业，身负万国的重担，怎么能像个匹夫一样为了个人的小节而枉顾身体呢！众臣害怕着急，不知道应该说些什么。再说圣人的礼仪哀伤但不灭绝人性；即使陛下想尽自己的节行，流芳万世，无奈还有宗庙的重大责任！"他的话将孝文帝拓跋宏感动了，因此孝文帝吃了一碗粥。

诸位王公都来到皇宫呈上奏表，请求及时将太皇太后入葬，遵循汉、北魏的旧制以及太皇太后死前的懿旨，下葬以后，按照礼制将丧服去除。孝文帝拓跋宏下令说："自从遭遇殃祸惩罚以来，朦胧间就像是昨天一样，侍候太皇太后的棺柩，还希望好像能见到太皇太后一样。要是谈到择定山陵搬移奉安，是我不忍心听到的。"冬季，十月，王公又奉上奏表坚定请求，孝文帝拓跋宏下令说："选择判定山陵，可以按照礼法办；对于为天下着想着而免去丧服，于私是不忍心这样做的。"孝文帝拓跋宏想亲自去墓陵，戊辰日（初四日），下令外出跟从用的仪仗都停止使用，对于武装保卫的侍卫，按照平常的法制护卫侍候。癸酉日（初九日），将文明太皇太后安葬在了永固陵。甲戌日（初十日），孝文帝拓跋宏参拜墓陵，众王公坚持请求孝文帝免去丧服。孝文帝拓跋宏下诏说："我会将这个另外安置在心头。"己卯日（十五日），孝文帝再次参拜墓陵。

庚辰日（十六日），孝文帝拓跋宏出宫去思贤门右首，和众臣相互慰劳。太尉拓跋丕等觐见说："我等以衰败腐朽的身体，事奉了多位君主，对国家以前的事情，非常熟悉。臣等想起先祖去世的时候，只有侍候灵柩的官员有司穿着丧服，身旁的人都穿着吉祥的衣服；四祖（高祖昭成帝、高帝道武帝、武帝太武帝、显祖献文帝）与三宗（太宗明元帝、恭宗景穆帝、高宗文成帝）沿承祖制，没改变什么。陛下天性孝顺，哀痛伤害身体超过了礼节，臣等得知陛下一日三餐，不超过半碗饭，白天夜晚不松衣带，因此臣等屏气捶心，不安地坐在席上。希望陛下最孺慕的真情能稍稍克制下，遵奉实行以前的典制。”孝文帝拓跋宏回应说：“悲伤毁体是经常有的事，哪值得你们关心上言？早晚喝粥，体力上大概可以支撑，你们何必担忧害怕呢？祖宗的心思专注武略，对文教不讲究，朕现在秉承圣训，学习古人的道理，讨论当时局势，对事理比较，和先祖又不一样。太尉等国家元老，是政治依靠的重要人才，关于经典传记所记录的旧的丧礼礼仪，也许并不了解，还能明白朕下旨的意思。其他有关古今丧礼，朕把心中所想的另外咨询尚书游明根、高闾等人，你们可以细心听他们议论。”

孝文帝拓跋宏向游明根等人说：“古人制造不定时中止的大哭的礼制，对于丧服的变更，都依顺着人之常情，从重到轻，不会勉强突然。现在太皇太后去世不足十天，就想免去丧服，就只成了伤情害礼的事。”游明根等人回应说：“臣等尊敬地寻求文明太后遗留在金册的圣旨，想要一个月后就下葬，葬礼后就脱去丧服。所以一开始下葬，就上奏除去丧服。”孝文帝拓跋宏说：“朕想以前没有三年的丧期，大概是君王去世，继位的君主刚刚登位，国君的仁德还没有布流，大臣的道德仁义不能分辨，所以才身穿衮袍，戴着冠冕，施行登位的礼制。朕的德行实在不够，登位已经超过了一纪（十二年），足以让众臣百姓了解皇位上有君王！在这种情况下，却不能做悲哀孺慕的想法，是朕不能顾及真情和礼制，真是让人悲痛。”高闾说：“杜预为晋朝的渊博人士，他谈及从古至今的皇帝，没有实施三年服丧的，以为汉文帝对丧事的规定，与古制非常吻合，虽是近代才开始实行，但可以按照他的样子做。所以臣等才恭敬谨慎地请求陛下这样做。”孝文帝拓跋宏说：“我暗地寻求太后留在金册上的旨意，所以才按照大臣的心情，下令提早去除丧服，是考虑到可能因这中断或废弛政务的处理。诸位王公大臣请求我，也是这种想法。朕现在对上奉行金册的遗命，对下顺从众臣的真心，不能沉默不说，导致荒废政务；只想穿衰麻，除去即吉的礼制，能尽诚恳地在初一、十五思念，感情在可以允许的范围之内，所以想一心这样做。像杜预那样谈论，对于深深怀有孺慕的思念，沉寂不语的服丧的国君，可以说是过分请求了！”秘书丞李彪奏道：“汉明帝的马皇后，养育呵护章帝，他们两人，子孝母慈，没有嫌隙。马皇后逝世，下葬不足十天，就能因吉去除丧服。但汉章帝并没有被讥讽评论，明德马后也并没损伤名声。望陛下遵循遗留在金册的谕旨，去除哀思，依照臣等的提议。”孝文帝拓跋宏说：“朕之所以贪恋衰经，不按照提议，实在是因为感情上不能压制太皇太后逝去的悲伤，哪里是因为要暂且避免嫌恶嗤笑呢？现在送终奉安，朴素俭省，已经完全遵守遗册的谕旨；只因为伤痛孺慕，事情联系在朕的身上。但愿太皇太后灵魂不要压制朕最大的愿望！”高闾上奏说：“陛下既不想除去丧服，臣等去除丧服，那么就嫌我们做臣子的仁义不够。陛下亲自穿着丧服，再处理朝廷政务，各种吉凶混杂的事情，臣私底下很担忧。”孝文帝拓跋宏说：“先太皇太后爱怜顾虑大臣，你们思慕悲哀，不忍心除去丧服，怎么忍心请求作为至亲的朕呢？朕现在被先太皇太后遗旨逼迫，只希望服丧到期限，虽然不完全遵守礼制，纠结在内心的思慕悲痛可以稍微改善了。众位大臣根据亲远、穷富、远近作为去除丧服的差别，这样和古制差不多，而现在也方便实行了。”高闾上奏说：“以前杨王孙要赤裸埋葬，皇甫士安不用棺材，他们的儿子都遵循遗愿，没有违反。现在陛下遵守太皇太后的谕旨，但仍有不遵从的地方，臣等才打扰皇上，上述请求。”李彪上奏：“服丧的三年，不改父亲生前的行为，可以说是大孝。现在皇上不遵守太后遗命，只怕有改变的嫌疑被人讥笑。”孝文帝拓跋宏说：“杨王孙、皇甫士安都将勤俭的道理教育儿子，儿子们遵守了，与朕现在的做法有什么不同？对于说更改父亲生前的行为，那就与这个不一样。即使有嫌疑，朕甘愿接受后世的讥讽，不忍应允众位今天的请求。”众臣再次说：“春季烝，秋季尝，宗庙各种祭祀，难以空缺或废除。”皇帝说：“从建朝以来，春季烝秋季尝，一直是有司做这件事，朕经受母后慈爱的教训，经常去表明敬意。现在上天降下惩罚，人神失去依仗，想到宗庙的灵魂，也要停下祭祀歆飨，如果朕去进献祭祀，反而违反圣灵的旨意。”众臣再次进言：“以前安葬了就去除丧服，不用依照礼制有三年丧期，这是两汉经纬治国的道理，曹魏、两晋用来治理各种政务的法制。”孝文帝拓跋宏又说：“下葬以后就除去丧服，大多是末世混乱，暂时救世罢了！两汉繁盛，曹魏、两晋的兴盛，哪里是简单地实行丧礼、忘记孝顺仁爱而得到的呢？平日里，王公众臣经常称颂四海安宁，礼制渐新，可以与唐、虞相媲美，和夏、商比繁盛。等到现在，就苦苦想更改朕的心意，让朕不至于超过曹魏、两晋，这种心思，朕真不能明白原因在哪儿。”李彪上奏说：“现在虽然政治清明教化平静，但江南有没有服宾的齐国，在漠北有不愿意臣服的夷族，所以臣等还是担心有意外的灾祸发生。”孝文帝拓跋宏说：“鲁公伯禽向东除去夷族，戴着麻布腰带去参军；晋襄公向西和秦军作战，穿着黑白色丧服战胜敌人，这原是圣人所称赞的。如果有不测的变化，即使跨过拉棺的绳索也不忌讳，更何况是穿丧服呢！怎能在晏安太平之时，首先想到军队紧急大事，以至怠慢丧事！古代也有君王去除丧服，而不说话一直到丧事办完的，如果不允许朕穿着丧服，那么应该除去丧服拱手不言，将政事托付给冢宰。两种事之间，只看你们的选择了。”游明根上奏说：“沉默不言，那么政事将荒废，仰顺陛下心思，请穿着丧服！”太尉拓跋丕上奏：“臣与尉元事奉过五位皇帝。北魏以前的惯例，大讳（逝世）以后的三个月，一定在西方前去接应神祇，在北边将恶物禳袚，都实行吉礼，自从道武帝拓跋珪始皇年间以来，从没改变过。”孝文帝拓跋宏说：“用好的行为侍奉神祇，不必前去接应，神祇自然就来；如果丢失仁义，虽前去接应，神仙也不会来，这是日常都不应该做的事，何况在服丧期时呢？朕在服丧，本来不该说话，不应该这样话语不停，但你们坚持要改变朕遵守制度思亲的心情，变为来回辩论的情形，想想真让人悲痛了。”于是放声悲痛大哭，群臣也大哭着告退出来。

起初，太皇太后嫉妒孝文帝拓跋宏英明聪慧，害怕孝文帝对自己有害，想废去他，在寒冷的冬季，将他关在空房里，三天不给吃喝；太皇太后征召咸阳王拓跋禧，将要册立他为皇帝。太尉东阳王拓跋丕、尚书右仆射穆泰、尚书李冲坚持劝谏，太后才作罢，但孝文帝拓跋宏一点也没有怨恨的心思，只是非常感谢拓跋丕等人。穆泰是建国功臣穆崇的玄孙。

有宦官在太皇太后面前诋毁拓跋宏，孝文帝被太皇太后用木杖责打，打了几十下，孝文帝将责打默默接受，不为自己理论申辩。等太皇太后逝世，孝文帝也不再追究这件事。

甲申日（二十日），北魏孝文帝拓跋宏在永固陵参拜。辛卯日（二十七日），孝文帝下诏说："众臣因为事务繁重，几次要朕听政。但朕思念哀慕的心结还没解开，凭自己的力量还不能担任。近侍以前管理尚书事务的，都是能发挥谋算的人，暂时交托给他们，若有疑惑的事，朕随时和他们讨论做决定。"

交州刺史清河人房法乘爱好读书，经常称病，不理事务，长史伏登之就专揽权力，更改将领官员，不使房法乘知晓。录事房季文对房法乘禀报伏登之的所作所为，房法乘很生气，将伏登之关押在监狱中十多天。伏登之用厚礼贿赂房法乘的妹夫崔景叔，逃出监狱，率领下属偷袭衙门，捉住了房法乘，向他说："使君（长官）生病了，不适合忧劳。"将他关押在另外的房间。房法乘无事可做，请求伏登之供给图书让他读。伏登之说："你安静地待着，还害怕引发疾病，怎么能看书呢？"就不把书给房法乘。伏登之还上奏，说房法乘的心病发了，不能担任管理公务。冬季，十一月，乙卯日（二十一日），齐武帝萧赜任命伏登之为交州刺史，房法乘返回建康途中在大庾岭去世。

冬季，十二月，己卯日（十六日），齐武帝萧赜册立皇子萧子建为湘东王。

当初，齐太祖萧道成因为南方的货币少，想要再次铸钱。建元末年，奉朝请孔顗上奏，认为："食物和货物交换，在情势道理上是最平常不过的事。李悝说：'粮食的价格非常昂贵，对百姓有害，太廉价又对农民有害。’粮食价格太贵和太廉价，产生的害处是一样的。国家重要的地区是三吴（吴郡、吴兴、会稽），这些年经常被大水淹没，但是米价并不太贵，这是因为天下的铜钱很少，并不是粮食廉价，这事不可不明白。铸钱的坏处，在于铜钱轻重经常更改。铜钱重量重，坏处在于很难使用推广，而很难使用推广，所带来的坏处还不算大；铜钱的重量轻，害处在于易被人私铸，而易被私铸，所引发的灾祸就大了。百姓私铸货币，严格的法律都不能阻止，那是因为朝廷铸造钱币不够分量，粗制滥造。铸造钱币不够分量，粗制滥造，意思是说：钱是无用的东西，用来交换沟通，一定要使它质量轻但数量大，节省时间而易铸造，没有仔细思考它可能带来的灾祸。说到百姓趋于利益，就和水向低的地方流一样。现在给他们开了私铸铜钱的路子，随后严厉治行，这如同指导他们做坏事却又陷害他们于死地，哪是当政者应该做的行为呢？汉代兴盛铸造重量轻的铜币，百姓多做欺诈的事。汉武帝元狩年间，才制止这个坏处，于是制造五铢钱，铜币的上下两面和边缘都处理加工，使不能随意磨坏获取铜屑。计算花费的金钱时间，不能与利益相抵，私自铸造货币的情况就减少，这是不吝惜铜，不怕花费时间的结果。治理天下的君王，不害怕花费，不怕花费时间，经常做到让百姓无法追逐利益，那么私铸货币的事就不会再发生了。宋文帝刘义隆制造四铢钱，到宋前废帝刘子业景和年间，货币更轻了，即使在上下两面和货币边缘做处理，但是熔冶技术不好，私铸铜币的事慢慢产生，没法阻止，这是不舍得铜，不肯多费时间的后果。铸造货币，如果不能轻重正好，宁愿重不能轻。自从汉代制造五铢的货币，到宋文帝刘义隆，历经五百多年每个时代，法制上都有兴废，然而一直不更改五铢钱，因为它轻重合适，交易方便。依据考核：现在的货币大多都是五铢，不同重量的也偶尔有。从宋文帝刘义隆制造四铢钱，不阻止百姓挖凿销割，造成的灾祸很大，坏处累积到现在，怎么能不悲伤？晋王朝不制造货币，后来历经火灾、耗损、贼寇、戎马、水灾、散失、沉没、销融，每年损耗的都很多，比如磨石消磨，看不见它损伤，最终有消磨损耗尽的一天。天下铜币怎能不消费完呢？铜币用完，士、农、工、商都丢失了职业，百姓怎么生活？我认为应该像以前，熔铸重五铢的铜币，完全按照汉代的方法。如果朝廷铸造的铜币已经向民间发行，就严格阻止挖凿削割，小的轻的，缺口破损，边缘没加工的铜币，都不允许通行。官钱很小，重新称量，聚集多了，做成标准大的钱币，方便善良贫穷的百姓，将奸诈偷巧的门径阻塞。均衡货币货物，使近远都一样，百姓安居乐业，交易场上没有争夺，百姓衣食就越来越富足。”齐太祖萧道成认为孔顗说得有理，嘱托各州郡大量购进铜矿、煤炭；齐太祖逝世了，事情就耽搁下来。

这年，益州行事刘悛上书：“在蒙山下面的严道县有铜山，是以前铸造货币的地方，可以继续铸造。”齐武帝萧赜听从他的提议，派使者去四川铸造货币。不久，劳力花费过多就停止不做了。

自齐太祖萧道成整理户籍，划分户口以来，到了齐武帝萧赜，将奸诈巧伪的官吏贬到淮水沿岸戍守已有十年，百姓非常不满。齐武帝萧赜下令说：“从宋顺帝刘准升明年间犯罪的，都听随想法重新填入户籍，其中有贬到边城服劳役的，允许返回家乡，如果以后再犯，就要严格处罚。”

长沙威王萧晃逝世。

吏部尚书王晏上书说自己有病，愿意辞职。齐武帝萧赜想任用西昌侯萧鸾代王晏，亲手写便条咨询王晏的建议。王晏上奏说：“萧鸾能干清廉，却不了解朝廷上数百家氏族，只怕不能担任这个官职。”齐武帝萧赜于是去除了这个想法。

齐武帝萧赜任命百济王牟大担任镇东大将军、百济王。

高车首领阿伏至罗和穷奇派遣使者出使北魏，请求替孝文帝拓跋宏征讨清除蠕蠕。孝文帝拓跋宏将一百匹各色绸布和一袭精绣的罩甲赏赐给了他们。

九年（辛未，公元491年）

春季，正月，辛丑日（初八日），齐武帝萧赜在南郊祭祀上天。

丁卯日（正月无此日），北魏孝文帝拓跋宏开始在皇信堂东边的房间处理政务。

齐武帝萧赜下诏颁布祭祀太庙的四季祭品：献给宣皇帝萧承之的是鸭肉羹和发面饼，献给太祖萧道成生母孝皇后的是鸭卵和笋，献给高皇帝萧道成的是酢菜汤和细切的肉脍，献给昭皇后的是馓子、茗茶和烤鱼，这些都是他们以前喜欢的食物。齐武帝萧赜梦见高帝萧道成对自己说："常在太庙的那些皇帝向我要东西吃，你可以另外为我设祭祀。"于是齐武帝萧赜下令豫章王妃庾氏在清溪萧家以前的府邸一年都祭祀两帝、两后，所用祭品，穿的祭服，都用祭祀亲人的礼制。

◆臣司马光说：以前屈到喜欢吃菱角，遗命要用菱角做祭品，屈到的儿子屈建将其去除，认为不能因个人的私心扰乱国家的法制；更何况作为儿子的萧赜是天子，竟用百姓平民的礼制来拜祭父亲，太违反礼节了！卫成公想要对夏帝相祭祀，宁武子还对此议论；何况降等在自己府邸祭祀祖父、父亲，让旁系的媳妇做主祭祀啊！◆

起初，北魏孝文帝拓跋宏命令吐谷浑王伏连筹进朝献贡，伏连筹以有病推辞不来，建造了洮阳、泥和两座城池，驻扎军队把守。春季，二月，乙亥日（十二日），北魏枹罕镇将领长孙百年请求攻打两个吐谷浑把守的洮阳、泥和，孝文帝拓跋宏答应了他。

散骑常侍裴昭明、散骑侍郎谢竣去北魏拜祭冯太后，想穿着朝服直接做事。北魏招待外国宾客的人员说："拜祭不变的一定的礼制，穿着大红衣服怎能进入祭祀的灵堂！"裴昭明等人回应说："我们在我朝接受命令，不敢变更。"跑了四个来回，裴昭明等坚持不肯放弃。孝文帝拓跋宏下令尚书李冲挑选博学渊识的人士，去与他们辩论，李冲进言可以调派著作郎上谷人成淹。裴昭明等回答说："使者不允许在北魏穿朝服拜祭，这是从什么礼制中得出来的呢？"成淹回答说："吉凶两种礼制不能相互掺杂使用，羔裘、玄冠是吉祥的衣服，穿了不能去拜祭，这是小孩都明白的浅显的道理。以前季孙去晋国，首先访求遇到丧事的礼制才出发。现在贵客从江南来到北魏拜祭，还问我们从什么礼节中得到的；使臣的好坏，怎么相距这么多！”裴昭明回应说：“两国之间来往的礼制，应该相互参考仿照，以求一样。对齐高帝萧道成的丧事，北魏派李彪来拜祭，不曾穿丧服，齐朝也不会想到有什么怀疑担忧的，现在怎么却只逼迫我们呢？”成淹回应说：“齐国没有实施亮阴三年的礼制，一月过去就去除丧服。李彪奉命去时，齐国的君王大臣，整个朝堂玉佩四处鸣响，装饰帽子的貂尾和黄金珰非常耀眼，李彪没有皇上的指令，怎敢独自穿了丧服掺杂在中间？我们君主孝顺仁爱，能与虞舜相比，遵照母亲的丧礼，居平房，喝稀粥，拿这个怎能与那个相比较呢！”裴昭明回答说：“夏、商、周三朝的君王，礼节不一，谁能判断谁好谁坏呢？”成淹说：“这样说，虞舜和殷高宗难道服三年丧期都错了？”裴昭明和谢竣相互看了一眼，笑着回应说：“不是说的孝亲，而是心里没有敬爱的意思，我们怎么承担得了？”于是回答说：“我们奉命而来，只穿了罩甲，这既然是兵服，穿了不能去拜祭，希望你们判断我们应该穿什么衣服拜祭！但我们违反了我朝的使命，返国一定会被判罪惩罚。”成淹回答说：“如果那边朝堂上有君子，您奉旨前来，行为适宜，还会有很高的赏赐。假使朝堂没有君子，您出使使国家光耀，即便被判罪也没什么损失！这一定会有好的史官照实记录的。”于是将衣服、发巾给了裴昭明等人，让他们穿了去做成使命。己丑日（二十六日），带领裴昭明等人进宫朝见孝文帝拓跋宏，文武众臣都放声大哭，表尽哀伤思念。魏孝文帝拓跋宏嘉奖成淹的聪慧，将他升任为侍郎，奖赏他丝绢一百匹。裴昭明，是裴驷的儿子。

齐国始兴简王萧鉴逝世。

三月，甲辰日（十二日），孝文帝拓跋宏去永固陵拜祭。夏季，四月，癸亥朔日（初一日），在太和庙准备进献祭品。孝文帝拓跋宏从这时开始吃蔬菜，感伤追思，痛哭哀伤，一整天都不吃饭；侍中冯诞等进言，一夜过后才吃饭。甲子日（初二日），早晚大哭的礼节停止了。乙丑日（初三日），孝文帝又去永固陵祭拜。

北魏从一月开始，一直都没有雨，到了癸酉日（十一日），有司向众神祈祷，孝文帝拓跋宏回答说：“成汤时遇到旱灾，凭借最虔诚的态度获得降雨，上天下不来雨，关键不在于是否真诚地向山川的神灵祈求。现在天下的国母丧失，阴阳两界一同哀伤，怎么适合在丧期未满一年时，就做祭祀祈求的事情！应该自己反省，等着上天的责罚。”

甲戌日（十二日），北魏员外散骑常侍李彪等人来齐访问，齐国为他们安置了音乐和酒席。李彪将音乐撤走了，并说：“我国君主非常孝顺，他对太皇太后的哀思非常的深，正在复兴以前王朝灭亡的丧礼典制，改正以前的缺失。上个月（三月）月末，朝廷中大臣才去除了衰绖，还穿着丧服做事情，所以我不敢接受贵国赏赐的乐舞。”齐国遵照了他的意愿。李彪总共六次奉命来江南，齐武帝萧赜很看重他。李彪将回北魏时，齐武帝亲自送他到达了琅琊城，下令众臣写诗，来表达对他的宠爱。

己卯日（十七日），北魏建造了明堂，改造了太庙。

夏季，五月，己亥日（初八日），北魏孝文帝拓跋宏在东明观改变条令，亲自决断有疑点的上诉案件；下令李冲判定罪犯量刑的轻重，将言辞加以润色，孝文帝拿了笔记录下来。李冲忠诚聪明勤勉果断，周密谨慎，孝文帝信任他，感情真诚，亲密无间，以前的臣子，显耀的宗亲，对他没有不信服的。朝廷内外对他都很推崇。

乙卯日（二十四日），北魏长孙百年攻克吐谷浑的洮阳、泥和两城，将三千多人俘虏。

丙辰日（二十五日），北魏首次制造玉、金、象、革、木等五种皇帝的车具。

六月，甲戌日（十三日），齐武帝萧赜任命尚书左仆射王奂为雍州刺史。

丁未日（六月无此日），北魏济阴王拓跋郁残暴贪婪，孝文帝拓跋宏赐他自尽。

秋季，闰七月，乙丑日（初五日），孝文帝拓跋宏到永固陵拜祭。

己卯日（十九日），孝文帝拓跋宏下令说："烈祖道武帝拓跋珪有开创基业的功劳，世祖太武帝拓跋焘有开疆拓土的功勋，应该把他们一起列为祖宗，百年不变。平文帝拓跋郁律的功劳比昭成帝拓跋什翼犍的少，但庙称是太祖，道武帝拓跋珪的功劳比平文帝拓跋郁律的高，但庙称是烈祖，在道理上不够公正。朕现在敬奉烈祖道武帝拓跋珪为太祖，将世祖太武帝拓跋焘、显祖献文帝拓跋弘作为太祖的继承者庙，其他人都按顺序更改。"

秋季，八月，壬辰日（初三日），孝文帝拓跋宏下令讨论关于养老三和祭祀自然界六位大神的礼仪。以前，北魏经常在一月挑选吉日于朝堂设置帐幕，把松树柏树摆置在中间，设置五帝座位来祭祀。又有为寻求方略而摆置的祭祀，孝文帝拓跋宏认为与礼节不合，停下不再做了。戊戌日（初九日），孝文帝将道坛转移到桑干河的北面，改成崇虚寺。

乙巳日（十六日），孝文帝接见众臣，探问说："解说禘祭、祫祭，王肃和郑玄说的好坏是非究竟在哪里呢？"尚书游明根等人按照郑玄的理解，中书监高闾等人依照王肃的解释。孝文帝下诏命令："皇帝在圜丘祭祀，宗庙的大型祭祀，名称都是'禘'，这能按照郑玄的解释；祫和禘总为一种祭祀，这能按照王肃的诠释，将这个结果撰写到法令里。"戊午日（二十九日），孝文帝再次下诏令："朝廷拜祭的各种神仙的地方，共有一千两百多处；如今想节省各种祭祀，仪式一定要简单。"又下令："明堂、太庙、配祭、配享，将这些都备齐了。白登山的宣武庙、崞山太武帝保母的窦氏祠、鸡鸣山的鸡鸣山庙和文成帝保母的常氏祠，只任命有司按照规定祭祀。冯宣王庙在长安，应该下令雍州刺史依照时间祭祀供奉。"又下令："以前祭祀的水火之神四十几名以及城北的星神，现在在圜丘的下面已经拜祭风伯、雨师、司中、司命，又明堂拜祭门、户、井、灶、中霤之神，四十几名水火之神都能停下祭祀。"甲寅日（二十五日），孝文帝拓跋宏下令说："近来讨论早阳、夕月的拜祭事情，都主张在春季、秋季分别在东郊、西郊拜祭。但每个月有留下来置闰的时间，并没有永久的法则。如果完全依照春季秋季，也许正赶上月亮在东边，却在西郊拜祭，于情于理都不可实施。以前秘书监薛谓等人以为：祭祀晨阳于朔日，祭祀夕月在每月初三。众卿以为初三与朔日两种划分方法，哪一种更好？”尚书游明根等上奏祭祀日、月的办法用朔日与初三，孝文帝采纳了这个提议。

丙辰日（二十七日），北魏有司上奏，请求占卦决定服丧满一年去除丧服的小祥的日子。孝文帝拓跋宏下令说：“卜卦问日子请求吉祥，一方面违反了行事谨敬的意思，也违反了永远思念的心愿，干脆就将时间定在月末。”

秋季，九月，丁丑日（十八日）晚上，孝文帝在太庙过夜，率领众臣大哭，礼毕，孝文帝换下孝服，戴素缟帽子，腰束皮带，脚穿黑麻鞋，众臣也更换衣服，戴黑色的皮带子，长发巾，穿白绢的单衣，黑鞋子，在二更天又开始哭泣，整整哭了一个更次。戊子晦日（二十九日），孝文帝换上祭祀的衣服，戴着生绢镶边的白帽子，身穿白布做的连体衣裳，脚穿麻绳编的鞋子；众臣去除了帻（黑色的长发巾），更换帢（白纱做的发巾）。拜祭完后，君臣走出宗庙，孝文帝立着哭了很久，才返回皇宫。

冬季，十月，北魏的明堂、太庙建成。

同月，庚寅日（初二），北魏孝文帝拓跋宏到永固陵祭拜，哀痛消瘦得很厉害。穆亮规劝说：“皇上行小祥的礼节已经过了，增加了练冠，但哀伤思念还和当初的时候一样。天子是天地的儿子，是百姓的另一父母；从来没有儿子非常哀伤但父母不悲伤的，也没有父母担忧而儿女独自安乐高兴的！如今阴阳失调，发生风灾和旱灾，希望皇上能穿着平常的衣服，吃正常的饭菜，车驾经常走动，按照时节祭祀众神，使天地和百姓一同为陛下庆贺。”孝文帝下诏说：“孝道的实施，没有不够畅通的，现在发生旱灾、风灾，都因为我思念亲人不够真诚，天地众神和黎民百姓不能感受到。你说朕太过哀痛而引来灾害，这是不很合理的说法。”冬季，十一月，己未朔日（初一日），孝文帝拓跋宏在太和庙做去除丧服的祭祀，穿戴着衮袍礼帽拜祭，拜祭完成，更换黑色的长发巾，素纱做的连体的衣服；拜祭永固陵后才返回皇宫。癸亥日（初五日），冬至，孝文帝拓跋宏在圜丘拜祭上天，又拜祭明堂，返回太和庙，进入殿内。甲子日（初六日），孝文帝去太华殿，戴着通天冠，穿绛纱袍子，摆宴招待众臣，乐器悬置，没有演奏音乐。丁卯日（初九日），孝文帝将礼冠戴上，穿着衮袍，辞别太和庙，带领百官，尊奉神主，迁移到新建的太庙。

乙亥日（十七日），北魏隆重确定大臣的官级。戊戌日（二十日），北魏朝廷考察各地方的官员。

北魏代理的通直散骑常侍李彪等人来齐国进行访问。

按照北魏旧有的法度，众臣在冬季朝贺，穿裤褶（戎衣）行礼节，这叫小岁；丙戌日（二十八日），孝文帝下令禁止这项礼制。

冬季，十二月，壬辰日（初五日），北魏将社庙搬移到内城西边。

北魏任命安定王拓跋休为太傅，齐郡王拓跋简为太保。

高丽王高琏去世，享年一百多岁。孝文帝拓跋宏为此制造了浅色的委貌帽子，布质的深衣，在东郊致哀；派谒者仆射李安前往高丽册封高琏为太傅，谥号为康。高琏的孙子高云继承他的爵位，被册封为高丽王。

乙酉日（二十二日），孝文帝拓跋宏首次在东郊举行迎接春天的典礼，自此，一年的迎接气节典礼孝文帝都亲自主持。

起初，北魏世祖拓跋焘打败了统万及姑臧，获得乐器、衣服首饰和乐工，一直保留下来。以后的几个君主没有留心，乐工慢慢减少，音谱大多丢失。魏高祖拓跋宏就命令有司在民间察访精通音律的人，让他们商量确定音乐；那时没有人知晓。然而用金、石、羽毛、旄旗做修饰的乐器，比起以前稍微好点了。辛亥日（二十四日），孝文帝拓跋宏下诏安排挑选乐官，让他管理这方面的事务；又下令让中书监高闾参与审核。

起初，晋朝的张斐、杜预一起诠释了《律》三十卷，从晋武帝司马炎泰始以后都应用它。《律》的言辞简洁，一章里面，有时两人对犯人该杀还是该放的注解不一样，由执法官吏临时决定，有的官员就枉法为奸。齐武帝萧赜留意法制，下令狱官仔细改正以前的注解。用了七年，尚书矫正郎王植集校确定两人的解释，奉上奏表呈奏。齐武帝萧赜下诏公卿、八座参与考察，让竟陵王萧子良掌管这件事。如果说法不同，无法贯串统一，就奏请齐武帝萧赜下旨判断。这一年，完成了新律书。廷尉山阴人孔稚珪奉上奏表，以为："《律》的言辞虽然裁定，如果在用的时候有失公平，法律只能留在条文的文字上，冤死者的冤魂还是在监狱中郁结。我私底下探找自古的名士，大多数都学习法家；现在的人，都不愿意将它当事业。即使有学习的人，一般的谈论也看轻他，只怕将来这书要永久在供差使的小官的手中了。如果现在安置《律》学课程，遵循《五经》的例子，国子生如果有想研习法律的，只要经考试中了高榜，立即加以提拔任用，以增补朝堂的官员，这样就能对世人有所劝勉。"齐武帝萧赜同意了孔稚珪的请求，但事情最终没有实施。

起初，林邑王范阳迈，世代传承，世袭爵位，夷族人范当根纯进攻掠取林邑国，调派使者出使齐国进献金簟等礼品。齐武帝萧赜下诏任命范当根纯为都督缘海诸军事、林邑王。

北魏冀州刺史咸阳王拓跋禧回平城朝见孝文帝。有关官员上书："冀州三千百姓说拓跋禧清正廉洁，施行仁政，请求让他世世代代担任冀州刺史。"孝文帝拓跋宏下令说："分封功臣为诸侯的做法虽然很古老，未必适合现在；治理国家，管理国土的职责在君王，不是由百姓提出请求。"孝文帝将拓跋禧任命为司州牧、都督司豫等六州军事。

起初，北魏文明太后冯氏相信宠爱宦官略阳人苻承祖，提拔他为侍中，管理尚书都曹的事务，赏赐给他一张不死的诏令。文明太后去世，苻承祖因贪赃枉法被判死刑，孝文帝拓跋宏赦免原谅了他，夺取官职，囚禁在家里，封苻承祖为悖义将军，册封为佞浊子，一个多月后他逝世了。苻承祖掌权时，亲戚都争着攀附他，以便取得利益。唯独做了姚家媳妇的姨妈杨氏，不这样做。杨氏经常对苻承祖母亲说："姐姐即使拥有一刻的荣华，比不上我享有无忧的欢乐。"苻承祖母亲送她的衣裳，大多数她不接纳；强迫送给她，她就说："我丈夫世代贫困，华丽的衣服让人担忧。"有时情不得已，就接纳了，将衣裳埋了。送给她的伺候婢女，她就说："我家中没有粮食，不能喂养她们。"杨氏经常穿破旧的衣服，自己做辛苦的事务。苻承祖派马车前去接她，她不愿起来，刚将她抱上车，她就号哭说："你想害我！"苻氏家族都给她取名为"痴姨"。等到苻承祖事情败露，官吏捉拿了他的两个姨妈到朝堂，其中一个姨妈被判处死刑。孝文帝见到苻承祖的姨妈杨氏，穿衣破烂，特地赦免了她。

青州刺史李惠遭到冯太后的忌恨被杀时，李慧的女儿献文帝拓跋弘的思皇后的兄弟都被杀了。李惠的堂弟李凤是安乐王拓跋长乐的主簿，拓跋长乐以图谋不轨的罪名被杀，李凤也被牵连杀害。李安祖等四人逃跑保住性命，等到特赦才敢出面。之后孝文帝拓跋宏探寻舅家幸存的亲人，寻到了李安祖等人，都赐封侯爵，加封将军爵位。不久孝文帝接见他们，对他们说："你们的祖先李惠、李凤，两次被强加罪名。君主设置官职来挑选人才，在外系亲戚中举荐做官，是将亡之国的做法。你们没有特殊的才能，就回去吧！此后外戚没有才干的人，就按照这个为例。"之后又贬低他们的爵位为伯，去除将军的称号。当时的人都以为孝文帝对冯氏太恩厚，对李氏太尖刻；太常高闾以前以此进谏孝文帝，孝文帝不肯听从。等到孝文帝的儿子世宗元恪显示出宠爱外戚，才让李安祖的弟弟李兴祖担任中山太守，追加李惠为开府仪同三司、中山公，谥号是庄。

十年（壬申，公元492年）

春季，一月，戊午朔日（初一日），孝文帝拓跋宏早晨在太华殿摆宴招待众臣，乐队悬挂不演奏。

同月，己未日（初二日），孝文帝拓跋宏用他父亲显祖拓跋弘的灵位做配享来祭祀上帝，于是孝文帝登上灵台勘察气象云物，下来停留在东堂北侧的房间，批改政务。此后，每月朔日就按照这个方法，变成了惯例。

齐国散骑常侍庾荜等人去北魏访问，孝文帝拓跋宏派遣侍郎成淹带领庾荜等人去客馆的南边，观看孝文帝祀明堂、登灵台的礼节。

辛酉日（初四日），北魏开始在南郊用太祖道武帝拓跋珪配享祭祀上天。

孝文帝拓跋宏下令众臣商定北魏在五行继统上的顺序。中书监高闾建议，以为："君主没有不把占据中原作为正统，不将传世时间的长短作为根据，不将帝王的善恶看作标准。虽然桀、纣残暴，但并不以此去除夏代、商代的礼法；周厉王姬胡、晋惠帝司马衷无能，也不妨碍他们进入周朝、晋朝的君主名单。晋代继续曹魏，算作金德；赵国继续晋国，算作水德；燕国继承赵国，算作木德；秦国继承燕国，算作火德。秦成为灭亡之国，北魏统一天下，更改历法；北魏的姓氏起源，出自轩辕，臣愚蠢的建议，以为应该算作土德。"秘书丞李彪、著作郎崔光等建议，以为："魏国始祖神元帝拓跋力微和晋武帝司马炎关系密切，来往不绝，对于桓帝拓跋猗㐌、穆帝拓跋猗卢，全心全意辅佐晋室，所以司马氏建立的晋王朝的灭亡应该从洛阳被攻克开始，而这时拓跋氏在云、代接受上天的任命。以前秦统一天下，汉朝还将它比作共工，直接承接周朝，算作火德；更何况是前赵刘氏、后赵石氏、前秦苻氏，地方狭小，传世短暂，北魏将他们的乱局结束，怎么将晋朝舍去成为土德呢？"司空穆亮等都请求按照李彪的建议。壬戌日（初五日），孝文帝下令：承接晋朝，算作水德，在申日祭祀祖神，在辰日行岁最终祭祀。

甲子日（初七日），北魏下令不准裸露身体。

北魏的宗室和功勋大臣的子孙被赐封为王的有很多，乙丑日

（初八日），孝文帝下诏："除烈祖拓跋珪的后代以外，其他的封王都降成公，公降成侯，品阶和旧例一样。"蛮王桓诞也降为公；只有上党王长孙观，因他的祖父有很大的功勋，特许不降品级。丹杨王刘昶被册封为齐郡公，加封宋王。

北魏旧有制度：祭祀宗庙都在中节，丙子日（十九日），孝文帝下令开始在每个季度的第一个月，挑选好日子来拜祭。

齐武帝萧赜任命竟陵王萧子良为尚书令。

北魏孝文帝拓跋宏拆毁太华殿，改造为太极殿。二月，戊子日（初二日），孝文帝迁移到永乐宫。任命尚书李冲为带领掌管宫庙土木工程的将作大匠，与司空穆亮一起经营。

辛卯日（初五日），北魏废除寒食节祭祀祖先的礼节。

甲午日（初八日），孝文帝拓跋宏首次在东郊举行祭天礼节。自此春季早晨祭天，秋季夜晚祭祀月亮，君主都亲自主持。

丁酉日（十一日），孝文帝下诏：在平阳祭祀尧，在广宁祭祀舜，在安邑祭祀禹，在洛阳祭祀周公，任命当地的州郡官员管理祭祀事务。让中书省掌管在宣尼庙祭祀孔子的事务。丁未日（二十一日），改宣尼的谥号为文圣尼父，孝文帝亲自进行祭祀。

北魏旧有制度，每年在西郊祭祀上天，孝文帝拓跋宏与公卿带着两千多名骑兵，穿着兵服围着祭坛走，这就是"踏坛"。第二天，又穿着兵服登坛祭祀，祭祀完又围坛走，这是"绕天"。三月，癸酉日（十七日），孝文帝下令将这些礼节都简略了。

辛巳日（二十五日），北魏将高丽王高云任命为都督辽海诸军事、辽东公、高句丽王，孝文帝下诏高云派遣世子入北魏进贡。高云推辞太子生病，命他的堂叔高升干跟随使者去了平城。

夏季，四月，丁亥朔日（初一日），北魏颁发新的律令，大赦天下。

辛丑日（十五日），齐国豫章文献王萧嶷逝世。齐武帝萧赜追授黄钺、都督中外诸军事、丞相，丧礼按照汉代东平献王刘苍的礼节。

萧嶷性格仁爱、廉洁、谨慎、节俭，不看重钱财。府邸的库房着火了，将他从荆州调回扬州带来的物品都烧坏了，价值大约有三千万，那些管理的人只是每人鞭打数十大板。他得了很严重的病，叮嘱几个儿子："才干有好，有坏；地位有畅通，有阻塞；时运有坏，有好。这是不变的常理，不要以此为依仗去欺负别人。"他刚去世，齐武帝萧赜很悲痛，时间长了，提到萧嶷，还欷歔不住地掉泪。萧嶷逝世时，家宅的府库没有现金，齐武帝萧赜下令每月拨出一百万钱赐给萧嶷的府邸，一直到齐武帝去世才停止。

夏季，五月，己巳日（十四日），齐武帝任命竟陵王萧子良为扬州刺史。

北魏文明太后去世时，曾经派人去吐谷浑报丧，吐谷浑王伏连筹跪受皇命时不够尊敬，众臣请求征讨他；孝文帝拓跋宏不应允。众臣再次请求将吐谷浑的贡品退回，孝文帝说："贡品是臣子的礼节，如今不接纳，就是和他断绝来往，嫌弃他，他虽想要改过自新，却无路可走。"于是下令将获得的吐谷浑的战俘送回洮阳、泥和。

秋季，七月，庚申日（初六日），吐谷浑首领伏连筹派他的世子贺虏头去北魏进贡。孝文帝下诏任命伏连筹为都督西垂诸军事、西海公、吐谷浑王，派遣员外散骑常侍张礼到吐谷浑出使。伏连筹向张礼回应说："以前宕昌王经常自称其名，并称我为大王；如今自己称臣，又关押我的使者，我想派偏师去兴师问罪，你觉得怎样？"张礼回应说："大王与宕昌王都是北魏的附属国，如果调派军队去攻击他，就违反臣子的礼制。离开京城那天，丞相嘱托我，如果你要能知错，则可以保全屏藩的伟业；如果你不肯改错，灾祸就将来了。"伏连筹沉默不言。

甲戌日（二十日），孝文帝拓跋宏调派兼员外散骑常侍广平人宋弁等人来齐国访问。等到返回北魏，孝文帝询问宋弁："江南怎么样？"宋弁回答说："对于天下萧氏父子没有大功劳，用背叛的方法夺取天下，却不能顺应民情守护它；政治琐碎苛刻，徭役赋税很多；朝堂没有重要的辅佐大臣，下面却有担忧愤恨的百姓。萧赜在世的时候要是有好结果，那就是幸运了，没有为后代子孙好好筹谋的样子。”

夏季，八月，乙未日（十一日），孝文帝拓跋宏任命怀朔镇将阳平王拓跋颐、镇北大将军陆叡为都督，率领十二个将军，十万步兵和骑兵，划分三条路去攻打柔然。中路的军队从黑山出发，西路的军队攻向侯延河，东路的军队攻向士卢河。大军徒步走过大沙漠，打败柔然返回。

起初，柔然伏名敦可汗与他的叔父那盖分开去攻打高车的阿伏至罗，伏名敦多次被打败，那盖多次胜利。柔然百姓认为那盖得到上天的帮助，就杀死伏名敦而立那盖做可汗，将其称为伏代库者可汗，改年号为太安。

北魏司徒尉元、大鸿胪卿游明根多次奉上奏表请求辞官归隐，孝文帝拓跋宏应允。孝文帝接见他们，赏赐尉元黑色的帽子和白色的单衣，赏赐游明根黑色的委貌冠青色的单衣以及被褥、衣服、各色杂物等，安排他们回家养老。孝文帝拓跋宏在明堂亲自接待三老、五更。己酉日（二十五日），下诏命令任命尉元为三老，游明根为五更。孝文帝向三老拜了两拜，将袖子亲自挽起割下祭肉，端着酒杯劝酒；对着五更参拜，并请求告诫。尉元、游明根规劝皇上用孝顺友爱的品行来教化百姓。又在明堂台阶下面，赡养百姓中的老人。行完礼后，分别赐给尉元、游明根衣服和用人力拉的车子。把上公的俸禄赏赐给三老，用元卿的奉银赐给五更。

秋季，九月，甲寅日（初一日），孝文帝拓跋宏在明堂排定昭穆的顺序，在北堂祭祀文明太后。辛未日（十八日），文明太后去世一周年，孝文帝在永固陵左边大哭，一整天没停下，连续两天没吃饭。甲戌日（二十一日），孝文帝离开永固陵，返回永乐宫。

武兴的氐王杨集始入侵汉中，到达白马。梁州刺史阴智伯调派将领桓卢奴、阴冲昌等回击，将氐人打败，击杀了几千人。杨集始大败返回武兴，向北魏请求归顺。辛巳日（二十八日），杨集始向北魏献贡，北魏任命杨集始为南秦州刺史、汉中郡侯、武兴王。

冬季，十月，甲午日（十一日），齐武帝萧赜在太庙进行祭祀。

庚戌日（二十七日），北魏任命安定王拓跋休为大司马，特进冯诞担任司徒。冯诞是冯熙的儿子。

北魏的太极殿建成。

冬季，十二月，司徒参军萧琛、范云到北魏访问，孝文帝拓跋宏对齐人很敬重，亲自与他们商谈，孝文帝转头对众臣说："很多好臣子在江南。"大臣李元凯回应说："在江南很多好臣子，每年都更换君王；在江北没有好臣子，一百年才更换君王。"孝文帝拓跋宏觉得自责。

齐武帝萧赜嘱咐太子家令沈约撰写《宋书》。沈约考虑着能不能为袁粲立传记，奏请齐武帝决定。齐武帝说："袁粲是宋朝的忠臣，应该立传。"沈约记录了许多宋世祖孝武帝刘骏、宋太宗明帝刘彧的各种鄙陋事。齐武帝萧赜说："孝武帝刘骏的事情，不能是这样。我以前服侍过明帝刘彧，你可以想想为长者隐瞒的道义。"于是就删除了许多有损他们形象的内容。

这一年，林邑王范阳迈的孙子诸农，带领族人攻打范当根纯，重夺国家。齐武帝萧赜下诏任命诸农为林邑王、都督缘海诸军事。

北魏南阳公郑羲和李冲联姻，李冲推举郑羲为中书令。孝文帝任命郑羲为西兖州刺史，郑羲枉法贪污。文明太后为孝文帝拓跋宏召他的女儿做妃嫔，升调他为秘书监。等到郑羲逝世，尚书上奏赐赠他谥号为"宣"。孝文帝下诏说："人死以后，盖棺既定，赐赠谥号，就比如水被激起，难免混淆清浊。因此何曾孝顺，史书却记录他的荒谬和丑陋；贾充有功劳，士人也称他为荒公。郑羲即使有文治功劳，但做事不够清明廉洁。尚书怎么只考虑人情，违反至公的大义，断言荒唐，违反明正的制度？按照《谥法》：'博识广博（见闻广博）称为文；不勤恳成就名声（不勤勉，却能享有名声）称为灵。'能够封赠他以前的官职，增加谥号，称为文灵。"

资治通鉴卷第一百三十八　齐纪四

起止癸酉（公元493年），共一年。

【题解】本卷记录了公元493年，即齐武帝萧赜永明十一年一年间南朝齐、北朝魏两国的大事。主要记录了齐武帝萧赜病亡，其子萧长懋早死，其孙萧昭业为帝，萧子良不愿处理俗务，萧鸾独揽大权；萧昭业杀中书郎王融，猜忌萧子良；接着记录了小皇帝萧昭业的一系列恶行；魏主拓跋弘借南伐之名迁都洛阳，令穆亮、李冲等人修建城池，营造宫室，委任于烈驻守平城，管理政务；齐国雍州刺史王奂之子王肃逃奔魏国，在北魏汉化过程中出力；此外还记录了魏国境内发生大叛乱，被讨平等等。

世祖武皇帝下

永明十一年（癸酉，公元493年）

春季，一月，齐武帝萧赜任命骠骑大将军王敬则为司空，镇军大将军陈显达为江州刺史。陈显达以为自己府门清贫，地位很高，每次升迁，都有害怕惭愧的神色，告诫自己的儿子不能因为富贵就欺负他人。但是几个儿子大多是奢侈豪华，陈显达听后很不开心。儿子休尚担任郢府主簿，途经九江。陈显达对他说："蝇拂、麈尾，是谢、王显贵人家的东西，你不用带这个！"就拿了过来，在他面前烧了。

起初，齐武帝萧赜在石头城兴建三千辆没有帐篷的马车，想从小路偷袭彭城，北魏人打探到这个消息。刘昶多次向孝文帝拓跋宏哭诉，请求到边城守护据点，集齐宋室的臣民，来雪洗自家的仇恨。孝文帝拓跋宏在经武殿召见大臣，商讨南伐事务，在淮水、泗水之地准备大量的养马饲料。齐武帝萧赜听到消息，任命右卫将军崔慧景为豫州刺史，以防北魏入侵。

北魏派员外散骑侍郎邢峦这些人来访问齐国。邢峦是邢颖的孙子。

丙子日（二十五日），文惠太子萧长懋逝世。太子外表态度都很温和，齐武帝萧赜老年喜欢出游作乐，将尚书各部门的事交给太子审定，太子萧长懋的威信从此就存于朝堂上下了。

太子萧长懋性行奢华浪费，建造自己的宫殿、花园和狩猎场所，比齐武帝萧赜的宫殿都要讲究，花了几千万，他害怕齐武帝萧赜在远处看见，就在宫殿门前种下成排的细长竹子；所拥有的衣服玩意，大多奢侈得超过了太子的官阶。他上奏齐武帝萧赜，请求在东田兴建小苑，调派东宫的将士轮流监工修筑，建造城墙，包含小巷，非常华丽，持续很远。齐武帝萧赜性行虽然严厉，在多个地方安排眼线，太子所为，却无人敢向齐武帝萧赜禀告。齐武帝萧赜曾走过太子的东田，见它雄伟壮丽，非常生气，下令收押看管做事的官吏将领；太子将他们都藏匿起来，被齐武帝萧赜狠狠地责骂。

太子萧长懋又派遣宠信的嬖人徐文景制造銮驾与皇帝才能用的东西；齐武帝萧赜曾经去东宫，太子仓促之间来不及把辇车藏起来，徐文景就将佛像安置到辇车里，齐武帝萧赜因此没有起疑心。徐文景的父亲徐陶仁和徐文景说："我现在应该打扫墓地等着办丧事！"于是搬家来躲避嫌疑。徐文景最终被赐死，徐陶仁也不哭。

太子萧长懋逝世之后，齐武帝萧赜走到东宫，看见太子的衣服玩意，很生气，下令主管的官员看到不合适的就拆除毁坏。竟陵王萧子良与太子萧长懋关系好，这种逾越的大事不对齐武帝萧赜禀奏，就与太子萧长懋一起被责备。

太子萧长懋一直厌烦西昌侯萧鸾，曾经对萧子良说："我心中对这个人很不喜欢，不知什么原因，是他福气少的缘故吧！"萧子良为萧鸾说好话辩解。在萧鸾谋篡大权后，太子萧长懋的子孙被杀，一个也没有幸存。

春季，二月，北魏孝文帝拓跋宏首次在平城南边亲自耕耘田地。

雍州刺史王奂厌烦宁蛮府长史刘兴祖，将他囚禁收押在监狱中，污蔑他鼓动山区的夷族，想要叛乱。齐武帝萧赜下令将刘兴祖押送到建康；王奂在狱中杀了刘兴祖，谎称刘兴祖自杀。齐武帝萧赜很生气，调派中书舍人吕文显、直阁将军曹道刚率领皇宫内五百精锐将士，去捉拿王奂，下令镇西司马曹虎走江陵小道去襄阳会合。

王奂的儿子王彪，一向狡诈凶狠，王奂没法掌控他。长史殷叡，是王奂的女婿，向王奂说："吕文显和曹虎到来，我们并没见真的敕令，害怕被他们使计祸乱，应该想办法收留他们，另派人快去向齐武帝萧赜陈述事情。"王奂接纳他的提议。王彪就调派一千多个雍州士兵，打开库房配备铠甲武器，走出南堂，调派军队，将城门关了防守抵抗。门生郑羽磕头对王奂表示，请求出城门前去接应官家使臣，王奂回答说："我不是要背叛朝廷，只是想派人送信表明自己的清白；害怕曹虎、吕文显等小人糟蹋欺负我，所以暂时关闭城门自己守卫罢了。"王彪走出城，迎战曹虎的大军，大败而逃。春季，三月，乙亥日（二十五日），宁蛮府长史河东人裴叔业、司马黄瑶起在城内反叛，进攻王奂，将他杀害，逮获王彪和弟弟王爽、王弼、殷叡，都认罪被杀。在建康，王彪的哥哥王融、王琛死了，唯独王琛的弟弟秘书丞王肃幸运地逃了，投奔了北魏。

夏季，四月，甲午日（十四日），南郡王萧昭业被赐封做皇太孙，东宫的文武大臣都更改成太孙官吏，册封太子妃琅琊人王氏为皇太孙太妃，南郡王妃何氏被册封为皇太孙妃。何皇太孙妃为何戢的女儿。

北魏太尉拓跋丕等请求册封皇后，戊戌日（十八日），册封皇后冯氏。皇后为冯熙的女儿。孝文帝拓跋宏因为《白虎通》记录："称皇帝的人不将妻子的父母亲看作大臣对待。"就下诏命令，允许太师上奏之时不用称臣，进朝见皇帝时不用叩拜。冯熙坚决推脱。

光城蛮族的首领征虏将军田益宗带领部落四千多人反叛，归降北魏。

夏季，五月，壬戌日（十三日），北魏孝文帝拓跋宏在宣文堂款待四庙后人，与他们亲自按年龄论辈分，对待他们用家人的礼节。

甲子日（十五日），孝文帝拓跋宏回到朝堂，指导公卿以下的大臣办理有疑惑的政事，记载犯罪的案犯。孝文帝对司空穆亮说："从此之后，朝堂的政务，中午之前，你们先自己商量讨论；中午以后，朕和你们一起做决定。"

丙子日（二十七日），齐武帝萧赜任命宜都王萧铿为南豫州刺史。以前，庐陵王萧子卿担任南豫州刺史，前往镇守的地方，在路上让属下扮成水军玩闹。齐武帝萧赜听了，非常生气，将他的典签杀了，让萧铿代替他的官职。萧子卿返回府邸，齐武帝一直不想与他相见。

襄阳的蛮族族长雷婆思等人率领一千多人，请求搬迁到北魏的内地，北魏将他们安置在沔水北边。

北魏孝文帝拓跋宏因平城很冷，在六月也有雪，经常风沙飞扬，于是想将都城迁到洛阳；害怕群臣不顺从，于是商量派大军讨齐，想以此来威胁众臣。孝文帝拓跋宏在明堂的大寝南堂东边的偏房斋戒，下令太常卿王谌卜卦，遇到"革"的卦象，孝文帝说："'商、汤、周武王更改，顺应天意，符合民心。'还有比这更大的吉祥吗？"众臣没有人敢进谏。尚书任城王拓跋澄回答说："陛下积累下来的伟业再次发扬，拥有中原；现在出兵去讨伐尚未归降的敌人，但有汤、武变更的卦象，这不完全算是吉祥啊。"孝文帝拓跋宏用严肃的口气说："爻辞说'做君主的，改革创新，文章彪炳，像虎毛的变化'，怎能说是不一定吉祥？"拓跋澄回答说："皇上像龙一样崛起，已经有很长时间了，现在怎么竟向虎变更？"孝文帝拓跋宏沉下脸色说："天下是我的天下，你们想顿挫百姓吗？"拓跋澄进言说："天下虽然是皇上所有，但臣是天下的臣子，怎能明知危险却不说呢？"过了好一会儿，孝文帝拓跋宏的脸色才缓和，说："大家谈论一下各自的心思，这又存在什么伤害呢？"

从明堂返回皇宫之后，孝文帝拓跋宏诏令拓跋澄进宫见圣，孝文帝走上来向他说："刚刚'革'卦的卦象，现在应该再与你说说。在明堂我生气，是怕大家抢着说话，破坏我的大计，所以用严厉的口吻来让文武众臣害怕。我想你应该明白朕的心思。"于是让两旁退下，对拓跋澄说："现在朕要行之事，的确不容易做成。但国家源起于北边，搬迁到平城；这是施展武力之地，不能施行文化。如今要更改习俗，的确有困难，朕想以此机会搬迁到中原地带，你认为怎么样？"拓跋澄回答说："陛下想在中原选择都城安顿下来，这是周、汉繁盛之时的做法。"孝文帝说："北方人习惯依赖于以前的事物，假使宣布这个决断，一定会让他们吃惊困扰，怎么办？"拓跋澄说："非常之事，本就非常人能理解。皇上的决定出自贤德之心，他们还能做什么？"孝文帝拓跋宏回答说："任城王，你就是朕的张良（子房）啊！"

夏季，六月，丙戌日（初七日），孝文帝拓跋宏下令在河上建造桥梁，用来传送军队。秘书监卢渊奉上奏表，以为："以前承平时期的君王，没有亲自率领六军，与敌人决一胜败的；假使皇上这么做，那不是战胜不算勇武，战败却损了您的名望吗？以前魏武帝曹操凭借一万个疲劳的将士打败袁绍，谢玄凭借三千步兵打败苻秦，胜败之变，决定于一时，不在于军队人数的多少。"孝文帝下诏回应说："承平的君主不亲自参加军务，有的是因为车步同规，天下大统，无敌对国家；有的只是愚劣、懦弱、苟且偷安。如果如今已是大统一，那就不能亲自参加军务；要和愚劣、懦弱、苟且偷生的人相比，那就是无耻。假使王者一定不能亲自参加军务，那么先王规定变革，又是来做什么呢？魏武帝曹操的战胜，可以说是仗打得很好；苻秦的战败，也由于策略不当。哪里是因人数少的一定能战胜人数多的呢？"丁未日（二十八日），孝文帝拓跋宏谈论军务，下令尚书李冲主管甄选英勇的将士。

建康和尚法智与徐州人周盘龙等叛乱，夜晚攻破徐州城，进入城中；刺史王玄邈派兵征讨，将他们杀了。

秋季，七月，癸丑日（初五日），北魏册立皇子拓跋恂为太子。

戊子日（初十日），北魏全城戒严，散发露布和信件，说应该南下讨伐齐国。孝文帝拓跋宏下诏调派扬州、徐州的百姓，大规模地招兵，以备征讨。

中书郎王融，依着自己有才华，门第又高，三十岁之前希望能做辅佐的宰相。曾经晚上在中书省中值班，按着桌子感慨着说："我为什么这么寂寞冷清，邓禹二十四岁做汉司徒就能讥讽人了。"走路遇到朱雀桁开放道路，百姓喧闹，浮桥窄小，无法前行，王融敲打车墙感慨说："在车前前导的士兵没有八个，怎能叫大丈夫？"竟陵王萧子良怜惜他的才干，特地与他亲近，优待于他。

王融见齐武帝萧赜有北伐的心意，多次上奏鼓励劝勉，因此全军认真学习射箭骑马。等到北魏入侵，萧子良在东府招兵，任命王融为宁朔将军，令他管理招兵的事情。王融尽职尽责，招到江西之地几百个卑贱的楚国人，他们都有才能，可以任用。

适逢齐武帝萧赜不舒服，下令萧子良手拿兵器身穿战甲去延昌殿侍候吃药；萧子良任命萧衍、范云等为军营主帅。戊辰日（二十日），齐武帝萧赜调派江州刺史陈显达守护樊城。齐武帝考虑朝廷忧急，勉强召来音乐，令他们上演清商的技艺，萧子良在内日夜伺候，太孙萧昭业每隔一天来参拜承奉。

戊寅日（三十日），齐武帝萧赜病情很重，一时没气了。太孙萧昭业还没有进皇宫，宫廷内外很害怕，众臣都穿了丧服。王融想改诏书册立萧子良为皇帝，诏书的草稿已写成，萧衍和范云说："路上百姓纷纷议论，都说将有不平常的事。王元长（王融）不是救世之才，只能观看他败了。"范云说："担心国家大事的人，就只有王融啊。"萧衍回答说："担心国事，他是想成为周公、召公呢，还是想成为竖刁呢？"范云不敢回应。太孙萧昭业回来后，王融穿着紫红衫的官服，在中书省门口阻挡他的车驾，不让太孙进去。不一会儿，齐武帝萧赜又醒了，问太孙萧昭业在什么地方，于是让东宫车驾随从都进了宫，将朝廷事务嘱托给尚书左仆射西昌侯萧鸾。不久，齐武帝萧赜逝世，王融让萧子良的军队把守几个宫门，禁止出入。萧鸾得到消息，赶快骑马跑到云龙门，萧鸾不能进去，他大声说："皇帝下令召见我！"拨开士兵进入，让太孙萧昭业进殿中，命令旁边的人将萧子良扶出；萧鸾安排指挥，话音像钟声一样响，殿里的人没有不服从他的命令的。王融明白册立萧子良的事情不成了，脱下兵服返回中书省，感慨地说："主公耽误了我！"从此郁林王萧昭业对他很怨恨。

齐武帝萧赜遗令说："太孙萧昭业学习德行，越来越好，可以担负天下人了。萧子良认真辅助他，要想着怎样去弘扬治国的道理，内外各种事情，不论大小都与萧鸾商量决定，降低身份谦虚谨慎，为国事努力！尚书中的事情，官职之本，都交付给吏部尚书徐孝嗣、右仆射王晏；军事的谋略，交付给王敬则、陈显达、王广之、王玄邈、沈文季、张瑰、薛渊等人。"

世祖齐武帝萧赜对政事很上心，讲究总揽大况，严谨有决断，郡县的官员都能长久地任职，品阶高的官员如果犯了法，就用大刀行使惩罚。所以永明之时，百姓安乐富裕，盗贼藏匿踪迹。但齐武帝萧赜很喜好游玩设宴和奢侈华丽的事物，经常说很厌恶这些却没能立即除去这些缺点。

郁林王萧昭业还没登位，大家都猜测齐武帝萧赜会册立萧子良，口口相传，喧哗热闹。武陵王萧晔在人群里大声地说："假使册立年龄大的，那么就应该册立我；假使册立嫡系，那么就该册立太孙。"所以齐武帝萧赜对他很依赖。直阁曹道刚、周奉叔一直是齐武帝萧赜的心腹，让他们都监视殿中值勤和护卫之事；不久之后，又任命曹道刚为黄门郎。

起初，高帝萧道成很喜爱西昌侯萧鸾，萧鸾一直朴素节俭，车子、仪仗、衣服、随从，都和普通人一样，所在的官职，因能干、严厉出名，所以齐武帝萧赜对他很看重。齐武帝萧赜遗令，让竟陵王萧子良帮助他处理政事，萧鸾管理尚书省事务。萧子良一向仁厚，不喜世间杂事，于是更加推举萧鸾，所以遗命说“无论事情大小，都和鸾商量决定”，这是萧子良的意愿啊！

萧昭业幼时被萧子良的妃子袁氏抚养成人，袁氏对他非常疼爱。当王融有推荐萧子良称帝的想法时，萧昭业对萧子良很忌惮。齐武帝萧赜的棺木搬移出太极殿，萧子良在中书省，萧昭业调派虎贲中郎将潘敞率领两百人守护在太极殿的西阶预防他。出敛以后，换上丧服，诸位王爷都出宫了，萧子良请求留在中书省，等齐武帝萧赜下葬以后再出来，萧昭业不应允。

壬午日（八月初四），遵奉遗诏，任命武陵王萧晔为卫将军，和征南大将军陈显达一起做开府仪同的三司；任命太孙詹事沈文季为护军、尚书左仆射西昌侯萧鸾为尚书令。任命竟陵王萧子良为太傅。将调粟、杂调、调帛和各种拖欠的税都免除了，节约皇帝的库藏和所属没有用处的池田冶铸、宅第所在，减少关市税收。以前，蠲免和恕宥的诏命，大部分不符合实际，下属一样催逼督促。西昌侯萧鸾管理政务，恩德和信用兼顾，百姓非常高兴。

北魏山阳景桓公尉元逝世。

北魏孝文帝拓跋宏下令录尚书事广陵王拓跋羽掌管符节安定六镇，调动突击骑兵。丁亥日（初日九），孝文帝拓跋宏离开永固陵；己丑日（十一日），从平城向南出征，步兵和骑兵一共三十多万；下令广陵王拓跋羽和太尉拓跋丕留下守护平城，增加称号“使持节”。拓跋羽说：“太尉应专门管理节度事务，臣正能做副手。”孝文帝拓跋宏说：“老人的聪慧，年少的判断，正好互补，你不要推脱了。”任命河南王拓跋干为车骑大将军、都督关右诸军事，又任命司空穆亮、平南将军薛胤都、安南将军卢渊为拓跋干的副手，军队一共有七万人，从子午谷出发。薛胤是薛辩的曾孙。

郁林王萧昭业聪明善辩，外貌俊美，行为优雅，擅长对答，悲喜的情感都超越平常人，因此齐武帝萧赜喜欢他。但他掩饰情感，虚伪狡诈，心里有鄙陋邪恶的想法，与两旁的小人一起吃穿，一起睡觉起床。

萧昭业开始担任南郡王，在西州跟着竟陵王萧子良，文惠太子萧长懋经常管理他的吃住，限制他的吃用。他私下找富人要钱，没人敢不给。额外配了钥匙，将西州后面的阁楼打开，跟旁边的人到各个军营去淫欢作乐。他的师傅史仁祖与侍书胡天翼私下商量说："假使将这事向齐武帝萧赜和太子萧长懋奏报，事情就不易了；假使王爷被特异的人在营地殴打，或者被咬伤，那我们何止是要获罪，家人都会跟着遭殃的。我们都七十岁了，剩下的时间还有什么值得留恋的呢？"在几天里，两个人相继自杀了，齐武帝萧赜和太子萧长懋都不知道详细情况。王爷对旁边喜欢的人，任意加官晋爵，写在黄纸上，嘱咐用袋子装好随身带着，应允将来在南面登基之时，按照这个做。

萧昭业伺候生病的太子和服丧，满面忧伤，大哭哀痛，观看之人都不禁哭了；刚返回自己的房间，就开心饮酒作乐。他经常让女巫杨氏祭祀祈祷，尽快得到皇帝之位。太子萧长懋逝世后，萧昭业认为是因杨氏的力量，更加信赖敬重她了。萧昭业做了太孙，齐武帝萧赜得病，他又令杨氏祭祀祈祷。那时何妃还在西州，齐武帝萧赜刚病危，太孙就给何妃写信，一个很大的喜字写在了纸中间，另外三十六个小喜字写在了大喜字周围。

萧昭业在齐武帝萧赜得病时侍候，一说话眼泪就会掉下来。齐武帝萧赜认为他一定能够担负祖宗的伟业，对他说："在五年里将政务托付给宰相，你不要添加建议；五年之后，你再主政，不要再托付给别人。如果你自己的做法没有成就，希望不会增加愤恨。"齐武帝萧赜死前，拉着他的手说："假使记着我这个老祖父的话，就认真做！"话完就去世了。丧礼才完成，萧昭业就唤来了齐武帝的歌妓，准备表演各种各样的音乐。

萧昭业登位十多天，就将王融收押交给廷尉，嘱咐中丞孔稚珪上奏王融狡猾轻浮阴险暴躁，在边疆招纳士兵，没能如意，就胡乱议论朝廷政务。王融向竟陵王萧子良求救，萧子良害怕担忧，不敢救援，王融就在监牢中被赐自尽，年仅二十七岁。

起初，王融想与东海人徐勉结识，经常托人去叫他。徐勉对人说："王融名声大，得利的时间短，不能与他有深交。"不久王融遭殃了，徐勉因此出名。太学生会稽人魏准，凭借才能被王融欣赏，王融册立萧子良，魏准勉励他好好完成这事。太学生虞羲、丘国宾私底下议论说："竟陵王萧子良才能很少，王融无决断力，他们失败，就在现在。"王融被诛杀后，萧昭业召唤魏准到舍人官署责问，魏准因害怕死了，全身都泛青，那时人们认为他一定是被吓破了胆。

壬寅日（二十四日），北魏孝文帝拓跋宏去肆州，见到路上百姓有瞎眼的、瘸腿的，停下马车下来慰问，嘱咐供给他们一生的食物衣服。

大司马安定王拓跋休捉到了三个盗窃的士兵，在军队中示众，将要杀他们。孝文帝拓跋宏行军遇见了，下令安定王拓跋休放了他们，拓跋休不愿应允，说："皇上亲自率领六军，将去遥远的江南，剿灭敌人，现在刚到这里，小人已经成了盗窃东西的人，不杀他们，怎能禁止邪恶？"孝文帝说："事情确实如你所说。但君王的制度，经常有非比平常的恩典。这三个人的罪行虽然该死，但因为缘分遇到了朕，即使违反军法，可以特赦他们。"接着对司徒冯诞说："大司马严厉执法，你们必须谨慎。"于是在军队中对大司马非常恭敬，一点也不敢懈怠。

◆臣司马光说：作为君王对待他的国家，好像一个身体，看远处就像看近处的，在边境之内就像在朝堂。推举有才之人来担任官职，整治政务来为百姓谋利，那么国境内的人，没有不赞扬他的。所以先王阻塞耳朵用黄绵作丸，在帽前将冕旒垂下来遮挡眼睛，是想抛开耳目浅显的用途，将自己敏锐的听力视力推广到遥远的四方。应该供养那些残疾得病的人，那应该下令有司将平均地推广到全国，如今只是施给在路上偶然碰到的少数不幸的人，那么遗漏的不幸的人一定很多，孝文帝拓跋

宏所施舍的恩泽，不是太少了吗？况且特赦有罪的人来干涉主事官员的执法，更不是君王应当的表现，真是可惜啊！孝文帝是北魏有德的君王，竟还有这样做法呀！◆

戊申日（三十日），北魏孝文帝拓跋宏到达并州。并州的刺史王袭，政治举措很有效果和名声，境内安定，孝文帝奖赏了他。王袭教人在路旁多地立下刻了铭文的碑，表扬他的优点；孝文帝听到消息就问他，王袭回答碑文并不符实。孝文帝生气了，把他所享的封号降了两级。

九月，壬子日（初四日），北魏派兼员外散骑常侍渤海人高聪等人来访问齐国。

丁巳日（初九日），北魏孝文帝拓跋宏下诏：车马所经过的地方，损害百姓庄稼的，每亩赔给五斛谷。

辛酉日（十三日），郁林王萧昭业追封文惠太子萧长懋为文皇帝，庙号世宗。

齐武帝萧赜的棺木搬移至秦淮河边的沙洲，皇帝萧昭业在正南面的端门辞别。丧车还没离开端门，皇帝萧昭业就说有病急着返回大内。刚入大殿，里面就上演胡人的音乐，鼙鼓、大铃的声音，响彻皇宫内外。丙寅日（十八日），萧昭业将齐武帝萧赜安葬于景安陵，庙号世祖。

秋季，戊辰日（二十日），北魏孝文帝拓跋宏渡过黄河；庚午日（二十二日），到了洛阳；壬申日（二十四日），到以前的太学观看《石经》。

乙亥日（二十七日），邓至王像舒彭让自己的儿子旧去北魏献贡，并且将王位传给旧，孝文帝拓跋宏答应了他的请求。

孝文帝拓跋宏从平城到洛阳，一路上风雨不停。丙子日（二十八日），下诏各路军队向前进发。丁丑日（二十九日），孝文帝拓跋宏穿着兵服，骑马出来，手拿马鞭，众臣在马前磕头碰地。孝文帝说："朝堂的策略已经决定，大军将要向前出发，你们还想讲些什么？"尚书李冲等人回答说："如今的行为，天下人都不想做，只有皇上愿做；臣不知道皇上一人前去，将要去哪里？臣等心中不知应该说什么，胆敢冒死请求皇上别再想着做了。"孝文帝拓跋宏生气地说："朕治理天下，盼望天下统一，但你们这些学儒，多次质疑朕的谋略；如刀斧有一定的应用范围，你们不要再说！"孝文帝用马鞭策马，就要走。安定王拓跋休等人都掉眼泪委婉地进言。孝文帝拓跋宏这才告诉众臣说："如今大举南伐，不是小事，有行动却无成果，怎么给后代人做榜样？朕多代居住在北边幽朔，想向南搬到中土一带，假使不南伐，就得搬移到这里，你们以为怎样？想迁都的站左边，不想迁都的站右边。"南安王拓跋桢进谏说："成就大伟业之人，不与众人商量。如今皇上放弃南伐的计划，到洛邑迁都，这是众臣的想法，百姓之幸。"众臣大呼万岁。和王室同源于北荒的旧部即使不想向内搬迁，但却害怕向南打仗，也没人敢言语，于是决定了迁都的计划。

李冲对孝文帝拓跋宏说："皇上将在洛邑建都，以此夺取天下，宗庙宫室，不是在马上奔驰游动着等待获得的。希望皇上暂时返回代郡，等众臣将这里治理好了，皇上准备好东西，开响鸾铃再来。"孝文帝说："朕将视察州郡，在邺稍事停留，明年春季开始就回，不合适返回北边。"于是调派任城王拓跋澄返回平城，对留下的众官下旨迁都的事，说："如今应照'革'卦所说'去旧'之意，众位王爷多加努力！"

孝文帝拓跋宏因众臣有很多不同的心思，对卫尉卿、镇南将军于烈说："你的意思如何？"于烈回答说："皇上圣明的谋略想得长远，不是臣浅近愚陋能明白的。假使猜测心思，喜欢迁徙与留恋过去，正好各是一半了。"孝文帝拓跋宏说："你既不说不一样的说法，就是同意了，朕对你深深感谢。"调派他返回平城去守护，说："留在各机构的各种政务，就全托付给你了。"于烈，是于栗磾的孙子。

以前，北地的百姓支酉聚集几千人，在长安城的北石山造反，调派使者告知梁州刺史阴智伯；秦州百姓王广也造反回应他，攻打北魏刺史刘藻，秦、雍一带七州的人民都震惊跟着回应，士兵达到十万人，各自守护城池据点，等着齐国的支援。北魏河南王拓跋干率领军队攻打，拓跋干大败；支酉进攻咸阳北边的山谷，穆亮与他战斗，又大败；阴智伯调派军主席德仁等人率领军队几千人接应他们。支酉等人向长安进军，卢渊、薛胤等反抗攻击，将他们打败，归降的人有好几万。卢渊仅斩杀了为首之人，其余的都没责罚，俘虏了支酉、王广，将他们斩杀。

冬季，十月，戊寅朔日（初一日），北魏孝文帝拓跋宏去金墉城，召唤穆亮，命他与尚书李冲、将作大匠董尔一同管理洛都。己卯日（初二日），孝文帝拓跋宏到达河南城；乙酉日（初八日），到达豫州；癸巳日（十六日），在石济留宿。乙未日（十八日），北魏除去戒严，在滑台城东开设祭坛，将迁都之意祭告跟随供奉的神仙，大赦天下。兴建滑台宫。任城王拓跋澄到达平城，众人得知要迁都，无不惊讶。拓跋澄以古论今，向他们慢慢解释，众人才明白服从。拓跋澄返回滑台上奏，孝文帝拓跋宏很开心地说："没有任城王，朕迁都之事不成。"

壬寅日（二十五日），册封皇太孙太妃为皇太后，册封太孙妃做皇后。

癸卯日（二十六日），孝文帝拓跋宏到达邺城。王肃在邺城面见孝文帝拓跋宏，述说伐齐的计划。孝文帝拓跋宏和他商谈，不自觉地将座席拉近，也没觉察时间的流逝。自此王肃慢慢被礼遇看重，就算以前亲近的臣子都无人能挑拨。孝文帝拓跋宏有时让旁人退下与王肃谈论，到了半夜还不停下，自以为君臣相见恨晚。不久任命王肃为辅国将军、大将军长史。那时孝文帝拓跋宏正商谈兴起礼乐，更改效仿华夏的习俗，大凡威仪东西，多数为王肃所制定。

乙巳日（二十八日），孝文帝拓跋宏派安定王拓跋休率领跟随的人到平城前去接应家属。

辛亥日（十月无此日），皇帝萧昭业册立皇弟萧昭文为新安王，萧昭秀为临海王，萧昭粲为永嘉王。

孝文帝拓跋宏在邺城西边修筑宫殿；十一月，癸亥日（十六日），孝文帝搬迁到那里。

御史中丞江淹上奏前益州刺史刘悛、梁州刺史阴智伯贪赃的东西价值上万，他们都按律获罪。起初，刘悛由广、司两州免职，将全部的财物都进献给齐武帝萧赜，家中没有留下财物。担任益州刺史，造黄金之盆，其余物品也与它一样。等郁林王上位，刘悛进献的比以前少了。郁林王很生气，将刘悛抓起来，交给廷尉，要杀死他；西昌侯萧鸾救他，才能不死，但还是监禁终身，不能任职。刘悛是刘勔的儿子。

资治通鉴卷第一百三十九　齐纪五

起止甲戌（公元494年），共一年。

【题解】本卷记录了公元494年，即齐明帝萧鸾建武元年一年间南朝齐、北朝魏两国大事。记录了小皇帝萧昭业的斑斑劣迹；萧鸾以萧衍为心腹，收买大臣；典签权势日益膨胀，控制齐室诸王，诸王深受其害；萧鸾杀萧昭业改立萧昭文，控制朝权，诛尽齐国宗室，又杀萧昭文，即位称帝；谢朓、谢瀹兄弟闻皇室噩耗不为所动；魏录尚书事拓跋羽上奏魏主考核朝官，以此进行奖惩；还记录了魏主迁都洛阳；魏主乘萧鸾弑主篡位，齐国雍州刺史曹虎声投降的时机，统兵攻齐，在赭阳、南阳一带相持的情景，等等。

高宗明皇帝上

建武元年（甲戌，公元494年）

十月始将年号改为建武。春季，一月，丁未日（初一日），郁林王将年号改为隆昌，大赦天下。

雍州刺史晋安王萧子懋，因君主年小，形势艰难，私下做些保全自己的计策，让主管制造的部门制造兵器。征南大将军陈显达在襄阳驻扎，萧子懋想胁迫他让他担任自己的将领。陈显达私下对西昌侯萧鸾汇报，萧鸾任命陈显达为车骑大将军，调派萧子懋为江州刺史，下令保留下属守护襄阳，只能带着少量的侍从及随车护卫。陈显达途经襄阳，萧子懋对陈显达说："朝廷让我一人返回，我作为皇室亲王，怎能太轻率？我现在想带着两三千人跟随我，您怎样看呢？"陈显达回答说："殿下若不留下部属，那是违反皇上的圣旨，这事论罪的话不轻；况且这里的人也不见得能收为己用。"萧子懋没话说了。于是陈显达告辞而出，起身走了。萧子懋的计划没成，就到江州刺史治理的寻阳。

西昌侯萧鸾计划将郁林王萧昭业废除，他把前镇西咨议参军萧衍请来，与他一起谋划。荆州刺史随王萧子隆，有才华，性格温和；萧鸾想召唤他，怕他不服从。萧衍回答说："随王萧子隆虽有好的声誉，其实愚劣平常。既无有智谋的谋士，爪牙仅依靠武陵太守卞白龙、司马垣历生罢了。这两人喜利，假使拿高职引诱他们，没有不来的道理；对于随王萧子隆，只要写信召唤，自己就会来的。"萧鸾按照他的话做了。调派垣历生为太子左卫率，卞白龙为游击将军；两个人应召前来。接着征召萧子隆担任侍中、抚军将军。豫州刺史崔慧景是齐高帝萧道成、齐武帝萧赜的下属，萧鸾对他产生猜疑，委任萧衍为宁朔将军，守卫寿阳。崔慧景害怕，穿着白服出城前去接应，好像获罪述职的人；萧衍安抚他。

辛亥日（初五日），郁林王萧昭业在南郊祭祀；戊午日（十二日），在文惠太子世宗萧长懋下葬的崇安陵祭拜。

癸亥日（十七日），北魏孝文帝拓跋宏去南方视察。戊辰日（二十二日），途经比干的墓地，用太牢祭拜，孝文帝拓跋宏自己写祷文说："耿直的人呀，为什么不是朕的大臣呢？"

皇帝萧昭业宠爱中书舍人綦毋珍之、朱隆之、直阁将军曹道刚、周奉叔、宦官徐龙驹等人。綦毋珍之所讨论举荐的事，没有不应允的；朝堂上下重要的官职，都先讨论好价钱，不到一个月，綦毋珍之的财产积累到千金；他自行用官府的物品，调用百姓给自己服役，不等皇帝萧昭业下诏。管事的官员甚至相互交谈："宁愿违反皇帝萧昭业的命令，也不能违反中书舍人綦毋珍之的命令。"皇帝萧昭业任命徐龙驹为后阁舍人，他经常住在含章殿，披着貂裘，戴着黄帽，向着书桌脸朝南，为皇帝下令；两边之人当值伺候，和对待皇帝没有两样。

自从皇帝萧昭业登位，就与两边的人穿了平常的衣服在市中里弄玩乐；喜爱在世宗文惠太子萧长懋的崇安陵隧道之中丢泥块，比赛跳高，行多种浅陋的游戏，随意赏赐旁人，动则达到几十万数百万。他每次见到钱都说："我以前想要一个都得不到，如今可以用你了吧？"齐世祖武帝萧赜在位时累积钱币，在国库储备有五亿万的铜钱，供君主用的私库也超越三亿万铜钱，布帛金银，数也数不完。郁林王萧昭业登位不足一年，就花得差不多了。他进入为皇帝准备衣物及各种玩赏物品的库房，下令何后和宠妃用各种宝器相互投玩，将宝器弄得破碎。他又和齐世祖武帝萧赜（《齐书》作世宗）宠爱的宫人霍氏通奸，将她的姓氏更改为徐氏。朝堂的政务，无论大小都让西昌侯萧鸾裁决。萧鸾多次进谏争取，皇帝萧昭业都不愿听；萧昭业心里猜疑萧鸾，想将他除去。尚书右仆射鄱阳王萧锵是齐武帝萧赜宠爱的臣子，萧昭业私下对萧锵说："你知不知道萧鸾对法身（郁林王小字法身）如何？"萧锵一向谨慎温和，回应说："萧鸾在亲属同宗中，年龄最大，而且接纳先帝萧赜的嘱咐；臣等人年少，朝廷所能依靠的，只有萧鸾，希望皇上不要为此担心。"皇帝萧昭业出去，对徐龙驹说："朕想与公（萧锵）一起商量制伏萧鸾，他既然不同意，朕不能独自做成，暂且再让萧鸾专横一些时间。"

卫尉萧谌，是齐武帝萧赜同族的子弟，自从齐武帝萧赜行郢州事时，萧谌已是萧赜心腹。齐武帝萧赜登位后，萧谌管理京城宿卫，机密之事，无不预先知道。征南咨议萧坦之，是萧谌的族人，曾担任过东宫直阁，被世宗萧长懋欣赏。皇帝萧昭业因为两人是祖父萧赜的旧部，对他们很信任。萧谌每次有急事请假出去过夜，皇帝萧昭业都一夜不睡，萧谌返回了才安心。萧坦之能进出后宫，皇帝萧昭业玩乐，萧坦之都在旁伺候。萧昭业喝醉后，经常裸着不穿衣服，萧坦之就扶着他，进言让他明白。西昌侯萧鸾想陈述些什么事，萧昭业不出后宫，只有派萧谌、萧坦之直接进去，才能将事情传给他听到。

萧昭业的皇后何氏也很放荡，一度贪求享乐，与在皇帝萧昭业旁边伺候的杨珉通情，与他一起相处睡觉，就像配偶一样；她又与皇帝萧昭业互相亲昵关爱，皇帝萧昭业放任她，前去接应何后的家人进宫，将他们安置在耀灵殿。书斋和后阁的房门一晚上大开，内外杂乱，没有分别。西昌侯萧鸾调派萧坦之进言杀了杨珉，何后哭着，手挡着脸说："杨郎是好人，没有犯罪，怎能不顾法律杀他？"萧坦之在皇帝萧昭业耳边小声说："在外都说皇后与杨珉有私情，事情瞒不住，都知道了，不能留他。"皇帝萧昭业不得已应允了他，不久下令释放杨珉，他已经被处以极刑了。萧鸾又上奏诛杀徐龙驹，皇帝萧昭业也不能违反，但心中更加猜疑萧鸾。萧谌、萧坦之见萧昭业放纵，一日比一日厉害，没有悔改的意思，害怕祸患牵连到自己；于是更加附和萧鸾，规劝他废除郁林王萧昭业，私下做萧鸾的眼线，萧昭业没有察觉。

周奉叔依仗勇敢和皇帝萧昭业的恩宠，欺负公卿。经常佩戴二十口刀，排成两个翅膀的形状。进出皇宫小门，守门的士兵不敢呵斥。他经常对人说："周郎的刀子不认识你！"萧鸾对他忌讳，嘱咐萧谌、萧坦之劝说皇帝萧昭业将周奉叔调派外地做支援。己巳日（二十三日），任命周奉叔为青州刺史，曹道刚为中军司马。周奉叔请求做千户侯；皇帝萧昭业应允了他。萧鸾认为不能，令他担任曲江县男，俸禄为三百户的税收。周奉叔很生气，在人群中拿刀怒形于色；萧鸾对他解释，他才接纳。周奉叔辞别后，将去镇守之地，军队已经出发。萧鸾与萧谌说奉皇帝萧昭业口谕，在尚书省官府召见周奉叔，令人将他打死。萧鸾向皇帝萧昭业上奏说："周奉叔懈怠军务。"皇帝萧昭业不得已，应允了奏折。

溧阳令钱塘人杜文谦，曾经担任南郡王萧昭业的陪读，之前劝綦毋珍之说："天下之事大约能知道，灰被吹尽粉散灭，不是一朝一夕之事；假使不尽早筹谋，我们这些人就不能活了。"綦毋珍之说："谋略怎么用？"杜文谦回答说："先帝萧赜以前的人，多数遭排斥，现在征召来任使，有谁不尽心效力？最近得知王洪范与宿卫将万灵会等人一同闲聊，都捶击床铺、卷起袖子，您能给周奉叔报告，使万灵会等人杀害萧谌，那么皇宫的士兵都能被我们任用了。率士兵进尚书省，将萧令（尚书令萧鸾）杀了，不过是两个刽子手的力气罢了。如今发动大业是死，不反叛也是死；两种一样的死法，不如为天下死吧！假使犹豫不能决定，再过一些时间，录君（录尚书事的萧鸾）谎称皇帝萧昭业的命令来让我们自杀，父母都得死，灾祸就在眼前了。”綦毋珍之不采纳。萧鸾将周奉叔杀害后，同时将綦毋珍之、杜文谦收押，将他们杀了。

乙亥日（二十九日），北魏孝文帝拓跋宏到洛阳西宫，中书侍郎韩显宗上奏四件事，第一件说：“我得知君主的御驾今年夏季不巡视三齐，就要到中山一带。去年冬季，御驾停在邺城，正是农闲之时，百姓还得家家户户去进行供奉，辛苦不已，费用无法计算。如今养蚕播种，农事正忙，百姓怎能接受供奉的指令？再者六军冒着酷暑行军，恐怕会感染瘟疫。臣希望皇上尽早返回京城（平城），来节约各州供奉的辛苦，完成洛都管理修复的工作。”第二件说：“洛阳皇宫以前的基础，都是魏明帝曹叡所兴建的，前代人嘲讽宫殿修建得太奢侈。如今管理整建，应加以减损淘汰。再者，最近北都的富人，拿豪华的住宅相互攀比；应趁迁都之时，制定制度。还要将道路铺得宽广笔直，河道也要便利通畅。”第三件说：“皇上返回洛阳，只简单地带领几个随身骑兵。君王即使在皇宫门闼以内，也要施行清道，阻隔闲杂人等，况且远走山河却不谨慎多加考虑呢？”第四件说：“皇上听的是优雅的音乐，欣赏的是《三坟》《五典》，与诸侯口里应对，心中担心万种政事，夕阳西下才吃饭，半夜了才睡；加上思念孝顺之情，随着时间流失而加深；文章的伟业，总得每天凑成多少卷或多少篇。即使是皇上贤明颖睿，这些事情，还不觉烦恼，但这绝不是怡养心性、爱护心神，保证有无边福气的方法啊！希望皇上垂旒拱手，管理契要，那天下就能管理好了！”孝文帝拓跋宏采纳了他的一些建议。韩显宗是韩麒麟的儿子。

韩显宗又进谏，说：“州郡推荐孝廉、秀才，而向皇上推荐，白白有秀才、孝廉的名声，却没有秀才、孝廉的本质；朝堂只检查那些人的名望门第，不会对监察不实的州郡弹劾判刑。如此，就下令地方官员按照门第给这些士人排出等级进献给朝廷另外推举名望门第来拴住，何必冒充秀才、孝廉的名声呢？说到名望门第，是祖父、父亲留下的业绩，这对国家又有什么好处？对当代形势有好处的，只是人才罢了！假使真有才能，即便是钓鱼、屠牛、为人奴隶的人，皇上都不觉得任用他们做臣子有羞耻感受的；假使没什么才能，即便是三代圣王的后代，也和卑贱的奴仆一般！讨论的大臣们有人说：'如今没有奇才，不如依照门第来选拔士人。'这话也有缺点。怎能因现代无邵公、周公一流的奇才，就将宰相的职位废除呢？应比较衡量，只要多一铢之重、一寸之长的，就先录用他，那么奇才就不会遗漏了。

"再者，惩罚刑狱的要点，在于恰当明确，不在重罚。假使犯罪之人都难逃法律，仅仅是小的鞭挞杖击，人们也不敢触犯法律；假使幸运逃脱，即便是夷诛三族那样严重的罪行，也不足禁止人们犯法。现在内外的官员，想得到好名声，将苛刻森严当作无私，相互鼓励敦促，于是形成了风气。皇上在九重宫闱以内，将百姓看作子女；众臣分担万种政事的职责，对百姓就像敌人。这样，舜、尧那样的只有一个人，但桀、纣那样的却有成百上千个；和睦风气不来，大概就是这个缘由。臣以为应告示百官，要爱护百姓。

"再有，以前周迁都洛邑，还保留旧都，将丰称作宗周；汉迁都洛阳，长安依然安设京兆尹。《春秋》的说法，有宗庙称为都，没有宗庙称为邑。况且平城，为宗庙和祖先坟墓所依存之地，君王伟业根基立定之地，即便神仙的家乡，求福的地方，也还实在差很远呢，如今竟就将它归于郡县封国，臣心里觉得不安。臣认为该设立王畿安置郡尹，和以前的事例一样，推举根本，看重旧地，光耀之事，能够告知后代子孙。

"再者，以前士、农、工、商四种百姓，分居异地，希望他们可以专一职业，坚定志向。太祖道武皇帝拓跋珪创建伟业，平定乱局，每天都很忙，但还是将士大夫与庶人等区别开，不准他们住在一起，工匠、屠夫、艺伎、商人，各有各的居处之地，但没有设立科罚禁令，时间长就混杂一起了。现在得知洛邑居民的规划制度，全按照官职，不按照种族分类。官职没有永远不变的，开始发达，后来可能退却，穿官衣官帽的显贵与低下的小贩，不久就同住了。如果一里以内，有的教导学习歌舞，有的讲述学习诗书，放任孩子们任意学习，那他们一定不会舍弃歌舞去研习诗书了。这样说来，要使工匠技艺的人学习读书人的礼仪风尚，百年也难见成果；要使士人子弟去仿效工匠技艺的容貌姿态，只要一天就能够了。因此孔子说乡里有宽厚的习俗是好的，孟母迁徙三次来教育儿子。这是习俗的根源，不能不明白。朝堂每次挑选人才，总是以婚姻和当官的条件作为衡量升迁的标准，这是何等周密啊！对于衡量处所安排百姓，士庶混杂，这是怎样地疏忽！如今趁着开始搬迁，到处都有空地，想要划分工匠技艺人，只是一句话罢了，有什么可犹豫的而使美好的事业有缺憾呢？

“再者，南边的人以前在淮河以北，以自己为中心，经常借旧地名安设郡县。有了圣朝教育以后，仍旧不改，名实相互错乱，很难办理公文书信。应按照地方上的旧名，全部更改，小的合在一起，大的分别安设。中州郡县，以前因为人家少就俭省合并，现在百姓数量增加，也能将以前的规划恢复了。

“再者，统治百姓的君王，以天下为家，不能有偏袒。国库储存的东西，要供给军队和国家使用，没有功勋的人不能随意赏赐。在朝堂的显贵，接受的俸禄很多；身边赏赐，每次以千的数量计算。假使将赏赐分给鳏夫、孤儿、无儿女者、寡妇等贫苦的百姓，实际上所救援的人会更多。如今直接用来赐给身边的大臣，这可不是‘救济需要帮助之人，不必接济富有之人’的说法啊！”孝文帝拓跋宏看了奏折，很赞赏他的见解。

春季，二月，乙丑日（二月无此日），北魏孝文帝拓跋宏到达河阴，划分土地，再划定方丘方便祭祀。

辛卯日（十六日），齐国皇帝萧昭业在明堂祭拜。

司徒参军刘斅等人去北魏访问。

丙申日（二十一日），北魏调派河南王拓跋干为赵郡王，颍川王拓跋雍为高阳王。

壬寅日（二十七日），孝文帝拓跋宏去北边视察，癸卯日（二十八日），过了黄河。三月，壬申日（二十七日），到达平城。让众臣再商讨迁都的好坏，谈谈各自的想法。燕州刺史穆罴进言："如今天下还没安定，迁都不适合，而且征战没有马匹，凭靠什么击败敌人？"孝文帝拓跋宏说："马棚与饲养的人都在代郡，还担心无马匹？现在代郡位于恒山的北边，在九州以外，不合适做君主的都城。"尚书于果回应说："臣并不是以为代地比伊河、洛水好。但从先帝以后，长期住在这里，百姓在这个环境很安定；只要向南搬迁，众人的心里不会高兴。"平阳公拓跋丕回答说："搬迁是很大的事，应让卜筮来观看吉凶。"孝文帝说："以前周公、召公是贤臣，才敢占卜哪里能定居。如今没有贤德的人，卜卦有什么好的？并且占卜是为了决定担忧之事，假使无担心还有什么好占卜的？黄帝占卜的龟甲烧焦不可显示征兆，天老说这是'吉瑞'，黄帝按照它做决定。现在看来，最圣贤的人能先知未来之事，比占卜还灵。君王以天下为家，有时在南边，有时在北边，哪有什么永久居住之地！朕的先祖，世代住在北边的原野，平文皇帝拓跋郁律才将都城建在东木根山。昭成皇帝拓跋什翼键又管理盛乐，道武皇帝拓跋珪搬迁到平城。朕有幸生在百年以后，为什么不能搬迁？"众臣不敢再言。于果，是于烈的弟弟；穆罴，是穆寿的孙子。癸酉日（二十八日），孝文帝拓跋宏亲临朝堂，安排一部分人迁移一部分人留守。

夏季，四月，庚辰日（初六），北魏取消了在西郊祭天的习俗。

夏季，辛巳日（初七日），武陵昭王萧晔逝世。

戊子日（十四日），竟陵文宣王萧子良因为担心而逝世。皇帝萧昭业常担心萧子良会叛乱，得知他逝世，很开心。

◆臣司马光说：孔子曾说："卑鄙小人，不能与他一同侍奉君王，还没得到荣华时，就害怕得不到；得到荣华之后，又害怕丢掉。假使害怕丢掉荣华，没有什么事他做不出。"王融在国家危难的时候，谋划更换嗣位的君王来换取自己的功名利禄。萧子良是当时贤德的王爷，一直以谨慎忠心自比，到后来不免担心而死。他之所以这样，正因为王融急着寻求荣华罢了。急躁轻浮的人士，怎能近身呢？◆

己亥日（二十五日），北魏将五月五日、七月七日祭祀父祖的礼制取消了。

北魏录尚书事广陵王拓跋羽上奏："按照制度：每年年末，州镇官员要开列属官治理的成绩，等到再次审核，就加以升官和贬职。上次太和十五年京官经审核是三等，到如今已三年了。臣想将州镇审核官吏的方法，用来判定京官功绩的好坏。"孝文帝拓跋宏说："考核之事很重要，应让朕知道，不能随意发令实施，暂时等到秋季再说。"

闰月，丁卯日（二十三日），镇军将军萧鸾恢复原来的封号，加开府仪同三司。

戊辰日（二十四日），皇帝萧昭业任命新安王萧昭文为扬州刺史。

五月，甲戌朔日（初一日），发生日食。

六月，己巳日（六月无此日），北魏派兼员外散骑侍郎王清石、兼员外散骑常侍卢昶来齐国访问。卢昶是卢度世的儿子。王清石世代在江南任官，孝文帝拓跋宏对王清石说："你不能因是江南之人，自己讨厌自己。对方有学识，想与他见面就见面，想与他说话就说话。只要是使者都以气为贵，不要相互夸耀矜持，表现在言语脸色上，丢失了奉命出使的礼节。"

秋季，七月，乙亥日（初三日），北魏让宋王刘昶担任使持节，都督吴、越、楚诸军事、大将军，镇守彭城。孝文帝拓跋宏亲自为他送行，任命王肃为刘昶府中的长史。刘昶到达镇守之地，不能很好地招纳以前的故旧，没有取得预期效果。

壬午日（初十日），北魏安慰靖王拓跋休逝世。从他死到出殡，孝文帝拓跋宏三次到他的府宅，依照安葬尉元的礼制安葬他，将他送出了城，放声悲痛大哭返回。

壬戌日（二十日），孝文帝拓跋宏去北边巡视。

西昌侯萧鸾将徐龙驹、周奉叔杀了之后，从宫外进宫的尼姑、老妇人，传出了西昌侯萧鸾想造反的话。中书令何胤，因为是何后的堂叔，被皇帝萧昭业信任亲近，使他在殿省任职。皇帝萧昭业与何胤计划杀害萧鸾，让何胤去做这件事，何胤不敢，犹豫不决，劝谏解释，皇帝萧昭业杀萧鸾之意停下来了。于是计划派萧鸾去西州，皇宫下令决定大事，不再通知萧鸾，询问他的意愿。

这时，萧谌、萧坦之将兵权掌握，左仆射王晏管理尚书的职务。萧谌私下征召各王府的典签，交代他们，不允许诸王爷见外面的人。萧谌自己威胁这些人，时间长了，大家对他很忌惮。

萧鸾将废帝的计划告知王晏，王晏听后就回应他，又告知丹杨尹徐孝嗣，徐孝嗣顺从了他。骠骑录事南阳人乐豫向徐孝嗣说："外面传论纷纷，好像是伊尹、周公之事。您承受齐武帝萧赜特殊的恩惠，承担嘱托的重任，怕与其他人不好参加这件事。人们都讥讽褚公（褚渊），到现如今还笑话他，牙都冷掉了。"徐孝嗣心中认同他的话，但不能遵从。

皇帝萧昭业同萧坦之说："大家说镇军将军和王晏、萧谌要一同废除我，好像不是传言，你听说的是怎样？"萧坦之回答说："天下怎会有这样的事？有谁闲得没事就废除皇帝呢？朝堂达官不允许传播这种言论，应该是那些尼姑、老妇的话吧，怎能信呢？假使官家（陛下）无故杀掉他们三个，谁还能担保不会丢掉性命？"直阁将军曹道刚怀疑外面有特殊的情况，暗中有杀掉萧鸾等人的计划，却没行动。

当时始兴内史萧季敞、南阳太守萧颖基都被调往京内，萧谌想等到两个人来到，凭借他们的权力来反叛。萧鸾考虑到事情有变，告知萧坦之，萧坦之骑快马去找萧谌说：“废除皇帝，是从古至今的大事。最近得知曹道刚、朱隆之等已慢慢怀疑，卫尉明天不行事，以后就没有时机了。我有百岁母亲，怎能失败坐着让灾祸降临？应该做别的打算啊！”萧谌害怕，就答应了他。

壬辰日（二十日），萧鸾让萧谌先进宫，见到曹道刚和中书舍人朱隆之，将他们斩杀。在皇帝萧昭业车后担任侍卫的徐僧亮非常生气，对众人大声说：“我们受皇上的恩德，如今应用死来回报。”萧谌又将徐僧亮斩杀。萧鸾率领士兵从尚书省到云龙门，把红色的官服穿在兵服上，快到云龙门时，害怕得三次掉了鞋子，王晏、徐孝嗣、陈显达、萧坦之、王广之、沈文季都在后面跟着他。皇帝萧昭业在寿昌殿，得知有叛变，还私下召见萧谌，又嘱咐将殿内各门关了。不久，萧谌率领士兵进了寿昌阁，皇帝萧昭业逃进徐姬的房间，自己拿剑刺自己，没刺进身体；用布绑脖子，被人用轿子迎进了延德殿。萧谌刚进殿，守卫的士兵都拿着盾牌弓箭想反抗战斗，萧谌向他们说：“我们所要捕捉的另有其人，你们不用劳累。”侍卫向来归属萧谌管理，很敬佩他，都依赖他。再看见皇帝萧昭业出来，都想全力一战，但是萧昭业不发一言，在他走到延德殿西边门廊时，这些人就将他杀了，将他的尸体用轿子抬出去，留在徐龙驹官邸，以王爷的礼节安葬，徐姬与一些侥幸的人都认罪伏诛。萧鸾将皇帝萧昭业捉住后，想制造太后的谕旨，徐孝嗣从袖子里拿出给了他，萧鸾非常高兴。癸巳日（二十一日），萧鸾借太后的谕旨，追封皇帝萧昭业为郁林王，又将何后废除做王妃，前去接应新安王萧昭文，册立为皇帝。

吏部尚书谢瀹正在下围棋，身边的人听说有政变，慌张地跑去报告给谢瀹。谢瀹每下一步棋，就会说：“恐怕应该有意义吧！”下完棋，就返回房间躺下来，竟然不问外面的事。管理宗庙土木工程的大匠卿虞悰私下感慨着说：“王晏、徐孝嗣竟武装叛乱，将皇帝萧昭业废除，天下哪有这样的道理呢？”虞悰是虞啸父的孙子。大臣被征召进皇宫，国子祭酒江敩在云龙门祭祀，找借口说药力发作，在车内吐了，就走了。西昌侯萧鸾想让中散大夫孙谦为心腹，任命他为卫尉，将一百个装备齐全的卫士给了他。孙谦不想和他处事，就将武装卫士解散，萧鸾也不责备他。

丁酉日（二十五日），新安王萧昭文登位，那时他十五岁。萧昭文让西昌侯萧鸾担任骠骑大将军、扬州刺史、宣城郡公、录尚书事。大赦天下，改年号为延兴。

辛丑日（二十九日），孝文帝拓跋宏去了朔州。

八月，甲辰日（初二日），萧昭文任命车骑大将军陈显达为司空，鄱阳王萧锵为司徒，任命司空王敬则为太尉，尚书左仆射王晏为尚书令。

孝文帝拓跋宏去了阴山。

萧昭文任命始安王萧遥光为南郡太守，萧遥光没有去任职。萧遥光是萧鸾哥哥的儿子。萧鸾有谋反的想法，萧遥光赞同他，只要是大的赏杀，没有不参加和预先筹谋的。戊申日（初六日），萧昭文任命中书郎萧遥欣为兖州刺史。萧遥欣为萧遥光的弟弟。萧鸾想安插亲信党派，所以起用萧遥欣。

癸丑日（十一日），北魏孝文帝拓跋宏到怀朔镇；己未日（十七日），到达武川镇；辛酉日（十九日），到达抚宜镇；甲子日（二十二日），去了柔玄镇。乙丑日（二十三日），返回南边；辛未日（二十九日），到了平城。

九月，壬申朔日（初一日），北魏孝文帝拓跋宏下诏说："三年审核政绩，三次审核才决定升迁或贬黜。对于该贬黜的官吏来说九年的时间不算晚，对于该升职的官吏来说九年的时间过于漫长。朕如今三年审核一次，实行升迁或贬黜，目的是想让那些迟钝愚拙的人不要阻碍贤才的路，有才干的人不被耽搁在很低的官位上。下令各部门管事的官吏，审核下属的好坏，划分三等，其中的上下两等再划分三级。六品以下，被尚书省严格查问，在五品之上，朕将亲身和你们评价他们的优劣，最优等的就升职，最劣等的就贬职，中等的坚守原来的官职。”

孝文帝拓跋宏在北边巡视时，留下任城王拓跋澄选拔以前的臣子，官位在公侯以下的就有好几万人，拓跋澄评价他们的好坏，是否有才干，划分三等，无人怨恨。

壬午日（十一日），孝文帝拓跋宏上朝，升迁、罢黜众官，对尚书省的官吏说：“尚书省，掌管主要政事的职责，不仅是管理各种政务，颁布文书而已；朕施政的得失，都在尚书省。各位所在官位，已快两年了，没有进言可靠的方法，去除不好的行径，推举一位贤才，贬黜一个不贤的人，这是最大的罪行。”又向录尚书事广陵王拓跋羽说：“你是朕的皇弟，权力在尚书省诸位长官之上，没有勤恳谨慎的名誉，却有结党阿谀的现象，现在将你录尚书和廷尉的官职废黜，只担任特进、太子太保。”孝文帝拓跋宏对尚书令陆叡说：“叔翻（拓跋羽的字）开始去尚书省，有很高的名誉，最近不够公平，处事怠慢松懈，都因为你不能拿义去教育他。即使无大的惩罚，也应有小的惩处；如今剥夺你一年的俸禄。”孝文帝拓跋宏又对左仆射拓跋赞说：“叔翻被废除，你应被杀，但我将错误归咎于他一人，不会严格惩处你；如今去除你少师的官职，剥夺一年的俸禄。”孝文帝对左丞公孙良、右丞乞伏义受说：“你们的罪行应该被杀；让你们穿便服，遵奉以前的官位，礼服礼帽和安抚家人的俸禄，全被剥削。假使三年有成果，还让你复原以前的官位；没有成果，就永久返回家乡去吧！”孝文帝对尚书任城王拓跋澄说：“叔父神色骄傲，我解除你少保的官职。”孝文帝又与长兼尚书于果说：“你治理政务不够勤快，好多次称病请假，可去除长期的官职，剥去一年的俸禄。”其他守尚书尉羽、卢渊等人，全因不称职，有的解除任守，有的除去官职，有的剥削俸禄，都当着他们的面指责罪行，然后实施惩罚。卢渊是卢昶的哥哥。

孝文帝拓跋宏又对陆叡说：“北边人经常说：‘北方风气粗俗笨拙，怎么能知书达礼呢？’朕听见了，深切感到怅惘失意！如今读书人很多，难道都为圣人！不过是不学与学的区分罢了。朕管制众官，兴盛礼乐，本就在于改变习俗，更改风气。朕做皇帝，为何要居住中原？想让你们的后代能渐渐感染美好的习俗，博闻强识。假使永久居住恒山之北，再见到不爱好文事的君王，不就面对着墙壁，什么也看不见了。”陆叡回应说：“确实如皇上圣明的言辞，金日磾假使不在汉朝为官，怎会七代享有好名声。”孝文帝听了很开心。

郁林王萧昭业被罢黜时，鄱阳王萧锵并不知晓计划。宣城公萧鸾权力越来越大，上下都知他有不服之心。萧锵每次返回建康见萧鸾，萧鸾都拿着鞋子匆匆赶到车后去接应他；谈及萧家和国运，一边擦泪一边说话，萧锵于是相信他。省内、宫里之人都将希望寄托在萧锵身上，劝勉萧锵进宫率领军队辅助政务。制局监谢粲规劝萧锵和随王萧子隆说：“两位王爷只乘油壁车进宫，将皇上带出来安排在大殿上，一起帮助他下令；我将城门关了，侍卫都武装起来，没人不同心！东城的人正等着将萧鸾绑起来送到朝堂。”萧子隆想要制订计划。萧锵以为上台的军队已经归属镇守东府的萧鸾，而且考虑事情不够全面，面色不定。马队主帅刘巨，是齐武帝萧赜以前的部下，参见萧锵，请求多给一点时间，磕头规劝萧锵拿意见办事。萧锵下令车驾进宫，又到内院，与母亲陆太妃告辞，直到黄昏没有走。典签了解他的计划，将他告发了。癸酉日（初二日），萧鸾命两千士兵将萧锵的府邸围住，杀死萧锵，又杀了萧子隆和谢粲等人。当时，在齐太祖萧道成的几个儿子当中，萧子隆最有才，魁梧，所以萧鸾尤其顾忌他。

江州刺史晋安王萧子懋得知鄱阳王萧锵、随王萧子隆被害，想反叛，向防阁吴郡人陆超之说：“事情办成，宗庙就得到安宁；事情办不成，还能做个有义之鬼。”防阁丹阳人的董僧慧说：“虽然江州小，宋孝武帝刘骏以前用它兴兵铲除元凶。我们兴兵指向皇宫，指责萧鸾杀害郁林王萧昭业的罪行，谁能抵挡得了我们？”萧子懋的母亲阮氏居住建康，萧子懋私下遣人送信前去接应她，阮氏将此事告知她一母的哥哥于瑶之，向他商讨意见。于瑶之骑快马向宣城公萧鸾告发；乙亥日（初四日），朝廷将金斧头给予萧鸾，内外戒备。调派中护军王玄邈征讨萧子懋，又调派军主裴叔业和于瑶之首先去偷袭寻阳，声称郢府司马路过此地。萧子懋听到了消息，调派三百人镇守湓城。裴叔业沿长江逆袭向上，在半夜，回返攻打湓城，城局参军乐贲打开城门接纳裴叔业的军队。萧子懋得知湓城落到裴叔业手中，就率府州军队，占城镇守寻阳。萧子懋的下属多数为雍州人，都很积极，愿意奋勇战斗。裴叔业害怕他，将瑶之派去劝萧子懋说："如今回都城，一定没什么担忧的，应该做个安闲的官吏，还是能享受荣华！"萧子懋不出兵攻打裴叔业，手下士兵的心志渐渐丧失。于瑶之的哥哥，是中兵参军于琳之，劝说萧子懋用钱财贿赂裴叔业，免去灾祸。萧子懋派遣于琳之见裴叔业，于琳之规劝裴叔业攻打萧子懋。裴叔业派军主徐玄庆率领四百人跟随于琳之进州城，萧子懋的谋士将佐都逃命去了。于琳之跟随两百人，拿着刀剑进书斋，萧子懋叫骂他说："你这个小人！怎狠心做这样的事！"于琳之将袖子遮挡了脸，命人杀害萧子懋。王玄邈将董僧慧捉住，要斩杀他，董僧慧回应说："晋安王萧子懋起兵，我的确参与了他的计划，能替主上去死，没有埋怨的！希望等主上下葬之后，我再接受罪罚。"王玄邈对他的大义很欣赏，将情况向萧鸾禀报，免除他的死刑，发配去了东冶。萧昭基是萧子懋的儿子，当年九岁，用二寸见方的丝绢写信，禀报他自己的信息，并加送了五百个钱，钱和信都送去了，董僧慧见了，说："这是昭基的信啊！"痛苦悲伤致死。于琳之规劝陆超之逃跑。陆超之回答说："人都会死，这没有好恐惧的！我如果逃跑，不仅将晋安王萧子懋的宠信辜负，就怕在田野的门客也要笑我！"王玄邈等人想将他收押起来遣回都城，陆超之坐着等待上天的安排。陆超之的门客以为将陆超之杀了能得到奖赏，私下在后面杀害了他，陆超之的头掉下但身体不倒。王玄邈优厚地将他收棺出殡。那个杀害他的门客也帮着抬棺殡，棺材落地，压在门客的头上，将他的脖子折断死了。

萧鸾命平西将军王广之攻打南兖州刺史安陆王萧子敬。王广之到达欧阳，调派属下济阴人陈伯之在前头当先锋。陈伯之因城门打开，独自进城，斩杀了萧子敬。

萧鸾又命令徐玄庆从西沿江直上，想法去谋害诸王爷。临海王萧昭秀担任荆州刺史，西中郎长史何昌寓实际管理政务。徐玄庆到达江陵，见情形方便就采取动作。何昌寓说：“我接受皇上嘱咐，将责任托付给我，帮助外藩。殿下无罪行，只有你一个使者到来，我答应将把一切权力交给你！假使皇上要殿下，我会亲自上奏，再等待殿下的命令。”因此萧昭秀能安全返回建康。何吕寓是何尚弟弟的儿子。

萧鸾命吴兴太守孔琇之管理郢州政务，想叫他杀害晋熙王萧銶。孔琇之推脱，萧鸾不应允，于是孔琇之绝食死了。孔琇之是孔靖的孙子。

裴叔业从寻阳继续向前进军，直到湘州，欲杀湘州刺史南平王萧锐。防阁周伯玉在众人面前大声地说：“这不是皇上的旨意。如今杀掉裴叔业，兴兵匡扶大义，谁敢不顺从？”萧锐的典签呵责两边的人杀死周伯玉。乙酉日（十四日），南平王萧锐被杀死；又将郢州刺史晋熙王萧銶、南豫州刺史宜都王萧铿杀了。

丁亥日（十六日），朝廷任命庐陵王萧子卿为司徒，桂阳王萧铄为中军将军、开府仪同三司。

冬季，十月，丁酉日（十月无此日），齐国去除戒严。

齐国朝廷任命宣城公萧鸾为太傅、领大将军、都督中外诸军事、扬州牧，增加特殊的礼遇，加封为王。

宣城王萧鸾计划继承大业，多方面引荐朝堂的名士参加筹谋计划。侍中谢朏心里不愿，于是请求担任吴兴太守。去了郡城，送了几壶酒给他的弟弟吏部尚书谢瀹，写信说：“你可以认真喝这些酒，不要参加他人之事！”

◆臣司马光说：臣得知：“穿别人的衣服，为别人的得失担忧操心；吃别人的粮食，为别人的事情效力。”谢朏、谢瀹两兄弟，一起享受国家的荣华富贵，国家的危亡不愿参加了解，像这个样子做臣子，能说是忠诚吗？◆

宣城王萧鸾把持国家大权，人心还没有顺服。宣城王萧鸾肩膀上有个红色痣，骠骑咨议参军考城人江祏规劝宣城王将肩膀上的红痣露出让人看。宣城王将红痣露出让晋寿太守王洪范看，说："民间说这是君王之相，但愿你不要将秘密泄露！"王洪范回应说："您身体上有君王的显象，怎么能藏着，我辗转告诉他人！"江祏的姑妈，是宣城王萧鸾的母亲。

戊戌日（十月无此日），宣城王萧鸾将桂阳王萧铄、江夏王萧锋、衡阳王萧钧、建安王萧子真、巴陵王萧子伦杀了。

萧铄和鄱阳王萧锵名声一样，萧铄喜欢名言，萧锵喜欢文学，那时人叫他们为鄱、桂。萧锵被害后，萧铄心里不安，去东府看宣城王萧鸾，返回家中，对身边的人说："刚刚录公（萧鸾以太傅录尚书事）对我很好，挽留我，可是面上有羞愧的神色，这样的情形定会杀害我。"当天夜晚，他就被萧鸾杀死。

宣城王萧鸾每次杀害那些王爷，都在夜晚派兵去包围王爷的住宅，斩断门锁，翻过短墙，一大堆人叫嚷闯入，全部的家产都被封锁没收。江夏王萧锋，德才兼备，宣城王萧鸾以前对他说："萧遥光有才能托付重任。"萧锋说："萧遥光对待殿下，就像殿下对待高皇帝萧道成一般；保护宗庙，安定天下，就有所托付了。"宣城王萧鸾震惊得变了脸。萧鸾杀害诸王爷后，萧锋给宣城王萧鸾送了封信指责他；宣城王害怕他，不敢在府宅将萧锋收押，让萧锋担任太庙的祠官，在夜晚，调派人在太庙将他收押。萧锋走出太庙，登上车马，武装侍卫要登车抓捕萧锋，萧锋勇力过人，空手将几个进攻的人都摔倒在地上，后因寡不敌众，被杀死。

宣城王萧鸾调派典签柯令孙将建安王萧子真杀了，萧子真躲藏在床下面，柯令孙用手将他拉出来，萧子真磕头请求做奴仆，柯令孙不应允，杀害了他。

宣城王萧鸾再次令中书舍人茹法亮杀害巴陵王萧子伦。萧子伦生性果断英明，正担任南兰陵太守，守护琅琊，在城里有士兵。宣城王萧鸾害怕他不愿束手就擒，咨询典签华伯茂。华伯茂回答说："你如果用兵力攻打，害怕不行。假使托付给伯茂，只有一个人的能力就行了。"华伯茂于是拿着毒酒威逼萧子伦，萧子伦将礼帽衣服按伦理端正，出来接了诏令，他向茹法亮说："我朝以前将刘氏灭了，现在的事，应该原本就是这样。你是我家以前的人，如今奉着诏令，因为事情不能自己决断，这酒不是应酬规劝的酒。"于是抬头将毒酒喝后死了，那时他十六岁。茹法亮与旁边的人都哭了。

起初，诸王在外镇守，都安置了典签，一方的政务，全部托付给他们。那时典签经常进京上奏军务，一年来往好多次，君王就与他们暗地交谈询问州镇事务，刺史好坏全靠他们的一张嘴判定，刺史之下无不谦虚地伺候他们的，经常害怕照顾得不周全。这些典签八面威风，势力可以畅通整个州部，搜刮了很多违法的财产。武陵王萧晔担任江州刺史，性格正直刚烈，无法向他寻求什么益处，典签赵渥之向别人说："如今出了都城更换刺史！"在见齐世祖武帝萧赜后，诽谤萧晔，于是萧晔被卸职返京。

南海王萧子罕镇守琅琊，欲去东堂玩耍，典签姜秀不答应。萧子罕返京，哭着对母亲说："孩儿随意走五步都不行，这与犯人有何不同？"邵陵王萧子贞以前请求要熊白（熊的脂肪，色白如玉，滋味很美，俗叫熊白），厨子回应说典签不在，不敢将它给他。

永明中，巴东王萧子响将刘寅等人杀了，齐武帝萧赜听后，对众臣说："萧子响竟反叛！"戴僧静大声说："诸王都反叛，哪里只有巴东王而已！"齐武帝萧赜问原因，戴僧静进言说："诸王无罪行，却被一时囚禁，取一杯汁，一节藕，必须问典签，典签不在，就忍受饥渴一整天。各州只得知有签帅，不知有刺史，怎会不反叛？"

竟陵王萧子良以前问众人说："士大夫都去参拜签帅有何用意？"参军范云回答说："拜见长史之下的人都无好处，拜见签帅能立即获得多出本钱几倍的收益。不拜见他又该怎样？"萧子良有羞愧的脸色。

宣城王萧鸾杀害诸王时，都下令典签去斩杀，诸王竟无人能抵抗。孔珪听后，哭着说："齐的衡阳王萧钧、江夏王萧锋最忠心要帮助皇室，但皇上还是杀害了他们，假使那时不安设签帅，应该不会到这种地步。"宣城王萧鸾深深明白典签一职的弊端，于是下诏说："从此刻开始，各州有很急的政事，应暗地上奏让皇上知道，不用再派典签入京了。"以后典签权力慢慢小了。

◆萧子显谈论说：皇帝的儿子，生长在优厚富裕的环境里，清晨走出闺房，傍晚管理一方的政务，预防和消除他们的骄横，那是历朝不变的法制。所以派遣最好的辅佐人才去帮助他，让君王亲自选拔；烦劳以前身边的人，任用主帅，起居饮食，有所行动都一定禀告知闻；诸王所在虽是重要之地，行为都不能任由自己。权势不在自己，恩德也不会向下遍及属下，患难困苦一旦来到，但愿他们放弃权力，救于危难，怎能做到呢？这是宋氏留下的风俗，在齐室就更加显示了缺点。◆

癸卯日（初二日），朝廷任命宁朔将军萧遥欣为豫州刺史，黄门侍郎萧遥昌为郢州刺史，辅国将军萧诞为司州刺史。萧遥昌是萧遥欣的弟弟；萧诞是萧谌的哥哥。

甲辰日（初三日），北魏任命太尉东阳王拓跋丕为太傅、录尚书事，镇守平城。

戊申日（初七日），北魏孝文帝拓跋宏亲自去太庙拜祭，嘱咐高阳王拓跋雍、于列遵奉神主迁到洛阳太庙；辛亥日（初十日），从平城出发，前往洛阳。

海陵王萧昭文在位时，饮食起居，都请教宣城王萧鸾后才做。他以前想吃蒸鱼，太官令回应说录公萧鸾没有下令，竟不给做。辛亥日（初十日），皇太后下命说："嗣主太小，政务大多不了解；而且以前得病，身体虚弱，不能担负重任。太傅宣城王萧鸾，为宣皇帝萧承之的后代，一直为高帝萧道成所疼爱，理应承袭皇位。皇上能降职封赐为海陵王，我就返回他苑养老。"并且使宣城王过继做高帝萧道成的第三个儿子。癸亥日（二十二日），高宗萧鸾登皇位，大赦天下，将年号改为建武。任命太尉王敬则为大司马，尚书令王晏进封骠骑大将军，司空陈显达为太尉，左仆射徐孝嗣进封中军大将军，中领军萧谌为领军将军。

度支尚书说得病不愿陪伴在位。高宗萧鸾因虞悰是老臣，想引荐他参加辅佐的大任，嘱咐王晏将太后废立的旨意给他看，虞悰说：“皇上英虞悰明贤圣，你们同心齐力，难道还要借我这老朽人的手来扶助统一的事吗？我不敢听令。”于是悲伤痛哭。大臣讨论要弹劾他，徐孝嗣说：“这是以前留下的正直的风范。”就停止了弹劾虞悰。

齐高宗萧鸾和大臣饮宴，下诏功臣喝酒。王晏等人都依次离席，谢瀹独自不离开，说：“皇上接受上天称帝，顺应天理，顺从民心，王晏乱来，占领功劳当作自己的功劳！”高宗萧鸾笑了，为他们解释。宴席完了，王晏召唤谢瀹一同乘车返回尚书省办事地。谢瀹严肃地说：“你在哪里剿敌的？”王晏很害怕他。

丁卯日（二十六日），高宗萧鸾下诏：“藩王、州牧、郡守等地方官吏，偶尔有朝奉，若不是本地所产出的，全部禁止进献。”

己巳日（二十八日），北魏孝文帝拓跋宏到达信都。庚午日（二十九日），下令说：“近来得知南边疆域上的蛮族，大多偷偷侵犯齐国疆域，以至那些地方的百姓父子离散，夫妻分隔两地。朕正打算一统天下，安抚恩赐百姓，假使这样，南边人怎能知道朝堂的恩德呢？下诏命令荆、郢、东荆三州，禁止逼迫蛮族百姓，不要有侵犯残暴之事。”

十一月，癸酉日（初三日），高宗萧鸾任命始安王萧遥光为扬州刺史。

丁丑日（初七日），北魏孝文帝拓跋宏到达邺城。

庚辰日（初十日），高宗萧鸾册封皇子宝义为晋安王，宝源为庐陵王，宝寅为建安王，宝玄为江夏季王，宝攸为南平王，宝融为随郡王。

甲申日（十四日），高宗萧鸾下诏说：“县令的俸禄很少，即便是任地产出的常规贡品，从现在开始完全禁止。”

乙酉日（十五日），高宗萧鸾追尊始安贞王为景皇，王妃为懿后。

丙戌日（十六日），高宗萧鸾任命丰城公萧遥昌为豫州刺史，闻喜公萧遥欣为荆州刺史。高宗萧鸾的长子萧宝义患长久难治的病，几个儿子都幼小虚弱，所以使萧遥光在朝廷内部掌权，萧遥欣安抚镇守上流一带。

戊子日（十八日），高宗萧鸾册封皇子萧宝卷为太子。

北魏孝文帝拓跋宏到了洛阳，想解释官员的品阶高低，派尚书崔亮兼任吏部郎。崔亮是崔道固哥哥的孙子。

孝文帝拓跋宏下令后军将军宇文福勘察放牧之地。宇文福奉上奏表划分河内以东，石济以西，大约距离黄河十里。孝文帝拓跋宏从代都搬移各种家畜安放在那里，令宇文福管事；畜业没有丧失耗损，就命令他担任司卫监。

起初，北魏世祖拓跋焘统一秦地、凉州，因为河西水草肥美丰厚，用它来放牧，繁殖的牲口很多，马的数量达到两百多万匹，骆驼一百多万头，牛羊多得数不清。到高祖孝文帝拓跋宏将河阳设为牧地后，常年饲养着十万匹战马，从河西每年移送到并州饲养，之后又向南转送，想要牲口能慢慢适应水土，万一发生战斗，也不用有死伤，但河西的畜牧繁殖更兴盛。等到孝明皇帝元诩正光年间之后，都被盗贼夺取，再没有留下来的了。

在永明年间，御史中丞沈渊给齐武帝萧赜奉上奏表：朝官年龄满七十岁，都应辞官回乡，并想法让豪门权贵困穷窘迫。庚子日（三十日），下令按照老办法权衡挑选。高宗萧鸾辅政之时所杀害的诸王，都再次登了籍贯，赐他们的儿子侯爵。

高宗萧鸾谎称海陵恭王萧昭文有病，多次派御医去看他，他因此死了，葬礼全按照汉代东海恭王刘庄以前的礼节。

北魏郢州刺史韦珍，在郢州很有政绩，孝文帝拓跋宏奖赏他骏马、丝帛、谷物。韦珍集聚境内贫穷孤单之人，将奖赏的东西都分给他们，并对他们说："皇上因我能抚恤安慰你们，就赏赐我谷物、丝帛，我怎敢一人用它们？"

北魏孝文帝拓跋宏因为齐国高宗萧鸾废掉海陵王萧昭文自封为王，谋划大举进攻。适逢镇守的将领说，雍州刺史下邳人曹虎派使者请求归降。十一月，辛丑朔日（初一日），北魏派行征南将军薛真度监督四个将领攻打襄阳，大将军刘昶、平南将军王肃进攻义阳，徐州刺史拓跋衍进攻钟离，平南将军广平人刘藻进攻南郑。薛真度是薛安一个曾祖父的弟弟。任命尚书仆射卢渊为安南将军，监督襄阳前锋各军。卢渊以不熟悉军务为由推辞，孝文帝拓跋宏不答应。卢渊说："只是害怕曹虎成为周鲂罢了。"

孝文帝拓跋宏想更改以前的风俗，壬寅日（初二日），下令严禁士民穿胡服，在北荒的鲜卑大族大多不愿意。

通直散骑常侍刘芳是刘缵同族的弟弟，和给事黄门侍郎太原人郭祚，靠着文采被孝文帝礼遇亲近，多次召见商讨秘密政事；大臣权贵都认为孝文帝把自己疏远了，都快快的有不服的脸色。孝文帝嘱咐给事黄门侍郎陆凯暗中对他们说："朕只是想要多知道以前的事，咨询以前的方法罢了，不会疏远自己的亲戚而亲近他们。"众人的担忧才有点缓解。陆凯是陆馛的儿子。

孝文帝拓跋宏想亲自率军进攻南齐。癸卯日（初三日），在城内外戒严。戊申日（初八日），下诏当地百姓肯搬迁到洛阳的免去三年赋税。相州刺史高闾奉上奏表说："洛阳刚建设完，曹虎既然请降却不派人质前来，肯定没有诚意，我们不应轻举妄动。"孝文帝拓跋宏不听从。

时间久了，曹虎派的使者竟不再到北魏，孝文帝拓跋宏延请大臣咨询应行还是应留的计策，众人有的以为该留，有的以为该行。孝文帝说："大臣议论纷纷，不知道该听谁的。如果必须要完全了解行动和停留的局势，应该是主客双方，一起讨论引起议论。任城王拓跋澄、镇南将军李冲代表留守的一方，朕同意南征的一方，各位坐着仔细听好坏，看哪一方考虑长远，就征用哪方的建议。”众人都说：“行。”镇南将军李冲回答说：“臣正认为迁都时间不长，刚建设一切，人人都想稍稍整顿；做内应的情况又不知道，不适合随意行动。”孝文帝说：“他投降的誓言是真是假，确实不得而知。假使是假，朕安抚巡查淮水郊外，访问民间疾苦，让他们了解君主的性行所在，有北来归顺之心；假使是真的，如今不及时接应，就丢失应用时机的机遇，孤寒对方归顺的赤诚，让朕的计划失败了。”任城王拓跋澄回答说：“曹虎无人质，使者又不来，他的狡诈是能肯定的。如今京都迁移来的百姓，都有思念家乡的心思。携带幼儿扶持老者，刚到达洛邑，住在只有一根屋椽的房子里，吃的粮食也没有两石米。再则冬季就快来了，春季耕种就要开始，是‘建筑百个房屋’‘开始耕种在南亩’的时候，然而竟催促他们穿着铠甲持着兵器，对着刀落泪，实在不会是武王伐纣时那样‘前歌后舞’的大军啊！并且诸军已出发，并不是无接应。假使曹虎的归降誓言是真的，等将樊、沔平定，皇上的銮车随着发动，也不算晚！如今草率地轻易行动，上下疲惫，假使徒劳往返，恐怕要损害皇上天子的威严，增加敌人的气势，这不是好的计划。”司空穆亮以为理应南伐，众人都支持他。拓跋澄对穆亮说：“你们这些人在外之时，见了张开旗帜，交接兵甲，都有担忧的面色，往常议论，总不喜欢南征；怎么能对着陛下就说这些呢？你们当面一套背后一套，涉嫌欺君罔上，哪里是臣子的大义、国士的表现呢？万一南征让国家危险颠覆，都是你们这些人造成的。”李冲附应说：“任城王拓跋澄可以说是效忠国家。”孝文帝说：“任城王以为顺从朕的是小人，不顺从朕的那些都是忠臣！小忠是迫害大忠的，恐怕就是这样吧？”拓跋澄回答说：“臣无知愚昧，虽涉及小忠，主要是为了尽力为国家筹谋，不明白大忠究竟是依据些什么！”孝文帝不听从他的提议。

辛亥日（十一日），孝文帝拓跋宏率军从洛阳出发，任命北海王拓跋详为尚书仆射，治理镇守各机构的事务；李冲兼任仆射，和北海王拓跋详一同镇守洛阳。任命给事黄门侍郎崔休为左丞，赵郡王拓跋幹为都督中外诸军事，始平王拓跋勰统率宗室宗子组建宿卫军守卫两旁。崔休为崔逞的玄孙。戊辰日（二十八日），孝文帝拓跋宏到达悬瓠。己巳日（二十九日），下诏将寿阳、钟离、马头的士兵掳夺的男女放回南方。曹虎果真不归降北魏。

孝文帝拓跋宏下令卢渊进攻南阳。卢渊因军队缺少粮食，请求先进攻赭阳，方便夺取叶县的粮仓，孝文帝拓跋宏应允他的请求。卢渊与征南大将军城阳王拓跋鸾、安南将军李佐、荆州刺史韦珍一起进攻赭阳。李佐是李宝的儿子，拓跋鸾为拓跋长寿的儿子。北襄城太守成公期将城门紧闭严守抵抗。薛真度驻扎在沙堨，南阳太守房伯玉、新野太守刘思忌抵抗他。

以前，孝文帝拓跋宏调派中书监高闾钻研古乐；恰巧高闾被任命为相州刺史，今年，奉上奏表举荐著作郎韩显宗、大乐祭酒公孙崇参加编订音律，孝文帝顺从了他的意见。

资治通鉴卷第一百四十　齐纪六

起乙亥（公元495年），止丙子（公元496年），共二年。

【题解】本卷记录了公元495年至496年，即齐明帝萧鸾建武二年至建武三年两年间南齐与北魏两国的大事。主要记录了齐朝与北魏激战，魏军在赭阳、沙场大败；魏主在鲁城亲祭孔子，告于洛阳太庙，行饮至礼节；魏主孝文帝施行汉化，学汉语、穿汉服、建立太学，国子学，四门学、铸造五铢钱、使用中原的度量衡、命北来之人安葬洛阳、筑圜丘，方泽，祭祀天地、改汉姓，把拓跋氏改为元氏，以土德为王；魏主推行门阀制度，以门第选官，李冲、李彪、韩显宗都表示反对，魏主不从；魏太子拓跋恂杀中庶子而被魏主废黜；孝文帝平定穆泰叛乱；齐明帝萧鸾诛杀亲信萧谌，及萧谌兄弟萧诞、萧诔；以及萧鸾假装节俭，制度烦琐，躬亲细务，无人君之度，等等。

高宗明皇帝中

建武二年（乙亥，公元495年）

春季，一月，壬申日（初二日），齐明帝萧鸾调派镇南将军王广之督导司州、右卫将军萧坦之督导徐州、尚书右仆射沈文季督导豫州各项军务，以抵抗北魏的入侵。

癸酉日（初三日），孝文帝拓跋宏下令：“不能掠夺侵扰淮河之北的百姓，违令者斩。”乙未日（二十五日），拓跋衍进攻钟离，徐州刺史萧惠休登城抵抗，利用时机出城偷袭北魏士兵，将他们打败。萧惠休是萧惠明的弟弟。刘昶、王肃进攻义阳，司州刺史萧诞抗击他们。王肃多次将萧诞的军队打败，一万多人归顺了北魏。北魏任命王肃为豫州刺史。刘昶性格暴躁褊急，率领的军队严格残暴，百姓都不敢说他。法曹行参军北平人阳固多次劝说；刘昶生气，想要杀了他，把他安置在战况最猛烈的地方。阳固神色悠闲，举止文雅，面对敌人果敢又勇决，刘昶这才感觉他奇特，不敢懈怠。

丁酉日（二十七日），齐国内外戒严。齐明帝萧鸾命太尉陈显达担任使持节、都督西北征讨诸军事，来往于新亭、白下之间，扩大声势。

己亥日（二十九日），孝文帝拓跋宏将渡过淮河；二月，到达寿阳，号称军队三十万，满眼都是穿铠甲的骑兵。甲辰日（初五日），孝文帝拓跋宏登上八公山，作诗。路上遇到大雨，下令将伞盖撤除，见到士兵得病的，亲自安抚他们。

孝文帝拓跋宏派使者将城中之人唤出，丰城公萧遥昌将崔庆远派出应对。崔庆远咨询出兵的原因，孝文帝拓跋宏说："肯定有原因！你要我直接指责出来呢，还是要我忍着罪行，敷衍犹豫呢？"崔庆远回答说："我没有接受来这儿的任务，没什么好忍着的罪行。"孝文帝拓跋宏说："齐的君王为何将天子废除，另立新皇？"崔庆远回答说："将昏君废黜，另立贤君，古今方法不一定都相同，不知有何怀疑的？"孝文帝拓跋宏说："齐武帝萧赜的后代，如今都在哪里？"崔庆远回答说："七个儿子一同为恶，已接受管、蔡的刑罚。其他二十几个，有的在长塘担任清高的显位，有的在外面管理一方百姓。"孝文帝拓跋宏说："你的君王若不忘记忠义，为何不册封近亲，就像周公帮助成王，却自取大权呢？"崔庆远回答说："成王有圣人的操守，周公才会好好辅佐帮助他。如今近亲都不比成王，所以不可册立为君王。而且霍光也放弃汉武帝刘彻的儿子昌邑王刘贺而另册立汉宣帝刘询，只是看他们是否贤明罢了。"孝文帝拓跋宏说："霍光为何不自立称帝？"崔庆远回答说："霍光不是刘氏啊！齐明帝萧鸾正可以比作宣帝，怎能与霍光相比？假使这样，武王讨伐纣，不册立微子辅佐帮助他，也算是苟且贪图天下吗？"孝文帝拓跋宏笑着说："朕来治罪，如你这么说，就可以安心了。"崔庆远回答说："'可行就去做，明白困难就退却'，是圣人的师傅啊！"孝文帝拓跋宏说："你想与朕联姻，假使朕不肯呢？”崔庆远回答说：“联姻就两国各自联络和睦，百姓蒙受利益；不然两国关系恶化，百姓遭受困苦。联姻与不联姻，由皇上圣心决定。”孝文帝拓跋宏将酒肉、衣服赏赐给崔庆远，将他打发走了。

戊申日（初九日），孝文帝拓跋宏顺淮水向东进攻，淮北的百姓都放心居住，运输的车辆络绎不绝。丙辰日（十七日），孝文帝到达钟离。

齐明帝萧鸾调遣左卫将军崔慧景、宁朔将军裴叔业去援救钟离。刘昶、王肃号称军队二十万，修建深壕和栅栏一共三层，齐力攻打义阳，城里的人背着盾牌才敢站起来。王广之率领军队去救援义阳，距城一百余里，害怕北魏的兵力强盛，不敢行进，城里之人更加急切。黄门侍郎萧衍请求率先行进，王广之将旗下的精锐部队派给他。萧衍夜晚从小路进发，和太子右卫率萧诔等直接上到贤首山，离北魏军队几里远。这完全出乎魏军的预料，不能断定敌军来了多少，不敢靠近。黎明之时，城里远远看见援军来到，萧诞调派长史王伯瑜出城进攻北魏，顺风纵火，萧衍等士兵从外边进攻，北魏军队不可支撑，解除包围撤离。己未日（二十日），萧诞等人追打北魏军队，将他们打败。萧诔是萧谌的弟弟。

以前，齐明帝萧鸾因义阳情形危急，下诏令都督青、冀二州中军政张冲出兵进攻北魏，来分解北魏的兵力。张冲调派军主桑系祖进攻北魏的建陵、驿马、厚丘三座城池，又调派军主杜僧护进攻北魏的虎坑、冯时、即丘三个城池，都攻占了。青、冀二州刺史王洪范调派军主崔延进攻北魏的纪城，将它占领。

孝文帝拓跋宏想向南去江水边，辛酉日（二十二日），从钟离进发。司徒长乐元懿公冯诞得了重病，不能跟随，孝文帝拓跋宏与他落泪告别，进军五十里，得知冯诞去世。那时崔慧景等军距离北魏的主营仅仅一百里，孝文帝拓跋宏率领几千士兵入夜后轻装返回钟离，触摸着冯诞的尸体痛哭，一直到天亮，哭声和眼泪没有停过。壬戌日

（二十五日），孝文帝下令各军停止莅临江水的进程，将冯诞下葬，按照晋朝吴迪司马炎的胞弟齐献王司马攸旧例安葬。冯诞和孝文帝同年，小时同用笔砚，坐在一起，与孝文帝的妹妹乐安长公主相配。即使没有很深的学识，但资格朴实醇厚，所以很受宠爱。丁卯日（二十八日），孝文帝拓跋宏派遣使者去江边，数说齐明帝萧鸾的罪行。

北魏长时间进攻钟离，不能攻陷，将士伤亡很大。三月，戊寅日（初九日），孝文帝拓跋宏到邵阳，在水洲上建造城池，在水中将栅栏竖起，阻断水路，两座城在淮水两岸夹着。萧坦之派军主裴叔业进攻两座城，最终攻陷。孝文帝拓跋宏想在淮水南边建造城池，安排士兵把守，来安抚最近归顺的百姓，赐给相州刺史高闾印玺文书，详细谈论自己的计策。高闾奉上奏表，以为："《兵法》云：'有十分军力就将他围困，有五分军力就攻打他。'以前朝廷只为了接纳曹虎归降而实施计策，兵力不多，东西相距很远，很难成功；如今又想在淮南安排据点派兵镇守，招来安抚最近归顺的百姓。以前魏世祖拓跋焘有回山倒海的气势，骑兵步兵几十万，南边到瓜步山，一些郡州都归降了，但小城池盱眙，却攻击不下。班师返回北边之时，不留士兵守城，土地没有开辟出来。难道是没有将领吗？是因为大的镇守地没有平定，不能单守小的据点。想堵住水的人首先堵塞水的源泉，砍倒树木的人首先砍断树根。本原还存在，而专门攻尾部，最终无用处。寿阳、盱眙、淮阴，是淮南的源头，没能将三镇攻陷，而镇守单独的小城，那不能守住是很显然了。对方的大镇被从外面威逼，长江、淮水从里面隔绝；少安排士兵就不能自保，多安排军队粮食运输就很难通畅。大军返回之后，镇守的士兵孤独害怕；夏季河水大涨，很难救援。齐人以新兵进攻我们的老兵，守军的功劳在于防守，齐人等待时机进攻，以静制动。假使真的这样，一定被敌人抓住，即使守军忠勇果敢，最终有何好处呢？安于家乡，留恋故土，是人之常情。以前彭城的战争，已经攻陷徐州这个大的守卫地，城中据守的士兵已确定，但不归降想背叛的还是有几万人。角城是小地方，位于淮水北边，距离淮阳十八里。五固之战，进攻围困经历一些时间，最终不能战胜。拿如今与以前比，事情多出好多倍！天气很热，雨水很多，希望皇上继承世祖拓跋焘以前的规矩，将车辕掉转，把旌旗返回北方，管理洛邑，储备实力，来等待对方的嫌隙，传播德惠实施教育，内外和谐以后，远处的百姓自然就归降了。”尚书令陆叡奉上奏表，以为：“长江的水波很大，是他们天然的防线。南方大雾弥漫，热气聚集向上，士兵们经过夏季，肯定会生病。而迁都开始之时，各种事情才开始进行，朝廷各个机构还没谈论政事的地方，地方官府无听取政事的地方，百官的生活条件，跟过路的人一般，阴霾多雨，炎炎夏日，自然会流行疾病。征讨的军务和建城的兵役一起发动，贤圣的君王也很难照顾的。现在武装的士兵，在外进攻敌人，虚弱的百姓，在内修建土木工程，攻击运输的费用，每天要花费千金。驱逐疲劳的士兵，去征讨坚固城墙中的敌军，将怎样战胜呢？皇上去年冬季的行动，只是在江汉一带显示武力罢了！从春季就快到夏季了，按照道理应解除兵务。只希望早早返回洛邑，让根本深刻坚固，皇上内心没有内顾的担忧，百姓将斤斧板筑的徭役停止，命令将帅作战，还担心有什么不能归服的？”孝文帝拓跋宏接受了他的进谏。

崔慧景因北魏兴建邵阳城，对它很担心。张欣泰说：“他们有离开之意，所以建城，是对外夸大军威，其实是害怕我们在后面追打罢了！如今拿两方停战去劝说他们，他们无不顺从！”崔慧景答应他的提议，调派张欣泰去城下告诉魏军，孝文帝拓跋宏于是派兵返回。

北魏军队渡过淮河，还剩下五个将领没渡过，齐兵占领沙洲斩断渡河的路口，孝文帝拓跋宏召集能打破水中沙洲上齐兵拦挡的将领，任命他为直阁将军。军主代地人奚康生答应了，他将木筏捆绑，将木柴堆积，顺风放火，将齐国战船焚烧，依循浓烟火焰向前，投掷刀一番乱砍，水中沙洲的齐兵溃散，孝文帝拓跋宏任命奚康生为直阁将军。

北魏孝文帝拓跋宏派前将军杨播率领三千步兵、五百骑兵殿后。当时春季河流正涨，齐兵大量涌进，战舰阻塞河川，杨播在南岸扎好军队来抵抗他们。各军都已过河，齐兵四面集聚将杨播包围，杨播摆出圆的阵势防守，自己力战不止，杀了很多敌军。相互支撑经过两夜，军中食物吃完了，包围的齐兵攻打得更紧急。孝文帝拓跋宏在北岸远望，因水很大，不能救援。不久之后，水渐渐下了，杨播带领三百个精练的骑兵将齐兵的战船冲过，大声喊叫着说："我如今要过河，能战斗的过来！"于是众多的骑兵拥着过河。杨播是杨椿的哥哥。

北魏军队撤离以后，邵阳沙洲上留守一万多名魏国士兵，请求运输五百匹马，借道返回北方。崔慧景想斩断路进攻他们，张欣泰说："返回的军队不能阻挡，古人忌讳这样的事，将士置于死地，是不能轻率的。现在胜了他们不能说有勇，败的话，白白丢失以往的功劳，不如应允他们。"崔慧景顺从他的建议。萧坦之回朝向齐明帝萧鸾说："邵阳沙洲上有上万贼人，崔慧景、张欣泰放纵他们却不逮捕。"齐明帝萧鸾因此不奖赏两人。甲申日（十五日），齐国将戒严解除。

当初，齐明帝萧鸾得知北魏孝文帝拓跋宏要到长江饮马，很害怕，下令广陵太守南兖州事萧颖胄将百姓搬移入城。百姓害怕惊慌，想渡江将全部的财产都搬到南方来。萧颖胄以为北魏入侵还很远，没有即刻施行，北魏军最终没有到来。萧颖胄是高帝萧道成的侄儿。

齐明帝萧鸾派尚书左仆射沈文季帮助丰城公萧遥昌镇守寿阳。沈文季进入寿阳城，下令禁止游兵散勇入城，将城门打开，严密地加以防备。北魏军队不久就撤退了。

北魏进入边境入侵时，卢昶等人还留在建康，齐人对他们很愤恨，把喂牛马的蒸豆拿给他们吃。卢昶害怕齐人杀他，将蒸豆吃了，汗水和眼泪布满脸。另一个谒者张思宁神色自若，言语表示不投降，死在客栈。在返回洛邑之后，北魏孝文帝拓跋宏责骂卢昶说："做人哪有不会死的，何至于自我糟蹋，与牛马一般？委屈自己，污蔑国家，即使不能与古人苏武相比，也不愧对身边的张思宁吗？"于是把他贬为平民。

戊子日（十九日），北魏太师京兆武公冯熙在平城逝世。

乙未日（二十六日），孝文帝拓跋宏到达下邳。夏季，四月，庚子日（初二日），孝文帝到达彭城。辛丑日（初三日），拜祭冯熙（高声哭泣以致哀）。录尚书事平阳公、太傅拓跋丕对南迁不喜，和陆叡一同奉上奏表，请求孝文帝拓跋宏返回平城参加冯熙的丧礼。孝文帝说："自有天地以后，哪有皇帝为舅父远来奔丧的呢？如今刚开始管理洛邑，怎么可以乱来相互引诱，陷君王于不义？守护平城的令、仆之下的官吏，可以交给执法官员加以贬黜。"依旧下诏接应冯熙和博陵长公主的棺木，向南来在洛阳下葬，一切礼节都效仿晋朝安平献王司马攸的礼节。

孝文帝拓跋宏在钟离之时，仇池镇都大将、梁州刺史拓跋英请求以梁州的军队和刘藻汇合一起进攻汉中，孝文帝拓跋宏应允了他的请求。梁州刺史萧懿调派部将尹绍祖、梁季群等人，率领两万士兵，占守险要之地，将五处栅栏立起来抵挡北魏军队。拓跋英说："他们的帅领官职很低，不能互相统一，我挑选精兵一起进攻一个营，他们肯定不会互相援救，打垮一个营，其他四个营的士兵都会溃散了。"于是率领士兵猛烈进攻一个营，攻取了，其他四营都被击溃，将梁季群活捉了，斩杀三千多人，俘获七百多人，乘胜向前进发，向南郑进攻。萧懿又调派部将姜修攻打拓跋英，拓跋英趁其不备还击，将他们都虏获。将返回时，萧懿的另外一支军队赶来，士兵都很疲劳，没想到有敌军来到，非常胆怯，想逃跑。拓跋英特意将缰绳放松慢慢地走，脸色悠闲，攀登到高地，远眺敌军，在东西方向将军旗挥动，像是有安排一般，然后再调整军队进发。萧懿的军队怀疑有伏兵，犹豫着率领军队原路返回。拓跋英在后面追打，击溃了他们，乘势围困南郑。禁止将士肆虐侵扰，远近的百姓高兴归降，争着供给军队粮食，帮着运送物资。萧懿围绕城防御，军主范絜率先带领三千多人返回救援南郑，拓跋英突袭，把他们全俘虏了。拓跋英将城池包围几十天，城里恐惧害怕。录事参军新野人庾域将几十个空仓都粘上封条，题字在上头，将它指给将士们看，说："这些仓库的粮食都装得很满，足以应付两年，众位只要努力坚守就行了。"众人心里才稳定下来。恰巧孝文帝拓跋宏征召拓跋英率领军队返回，拓跋英嘱咐老弱士兵先走，自己带领精兵在后抵抗追兵。调派使者与萧懿辞别。萧懿以为拓跋英使诈，拓跋英离开一天，还不将门打开，拓跋英走了两天才调派将士追击，拓跋英与士兵下马作战，萧懿的士兵不敢逼近。行进四天四夜，萧懿的士兵才返回南郑。拓跋英走进斜谷，恰巧天下大雨，士兵们将竹子斩断，盛了米，拿了火把立刻做饭。以前，萧懿派人引诱仇池的氐族，让他们发兵截断拓跋英运输粮食的道路和军队撤退的路线。拓跋英尽力反击，一边前进一边作战，氐人的箭将拓跋英的脸射中，最终所有军队返回仇池，征讨叛贼的氐族，平定他们。拓跋英是拓跋桢的儿子；萧懿是萧衍的哥哥。

拓跋英进攻南郑时，孝文帝拓跋宏下诏命令雍、泾、岐三州派兵六千镇守南郑，等城北攻陷就率兵过去。侍中兼左仆射李冲奉上奏表劝勉说："秦川地势险要，土地连接羌、夷，自从派出西边的军队，粮食军援连接不断，加上氐、胡反叛，各地军队奔命疲劳，运输粮食、穿着铠甲，到如今还没停过。如今又要调遣戍守的士兵，孤军征发，使他们在南山之南悬绝，即便加以优厚抚恤，应允去除徭役，还是会恐慌害怕。要是不能将南郑攻陷，白白惊动百姓，去与胡人、夷人接应，事情或许难以预测。如今就按照旨意秘密嘱托刺史，等到大军将南郑攻克，然后率兵去把守。照臣的建议，光改变这一点还不行，为什么呢？西边路途险要，允许单人匹马通行的通径有千里远，现在想在隔绝的地方之外多加防守，在许多敌军包围之中单独据守，敌方要是攻打，不能立即援救，米粮用尽，不能运送米粮。古人有云：'鞭子即使再长，马的腹部也打不到。'南郑于我国，事实就是马的肚子。并且北魏的辖区，天下九州包括八州，天下百姓，北魏十分中占有九分，还没有臣服的百姓只有江南的齐与漠北的柔然罢了！要约束他们的君王，也是不远之事了，何必急切地赶在今日呢？应该等到疆域拓广，米粮充足以后，再安设邦城，派入将帅，做吞并之举。如今钟离、寿阳，距离洛邑很近，却还没攻陷；赭城、新野，就几步的路，却还没归降。东边的路既然不能全力防守，难道西边藩镇可以远远地凭借兵力固守？假使真要设置士兵镇守汉中，臣恐怕最终要放弃，反而帮助敌军。再有，在领土中心建设都城，土地接壤敌国，正须大力征收敢死的勇士，将长江的都会建康平定，假使轻易派遣少数军队，放弃他们，让他们牺牲攻陷，恐怕以后大事起兵之时，将士们因为镇守而害怕，想请求他们拼死效力，是不易达到的。因此推断，不在南郑留军才是上策。”孝文帝拓跋宏依从了他的劝谏。

癸丑日（十五日），北魏孝文帝拓跋宏到达小沛；己未日（二十一日），到达瑕丘；庚申日（二十二日），到达鲁城，亲自拜祭孔子。辛酉日（二十三日），任命孔氏四个人、颜氏两个人为官，遴选孔姓嫡长子，册封为崇圣侯，任命为祭祀孔子政事。下令兖州修整孔子寺庙，重新刻铭立碑。戊辰日（三十日），孝文帝拓跋宏去碻磝，下令谒者仆射成淹准备船只楫桨，欲从泗水进入黄河，逆流而上返回洛邑。成淹上谏，以为：“黄河水流很猛，万乘之主不适合乘船。”孝文帝说：“朕认为平城无水运运输货物，所以京邑百姓穷困。如今迁都洛阳，想使四方的交通通畅，而百姓害怕黄河流水的凶猛，朕所以有这次路程，目的是解除百姓害怕的心理啊！”

北魏城阳王拓跋鸾等人进攻赭阳。将领不能统一，围困了一百多天没有攻下，诸位将领想按兵不动来使对方疲惫。李佐日夜进攻，士兵伤亡很大，齐明帝萧鸾派太子右卫率垣历生去救援。北魏将领以为兵力悬殊不能匹敌，想撤退，李佐一人带领两千骑兵迎，被打败。卢渊等人带兵离开，垣历生在后面追赶，大败魏军。垣历生为垣荣祖同祖父的弟弟。南阳太守房伯玉等人又在沙堨打败薛真度。

拓跋鸾等人在瑕丘参拜北魏孝文帝拓跋宏，孝文帝责怪他们说：“你们侮辱北魏的威灵，按罪应斩首，朕因为最近搬迁洛邑，特地放宽处理。”五月，己巳朔日（初一日），将拓跋鸾降级为定襄县王，消减五百户俸禄。韦珍、卢渊、李佐等都被剥夺官位，贬为平民，李佐还被流放到瀛州。因为薛真度与他同祖父的哥哥薛安都有带着徐州投降，并在徐州打败刘宋军队的功勋，让他保留了爵位及荆州刺史，其他的官职都被夺取，说：“升迁的人要表明他的功劳，罢官的人要彰显他的罪行。”

北魏广川刚王拓跋谐逝世，拓跋谐是拓跋略的子嗣。孝文帝拓跋宏说：“以前的君王对于大臣的丧礼，有三临的礼制。魏晋之后，王公大臣的丧事，君王都在东堂拜祭，从今往后，众王的丧礼，服丧一年的亲人，君王就临丧吊唁三次；服丧九个月的亲人，君王就临丧吊唁两次；服丧五个月和服丧三个月的亲人，君王就临丧吊唁一次；废除东堂吊唁的形式。广川王拓跋谐于朕，为有大功勋的亲人。”将下葬之时，孝文帝拓跋宏穿着素服、深衣（朝祭的制服）去丧居吊唁。

甲戌日（初六日），北魏孝文帝拓跋宏到达滑台；丙子日（初八日），在石济留宿。庚辰日（十二日），太子拓跋恂从平桃城出来接驾。

赵郡王拓跋干在洛阳，贪赃淫乱，御史中尉李彪私下规劝他，而且说：“殿下如果不改正，我不得不向皇帝上奏了。”拓跋干悠闲自在，一点不在意，李彪奉上奏表弹劾他。孝文帝拓跋宏下诏拓跋干和北海王拓跋详都跟着太子拓跋恂去他临时居住的地方。他们到了后，皇上召见拓跋详，不召见拓跋干，私下让旁边的人观看他的神色态度，知道他没有懊悔的心思，于是亲自数落他，打了他一百大板，剥夺官职遣回。

癸未日（十五日），北魏孝文帝拓跋宏返回洛阳，去太庙拜祭先祖。甲申日（十六日），精简多余的俸禄来支持国防军务的花销。乙酉日（十七日），举办征伐回朝告庙饮酒的“饮至”礼节，随大小功勋奖赏南伐有功之臣。

甲午日（二十六日），北魏太子拓跋恂在宗庙行冠礼。孝文帝拓跋宏想要改变北地风俗，接见众臣，对他们说：“你们想要朕追比商、周呢，还是想要朕不如晋、汉呢？”咸阳王拓跋禧回应说：“众臣都想要陛下超过以前的君王。”孝文帝说：“这样说，应该移风易俗呢？还是因循守旧呢？”咸阳王拓跋禧回应说：“希望君王日日革新。”孝文帝说：“是远望功业只到朕一人停止呢？还是想要流传后代呢？”拓跋禧回应说：“希望流传到一百代。”孝文帝说：“这样说，必须要有所创新改革，你们不能违背旨令。”拓跋禧回应说：“皇上下令臣下遵循，谁敢违抗？”孝文帝说：“‘旗号不正，言语就不顺畅，礼乐制度就不能兴盛。’如今朕要禁止北方的语言，全部遵循中华的正音。年纪三十岁之上的，已经养成习惯很久了，不容易一下子改变。三十岁之下，如今在朝廷做官的人，语言不能按照以前说北方话；假使有故意说北方言语的，就要降职罢官。你们应深刻警戒！王公众臣以为对不对？”拓跋禧回应说：“的确像皇上所说。”孝文帝说：“朕以前与李冲商讨这个事情，李冲说：‘四方的人言语不一，不知最终该以谁说的作为标准；皇上说的语言，就是标准！’李冲此话，照罪应死。”于是孝文帝转头对李冲说：“你对不起国家，应让御史令拉下去斩首。”李冲摘了帽子磕头谢罪。孝文帝拓跋宏又指责留守洛邑的官吏说：“昨天远见妇女们还穿有夹领小袖的衣服，你们为何不遵守诏令？”那些官吏都说有罪，请求原谅。孝文帝说：“朕说错了，你们应在朝廷争取；为何进朝就听从，退了朝就不遵守呢？”六月，己亥日（初二日），孝文帝下诏：“在境内不准说北方习惯的语言，违令者革职查办。”

癸卯日（初六日），孝文帝拓跋宏派太子拓跋恂去平城参加太师冯熙的丧礼。

癸丑日（十六日），北魏下令征求失散的书籍，殿阁所没有的、对现实政治有好处的书籍，献书的人多加封赏。

北魏有司进言：“广川王拓跋谐的王妃在代都平城埋葬，我等不知道是应将先死的王妃和新死的广川王安葬到洛阳来，还是将才死的广川王和先死的王妃埋葬在代都平城？”孝文帝拓跋宏说：“代人搬迁到洛阳来的，理应全都安葬东北方的邙山。其中假使有丈夫在代死的，听任妻子转移回代下葬；假使丈夫在洛阳死的，不返回代地跟着先死的妻子下葬。其他各州的人听由各自自便。”丙辰日（十九日），孝文帝下诏搬迁到洛阳的百姓，死后就在河南下葬，不能返回北地。于是代地的人搬迁到洛阳的全都变成河南洛阳人。

戊午日（二十一日），北魏更改长尺与大斗，它的计算方法按照《汉书·律历志》的记录去做。

齐明帝萧鸾将郁林王萧昭业废除时，应允将扬州奖赏给萧谌，不久改派萧谌为领军将军、南徐州刺史。萧谌生气地说：“做熟的饭，给了别人。”萧谌依仗有功，干涉朝廷政务，所要选择的人，就下令尚书代他们申辩理由。齐明帝萧鸾听后，心中忌讳，因为萧诞、萧诔正率兵抵抗北魏的入侵，忍着不发作。壬戌日（二十五日），齐明帝萧鸾游玩华林园，和萧谌与尚书令王晏等多人饮宴，尽兴作乐；坐了一会儿后，齐明帝萧鸾将萧谌留下，晚些步出华林阁，拿兵器的守卫将他逮捕，押送到尚书省。齐明帝萧鸾派旁边伺候的莫智明数落萧谌的错处，说：“郁林王萧昭业隆昌年间，不是你的话，就没有我的今天。现在你一家人占有两个州，兄弟有三个封侯，朝廷报答你们，只能到这个程度了。你常怀怨恨之心，竟说饭做熟了，连做饭的工具都给别人！如今我要赐死你！”于是将萧谌斩杀，将他的弟弟萧诔杀了；任命黄门侍郎萧衍为司州别驾，去捕捉萧诞，杀害了他。萧谌喜爱钻研人事吉凶、阴阳五行的道理，吴兴人沈文猷经常对他说：“你的外貌不比高帝萧道成差。”萧谌死后，沈文猷也认罪被斩。萧谌死的那天，齐明帝萧鸾又杀了西阳王萧子明、南海王萧子罕、邵陵王萧子贞。

乙丑日（二十八日），齐明帝萧鸾任命右卫将军萧坦之为领军将军。

北魏高闾进言：“邺城密皇后的庙毁坏崩颓，请再修整治理；如果已在太庙配飨了，就该将邺城的庙取消拆除。”孝文帝下诏将邺城密皇后庙拆除。

北魏拓跋英入侵汉中时，沮水的氐人杨馥之代齐攻打武兴的氐人杨集始，打败了他。秋季，七月，辛卯日（二十四日），齐国任命杨馥之为北秦州刺史、仇池公。

秋季，八月，乙巳日（初九日），北魏选挑勇敢善武的人士十五万为羽林、虎贲，充当护卫。

北魏金墉宫建成，在洛阳开设国子、太学、四门小学。

北魏高祖孝文帝拓跋宏游玩华林园，观赏以前的景阳山，黄门侍郎郭祚进言说：“山水，是有智慧之人所爱的，应再加以整修。”孝文帝拓跋宏说：“魏明帝曹叡因奢侈在前已有错误，朕怎能继续他的过失呢？”孝文帝喜欢读书，爱不释手，在马上、在车上，都不忘记讲论之理。擅长做文章，多数在马上口述，令他人记录，写完以后，不更改一个字；孝文帝从太和十年后，下诏计策都是自己所做。喜爱贤德，喜欢行善，急切的情势就像饥饿口渴一样，所交谈款待的一些人，经常以普通人的身份相交，像李冲、李彪、高闾、王肃、郭祚、宋弁、刘芳、崔光、邢峦这些人，都因文章高雅交谈，制礼作乐，贵显任事。一时兴盛，很有看头，有太平文治之风。

治书侍御史薛聪，是薛辩的曾孙，弹劾奸佞，不避讳强大的势力，孝文帝拓跋宏想要原谅犯错的人，薛聪就力谏。孝文帝经常说：“朕见到薛聪，不能不害怕，况且其他人呢？”后显贵的戚族都将坏意收敛，不行违法的事。薛聪多次升官到直阁将军和散骑常侍、给事黄门侍郎。孝文帝拓跋宏因为薛聪德才兼备而礼遇他，内心将他当成心腹和脊骨一般倚托，亲卫禁兵，全让薛聪管理率领，所以在太和时期，薛聪一直任命直阁将军。众臣下朝以后，薛聪经常陪伴在帷幄里，和孝文帝拓跋宏不分白天黑夜地交谈，时政得失，动不动就劝勉匡扶，他所提及之事，孝文帝大多都能答应；而有多层帷幔，厚实隐秘深沉，从外面没人能窥探其中的情形。孝文帝想升迁他的地位，薛聪就苦苦推辞不愿接纳，孝文帝也很能体谅他的心思，对他说："你的性情品质一直就很高，而不是世俗官爵能光耀的。"

九月，庚午日（初四日），北魏六宫的嫔御、后妃、夫人和文武官吏都搬迁到洛阳。

丙戌日（二十日），北魏孝文帝拓跋宏到达邺，多次去相州刺史高闾的官邸，赞赏他治理的功绩，给予很多奖赏。高闾多次请求管理家乡幽州，孝文帝下诏说："高闾已经到了辞官归乡的年纪，才请求衣锦回乡，只知道向前却忘记后退，对谦恭德行有害，可降职为平北将军。他是我朝的老臣，应该完成他的心愿，任命他为幽州刺史，使劝善示恩和降号存法都兼顾到，恩德和法律并行。"任命高阳王拓跋雍为相州刺史，警告他说："担任州牧，也算易事也算难事：'本人刚正，不用发号施令，百姓就会照做'，所以就易；'自身不刚正，即便有号令，百姓也不照做'，所以困难。"

己丑日（二十三日），齐明帝萧鸾调任南平王萧宝攸为邵陵王，改封蜀郡王萧子文为西阳王，广汉王萧子峻为衡阳王，临海王萧昭秀为巴陵王，永嘉王萧昭粲为桂阳王。

乙未日（二十九日），孝文帝拓跋宏从邺返回。冬季，十月，丙辰日（二十一日），到达洛阳。

壬戌日（二十七日），北魏下诏："各州认真考核属官的好坏，考核划分三等禀报上级。"又下诏："徐、兖、光、南青、荆、洛六州，高度戒备，准备随时应付突发事变。"

冬季，十一月，丁卯日（初二日），齐明帝萧鸾下诏将文惠太子世宗萧长懋的东田废除，兴光楼摧毁。

己卯日（十四日），齐国太子萧宝卷娶了褚氏为妃，大赦天下。太子妃是褚澄的女儿。

庚午日（初五日），北魏孝文帝拓跋宏到达委粟山，确定了圜丘（祭天之坛的地方）。己卯日（十四日），孝文帝拓跋宏接见儒者商量圜丘的礼制。秘书令李彪上谏："鲁人祭祀天地以前，必定在泮宫进行祭天演练。请皇上在前一天去太庙拜祭先祖。”孝文帝拓跋宏顺从他的说法。甲申日（十九日），孝文帝在圜丘祭祀，大赦天下。

冬季，十二月，乙未朔日（初一日），孝文帝拓跋宏在光极堂引见众臣，颁布九品诏令，成为按九品挑选士人的开始。光禄勋于烈的儿子于登引见事例请求加官，于烈奉上奏表说：“如今圣明的君主执政，理应谦让清廉，但臣的儿子于登借鉴别人的例子请求升官；是臣没有好好训导教育，请皇上罚我降职罢官。”孝文帝拓跋宏说：“这是有远见的话，没有想到于烈能做到这个程度！”于是接见于登，向他说：“朕将在天下布施教化，因为你父亲有谦逊的美德、直士的风范，因此升你做太子翊军校尉。”又加于烈散骑常侍，封任聊城县子。

孝文帝拓跋宏对众臣说：“国家一直有一件可叹的事：就是下臣没人愿意公开谈论政治的好坏。做君主的怕的是不能接受进谏，做下臣的怕的是不能尽忠。今后，朕任用一个人，假使有不行的，你们直接将他的缺点说出；有人有才能朕不了解，你们也应该举荐。推荐有才干之人有奖赏，明明不行却不肯进言说出的人就责罚，你们应该明白！”

丁酉日（初三日），齐明帝萧鸾下诏修复晋朝皇帝的陵墓，增设守卫士兵。

冬季，甲子日（三十日），北魏孝文帝拓跋宏在光极堂接见众臣，颁发礼冠礼服。

从前，北魏没有用过钱币，孝文帝拓跋宏下令制造太和五铢钱。这一年，大多数制造完了，下诏公私都使用太和五铢钱。

北魏孝文帝任命光城的夷族首领田益光为南司州刺史，他所管辖的官员邑宰，全都让他挑选安排。又在新蔡安设东豫州，任命田益光为刺史。

氐王杨炅去世。

三年（丙子，公元496年）

春季，一月，丁卯日（初三日），齐明帝萧鸾任命杨炅的儿子杨崇祖为沙州刺史，册封阴平王。

北魏孝文帝拓跋宏下令，以为："北方人说土称'拓'，说君称'跋'，北魏的先祖源于黄帝，称土德为王天下，因此称为拓跋氏。土，黄中的色泽，万物的根本，理应将拓跋氏改为元氏。各旧族功臣从代搬迁来的，姓氏有重的，都将它更改了。"于是更改拔拔氏为长孙氏，达奚氏为奚氏，乙旃氏为叔孙氏，丘穆陵氏为穆氏，步六孤氏为陆氏，贺赖氏成贺氏，独孤氏为刘氏，贺楼氏为楼氏，勿忸于氏为于氏，尉迟氏成尉氏，其他所更改的，记也记不清。

北魏孝文帝拓跋宏很看重门第出身，因为范阳的卢敏、清河的崔宗伯、荥阳的郑羲、太原的王琼四个姓氏，为衣冠贵族所推举的，他将四姓的女儿都安排在后宫。陇西人李冲凭借才学知识被任用，是显贵有权力的重臣，他所联结的婚姻，无不是有好声誉的大族，孝文帝元宏也挑选他的女儿为夫人。孝文帝下诏黄门郎、司徒左长史宋弁确定各州的士族，有很多士族升迁或者降职。孝文帝又下诏："代人开始没有什么姓氏士族，即便是臣功贤者的后代，与出身卑贱贫寒的人也没什么不一样；因此官位显赫位及公卿，而他的亲属依然在做卑贱的职务。其中穆、陆、贺、刘、楼、于、嵇、尉八姓，自太祖拓跋珪时代以来，功劳显赫，官位高到公卿，被世人所知道，告知司州、吏部，不让他们的后代做卑贱的职务，享受郑、王、卢、崔、四姓的待遇。除此之外，应该列入种族的，不久再另外下令。其中，以前是部落首领的家族，道武帝拓跋珪皇始年后三代任官在给事之上，和品第担任王公的，能够成为大姓；假使原本不是部落的首领，但皇始之后三代任官在尚书之上，和品第担任王公的，也能够成为大姓。那些部落首领的后代，但官职不高的，称为大族；原本不是部落首领，但官职很高的，也称为大族。大多数姓族，都应当仔细考察，不允许冒认作假。下令司空穆亮、尚书陆琇等人拟定详尽方法，一定让它公正。"陆琇是陆馛的儿子。

北魏旧有的制度：皇室都应娶八族及清修门第的女儿做王妃。

咸阳王元禧迎娶没人要的奴隶门户的女子做妃嫔，孝文帝元宏对他深深地责备；下令为六个弟弟选聘妻子：“之前所娶的，可作为妾室。咸阳王元禧，选聘前颍川太守陇西人李辅的女儿；河南王元幹，选聘前中散大夫代郡人穆明乐的女儿；广陵王元羽，选聘骠骑谘议参军荥阳人郑平城的女儿；颍川王元雍，选聘前中书博士范阳人卢神宝的女儿；始平王元勰，选聘廷尉卿陇西人李冲的女儿；北海王元详，选聘吏部郎中荥阳人郑懿的女儿。”郑懿为郑羲的儿子。

当时赵郡李姓诸族，人才尤其多，都有好的家教，因此那时说风华清高的，都以卢、王、李、崔、郑五姓为首。

人们都讨论认为薛氏是河东兴旺的士族。孝文帝元宏说：“薛氏，是四川人，怎么能算州郡里的大姓？”直阁薛宗起在大殿手持长枪，出来回应说：“臣的祖先，东汉末期在蜀地当官，两代之后又返回河东，现在六代传承，不是四川人了。皇上是黄帝后代，在北方受封，难道特称作胡人吗？现在不能用州郡大姓，生活还有何意义？”于是将长枪在地上摔断。孝文帝元宏慢慢地说：“这样一说，朕排在甲，你排在乙了？”于是将薛姓作为州郡大姓，而且笑着说：“卿不为‘宗起’，竟然是‘起宗’了。”

孝文帝元宏与众臣谈论挑选调任的事情，说：“近代以来根据出身的高低，都有一定职位，这种方法究竟怎样？”李冲回应说：“不知上古以来，设置官位名号，究竟是为了富贵人家的人呢，还是为将政务处理好呢？”孝文帝说：“想要将政务治理好罢了！”李冲回答说：“那么皇上为何特地挑选显贵人家的人，不挑选真正有才华的人呢？”孝文帝说：“只要有好的才能，不怕上面人不清楚。但君子的门第，即便没有现在适合的大才，德行自然笃厚纯粹，因此朕挑选显贵人家的人。”李冲回答说：“傅说、吕望，怎能用门第来挑选他们呢？”孝文帝说：“奇特非常的人，自古至今仅有一两个罢了。”秘书令李彪说：“皇上按照门第来挑选官员，不晓得孔门四门的子弟，和鲁国的三卿（三桓），谁更好些？”著作佐郎韩显宗说：“皇上怎能让出身高贵的人继承显贵的官位，让出生低贱的人承袭低贱的地位！”孝文帝说：“假使有特别高明、非常优秀的人，朕也不遵守这个法制。”不久之后，刘昶进朝。孝文帝对刘昶说：“有的人说，有才华的人就委以大任，不需要遵守门第；朕以为不应这样。为何？清浊一起流淌，混合在一起，庶族与士人，官位与车服无分别，这确实不行。如今鲜卑八族和与之相等的汉族，分为九种品阶，九品之外，庶族的官职又有七等。假使有独特人才，也能从底层一直做到三公。害怕贤才难求，不能只为一个人扰乱了朕的法制啊！”

◆臣司马光说：选举的办法，先论门第，之后再说才能贤德，这是魏、晋一直以来的缺点，代代互相循环，无人能更改。所说君子、小人的分别，不在世代俸禄和低微贫贱，如今看来，是智者愚者都明白的；而在现在，即便像北魏孝文帝那样贤德，还免除不了有这种缺点。因此能明确地分辨对错，不受世俗思想诱惑的，的确是很少的。◆

壬辰日（二十八日），北魏调任始平王元勰为彭城王，将定襄县王元鸾恢复为城阳王。

春季，二月，壬寅日（初九日），北魏下诏：“众臣除了战事，允许把三年丧期服完。”

丙午日（十三日），北魏下诏：“都城接近郊区范围内七十岁以上的人，三月到达京都，参与养老仪式。”三月，丙寅日（初三日），孝文帝元宏在华林园摆宴招待众臣和告老还乡的卿大夫和一般的年老士人。孝文帝下诏：“国老年七十以上的，赐给中散大夫、郡守的荣耀；六十以上的，赐给给事中、县令的荣耀；庶老直接赏赐郡县的荣誉；各自赏赐装饰鸠鸟的衣服和拐杖。”

丁丑日（十四日），北魏下诏各州评选人才的中正官名，各自举荐乡里百姓所尊敬年纪五十岁之上、简素清寒又修身守德、没有做过官的人，赏赐他令长的官职。

壬午日（十九日），齐明帝萧鸾下诏车轿栏杆有金银装饰的都去除掉。

齐明帝向往节俭。太官（主管皇上膳食的官）曾进贡裹蒸，齐明帝说："我吃不完，可以分为四份，剩下的留到晚上。"又曾用皂荚，将剩下的泡沫给两边的人，说："这个还能再用。"太官正月初一用银制的温酒器祝贺，齐明帝萧鸾想要将它毁坏，王晏等人都赞扬齐明帝好的德行。卫尉萧颖胄说："朝廷盛大的典礼，没有比正月初一更重要的了。这个器皿是以前的东西，算不上奢华。"齐明帝很不开心。后来萧颖胄参加宫中设置的内宴，桌上全为银制的杯器。萧颖胄说："皇上之前要损坏温酒器，恐怕应当将销毁令用到这些杯器上。"齐明帝萧鸾听后很羞愧。

齐明帝萧鸾亲自管理琐细的政务，纲目也很仔细；郡县和尚书左右仆射、左右丞管治的贬黜、八议、疑谳、除署、封爵、功论等六案，卫尉、廷尉、大司农、光禄勋、太常、大鸿胪、少府、将作大匠、太仆等九卿府的平常应办的政事，没有不向齐明帝上奏的，听齐明帝下诏裁决。以前有功的文武大臣，都不归属吏部，依赖亲戚，相互通情待机进取，君王的政务细密繁多。南康王侍郎颍川人钟嵘进言说："古时候，贤明的君王选择人才颁施政令，权量才能任命官职，三公坐着讨论缘由，九卿将政务做完，皇上只是向着南方、谦虚律己罢了。"奏书献上，齐明帝萧鸾不开心，对太中大夫顾暠说："钟嵘是何人，想代朕处理重要事务，你认识他吗？"顾暠回应说："钟嵘官位低名气小，但上奏的也有值得接纳的地方。琐碎繁多的政务，各自有官员管理；现在皇上亲自管理，君王更加辛苦而大臣更加安逸，正是'替厨子分割，替大匠砍伐'啊！"齐明帝不听他的，谈论另外的事。

夏季，四月，甲辰日（十一日），北魏广州刺史薛法护归顺齐国。

北魏入侵司州，栎城城主魏僧珉带兵抗击，打败敌军。

夏季，五月，丙戌日（二十四日），北魏在河阴建造方泽（祭地的坛）。孝文帝又下诏严禁在东汉、曹魏、西晋各帝的陵墓百步之内伐木取草。丁亥日（二十五日），孝文帝元宏在方泽拜祭。

秋季，七月，孝文帝元宏将皇后冯氏废了。起初，文明太后冯氏想要她的娘家显贵，选派冯熙的两个女儿进宫：其中一个早死，另一个受到孝文帝元宏的宠爱，没多长时间得病，就返回娘家当尼姑。太后冯氏逝世后，孝文帝册封冯熙的小女儿为皇后。不久，皇后姐姐的病好了，孝文帝思念她，又接她入宫，封为左昭仪，皇后所受的宠爱慢慢少了。昭仪自认年纪较大，而且比皇后先入宫，不遵守妾室的礼制。皇后很愤恨也很惭愧，于是昭仪诽谤她，孝文帝元宏将她废了。皇后一直有好的德行，于是在瑶光寺做了修炼戒行的尼姑。

孝文帝元宏因为久旱无雨，在癸未日（二十一日）开始不吃饭，一直到乙酉日（二十四日），众臣都去中书省请求面见。孝文帝在崇虚楼，令中书舍人推辞，问众臣为何请求进见。豫州刺史王肃回应说："现在四方的雨水已经将土地湿润遍了，仅京都雨水少。老百姓没有缺一顿饭，而皇上已经三天没有进食了，臣心里害怕担心，简直没有容身的地方了。"孝文帝嘱咐中书舍人回答说："朕几天不进食，还没有不舒服的感觉。最近朝廷内外，不分上下，都说四方有雨，朕觉得他们是刻意安慰我，不一定是实情。我正要派使者去观察，如他们所说，朕就该吃饭了；假使不是真的有雨，朕还活着干什么？当用朕的性命代百姓弥补灾祸。"这天夜里，下了一场大雨。

北魏太子元恂不爱学习，身体壮大肥胖，河南之地天气炎热，经常想返回北地去。孝文帝元宏将衣帽赐给他，元恂暗地经常穿着胡服。中庶子辽东人高道悦多次直言进谏，元恂厌恶他。夏季，八月，戊戌日（初七日），孝文帝元宏去了嵩高，元恂与旁边的人秘密计划，召人骑快马奔驰到平城，在宫中亲手杀了高道悦。中领军元俨严格约束守卫，防止叛变，在夜里才平静了下来。第二天早晨，尚书陆琇快马向孝文帝奏报，孝文帝非常惊讶，将此事保密，到了汴口才返回洛阳。甲寅日（二十三日），孝文帝回宫，见元恂，指责他的罪行，亲自和成阳王元禧替换着用棍子将太子打了一百多下，让旁边的人架着太子拖拉出去，关押在城西，元恂一个多月后才能起来。

丁巳日（二十六日），北魏相州刺史南安惠王元桢逝世。

秋季，九月，戊辰日（初八日），北魏孝文帝元宏在小平津谈论武事；癸酉日（十三日），孝文帝返回皇宫。

冬季，十月，戊戌日（初八日），孝文帝下诏："士兵从代地来的，都做羽林、虎贲。司州百姓中十二个男丁调派一个，让官员调遣，做公私署衙的劳力。

北魏居住在吐京的胡人叛乱，孝文帝下诏朔州刺史元彬管理汾州政事，带领并州、肆州的军队去征讨他们。元彬为元桢的儿子。元彬调派统军奚康生进攻作乱的胡人，打败了他们，追赶到车突谷，再次大胜，俘虏了各类牲畜数万。孝文帝下诏任命元彬为汾州刺史。胡去居等六百多人退守险要之地，不愿投降，元彬请求调派两万军队去征讨，有司上奏请求答应，孝文帝元宏很生气，说："应对小小的敌人，哪有派兵的理由，刺史按事制定策略平定叛乱。假使不能平定，一定要依靠大军，那么先将刺史杀了，然后派兵！"元彬非常害怕，督导汾州的士兵，身先士卒，征讨胡去居，将叛军平定了。

孝文帝元宏在清徽堂接见众臣，商量废除太子元恂。太子太傅穆亮、少保李冲脱了礼帽磕头谢罪。孝文帝说："你们因私引咎自责，朕所谈论的是为国。'大义灭亲'，是前人所注重的。如今元恂违反父志逃跑叛乱，占领恒州、朔州，天下间的罪恶还有比这更大的吗？如果不废除他，将给国家带来忧患啊！"闰月，丙寅日（初八日），孝文帝元宏将元恂贬为平民，安排在河阳无鼻城，调派士兵看守他，所提供的，仅仅能使他不受饥寒。

戊辰日（初十日），北魏安设常平仓。

戊寅日（二十日），齐国太子萧宝卷举行二十岁加冠礼节。

起初，北魏的文明太后想将孝文帝元宏废掉，穆泰直言进谏才罢休，所以穆泰受到孝文帝的宠爱。到了孝文帝南迁洛阳，亲近的大多是中州的儒士，宗室与代地人心中不喜。穆泰从尚书右仆射的职位上被调出宫担任定州刺史，自己上奏称久病不愈，南面气候温湿，病就加重，请求担任恒州刺史；孝文帝将恒州刺史陆叡转调为定州刺史，令穆泰代替。穆泰到达恒州，陆叡还没出发，两人计划作乱，暗地勾结镇北大将军乐陵王元思誉、骁骑将军元超、抚冥镇的镇将鲁郡侯元业、安乐侯元隆等人，一同举荐朔州刺史阳平王元颐做皇帝。元思誉为元天赐的儿子；元隆、元超都是元丕的儿子；元业为元丕的弟弟。陆叡认为洛阳的政化清明修美，劝穆泰晚些进行，穆泰因此没有立即叛变。

元颐故意答应穆泰等人的举荐，来安抚他们的心，但私下将情况向孝文帝元宏上奏。行吏部尚书职务的任城王元澄得病，孝文帝在凝闲堂接见他，向他说："穆泰计划叛乱，蛊惑宗室。假使真的反叛，现在刚刚搬迁，北地人留恋故乡，南北扰乱，朕在洛阳就不稳妥了。国家事务，不是你谁也不可以做好。你虽然得病，尽力代我走一趟，认真观看他们的情形。他们权势小，直接去逮捕他们；他们已经兴盛，可以颁布我的圣旨调派并州、肆州的军队进攻他们。"元澄回应说："穆泰等人愚蠢被诱惑，正是因为留恋故乡，才执行这个计划，不会有深谋远虑；臣即使胆小害怕，也足够克制他们，希望皇上不要担心。我虽然身体有病，怎能敢推脱呢？"孝文帝笑着说："任城王愿去走一遭，朕还担心什么？"于是将符节、铜虎符、竹使符颁布给元澄，命他率领皇上左右带御仗的士兵。依然管理恒州的一切政务。

元澄来到雁门，雁门太守夜晚来禀报说："穆泰已率领军队西去投奔阳平王了。"元澄就下令进发。右丞孟斌说："事情还没权衡，应按照皇令集结并州、肆州军队，之后慢慢进发。"元澄说："穆泰已计划反叛，应当占领坚固的城池；但他却投奔阳平王，猜测他的行为，该是势力很小。穆泰没有抵抗我，平白调派军队，是不合适的。只要赶快押解他，民心自然稳定。"于是加速兼程。先调派治书侍御史李焕单人匹马进了代都，趁其不备，了解穆泰的同党，告诉他们祸福好坏，没有人被穆泰任用。穆泰无计可行，率领属下几百人进攻李焕，没成功，逃跑到城西；李焕追击捉住了他。元澄也跟着来了，彻底追查他的同党，将陆叡等一百余人收押，关押到监牢，天下安稳下来。

元澄将一切向孝文帝元宏上奏，孝文帝很高兴，接见大臣，将奏折给他们看，说：“任城王可以说是朝廷重臣。看他上奏的言语，皋陶都不如他优秀！”孝文帝转头对咸阳王元禧等人说：“你们遇到这种情势，就不能处理了。”

孝文帝元宏谋划向南进攻，于清徽堂接见众臣，说：“朕在中土建都，政事条目大概具备，只有南边还没平定，怎能仿效近代的皇帝在深宫放下帘子，不问政事呢？朕如今要南征，是确定的了，但还不确定早晚出兵的日期。最近多位术家预言说：‘如今去肯定能胜利。’这是国家大事，理应君臣陈述各自的想法，不要因朕之前有言论就犹豫不决，事情决断以后，又有很多不一样的建议。”李冲回应说：“用兵的规则，应该先论述人的事，而后再勘察天道。占卜虽为好现象，而人事并未全部准备好，迁都还不长时间，秋季的粮食还没丰收，还不能发起战事。按照臣的想法，应当等到明年秋季。”孝文帝说：“太和十七年，朕拥有军队二十万，人事繁盛，但天时不好。如今天时既然合人意，又讲人事没有充分；按照仆射所说，最终没有征讨之期啊！敌人近在眼前，将会成为天下的祸患，朕怎能自己安闲？如果秋季的事情不成功，各位应都交给司寇处置，你们不能不尽力啊！”

孝文帝元宏因发配到边疆的人大多逃跑，于是制定“一人逃亡，全家充当劳役”的法律。光州刺史博陵人崔挺上言劝谏说：“天下的坏人多，好人少。一个人有罪，牵连到全家人，则司马牛要受桓魋的牵连受罚，柳下惠要受盗跖的牵连获罪，这不是很悲伤之事吗？”孝文帝元宏认为他说得有道理，将那条律令废除了。

资治通鉴卷第一百四十一　齐纪七

起丁丑（公元497年），止戊寅（公元498年），共二年。

【题解】本卷记录了公元497年至498年，即齐明帝萧鸾建武四年与永泰元年两年间南齐与北魏两国的大事。主要记录了北魏孝文帝处死拥有免死之诏的叛党穆泰、陆叡等人；魏国李彪、李冲相争，魏主将李彪除名，李冲因盛怒中风，死于精神错乱；魏孝文帝发兵进攻南齐南阳、义阳的战事，魏主闻萧鸾死，撤军北还；齐明帝萧鸾诛杀亲信萧谌，又杀王晏、萧毅、刘明达等人；老将王敬则因萧鸾猜忌起兵，兵败被杀；齐明帝萧鸾死，太子萧宝卷即位，恶习种种。此外还记录了魏将李崇率兵战胜氐族头领杨灵珍，重新平定仇池；江夏王元继讨平内附的高车人叛乱等内容。

高宗明皇帝下

建武四年（丁丑，公元497年）

春季，正月，齐国大赦天下。

丙申日（初八日），北魏册封皇子元恪为太子。孝文帝元宏在清徽堂摆宴，谈到前太子元恂，李冲说："臣是他的师傅，没能很好教导他。"孝文帝说："朕还不能去除他的罪行，师傅有什么好自责的呢？"

乙巳日（十七日），孝文帝元宏去北边视察。

以前，尚书令王晏，受齐世祖武帝萧赜的宠爱；齐明帝萧鸾策划废除郁林王萧昭业，王晏举荐尊奉他。郁林王被废，齐明帝萧鸾和王晏在东府饮宴，谈论时事，王晏鼓掌说："您经常说我胆小，我那天的表现怎样呢？"齐明帝萧鸾登基，王晏以为帮助大任，对新朝有功，经常评论非议齐武帝萧赜以前之事。王晏担任尚书令，位极人臣，事情大多裁决专断，内外重要职务，都用自己身旁之人，经常与齐明帝萧鸾在用人方面争吵。齐明帝在反叛之际任用王晏，但心里厌恶他。曾挑选整理齐武帝萧赜的诏令，取得给王晏的诏令三百多张纸，都讨论国家大事，又得到王晏上奏进谏齐武帝萧赜不让萧鸾担任管理挑选的事，因此明帝萧鸾更鄙薄猜疑他。始安王萧遥光劝谏齐明帝萧鸾杀掉王晏，齐明帝说："王晏对朕有功，而且没犯过罪。"萧遥光回答说："王晏不能为齐武帝萧赜效忠，怎能为皇上尽心呢？"齐明帝沉默不说话。齐明帝派心腹陈世范等人出入里巷，采访听闻的传言。王晏浅薄轻浮，没有防守，希望担任开府仪同三司，好多次给自己相面，都说王晏应该显贵；王晏和宾客交谈，也喜欢让旁人退下，独自密谈。齐明帝听后，怀疑王晏要谋反，于是有斩杀王晏的想法。

齐国奉朝请鲜于文粲秘密窥探到皇帝的圣旨，上告王晏有不好的心思。陈世范又上奏齐明帝萧鸾说："王晏密谋今年皇上在南郊祭天时，和齐武帝萧赜旧日的主帅在路途中私下反叛。"恰巧老虎触犯祭祀的祭坛，齐明帝更害怕了。郊祀的前一天，下令停下举行祭天典礼，首先通知了王晏和徐孝嗣。徐孝嗣接受圣旨，而王晏上奏说："郊祀是一件大事，陛下一定要坚持前去。"齐明帝更加相信陈世范的言语。丙辰日（二十八日），齐明帝萧鸾在华林省召见王晏，将他杀害。一同被斩杀的还有北中郎司马萧毅、台队主刘明达和王晏的儿子王德元、王德和。齐明帝下诏说："王晏与萧毅、刘明达因河东王萧铉知识浅显，不能选用贤才，计划尊奉他做傀儡君王。"王晏的弟弟王诩担任广州刺史，齐明帝萧鸾派南中郎司马萧季敞袭击杀害了他。萧季敞是齐明帝同一个曾祖的弟弟。萧毅豪迈奢侈，爱好马匹弓箭，被齐明帝厌烦，所以故意诬陷他。河东王萧铉因为年少才能羸弱，没被齐明帝斩杀。萧铉面见齐明帝，常俯身弯腰鞠躬，不敢平行对看。这时，萧铉年纪大了，因王晏之事被罢黜官职，不准与外人交流。

郁林王萧昭业将被罢黜时，王晏的堂弟御史中丞王思远向王晏说："哥哥承蒙齐武帝萧赜隆厚的恩德，如今帮助别人这样的事，他人也许因权宜之计需要你，不知将来哥哥怎么立足？因此自杀，还能保全全家，不损毁死后名声。"王晏说："我正在吃粥，没时间想这事。"等王晏官拜骠骑将军，召集子弟聚集，对王思远的哥哥王思征说："隆昌末年，堂弟王思远规劝我自尽；假使我听他的话，哪能有现在的地位？"王思远突然回应他说："真的按照我所说的去做，如今还不晚哪！"王思远明白齐明帝萧鸾表面对王晏恩宠，但内心已经猜忌怀疑，趁机对王晏说："时事稍微有点不一样，哥哥也察觉出来了吗？平常人大多拙于为自己筹谋，而精于替别人计划。"王晏不回应。王思远撤退，王晏才感叹说："这世间竟然有人劝人自杀的！"十天以后王晏就被杀了。齐明帝萧鸾得知王思远曾说那些话，因此不加罪惩罚他，仍然调派他为侍中。

王晏的表弟尉氏人阮孝绪也明白王晏必定要败，王晏每次进他的家门，他就躲起来不见面。以前吃肉酱，味道很美，咨询家人，明白是王晏送来的，就将它送出来，把剩余的倒掉了。王晏死后，家人感到害怕，阮孝绪说："亲人却不是一党，有什么害怕的！"最终没有受到王晏的牵连。

春季，二月，壬戌日（初五日），北魏孝文帝元宏到达太原。

甲子日（初七日），齐明帝萧鸾任命左仆射徐孝嗣为尚书令，征虏将军萧季敞为广州刺史。

癸酉日（十六日），孝文帝元宏去平城，接见穆泰、陆叡的同党询问，无一个人喊冤，当时的人都敬佩任城王元澄的廉明。穆泰与他的亲人、同党被杀，令陆叡在监狱中自杀，宽恕他的妻子、儿女，贬到辽西做平民。

起初，孝文帝元宏迁都，更改以前的风俗，并州刺史新兴公元丕等人都不开心，孝文帝顾念他是宗室耆旧，也不强迫他，用大道理劝导他，使他不发表相反的意见。等大臣都更换衣帽，座位上都是红衣裳，而独元丕中穿胡服，后来才稍稍增加衣带和帽子，但没能休整外貌仪表，孝文帝元宏也不强迫他。

太子元恂从平城搬迁洛阳时，元隆与穆泰等人计划将元恂留住，派兵拦截雁门的东陉、西陉两边的道路，计划占领陉北。元丕在并州，元隆等人将自己的计策告知他。元丕表面担心计划会失败，嘴里责怪，心里却认为很有道理。事情被觉察后，元丕跟着孝文帝到达平城，孝文帝每次审问穆泰等人，都让元丕陪同观看。有司上奏元业、元隆、元超获罪理应满门抄斩，元丕理应跟着被判罪。孝文帝因元丕以前接到免死诏书，免除死罪贬为平民，留下他的后妻与两个儿子和他居住太原，将元隆、元超以及元丕的同母的兄弟元乙升杀了，元丕其余的儿子流放到敦煌。

起初，元丕、陆叡和仆射李冲、领军于烈都接到孝文帝元宏的免死诏书，陆叡被杀之后，孝文帝赏赐李冲、于烈下诏说："陆叡有反叛的心思，违背了对鬼神的誓言，违反誓言全因他自己，与朕无关。叛逆谋反是很重的罪状，剩余罪犯即便朕想矜怜原谅，又怎么可以呢？但朕还没忘记以前的誓言，听由他在别院自尽，将他的妻子、儿女赦免死罪。元丕的一个弟弟，两个儿子，最先为叛贼，应连坐处死，朕特别原谅了他们，使他们做平民。朕希望有始有终，但他们与我决裂，违反的心思，乖张的念头，何等悲哀！所以另外表示，想着你们不会奇怪。除谋反外，我们君臣之间的清白就像白天的太阳啊！"李冲、于烈都奉上奏表感谢。

臣司马光说：说到官位俸禄、废设、杀戮、夺取给予，是君王用来统御众臣的权力。先王的体制，既有亲戚、旧友、贤德的人、有才能的人、有功勋的人、显贵、忧勤的人、宾客，假使他们犯罪，不直接特赦；必定要在象征公卿的三槐九棘中间讨论他们的罪行，可赦免就免罪，可宽恕就原谅，该责罚就刑罚，该杀就杀，轻重看情势决断，严宽随时势决断。君王所以能施恩德而不丢失威严，大臣免罪刑而不敢自我依恃。到北魏就不会这样，有功劳的显贵大臣，经常事先答应他们不死；他们骄奢犯罪，又按照法律杀他们。所以没有信用，引诱臣子陷入死地啊！罪行的缺点，没有比这更大了。

当时，代地以前的士族，大多与穆泰等人合伙，仅仅于烈没有牵连到，孝文帝元宏所以更重视他。孝文帝因为北方的酋长与进京侍候的酋长之子害怕夏季炎热，听任他们秋季到洛阳觐见，春季返回部落，当时人说他们是“雁臣”。

三月，己酉日（二十二日），孝文帝元宏南行到达离石，反叛的胡人请求归降，孝文帝下诏宽恕他们。夏季，四月，庚申日（初四日），孝文帝到达龙门，派使者祭祀大禹。癸亥日（初七日），到达蒲坂，拜祭虞舜。辛未日（十五日），到达长安。

北魏太子恂被废之后，后悔自己犯的错误。御史中尉李彪暗地奉上奏表，说是元恂又与身边的人策划叛乱，孝文帝元宏派中书侍郎邢峦和咸阳王元禧遵奉诏命，带着椒酒去河阳，将元恂赐死，用粗陋的棺材、平常衣服下葬，埋在河阳。

夏季，癸未日（十七日），北魏大将军宋明王刘昶在彭城逝世，用独特丰厚的礼节安葬他。

夏季，五月，己丑日（初三日），北魏孝文帝元宏返回东方，坐船从渭水进黄河。壬辰日（初六日），孝文帝派使者去丰地拜祭周文王，去镐地拜祭武王。夏季，六月，庚申日（初五日），孝文帝返回洛阳。

壬戌日（初七日），北魏派出冀、相、济、瀛、定五州士兵二十万，向南入侵。

北魏穆泰谋反时，中书监北魏郡公穆罴与他密谋，大赦以后，事情暴露，穆罴被贬为平民。穆罴的弟弟司空穆亮将官职派给司马慕容契，奉上奏表自我弹劾，孝文帝元宏下令原谅他，不应允他辞官；穆亮坚持上求，癸亥日（初八日），孝文帝让穆亮辞去司空一职。

丁卯日（十二日），北魏的部队划分为六师，来判定停留或前进。

秋季，七月，北魏册封昭仪冯氏为皇后。冯皇后想抚养太子元恪；元恪的生母高氏从代都到达洛阳，于共县暴病而亡。

戊辰日（七月无此日），北魏任命穆亮为征北大将军、开府仪同三司、冀州刺史。

秋季，八月，丙辰日（初一日），北魏下诏内外戒严。

壬戌日（初七日），北魏册立皇子元愉为京兆王，元怿为清河王，元怀为广平王。

齐明帝萧鸾追封景皇（始安贞王）萧道生的生母王氏为恭太后。

甲戌日（十九日），北魏在华林园谈论武事。庚辰日（二十五日），大军从洛阳进发。嘱咐吏部尚书任城王元澄镇守；令御史中丞李彪兼度支尚书，和仆射李冲参加办理留守各机构之事；任命彭城王元勰为中军大将军。元勰推脱，说："关系疏远的人和关系亲近的人一起任用，是以前人的道理，臣是何人，几次受皇上宠信而交付事情？以前陈思王曹植请求参军，而魏文帝曹丕不答应，臣没请求却应允，命运的差距怎么这么不同呢？"孝文帝元宏大笑，将元勰的手握住说："魏文帝曹丕和陈思王曹植因为名利相互嫉妒，我和你因为德行相互友爱。"

齐明帝萧鸾派军主鲍举帮助西汝南、北义阳两郡的太守黄瑶起镇守舞阴，军主、直阁将军胡松帮助北襄太守成公期镇守赭阳。

北魏任命氐族统帅杨灵珍为南梁州刺史。杨灵珍进献南梁州来归降齐国，将他的母亲与儿子送到南郑做人质，调派他的弟弟婆罗阿卜珍率领步兵和骑兵一万余人偷袭北魏始兴王杨集始，将杨集始的两个弟弟杨集同、杨集众杀了；杨集始害怕焦虑，请求归降齐国。秋季，九月，丁酉日（十三日），北魏孝文帝元宏令河南尹李崇都督陇右诸军事，率领几万士兵去征讨杨灵珍。

起初，北魏迁都到洛阳，荆州刺史薛真度劝谏孝文帝元宏先夺取樊、邓。薛真度率军进攻南阳，南阳太守房伯玉把他打败。孝文帝元宏很生气，认为南阳是小郡，下定决心消灭它，于是带领大军返向襄阳；彭城王元勰等三十六支军队先后相继，号称一百万军队，用牙齿咬唇吹气，能让尘土飞扬。辛丑日（十七日），孝文帝元宏将诸将留下进攻赭阳，亲自率领军队向南；癸卯日（十九日），到达宛城，在夜里进攻攻取了外郭。房伯玉绕着内城抵挡防御，孝文帝元宏调派中书舍人孙延景向房伯玉说："朕如今一统天下，不像之前冬季来春季走，攻不下城池，不会返回北边去。你这个小城池正挡在朕的大军前进的路上，我不得不先攻陷，最长一年，最短一个月，一定要攻下。要封侯享受荣华，要斩首示众，事情只在你仰首低头做决定罢了，你该认真计划！你有三个罪行，如今说给你听：你以前事奉齐武帝萧赜，深受宠信，不能效命尽忠却为他的敌人尽忠，这为第一个罪行。以前薛真度来到时，你损害我一部分士兵，这是第二项罪行。现在我御驾亲征，你还不自我捆绑来到我的旗下，这是第三个罪行。"房伯玉派军副乐雅柔回应说："本地遭受您的围困进攻，您志在必得。我是个微小卑贱的平常人物，能抗击魏国君主的大威，可真是死得其所了！我承蒙齐武帝萧赜的提拔选任，怎能忘记恩德？但是登位的君王萧昭业德行有损，齐明帝萧鸾继承光大伟业，是高帝萧道成的第三个儿子，不仅符合百姓深切的期望，也是照顾了齐武帝萧赜的圣旨；因此我仅仅尽忠守卫，不敢忽视了人臣的礼节。以前北边军队侵入我国边境，骚扰边境百姓，我严厉命令士兵抵抗，恪尽职守。我自省，不该被指责。"

宛城的南角护城河上有座桥，孝文帝元宏带士兵过去。房伯玉派了几个士兵，穿着斑点衣服，戴着虎头帽子，蹲在桥墩下，突然冲出进攻他，孝文帝连人带马都被吓到；召善射的原灵度射那些士兵，齐国士兵都应声死了，孝文帝才安全躲开了。

李崇将林木砍了开路，出乎氐人意料，内外夹击偷袭氐人，许多氐人都抛弃杨灵珍四散逃跑，杨灵珍的士兵削减了大部分，李崇向前占领了赤土。杨灵珍派堂弟杨建率领五千士兵镇守龙门，亲率一万精锐士兵驻守鹫硖；杨建从龙门北边几十里路上，砍伐林木阻塞道路；杨灵在鹫硖入口集聚大木、巨石，依靠悬崖将大石头推下，来抵抗北魏军队。李崇下令统帅慕容拒带领五千士兵从其他的路进入，在夜晚，偷袭龙门，将其攻取。李崇亲自进攻鹫硖，杨灵珍作战接连失败逃跑，李崇将他的妻子、儿子俘虏了，将武兴平定。梁州刺史阴广宗、参军郑猷等人率军救援杨灵珍。李崇进军攻击，将其打败，将杨婆罗、阿卜珍杀了，活捉郑猷等人，杨灵珍逃向汉中。孝文帝元宏听到打了胜仗，开心地说："免除朕对西顾担忧的，是李崇啊！"任命李崇担任都督梁秦二州诸军事、梁州刺史，聚集安抚当地百姓。

丁未日（二十三日），孝文帝元宏从南阳进发，将太尉咸阳王元禧等人留下进攻宛城。己酉日（二十五日），孝文帝元宏到达新野，新野太守刘思忌率军抵抗。冬季，十月，丁巳日（初三日），北魏军进攻新野，久攻不下，刘思忌修筑了很长的防守工事来抵抗。北魏派人对城里人说："房伯玉已归降，你为什么独自据守，被粉身碎骨呢？"刘思忌派人回应说："城里士兵和米粮还有很多，没时间和你们这些蛮人说话。"北魏右军将军府的长史韩显宗率领另一支军队在赭阳驻守，成公期调派胡松率领军队进攻他的营地，韩显宗全力作战，打败敌军，将他们偏将高法援杀了。韩显宗到达新野，孝文帝元宏对他说："你打败贼人，斩杀将领，助长军中气势。朕现在进攻坚硬的大城，为何不公开宣传呢？"韩显宗回应说："以前我得知镇南将军王肃俘虏敌军两三个，几匹驴马，全都写露布，我当时在东观，常暗地笑他。虽依靠陛下威灵，打败丑陋的敌军，但士兵少，力量小，虏获斩杀的敌人不多。假使也将丝帛长长地拖着，虚报自己的功劳，仿效王肃的行为，臣的罪行就更加大了。所以臣不敢写露布，仅仅向皇上禀报。"孝文帝元宏更加礼遇他。

齐明帝萧鸾下诏徐州刺史裴叔业率兵去救援雍州，裴叔业上奏说："北方人不喜远行，只喜爱掳掠入侵，入侵敌人的边境，则司州、雍州的敌军自然就溃散了。"齐明帝听从了他的建议。裴叔业带领士兵进攻虹城，俘虏男女四千余人。

甲戌日（二十日），齐明帝萧鸾调派太子中庶子萧衍、右军司马张稷去救援雍州。冬季，十一月，甲午日（十一日），前军将军韩秀方等十五位将领归降北魏。丁酉日（十四日），北魏在沔北打败齐兵，将军王伏保等人被北魏虏获。

丙辰日（十一月无此日），齐国朝廷任命杨灵珍为北秦州刺史、仇池公、武都王。

新野人张睹带领一万余人，镇守栅栏，反抗北魏。冬季，十二月，庚申日（初七日），北魏将它攻了。雍州刺史曹虎和房伯玉有隔阂，缓慢救援新野与南阳，他的大军在樊城驻扎。

丁丑日（二十四日），齐明帝萧鸾下诏调派度支尚书崔慧景救援雍州，将符节授予崔慧景，带领两万士兵，四千骑兵，进发襄阳，雍州大军都受他的指挥调度。

庚午日（十七日），孝文帝元宏南来走近沔水，戊寅日（二十五日），返回新野。

将军王昙纷率领一万多人进攻北魏南青州的黄郭戍，北魏城主崔僧渊打败他们，全军被灭。将军鲁康祚、赵公政率领士兵一万人入侵北魏太仓口，北魏豫州刺史王肃下令长史清河人傅永率领装备好的军队三千人反击。鲁康祚等人在淮水南边驻守，傅永在淮水之北驻扎，距离有十几里。傅永说："齐人爱好在夜里袭击营地，一定在淮水水浅之地放置火种为记号。"于是在夜晚把士兵划分为两部分，潜伏在营地外面；又用葫芦存放燃料，私下派人过淮水南岸放置在水最深的地方，警告他们说："一见到火把，就将它点燃了。"晚上，鲁康祚等人果真率领士兵来袭击营地，潜伏的士兵进攻他们，鲁康祚等战败跑了，跑到淮水边，大火四处点燃，不知该跑向哪儿，被杀与溺死的人有好几千，活捉了赵公政，得到鲁康祚的尸首。豫州刺史裴叔业入侵北魏楚王戍，王肃又下令傅永去进攻他。傅永带着一个亲信快马到达楚王戍，下令将外面的深壕填平，夜晚在城外潜伏了一千个士兵。天将亮时裴叔业等人到达城东地区，正想安设长的防卫工事。傅永潜伏的士兵偷袭裴叔业后面的队伍，打败了。裴叔业将将佐留下守卫阵地，亲率几千个精兵去救援。傅永攀上门楼，远望裴叔业向南进军几里，就将城门打开全力攻击，大败裴叔业军，虏获裴叔业的铠甲、伞扇、战鼓、帐幕和兵器一万余件。裴叔业无法进退，被打败。傅永身边的人想追击，傅永说："我们弱残的士兵不足三千人，他们精锐的士兵气势还很盛，并非力量不如我们才战败，只是落入我们的陷阱而已。既不能探测我们的真假，足以让他们害怕了，获取这些就已经很够了，不用再追击！"孝文帝元宏派使者到前线任命傅永为安远将军、汝南太守，赐他做贝丘县男。傅永有勇猛，爱好学习文章。孝文帝元宏常感慨说："上马能攻打敌军，下马能书写捷报的，只有傅修期了！"

曲江公萧遥欣爱好军事，齐明帝萧鸾几个皇子还年小，内亲就依仗萧遥欣兄弟，外亲就依仗皇后的弟弟西中郎长史彭城人刘暄、内弟太子詹事江祏，因此任命始安王萧遥光为扬州刺史，居中管理；萧遥欣为都督荆、雍等七州诸军事兼荊州刺史，镇压四方。但萧遥欣在江陵多方征调有勇有才之人，培植自己的势力，齐明帝萧鸾很厌恶他。萧遥欣羞辱南郡太守刘季连，刘季连暗地上奏萧遥欣有谋反迹象，齐明帝任命刘季连为益州刺史，使他占据长江上游制衡萧遥欣。刘季连是刘思考的儿子。

当年，高昌国王马儒调派司马王体玄去北魏进贡，请求领兵前去接应，好全民向北魏搬迁。孝文帝元宏调派明威将军韩安保前去接应，划分伊吾之地五百里安置马儒的下属。马儒调派左长史顾礼、右长史金城人麴嘉率领一千五百步兵和骑兵前去接应韩安保，韩安保却没来；顾礼、麴嘉返回高昌，韩安保也返回伊吾。韩安保调派部属朝兴安等人去高昌，马儒又派顾礼率领世子马义舒前去接应韩安保，到达白棘城，距离高昌一百六十里。高昌旧人留恋家乡，不想向东搬迁，一起将马儒杀了，让麴嘉做国王，向柔然称臣。韩安保独自与顾礼、马义舒返回洛阳。

永泰元年（戊寅，公元498年）是年四月始改年号为永泰。

春季，一月，癸未朔日（初一日），大赦天下。

齐明帝萧鸾进封中军大将军徐孝嗣开府仪同三司，徐孝嗣坚定推辞。

北魏将领李佐进攻新野，丁亥日（初五日），攻取了，将刘思忌绑起，问他说："如今是否归降？"刘思忌回应说："宁为南鬼，不为北臣！"于是李佐斩杀了他。沔水北边的人非常惊讶。戊子日（初六日），湖阳城主蔡道福；辛卯日（初九日），赭阳城主成公期；壬辰日（初十日），舞阴戍主黄瑶起、南乡太守席谦，相继弃城向南逃跑。黄瑶起被北魏俘虏，孝文帝元宏将他赏赐给王肃，王肃将他切成了肉块吃（以报杀父之仇）。乙巳日（二十三日），齐明帝萧鸾下令太尉陈显达援救雍州。

齐明帝萧鸾得病，因为自己的亲人少而羸弱，很忌讳齐高帝萧道成、齐武帝萧赜的后代。那时高帝、武帝的后代还有十个封王，每次初一、十五进朝，齐明帝萧鸾返回后宫，就感叹说："朕与司徒（弟弟萧缅）的儿子年龄都不大，高帝、武帝的后代都慢慢长大！"齐明帝萧鸾欲将高帝、武帝的族人全部铲除，用试探的语气问陈显达，陈显达回应说："这件事有什么好担心的？"问扬州刺史始安王萧遥光，萧遥光认为能依次实施。萧遥光得脚病，齐明帝萧鸾下令他坐了轿子从望贤门入宫，常让闲人退下和他久久交谈，谈完话，齐明帝拿了香火，流泪哽咽，第二天一定有人被杀。适逢齐明帝得病，病情来得很猛烈，昏厥后又醒来，萧遥光就实施斩杀的计划。丁未日（二十五日），将高帝的十九子河东王萧铉和武帝的儿子临贺王萧子岳、西阳王萧子文、永阳王萧子峻、南康王萧子琳、衡阳王萧子珉、湘东王萧子建、南郡王萧子夏，以及文惠太子萧长懋的儿子桂阳王萧昭粲、巴陵王萧昭秀杀了。至此，高帝萧道成、武帝萧赜和文帝萧长懋的儿子都被斩杀了。萧铉等人被灭，才嘱咐大臣上奏他们的罪状，请求斩杀，齐明帝萧鸾下诏不允；再次上奏，才恩准。南康王萧子琳的侍读济阳人江泌拜祭萧子琳，眼泪流完了，接着又流血，亲眼看南康王出殡下葬完后，才离开。

庚戌日（二十八日），北魏孝文帝元宏到达南阳。春季，二月，癸丑日（初一日），齐明帝萧鸾下诏左卫将军萧惠休等人救援寿阳。甲子日（十二日），北魏攻取宛北城，房伯玉反绑双手出城归降。房伯玉的同祖弟弟房思安担任北魏中统军，好多次为房伯玉流泪请求，孝文帝元宏才特赦他。庚午日（十八日），孝文帝元宏到达新野。辛巳日（二十九日），孝文帝任命彭城王元勰为使持节、都督南征诸军事、中军大将军、开府仪同三司。

春季，三月，壬午朔日（初一日），崔慧景、萧衍在邓城大败。当时崔慧景到达襄阳，沔北五郡已沦陷，军主刘山阳、傅法宪与崔慧景和萧衍等人带领五千多人向邓城进发，北魏几万骑兵突然从后面追来，齐国军队登城防守抵抗。当时齐国士兵早晨赶忙吃饭，轻装快跑，到现在都有害怕饥饿的脸色。萧衍欲出城应战，崔慧景说："敌军不会在夜晚将城池围困，到了黄昏自然离去。"过一些时候，北魏的军队越来越多。崔慧景从南门带着将士开拔跑了，各军互不熟悉，相继都逃跑了。北魏士兵从北门入城，刘山阳与下属几百人断后，拼命应战，一边撤退一边打。崔慧景路过闹沟，士兵相互踩踏，桥梁都毁坏折断。北魏士兵从道路两边射击，杀了傅法宪，士兵投闹沟死的相互靠在一起。刘山阳拿甲仗与武器填塞闹沟，才能逃跑。孝文帝元宏率领军队追击，午后申时，到达沔水。刘山阳镇守城池作战，到了黄昏，北魏士兵才撤退。齐国各军害怕，当晚，都下船返回襄阳。庚寅日（初九日），北魏孝文帝元宏率领军队十万，旌旗翠羽，伞盖华丽，包围樊城，曹虎关闭城门镇守。孝文帝元宏临近沔水，眺望襄阳岸边，然后离开，到达湖阳；辛亥日（三十日），到达悬瓠。

北魏镇南将军王肃进攻义阳，裴叔业率领军士五万包围涡阳，以救援义阳。北魏南兖州刺史济北人孟表镇守涡阳，粮食吃完，吃青草树叶树皮。裴叔业将所杀的北魏士兵堆起了五丈高，给涡阳城里的人看；并调派统帅萧璝等人进攻龙亢，北魏广陵王元羽去援救，裴叔业率兵进攻元羽，大败元羽的军队，追赶虏获了他的符节。北魏孝文帝元宏令安远将军傅永、征虏将军刘藻、摄理辅国将军高聪去救援涡阳，听王肃的调遣分配。裴叔业回击，大败北魏军，高聪逃向悬瓠，傅永将溃散的士兵收编了慢慢返回。裴叔业两次与魏军战斗，一共斩杀一万个头颅，虏获了三千余人，获取的兵器、牲畜、财产数以万计。孝文帝元宏下令傅永、刘藻、高聪三个将领戴上枷锁押到悬瓠；刘藻、高聪被赦免，流放平州；傅永被剥夺了官爵；将王肃贬黜为平南将军。王肃奉上奏表请求再调遣军队去救援涡阳，孝文帝元宏回应说："看你的意见，必定认为刘藻等刚刚战败，很难再去救援涡阳。朕现在少分出一些士兵，就不够抵抗敌人；多划分出兵力，则禁卫行旅就有缺点，你详细考虑考虑！义阳的包围应停就停，能攻取就攻取；假使丢失了涡阳，那就是你的过错了。"于是王肃放弃包围义阳，与统帅杨大眼、奚康生等人率领十多万步兵和骑兵去救援涡阳。裴叔业见到北魏士兵众多，就率领军队夜晚撤离。第二天，齐军士卒溃散逃跑，北魏士兵追杀，杀伤的人多得数不完。裴叔业返回涡口镇守。

起初，北魏中尉李彪，家境寒微贫贱，朝堂没亲人可以帮助他；李彪开始在代都游学，因为清渊人文穆公李冲喜爱志士，便全心归附于他。李冲也重视他的才华，礼遇于他，把他推荐给孝文帝元宏，代他在朝堂散播好名声，处理公务和私下交往，都推荐提携他。李彪担任中尉后，弹劾错误，不畏权贵，孝文帝元宏以为他有德，将他与汉代汲黯相提并论。李彪自认为已经结识了君主，不用再借助李冲，就慢慢疏远他，仅仅在公共场合见到李冲拱一拱手，不再有尊敬奉承之意，李冲渐渐厌恶他。

等到北魏孝文帝元宏向南征讨，李彪和李冲与任城王元澄一同管理留守的政务。李彪个性豪爽刚烈，议论、建议有很多与李冲不一样的地方，多次与李冲争论，彰显在神色、声音上；自认作为执法官员，无人能弹劾纠察，做事大多专权放纵。李冲非常憎恨，于是将李彪前后所犯错误罪行积累起来，在尚书省关押李彪，奉上奏表弹劾李彪："李彪傲慢犯法，公然僭越偷懒，趾高气扬，坐着轿子进出禁省，私自拿官家的东西，经常骑马，没什么顾忌。臣集聚尚书之下、令史之上的官吏，在尚书省首长坐的地方，当着众人的面把李彪所犯罪行状告他，审核罪行真假，李彪都承认了罪行。请就李彪所犯之事，罢黜李彪官职，交给廷尉判罪。”李冲又奉上奏表说：“臣和李彪相识，快二十年了。见他有才华、学识广博，刚毅正直，认为他是清高公正之人。后来慢慢觉察他急躁严酷，但还认为他对国家害处少好处多。皇上大驾南行之后，李彪担任度支尚书，我和他早晚一起做事，才知道他放任独断，没有忌惮，重视自己，疏忽他人，听到他的话，就像自古以来是难得的忠己恕人的贤人，考察他的作为，却是天下残暴奸佞之人。臣和任城王元澄谦虚结交他，委屈自己，好像依顺的弟弟尊奉凶残的哥哥，他所想要的，事情即使不成理由，也无不顺从受屈。按照事情寻求真实，都有具体的验证。假使臣选举的事都为实，理应在北荒将李彪斩杀，以歼灭纷扰政务的奸佞；假使所讲述的并无证实，理应将臣下放在四方边远地区，来将谗人的诬陷平息。”李冲亲自书写奏表，家人都不知道。

孝文帝元宏批改表奏，感叹惆怅很久，说：“留守机构没想到竟会到这种地步。”过了一会儿说：“道固（李彪字道固）可算是自满得没边了，仆射李冲也自满得够呛。”黄门侍郎宋弁向来怨恨李冲，跟李彪是同乡，感情很好，私下干预这事。司法机构判李彪为杀头大罪，孝文帝原谅了他，只是去除官职。

李冲性行厚重谦虚，关押李彪时，亲自数落李彪前后的缺失，睁着眼大声叫，将案几拿起砸人，都摔断裂了，御史吓得把泥涂在脸上，自缚双手向李冲请罪。李冲侮辱骂人，说话没忌讳，一下子发病，疯乱恐惧，言辞混杂，常一只手抓住另一只手大骂“李彪是个小人”，请医服药都无法治好，有人以为李冲是怒火伤肝，十多天就死了。孝文帝元宏痛哭不止，悲哀得不能控制，追封李冲为司空。

李冲精力旺盛，敏捷勤勉，长时间处理机要繁重的政务，案件堆积满桌，整日看案件，没有疲惫过，政务处理得都很好，仅仅四十岁就白了头发。兄弟六个，是四个母亲所生，年小时经常和兄弟们憎恨竞争。李冲得势之后，赏赐与俸禄都和兄弟一起享用，兄弟相处和睦敦厚。但他多方引荐同族和姻亲，暗地授予官位，一家人一年的俸禄超越万匹布帛，因此当时的人都批评他。

北魏孝文帝元宏任命彭城王元勰为宗师，下诏嘱咐他监察宗室，有不接受教育的，就向皇帝上奏。

夏季，四月，甲寅日（初三日），齐国将年号改为永泰。

齐国大司马会稽太守王敬则，自认是高帝萧道成、武帝萧赜时的将领，心里不安。齐明帝萧鸾表面对他礼遇优厚，但心里对他怀疑防备，多次询问王敬则饮食情况，能否担任兵事；得知他年老，并且住的是内地的会稽郡，才稍微放心。前两年，齐明帝萧鸾调派领军将军萧坦之率领皇帝斋内的五百武装精锐的勇士去武进巡视齐高帝萧道成、齐武帝萧赜等皇上的坟墓。王敬则的几个儿子在都城，担心害怕，不知怎么办。齐明帝知道后，令王敬则的大儿子王仲雄从建康去会稽安慰王敬则。

王仲雄擅长弹琴，齐明帝将蔡邕的焦尾琴借给他用。王仲雄在齐明帝面前弹琴，创作了一首《懊憹歌》，其中有两句歌词是："经常感慨天下有负心的人，郎如今果然是这样子。"又接着唱道："你的作为居心叵测，怎能嫌恶别人的评价呢？"齐明帝更加对自己的猜忌感到惭愧。

齐明帝多次病危，于是任命光禄大夫张瓌为平东将军、吴郡太守，安排兵将来私下防御王敬则。朝廷上下传说，朝廷应该有大变动。王敬则听后，暗地说："建康的东边如今还有谁？只是要降服我而已；东边哪里是容易降服的？我最终不接受皇上的金罂！"金罂，是指鸩酒。

徐州行事谢朓的妻子是王敬则的女儿，王敬则的儿子太子洗马谢幼隆调派正员将军徐岳将情况以及准备造反的计划告知谢朓，并说"你同意我的计划，能向我的父亲王敬则告知"。谢朓捉住徐岳，快马向齐明帝上奏。王敬则的城局参军徐庶，家住京口，他的儿子暗地将事情告知徐庶，徐庶又告诉了王敬则的五官掾（官名）王公林。王公林是王敬则的同宗之人，王敬则视他为心腹。王公林劝王敬则赶快写奏章送去，请求齐明帝赐死他的儿子，连夜坐船独自返回都城。王敬则下令司马张思祖写奏折上诉，过些时候，王敬则说："假使是这样的情况，我在京都的几个儿子，应有信来到，暂且再等一夜看吧！"

当晚，王敬则召集僚佐文武人员玩樗蒲，对他们说："你们大家想要我有什么计划？"无人敢先应答。防阁丁（官名）兴怀回应说："您只能造反了！"王敬则不回答。第二日，王敬则召集台传御史钟离人祖愿、山阴令王询，王敬则拿着刀，脚跟不着地坐着，询问王询等人："如今能征发多少士兵？仓库有多少钱？粮食有多少？"王询说："县里的兵力顷刻之间不能集结。"祖愿说："仓库的东西大多还没运送进来。"王敬则很生气，要将他们斩首，王公林又劝勉说："事情都能悔恨，只是这事不能懊悔；您怎能不再考虑一下？"王敬则将口水往他脸上吐，说："我行事，跟你小子有什么关系？"王敬则起兵谋反，招集兵马，发配兵服，两三天便发兵。

前任中书令何胤，辞官归隐在若邪山，王敬则想将他挟持来担任自己的尚书令。长史王弄璋等人规劝说："何胤清廉归隐，必定不会顺从；不顺从，就杀了他。起大事先杀有名的贤臣，大事必定不会成。"王敬则于是罢休。何胤是何尚之的孙子。

庚午日（十九日），北魏调派州郡二十万士兵，约定八月中旬在悬瓠集聚。

北魏赵郡灵王元干逝世。

齐明帝萧鸾得知王敬则反叛，将王幼隆和他的哥哥员外郎王世雄（"世"应作"仲"）、记室参军王季哲、王幼隆的弟弟太子舍人王少安等人收押斩杀。王敬则的长子黄门郎王元迁率领一千人在徐州抵抗北魏军队，齐明帝下令徐州刺史徐玄庆将他斩杀。前任吴郡太守南康侯萧子恪为萧嶷的儿子。王敬则谋反，以尊称萧子恪做皇帝为名号，萧子恪逃跑，下落不明。始安王萧遥光劝齐明帝萧鸾将高帝萧道成、武帝萧赜的后代都斩杀，于是齐明帝将各王侯都召集入宫。晋安王萧宝义、江陵公萧宝览等人住中书省，高帝萧道成、武帝萧赜的后代住西省，下令每人只带两个侍卫，超越这个人数就按军法处置，年龄小的和奶娘一同进入。当晚，齐明帝萧鸾下令太医煮二斛花椒水，嘱咐都水（官名）打造几十具棺木，在三更天，将这些人全部杀了。南康侯萧子恪光脚跑回来，二更之时到了建阳门，投名片上奏。时间到了，齐明帝萧鸾还没起床，中书舍人沈徽孚和皇帝所亲近的侍从单景隽一同商议将事情稍微后置。不久，齐明帝醒来，单景隽上奏萧子恪到了。齐明帝吃惊地询问："还没斩杀吗？还没斩杀吗？"单景隽将情况仔细上奏。齐明帝靠着床说："萧遥光差点耽误了事。"于是奖赏各王侯供给酒菜，第二日，将他们打发回府邸。令萧子恪担任太子中庶子。萧宝览是萧缅的儿子。

王敬则带领一万武装军队渡过钱塘江。张瑰调派三千士兵在松江抗击王敬则，张瑰的军队听见王敬则大军的击鼓之音，一时混乱败走，张瑰将吴郡丢弃逃向民间。王敬则以高帝萧道成、武帝萧赜以前将领的名义反叛，十几万百姓拿着竹篙，拿着铁锹跟着他；到达晋陵，南沙人范修化暗杀县令上延孙回应他。王敬则路过武进入齐高帝、齐武帝的陵墓时，大声哭着通过。乌程人丘仲孚担任曲阿令，王敬则的前锋军队突然进攻，丘仲孚对众官和百姓说："敌军乘胜而来，气势虽盛，但都是乌合之众，容易分散。如今若能将船舰藏起，将长冈埭凿破，使河水泻下来阻止他们的路；只要能拖延几天，援军就会来到，这样，事情就会成功。"王敬则的大军到来，河水干涸，军队停下无法前进。

夏季，五月，壬午日（初二日），齐明帝萧鸾下诏前军司马左兴盛、后军将军崔恭祖、辅国将军刘山阳、龙骧将军、马军主胡松在曲阿长冈修筑堡垒；右仆射沈文季担任持节都督，在湖头驻守，预防京口方向的叛乱。崔恭祖是崔慧景的同族。王敬则急切地进攻兴盛、山阳两个城堡，朝廷军队抵抗不了，想撤回，可是却解不了围，各自拼命应战。胡松率领骑兵从王敬则军队的后面袭击，跟随的百姓没有武器，都害怕逃散。王敬则的军队败了，王敬则想找马匹再迎上去，没能找到。崔恭祖把王敬则刺倒在地，兴盛军官（应依《南齐书》作军容，军官的称号）袁文旷将他的头颅砍了。夏季，乙酉日（初五日），将王敬则的头颅送到建康。

此时齐明帝萧鸾的病情很严重，王敬则突然于东方叛乱，朝廷害怕震惊。太子宝卷让人上屋顶，远望征虏亭着火，认为王敬则进攻到了，穿着兵服想逃跑。王敬则得知此事，开心地说："檀公（檀道济）三十六个计策，逃跑算是好策了，我料定你们父子只有逃跑一条路而已！"那是当时人讥笑檀道济畏惧魏军逃跑的话。王敬则叛乱，声势浩大，不过几天就被打败了。

军队讨伐叛贼，晋陵的百姓因为跟随王敬则，按法判死刑的很多。太守王瞻上表说："百姓易被鼓动，不值当完全依法判罪。"齐明帝萧鸾答应了，保全了好几万人的性命。王瞻是王弘之的后代侄孙。

齐明帝萧鸾赏赐谢朓告密的功勋，升调他为尚书吏部郎。谢朓上表三次推辞，齐明帝不答应。中书怀疑谢朓所享有的官阶低下，没什么好推辞的。国子祭祀沈约说："现在做小官不推辞，已经成为风俗。吏部郎谢朓现在破格提升，他推辞另有一番想法。谈到推辞，也为人情之常，那和官位大小有何关联呢？"谢朓的妻子常常藏着刀，想要杀谢朓，谢朓不敢见她。

秋季，七月，北魏彭城王元勰奉上奏表请求将自己一年的郡王俸禄、官职的职俸和朝廷赏赐亲属的抚慰费用作为财政费用。孝文帝元宏下诏说："割舍自己的俸禄维护国家，道德是非常高远。官职的职俸就停止发放，亲属安慰费和彭城国秩任由你享受三分之一。"壬午日（初三日），又下诏削减皇后一半的府库，六宫妃嫔婢女、五服亲戚在内的男女供给抚恤费也削减一半，在军队服役的五服亲戚，抚恤费削减三分之一，以提供军队的赏赐。

夏季，癸卯日（二十四日），太子中庶子萧衍任雍州的刺史。

己酉日（三十日），齐明帝萧鸾在正福殿逝世。留下遗诏说："徐令（尚书令徐孝嗣）可以再次封加为开府仪同三司。沈文季可担任左仆射，江祏担任右仆射，江祀能做侍中，刘暄能做卫尉。军事能交给陈太尉（陈显达）；朝廷政事，无论大小都交付徐孝嗣、江祏、萧坦之、萧遥光，大事和沈文季、刘暄、江祀商量讨论。重要的政务能托付给刘悛、萧惠休、崔慧景。"

齐明帝萧鸾性格猜忌，顾虑很多，很少出皇宫，从来不在南郊奉圭币祭祀上天。又很相信男女巫人，每次出去都要先卜测好坏。他去东就对外说去西，向南去就对外说往北。齐明帝开始得病，对外严格保密，听政看奏折，从不歇息。时间长了，下令让各机构从文簿中寻找白色的蠹书鱼为药，皇宫外的人才明白皇帝生病了。太子萧宝卷登位。

秋季，八月，辛亥日（初二日），北魏太子元恪从洛阳到达悬瓠面见孝文帝元宏。

壬子日（初三日），齐国奉朝请邓学进奉齐兴郡归降北魏。

孝文帝元宏犯境入侵齐国时，派使者调派高车国的军队协助。高车人害怕远走，尊立袁纥树者为君王，叛变向北逃跑。孝文帝元宏调派征北将军宇文福征讨高车，被打败回来，宇文福获罪除去官爵。孝文帝又下令平北将军江阳王元继监督北伐诸军事，去征讨叛军，怀朔之东都在他的约束管辖之下，依旧守卫平城。元继是拓跋熙的曾孙子。

秋季，八月，在兴安陵将明皇帝萧鸾下葬，庙号为高宗。东昏侯萧宝卷厌恶棺木摆在太极殿，想赶快入葬，徐孝嗣坚定抗争，才能安置一个多月。东昏侯萧宝卷每次到该哭丧时，都说咽喉痛。太中大夫羊阐入宫吊丧，他无头发，悲痛大哭，抬头俯首，方巾就掉在地上，东昏侯萧宝卷停下哭泣，大声笑出来，对旁边人说："秃鹫叫着来啦！"

秋季，九月，己亥日（二十一日），北魏孝文帝元宏得知高宗萧鸾逝世，下诏声称：按礼不征讨有丧事的国家。率领军队返回洛阳。庚子日（二十二日），下诏向北讨伐高车。

孝文帝元宏得病，很严重，十天不见朝臣，在旁边的仅有彭城王元勰等几个人罢了。元勰在里面侍奉汤药，在外面管理政务，远近的人对他非常恭敬，没人有其他的说法。右军将军丹阳人徐謇对医术有研究，他当时在洛阳，元勰赶快召他进见。他到了之后，元勰落泪握住他的手向他说："你能治好皇上的病，会得到额外的封赏；不然，会有难以预料的罪行；这不但是你自己的荣辱，也关联你个人的生死。"元勰又私下在汝水岸边建高坛，按照周公的惯例，祭拜天地和先祖，请求让自己代替孝文帝元宏死。孝文帝的病况稍稍有好转，丙午日（二十八日），从悬瓠进发，驻扎在汝水边，召集众官，让徐謇在上座入座，赞扬他的功勋，从鸿胪卿改封他为金乡县伯，奖赏他一万贯金钱，各王爷的额外封赏，都没少于千匹布帛。冬季，十一月，辛巳日（初四日），北魏孝文帝元宏到达邺城。

秋季，戊子日（十一日），萧宝卷册封妃子褚氏做皇后。

北魏江阳王元继进言："高车国愚昧顽固，逃避军役逃跑，假使要去追杀，怕因这件事扰乱安宁。请派使者，分别到六镇中高车人的军镇，检举逃跑的罪魁首领，将逃跑的首领斩杀，安抚其他人。假使高车人知错而参军，就让他们参加南伐的大军。"孝文帝下诏按他的提议去做。于是叛逃的人都自己返回了。元继先命人去安抚告诫袁纥树者。袁纥树者逃跑到柔然的边境，没多久自己知错，率领军队出来归降。孝文帝元宏称赞他，说："江阳王元继能承担重大的事情。"冬季，十二月，甲寅日（初七日），孝文帝元宏从邺班师返回。

林邑王范诸农入朝，在海中遇见大风浪，淹死了，追封他的儿子范文款为林邑王。

资治通鉴卷第一百四十二　齐纪八

起止己卯（公元499年），共一年。

【题解】本卷记录了公元499年，即小皇帝萧宝卷永元元年一年间南齐与北魏两国的大事。主要记录了北魏孝文帝作罢起用李彪之事；记录了冯氏家族衰落；魏军大胜齐军，缴获军资无数；魏主元宏病死军中；萧遥光发动叛乱，因东府失陷被杀；还记录了小皇帝萧宝卷的种种劣迹；萧宝卷杀萧坦之父子、刘暄、曹虎、许孝嗣、沈文季等重臣；老将陈显达起兵江州，在建康城下作战被杀；此外还记录了谢朓举报岳父王敬则叛乱，被萧宝卷下狱，死于狱中以及儒臣王肃仿照南朝为北魏制定官品、百司等等。

东昏侯上

永元元年（己卯，公元499年）

春季，一月，戊寅朔日（初一），齐国大赦天下，改年号为永元。

太尉陈显达率领平北将军崔慧景的四万大军去进攻北魏，想将雍州五郡收复。癸未日（初六日），北魏调派将军元英抗击陈显达的大军。

乙酉日（初八日），孝文帝元宏从邺出发返回洛阳。

辛卯日（十四日），齐国皇帝东昏侯萧宝卷在南郊祭祀上天。

冬季，戊戌日（二十一日），孝文帝元宏到达洛阳，途经李冲的墓地。当时他正得病，远远看见墓地就哭；召见留在京城的官吏，提到李冲，就流下泪水。

孝文帝元宏向任城王元澄说：“朕离京城后，以前的风俗有更改没有？”元澄回应说：“圣贤的教育每天都在更新。”孝文帝说：“朕入城，见车上的民妇还穿小夹袄，戴帽子，怎能说是每天更新？”元澄回应说："不穿代北衣服的多，穿代北衣服的少。"皇上说："任城王，你说的什么话？必定让全城的人都穿华服！"元澄与留下的官吏都脱下帽子请罪。

甲辰日（二十七日），北魏大赦天下。孝文帝元宏到达邺城时，李彪在邺城的南边前去接应叩拜请罪。孝文帝说："朕想起用你，想到李仆射，只有作罢。"安抚他，将他打发了。恰巧御史台令史龙文观进言："太子恂被关押时，曾亲手写所犯罪行，李彪不将它上传。"尚书上奏将李彪关押到洛阳。孝文帝认为李彪不会这样做，嘱咐不用绑着，用牛车拉他去洛阳，遇到大赦，李彪才得免罪。

北魏太保齐郡灵王元简逝世。

春季，二月，辛亥日（初五日），北魏令咸阳王元禧担任太尉。

北魏孝文帝元宏多年在外面，冯后与内官高菩萨私通。等孝文帝在悬瓠病重，冯后更加放肆，中常侍双蒙等人都是她的亲信。

宋王刘昶的儿媳是彭城公主，守寡独居，冯后请求自己的同母弟北平公冯夙迎娶她，孝文帝应允了；彭城公主不想，冯后强迫她。彭城公主私下和家仆冒着雨跑到悬瓠，向孝文帝诉苦，并将冯后的作为都说出来，孝文帝怀疑，暂且不说破。冯后得知彭城公主将秘密讲出，开始害怕，私下与母亲常氏找到女巫施法祈祷诅咒，说："假如皇上得病而死，我能如文明皇后那样辅佐年幼的君王临朝听政，就给你数不尽的财物报答。"

孝文帝返回洛阳，将高菩萨、双蒙等人收押，他们都认罪。孝文帝在含温室，夜晚劝冯后进入，赐她坐在东边楹柱旁边，下令高菩萨、双蒙等人说冯后淫秽的罪行。一会儿又召见彭城王元勰、北海王元详进入坐着，说："以前她是你们的嫂子，如今她是路人，只管进来，不要躲避。"又说："这个女人想用刀亲手穿破朕的肋胁！我因为她是文明太后家里面的人，不能废除她，只将她放在宫殿。她若有心，希望她知羞自尽，你们不用认为朕对她还有心意。"两个王爷走出，孝文帝下令冯后和他们辞别，冯后再拜，磕头于地，哭着流泪。她回后宫住着，那些妃子女婢依然用皇后的礼节对待她，只是孝文帝下令太子元恪不再拜见她。

起初，冯熙因文明太后哥哥的身份，迎娶恭宗（景穆太子拓跋晃）的女儿博陵长公主。冯熙有三个女儿，两个做了皇后，一个做了左昭仪，冯氏因此彰显权贵专宠为群臣之首，孝文帝封予的赏赐积累万万。博陵长公主生了两个儿子：冯诞和冯修。冯熙担任太保，冯诞担任司徒，冯修担任尚书、侍中，冯熙的庶子冯聿做黄门郎。黄门侍郎崔光和冯聿一起在禁中当差，崔光向冯聿说："您家族富贵旺盛，最终会衰落。"冯聿回答说："我家有何缺失的，而您无缘无故咒骂我？"崔光说："我不是咒骂您，事物太过兴盛一定会衰落，这是天地亘古不变之理，假使将古代的事推理，您真的不能不小心。"一年多以后，冯修败落。冯修性行好胜暴躁，冯诞经常规劝他，但是他不愿悔改，冯诞就对文明太后与孝文帝元宏奏表对他施以杖刑，因此冯修怨恨冯诞，找到毒药，嘱咐冯诞身边人将冯诞毒死。事情暴露，孝文帝想斩杀冯修，冯诞引咎自责，请求使冯修活下来。孝文帝也因他们父亲冯熙年龄大了，就打了冯修一百余棍，贬为平城平民。在冯诞、冯熙相继去世后，冯后也被废掉，冯聿也被弃用，于是冯氏衰落。

北魏任命彭城王元勰为司徒。

陈显达和北魏元英战斗，多次打败北魏军队。陈显达围攻马圈城四十天，城里米粮都吃完了，就吃死人肉和树皮。癸酉日（二十七日），北魏军队突然冲破包围逃跑，斩杀了好几千人。陈显达入城，士兵都抢夺城里的丝绢，就不再追击。陈显达又调遣军主庄丘黑进军攻打南乡，攻取了南乡。

孝文帝元宏向任城王元澄说："陈显达入侵，朕不亲自去一回，不能压制他。"春季，三月，庚辰日（初四日），孝文帝元宏从洛阳出发，下令于烈镇守京城，任命右卫将军宋弁为祠部尚书，管理七兵曹事来帮助他。宋弁熟悉官场勤勉执政，所蒙受的厚遇恩宠仅小于李冲。

癸未日（初七日），北魏孝文帝元宏到达梁城。崔慧景进攻北魏的顺阳，顺阳太守清河人张烈坚决抵抗。甲申日（初八日），孝文帝元宏调派振威将军慕容平城率领骑兵五千去援救。

孝文帝元宏生病之后，彭城王元勰经常住在宫中侍候汤药，日夜不离身旁，吃喝必定先尝试了再进奉。衣不解带，蓬头垢面。孝文帝得病时间长了，性格暴躁，容易生气，近侍不对心意，动辄就要斩杀；元勰察言观色，见机行事，多次纠正孝文帝的错误，挽救很多人的性命。丙戌日（初十日），孝文帝元宏任命元勰为使持节、都督中外诸军事。元勰推脱说："臣侍候皇上的疾病没有时间，怎能管理军务？想另外让一个王爷来掌握军权，臣可以一心伺候汤药。"孝文帝说："管理军务和伺候汤药，都依靠你了。我病到这种地步，担心不能好；平定六军、包围天下的，除你以外还有谁？怎能再另外托人，违反我推心置腹嘱咐的心思呢？"

丁酉日（二十一日），孝文帝元宏到达马圈城，下令荆州刺史广阳王元嘉截断均口，阻挡齐兵返回。元嘉是拓跋建的儿子。

陈显达率领大军渡过均水到达西岸，攻占了鹰子山，将士们心情惶恐沮丧，与北魏士兵战斗，多次战败。北魏武卫将军元嵩脱掉头盔，冲锋上阵，将士追随他杀敌，齐兵被打败。元嵩是元澄的弟弟。戊戌日（二十二日），将领崔恭祖、胡松以黑色帘幕将陈显达包裹，几个人扛着他，从小路由分碛山走出均水口去南面。己亥日（二十三日），北魏接收了陈显达军队好几亿的物资，奖赏给将士，追击到汉水边才返回。齐国左军将军张千被杀，死了三万多士兵。

陈显达北征时，大军进汋均口，广平人冯道根规劝陈显达说："汋均口水浪湍急，易行进，难撤退；北魏军队将险阻的隘口守住，那就到进退两难之境。不然就在酂城丢弃船只，从陆路行进，一营一营的士兵依次连接，敲鼓行进，攻打北魏一定能成功！"陈显达不听从他的提议。冯道根率领自己家的仆人、亲戚来参军，陈显达夜里被打败后，军队不认识山路，冯道根每遇到险峻之地，就将马停下指路，将士们靠他才能保全。齐国皇帝东昏侯萧宝卷下诏冯道根担任汋均口的戍副。陈显达一直有声名，在此时也受到很大损伤。御史中丞范岫上奏请求罢免陈显达的职位，陈显达自己也奉上奏表请求罢黜职务，齐国皇帝东昏侯萧宝卷都没应允，下令陈显达任江州刺史。崔慧景也丢弃顺阳返回。

庚子日（二十四日），孝文帝元跋宏病得很重，向北返回，到达谷塘原，向司徒元勰说："冯后长时间违反女德，我死之后，可赐她自尽，用皇后礼节安葬她，也许能避免将冯氏的丑事泄露出去。"又说，"我的病更严重了，也许不能好。虽然战败了陈显达，但还没平定天下。后嗣幼小羸弱，社稷所能依靠的，只有你了。霍光、诸葛孔明凭借异姓臣子之身受命托孤，况且你为亲近贤臣，能不勉励吗？"元勰哭着说："一介平民，还能为知己献出生命；况且臣是先帝之子，皇上的亲弟弟呢？臣凭借亲人的身份，长时间参加朝廷大事，威望和恩宠显赫光辉，四海无人能及；所以臣敢于承接而不推脱，正仰仗着皇上像日月一样的光明，原谅臣遗忘引退的错失而已！如今又委托我任元宰，将朝廷政权总揽，有震撼君主的名声，自取罪行是必定的了！以前周公是圣人，成王是最贤明的君王，还不免被猜疑，况且是臣呢？皇上恩宠臣，最终恐怕不能实现臣善始善终的好名声。"孝文帝沉默了许久，说："仔细想想你说的话，我也很难反驳。"于是孝文帝元宏亲自写下诏命告知太子元恪说："你叔父元勰，高雅清逸，不接纳好的奖赏，和白云一般高洁；厌恶荣华，丢掉印绶，用清高的松竹存心。我年少时与他友谊固结深厚，不忍心与他分开。等我死之后，你要听从他辞去显贵的官职，了解他谦抑冲淡的想法。"任命侍中、护军将军北海王元详任司空，镇南将军王肃为尚书令，镇南大将军广阳王元嘉为左仆射，尚书宋弁为吏部尚书，和侍中兼太尉元禧、尚书右仆射元澄等六个人帮治理政务。

夏季，四月，丙午朔日（初一日），孝文帝元宏在谷塘原逝世。

高祖孝文帝元宏很疼爱几个弟弟，一直不变。孝文帝以前淡定地对咸阳王元禧等人说："我的后代子孙，如果不肖，你们看情况，能帮忙就帮忙，不能帮忙就夺取政权，不要被他人抢占去。"孝文帝元宏依靠贤能之人，敢于听从善意的劝谏，治理事务勤勉精通，早晚不怠慢。他经常说："为君王怕的是在心里不能公正，诚心对待事物。能做到这两件事的，即便是北胡南越之人，都能使他们像兄弟一样。"孝文帝执法严格，对于大臣无宽假包庇，但是犯了小错误，经常忽略不计。曾经在食物中发现虫子，左右侍从捧送羹汤将孝文帝的手误伤，孝文帝都笑着原谅了。祭祀天地，迎五行的神仙，祭祀宗庙以及春分秋分祭祀太阳、月亮，孝文帝没有不亲自主持的。每次外出巡行用兵和游玩，有司上奏修路，孝文帝就说："大概修整，方便车马畅通就行，不要将青草除了，将草地铲没了。"在淮水南岸进军，就如在境内一般。严禁士兵践踏毁坏谷物、稻作；有时砍了百姓的树木来供给军队，都留有丝绢补偿。宫室不到万不得已不修整，衣服破烂了，洗干净再穿着，马勒口和马鞍仅仅是铁木制作。孝文帝年小时力气大，擅长射箭，能用手指弹碎羊的肩胛骨，射击禽兽无不中的。十五岁之后，就不再打猎。经常对史官说："今时之事不能不按照事实写。为君王的威福全部在自己手中，无人能掌控他；假使史书再不写他的缺点，还有何害怕忌讳的呢？"

彭城王元勰和任城王元澄谋划，以为陈显达离开还不远，怕他知道孝文帝驾崩，全军出动，追掩威胁，于是密不报丧，搬用孝文帝的卧车，只有两王与旁边几个人明白孝文帝已死。元勰进出脸色没什么两样，送进饮食，侍奉医药，上奏请求孝文帝决定判断，跟平常一样。几天之后，到达宛城，夜晚将卧车推进郡城的办事听讼之处，增加棺材收敛，仍然一路拉着卧车，里外无人知情。调派中书舍人张儒奉命下诏召见太子元恪，暗地将事情告知京城留任的于烈。于烈安置应做和应保留的，举动没有什么更改。太子元恪到达鲁阳，看见孝文帝元宏的棺木，才公布丧事。丁巳日（十二日），太子元恪登位，大赦天下。

彭城王元勰跪在嗣君元恪的面前呈上孝文帝元宏的遗诏。东宫官属大多怀疑元勰有谋反之心，私下防备他，但元勰对他们推心置腹，全依人臣礼仪尊奉新主，最终不再出嫌隙。咸阳王元禧到达鲁阳，驻扎城外勘察，害怕有叛乱，好久之后才进城，元禧向元勰说：“你这一路上，辛苦勤勉，的确危险。”元勰回答说：“兄长年龄大些，见识渊博，所以明白有安全也有危险；彦和身骑着虎，手拿着蛇，倒也不感觉困难。”元禧说：“你恨我来晚了而已！”

元勰等人因为高祖孝文帝元宏遗诏下令赐死冯后，北海王元详嘱咐长秋卿白整进宫给冯后吃毒药，冯后呼喊逃跑，不愿喝药，她说：“皇帝怎会有这种心思，是那些王爷想杀我而已！”白整抓住她，逼迫她，她喝毒药死了。发丧到达洛阳之南，咸阳王元禧等人听到冯后死了，相互看着，说：“假使无遗诏，我们兄弟也应该做主将她除掉；怎能使一个品德有损的妇人主宰天下，杀害我们呢？”赐她谥号为幽皇后。

夏季，五月，癸亥日（五月无此日），齐国皇帝东昏侯萧宝卷加封抚军大将军始安王萧遥光为开府仪同三司。

丙申日（二十一日），北魏在长陵下葬孝文帝，庙号为高祖。

北魏世宗宣武帝元恪想起用彭城王元勰为宰相，元勰好多次上奏孝文帝元宏遗意，请求听从自己一直以来的理想，宣武帝元恪对着他悲伤痛苦。元勰不停请求，于是任命元勰为使持节、侍中、都督冀、定等七州诸军事、骠骑大将军、开府仪同三司、定州刺史。元勰还是坚决辞官；宣武帝元恪不应允，他只得赴任。

北魏任城王元澄因为王肃是寄居的江南人，权力却在自己之上，很不服气。适逢齐国归降之人严叔懋揭发王肃策划逃返江南，元澄就严禁王肃去尚书省。任城王元澄入朝，呈奉上奏表说王肃谋划叛乱，主事的官员审核之后，却无证据。咸阳王元禧等人禀报元澄专横囚禁宰辅，宣武帝元恪罢黜元澄的官职，让他返回自己的府邸，不久派他出任雍州刺史。

夏季，六月，戊辰日（二十四日），宣武帝元恪追封生母高氏为文昭皇后，和高祖孝文帝元宏一同接受拜祭，将以前的坟墓增饰修整，称为终宁陵。追封文昭皇后的父亲高飏为渤海公，谥号为敬，使他的嫡孙高猛继承官位；册封皇后的哥哥高肇为平原公；高肇的弟弟高显为澄城公；三人在一天接到封号。宣武帝元恪一直不认识各位舅舅，此时赏赐头巾、衣服，才召见他们，他们都害怕得不知该做何；几天以内，他们的地位变得显赫。

秋季，八月，戊申日（初五日），北魏引用高祖孝文帝元宏的诏书，三夫人之下的妃嫔，都打发返回原本的家。

齐国皇帝东昏侯萧宝卷在东宫做太子时，就不爱学习，无节制地嬉闹；他性格内敛，很少说话。萧宝卷登位之后，不与朝堂官员接触，信任宦官和旁边执刀的护卫、接受命令的应敕。

当时，扬州刺史始安王萧遥光、尚书令徐孝嗣、右仆射江祏、右将军萧坦之、侍中江祀、卫尉刘暄轮流在内省当差，分派日子在群臣奏章后面签署意见。雍州刺史萧衍得知这个法制，向堂舅录事参军范阳人张弘策说："一国有三个公，还不能承受，况且六个贵人在一朝，权势一定相互计算，将要发生乱事了。躲避灾祸，寻求福利，没有比雍州更好的地方。我的几个弟弟都在京都，只怕遭受灾患，应再与管理益州的兄长萧懿商量商量。"于是私下和张弘策探讨兵备，别人都没有参与；集合了一万勇武的士兵，砍伐很多大竹木材，沉到檀溪底，将割下的茅草聚集得像山丘一样，但都不应用。中兵参军东平人吕僧珍察觉到他们的意思，也暗下准备几百张船上使用的大盾牌。以前，吕僧珍担任羽林监，徐孝嗣想安插引进他到尚书省任职，吕僧珍明白徐孝嗣不会长久，坚持请求追随萧衍。此时，萧衍的哥哥萧懿放弃益州刺史的官职返回建康，依旧管理郢州政务。萧衍调派张弘策劝导萧懿说："如今六个贵人一起做事，各自下令，争夺权势，瞪眼怒视，将计划消灭对方。主上萧宝卷做东宫太子时，一直没有好名声，亲近旁边的一些小人，残忍、肆虐，疾猛、轻躁，怎能将政权交付给六个显贵，皇帝只有虚位，怎能完成诺言？忌惮已经积压很久，必定会大肆杀戮。始安王萧遥光想象西晋赵王司马伦一样起兵夺权，他的事情显露；但他性格猜忌，度量很小，只有获得灾祸而已。萧坦之刻薄猜疑，又喜在别人之上；徐孝嗣听从指挥，受限于人；江祏没有决断；刘暄懦弱昏庸；一旦灾祸发生，朝廷上下，一定土崩解散。我们兄弟幸运地守卫京外的城镇，应替自己筹划，趁如今皇帝东昏侯萧宝卷还没有起防备猜疑之心，应将几个弟弟都召回，我害怕情势危急之时要拔腿逃跑都无路可逃了！郢州衔接荆州、湘水，雍州兵强马壮，时局安定，就全力尽忠朝廷，情势乱了，就扶正救济，跟随大势决定进退，这是万全的计划。不尽早图谋，到时反悔都来不及了。”张弘策又表明了自己的见解，规劝萧懿说：“凭借你们兄弟的勇敢神武，天下第一，攻占郢州、雍州，为百姓请愿，罢除昏君，册立明君，易如反掌，这是像齐桓公、晋文公一样的伟业啊！不要为那些软弱无能的小子骗了，死后被人讥笑！雍州刺史萧衍揣想着时机已成熟，请你能认真筹划一下。”萧懿不听从。于是萧衍将他的弟弟骠骑外兵参军萧伟与西中郎外兵参军萧儋接应到襄阳。

起初，齐高宗武帝萧鸾临死嘱托几位王公，但大多将心腹大事托付江祏、江祀兄弟，江祏、江祀挨着在殿内当班，连皇帝东昏侯萧宝卷的行为举动都要干涉。东昏侯萧宝卷稍微要按照自己心思行动，徐孝嗣不敢反对，萧坦之经常有不同的见解，而江祏遵照高宗武帝萧鸾的遗令，相当坚定，东昏侯萧宝卷很恨他。萧宝卷旁边会稽人茹法珍、吴兴人梅虫儿等被萧宝卷托付信任，江祏经常裁断制约他们，茹法珍等人咬牙痛恨。徐孝嗣向江祏说：“皇上一有不一样的地方，你怎能全部违背他的意思驳回？”江祏说：“我仅按照先帝遗留下来的嘱咐，不会使各位担心。”

东昏侯萧宝卷德行缺失的事渐渐显露，江祏提议废除他，册立江夏王萧宝玄。刘暄以前为萧宝玄处理郢州事务，做事情非常严苛。有人进献马匹，萧宝玄想要去看，刘暄说：“何必看马？”王妃请求吃炖猪肉，下面的人请求刘暄，刘暄说：“鹅早上已经煮了，不用劳烦再煮这个。”萧宝玄生气地说：“舅舅果真没有怜爱外甥的情谊。”因此刘暄忌惮萧宝玄，不同意江祏的提议，想册立建安王萧宝寅。江祏暗地寻找始安王萧遥光商议，萧遥光自认为年纪较大，想要夺取大位，用巧妙的暗示劝动江祏。江祏的弟弟江祀也以为年小的君王很难辅佐，劝导江祏立萧遥光为皇上。江祏徘徊不定，去咨询萧坦之。萧坦之那时正为母亲守丧，朝廷让他担任领军将军，他对江祏说：“册立明帝，已不按照程序，天下人到如今还不服；假使再这样做，只怕天下民心散失，我不敢说什么！”于是返回自己家宅依旧服丧。

江祏、江祀私下对吏部郎谢朓说：“江夏王萧宝玄年纪小，假使不能承担社稷大任，怎可再次改立新君？始安王萧遥光年龄虽大，进宫继承帝统，不会违反百姓的期望。并不是用这来换富贵，正是为求得国家安定而已！”萧遥光又派他信任的丹阳丞南阳人刘沨私下向谢朓说明意愿，想拉他做党羽，谢朓不回复。不久，萧遥光下令谢朓管理卫尉的政务，谢朓很害怕，就将江祏的计划告知太子右卫率左兴盛，左兴盛不敢揭发。谢朓又劝说刘暄说：“始安王萧遥光只要在南面为皇，则刘沨、刘晏就是您如今的地位，将您看成是反复无常的人！”刘晏，是萧遥光的城局参军。刘暄装作很吃惊，快马禀报萧遥光和江祏。萧遥光将谢朓调任到东阳郡，谢朓看不起江祏，江祏坚定地请求斩除他。萧遥光关押谢朓，交给廷尉，和徐孝嗣、江祏、刘暄等一起上书：“谢朓鼓动里外之人，随意贬低皇上，暗地讨论宫中的禁令，诽谤皇亲贤臣，随意讨论朝廷的宰辅。”因此谢朓死在监牢里。

刘暄想到萧遥光做了皇帝，自己就丧失了天子舅父的显贵，不同意江祏的提议；因此江祏考虑很久都没有决定。萧遥光很生气，派身边的人黄昙庆去青溪桥暗杀刘暄。黄昙庆见到刘暄带了很多属下，不敢做事，刘暄觉察到，于是揭发江祏的计划。皇帝东昏侯萧宝卷下令关押江祏、江祀兄弟。当时江祀在内殿当班，怀疑有变化，派人对江祏说：“刘暄好像要谋反，如今作何打算？”江祏回答说：“正应安坐来镇住他们。”不久皇帝东昏侯萧宝卷下诏令召见江祏，除去他中书省的官职。起初，袁文旷斩杀王敬则，按照功劳应赏赐，江祏坚决不赏；皇帝东昏侯萧宝卷嘱咐袁文旷斩杀江祏，袁文旷把刀环捣着江祏的胸口，说：“你还能夺取我的赏赐不能？”江祏与弟弟江祀都被杀死。刘暄得知江祏等人死，在梦中惊醒，跑到房子外面，问旁边人：“关押我的命令到达没有？”许久之后，心神平静下来，坐回房中，大为悲痛，说：“不是思念江氏兄弟，是自己替自己悲伤啊！”

从此皇帝东昏侯萧宝卷没什么害怕的了，更加放任自我，日夜与旁边的嬖幸在后堂敲鼓大叫、骑马寻乐，经常在五更睡，到下午申时才起床。众臣节日和朔日上午朝见他，要在申时之后才去，有时等到日暮时分，皇帝东昏侯萧宝卷也不出来。各机构的政务奏折，几十天后才有回复，有的就下落不明；宦官们包着鱼肉携带回家，都用的是尚书五省黄色的奏折。皇帝东昏侯萧宝卷以前学骑马，极为畅快，转头对旁边的人说：“江祏严禁我骑马，这小子假使还活着，我哪会这般？”于是问：“江祏的亲人还有谁留下？”旁边人回应说：“江祥如今在东冶。”皇帝东昏侯萧宝卷在马背上写命令，赐死江祥。

始安王萧遥光一直有谋反之心，与他的弟弟荆州刺史萧遥欣私下计划起兵占领东府，他嘱咐萧遥欣率领大军从江陵顺流而下，约定好日期进发，但萧遥欣得病死了。江祏被害，皇帝东昏侯萧宝卷召见萧遥光进殿，告知他江祏的罪，萧遥光害怕，返回中书省，装作发疯大喊大哭，说有病不再入宫。以前，萧遥光的弟弟豫州刺史萧遥昌逝世，他的私人武装都被萧遥光管理。等到萧遥欣的棺木返京，在东府秦淮水渚停留，很多荆州士兵送丧。皇帝东昏侯萧宝卷斩杀江祏、江祀之后，考虑萧遥光心里不会平静，想任命他为司徒，嘱托他返回始安王宅第养病，召见他进宫当面传谕。萧遥光害怕被杀，乙卯日（十二日）申时，他在东府东门集聚豫州、荆州两州下属，召来刘沨、刘晏等借用讨伐刘暄的名号谋划起兵。晚上，萧遥光派遣几百人攻陷东冶，释放囚犯，在管理御刀剑的尚方得到武器。又召来骁骑将军垣历生，垣历生跟随信使来到。萧坦之的府邸在东府城之东，萧遥光派人趁其不备抓他，萧坦之还没穿衣服就爬墙逃跑，向皇宫跑去，在路上遇见游逻主颜端，颜端抓住萧坦之。萧坦之告诉他萧遥光谋反，颜端不信，自己前去观看，了解真相后，给萧坦之马，两人一同入宫。萧遥光又到尚书左仆射沈文季的府邸偷袭沈文季，想让他担任都督，但沈文季已入宫。垣历生规劝萧遥光带领城里的士兵晚上进入皇宫，用车子装着荻草去烧毁城门，说："主公只管乘车跟在我后面，很易攻取皇宫。"萧遥光犹豫不决。天渐渐亮了，萧遥光穿着官服去外面听取政事，下令士兵准备好武器攀爬城墙，颁布赏赐。垣历生又规劝他进军，萧遥光不想，盼望皇宫内自己有变。太阳升起之后，有一部分军队来到。皇宫里的人得知有人叛乱，大家心里都担心迷惑，快天亮时，皇帝东昏侯萧宝卷又下诏召见徐孝嗣，徐孝嗣进宫，人心才安定下来。左卫将军沈约得知有叛乱，奔跑到西掖门；有人劝勉他穿兵服，沈约说："皇宫正吵嚷不安，见我穿着军服，也许认为我和萧遥光是一起的。"于是穿着朱红礼服入宫。

丙辰日（十三日），皇帝东昏侯萧宝卷下诏，因特殊情况赦免建康的囚徒，朝廷内外戒严。徐孝嗣之下的人镇守皇宫，萧坦之带领军队征讨萧遥光。徐孝嗣心里怀疑害怕，和沈文季穿着兵服一同坐在南掖门上，想与沈文季一起商量此时的情形，沈文季就用别话引开，最终没能谈论。镇军司马曹虎驻扎在青溪大桥，左兴盛驻扎在东篱门，萧坦之镇守在湘宫寺。众军包围萧遥光所在的东城，从三面烧毁司徒府。萧遥光调派垣历生由西门外出迎战，朝廷军队多次被打败，军主桑天爱被斩杀。萧遥光叛乱时，询问咨议参军萧畅的建议，萧畅严厉回绝表示反对。戊午日（十五日），萧畅和抚军长史沈昭略私下从南门逃出去，逃到皇宫投降，萧遥光士兵的士气低落。沈昭略是沈文季哥哥的儿子；萧畅是萧衍的弟弟。己未日（十六日），垣历生由南门出去应战，借机丢掉丈八尺的长矛归降曹虎，曹虎令人斩杀他。萧遥光很生气，从床上跳了起来，嘱咐斩杀垣历生的儿子。晚上，朝廷军队用火箭烧毁东北角楼，在夜里，东府城被攻陷，萧遥光返回小书斋帐幕里面，穿着衣服戴着帢帽，坐着，拿烛火为自己照明，下令属下反抗，书斋、房间都一层层加了好多枷锁，旁边的人都跳过屋子四处逃跑了。台军主刘国宝等率先进入，萧遥光听见外面大军到达，将蜡烛吹灭趴在床下。军人将房门撞破进来，在黑暗里将他拉出来，砍杀了。军队进入东府城，差不多将房屋烧光。刘沨返回家，被人杀害。荆州将领潘绍得知萧遥光叛乱，想要响应他。担任西中郎司马的夏季侯详召见潘绍讨论事情，乘机杀了他，荆州府城安定下来。

己巳日（二十六日），皇帝东昏侯萧宝卷任命徐孝嗣为司空，萧坦之为尚书右仆射、丹杨尹，右将军的职位保留不变；加封沈文季镇军将军，依旧为侍中、仆射；刘暄为领军将军，曹虎为散骑常侍、右卫将军。这都是奖赏平定始安王萧遥光的功勋。

北魏南徐州刺史沈陵来归降。沈陵是沈文季一族的子嗣。当时北魏徐州刺史京兆王元愉年小，官府政务都让长史卢渊裁决。卢渊了解到沈陵要叛乱，下令各城私下防备；卢渊多次向北魏朝廷禀报，北魏朝廷没有做出反应。沈陵于是斩杀将佐，带领宿预的士兵归降齐国，临淮水的各个把守据点因为提前防备才能保全。沈陵多年在边境，私下结识边境数州的人士。沈陵反叛之后，郡县抓捕押送的沈陵的党羽送到卢渊那里，卢渊安慰他们，特赦他们，只是将罪行归咎于沈陵一个人，大家心里才安定下来。

闰月，丙子日（初三日），齐国皇帝东昏侯萧宝卷册封江陵公萧宝览为始安王，奉祀始安靖王，做始安靖王萧凤的后代。

齐国皇帝东昏侯萧宝卷任命沈陵为北徐州刺史。

江祏事情败露后，皇帝东昏侯萧宝卷旁边捉刀、应敕之类的人都专横蛮纵，综览大权，被当时人称为“刀敕”。萧坦之残暴刚猛并专意顽固，嬖幸之人都惧怕厌恶他。萧遥光死后二十几天，皇帝东昏侯萧宝卷派延明殿主帅黄齐济率领军队包围萧坦之的府邸，斩杀他，还杀害了他的子嗣秘书郎萧赏。萧坦之的堂哥萧翼宗担任海陵太守，还没赴任，萧坦之向黄齐济说："我的堂哥海陵太守萧翼宗的家里不应受到牵连。"黄齐济说："海陵太守的宅第在何处？"萧坦之告知了他。黄齐济对皇帝东昏侯萧宝卷禀报，皇帝萧宝卷派黄齐济关押萧翼宗；搜索他的家，非常穷，只有几百张当东西的当票，黄齐济返回向皇帝东昏侯萧宝卷禀报，皇上特赦他不死，将他关押在尚方省做苦工。

茹法珍等人诋毁刘暄有反叛的心思，皇帝东昏侯萧宝卷说："刘暄是朕的舅舅，怎会有这种心思？"直阁新蔡人徐世标回答说："齐明帝萧鸾是齐武帝萧赜的堂兄弟，齐武帝萧赜对待他那样礼遇，他还是斩杀了齐武帝萧赜的后代；舅舅又怎么相信呢？"东昏侯萧宝卷于是斩杀刘暄。

曹虎擅长招降纳叛，每日常常有几百从中州来吃饭的人。曹虎年老小气，辞去雍州官职时，家里有五千万钱币，别的东西也价值五千万。皇帝东昏侯萧宝卷怀疑曹虎是高帝萧道成、武帝萧赜以前的将领，并想要他的财产，于是斩杀他。萧坦之、刘暄、曹虎新任官职，都来不及赴任就死了。

起初，高宗明帝萧鸾临终时，用郁林王萧昭业的事警告皇帝东昏侯萧宝卷说："该做大惩罚时，不能犹豫不断，落于人后。"皇帝萧宝卷多次和亲信密谋斩杀大臣，都是在短时间里进行，决定的事就不迟疑地做；大臣人人自危，不能自保。

秋季，九月，丁未日（初五日），齐国皇帝东昏侯萧宝卷任命征虏长史张冲为豫州刺史，豫州刺史裴叔业为南兖州刺史。

壬戌日（二十日），东昏侯萧宝卷因为多次斩杀大臣，大赦天下。

丙戌日（九月无此日），北魏宣武帝元恪拜祭长陵，想让旁边侍候的布衣人士吴人茹皓一起坐车。茹皓振衣即将登上车，给事黄门侍郎元匡上前劝谏，宣武帝元恪将茹皓推下车，茹皓吓得变了面色，退在旁边。元匡是元新城的儿子。

益州刺史刘季连得知皇帝东昏侯萧宝卷德行有损，于是放纵傲慢，刑法严酷，蜀人愤恨他。当月，刘季连率领军队偷袭中水，攻克不下。蜀人赵续伯等人兴兵叛乱，刘季连无法控制。

枝江文忠公徐孝嗣，凭借文人的地位，按诏听从，不表明不一样的建议，所以名位很高，还能保持很久。虎贲中郎将许准对徐孝嗣说明起事的机会，规劝他罢黜昏君另外册立贤主。徐孝嗣犹豫不决，以为没有用武之理；必须等皇上外出游览，紧闭城门，集聚百官集会商量将皇上废了。即使有这种心思，最终也不能下定决心。皇帝东昏侯萧宝卷身边嬖幸也慢慢厌恶徐孝嗣。西丰忠宪侯沈文季说自己年老多病，不参加朝堂的决断，侍中沈昭略向沈文季说："叔父年纪近六十岁，担任员外仆射，想用这种方法免除灾祸，哪能够实现愿望？"沈文季笑了笑没回应。冬季，十月，乙未日（二十三日），皇帝东昏侯萧宝卷召徐孝嗣、沈文季、沈昭略进华林省。沈文季登上车，转头说："这一去就怕回不来了。"皇帝东昏侯萧宝卷嘱咐外监茹法珍赏赐他们药酒，沈昭略很生气，责骂徐孝嗣说："罢黜昏君，册立贤主，是古今的好制度；宰相无才华，才会有今天的下场！"用酒杯投徐孝嗣的脸，说："让你成破相的鬼！"徐孝嗣喝下药酒，喝了一斗才死。徐孝嗣之子徐演娶了武康公主，徐况迎娶山阴公主，都被连坐。沈昭略的弟弟沈昭光得知抄家之人将来，家人规劝他逃跑，沈昭光不想丢下母亲，进屋，拉着母亲的手痛哭流泪，抄家的人斩杀了他。沈昭光哥哥的儿子沈昙亮逃跑了，免除祸患，得知沈昭光死后，感慨地说："一家人都被杀了，我活着有何意义！"自己割喉而死。

起初，太尉陈显达认为自己是高帝萧道成、武帝萧赜以前的首领，高宗明帝萧鸾时，心里害怕恐惧，深深压制自己，经常坐在破烂的车子里，在道路上随从护卫的仪仗，仅用十几个矮小瘦弱的人。曾伺候明帝萧鸾宴饮，酒喝得畅快，喝醉了上奏明帝萧鸾借用枕头。高宗萧鸾下令让下属给他，陈显达摸着枕头说："臣年纪大了，富贵已足够，只差个枕头睡着死了，特地向皇上求取它。"高宗萧鸾变了脸色，说："陈公喝醉了！"陈显达引用古礼七十致仕的旧例，想辞官归乡，高宗不答应。王敬则谋反时，陈显达率领军队反抗北魏，始安王萧遥光担心他有反叛的心思，上奏高宗想将军队调回；适逢王敬则乱事平定，于是作罢。等到皇帝东昏侯萧宝卷登位，陈显达更加不想在建康，非常开心能够外派去江州。以前得病，不让大夫诊治，不久就好了，面色上很不高兴。得知皇帝东昏侯萧宝卷多次斩杀大臣，还有传言皇帝萧宝卷要率兵袭击江州。冬季，十一月，丙辰日（十五日），陈显达在寻阳叛乱，嘱咐长史庾弘远等人向朝堂达官写信，数说皇帝东昏侯萧宝卷的罪行，说："要奉建安王萧宝寅为君主，等京城战争平定后，到西边前去接应大驾。"

乙丑日（二十四日），东昏侯萧宝卷任命护军将军崔慧景为平南将军，率领各路大军进攻陈显达；骁骑将军李叔献、后军将军胡松带领水军攻占梁山；左卫将军左兴盛率领前锋军队在杜姥宅驻扎。

冬季，十二月，癸未日（十二日），齐国朝廷任命辅国将军杨集始为秦州刺史。

陈显达从寻阳进发，在采石打败胡松，建康震动慌乱，百姓害怕。甲申日（十三日），陈显达在新林驻军，左兴盛带领各路军队抗击。陈显达在岸边安排很多营火，私下率军队趁夜色渡江，袭击宫城。乙酉日（十四日），陈显达带领几千人登上了落星冈，新亭的各路大军听见都逃跑了，守宫城的军队非常吃惊，紧闭城门，安排守备。陈显达骑马持着长矛，后面跟随着几百个步兵，在西州前与朝廷军队战斗，作战两回合，陈显达胜出，亲自斩杀几个人，长矛被折断。朝廷军队相继赶到，陈显达不能抗击，撤退，到达西州后面，骑官赵潭倾尽全力刺向陈显达，陈显达掉下马来，赵潭斩杀了他，陈显达的几个儿子都认罪被杀。长史庾弘远是庾炳之的儿子，在朱雀航被害。将用刑时，要戴上帽子，他说："子路临行时将巴帽缨系好，我不能不戴着帽子死。"对周围看的人说："我不是反贼，我是起义的兵，替诸军请愿而已！陈公太草率举事；假使他愿接受我的建议，天下将能免除涂炭之苦。”庾弘远的儿子庾子曜，搂着父亲请求为父亲受刑，执刑的将他一同杀了。

皇帝东昏侯萧宝卷斩杀陈显达，更加放纵蛮横，慢慢出去游玩走动，又不想让人见到；每次外出，先派人驱赶喝退所经过的百姓，只能将空房子留着。尉司敲着鼓为他清路，听见击鼓声的百姓，就要逃跑，来不及穿鞋穿衣，触犯法令的百姓随手就被杀。一个月一共外出二十几次，出去的时候也不说要去的地方，东西南北，没地方不去的。经常在三四更时，鼓声响起，火把的光满天通红，旗幡、兵戟横躺在路上，士民相继喧哗奔跑，老人小孩害怕惊恐，大叫号哭，堵塞路途，道路上禁止通行，不知该从何处出去。士、农、工、商荒废本业，取草砍柴的无路可走，吉庆凶丧之事不能按时举办。待产的妇人只有寄住远地去生孩子。有的车上拉着病人奔跑躲避，病人死在路上，只能把他丢弃，不能入殓下葬。巷路高悬很高的帐幔，安排带刀剑的士兵守卫，叫作“屏除”，也称为“长围”。东昏侯萧宝卷有一次到达沈公城，有个妇人生孩子没离开，于是剖开她的肚子，看小孩是男是女。萧宝卷又到过定林寺，有个年龄大的和尚得病，不能躲开，就藏在草丛里；皇上下令旁边的人射他，射出了一百支箭。皇帝东昏侯萧宝卷体力很好，能够拉到一斛五斗的硬弓。又爱好扛旗幡，白虎幡高七丈五尺，放置在牙齿上扛着，将牙齿弄断了也不疲劳。自己制造扛幡的用具，用金玉来装饰扛幡穿的伎衣，守卫在两旁占满，表现各种各样奇怪的姿态，一点也没有惭愧的面色。向东冶的营兵俞灵韵学习骑马，经常穿着彩织的罩甲，黄金薄片造成的帽子，持着七宝长矛，穿着劲装，迎着雨雪，不避陷阱深坑。奔驰得口渴劳累，就下马将腰间的马杓解开，舀水去喝，喝完后又上马奔跑走了。他又选择善跑的小人无赖为他逐马，旁边五百个人常常跟着自己。有时在集市经过忽然到亲近的人家探访，绕路来回走，走遍大城小巷；有时到郊外去射击野鸡，安排两百九十六处射击野鸡的地方，来回奔走，几乎没有时间休息。

王肃为北魏制定官位阶级，全部按照江南的调制。一共九品，每品分别有正、从二等，侍中郭祚担任吏部尚书。郭祚谨慎清廉，珍惜官位，每次挑选授予，虽为选拔人才，一定要考虑很久才下笔，说："这个人就有贵气了！"因此人们大多愤恨他，但他所选任的人没有一个不合格的。

资治通鉴卷第一百四十三　齐纪九

起止庚辰（公元500年），共一年。

【题解】本卷记录了公元500年，即东昏侯萧宝卷永元二年一年间南齐与北魏两国的大事。主要记录了南齐豫州刺史裴叔业向北魏请降，北魏夺得军事要地寿阳、建安；崔慧景反叛攻打建康，围攻宫城，萧懿领兵回救，崔慧景败亡，死于渔人之手。魏军击败齐军，占领淮南郡；萧宝卷宠信小人徐世标、茹法珍、梅虫儿、王咺之等，极力挥霍；萧宝卷杀了功臣萧懿与其弟萧畅，萧衍在雍州起兵；萧颖胄、萧衍假传“宣德太后”诏令，废黜萧宝卷，改立萧宝融，齐国西北的地方长官大多率州郡归附萧衍等等。

东昏侯下

永元二年（庚辰，公元500年）

春季，正月，初一皇帝接受群臣朝贺上朝，齐国皇帝东昏侯萧宝卷吃了早饭才出来，众臣才朝贺完，东昏侯萧宝卷就返回殿西的房间就寝。从巳时到了申时，百官在旁陪伴，都冷得仆倒，非常饥饿。东昏侯萧宝卷睡醒后，才出去与众臣见面，仓促间就见完了。

乙巳日（初五日），北魏大赦天下；改年号称景明。

豫州刺史裴叔业得知皇帝东昏侯萧宝卷多次斩杀大臣，心中不安，登上寿阳城，向北眺望肥水，对属下说：“你们要富贵吗？我办得到！”后来他改任南兖州刺史，心中不喜欢向内搬迁。适逢陈显达反叛，裴叔业调派司马辽东人李元护带领军队去救援建康，实际是去看看胜败，有意跟风转行，陈显达兵败，他的大军也被调回。朝堂猜疑裴叔业有谋反之意，裴叔业也让使者到建康观察情况，众人更加猜忌他。裴叔业哥哥的儿子裴粲、裴飏都在担任直阁，在殿中任职，非常害怕，丢弃母亲逃向寿阳，规劝裴叔业，认为朝廷必定会趁其不备偷袭，理应尽早打算。徐世檦等人以为裴叔业守卫边地，一旦感到威胁就勾结魏国派大军来帮自己，不容易掌控，向皇帝东昏侯萧宝卷禀报，调派裴叔业同宗的中书舍人裴长穆去传达旨意，特准裴叔业留在与州刺史任上。裴叔业还担心害怕，而裴植等人不住地规劝他。

裴叔业调派亲信马文范去襄阳，咨询萧衍保全自我的计划，说："天下局势是能了解的，怕不再有保全自我的方法。不如转脸向北投降魏国，还不失河南公的官位。"萧衍回应说："一群小人掌权，怎么会长久？计划迷茫，自然不会成功，只应将家人遣回京都来劝慰皇上。假使朝廷胁迫，就安置两万骑兵步兵，直接走出横江，斩断建康的救援，天下之事，就能一举奠定。假使要对北魏投降，北魏必定安排人来代替你，让你担任黄河以北一州的刺史，河南公还可再复得吗？这样一来，南归就无望了。"裴叔业犹豫沉默，不能决断，于是调派儿子裴芬之到建康做人质，也派人将信送给北魏的豫州刺史薛真度，咨询能否投降北魏。薛真度劝他尽早归降，说："假使情形急切才来，功勋很小赏赐就很少了！"薛真度多次暗地送信来往相应和。裴叔业要谋反的传言一直没中断过，裴芬之恐惧，又逃向寿阳。裴叔业就调派裴芬之和哥哥的女婿杜陵人韦伯奉命尽早归降北魏。丁未日（初七日），北魏调派车骑将军王肃、骠骑将军彭城王元勰率领十万步兵骑兵接应裴叔业，任命裴叔业为都督豫、雍等五州诸军事、使持节、征南将军、豫州刺史，赐封为兰陵郡公。

庚午日（三十日），东昏侯萧宝卷下令征讨裴叔业。春季，二月，丙戌日（十六日），东昏侯萧宝卷任命卫尉萧懿为豫州刺史。戊戌日（二十八日），北魏任命彭城王元勰为司徒，兼扬州刺史，守卫寿阳。北魏宣武帝元恪调派大将军李丑、杨大眼率领骑兵两千进入寿阳；又调派奚康生率领一千羽林军赶往。杨大眼为杨难当的孙子。

北魏军队还没过淮河，己亥日（二十九日），裴叔业就病死了。佐使官吏大多想推荐司马李元护管理州事，一两天议论没有结果，前任建安戍主安定人席法友等人以为李元护不是他们家乡的人，怕他有不一样的心思，就一同推举裴植管理州事，私下压下裴叔业死的消息，下达命令，处理政务，都是裴植所为。奚康生来到，裴植就开门迎接，仓库和城市的锁钥都交给奚康生。奚康生集聚城内有资历的老人，宣读魏国皇帝的诏书，给他们安慰赏赐。北魏任命裴植为兖州刺史，李元护为齐州刺史，席法友为豫州刺史，军主京兆人王世弼为南徐州刺史。

巴西郡百姓雍道晞聚集一万余人进逼郡城，巴西太守鲁休烈在城四周设防，亲自防御。春季，三月，刘季连调派中兵参军李奉伯带领军队五千人去援救，与巴西郡兵一起进攻雍道晞，斩杀他。李奉伯想发军征讨郡东的其余敌人，涪县县令李膺规劝说："将士懒惰，将领骄慢，乘胜追击到险要之地，不是完美的计策；不如稍微缓一缓，再想之后的计划。"李奉伯不听，将全部士兵都带进山，大败返回。

乙卯日（十五日），齐国朝廷调派平西将军崔慧景率领水军征讨寿阳，皇帝东昏侯萧宝卷在清道之后，亲自到琅琊城为他践行。皇帝东昏侯萧宝卷穿着军服在城楼上坐着，召见崔慧景单人骑马进入屏除围幔之内，没有一个人跟着他，才讲几句话，就告辞离去。崔慧景走出之后，很开心。

豫州刺史萧懿率领步兵驻守小岘，交州刺史李叔献驻扎在合肥。萧懿调派偏将胡松、李导士带领一万多士兵到达死虎。骠骑司马陈伯之率领水军沿淮水逆流而上，进发寿阳，在硖石驻扎。寿阳百姓大多谋划响应齐军。

北魏奚康生里外防守抵抗，关闭城门一个月，援军才来到。丙申日（三月无此日），彭城王元勰、王肃进攻胡松、陈伯之，大败齐兵，攻击合肥，活捉李叔献。统军宇文福向元勰说："建安为淮南重要守卫的据点，北魏、齐南北进攻的要道，能攻占它，则义阳就能筹划攻取，不能攻占它，很难保全性命。"元勰以为很有道理，宇文福去进攻建安，建安戍主胡景略自我捆绑出城归降。

己亥日（三月无此日），北魏皇弟元恌逝世。

崔慧景从建康进发时，他的儿子崔觉担任直阁将军，私下与他约定，崔慧景到达广陵，崔觉逃跑去跟着他。崔慧景走出广陵几十里，集聚各军主说："我承蒙高帝萧道成、武帝萧赜、明帝萧鸾三位皇帝厚重的恩惠，担受明帝萧鸾临终托孤大任。皇帝东昏侯萧宝卷愚昧狂妄，朝堂纪律混乱败坏，国家危在旦夕却不帮扶，责任全在今日。我想与你们一起创建伟业平定天下，如何？"大家都应允他，于是调派军队进军广陵。司马崔恭祖镇守广陵城，打开城门迎接他们。皇帝东昏侯萧宝卷听到变乱的消息，壬子日（十二日），东昏侯萧宝卷授予右卫将军左兴盛符节，监督建康水陆各军征讨崔慧景。崔慧景在广陵停留两天，聚集士兵渡过长江。

起初，南徐州、南兖州刺史江夏王萧宝玄迎娶徐孝嗣的女儿为王妃，徐孝嗣被杀害，东昏侯萧宝卷下诏江夏王解婚，萧宝玄愤恨萧宝卷。崔慧景令使者出使萧宝玄表示愿立萧宝玄做皇帝，萧宝玄斩杀他的使者，派人把守在京口城，皇帝东昏侯萧宝卷调派外监黄林夫、马军主戚平帮助把守京口。崔慧景将过江，萧宝玄私下与他相应，斩杀司马孔矜、典签吕承绪和戚平、黄林夫，打开城门迎接崔慧景，令长史沈佚之、咨议柳憕分别部署将士。萧宝玄坐着八人抬的平肩轿子，手持绛色的旗子，跟随崔慧景向建康进发。皇帝东昏侯萧宝卷派骁骑将军张佛护、直阁将军徐元称等六个将领把守竹里，修筑几个城来抵御。萧宝玄令人给张佛护送信说："我要自己返回朝廷，你为何要这么苦苦阻挡拦断我呢？"张佛护回应说："小人受朝廷的恩典很重，调派到这里建立小小的镇守据点，殿下回朝，尽管通过，哪能阻拦断路？"说着就向崔慧景的军队射箭，于是两边开始作战。崔觉、崔恭祖带领的前锋军队，都是贫穷浅薄之人，骁勇善战，又轻装进军，不烧火做饭，用几条船沿着长江载着酒食为军粮，每回见到军队在城中升起炊烟，就竭力进攻。官军无法做饭，因此受饥被困。

徐元称等人商量归降，张佛护不同意。崔恭祖等进攻城池，攻陷了，斩杀张佛护，徐元称归降，其他四个首领都死了。

乙卯日（十五日），齐国朝廷调派中领军王莹率领各军，占领湖头修筑堡垒，上面与蒋山西麓相连，手下有几万武装精良的部队。王莹是王诞一个曾祖的孙子。崔慧景到达查硎，竹塘人万副儿规劝崔慧景说："如今道路平地都被官军截断，不能想着从平地前进；只适合由蒋山慢慢开道，像龙尾拉地一样登上去，在他们意料之外而已！"崔慧景听从他，划分一千多人，连夜沿蒋山从西岩鱼贯下来，吵闹着到湖头堡垒中。朝廷军队害怕，即刻四处逃跑。皇帝东昏侯萧宝卷派右卫将军左兴盛带领皇宫内三万人在北篱门抵抗崔慧景，左兴盛听见消息就撤回了。

甲子日（二十四日），崔慧景走进乐游苑，崔恭祖带领十几个轻装骑兵突袭进了北掖门，又撤退出来，宫门紧紧关闭，崔慧景率领军队将粪成包围。东府、石头、白下、新亭各城都大败，左兴盛逃跑，进不了皇宫，逃进秦淮沙洲采荻的小船里面，崔慧景捉住他，将他杀了。皇帝东昏侯萧宝卷派人率兵出来闯阵，没有成功。崔慧景烧毁了御史台处事的地方，变成战场。守卫尉萧畅驻守在南掖门，管理城内事情，随时抵抗应付，大家的心才稍稍安定下来。崔慧景假传宣德太后的旨令，废除萧宝卷为吴王。

陈显达作乱时，皇帝东昏侯萧宝卷召见各王爷入宫。巴陵王萧昭胄因永泰元年被召入宫差点被杀而心生警惕，与弟弟永新侯萧昭颖假装出家为僧，逃向横江之西。萧昭胄为萧子良的儿子。崔慧景起义后，萧昭胄兄弟一同投奔他，崔慧景更立萧昭胄为皇，犹豫不决，不知怎样是好。

攻打竹里获胜，崔觉和崔恭祖抢功劳，崔慧景不能判决。崔恭祖规劝崔慧景以火箭烧毁北掖楼。崔慧景因为大事已经奠定，以后要再次建造，浪费很多工夫，不听他的建议。崔慧景喜说义理，也了解佛理，在法轮寺停下，跟客人高谈阔论，崔恭祖非常憎恨他。

当时豫州刺史萧懿在小岘驻兵，皇帝东昏侯萧宝卷派密使去告知他。萧懿正在吃饭，将筷子一扔站起来，带领军主胡松、李居士等几千人，从采石过长江，驻扎在越城，他们举起火把示意，台城中敲鼓大叫，庆幸援军来到。崔恭祖规劝崔慧景率领两千人拦截西岸救兵，使他们不能渡江。崔慧景认为皇宫不久要投降，外来的救援自然就会散开，不听。这时，崔恭祖请求进攻萧懿大军，崔慧景又不应允，只令崔觉率领几千精锐士兵过了秦淮南岸。萧懿大军在天渐亮时进攻战斗，战斗几个回合，萧懿的士兵都拼死作战，崔觉败了，有两千下属在秦淮战死。崔觉单马撤回北岸，凿了浮桥阻断萧懿大军，利用秦淮水阻止追兵。崔恭祖俘虏东宫女伎，崔觉逼迫他将女伎带走。崔恭祖积累愤恨，晚上，与崔慧景的手下勇将刘灵运一起到皇宫归降，崔慧景军心溃散，士气低落。

夏季，四月，癸酉日（初四日），崔慧景率领几个亲信离开大营，向北过了长江，城北各路大军不知情，还在为崔慧景抗御敌军。台城中的将士出城，右冲左突，斩杀几百人。萧懿大军渡过秦淮北岸，崔慧景剩余的部队都逃跑了。崔慧景包围皇宫，十二天就失败了，追随的人在路途中慢慢逃散，他独自骑马到达蟹浦，被渔人斩杀，将头放在鳅鱼篮里，挑着送到建康。崔恭祖被关押在尚方，没多久被杀。崔觉逃跑去做和尚，被抓到，认罪被杀。

萧宝玄刚到建康的时候，在东府城驻守，百姓大多去投奔聚集。崔慧景大败，找到朝堂内外投靠萧宝玄与崔慧景的名单，皇帝东昏侯萧宝卷下令将它烧毁，说："江夏王萧宝玄尚且如此，怎可再惩罚别人？"萧宝玄逃跑了几天才露面，皇帝东昏侯萧宝卷在后堂召见他，用步障（贵人出行屏蔽风寒尘土的行幕）将他包起来，命旁边几十个人在步障外面绕圈奔跑，吹号角，让人对萧宝玄说："你逼迫包围我时也是如此。"

起初，崔慧景想与处士何点做朋友，何点不搭理他。包围建康时崔慧景胁迫召见何点，何点在他驻扎的地方，与他整天谈论义理，不干涉军政。崔慧景大败，皇帝东昏侯萧宝卷想要斩杀何点，萧畅向茹法珍说："何点不引诱敌军，和他一起谈论义理，那后果不堪设想。照这样说，他还该赏赐！"皇帝萧宝卷才放弃。何点是何胤的哥哥。

萧懿走出小岘后，王肃也返回洛阳。边远地方往来的人胡乱传言说王肃要筹谋返回齐国；夏季，五月，乙巳日（初六日），齐国皇帝东昏侯萧宝卷下诏任命王肃为豫州刺史、督豫徐司三州诸军事、西丰公。

己酉日（初十日），江夏王萧宝玄认罪被杀。

壬子日（十三日），齐国大赦天下。

夏季，六月，丙子日（初八日），北魏彭城王元勰进封为大司马，兼领司徒；王肃被封为开府仪同三司。

居住在太阳山的蛮人田育丘等两万八千户归顺北魏，北魏安设四个郡十八个县。

乙丑日（六月无此日），齐国朝廷赦免了建康和南徐、兖两州投靠崔慧景的百姓。此前，崔慧景的叛乱平定后，东昏侯萧宝卷下诏免除他党羽的罪行，但嬖幸做事，不按照诏书，无罪但家产富裕的都污蔑成叛贼，斩杀他们，将他们的财产没收；真正依附贼人但家境贫困的都不追究。有人向中书舍人王咺之说："赦令无信，人们愤恨。"王咺之说："应该再次颁布赦令。"因此才有三地百姓被赦免。不久嬖幸任意斩杀又和从前一样。

此时，皇帝东昏侯萧宝卷身边被宠信的一共三十一人，黄门十人。直阁、骁骑将军徐世檦被皇帝萧宝卷委以信任，平常有所斩杀，都经由他的手。陈显达之事发生后，加封他为辅国将军；虽然崔慧景担任护军都督，但大权事实上在徐世檦手中。徐世檦也明白皇帝萧宝卷肆意无能，私下对他的同党茹法珍、梅虫儿说："哪一代没有坏皇帝，但我们的君主够坏的了！"茹法珍等人与他夺权，将这话告知皇帝萧宝卷，皇帝萧宝卷慢慢厌恶他的强悍凶猛，调派禁卫斩杀他，徐世檦抵抗死了。此后茹法珍、梅虫儿擅权做事，都担任外监，口述诏令；王咺之专门管理文书，和他们唇齿相依。

皇帝东昏侯萧宝卷叫所宠爱的潘贵妃父亲潘宝庆和茹法珍为阿丈，叫梅虫儿、俞灵韵为阿兄。皇帝萧宝卷与茹法珍等人到达潘宝庆家中，亲自拿水帮助厨夫做饭菜。潘宝庆依仗权势犯罪作奸，诬赖富人，他们的住宅、田地、财物，没有一样不是向皇帝禀奏，请求皇帝赏赐给自己的。一家都被诬陷，殃及亲戚邻居；潘宝庆又担心以后的祸患，将他们的男子都杀害了。

皇帝东昏侯萧宝卷几次到应敕之徒、左右御刀的家里宴饮寻乐，有吉庆凶祸，就去祝贺拜祭。

阉官王宝孙年龄十三四岁，外号称“伥子”，最为得宠，参加朝堂政事，即便王咺之、梅虫儿一类也对他低声下气。他掌控大臣，更改诏令，并且骑马进入皇宫，呵斥苛责皇帝，大臣看了，没有不屏气害怕的。

吐谷浑王伏连筹进献北魏，竭尽人臣礼仪，但在他管辖的境内，安设众官一如皇帝的制度，将邻国看成藩属。宣武帝元恪派遣使者责怪他，原谅了他。

冠军将军、骠骑司马陈伯之再次率领大军去进攻寿阳，北魏彭城王元勰抵抗他。魏国援军还没到，汝阴太守傅永带郡里的三千士兵去救援寿阳。陈伯之镇守的淮口很坚固，傅永远离淮口二十几里，就将船拉到汝水南岸，用水牛来拉船，直向南方走到淮河，下了船渡河，刚刚登陆南岸，齐兵也到达。正好是晚上，傅永私下进城，元勰开心极了，说：“我向北观望已经很长时间，害怕洛阳难以见到，没料到你能到达啊！”元勰令傅永带领大军进城，傅永说：“傅永此次来，想要击退敌人，就像王爷的命令，将与殿下一样遭受敌人的进攻，哪里是援救之意？”于是就驻扎在城外。

秋季，八月，乙酉日（十八日），元勰的将士一部分，与傅永一起在肥口进攻陈伯之，大败敌军，斩杀九千个头颅，虏获一万人，陈伯之脱身逃跑，淮南划入北魏的版图。

北魏派遣镇南将军元英带兵救援淮南，还没走到淮南，陈伯之已被打败，宣武帝元恪召元勰返回洛阳。元勰多次奉上奏表辞去大司马和司徒的职务，请求返回中山。宣武帝元恪不答应。下令元英管理扬州政务，不久任命王肃为都督淮南诸军事、扬州刺史，持符节去代替元英。

甲辰日（十七日），晚上，皇宫着火了。当时皇帝东昏侯萧宝卷出游还没返回，皇宫里的人出不来，外面的人不敢就打开后宫的门，等开了门，死的人互相依靠着，三十多间屋子被烧毁。

当时皇帝东昏侯萧宝卷恩宠的人，都称为鬼。有个赵姓鬼能诵读《西京赋》，向皇帝东昏侯萧宝卷说："柏梁殿火灾以后，于是建造了建章宫。"皇帝东昏侯萧宝卷于是就建造芳乐、玉寿等多个宫殿，用麝香涂墙壁，绘画雕刻装潢修饰，尽力追求华丽。营建之人从晚上一直忙到天亮，还不合皇帝东昏侯萧宝卷赶快盖成的心思。

后宫妃嫔的饰品，尽可能挑选珍贵奇特的，府库里原有的物品，供不应求。珠宝市场和民间的黄金珠宝，价格都提高了好多倍，建康酒税，让百姓折合黄金上缴，还嫌不够。将黄金雕刻成莲花贴于地，使潘妃在上面踏步，说："这真是步步生花呀！"又下令百姓上缴雉头红裘、鹤氅、白鹭缞。东昏侯萧宝卷旁边恩宠的人借机作奸求利，征课上缴十倍。又各自到州县请求代人收敛，折收现钱，不去缴纳州县，守宰都不敢讲出，再重新上缴。这样一直不断，前后不停，百姓财尽困苦，在路上大哭流泪。

军主吴子阳等走出义阳三关入侵北魏，春季，九月，在长风城和北魏东豫州刺史田益宗战斗，吴子阳等人战败返回。

萧懿进宫救援时，萧衍令亲信虞安福跑去劝说萧懿："斩杀贼人后，就有很难奖赏的盖世伟公。君王贤明时，还很难立足；况且朝廷混乱，怎可自己免除祸患？反贼灭除之后，仍安排军队进宫，做伊尹、霍光废昏庸君王之事，这是成就万世伟业的时机。不想这么做，就留下奏折返回历阳，说要抵抗外侮来拥兵自重，那么你的威势震动内外，天下有谁不从？解除兵权，接受很高的爵位，地位再高，没有兵权，你必定会悔恨。”长史徐曜甫也多加劝阻，萧懿都没听。

崔慧景死后，萧懿任尚书令。他有九个弟弟：萧敷、萧衍、萧畅、萧融、萧宏、萧伟、萧秀、萧憺、萧恢。萧懿因功劳担任宰辅，萧畅担任卫尉，掌管皇宫的锁钥。那时皇帝东昏侯萧宝卷进出没有节制，有人规劝萧懿趁他外出游走时，起兵废黜他，萧懿没听。皇帝东昏侯萧宝卷的嬖幸臣子茹法珍、王咺之等人害怕萧懿的权威，劝萧宝卷说："萧懿要做隆昌年间郁林王萧昭业被废的事，皇上的命只在旦夕之间。”皇帝东昏侯萧宝卷以为有道理。徐曜甫知晓这件事，私下在长江沙洲上准备小船，规劝萧懿向西逃向襄阳。萧懿说："自古人都有一死，哪有叛乱逃跑的尚书令呢？”萧懿的弟弟和侄儿都私下加以准备。冬季，十月，己卯日（十三日），皇帝东昏侯萧宝卷在尚书省赐毒药给萧懿。萧懿临死时，说："我的弟弟萧衍在雍州，我很为朝廷担心。”萧懿的弟弟、侄儿都逃到巷里，无人揭发他们，仅萧融被捉到杀了。

丁亥日（二十一日），北魏下令彭城王元勰为司徒、录尚书事，元勰坚定推辞，没被批准。元勰一直喜欢朴素恬静，不喜地位利益。高祖孝文帝元宏重视他遇事有才干，所以让他掌权，虽然有遗诏，但被世宗宣武帝元恪劝留。元勰每次违背性情当官，就悲哀叹气。他外表俊美，威严端庄得像神一样，和人交往都合乎规矩，进出言行说笑，观看之人都会忘记疲劳。看重崇尚文史，管理政务一有余闲，就不停批阅，谨慎小心，一直不犯过失；虽是自己一个人，也无怠惰的姿态。尊敬儒雅之士，全心以礼相待。勤俭朴素清高严正，家里没有因私事拜访的人。

冬季，十一月，己亥日（初三日），北魏东荆州刺史桓晖进犯边境，攻取竿戍，齐国两千多户归顺。桓晖是桓诞的儿子。

起初，皇帝东昏侯萧宝卷怀疑雍州刺史萧衍图谋不轨。后来荥阳人郑植的弟弟郑绍叔，担任萧衍治下宁蛮府的长史，皇帝东昏侯萧宝卷命令郑植用探望郑绍叔的名义，去杀萧衍。郑绍叔知晓后，私下禀报萧衍，萧衍在郑绍叔家中设宴，对郑植开玩笑说："朝廷派你来暗杀我，现在大家清闲饮宴，正是夺取我性命的好时机呀！"主客听到都笑了。萧衍又下令郑植四处观看城池、府库、士兵、器械、舟舰。郑植出去了，向郑绍叔说："雍州的兵力，不易攻取啊。"郑绍叔说："哥哥返回，将事情仔细告知皇上：假使要进攻雍州，郑绍叔请求凭借这些士兵决一死战。"将郑植送到南岘，两人拉着手悲痛分别。

萧懿被杀后，萧衍得到消息，夜晚，召见张弘策、吕僧珍、长史王茂、功曹吉士瞻、别驾柳庆远等人进府商量计策。王茂是王天生的儿子，柳庆远是柳元景弟弟的儿子。乙巳日（初九日），萧衍集聚僚属，对他们说："昏庸的君主肆虐残暴，罪行大过商纣，我应与你们一起除去他。"当天，竖起大旗，征召士兵，得到一万多武装的军士，一千多匹马，三千艘船，捞起檀溪的竹子、木头打造军舰，用茅草搭篷顶，事情立即办成。诸将争夺大盾牌，吕僧珍将准备的拿出，每条船给了两张，争夺才平息下来。

此时，南康王萧宝融担任荆州刺史，西中郎长史萧颖胄代替他管理府州事务，皇帝东昏侯萧宝卷调派兼巴西、梓潼两郡太守、辅国将军刘山阳率领军士三千去赴任，途经江陵，和萧颖胄大军袭击襄阳。萧衍知晓此计划，调派参军王天虎到达江陵，向荆州官员和西中郎府官员四处送信，声称说："刘山阳逆流西上，想要夺取荆州和雍州。"萧衍向各将领僚佐说："荆州人一直都害怕襄阳人，再加上唇亡齿寒，怎会不私下和我们同心？我们聚集荆州、雍州两州大军，敲鼓向东进军，即便韩信、白起复活，也不能为建康仔细谋划；况且凭他一个无能的君王役使那些御刀、应敕之类的人呢？"萧颖胄收到信，犹豫不决。刘山阳到达巴陵，萧衍又下令王天虎送信给萧颖胄与其弟南康王属下萧颖达。王天虎走后，萧衍向张弘策说："用兵之道，攻心为上。近期调派王天虎到荆州去，人人都接到信。如今驿站马车走得很急切，仅有两封信给萧颖胄兄弟，信中写着'王天虎当面向你们陈说’；萧颖胄兄弟咨询王天虎，王天虎却说不出，王天虎是萧颖胄的亲信，荆州和西中郎府的官员必定以为萧颖胄和王天虎背后有阴谋，人们都会对他产生疑惑。刘山阳受众人的迷惑，必定会迟疑不决，萧颖胄无论前进后退，都很难自己表达自己的清白，一定会掉进我们的陷阱。这是用两张空信就安定了一个州啊。”

刘山阳到达江安，犹豫了十几天，不前行。萧颖胄非常害怕，不知该怎么办，夜晚，召见西中郎城局参军平定人席阐文、咨议参军柳忱，关闭书房商量。席阐文说：“萧衍饲养军士马匹，不是一时之事。江陵人一直害怕襄阳人，江陵士兵和襄阳士兵相比又寡不敌众，要进攻雍州，一定不可控制，就算能掌控，现在就像岁暮天寒，最终不会被朝廷所接纳。杀了刘山阳，和雍州一同起事，拥立皇帝来调令诸侯，则霸业可成。刘山阳徘徊不前，那是不相信我们。如今斩杀王天虎，将他的头颅寄去，就能以之消除他的担心。到那时谋算他，没有不成功的。”柳忱说：“朝廷悖理狂妄，越来越厉害，京师的显贵朝臣无人不是交叠着脚，屏息不出气。幸亏我们在远地，才能够拖延时间保全自己。雍州送信之事，是要让我们和刘山阳相互斩杀罢了。没见到萧令君萧懿的下场吗？率领几千精兵，打败崔氏将士十万，却被那些邪恶之人所害，灾祸相续。‘以前的教训没有忘记，便是以后做事的榜样’。雍州士兵精锐，粮草很多，萧衍神武的雄姿举世无双，一定不是刘山阳所能抵抗。萧衍打败了刘山阳，荆州又得承担违反命令使刘山阳失败的责任，我们已经进退两难，理应好好考虑。”萧颖达规劝萧颖胄听从席阐文等人的计谋。天亮时，萧颖胄向王天虎说：“你与刘辅国相识，如今不得不借你头颅。”于是斩杀王天虎，将头给刘山阳看，调动百姓、牛只、车辆，声称：“要调派步兵征讨襄阳。”刘山阳很开心。甲寅日（十八日），刘山阳到达江津，白服单车，率几十个侍卫去拜见萧颖胄，萧颖胄令以前的汶阳太守刘孝庆等人在城内设伏士兵，刘山阳进入江陵城门，将他杀害在车上。副军主李元履收整余下的军队请求归顺。

柳忱是柳世隆之子。萧颖胄担心担任西中郎司马的夏侯详不同意，告知柳忱，柳忱说："简单。近期夏侯详来联姻，我还没答应他。"于是将女儿嫁给夏侯详的儿子夏侯夔，将这个计划告诉了他，夏侯详听从了。乙卯日（十九日），用南康王萧宝融的教导戒严治装，又下谕赦免囚犯，布施恩德，颁布赏赐。丙辰日（二十日），以南康王萧宝融的名义任命萧衍为都督前锋诸军事、使持节。丁巳日（二十一日），以南康王萧宝融的名义任命萧颖胄为都督行留诸军事。萧颖胄有度量才华，起事之后，非常虚心，军心都归顺他。因为咨议参军乐蔼、同郡中兵参军刘坦和别驾南阳人宗夬是州人推荐信任的，所以军府的计划筹谋，每件事都咨询他们的建议。萧颖胄、宗夬将自己的财产米谷奉献出和换借富人的财资来帮助军需。长法寺的和尚一直很富贵，用黄金铸造金龙，一共几千两，埋进土中，萧颖胄取来供给军费。

萧颖胄让使者将刘山阳的头送给萧衍，而且说这两个月不利于军事行动，应到明年二月发兵。萧衍说："开始起事，所依靠的是一时猛锐骁勇的心思，一件接一件，还怕怠慢怀疑，一百天不发兵，必定产生怨恨之心。十万军队不动，粮食用品自会用完；像孩子标榜不一的想法，大事就不能成功。行事已安排好，怎能半路放弃呢？以前武王伐纣，做事和太岁相反，难道还要等待时间吗？"

戊午日（二十二日），萧衍奉上奏表规劝南康王萧宝融称帝，南康王不答应。十二月，萧颖胄和夏侯详转交檄文给建康的众官和各州郡牧守等官员，数落皇帝东昏侯萧宝卷和梅虫儿、茹法珍的罪行。萧颖胄调派西中郎参军南郡人邓元起进攻夏口，冠军将军天水人杨公进攻湘州，军主王法度因不愿派兵被罢黜官职。乙亥日（初十日），荆州将领僚佐规劝萧宝融称帝，萧宝融仍不答应。夏侯详之子骁骑将军夏侯亶担任殿中主帅，夏侯详私下召见他，夏侯亶从建康逃跑到荆州。壬辰日（二十七日），夏侯亶到达江陵，说奉宣德太后谕令："南康王萧宝融理应继承皇位，正等候肃清皇宫，还没称大号；现可赏赐十郡，封为宣城王、相国、荆州牧，赐黄钺，挑选众官，西中郎府职权、南康王爵位依然保留。大军到达台城近前，主事就预备法驾迎接。”

竟陵太守新野人曹景宗派亲信规劝萧衍前去接应南康王萧宝融，在襄阳建都，定下尊号，后发兵，萧衍不听。王茂暗地对张弘策说：“如今将南康王萧宝融放于他人萧颖胄手中，他们挟天子以令诸侯，使持节（萧衍）发兵向前，任人差遣，这哪里是长久之计呢？”张弘策将这些话告知萧衍，萧衍说：“假使前方大事没成，不论贵贱都是死路一条；能打胜，则威震四海，哪会平庸地受人处分呢？”

起初，陈显达、崔慧景叛乱，人心不安，有人对上庸太守杜陵人韦叡咨询当时时事，韦叡说：“陈显达虽然是以前的将领，并不是现代有名的奇才；崔慧景经历不少事，但是懦弱不威武，他们被诛灭全族也是自然。以后平定天下的，大约就是我们雍州的将领吧！”于是命令两个儿子主动与萧衍认识。萧衍起事时，韦叡带领郡兵两千人倍道兼程去投奔他。华山太守蓝田人康绚带领三千郡兵投奔萧衍。那时冯道根正为母亲守丧，带领能胜任军事的乡人子弟都去投靠萧衍。梁、南秦两州刺史柳惔也起事回应萧衍。柳惔是柳忱的哥哥。

皇帝东昏侯萧宝卷得知刘山阳死了，颁发诏书征讨荆州、雍州。戊寅日（十三日），东昏侯萧宝卷下令冠军长史刘浍担任雍州刺史；调派骁骑将军薛元嗣、制局监暨荣伯率领士兵与一百四十多艘运输粮食的船，移交郢州刺史张冲，让他抵抗西边大军。薛元嗣等人因为刘山阳死亡的警醒，疑惑张冲，不敢向前，在夏口浦停留；得知西边大军即将来，于是想一起进入郢城。前任竟陵太守房僧卸任返回建康，到达郢城，皇帝东昏侯萧宝卷下令房僧寄镇守鲁山，另任骁骑将军。张冲与他结盟调派军主孙乐祖率领几千人帮助房僧寄镇守鲁山。

萧颖胄给武宁太守邓元起写信，安抚他。张冲对邓元起一直很好，大家都规劝他回郢州，邓元起向众人大喊说：“朝廷肆虐无能，斩杀宰辅大臣，小人揽权，在路上也不见衣冠人士。荆州、雍州两州一起揭竿而起，还害怕大事不成？我的母亲现在在西边乡下，假使大事失败，我被无能朝廷斩杀，我也庆幸除去了不孝的罪行。”当天就收拾好行装上路，到达江陵，担任西中郎中兵参军。

湘州行事张宝积调动大军镇守，不知应归顺哪方。杨公则攻陷巴陵，进攻白沙，张宝积害怕，请求归降，杨公则走进长沙，安慰接受他。

这一年，北秦州刺史杨集始率领一万多士兵从汉中向北边进发，计划复原以前的领地。北魏梁州刺史杨椿率领步兵和骑兵五千人出发，在下辩驻守，将一封信送给杨集始，用利害关系来引导他，于是杨集始率领他的下属一千多人归降北魏，北魏人将他原本的武兴王爵位还给了他，让他返回守卫武兴。

资治通鉴卷第一百四十四　齐纪十

起止辛巳（公元501年），共一年。

【题解】本卷记录了公元501年，即齐和帝萧宝融中兴元年一年间南齐与北魏两国的大事。记录了咸阳王元喜叛乱失败被杀；魏主宣武帝元恪宠信茹皓、赵修与外戚高肇，北魏开始衰弱；张欣泰、鸿选、胡松等人和萧子良的儿子萧昭胄、萧昭颖先后图诛萧宝卷，都失败被杀；萧衍势如破竹，建康危在旦夕，王珍国、张稷等联合侍卫杀死萧宝卷；萧衍废除萧宝卷弊政，颁行新条令；此外还记录了魏主未能乘机伐齐，错失良机；以及崔慧景之子崔偃为萧宝玄和崔慧景平反，萧衍把崔偃下狱致死，等等。

和皇帝

中兴元年（辛巳，公元501年）

春季，一月，丁酉日（初二日），齐国皇帝东昏侯萧宝卷任命建安王萧宝寅为车骑将军、开府仪同三司，晋安王萧宝义为司徒。

乙巳日（初十日），南康王萧宝融正式担任相国，大赦。萧宝融任命萧衍为征东将军，杨公则为湘州刺史，萧颖胄为左长史。戊申日（十三日），萧衍从襄阳出发，留下弟弟萧伟管理府州政务，萧憺镇守防卫襄阳城的据点，府司马庄丘黑守卫樊城。萧衍走后，州中的士兵和仓储备用物品全部空虚。齐兴太守颜僧都、魏兴太守裴师仁都不承认萧衍的命令，发兵攻取襄阳，萧伟、萧憺率兵在始平拦截，将他们打败，雍州才平定下来。

北魏咸阳王元禧官任众臣之上的辅政太尉，不理政事，骄傲贪婪，淫荡奢侈，多做违法之事，北魏宣武帝元恪很厌恶他。元禧调派仆人找领军于烈讨要皇上的禁军，使他们带着兵器保护自己出入宫廷。于烈说：“皇上服丧之时，事务让宰辅大臣决定。领军仅知晓管理宿卫的事，皇上没有下诏，不敢违反规定徇私。”元禧的仆人惆怅返回。元禧又命人对于烈说：“我是皇上的叔父，官任宰辅，我的要求，和诏命有何不同？”于烈严厉地说：“于烈不是不明白王爷的权贵，怎奈王爷派自己人讨要皇上的羽林！于烈的头可得，羽林不可得！”元禧很生气，下令让于烈担任恒州刺史。于烈不肯外派，坚定推辞，元禧不答应；于烈就说得病不愿出来。

于烈之子左中郎将于忠官任直阁，经常在宣武帝元恪旁边侍候。于烈嘱咐于忠告诉宣武帝元恪说：“各王爷专横独揽，居心叵测，理应尽早罢黜，自己总揽大权。”北海王元详也私下将元禧的罪行向宣武帝元恪禀报，而且说彭城王元勰非常得人心，长时间辅政不合适。宣武帝元恪认为他们的话很有理。

当时要举行宗庙春季的礿祭，王公众臣都在宗庙东边的别屋集聚。宣武帝元恪晚上命于忠向于烈说：“明早见到皇上，该有计划。”天刚亮，于烈到达朝堂。

宣武帝元恪下令于烈率领直阁六十几个人，颁布圣旨面见咸阳王元禧、彭城王元勰、北海王元详，卫士保护着他们送到宣武帝元恪所在之地。元禧等人在光极殿觐见宣武帝，宣武帝元恪说：“恪昧理寡德，继承皇位。最近染病身体孱弱，仰仗各位叔父，我能延续生命，历经三年，各位叔父勤勤恳恳，如今要归隐辞官，我就亲自管理百官，各位暂时返回公府办事之地，我将另外有安排。”宣武帝元恪又向元勰说：“最近南北政务繁多，不应允我顺从您谦逊的操守。恪是怎样人，胆敢长时间违反先帝的遗令？如今就成全叔父高远的志向。”元勰叩谢恩德说：“皇上谦恭孝顺，遵循先帝的诏令，对上完成圣明之德，对下顺遂微臣心愿，感谢皇上的恩德，想念先帝之情，禁不住又悲又喜。”庚戌日（十五日），宣武帝元恪下诏元勰凭借王爵返回府第，元禧升调为太保；元详担任大将军、录尚书事。尚书清河人张彝、邢峦得知宣武帝元恪的计划不同往常，便逃跑了，跑出洛阳城，被御史中尉中山人甄琛弹劾，宣武帝元恪下诏书严正地责罚他们。又下令于烈担任领军，加封车骑大将军，在禁中长久当值，军国大事，都可以参加。

北魏宣武帝元恪那时才十六岁，不能亲自决定各项事务，就交给旁边的人。他宠爱的臣子茹皓、上谷人寇猛、赵郡人赵修、赵郡人王仲兴、外戚高肇和南阳人赵邕等开始专揽大权，北魏的政治慢慢衰退。最宠爱赵修，一月之内，多次升迁直到光禄卿；每次升调，宣武帝元恪都到他的住宅亲自设宴，王公百官都跟着道喜。

辛亥日（十六日），齐国皇帝东昏侯萧宝卷在南郊祭天，大赦天下。

丁巳日（二十二日），宣武帝元恪在太极前殿接见众臣，告知他们自己亲自管理的心境。壬戌日（二十七日），宣武帝元恪任命咸阳王元禧为太尉，广陵王元羽为司徒。宣武帝元恪带领元羽到内殿，亲自赐给他职位，元羽坚定推却，说："彭城王元彦和原本不想接受司徒的官职但皇上勉强授给他，如今他刚被罢黜皇上就将它给我，必定招来众人的讥议。"司徒于是任命元羽为司空。

春季，二月，乙丑日（初一日），南康王萧宝融任命竟陵太守曹景宗为郢州刺史，邵陵王萧宝修为荆州刺史，冠军长史王茂为江州刺史。

甲戌日（初十日），北魏大赦天下。

壬午日（十八日），齐国皇帝东昏侯萧宝卷调派羽林军进攻雍州，朝廷内外进行戒严。

甲申日（二十日），萧衍到达竟陵，下令王茂、曹景宗为前锋，派中兵参军张法安镇守竟陵城。王茂等人到达汉口，各将领商量一起派兵包围郢州城，分出兵力进攻西阳、武昌。萧衍说："汉水注进长江的地方，宽度不达一里，假使船从水中进发，两岸敌人将箭密集射来，房僧寄一定率领大军坚定地防守鲁山城和郢城相互响应；假使率领军队前进，房僧寄必定阻断我军的退路，返回都来不及。不如调派王茂、曹景宗率军渡过长江和荆州的大军汇集，进逼郢城；我自己包围鲁山城，保证沔水、汉水的通畅，让郧城、竟陵的运粮船并排下来，江陵、湘中大军陆续到来，士兵众多，食粮充足，还担心不能攻破两个城池？天下大事，不费心力就能成了。”于是想萧衍使王茂等人带领大军过长江，在九里停留。张冲调派中兵参军陈光静打开城门应战，王茂等人大胜，陈光静被杀，张冲绕城抵抗。曹景宗顺势占领石桥浦，江陵和荆州的大军相继顺流而下，直到加湖。

荆州调派军主王世兴、冠军将军邓元起、田安之率领几千人在夏首和雍州士兵会合。萧衍在汉口兴建堡垒来镇守鲁山的军队，萧衍下令水军主义阳人张惠绍等人在长江中巡视阻断，斩断郢州、鲁山两城的书信来往。杨公则率湘州大军到夏口汇集。萧颖胄下令荆州各军接受杨公则的调度节制，萧颖达也归属他管。

南康王相国府商量派人管理湘州的政务，很难决定人选。西中郎中兵参军刘坦向众人说：“湘州之地的风土人心，很易滋扰叛乱，很难让他们信服。启用武官管理，就容易肆虐侵扰百姓；启用文士策略威望就不能施展，要安定湘州，使军民不缺乏饮食，没人比我更好了。”于是南康王任命刘坦为辅国长史、长沙太守，管理湘州政务。刘坦以前在湘州，很多人接受过他的恩德，前去接应他的人在路上络绎不绝。他下了车，挑选可承担事务的官员划分到十个郡，调动民丁输送上交的三十余万斛米粮，救援荆州、雍州的军队，军需就不再缺少粮食。

春季，三月，萧衍调派邓元起进攻占领了南堂西边的沙洲，王世兴驻扎在曲水的旧城，田安之在城北驻守。丁酉日（初三日），张冲得病死去，张冲的儿子张孜和骁骑将军薛元嗣、征虏长史、江夏内史程茂一起镇守郢城。

乙巳日（十一日），南康王萧宝融在江陵登基，改年号为中兴，实行大赦。兴建宗庙和南北郊的方泽、圜丘，州府城门都按照建康皇宫的规划，安设尚书五省，把南郡太守改称南郡尹，任命萧衍为左仆射，南郡太守为京畿尹，晋安王萧宝义为司空、萧颖胄为尚书令，建安王萧宝寅为徐州刺史，冠军将军萧伟为雍州刺史，散骑常侍夏侯详为中领军，庐陵王萧宝源为车骑将军、开府仪同三司。丙午日（十二日），南康王萧宝融下诏封庶人萧宝卷为涪陵王。乙酉日（三月无此日），下令加封萧衍为征东大将军、都督征讨诸军事，赐给黄钺。尚书令萧颖胄兼行荆州刺史事。当时萧衍的大军驻守在杨口，和帝萧宝融调派御史中丞宗夬来抚慰军队。宁朔将军、新野人庾域婉言对宗夬说："黄钺还没赏赐，不能统率诸王侯。"宗夬返回西边台城，就有了这个命令。薛元嗣调派军主沈难当带领几千艘轻快的小船，阻断水流渡江来应战，张惠绍等进攻俘虏他们。

癸丑日（十九日），东昏侯萧宝卷任命豫州刺史陈伯之为都督前锋诸军事、江州刺史、假节，向西进攻荆州、雍州。

夏季，四月，萧衍走出沔水，下令王茂、萧颖达等人发兵进逼郢城；薛元嗣不敢出来应战。诸位将领想进攻郢城，萧衍没答应。

北魏广陵惠王元羽和员外郎冯俊兴的妻子有奸情，晚上元羽到冯俊兴家，被冯俊兴捉住殴打，元羽忍住没有声张；夏季，五月，壬子日（十九日），元羽逝世。

北魏宣武帝元恪亲政之后，他所亲近宠爱的人专权揽势，王公很难见到皇上。咸阳王元禧心中不安，斋帅刘小苟经常对元禧说，听皇上旁边人说要杀咸阳王。元禧更加害怕，于是与氐王杨集始、杨灵祐、乞伏马居、王妃的哥哥给事黄门侍郎李伯尚等人策划谋反。适逢宣武帝元恪去北邙打猎，元禧与他的同党在城西小屋见面，想调动军队进攻皇上，元禧派长子元通暗地进入河内举兵响应。乞伏马居规劝元禧："返回洛城，安排大军紧闭城门，皇上必定向北返回桑乾，殿下可斩断黄河的桥，在黄河南边做皇帝。"众人对前进后退建议不一，元禧心里更加不平，从天亮到了申时，犹豫不决，于是约定不外泄秘密，就散开了。杨集始出来后，跑到北邙告密。

在宣武帝元恪寝宫执勤的苻承祖、薛魏孙与元禧谋划，当天，宣武帝元恪在佛塔的遮阴下睡着，薛魏孙想谋杀皇上，苻承祖说："我得知杀皇上的人，会身患麻风疾病。"于是薛魏孙放弃了。不久宣武帝元恪醒来，杨集始也到达。宣武帝元恪旁边之人都出外追逐走兽飞禽，当班保护皇帝的人没有几个，忙乱之间不知怎么是好。左中郎将于忠说："臣的父亲率军留在京城，想来已有准备防止叛乱，不会有什么担心的。"宣武帝元恪调派于忠骑马去观察，于烈已经分派士兵严密防御，使于忠返回北邙上奏："臣虽年老，还能运用心力，这些人狂妄，不值得担心。希望皇上禁止行人，开辟道路，慢慢转回，来安抚民心。"宣武帝元恪很高兴，从华林园返回皇宫，摸着于忠的背说："卿大概符合我的心意！"

元禧不知道事已泄露，和姬妾及左右侍从到洪池别墅留宿，让刘小苟拿着奏折，说是巡查田亩检查收成情况。刘小苟到达北邙，遇见军人，他们责怪刘小苟穿红衣，想斩杀他。刘小苟急切困窘，就说要告发叛乱之事，军人这才暂时不杀他。有人向元禧说："殿下集聚众人商量起事，意思都已表明了却不做，必定会泄露，今晚怎能自我宽解？"元禧说："我自己的身体，理应明白自我珍惜，哪还等别人提醒！"那人又进言："殿下长子已过了黄河，两边都不知情，岂不是值得担心？"元禧说："我已派人追他，大约今天应会回了。"当时元通已进入河内，摆设武器仪仗，将囚犯释放了。于烈调派直阁叔孙侯率领三百虎贲关押元禧。元禧听后，从洪池东南逃走，只带着几个僮仆，渡过洛水，到达柏谷坞，追兵追到，逮捕了他，押送华林都亭。宣武帝元恪在他面前责问他反叛的情况。壬戌日（二十九日），宣武帝将他在私宅赐死，十几个同党认罪被杀，几个儿子都被革除宗籍，稍稍分了点财产、奴婢给他们，多余的家产，都分别奖赏高肇和赵修的家眷，其他的赐给内外众官，其中包含一些杂色补官，多的赏赐一百多匹布，少的也十匹。元禧几个儿子缺少衣食，仅有彭城王元勰经常接济他们。河内太守陆琇得知元禧之事败露，将元禧的儿子元通杀了，将头颅送入京城。朝廷因为陆琇在元禧没败露以前不捕捉元通，指责他和叛贼勾结，召见他，押送廷尉，死在监牢里。宣武帝元恪因为元禧无缘无故谋反，之后更忌讳远离宗室。

巴东太守萧惠训、巴西太守鲁休烈不听从萧颖胄的命令；萧惠训调派儿子萧璝带领大军进攻萧颖胄，萧颖胄调派汶阳太守刘孝庆在峡口驻守，和巴东太守任漾之等人抵御他。

东昏侯萧宝卷调派军主陈虎牙、吴子阳等十三军援救郢州，大军在巴口驻扎。陈虎牙，是陈伯之的儿子。

夏季，六月，和帝萧宝融调派卫尉席阐文抚慰萧衍的大军。席阐文将萧颖胄等人的商议送来，向萧衍说："如今大军在长江两岸驻扎，没有合兵进攻郢城，占定西阳、武昌，攻陷江州，这时机已错过；不如向北魏请求援救，和北边连兵和谈，此为上策。"萧衍回应说："汉口水路通到荆州、雍州，取得秦州、梁州，运送粮食、辎重，靠它才能保持通畅；因此我将大军逼压汉口，将几个州连接。现在合兵围攻郢城，又分兵进军，鲁山必定阻拦沔水的通路，抓住我们的喉咙，斩断活路；粮运不通，士兵自然就分散，怎能长久？邓元起近期想以三千士兵攻陷寻阳，寻阳城内的守军如果能知晓时机，倒戈投降一个说客就足够；假使守军要抵抗我们的正义之师，我军的三千士兵就不能攻陷。到时我军进退不得，我看不出这是可以做的方法。西阳、武昌，要攻陷，就能得到；既已攻陷了，就应把守。要守卫两个城，人不能少于一万，储备物品和粮米也要达到这个数字，最终没办法应付。假使东边大军逆流而上，以一万人攻陷两城，两城势必不能相互救援，假使我们划分大军去接应救援，则首尾的军队都变得弱小；假使不派兵救援，孤立的城必被攻陷，一城攻陷之后，各城会如尘土一般崩溃，天下大事就无望了。假使郢州被我们攻取，乘势攻打长江沿岸的城池，西阳、武昌自然见风投降。何必将士兵分散，自己招来灾患！况且大丈夫行事，是想清理天路，振兴国运，而且我们拥有几州的大军，去歼灭一群小人，倾下不住的河水浇灌在火上头，哪里有不扑灭的？哪允许面朝北去向戎狄请求援救，来向天下人示弱？戎狄未必可信，只是平白得到恶名，这为下策，怎可说是上计？你代我告知镇军（指萧颖胄），前途进攻的政事，尽管交托给我，事情就在眼前，不怕不取胜，只是借重镇军将军的威名镇守。”

吴子阳等进军武口。萧衍下令军主梁天惠等驻守渔湖城，唐修期等人在白阳垒驻守，两军夹岸等待敌人进攻。吴子阳进军加湖，距离郢城三十里，依山傍水，修筑堡垒固守。吴子阳举着烽火，城内人也举烽火响应；但都各自坚守自己的营地，不能相互援救。恰巧房僧寄病死，众人又推荐助防张乐祖代为管理鲁山。

萧颖胄当初起事时，弟弟萧颖孚从建康逃跑，庐陵百姓修灵祐为他集聚士兵，获得两千人，萧颖孚去攻取庐陵，攻陷了，内史谢篹逃跑到豫章。萧颖胄调派宁朔将军范僧简从湘州赶到，范僧简攻取安成，萧颖胄任命范僧简为安成太守，下令萧颖孚为庐陵内史。东昏侯萧宝卷派军主刘希祖率领三千人进攻他们，南康太守王丹凭借郡兵接应刘希祖，萧颖孚失败，逃向长沙，不久后病死，谢篹返回庐陵郡。刘希祖攻取安成，斩杀范僧简，东昏侯萧宝卷任命刘希祖为安成内史。庐陵百姓修灵祐又聚集萧颖孚剩下的将士进攻谢篹，谢篹失败逃跑。

东昏侯萧宝卷建造芳乐苑，将五彩颜色涂在山石上，远远看到百姓家有好树、美竹，就将墙壁房子毁坏将它迁走；那时正是盛夏，植物离开土地，立即死了，而早晚移植的人却络绎不绝。又在芳乐苑里安设市场，使宫人、宦官一同装作小贩，令潘贵妃为市令，东昏侯为市录事，萧宝卷稍稍有错，潘妃就会杖责；因此萧宝卷下令虎贲不允许送大荆，实心的荻草。萧宝卷又将水渠开凿安设收费站，亲自给人拉船，有时又坐在市场里屠宰牲畜。又喜爱与男女巫人做巫术施法，亲信朱光尚欺骗他说是看见鬼，东昏侯萧宝卷进入芳乐苑，马和人突然受惊，他咨询朱光尚，朱光尚回应说：“刚刚见到先帝大怒，不允许皇上经常出游。”东昏侯萧宝卷很气愤，将刀拔出与朱光尚四下找齐明帝萧鸾的鬼魂。没找到，就用茭草缚成高宗齐明帝萧鸾的样子，让他面向北，砍下头，挂在芳乐苑门前。

崔慧景事败后，巴陵王萧昭胄、永新侯萧昭颖从崔慧景军队中跑出来投靠朝廷军队，各自凭借王侯身份返回府第，心里不安。曾经担任竟陵王萧子良防阁的桑偃是梅虫儿的军副，和上任巴西太守萧寅计划拥护萧昭胄，萧昭胄答应事成之后启用萧寅做护军将军、尚书左仆射。当时军主胡松率领大军驻守新亭，萧寅派人规劝他说："等昏狂的人（东昏侯）外出，萧寅等率领大军奉萧昭胄进宫，关紧城门，号召天下，东昏侯萧宝卷必定返回投降将军，将军只要关紧堡垒不理睬他，要做到三公是没问题了。"胡松答应了。恰逢东昏侯建造芳乐苑，一整个月不外出。桑偃等人商量招收一百多个身手敏捷的将士，由万春门冲入，突击东昏侯，萧昭胄认为不可行。桑偃的党羽王山沙想到事情不会成功，将事情告知御刀徐僧重。萧寅命人在路上斩杀王山沙，以为官员在王山沙身上盛麝香的香袋里，知道了废立谋划，萧昭胄兄弟和桑偃等人都认罪被杀。

雍州刺史张欣泰和弟弟前任始安内史张欣时，私下计划勾结胡松和直阁将军鸿选、上任南谯太守王灵秀等人斩杀各嬖幸，废东昏侯萧宝卷。东昏侯调派中书舍人冯元嗣监督援救郢城的大军。秋季，七月，甲午日（初二日），太子右率李居士、制局监杨明泰和茹法珍、梅虫儿送冯元嗣去中兴堂，张欣泰等令人拿着刀子在位上斩杀冯元嗣，冯元嗣的头颅掉到果盘里；又斩杀杨明泰，划开他的肚子；梅虫儿有好多处划伤，手指都被砍掉了；李居士、茹法珍等四下逃回皇宫。王灵秀去石头城前去接应建安王萧宝寅，带领城中所有兵力，拆除车轮，制成肩舆，载着萧宝寅，文武数百人跟随萧宝寅，呵斥清除路人，走向皇宫，几千老百姓空手跟着他们。张欣泰得知事情开始，骑马奔向皇宫，希望茹法珍在宫外，东昏侯萧宝卷将宫城里管事权力交给他，能够里外响应。没多长时间茹法珍逃，东昏侯萧宝卷下令关紧宫门，配上兵器，不派发士兵给张欣泰，鸿选在殿内也不敢发起行动。

萧宝寅到达杜姥宅，天已经很黑了，宫城门关着。城上的人用箭射外面的人，外面人丢掉萧宝寅溃败逃跑。萧宝寅也逃走了，过了三天，萧宝寅才穿着兵服到了草市尉那，草市尉跑着去上奏东昏侯萧宝卷。东昏侯召萧宝卷入宫指责他，萧宝寅哭着说："那天不知是谁逼迫我上车，我将离开，被掌控不由自己做主。"东昏侯萧宝卷笑后，恢复他的官位。张欣泰等人叛乱的事被发现，和胡松都认罪被杀。

萧衍令军主曹仲宗、征虏将军王茂等趁水涨时用水军攻取加湖，大军喧闹叫嚷着进攻。丁酉日（初五日），加湖守军溃败，吴子阳等人逃跑免去一死，好几万士兵被杀死溺死，曹仲宗、王茂虏获了剩余的士兵回来。于是郢城、鲁山的士兵士气衰落。

乙巳日（十三日），柔然入侵北魏的边疆。

鲁山缺少粮食，大军在石矶头捉小鱼提供膳食，私下将小船轻便整理，投向夏口，萧衍调派偏师斩断他们的道路。丁巳日（二十五日），孙乐祖陷入窘境，献出城池归降萧衍。

己未日（二十七日），东昏侯萧宝卷任命程茂为郢州刺史，薛元嗣为雍州刺史。这天，程茂、薛元嗣献出郢城归降。郢城开始被包围时，有将近十万士民男女，关紧城门两百多天，瘟疫肆行，人们身体浮肿，死去的人有十分之七八，床下堆尸体而床上入睡，相连的房间都堆满尸体。程茂、薛元嗣等商量出城归降，派张冲的儿子张孜给萧衍写信。张冲以前的官员青州治中房长瑜向张孜说："张冲一直忠心，郎君你就该坚守主张，继承前人已有的伟业。假若上天不帮助我们，我也应该头束幅巾，等待被杀，到地下追随你的父亲。如今顺从众人的计划，不但郢州士女失去期望，也怕我们的敌人也要看清你！"张孜没有采纳。萧衍任命韦叡为江太守，管理郢城府衙政务，处理死人，安慰生者，郢城之人才安定下来。

各将领欲停军夏口；萧衍认为应乘胜直指建康，车骑咨议参军张弘策、宁远将军庾域也认为很有理。萧衍下令各军当天出发，顺着长江到达建康，但凡村落、石矶、水滨等军行夜里驻扎之地、暂时停留之地，张弘策都事先为各将领描绘出来，就像在面前一般。

辛酉日（二十九日），北魏大赦天下。

北魏安国宣简侯王肃在寿阳逝世，被追封为侍中、司空。起初，王肃因父亲王奂被齐武帝萧赜杀害，立誓四年不去除丧服。高祖孝文帝元宏说："三年丧期，贤者不能服丧过期。"下令王肃在祥、禫之礼后去除丧服。但王肃还是穿着素服，一生不听音乐。

汝南人胡文超在滠阳起义，响应萧衍，想取得义阳、安陆等郡来投靠；萧衍又令将领唐修期攻打随郡，义阳、安陆、随郡都攻陷了。司州刺史王僧景令儿子去萧衍那里做人质，司州所管辖的各郡都被萧衍统一。

崔慧景死时，他的小儿子崔偃担任始安内史，逃跑了得以幸免；南康王萧宝融的西台安设后，任命崔偃为宁朔将军。崔偃在公车门上谏说："臣暗地以为，高宗萧鸾的孝子忠臣，和昏君萧宝卷的奸佞臣子，就是皇上和江夏王，先父崔慧景和镇军将军萧颖胄。虽成败方法不同，但所遵守的礼制是相同的。皇上刚登上至尊高位，符合天道，天下有小的冤屈侮辱，希望皇上能为他申辩，况且先帝的儿子、皇上的兄长江夏王所走的路，就是皇上今天所走的路呢！这个还不能怜悯，别的有何希望？如今不能庆幸百姓无知无识就欺骗他们，假使让他们知道其中的情况，一起逃散，皇上将怎么做呢？"事情被压住没有上报。崔偃又上奏说："近来冒昧上奏江夏王的冤屈，不是大胆用父子之情去损伤至公之义，的确是不了解圣朝要如此做（压着奏书不报）的用意。如果认为东昏侯萧宝卷虽狂乱，却是天子；江夏王萧宝玄虽然贤德，却是臣子，我的父亲拥戴江夏王萧宝玄反对狂乱的东昏侯萧宝卷是不可以的，不知如今陛下率领强劲的士兵直指建康朝廷，又是何缘由呢？臣之所以不死，在世间活着，并没有别的缘由，只是为等着皇运畅通，能申彻忠魂的冤枉。如今皇运已经通畅了，而替天下而死的，反而变成反贼，臣在皇上之世存活还有何意义呢？臣仔细想过，镇军将军萧颖胄，中领军侯夏侯详，都是社稷之臣，一样明白我的父亲帮助江夏王，挽救匡扶王室，最后天命没到，江夏王死了，我的父亲也跟着死了；但他们不在皇上面前说一句。明知却不说，是为不忠；不知而不说，是为不智。如果根据我的父亲派出使者到江夏王那里，江夏王斩杀使者，就认为我的父亲不忠，则征东将军的驿使王天虎为什么被害？皇上斩杀征东将军的使者，目的是欺骗刘山阳；江夏王不听从我的父亲的建议，事实为谋划司马孔矜。天命自然有定数，事业所以不顺遂而已！臣要说的都讲完了，请让我接受惩罚吧！但是臣死万次，还想要皇上为我的父亲申屈，为何？怜悯他的忠诚并申明他的冤枉，则天下的百姓都因皇上的仁义而俯首称臣；不为我父亲的忠诚悲伤并申理他的冤情，则天下的百姓因皇上的寡恩一起反叛。我父亲的忠诚，有见识的人士都知道，南史、董狐的史笔，千年之后，仍可流传青史，又何必因皇上屈抑、申明而褒奖、贬抑？我忠诚，有一片真心，替皇上打算罢了！”萧宝融下诏回复说：“完全明白卿的痛彻之心，如今理应显赫他（给崔慧景）追封谥号。”不久崔偃被关押在监牢中死了。

秋季，八月，丁卯日（初五日），东昏侯萧宝卷任命辅国将军申胄管理豫州政务；辛未日（初九日），派光禄大夫张瑰守卫石头城。

起初，东昏侯派陈伯之把守江州，为吴子阳接应救援。吴子阳战败以后，萧衍向各将领说：“用兵不一定要用军事实力，所见的仅仅是威势罢了！如今陈虎牙狼狈逃跑，寻阳人心里，按理应是恐惧害怕，只要能传达檄文寻阳城就会安定。”萧衍于是下令搜寻俘虏，寻找到陈伯之的幢主苏隆之，优厚奖赏他，让他劝说陈伯之，应允他担任江州刺史、安东将军。陈伯之令苏隆之返回复命，虽应允归降，却说军队不必立刻东下。萧衍说：“陈伯之此话，其意还是前后观看，犹豫不决。趁其摇摆不定，快去逼迫他，他无法可用，情势上不能不归降。”萧衍下令邓元起率兵进发，杨公则直接偷袭柴桑，萧衍和各将领依次进发上路。邓元起将到寻阳，陈伯之集合军队，撤回镇守湖口，留下陈虎牙守卫湓城。选派曹郎吴兴人沈瑀规劝陈伯之前去接应萧衍。陈伯之哭着说："我的儿子在京都，不能不怜爱他。"沈瑀说："话不是这样说，如今人心扰攘不定，都想更改计划，不尽早谋划，士兵溃散就难再积聚了。"丙子日（十四日），萧衍到达寻阳，陈伯之将盔甲捆束请求赐罪。起初，新蔡太守席谦的父亲席恭穆担任镇西司马，被鱼复侯萧子响害了，席谦跟着陈伯之把守寻阳，得知萧衍东下，说："我家世世忠贞，没有贰心，只有一死。"陈伯之斩杀了他。乙卯日（八月无此日），萧衍任命陈虎牙为徐州刺史，陈伯之为江州刺史。

鲁休烈、萧璝在峡口打败刘孝庆的军队，任漾之被杀。鲁休烈等进军到上明，江陵非常震惊。萧颖胄害怕，骑马赶快告知萧衍，让萧衍派杨公则大军救援江陵。萧衍说："杨公则如今溯流直上江陵，假使来到，对事情怎会有益？鲁休烈等一群乌合之众，不久就会自己撤走，须等待片刻，有稳重态度！果真要大军救援江陵，我的两个弟弟都在雍州，你指派他们前去征调兵力，不是难以办到之事。"于是萧颖胄调派蔡道恭拿着符节驻扎在上明方便抵抗萧璝。

辛巳日（十九日），东昏侯萧宝卷下令太子左卫率李居士总管向西征讨各项军务，在新亭驻守。

秋季，九月，乙未日（初四日），和帝萧宝融下诏萧衍如果安定京城，可以方便权衡情形处理事务。萧衍留下骁骑将军郑绍叔把守寻阳，与陈伯之一同带兵东下，向郑绍叔说："你，是我的寇恂、萧何啊！进攻建康假使不胜利，我担当罪行；假使粮食不能运到，你必须负责。"郑绍叔落泪告辞。一直到攻取建康，郑绍叔监督长江、湘水的粮草押运，从无中断匮乏之过。

北魏司州牧广阳王元嘉请求修筑洛阳三百二十三个"坊"，每"坊"为三百步见方，说："虽为暂时的劳苦，但奸邪和盗窃永久没有了。"丁酉日（初六日），下令调动京城附近五万百姓前去修筑，四十天修完。

己亥日（初八日），北魏册封皇后于氏。皇后是征虏将军于劲的女儿，于劲是于烈的哥哥。在祖父于栗磾之后，于家几代繁盛显贵，两个尚书令，三个领军，四个赠公，三个开国公，一个皇后。

甲申日（十三日），东昏侯萧宝卷任命李居士为江州刺史，建安王萧宝寅为荆州刺史，冠军将军王珍国为雍州刺史，龙骧将军扶风人马仙琕监理豫州，骁骑将军徐元称管理徐州的军务，辅国将军申胄监理郢州。王珍国为王广之的儿子。

当天，萧衍的前锋军队到芜湖，申胄两万大军舍弃姑孰撤退，萧衍将大军进发姑孰，占领了它。戊申日（十七日），东昏侯萧宝卷任命前任辅国将军鲁休烈为益州刺史，后军参军萧璝为司州刺史。

萧衍攻陷江州、郢城时，东昏侯萧宝卷玩乐骑马，一如从前，他对茹法珍说："他们到白门前，应与他们决一胜负。"萧衍到达离京城不远的地方，东昏侯萧宝卷才召集士兵，做防御的计划，把左、右尚方，东、西二冶的囚犯，派到军中，其中是死刑的，每天在朱雀门斩杀了一百多人。

萧衍调派曹景宗等进发驻守江宁。丙辰日（二十五日），李居士在新亭挑选一千精锐骑兵到达江宁。曹景宗刚到，军营堡垒都还没立起，军队行军时间太长，铠甲和武器都破旧钝滞。李居士远远望见就小瞧他，叫嚷喧闹直接进逼；曹景宗全力反击，打败他们，于是乘胜追击，一直追到皂荚桥，王茂、邓元起、吕僧珍于是进发攻占赤鼻逻，新亭城主江道林率领大军出来作战，众军在阵前活捉了他。萧衍到达新林，下令王茂发军占领越城，吕僧珍占据白板桥，陈伯之占据篱门，邓元起占领道士墩。李居士勘察知晓吕僧珍的士兵少，便率领一万精锐士卒前来进逼堡垒。吕僧珍说："我们士兵少，不能作战，不在远处射击，等他们到达深壕，再一起打败他们。"不久李居士大军走过深壕，拔除栅栏；吕僧珍分别派人登城，碎石与弓箭一齐射出，亲率三百骑兵从后面作战，城上之人又翻城下来，里外全力反击，李居士兵败撤退，吕僧珍获得他们的武器铠甲数不清。李居士向东昏侯萧宝卷请求将南岸市镇房子烧毁开辟战场，将大航之西，新亭之北，全部烧光。萧衍的几个弟弟都从建康出发投奔到军队。

冬季，十月，甲戌日（十三日），东昏侯萧宝卷调派征虏将军王珍国、军主胡虎牙率领十万精兵在朱雀航南摆好阵势，宦官王宝孙持着白虎旗幡督促战斗，将浮桥拉开，背水作战，斩断归路。萧衍大军稍微后退，王茂拿了单刀下了马直接向前走，他的外甥韦欣庆拿着铁线缠柄的长矛做他的两翼，进攻东面的大军，很快就攻取了。曹景宗命令士兵乘胜追击，吕僧珍放火烧毁军营，士兵都拼命作战，吵闹喊叫之声震动天地，王珍国等军队不再抵抗，王宝孙责骂各将帅，直阁将军席豪愤怒，奋力进攻在阵中死了。席豪是骁勇的将军，他死后，士兵如土崩一般溃散，掉进秦淮河死的数不胜数，尸体堆得和浮桥一样高，后到的士兵踩着尸体过河，东昏侯萧宝卷的各个军队见后自己就溃散了。萧衍长驱直入宣阳门，各将领搬动营帐，稍微前进。

陈伯之驻守西明门，每当城中有人出来投降，陈伯之就召来附耳讲话。萧衍怕他有反叛之心，私下向陈伯之说："得知宫城内对你献出江州投降很生气，要派刺客杀害你，你应提防小心。"陈伯之不信。恰逢东昏侯萧宝卷的将领郑伯伦来归降，萧衍使郑伯伦去拜见陈伯之，对他说："城里人对你很生气，派遣亲信拿封赏来诱惑你，等你再次投降，就活割你的手脚；你如果不投降，就派遣刺客杀你，你理应做好防备。"陈伯之害怕，才不再有背叛的心思。

戊寅日（十七日），东昏侯萧宝卷的宁朔将军徐元瑜贡献东府城归降。青、冀二州刺史桓和进京援救，驻守在东宫。己卯日（十八日），桓和欺骗东昏侯萧宝卷说要出城迎战，率领大军归降。光禄大夫张瑰舍弃石头城返回皇宫。李居士奉献新亭归降了萧衍，琅邪城主张木也归降萧衍。壬午日（二十一日），萧衍把守石头城，下令军队攻打六个城门。东昏侯萧宝卷将门内营地、官府烧毁，驱赶民兵，都进了皇城，关闭城门自己镇守。萧衍下令各军修筑长长的预防工事监视镇守。

杨公则在领军府垒的北楼驻守，和南掖门相望，以前杨公则登楼眺望战况。城中远望旌旗伞盖，用神锋箭射击他，箭将胡床射穿，旁边的人吓得变了脸色。杨公则说："差一点将我的脚射中！"谈笑说话和以前一样。东昏侯萧宝卷在夜晚选派勇士进攻杨公则的防御栅栏，大军害怕扰乱；杨公则依然躺着没动，慢慢下令进攻来袭的士兵，东昏侯萧宝卷的士兵才撤退。杨公则所率领的士兵都为湘州人，一直以来以胆小懦弱出名，宫城里的人轻视他们，每次出城进攻，就先入侵杨公则的堡垒；杨公则表扬鼓舞士兵，胜利虏获的很多。

起初，东昏侯调派常僧景驻守广陵；军主左僧庆驻守京口；李叔献驻守瓜步；申胄从姑孰逃跑返回后，让他驻守破墩，方便救援东北方的大军。此时，萧衍令使者去告知，他们都带领军队来投降。萧衍命令弟弟辅国将军萧秀守卫京口，辅国将军萧恢守卫破墩，堂弟宁朔将军萧景守卫广陵。

冬季，十一月，丙申日（初六日），北魏任命骠骑大将军穆亮为司空；丁酉日（初七），任命北海王元详为太傅和司徒。起初，元详想从彭城王元勰手中夺得司徒的职位，所以诋毁贬低他；不久怕人议论自己，因此仅任大将军，到此时才担任司徒。元详隆盛煊赫，将作大匠王遇多数听任元详的命令，暗地拿朝廷的物品送给他。司徒长史于忠在元详面前指责王遇说："殿下是我国的周公，如伊尹一样是皇上依靠之人，他所要的东西，自该按照皇上旨意办理，怎至于要你这样阿谀奉承，攀附势力，损害公家来做人情呢？"王遇听后恭敬不安，元详也愧疚得一直向他谢罪。于忠因耿直，令元详怨恨，元详曾经骂于忠说："我担心的是先看到你死，不担心会有你看见我死的时候！"于忠回答说："人生在世，有自己固定的名分，假使我该死在王爷手里，即便躲避也免不了；假使命运并不是这样，王爷就不会杀我！"于忠因为征讨咸阳王元禧的功勋，被封赐为魏郡公，升调为散骑常侍和武卫将军。元详借于忠奉上奏表谦让之时，私下劝宣武帝元恪任命于忠为列卿，让宣武帝元恪罢黜他，免去他的散骑常侍和武卫将军，听由他推辞爵位。于是宣武帝元恪下诏免除元详的封号，特为太府卿。

巴东献武公萧颖胄因为萧璝的军队与部将蔡道恭僵持不下，担心愤恨，累积得病，壬午日（十二日），逝世。夏侯详密不发丧，让字迹和萧颖胄相似的人，假装教谕，暗地告知萧衍，萧衍也暂时不公布这个噩耗。夏侯详在雍州征用士兵，萧伟调派萧憺率兵赶去。萧璝等人得知建康危在旦夕，士兵害怕混乱，萧璝与鲁休烈都归降。于是公布萧颖胄丧事，追封侍中、丞相。到此时，众人的盼望都归结到萧衍一人。夏侯详请求和萧璝一起参加军国大事，和帝萧宝融下诏夏侯详担任尚书右仆射、侍中，不久又调派为使持节、荆州刺史、抚军将军。夏侯详坚决推让给萧憺。于是下令萧憺管理荆州府州政务。

北魏在伊水的北边建造圜丘；乙卯日（二十五日），开始在此祭祀。

北魏镇南将军元英上奏说："萧宝卷放纵淫乱，越来越严重，残害无辜百姓。齐国雍州刺史萧衍向东讨伐秣陵，清扫尘土，调派军队，顺流直下；只有建康一座没有援兵的城池，再无严密的守卫，这是上天给我们的好时机，千载难逢的机会；如今不把握，更待何时呢？臣请求亲率三万步兵和骑兵直指沔水南边，占领襄阳城池，拦截黑水之路。肆虐昏庸的君臣，自己相互屠杀，我们扼制上流，声势威慑远近之地。向南长驱直下，大军攻陷江陵，则三楚（西楚、东楚、南楚）之地一天就能接收；岷、蜀通往建康路自然阻断。再下令扬州、徐州两州反叛，建康窘蹙穷迫，就像鱼在锅底游走，我们就能统一文字车轨，能到大同盛世，混合天地一体。希望皇上圣明心智独自判决，不要犹豫；这个机会错过了，要吞并南方将再无时机了。"奏折被压着没有上报。

车骑大将军源怀对宣武帝元恪上奏："萧衍出兵作乱，萧宝卷孤立无援，广陵、淮阴等镇守据点都观看胜败。这确实是上天提供给我们的机会；应东西一同起兵，变成席卷一切之势。假使萧衍能成功，齐国上下齐心协力，不仅以后图谋南方有很大困难，扬州恐怕也很危险。为何呢？寿春离建康七百里，水上陆地，山岳河流，全是他们所了解的。假使齐国内外没有担忧，君臣名分确定，乘船顺流，一下子就到达寿春，我们不易抵挡啊！现在萧宝卷的都城有散乱的担忧，边境的城池没有救援的希望，要想清理江南之地，如今正是时候。”于是宣武帝元恪任命任城王元澄为都督淮南诸军事、扬州刺史、开府仪同三司、镇南大将军，让他做全盘计划。南伐却没有结果。源怀是源贺的儿子。

东豫州刺史田益宗奉上奏表说：“萧氏混乱纲常，君臣相互争势，长江沿路的州镇，从中间分为两部分，东西抗拒相持，已经经历一年。百姓因为押送粮米，困窘不堪；武装士兵因为战斗也很疲惫，他们是面前有事才全力援救，旌旗之下早就精力衰竭，没时间向外维持州镇的纲常，各地屏藩之城，就像棋子般孤立，孤单存在罢了。如果不趁机赶快扫除，廓清南蛮疆土，只怕以后想管理，没有比如今更容易着手的机会了。寿春虽平定，三面仍有阻碍，镇守方面适合的举措，实在是需要事先计划。义阳临近淮水的源头，是方便涉水的重要渡口，朝廷进军，必定经过这条道路。假使萧衍平定了江南，必定会经营淮河以北，他们必须趁夏季水位涨高，列舟逆流而上夺取寿阳；我们大军到达寿春，一定从义阳北面，迂回而行，南朝就占尽地利，控制我国的咽喉要地，这是应好好考虑的。要打败义阳如今正是时候。猜测情形，只是要一万两千精锐；但行军之法，贵在大张声势。请让两荆（荆州、东荆州）的士兵向西佯装出兵进攻随郡、雍州，扬州士兵驻扎建安，能抵抗三关来的救援；之后二豫（豫州、东豫州）大军直接占取南关，对抗延头的军队。令一个都督管理各军的调度节制，冬季进发，到了春季末，一百天不到，必定能攻取。”元英又上奏说：“如今萧宝卷骨肉相残害，朝廷和藩镇对峙，义阳孤自无援，和我国接壤，在内无坚硬的兵器，对外无法预测军援的时间，这是被烧烤的小鸟，我们不能拿掉柴火；也是准备挨刀伸着脖子的敌军，我们怎能延缓手中的斧头？假使丢失这个机会不夺取，以后不仅很难计划，更可能会成为更深的灾祸！如今豫州刺史司马悦已戒备，待命随时进发，东豫州刺史田益宗的大军守卫三关，请派遣军司去为他们调度节制吧！”宣武帝元恪于是调派直寝羊灵为军司，田益宗开始侵略齐国。齐国建宁太守黄天赐和田益宗在赤亭战斗，黄天赐被打败。

崔慧景进逼建康时，东昏侯萧宝卷拜蒋子文为假黄钺、录尚书事、扬州牧、使持节、大将军、钟山王、相国、太宰，等到萧衍来到，又尊奉蒋子文做灵验的神帝，接应蒋子文神像走进后堂，使巫人祭祀祈祷求福。后来关闭城门，宫城中政务都交给王珍国。兖州刺史张稷进京师保卫，就调派张稷为王珍国的副手。张稷是张瑰的弟弟。

当时宫城中还有武装的士兵七万人，东昏侯萧宝卷一直喜爱战阵，和黄门、刀敕及宫里人在华光殿前上演战争，装作被杀伤的样子，使人用担架抬走，以便求吉驱凶。经常在殿里穿军服，骑马进出，铠甲头盔用金银打造，装饰都是用孔雀、翠鸟的羽毛。白天睡晚上起，与往常一般。听外面击鼓呼叫之声，披着大红衣袍，爬上景阳楼房屋上眺望，差点被箭射中。

开始，东昏侯萧宝卷与左右侍从计划，认为陈显达打一次就败，崔慧景包围宫城不久就走了，他认为萧衍大军也会如此，下令太官准备柴火米粮，也仅仅是一百天调度罢了。等在大桁败了后，众人心里害怕惊慌。茹法珍等人怕士兵逃跑溃散，所以关闭城门不再派兵。不久，长围已修好，严密巩固深堑栅栏；之后再派兵进攻，多次作战都没取胜。

东昏侯萧宝卷非常喜欢金钱，不愿赏赐有功之人。茹法珍磕头请求，东昏侯说：“贼人来就为抓我吗？为何找我要东西？”后堂有几百具木材，上奏充当守城的防御之物；东昏侯萧宝卷想要留来造宫殿，不给。又监督御府制造三百人的精良装备，在长围解除之后，游玩时屏除用，金银雕镂各种事物，比平日逼迫得还急。众人都懈怠埋怨，不肯替他尽力。外面包围久了，城里的人都想尽早逃跑，但无人敢先动。

茹法珍、梅虫儿规劝东昏侯萧宝卷说：“臣子不用心，不能使包围解除，理应将他们都杀了。”王珍国、张稷害怕祸患，王珍国暗地让亲信将明镜进献给萧衍，萧衍将黄金切断回报他。兖州中兵参军张齐，是张稷的亲信，王珍国凭借张齐私下和张稷计划，一起斩杀东昏侯。张齐夜晚劝导王珍国到张稷那里，促膝私谈敲定计划，张齐亲自拿火烛；又将计划告知后阁舍人钱强。冬季，十二月，丙寅日（初六日），夜晚，钱强暗地派人打开云龙门，王珍国、张稷率领大军进入皇宫，御刀丰勇之为内应。东昏侯萧宝卷在含德殿吹箫唱歌取乐，还没睡着，听见士兵进殿，急忙走出北门，返回后宫，门已关上。宦官黄泰平把他的膝盖砍伤，东昏侯倒在地上，张齐斩杀了他。张稷召集尚书右仆射王亮等排成排坐在殿前西边的钟架下，下令群官在笺札签字，用沾油渍的黄绢包着东昏侯的头，调派国子博士范云等人遣送到石头城。右卫将军王志感慨着说：“帽子虽破，怎能穿在脚上？”拿着院中的树叶搓揉吃了，装作昏迷，不签字。萧衍看见笺札上无王志之名，心里赞扬他。王志是王僧虔的儿子；王亮，是王莹的堂弟。萧衍和范云有很深的友谊，就留范云在营区做参军。王亮在东昏侯萧宝卷朝中任职，凭借模棱两可求得包容。萧衍到达新林，百官都在小路巴结送钱，唯独王亮不送。东昏侯败后，王亮出城见到萧衍，萧衍说：“朝廷危急，你却不帮扶，又何必要辅相？”王亮回答说：“假使萧宝卷能帮扶，你哪会有如今行为？”城里人出来，有的被剥削抢掠，杨公则亲率下属在东掖门列队，护送保护公卿百姓，因此出宫城的大多从杨公则的阵地路过。萧衍调派张弘策先清理皇宫，查封府库与图画、书籍。那时皇宫中的珍宝累计很多，张弘策管理属下，一点也没犯错。捉到潘妃和梅虫儿、王咺之、嬖幸臣子茹法珍等四十一个人，都交付给官员。

当初，海陵王萧昭文被明帝萧鸾废除时，王太后外出在鄱阳王以前的府宅，人们称那里为宣德宫。己巳日（初九日），萧衍用宣德太后的命令追封涪陵王萧宝卷为东昏侯，皇褚与太子萧诵被贬为百姓。任命萧衍为录尚书事、中书监、大司马、扬州刺史、骠骑大将军，册封为建安郡公，按照晋朝武陵王司马遵接受诏命的惯例，众官对他致敬；任命王亮任长史。壬申日（十二日），封赐建安王萧宝寅为鄱阳王。癸酉日（十三日），任命司徒、扬州刺史晋安王萧宝义为太尉，兼领司徒。

己卯日（十九日），萧衍进宫观看阅武堂，下令大赦。又下令："但凡愚昧的制度、妄议的谣说、滥用的罪罚、过分的徭役，能仔细检具以前事起的原因，全部消灭抵平。其中主事之人已逃散，多方损失耗费，精确地定下条例，都依照宽赦的事例。"又广泛命令尚书检查各个部门，东昏侯萧宝融时诉讼不合理和主事者拖着不及时做的事，仔细讯问，分辨是非，照事实研究上奏。又下令埋葬起义军队和替萧宝卷抵抗义师死亡的人。潘妃有倾国之容，萧衍想要将她留下，咨询侍中、领军将军王茂，王茂回答说："灭亡齐国的就是此人，留她只怕要留给外面争论的把柄。"于是将她在监牢中缢死，并斩杀嬖幸臣子茹法珍等人。将两千个宫女赠送给将士。乙酉日（二十五日），萧衍任命辅国将军萧宏为中护军。

萧衍向东顺流而下时，豫州刺史马仙琕手握兵权，不愿归顺萧衍，萧衍令他的朋友姚仲宾去劝说他，马仙琕为姚仲宾摆设宴席，在营垒门前将他斩了。萧衍又令他的族叔马怀远去说服他，马仙琕说："为成全大义，只有斩杀亲人。"也要杀害他；军中有人为他求情，才免除一死。萧衍到达新林，马仙琕还在长江西边每天包抄略萧衍的送输船。萧衍进攻皇宫，州郡都令使者请求归顺，唯独吴兴太守袁昂抵抗，不准进入，不接纳任命。袁昂是袁顗的儿子。

萧衍令驾部郎考城人江革给袁昂写信说："根源已灭亡，枝叶要在哪里依存？现在竭力为暴君效忠，不是忠心；家门因此被斩尽，不是孝顺。哪里比得上更改意见，自己求得更多好处？"袁昂回复说："三吴之内，并不是好的用兵之地，况且凭借偏远角落的一郡，怎可打仗？我自己认为：但凡您军旗所到之地，没有不袒肉屈膝，在营垒门前归降的；只有我一人，敢于在后面，正因为朝内宰辅一直平庸，在文武方面没有贡献，我即使想奉献心力，也不会增加军队的勇气，您让我这样愚蠢的人保持沉默，也不见得会打击众军的气势！幸而仰赖将军宽宏大量，能容许我从容尽礼。私下认为一顿饭这样小小的施与，还要舍身报恩；况且拿人俸禄，可在一天就忘恩？不仅外面人议论不行，也恐怕贤明人会轻视我，我因此一直犹豫不决，没及时献出璧玉请求归降！”袁昂对武康令北地人傅映咨询当时的事，傅映说：“以前宋文帝刘义隆元嘉末年，遇见开天辟地没有的太子弑父的事，太尉（您的叔父）所以牺牲生命来保住节操；司徒（您的父亲）蒙受先皇托付的重任，无苟全之理，所以忘记安危，为了名节死了。现在继承的君王昏庸暴虐，无丝毫悔改之意，荆州、雍州一起兵变，占据长江上游地，人心和天意都能猜测出来，希望明府仔细考虑，不要以后后悔。”建康平定后，萧衍下令豫州刺史李元履安抚巡查东边的边境，嘱咐李元履说：“袁昂出身在道德高尚、门第清白之家，世代守节尽忠，天下人都应包容他，不要凭兵力欺辱他。”李元履到达吴兴，宣布萧衍的意思；袁昂也不表示投降，只是将城门打开，将武备撤出。马仙琕得知皇宫守不住了，大哭流泪对将士说：“我被委以重任，道义上不应许我归降。你们都是有父母的，我为忠臣，你们为孝子，不是也能吗？”于是将城里的士兵都派出去归降了，留下几十个壮士，紧闭城门自己镇守。不久萧衍的士兵进入城池，将他们包围了好几十层，马仙琕下令壮士们都将弓弦拉满，士兵不敢靠近。直到黄昏，马仙琕才丢弃弓说：“你们尽管捉我，我在道义上是不投降的。”于是戴着枷锁，被押送到石头城。萧衍将他放了，让他等袁昂来到一起进去，说：“让天下之人见见两位义士。”萧衍向马仙琕说：“管仲射了齐桓公的带钩，寺人披斩断晋文公衣服，这是被前人称赞的，你不要因杀了使者、斩断输送而自嫌。”马仙琕感激说：“小人就像丢失主人的狗，后来的主人喂养他，就能为他所用了。”萧衍笑了，都对他们礼遇优厚。丙戌日（二十六日），萧衍在殿中镇守。

刘希祖克复安成之后，移交檄文去湘州各郡县，始兴内史王僧粲起兵响应他。王僧粲说自己是湘州刺史，率领大军偷袭长沙。王僧粲的军队距离长沙城一百多里，湘州郡县的士兵群起响应王僧粲，仅仅临湘县、湘阴县、浏阳县、罗县四个县还掌握在萧衍手中。长沙人都欲乘船逃跑，行事刘坦将船聚集烧毁掉，命军主尹法略去抵挡王僧粲，多次战斗不利。前任湘州镇军钟玄绍私下集聚几百民兵，商定日子翻城墙去接应王僧粲。刘坦得知他们的计划，装作不知，受理上诉直到深夜，但城门没有关闭，特意使人怀疑。钟玄绍没有成事，第二天，钟玄绍去拜见刘坦咨询缘由。刘坦将他留下很长时间，和他谈话，暗地派亲信士兵去搜寻他的书信。钟玄绍还坐着等着，而搜索的士兵已经返回，他的文书最终都被搜索到了。钟玄绍俯首认罪，刘坦在位上将他杀了，烧毁文书，没有再追究其他党羽，大家心里愧疚，州郡平定了下来。尹法略和王僧粲相互僵持好几个月。建康城安定了，杨公则返回湘州，王僧粲等四处逃跑，王丹被郡里人杀害，刘希祖也献郡归降。杨公则廉洁克己，减轻刑罚，减少赋税，没多长时间，湘州的人家大多都恢复原貌。

资治通鉴卷第一百四十五　梁纪一

起壬午（公元502年），止甲申（公元504年），共三年。

【题解】本卷记录了公元502年至504年，即梁武帝萧衍天监元年至天监三年共三年间南朝梁与北魏两国的大事。主要记录了萧衍即位，尽诛萧鸾诸子，萧宝寅投降北魏；记录了萧宝卷爪牙孙文明等人进宫作乱被诛；陈伯之起兵造反，兵败投降魏国；谢朏奉诏入朝，被任以重任，却不理政务，腐儒气十足；魏国与梁国发生战争，任城王元澄的母亲孟氏率寿阳军民抵抗梁军，与萧宝寅合力破敌，魏军占领义阳，魏将元英因功授爵中山王；魏国外戚高肇跋扈专权，与魏主身边的奸邪宠臣争权，罗织罪名迫害魏国王室；此外还记录了魏国名臣源怀视察巡视，秉公办事，惩治犯罪，上奏整修北部边防，劝农积粮，魏主接受他的建议，等等。

高祖武皇帝一

天监元年（壬午，公元502年）

三月以前，犹是齐和帝萧宝融中兴二年。春季，正月，齐和帝萧宝融派遣兼侍中席阐文等人到建康慰劳。

大司马萧衍下令：东昏侯萧宝卷在位时的一切浮华浪费，除了练习礼乐的仪节及修治甲兵的战备以外，其余的一概禁绝。

戊戌日（初九日），萧衍迎接宣德太后入宫，让宣德太后垂帘听政临朝代行君事，萧衍以宣德太后的名义直接向百官发布命令。

己亥日（初十日），宣德太后任用宁朔将军萧昺掌管南兖州诸军事。萧昺是萧衍的叔伯兄弟。

壬寅日（十三日），宣德太后擢升大司马萧衍统领中外诸军事，特许萧衍上殿时佩剑穿鞋，上朝参拜时可以不自呼姓名。

己酉日（二十日），宣德太后任命大司马长史王亮为中书监、尚书令。

起初，大司马萧衍与黄门侍郎范云、南清河太守沈约、司徒右长史任昉一同在竟陵王萧子良的西府邸，彼此情深意厚，关系非常密切，他此时就引荐任用范云为大司马谘议参事、领录事，沈约为骠骑参军，任昉为记室参军，遇事和他们一起谋划计议。前吴兴太守谢朏及国子祭酒何胤早些时都弃官归隐，萧衍上奏征用他们为军谘祭酒，谢朏及何胤两人都没有前来就职。

大司马萧衍内心有受禅登基的意思，沈约用言语向他暗示，大司马萧衍并没有回答。过了几天，沈约又向萧衍进言说："现今的社会和古时不同，无法拿淳朴的风范约束他人。士大夫趋炎附势，都希望能或大或小地建立功业。目前连牧童小孩都知道齐国的国运已经到了终点，明公是大运所归，天文谶记也表现得很清楚。天意是不可违背的，人心是不可丧失的。天道如此，即使明公你谦逊礼让，也是没有办法的。"大司马萧衍说："我正在考虑这个问题。"沈约接着说："明公在樊、沔二地兴兵举事时，才真需要考虑；现今王业已成定局，还要考虑什么呢？如果不早些决定大计，假使有人心怀叵测，就损害了明公的威德。再说人不比金石永固，时事也反复无常，哪能把建安的封爵遗留给后世子孙呢？如果天子还都，公卿各居其位，君臣的名分已定，臣子就不再有异心，天子在上，明察秋毫，群臣在下，尽忠国事，哪还会有人和明公你叛乱呢？"大司马萧衍认为他说得很对。沈约出去以后，大司马萧衍就把范云找来，询问他的意见，范云的回答与沈约的意思约略相同，大司马萧衍说："智者的考虑居然如此不谋而合，卿明早与沈休文（沈约字休文）再来。"范云出来后将此事告诉沈约，沈约说："您明早一定等着我！"范云也答应了。到了第二天早晨，沈约先行入见，大司马萧衍就叫沈约草拟受诏登基的文书，沈约于是从怀中把事先准备好的诏书以及各种官职的人事安排计划取出献上，大司马萧衍看过后，丝毫没有更改。不久，范云从外面进来，到了殿门，守卫不放他进去，他只好在寿光阁外边徘徊，口中连说："唉！唉！"等沈约出来，范云问他说："对我怎样安排？"约举手向左边一指（意思是委任范云做尚书左仆射），范云笑着说："和我想的差不多。"过了一会儿，大司马萧衍把范云找进去，赞美沈约才智纵横，并且说："我起兵到现在已经三年了，手下的功臣和诸将都为我立了许多功劳，但是帮助我成就帝业的，只有你们两个人。"

甲寅日（二十五日），宣德太后下诏进封大司马萧衍为相国，总百揆，扬州牧，用十郡进封大司马萧衍为梁公，加九锡，梁公之下设立百官，除去他录尚书事的职位，骠骑大将军的封号照旧。二月，辛酉日（初二日），梁公萧衍才受命就封。

齐湘东王萧宝晊，是安陆昭王萧缅的儿子，喜好文学。东昏侯萧宝卷死时，萧宝晊希望大家拥护自己，在那儿坐等即位。后来王珍国等人把东昏侯萧宝卷的首级送到梁公萧衍那儿，梁公任命萧宝晊为太常，萧宝晊内心不安。壬戌日（初三日），梁公萧衍宣称萧宝晊意图谋反，把他与他的弟弟江陵公萧宝览、汝南公萧宝宏一起处死。

丙寅日（初七日），宣德太后下诏梁国选拔设置各重要官职，完全依照朝廷的制度。于是萧衍任命沈约为吏部尚书兼右仆射，任命范云为侍中。

梁公萧衍把东昏侯萧宝卷的余姓妃子纳入后宫，与她嬉戏玩乐，非常耽误政事，范云为此劝说梁公萧衍，梁公没有听从。于是范云邀约侍中、领军将军王茂一同进见，范云进言说："从前沛公刘邦进入关中时，对妇女无所宠幸，这是范增判断他志向远大的缘故。现在明公您刚刚平定建康，天下人都仰慕明公的声望，为何要重蹈淫乱王国的覆辙，让女色牵累自己呢？"王茂随即站起来下拜说道："范云说得很对。如果明公您志在天下，就不该将此人（指余妃）留在身边。"梁公萧衍无言以对。范云就奏请把余氏送给王茂，梁公认为范云的考虑十分明智，答应了。第二天，赏赐范云、王茂各百万钱。

丙戌日（二十七日），宣德太后下诏增封梁公萧衍十郡封地，并且进封王爵。癸巳日（初五日），梁公萧衍接受诏命，赦免梁国及萧衍所管辖府州除死刑以外的罪犯。

辛丑日（十三日），梁王萧衍处死齐邵陵王萧宝攸、晋熙王萧宝嵩、桂阳王萧宝贞。

梁王萧衍准备杀齐国诸王的时候，对于诸王的防守还不十分严密。鄱阳王萧宝寅家的阉人颜文智，和侍从麻拱密谋，将墙垣凿出大洞，趁着夜间把萧宝寅救出去，又在江岸准备好小船，萧宝寅身穿黑布短衣，腰间系着千余钱，偷偷地来到江边，他穿着草鞋步行，两只脚全都磨破了。防守的人天亮时发觉此事，连忙循线索追赶，萧宝寅伪装成钓鱼的人，和追赶他的人一起在江中行了十几里，追赶他的人一点也没有怀疑萧宝寅的身份。等到追赶的人散去，萧宝寅就渡到西岸，投奔到百姓华文荣家，华文荣和他的族人华天龙、华惠连一起抛弃家当，带着萧宝寅逃匿到山涧，租了一头驴子给萧宝寅乘坐，白天躲藏起来，夜晚才出来赶路，来到寿阳的东城。北魏的戍主杜元伦急忙派人赶去向扬州刺史任城王元澄报告，元澄派车马和侍卫去迎接萧宝寅。萧宝寅当时十六岁，因为徒步而行，颜色憔悴，路上看见他的人还以为他是被掠卖的人口。元澄以宾客之礼款待萧宝寅，萧宝寅向元澄请求为齐国皇帝萧宝卷守丧而穿生麻制作的丧服，元澄派人向他说明当时的形势及彼此的处境，只送给他为兄长萧宝卷守丧而穿的熟麻布制成的丧服。元澄率领自己的属官向萧宝寅吊唁，萧宝寅居丧很有礼节，和为君父守丧完全一样，许多受过南齐旧恩的寿阳故旧都称赞他重义，都来萧宝寅处吊唁，独独不见夏侯一族，这是夏侯详跟随梁王萧衍的缘故。元澄非常器重萧宝寅。

齐和帝萧道融东归建康，任命萧憺为都督荆、湘等六州诸军事、荆州刺史。荆州在经历战乱后，公家与私人都很贫困穷苦，萧憺励精图治，推广屯田制度，减省百姓劳役，派人慰问死于战乱者的家庭，缓解他们的困乏。萧憺觉得年纪轻轻就担当重任，所以特别用心，他对手下的官吏说："政治不上轨道，是君子们所共同惋惜的。我现在开诚布公，希望你们也敞开心扉，不要有隐情。"于是人人都能够把自己的意思上陈，百姓有打官司的，都站在旁边等待判决，不一会儿就得到了结果，官署里从来不留置案件。荆州人民非常高兴。

南齐和帝到达姑孰，丙辰日（二十八日），下诏禅让君位给梁王萧衍。

丁巳日（二十九日），庐陵王萧宝源去世。

鲁阳的蛮人鲁北燕等起兵攻打北魏的颍州。

夏季，四月，辛酉日（初三日），宣德太后下令说："西边的诏书已经到达（当时齐和帝萧宝融在姑孰，其地在建康的西边，所以称西诏），皇帝萧宝融效法前朝，恭敬地把神器禅让给梁王萧衍，明天早晨我要亲临平台，派遣使者恭敬地把印玺交授给梁王，之后我即回到别宫居住。"壬戌日（初四日），宣德太后发布策书，派遣兼任太保、尚书令的王亮等人奉着皇帝印玺前往梁宫。丙寅日（初八日），梁王萧衍在南郊即皇帝位，大赦天下，改年号为天监。同一天，萧衍追赠皇兄萧懿为宰相，封长沙王，谥号宣武，所有葬礼仪节，完全按照晋朝安平献王司马孚的旧例。

丁卯日（初九日），萧衍下诏，尊奉齐和帝为巴陵王，王宫设立在姑孰，优待的礼节，都仿效南齐开国之初尊奉汝阴王刘准的旧例。尊奉宣德太后为齐文帝妃，王皇后为巴陵王妃。又对南齐时的王、侯全部降一级爵位，除去封国，只有宋汝阴王刘准不在撤销之例。

梁武帝萧衍追尊皇考（梁武帝萧衍的父亲）萧顺之为文皇帝，庙号太祖；皇妣（梁武帝萧衍的母亲）为献皇后。追谥妃子郗氏为德皇后。封文武功臣车骑将军夏侯详等十五人为公、侯。立弟弟中护军萧宏为临川王，南徐州刺史萧秀为安成王，雍州刺史萧伟为建安王，左卫将军萧恢为鄱阳王，荆州刺史萧憺为始兴王；同时让萧宏担任扬州刺史。

丁卯日（上文已有丁卯，此处当为衍文），梁武帝萧衍任命中书监王亮为尚书令，相国左长史王莹为中书监，吏部尚书沈约为尚书仆射，长兼侍中范云为散骑常侍、吏部尚书。

梁武帝萧衍下诏所有后宫、乐府、西解及暴室里的妇女一概遣放回家。

戊辰日（初十日），巴陵王萧宝融去世。当时梁武帝萧衍想以南海郡为巴陵国，将巴陵王萧宝融迁移到那儿居住。沈约说："古代和今日情势不同，魏武帝曹操曾经说过'不可慕虚名而受实祸。'"梁武帝萧衍点头，派遣亲信郑伯禽到姑孰去，拿生金子给巴陵王萧宝融吃，巴陵王说："我死不须用生金，只要用醇酒就够了。"于是喝酒喝得烂醉，郑伯禽上去把他杀了。

巴陵王萧宝融早先镇守荆州的时候，琅邪人颜见远做录事参军，等到萧宝融即皇帝位，颜见远被任命为治书侍御史兼中丞。巴陵王让位后，颜见远接连几天不进食，绝食而死。梁武帝萧衍听了此事后说："我登基称帝是顺应天命，依从人意，这和天下的士大夫有什么相干，颜见远竟然要这样做！"

庚午日（十二日），梁武帝萧衍下诏说："有司依照周朝及汉朝的旧例，商议以钱赎刑的各种条文。凡是做官之人犯罪须受鞭杖的，全部停止刑罚，改用金钱赎罪。其他台省令史及士卒犯罪而希望用金钱赎罪的，也听任其便。"

齐武帝萧衍任命谢沭县公萧宝义为巴陵王，让他祭祀齐朝的祖先。萧宝义自幼身体残废，不能讲话，所以才能够保全性命。

南齐南康侯萧子恪和他的弟弟祁阳侯萧子范曾经有事入朝晋见梁武帝萧衍，梁武帝从容地对他们说："天下名位爵禄，不是凭武力就能夺取的，如果不是天命所归，就算有西楚霸王项羽那样的勇力，最后也还是要败亡的。宋孝武帝刘骏性情猜忌，兄弟里面稍微有好声名的都被他毒杀，朝臣中因被怀疑谋反而枉死的人相继不绝。有些人虽被怀疑，却终究无法把他们除去；有些人不被怀疑，最后却成为祸患。就像你们的祖父齐高帝萧道成因为才略远大而被怀疑猜忌，可是宋孝武帝刘骏却对他无可奈何。湘东王刘彧因为平庸愚昧不被疑忌，可是宋孝武帝刘骏的子孙最后都死在他手上。我当时已经出生，他哪知我会有今天呢？由此可知凡是有天命的人，别人是无法加害的。我刚平定建康的时候，有人劝我把你们除去来统一人心，我当时如果照着去做，谁会说不行呢？正因为偏安江左以来，改朝换代之际，一定要残暴地屠杀，伤害了天地的和气，所以各朝享国都不长久。再说梁朝代替齐朝，虽说是改制，和前代情况又有不同，我和你们兄弟虽然已出了五服，究竟宗属关系不太疏远，齐建国之初也曾同甘共苦，情感如同一家人，怎么可以忽然就像对待行路之人那样互不相识呢！你们兄弟如果有天命，那就不是我所能加害的；如果没有天命，我又何必要杀害你们呢？那样做只会显得没有度量罢了。况且齐明帝萧鸾建武年间诛杀高帝萧道成、武帝萧赜的子孙，你们家族遭受不幸。我发动义兵，不但是替我家雪耻，也是替你们兄弟报仇。你们如果能在齐明帝萧鸾建武年间、东昏侯萧宝卷永元年间代拨乱反正，我哪能不解除武器推奉你们为帝呢？我是从明帝萧鸾家取得的天下，不是从你们家取得的天下。从前刘子舆自称是汉成帝刘骜的儿子，光武帝刘秀说：‘即使汉成帝刘骜复活，也不能够再得天下，何况是你刘子舆呢？’曹植的儿子曹志是魏武帝曹操的孙子，成为晋朝的忠臣。何况你们今天仍然是宗室之亲，我希望我们彼此能坦诚相待，不要再怀有见外之心！过一阵子，你们自然就会明白我的真心。”萧子恪兄弟共十六人，都在梁朝做官。萧子恪、萧子范、萧子质、萧子显、萧子云、萧子晖等都因为有才能而闻名于世，担任清闲的官职，每人都享尽天年善终。

梁武帝萧衍下诏征辟谢朏为左光禄大夫、开府仪同三司，何胤为右光禄大夫，何点为侍中；何胤和何点最终没有就职。

癸酉日（十五日），梁武帝萧衍下诏说：“在公车府的谤木和肺石旁各放置一个信箱，如果布衣对朝政有意见要发表而做官的人不代为传达，就可投书在谤木旁的信箱；如果谁有功劳有才器而冤沉下僚，无由上达，可将申诉书投在肺石旁的信箱。”

梁武帝萧衍身穿洗濯过的旧衣服，平常用餐只用菜蔬，每次选拔长吏，都选用廉洁而公平的人，选出后都予以召见，用为政的道理勉励他们。他拔擢尚书殿中郎到溉为建安内史，左户侍郎刘鬷为晋安太守，这两个人都因廉洁而被人所称道。到溉是到彦之的曾孙。梁武帝萧衍又明定法令：“小县的县令如果有才能、表现好，可升为大县的县令；大县的县令如果有才能、表现好，可升为郡守。”同时任命山阴县令丘仲孚为长沙内史，武康县令东海人何远为宣城太守。因此廉洁而有才干的人都互相劝勉。

鲁阳的蛮人围攻魏朝的湖阳，抚军将军李崇率领军队把他们打败了，将他们的首领鲁北燕斩首，迁移一万多户蛮人到幽、并诸州以及六镇。不久，这些人又背叛向南逃走，所到之处都派兵沿路追杀，快到黄河边上的时候，将这些人都杀光了。

闰月，丁巳日（闰月无此日），北魏顿丘匡公穆亮去世。

南齐东昏侯的宠臣孙文明等人，虽然已被赦免，可他们还是感到不安，五月，乙亥日（五月无此日）的夜晚，他们率领徒众数百人，利用运送芦苇火把的机会，将兵器暗藏在柴草中，进入南掖门和北掖门暴动作乱，放火烧了神虎门和总章观，闯入卫尉府，杀了卫尉洮阳愍侯张弘策。前军司马吕僧珍在殿中值班，率领宿卫士兵抵抗，无法将他们击退。梁武帝萧衍身穿戎服来到前殿，说：“反贼利用晚间来攻，可见他们人不多，天一亮他们就会逃走。”于是下令击五鼓，领军将军王茂及骁骑将军张惠绍听说有人叛乱，领兵赶来救援，乱党就四散逃走了，朝廷派人到处追捕，最后全部诛杀了他们。

江州刺史陈伯之目不识丁，每当得到文书及讼状，只会在后面画个押表示同意，有事的时候，由典签传达他的口语，究竟怎么办都掌握在主办之人手中。豫章人邓缮及永兴人戴永忠对陈伯之有旧恩，陈伯之就任用邓缮为别驾，戴永忠为记室参军。河南人褚緭居住在建康，一向品行不端，在宦途上不得志，屡次去拜访吏部尚书范云，范云不以礼相待。褚緭很生气，私底下对亲近的人说："自从齐明帝萧鸾建武年间以来，寻常百姓及身份低贱的人都变成了贵人，我有何罪过，竟被弃之不用？目前天下正值草创之时，饥荒接连发生，也许发生乱事也未可知。陈伯之拥有强大的军队，驻防江州，他不是梁武帝萧衍的旧部属，有自疑的意思；况且火星运行到南斗六星的位置，难道不是为我而出现的吗？我现在去投奔陈伯之，如果不能成事，那么就到北魏去，至少也可以做个河南郡守。"褚緭于是前往投奔陈伯之，被陈伯之亲近。陈伯之又任用同乡的人朱龙符当长流参军，两个人利用陈伯之昏昧不明，恣意妄为，恶行不断。

梁武帝萧衍听说了这个事情，让陈虎牙私下告诫陈伯之，又派人代替邓缮做陈伯之的别驾，陈伯之对这两道命令都不接受，上表说："朱龙符勇敢异常，邓缮办事很有成效；朝廷所派下的别驾，请准许用他做治中。"邓缮于是日夜游说伯之："朝廷府藏空虚，也没有武器，三个粮仓里面都没有稻米，东边边境饥荒处处，这正是千载难逢的机会，不能让时机丧失。"褚緭和戴永忠一起在旁边附和，陈伯之对邓缮说："现在已经上表为你辩护，如果不被允许，就和你一道造反。"梁武帝萧衍敕令陈伯之在自己辖下的一郡安置邓缮，于是陈伯之召集府州的部属佐吏，对他们说："我收到齐建安王萧宝寅从北魏发来的命令，建安王率领江北的义兵十万人，已经驻扎在六合，要我利用江州现有的人员迅速运粮前往。我受到明帝萧鸾的厚恩，发誓效死来报答。"即刻下令戒严，教褚緭伪造萧宝寅的信给部属佐吏传阅，在听事厅的前面设祭坛，大伙儿一起歃血结盟。

褚緭游说陈伯之说："现在发动大事，应该任用众望所归的人。长史程元冲不得人心；临川内史王观是王僧虔的孙子，人品不错，可以征召他来代替程元冲做长史。"陈伯之听从了，于是任用褚緭为寻阳太守，戴永忠为辅义将军，朱龙符为豫州刺史。王观没有受命前来。豫章太守郑伯伦发动郡兵抗拒陈伯之。程元冲已丢掉职位，赋闲在家，亲自率领着数百名徒众，趁陈伯之没有防备，突然闯入听事厅前面，陈伯之亲自出来格斗，程元冲无法获胜，逃入庐山。陈伯之秘密派遣使者将谋反的事告诉儿子陈虎牙兄弟，陈虎牙兄弟一起逃奔到盱眙。

戊子日（初一日），梁武帝萧衍下诏任命领军将军王茂为征南将军、江州刺史，率领军队讨伐陈伯之。

北魏扬州小岘戍的戍主党法宗偷袭大岘戍，将梁朝大岘戍攻破，俘虏了龙骧将军邾菩萨。

陈伯之听说王茂前来征讨，对褚緭等人说："王观不接受任命，郑伯伦又不肯服从，眼看就要空手被围困了。现在我们先平定豫章，打通南边的道路，发动徒众，加紧运送粮草，然后以席卷天下的气势北上，来打击王茂率领的饥饿又疲乏的军队，不怕不能取胜。"六月，陈伯之留下同乡人唐盖人守寻阳城，自己率领军队向豫章进发，攻打郑伯伦，没有攻下。王茂的军队赶到了，陈伯之腹背受敌，败走，选择荒僻的小路渡过长江，和陈虎牙及褚緭等人一同投奔北魏。

梁武帝萧衍派遣亲信陈建孙送刘季连的子弟三人进入蜀地，传达梁武帝的命令表示慰劳之意，刘季连接受了命令，回家准备行装，益州刺史邓元起这才得以前往就任。

起初，刘季连做南郡太守，对邓元起不礼貌。都录朱道琛犯了罪，刘季连想杀掉他，朱道琛逃走躲了起来，因而免于一死。到了这时，朱道琛做邓元起的典签，就游说邓元起："益州动乱已经很久了，无论公库还是私家都很空虚。刘益州就要离开，哪能顾得上派遣官员欢迎您呢？道琛请求先做使者前往稽核，沿路奉迎您；不然，万里供应粮食，那是极不容易的事情。"邓元起答应了。朱道琛到了益州，说话很不客气，又到处拜访府州里的人士，看见好的东西，就强行夺走，如果没有如他的意，就说："马上就要给别人了，何必这样珍惜！"因此军府里大为恐慌，认为邓元起一定会诛杀刘季连，并且牵连到刘季连的同党。大家争着把这消息告诉刘季连，刘季连也认为他们的看法很对，而且因为自己从前对邓元起无礼而感到恐惧，于是把军队集合起来，共有精兵十万。刘季连叹一口气说：“我占据天然险要的地方，掌握着强大的军队，进可以匡扶社稷，退可以像刘备一样割据一方，不如此还等什么？”于是刘季连召集部属，假称奉齐宣德太后的诏令，聚合军队造反。把朱道琛抓起来杀掉。又征召巴西太守朱士略及涪县县令李膺，两人都不肯接受命令。就在这个月，邓元起到了巴西，朱士略打开城门，迎接他入城。

以前，蜀地的百姓逃亡的很多，听说邓元起到来，争着出来归附，都说是起义兵来响应朝廷，新归附的和旧有的士兵加起来达到三万人。邓元起在道路中耽搁的时间久了，粮食匮乏，眼看就要断粮，有人游说他：“蜀地的政令不严谨，百姓大多诈称疾病，借此来逃避赋役。如果查验巴西郡全部的簿籍，从而对那些百姓加以处罚，一定收获丰厚。”邓元起认为他说得很对。李膺诤谏说：“使君您前面有强大的敌人，后面没有支援的力量，山民刚刚来归附，还在小心观望我们的做法。如果现在用刻薄的法令对待他们，百姓一定不能忍受，民心一旦背离，我们后悔也来不及了。何必要种下祸端来弥补军粮的不足呢？请让我出面来解决，不用担心粮食不足。”邓元起说：“很好，那就全权委托给你了！”李膺退下来，发动号召富有的百姓捐献军粮，一共得到三万斛。

秋季，八月，丁未日（二十二日），梁武帝萧衍赜命令尚书删定郎济阳人蔡法度斟酌修改王植之所集注的旧律，定为《梁律》，同时命令蔡法度与尚书令王亮、侍中王莹、尚书仆射沈约、吏部尚书范云等九人共同商议决定。

齐武帝萧衍向来擅长音律，想要修订改正雅乐，自己制造了四种乐器，命名为“通”。每一只通上面安三条弦，黄钟弦用二百七十条丝，长是九尺；应钟弦用一百四十二条丝，长是四尺七寸四分多一点，中间的十律，按照这个差额去推算。利用这四只通演奏出的声音反推节气，一点差误都没有，彼此之间都能和谐。梁武帝萧衍又造了十二支笛子，黄钟笛长三尺八寸，应钟笛长二尺三寸，中间的十律，按照这个差额加以推算，这种笛子奏出的声音，依据古钟玉律的声音而斟酌它的清浊高下，一点儿差误没有。于是合以八音，演奏七声，没有不和韵的。此前，宫悬上只有四个镈钟，夹杂着编钟、编磬、衡钟，合起来一共十六虡。梁武帝萧衍开始下令设置十二个鎛钟，各有编钟、编磬，共三十六虡，把衡钟都去掉了，四个角落竖立大鼓。

北魏孝文帝拓跋宏去世时，前任太傅平阳公元丕从晋阳前来奔丧，就留在洛阳。元丕八十多岁，曾事奉过六代国君，官位高到三公和辅相，最后被废为平民。宣武帝元恪因为他是宗室的元老，同情他，尊敬他。乙卯日（三十日），宣武帝元恪封元丕为三老。

北魏扬州刺史任城王元澄上表请求攻打钟离，宣武帝元恪派遣羽林监敦煌人范绍来到寿阳，和元澄一同商量如何行动。元澄说：“此次行动必须动用军队十万人，来回要一百天，请求朝廷迅速准备粮食及兵器。”范绍说：“现在已经是秋末，才调动兵马出征，兵器可以凑齐，粮食到哪里去筹措？有军队没有粮草，凭什么来战胜敌人呢？”元澄沉思了很久，说：“你所讲的的确不错。”于是取消了原先攻打钟离的计划。

九月，丁巳日（初二日），北魏宣武帝元恪来到邺城。冬季，十月，庚子日（十六日），返回怀城，同宗室及亲近的侍臣比赛射箭，宣武帝元恪射了三百五十几步，群臣们刻记铭词来赞美这事。甲辰日（二十日），宣武帝元恪回到洛阳。

十一月，己未日（初五日），梁武帝萧衍建立一座小庙来祭祀太祖萧顺之的母亲，也就是他的祖母，每当在太庙祭祀完毕，用一副太牢的牲礼来小庙祭祀。

甲子日（初十日），梁朝立皇子萧统为太子。

北魏在洛阳建造的宫室落成。

十二月，梁朝将军张嚣之侵犯北魏的淮南，占领了木陵戍。北魏任城王元澄派遣辅国将军成兴攻击张嚣之，张嚣之战败逃跑，北魏又夺回了木陵。

刘季连派遣他的将领李奉伯等人抵抗防御邓元起，邓元起与他们交战，互有胜负。时间一久，李奉伯等人战败，逃回成都，邓元起进兵屯驻在西平。刘季连驱赶附近居民，关闭城门坚守。邓元起进兵屯驻在蒋桥，距离成都二十里，把辎重留在郫城。李奉伯等人从荒僻小路偷袭郫城，攻占郫城，夺去了全部军需物资。邓元起舍弃了郫城，直接进兵包围进攻州城成都；城局参军江希之打算开城投降，没有成功，被杀死了。

北魏的陈留公主寡居，仆射高肇和秦州刺史张彝都希望娶她为妻，公主答应了张彝，没有答应高肇。高肇十分恼怒，在宣武帝元恪面前诋毁张彝，张彝因此被罢黜，压抑长达数年。

这一年，江东发生严重的旱灾，一斗米卖到五千钱，很多百姓饿死。

天监二年（癸未，公元503年）

春季，正月，乙卯日（初二日），梁武帝萧衍任命尚书仆射沈约为左仆射，吏部尚书范云为右仆射，尚书令王亮为左光禄大夫。丙辰日（初三日），王亮因为在正月初一假称有病而不登殿朝贺获罪，被削去封爵，贬为庶人。

乙亥日（二十二日），北魏宣武帝元恪到藉田亲自主持耕种仪式。

北魏梁州的氐人杨会叛变，代理梁州刺史的杨椿等人前往征讨。

成都城里的粮食吃光了，每升米涨到三千钱，发生人吃人的惨剧。刘季连接连几个月喝稀饭，一点办法都没有。梁武帝萧衍派遣主书赵景悦宣达皇帝的诏令，接受刘季连投降，刘季连只好光着上身请罪。邓元起将刘季连安置到城外，不久亲自去拜访他，依照礼节相待。刘季连请罪说："早知道这样，哪会有前日叛乱的事情！"郫城也投降了。邓元起把李奉伯等人杀了，将刘季连押送到建康。起初，邓元起还在半路上的时候，担心事情不能成功，又没有东西可以用来行赏，邓元起答应来投奔的人将按照朝廷征召来对待他们，因此得到别驾、治中檄命的将近两千人。

刘季连到了建康，进入东掖门，走几步路就磕一次头，一直到梁武帝萧衍面前。梁武帝萧衍笑着对他说："你想要追慕刘备，却连公孙述都比不上，是因为没有像卧龙诸葛孔明那样的臣下吧！"梁武帝萧衍赦免他的罪，将他贬为庶人。

三月，己巳日（十七日），北魏皇后在洛阳北郊举行养蚕仪式。

庚辰日（二十八日），北魏扬州刺史任城王元澄派遣长风城的城主奇道显侵犯梁朝，占领了阴山、白藁两个城堡。

萧宝寅跪伏在北魏洛阳的宫门下，请求派给军队进攻梁朝，就算遇到暴风大雨，也匍匐在那儿一点也不动；恰好陈伯之投降北魏，也请求赐给军队以便为北魏效命。宣武帝元恪于是召集八坐及门下等官入朝商议，做出决定。夏季，四月，癸未朔日（初一日），宣武帝元恪任命萧宝寅为都督东扬等三州诸军事、镇东将军、扬州刺史、丹杨公、齐王，所受的礼遇及赏赐特别优厚，调拨给他军队一万人，命令他驻守东城。另外任命陈伯之为都督淮南诸军事、平南将军、江州刺史，驻守阳石，等待到秋冬的时候就大举出兵讨伐梁朝。萧宝寅第二天早上要拜受命令，当夜伤心哭泣一直到天亮。北魏又让萧宝寅自己招募四方的壮士，得到几千人，任用颜文智、华文荣等六人为将军及军主。萧宝寅性情持重，至性过人，为东昏侯萧宝卷服丧虽然已经满一年，还是不喝酒不吃肉，颜色憔悴，形容枯槁，吃的是糙粮，穿的是粗衣，从来不嬉笑。

癸卯日（二十一日），蔡法度向朝廷呈上《梁律》二十卷，《令》三十卷，《科》四十卷。梁武帝萧衍下诏颁布实施。

五月，丁巳日（初六日），霄城文侯范云去世。范云竭尽全力事奉皇上，所知道的事情无不去做，处理繁重艰难的事情，精力胜过常人。他去世后，大家认为沈约会担任枢管，梁武帝萧衍认为沈约轻率不稳重，比不上尚书左丞徐勉，于是任命徐勉及右卫将军周舍共同参与国政。周舍的雅量比不上徐勉，但是清廉简约超过徐勉，两人都有贤相的美誉，二人常常留在尚书省内，很少下朝回家休息。徐勉有时回家，他家里养的群狗还以为是生人，都对着他狂叫；每当把誊写好的奏章呈上，往往即时把草稿烧毁。周舍参与机密前后二十余年，未曾离开梁武帝萧衍身边，大凡国史、诏诰、仪礼、法律、军事策略等都由他掌管；而他与别人说笑，整天不断，却能始终不泄露机密的事情，大家特别佩服他这一点。

壬申日（二十一日），梁武帝萧衍禁止各郡县为上宫及东宫上贡物品，只允许各州及会稽郡贡献当地的土特产，如果不是当地出产的物品，就不许拿来上贡。

甲戌日（二十三日），北魏杨椿等人大破叛变的氐族部落，杀了数千人。

六月，壬午朔日（初一日），北魏宣武帝元恪立自己的弟弟元悦为汝南王。

北魏扬州刺史、任城王元澄上表说："萧衍多次阻断东关，想要使巢湖泛滥，以便用水来灌淹淮河南岸的各个城堡。吴、楚之地多水，便于水攻，他们一面灌水一面掠夺，我们将无法保住淮水以南，寿阳距离长江五百多里，百姓们都惶惶不安，害怕水灾到来。如果顺应百姓摆脱梁朝水害的愿望，攻打敌人防守空虚之处，预先命令各州聚集兵士和战马，等到秋天时大规模地集结起来、，根据情况采取行动，虽然统一天下不一定能有结果，但是长江以北可以不用忧虑了。"丙戌日（初五日），北魏征发冀、定、瀛、相、并、济六个州的士兵二万人，战马一千五百匹，命令他们在仲秋中旬全部到淮南之地集合，加上寿阳原先驻防的军队三万人，全部交由元澄指挥，萧宝寅、陈伯之都受元澄的指挥。

谢朏乘小船出门来到京师，梁武帝萧衍下诏任命他为侍中、司徒、尚书令。谢朏以脚有病不能行拜谒之礼为借口推辞，头戴方巾，自己驾车到云龙门谢恩。梁武帝萧衍下诏在华林园接见他，谢朏乘着小车赴席。第二天早上，梁武帝萧衍亲自到谢朏的住地看望他，两人一边喝酒一边谈话，特别欢洽。谢朏陈述自己坚决不愿做官的志向，梁武帝萧衍没有答应。谢朏就请求东归迎接母亲，梁武帝答应了他。谢朏临出发的时候，梁武帝萧衍又亲自来送他，赋诗饯别；受命迎接送行的王公大臣，挤满了道路。等到谢朏回到家，梁武帝萧衍下诏在谢朓的老宅建造新府第，对谢朏的礼遇极为优厚，超过常人。谢朏一向害怕烦冗，对于职分内的事情不愿过问，大家对他很失望。

甲午日（十三日），梁武帝萧衍任命中书监王莹为尚书右仆射。

秋季，七月，乙卯日（初五日），北魏平阳平公元丕去世。

北魏已经撤销了盐池的禁令，可是盐池的利益都被富家豪族专享。庚午日（二十日），北魏又收回盐池的利益归入国库。

辛未日（二十一日），北魏任用彭城王元勰为太师，元勰坚决推辞。北魏宣武帝元恪下诏谆谆劝谕，又以晚辈的身份给元勰写了家信，恳切祈请，元勰不得已，接受了任命。

八月，庚子日（二十日），北魏任用镇南将军元英都督征讨义阳诸军事。梁朝司州刺史蔡道恭听说魏军将要到来，派遣骁骑将军杨由率领州城外的居民三千多家保卫贤首山，构筑了三个营栅。冬季，十月，元英统率诸军围住贤首栅，栅内的百姓任马驹杀了杨由投降北魏。

任城王元澄命令统军党法宗、傅竖眼、太原王神念等人分别率领军队进犯东关、大岘、淮陵及九山等地。高祖珍率领三千骑兵作为游击部队，元澄率领大军跟随在后面。傅竖眼是傅灵越的儿子。北魏军队攻陷了关要、颍川和大岘三城，白塔、牵城、清溪等地的军队都溃败了。梁朝徐州刺史司马明素率领三千士兵援救九山，徐州长史潘伯邻救援淮陵。宁朔将军王燮保卫焦城，党法宗等人进兵攻克了焦城，又攻破了淮陵。十一月，壬午日（初四日），北魏军队生擒司马明素，杀了潘伯邻。

先前，梁朝太守冯道根戍守阜陵，刚到任时，他就修筑城隍，派遣斥候到远方侦查放哨，就好像敌人将要进犯一样。众人都讥笑他，冯道根说："防卫要周备，好像胆怯似的，打仗要勇敢争先，说的就是这个。"城还没有筑完，党法宗等人率领敌军两万人就突然兵临城下，大家脸上都恐惧变色。冯道根下令大开城门，穿着宽大的衣服登到城上，并挑选了精锐的士兵两百人出城与北魏士兵交战，打败了魏兵。北魏人看冯道根意态从容，初次交锋又失利，于是相引着撤走了。冯道根率领一百名骑兵出击高祖珍，打败了他。北魏的各路军队军粮运送断绝，相率撤退了。梁武帝萧衍任命冯道根为豫州刺史。

北魏武兴安王杨集始去世。己未日（十一日），北魏封他的世子杨绍先为武兴王；杨绍先年纪幼小，封国中的事情都由他的两位叔父杨集起和杨集义裁决。

乙亥日（二十七日），梁朝尚书左仆射沈约因为母亲去世而离职。

北魏迁都洛阳后，北边距离遥远，逐渐荒芜，出现饥荒，百姓生活穷困凋敝。北魏宣武帝元恪加封尚书左仆射源怀为侍中、行台，派他持符节巡行视察北边六镇以及恒、燕、朔三州，赈济贫民，考核官吏优劣，事情的得失都由他先行处置然后再上报。源怀调剂穷富，饥民全都依赖他的救济生存。沃野镇的守将于祚，是于皇后的伯父，和源怀是儿女亲家。当时于皇后的父亲于劲正掌权，权势之大朝野无人能比，于祚接受的贿赂很多。源怀将要进入沃野镇的时候，于祚到郊外的道旁迎接，源怀不和他讲话，当即上奏弹劾他，宣武帝元恪免去了他的官职。怀朔镇的守将元尼须与源怀是老朋友，贪赃不法，声名狼藉，置办酒席宴请源怀，对源怀说："我性命的长短，取决于你的一句话，哪能不对故友多多宽容呢？"源怀说："今天这里是源怀和老友饮酒的地方，不是审理案件的地方。明天，在公庭上才是使者检举镇将罪状的地方呢。"元尼须流下了眼泪，没有话可以回答；最终源怀还是查证他的罪行，弹劾他，使他受到相应的刑罚。源怀又上奏说："边镇事情少，可是设置的官吏多，沃野一镇从守将以下就有八百多人，请求把官员人数削减五分之二。”宣武帝元恪听从了他的建议。

乙酉日（十一月无此日），梁朝将军吴子阳与北魏元英在白沙展开交战，吴子阳被打败。

北魏东荆州的蛮人樊素安作乱。乙酉日（十一月无此日），宣武帝元恪任命左卫将军李崇为镇南将军、都督征蛮诸军事，率领步兵、骑兵前往讨伐他们。

梁朝冯翊人吉翂的父亲是原乡县令，被奸臣诬告，被逮捕押送到廷尉处，依据所诬告的罪状应当判处死刑。吉翂年十五岁，捶打登闻鼓，乞求代父亲受死。梁武帝萧衍因为他年纪小，怀疑是别人教他这样做的，派遣廷尉卿蔡法度对他严加诱导胁迫，让他说出实情。蔡法度把所有拷问的刑具陈列出来，诘问吉翂说：“你请求代替父亲去死，皇上已经下令准许，你真想去死吗？况且你年幼无知，如果是受到他人的教唆，现在翻供也还来得及。”吉翂说：“囚犯我虽然年幼愚昧，岂能不知道死亡的可怕？只因不忍心看到父亲遭受极刑，所以乞求相代。这不是小事，怎会是受他人的教唆呢？圣明的皇上既已下诏准许我代替父亲去死的请求，那我快乐得如同登仙，怎会反悔呢？”蔡法度于是更加和颜悦色地诱导他说：“皇上知道令尊没有罪，将会得到开释，我看你实在是一个好孩子，现在如果改变说辞，有希望父子一起活命。”吉翂说：“家父受到他人诬陷弹劾，一定会遭受刑罚；囚犯我闭上眼睛，伸长颈子，只等一死，再也没有其他的话可以回答。”这时吉翂身上戴上了各种刑具，蔡法度同情他，下令给他换上比较小的。吉翂不听从，说：“我是死刑犯，只应该加重械具，怎可以减轻呢？”竟然不肯脱下刑具。蔡法度详细地把审讯的情况上奏皇上，梁武帝萧衍于是宽恕了他父亲的罪过。

丹杨尹王志了解了吉翂在廷尉欲代父死而使父亲脱罪的事实，并且询问了他是哪里人，想在下年初推举吉翂为纯孝之士。吉翂说：“丹杨尹王志真是一个奇怪的人呀！怎么这样看轻我呢？父亲受到羞辱，做儿子的代父去死，这本是当然的道理；如果我吉翂接受了这个推举，那便是凭借父亲求取虚名，有什么样的耻辱比得上这一耻辱呢？”坚决地不接受，事情只好作罢。

北魏宣武帝元恪纳高肇的哥哥高偃的女儿为贵嫔。

北魏散骑常侍赵修，出身贫贱，突然富贵，恃宠而骄，恣意不法，欺压凌辱王公贵人，被大家痛恨。宣武帝元恪替赵修造宅第，宏大华丽的宅第和诸王差不多，他的邻居把土地献给他，都当了官，有的被破格补任为大郡郡守。赵修请求告假回家埋葬父亲，所有的花费和人役全部由官家供应。赵修在返乡途中，淫秽放纵，宣武帝元恪身边的人趁他不在朝，大力揭发他的罪恶。等到他回朝以后，往日所受的宠爱不如从前，高肇秘密地收集他的罪状，侍中、领御史中尉甄琛、黄门郎李凭、廷尉卿阳平人王显，平素都是谄媚依附赵修的人，到这时候，他们恐惧牵连自己，都争着帮助高肇攻击赵修。宣武帝元恪下令尚书元绍调查审讯，下诏公布赵修的奸恶罪状，免去他的死罪，鞭打一百下，流放到敦煌充军。可是赵修愚蠢粗疏，事先一点也没有察觉，正在领军于劲的府第中玩樗蒲戏乐，羽林军数人宣圣旨将他叫出来，送到领军府。由甄琛、王显两人监督行刑，预先找了有力气的五个人，轮流鞭打，想要将他打死。赵修一向长得肥壮，可以禁得起毒打，偷偷增加鞭打的次数到三百下，赵修还不死。甄琛等就找来驿马，催促他上路，赵修出城后，不能自己骑马，于是由两个人抬着把他捆缚在马鞍上面，快速地向前奔驰，跑了八十里路，这才死了。宣武帝元恪听说了，责怪元绍没有把这件事上奏，元绍回答说：“赵修因为佞媚得幸，是国家的大害虫，下臣如果不利用这个机会把他除掉，恐怕陛下会受到万世的指责。”宣武帝元恪因为他的言论严正，没有怪罪他。元绍出来后，广平王元怀对他下拜说：“您的正直超过汉朝的汲黯。”元绍说：“只是遗憾杀得太晚，为此觉得惭愧罢了。”元绍是元素的孙子。第二天，甄琛、李凭两人都因为党附赵修而连坐免官，宣武帝元恪身边的人因为赵修的案子而连坐被判死刑和贬官的共有二十多人。散骑常侍高聪和赵修一向亲近，但又凭借同宗的关系谄媚事奉高肇，因此只有他能够免罪。

天监三年（甲申，公元504年）

春季，正月，庚戌日（初三日），梁朝征虏将军赵祖悦与魏朝江州刺史陈伯之在东关展开激战，赵祖悦打了败仗。

癸丑日（初六日），梁朝任命尚书右仆射王莹为左仆射，太子詹事柳惔为右仆射。

丙辰日（初九日），北魏东荆州刺史杨大眼攻击叛乱的蛮人樊季安等，大获全胜。樊季安是樊素安的弟弟。

丙寅日（十九日），北魏大赦天下，改年号为正始。

萧宝寅巡行到汝阴，东城已经被梁朝攻取，于是屯驻在寿阳栖贤寺。二月，戊子日（十一日），梁朝将军姜庆真趁着北魏任城王元澄宿师在外，偷袭寿阳，占据了寿阳的外城。长史韦缵仓促之间不知所措。任城王元澄的母亲孟氏率领军队登上城陴，先据守了地势险要方便作战的地方，她激励文武官吏，安慰新归附的寿阳兵民和旧有将士，将士们都有了奋战的勇气。太妃孟氏亲自巡视各处守城据点，冒着敌人的矢石毫不回避。萧宝寅率领军队来驰援，和城内的州兵内外夹攻，从四鼓一直激战到太阳将要落山，姜庆真这才战败逃走。韦缵因临阵失措被免去官职。

北魏任城王元澄攻打钟离，梁武帝萧衍派遣冠军将军张惠绍等人率领士兵五千人运送粮食到钟离，元澄派遣平远将军刘思祖等人半路阻击他们。丁酉日（二十日），两方在邵阳激战，刘思祖把梁朝的军队打败了，俘虏了张惠绍等十名将领，几乎斩杀了全部被俘的士卒。刘思祖，是刘芳的侄子。尚书考核刘思祖的功劳，应当封为千户侯；侍中、领右卫将军元晖向刘思祖索要两个婢女，没有得到，刘思祖封侯之事就停止了。元晖是元素的孙子。

梁武帝萧衍派遣平西将军曹景宗、后军将军王僧炳等人率领步兵和骑兵三万人救援义阳。王僧炳率领两万士兵据守凿岘，曹景宗率领一万士兵做后援，元英派遣冠军将军元逞等人据守樊城来抵挡他们。三月，壬申日（二十五日），北魏军队在樊城大败王僧炳，俘虏斩首四千多人。

宣武帝元恪下诏书给任城王元澄，说："四月淮水将要涨水，船只可以畅行无阻，梁朝的军队占有天时，不要一味贪图利益，以免后悔。"这时恰好遇到下大雨，淮水突然涨了起来，元澄率领军队退回寿阳，北魏军队回师的时候，情况相当狼狈，将士损失了四千多人。中书侍郎齐郡人贾思伯担任元澄的军司，在大军的后面殿后。元澄因为他是一位儒者，认为他一定会死，等到贾思伯回到寿阳，元澄非常高兴地说："'仁者必有勇'，我在军司您身上看到了验证。"贾思伯托词说因为迷失道路才没有与大部队一同返回，不夸耀自己的功劳。有司上奏章请求取消元澄开府的荣衔，宣武帝元恪只把他降了三级。梁武帝萧衍用所俘虏的北魏将士向北魏请求交换张惠绍，北魏把张惠绍遣送回来了。

北魏太傅、领司徒、录尚书北海王元详，骄傲奢侈，喜好声色，贪得无厌，扩建宅第，侵夺别人的住宅，宠爱身边的人，到处托人情、走门路，朝廷内外的人对他都怨恨叹息。宣武帝元恪因为他是自己的叔父，对他的礼遇恩施没有衰减，军国大事都让他参与决断，凡是他所上奏请求的事情，宣武帝元恪无不开禁允许。宣武帝元恪刚刚亲政的时候，用军队召请各位叔父，北海王元详与咸阳王元禧、彭城王元勰同乘一部车子入宫，防卫非常严密。高太妃非常恐惧，乘车跟随在后面痛哭。三人脱身以后，高太妃对元详说："从今以后不愿富贵，只希望能母子平安，哪怕和你一起在市肆中以打扫为生。"等到元详第二次执政，高太妃不再记念昔日的事情，专门帮助元详做些贪污暴虐的事情。冠军将军茹皓，凭借心思灵敏而受到宣武帝元恪的宠爱，经常陪侍在宣武帝元恪的身边，替宣武帝传达回复门下省所奏上的事情，玩弄权柄，接纳贿赂，朝野人士都害怕他，元详也依附了他。茹皓娶了尚书令高肇的堂妹，茹皓妻子的姐姐是元详叔父安定王元燮的妃子，元详与元燮的妃子私通，因此和茹皓更加亲密。直阁将军刘胄，本来是元详所引荐的人，殿中将军常季贤因为擅长养马，陈扫静为宣武帝元恪梳头，三人都被宣武帝宠幸，这些人和茹皓互相勾结，卖弄权势。

高肇的祖上是高丽人，当时有身份的人都轻视他。宣武帝元恪罢黜了六位辅政大臣，诛杀了咸阳王元禧之后，把政事委任给高肇一人。高肇因为在朝廷里的亲戚同宗极少，于是招揽结交朋党，依附他的人十天半月就可破格拔升，不依附他的人就用大罪名诬陷他。尤其对诸王十分忌恨，因为元详是诸王之首，高肇想把他除去，自己一人执掌朝政，于是向宣武帝元恪说元详的坏话，说："元详与茹皓、刘胄、常季贤、陈扫静等人图谋叛乱。"夏季，四月，宣武帝元恪在夜里宣召中尉崔亮进入禁中，要他弹劾元详贪赃淫乱，生活奢侈放纵，以及茹皓等四人依恃权势，贪婪横暴。宣武帝元恪下令将茹皓等四人收捕拘系在御史台，派遣虎贲一百人包围元详的住宅。宣武帝元恪又恐怕元详惊惧逃跑，派遣身边的近臣郭翼打开金墉门骑马出去，向元详宣谕圣旨，并把中尉崔亮弹劾的奏章给元详看，元详说："果真如中尉所弹劾的那样，我又有什么担忧的呢？只恐怕有更大罪责忽然加身罢了。别人送我财物，我确实是收了。"第二天早上，有司上奏章处置茹皓等人的罪行，茹皓、刘胄、常季贤、陈扫静四人都被赐死罪。

宣武帝元恪找来高阳王元雍等五王入宫商议元详的罪状。元详乘坐单车，前后有卫兵防守，被送到华林园，元详的母亲及妻子被一起送入，只给了小奴及弱婢数人听他们使唤，包围防守十分严密，内外不能通消息。五月，丁未朔日（初一日），宣武帝元恪下诏书宽宥元详的死罪，把他赦免为庶人。不久，把元详迁移到太府寺，看管得更加严密；他的母亲和妻子都回到了南边的府第，每隔五天来探视元详一次。

起初，元详娶了宋王刘昶的女儿，对待她十分疏远冷淡。元详被拘禁后，高太妃才知道他和安定王的高妃私通的事情，非常震怒地说："你的妻妾如此多，怎么还去找那个高丽贱人，以致闯下了如此大罪！”高太妃命人将元详杖责了一百多下，受杖刑的伤口发脓溃烂，过了十多天才能站立。高太妃又杖责了刘妃几十下，说：“妇人都有妒忌之心，为何你不妒忌呢？”刘妃笑着接受惩罚，始终没有一句辩解的话。

元详的几个家奴暗中勾结党羽，想要把元详救出来，秘密地书写了姓名，请托侍婢传递给元详。元详刚得到拿着看，被门防主司远远地看见了，突然进来从元详手中把秘折抢到，将这事奏闻宣武帝元恪，元详恸哭了几声，突然死了。宣武帝元恪下诏有司依照礼节将他出殡埋葬。

先前，典事史元显献上一只小鸡，有四个翅膀及四只脚，宣武帝元恪下诏书询问侍中崔光，崔光上表说：“汉元帝刘奭初元年间，丞相府一个小吏家中的母鸡孵小鸡，这只母鸡渐渐地变成公鸡，有头冠，足距昂然，鸣叫着率领鸡群。汉元帝刘奭永光年间，有人进献了一只生角的公鸡，刘向认为：‘鸡是小家禽，负责报时，唤主人起床，这是地位低下的臣子执掌政权的征兆。汉元帝刘奭竟宁元年，石显因罪被戮，这就是应验。’汉灵帝刘宏光和元年，南宫寺的母鸡要变化成公鸡，只是头冠没有变，汉灵帝下诏以这事询问议郎蔡邕，蔡邕回答说：‘头是元首，是皇帝的象征。如今鸡全身都已经变化，只剩下头冠还没有变，皇上就知道了，这是将有叛乱而不能成功的兆象。倘若应付得不得当，政事没有做出改变，也许头冠就要变化成功，那祸患就更加大了。’后来黄巾贼破坏四方，天下因此大乱。现在这只鸡变化的情形虽然和汉朝不同，可是它显示的预兆颇为相似，确实可怕得很。我依据刘向和蔡邕的话来推断这件事，鸡的翅膀和脚众多，这也是奸臣互相勾结、鼓动生事的兆象；鸡还没有长大，脚和羽毛都还小，这表明奸党的势力还小，容易控制。下臣听说灾异现象出现，都是用来预示吉凶，圣明的国君见了之后有所警惧，才能够带来福祥；愚暗的国君见了之后还是抱着怠慢的心理，因此导致灾祸。也许如今也有从低贱而突然显贵的小人，参与国家的政事，好像前代石显那样的人吧！希望陛下选用贤人，黜退奸佞，如此妖气就可以消除，吉庆就可以降临了。”其后几天，茹皓等人因罪被诛，宣武帝元恪因而更加看重崔光。

高肇游说宣武帝元恪，派遣宿卫队的首领率领羽林虎贲军监守各位藩王的宅第，差不多和幽禁一样。彭城王元勰激切地谏诤，宣武帝元恪不听。元勰志向高远，不热衷于荣华权势，他避事居家，出门不喜欢游山玩水，居家又没有知己相交游，一个人与妻子儿女相对，经常郁郁不乐。

北魏围攻义阳，义阳城中的守兵不到五千人，粮食只能支撑半年。北魏军队攻城，昼夜不停，刺史蔡道恭随着魏军攻城的方位抵抗防御，都很轻易地将魏军打退了，相持了一百多天，前后斩获的敌人无法计算。北魏军队害怕他，将要退兵。恰好蔡道恭病重，于是蔡道恭把堂弟骁骑将军蔡灵恩、侄儿尚书郎蔡僧勰和诸将佐找来，对他们说：“我受了国家的厚恩，不能够消灭寇贼，现在苦于疾病加重，看样子无法支撑很久，你们应当以死来守住名节，不要让我死有遗恨！”众人听了都流下眼泪。蔡道恭去世以后，由蔡灵恩代理刺史的职务，代替蔡道恭守城。

六月，癸未日（初八日），梁朝大赦天下。

北魏发生大旱灾，散骑常侍兼尚书邢峦上奏说：“过去圣明的帝王都看重粮食布帛，轻视金子美玉，这是什么缘故呢？因为粟帛能养民而使国家安定，金玉无实用只会败坏道德。先帝深切以奢侈浪费为鉴戒，致力提倡节俭，甚至于用纸绢做帷帐和屏风，用铜铁做马的辔头和勒口，府库里所储藏的金子，刚刚够用而已，不再买来囤积而浪费国家的公帑。到了景明初年，您继承先世升平的大业，四方安然无事，远近的人都来归附，于是进贡的贵重物品相继不绝，商贾们交纳的赋税，以及其他种种献纳之物，比平常多一倍，金玉常常有盈余，国家的费用总是不足，假如不定个分限，只恐怕岁计会不充裕，请求自今而后四方所献如非必需之物一概不予接受。”宣武帝萧衍采纳了他的建议。

秋季，七月，癸丑日（初八日），梁朝角城戍主柴庆宗献出城池投降北魏，北魏徐州刺史元鉴派遣淮阳太守吴秦生率领一千多人前往角城。梁朝淮阴派出的援军阻断了吴秦生的道路，吴秦生经过多次交战，打败了梁军，占取了角城。

甲子日（十九日），梁朝册立皇子萧综为豫章王。

北魏李崇攻破东荆州叛变的蛮人，活捉了樊素安，又进兵讨伐西荆州的各部蛮人，群蛮全都投降了。

北魏听说蔡道恭去世，攻打义阳城更加激烈，天天都短兵相接。曹景宗驻扎在凿岘按兵不动，只在那里到处打猎展耀兵力而已。梁武帝萧衍又派遣宁朔将军马仙琕驰救义阳，马仙琕辗转作战向前推进，军队来势非常凶猛。元英在上雅山修筑壁垒，命令诸将埋伏在四面的山中，故意让马仙琕看起来兵力很薄弱的样子。马仙琕乘胜利之势，直抵北魏军队的长围，偷袭元英的营地，元英假装打败仗引诱马仙琕，到了平地，发动伏兵攻击马仙琕。北魏统军傅永穿着战甲拿着长槊，单骑率先攻入梁军，只有军主蔡三虎跟随着他，突过梁军的战阵。梁朝的士兵用箭射傅永，傅永的左大腿被射穿了，傅永将箭拔去，又冲入梁军阵中。马仙琕吃了大败仗，有一个儿子战死了，马仙琕下令撤退。元英对傅永说："您已经受伤了，暂且回营休息吧！"傅永说："昔日汉高祖刘邦被射中胸部，却手抚足部，不愿意让部下知道实情，借以安定军心。下官职位低微，也是国家的一个将军，怎么可以让敌人有射伤我方将军的荣耀呢？"于是和众军士追杀梁军，直到夜尽天亮才返回营地。傅永当时已经七十多岁，军中将士都佩服他的勇壮。马仙琕又率领一万多人进击元英，元英又打败了他，杀了将军陈秀之。马仙琕知道义阳危急，出动全部精锐与魏军决战，一日之中交锋三次，都是大败而回。蔡灵恩势穷力蹙，八月，乙酉日（十一日），投降了北魏。梁朝三关的守将听到这个消息，辛酉日（八月无此日），也弃城逃走了。

元英让司马陆希道草拟捷书，元英嫌他草拟得不够精当，命令傅永进行修改；傅永没有增加文章的文采，只是将军事处置的重要措施逐一详细说明，元英极为赏识傅永的修改，说："看到这样的谋略措施，即使有金子做的城墙和用沸水做护城河，也不能够守住了。"起初，元英的父亲南安惠王元桢因为参与穆泰谋反的事情，被削夺了爵位和封邑，等到元英攻下义阳，于是又封元英为中山王。

梁朝御史中丞任昉上奏章弹劾曹景宗，梁武帝萧衍因为他是功臣，把奏章压下没有治他的罪。

卫尉郑绍叔忠心耿耿事奉梁武帝萧衍，凡是他在外头所听到的事情，即使事情很小，也都向梁武帝报告，无所隐瞒。每次有事向梁武帝萧衍进言，好事就推说是梁武帝萧衍的功绩，不好的事情就把罪过揽到自己的身上，梁武帝因此亲近他。梁武帝萧衍下诏在南义阳设置司州，州治移到关南，任用郑绍叔为刺史。郑绍叔修建城隍，修缮器械，拓广田地，储积谷物，招集四方流散的人，百姓都能安然过活。

北魏在义阳设置郢州，任用司马悦为刺史。梁武帝萧衍派遣马仙琕在三关之南构筑竹敦、麻阳两座城堡，司马悦派遣军队攻打竹敦，占领了竹敦。

九月，壬子日（初八日），梁朝任命吐谷浑王伏连筹为西秦州和河州刺史，并封他为河南王。

柔然侵犯北魏的沃野镇及怀朔镇，宣武帝元恪下诏车骑大将军源怀出巡北方，指导抵御方略，随军征发的士兵及物力的供用，都授权他全权处理。源怀到达云中，柔然逃跑了。源怀认为中原王朝对付夷狄的办法，最好是修筑城郭。源怀返回后，到了恒镇及代镇，巡视了各镇附近要害的地点，可以修筑城郭驻守军队的处所，想要从东到西修建九座城，另外选定适宜储备粮食兵器、呈犬牙交错之势可以互相救援的据点，合起来共有五十八条建议，写成表折奏上去，说："现在国家定都洛阳，距离北边非常遥远，故都平城以北的各国多有反叛的，同时又遭遇旱灾，闹着饥荒，戎马甲兵十分中缺少八分，我认为应该利用旧有各镇，从东到西，互相守望，使形势能互相连接起来，修建城郭，屯驻守军，分派士兵把守要害之地，鼓励农民储积谷物，紧急的时候，可以随时讨伐。柔然游骑的盗寇，终不敢攻城，也不敢越过城郭南下。这样一来，北方就可以不用担心了。”宣武帝元恪听从了他的建议。

北魏太和十六年，高祖孝文帝元宏下诏中书监高闾和给事中公孙崇考定雅乐，经过相当长的时间，还没有完成。适逢高祖孝文帝元宏崩殂，高闾也去世了。世宗宣武帝元恪景明年间，公孙崇担任太乐令，献上整理过的乐器及书籍。这时，世宗宣武帝元恪才命令八座以下群臣共同讨论这件事情。

冬季，十一月，戊午日（十五日），北魏下诏营建修缮国学。这时北魏承平的日子久了，研讨学问的风气大为兴盛，在燕、齐、赵、魏一带，讲学授业的人无法计算，收录弟子多的甚至到千余人，少的也有几百人，各州推举茂异，各郡贡举孝廉，人数一年比一年多。

甲子日（二十一日），梁朝废除用金钱赎罪的法律。

十二月，丙子日（初四日），北魏下诏殿中郎陈郡人袁翻等人讨论拟定法令，由彭城王元勰等人监督进行。

己亥日（二十七日），北魏宣武帝元恪出巡，到了洛阳城南的伊阙。

梁武帝萧衍非常喜欢儒术，认为东晋、宋、齐各朝虽然设立国学，往往不到十年就废止了，即使还存在也是徒具形式罢了，没有讲授学问的实际活动。

资治通鉴卷第一百四十六　梁纪二

起乙酉（公元505年），止丁亥（公元507年），共二年。

【题解】本卷记录了公元505年至507年，即梁武帝萧衍天监四年至天监六年共三年间南梁与北魏两国的大事。主要记录了梁武帝兴儒学，建立《五经》博士；梁国夏侯道迁献汉中降魏，魏国名臣邢峦南入剑阁；魏主不听邢峦建议，王足降梁，巴西兵变，伐蜀的大好形势被断送；梁益州刺史邓元起不救梁州，又贪财骄纵，被新刺史萧渊藻诛杀；丘迟致书陈伯之，陈伯之率众降梁；萧衍弟萧宏驻守洛口，不战而逃，梁军大败；魏将元英围攻钟离，萧宝寅代替刑峦领军与元英会和；梁将韦叡、曹景宗等率兵解救钟离，取得淝水之战以来最大的胜利；此外还记录了魏臣卢昶与元晖勾结；梁国吏部尚书徐勉铁面无私、办事精练，以及梁武帝诸弟萧秀等四人重士轻财等等。

高祖武皇帝二

天监四年（乙酉，公元505年）

春季，正月，癸卯朔日（初一日），梁武帝萧衍下诏："两汉时期读书人进入仕途，莫不是通过经术之业，他们奉持正道，所以能树立名节，成就大业。魏、晋以后，风气浮华放荡，儒教衰落，风骨节操无所树立，即是这个缘故。可以设置五经博士各一人，广开馆舍，来招收容纳后进学子！"于是将贺玚以及平原人明山宾、吴兴人沈峻、建平人严植之补为博士，让他们各自主持一个馆，每个馆有数百名学生，由国家给予他们月俸，其中应对策问见解明通的人就任用为官吏。不到一年，抱着经书背着书笈来到京师的学子如云之会合。贺玚，是贺循的玄孙。朝廷又选拔学生，前往会稽云门山跟从何胤学习，命令何胤从门徒中挑选经术明通品行卓越的，把他们的名字上奏朝廷，朝廷分别派出博士祭酒巡视州郡开立学馆的情况。

起初，谯国人夏侯道迁凭借辅国将军的职衔跟从裴叔业镇守寿阳，担任南谯太守，与裴叔业有仇隙后，自己投奔北魏。北魏任命夏侯道迁为骁骑将军，随从王肃镇守寿阳，王肃让夏侯道迁驻守合肥。王肃去世后，夏侯道迁丢下戍所投奔南朝，跟从梁、秦二州的刺史庄丘黑镇守南郑，庄丘黑任命夏侯道迁为长史，领汉中太守衔。庄丘黑去世以后，朝廷诏令都官尚书王珍国为刺史，没到任，夏侯道迁暗中和军主考城人江忱之等密谋投降北魏。

此前，北魏仇池的镇将杨灵珍背叛魏朝前来投奔梁国，朝廷任命他为征虏将军、假武都王，协助戍守汉中，有部属六百人，夏侯道迁害怕他。梁武帝萧衍派遣心腹吴公之等人出使南郑，夏侯道迁就杀掉使者，发兵攻击杨灵珍父子，将他们斩首，连同使者的首级一起送给北魏。白马戍主尹天宝听说了这件事，率领军队攻打夏侯道迁，打败了夏侯道迁的部将庞树，于是进兵围困南郑。

夏侯道迁向氐王杨绍先、杨集起、杨集义求救，他们都不予理睬。杨集义的弟弟杨集郎率领军队救援夏侯道迁，攻打尹天宝，杀死了他。北魏任用夏侯道迁为平南将军、豫州刺史、丰县侯。又任命尚书邢峦为镇西将军、都督征梁、汉诸军事，率领军队前往赴任。夏侯道迁接受平南将军的职衔，推辞豫州刺史的职位，并且请求封为公爵，宣武帝元恪没有答应。

辛亥日（初九日），梁武帝萧衍到南郊祭祀，大赦天下。

乙丑日（二十三日），北魏任命骠骑大将军高阳王元雍为司空，加封尚书令广阳王元嘉仪同三司。

二月，丙子日（初五日），北魏封宕昌世子梁弥博为宕昌王。

梁武帝萧衍商议讨伐北魏，壬午日（十一日），派遣卫尉卿杨公则率领宿卫军堵住洛口。

壬辰日（二十一日），交州刺史李凯据州反叛，交州长史李畟讨伐并且平定李凯的叛乱。

北魏邢峦到了汉中，攻打各个城堡，所到之处，都被他攻陷。晋寿太守王景胤据守石亭，邢峦派遣统军李义珍打跑了他。北魏任用邢峦为梁、秦二州刺史。巴西太守庞景民据守郡城，拒不投降，郡民严玄思聚集一群人自称是巴州刺史，归附北魏，进攻庞景民，杀了他。杨集起、杨集义听说北魏攻克汉中，因而恐惧，闰三月，率领氐族部落背叛北魏，截断了汉中的粮道，邢峦多次派遣军队进攻他们，将他们打败。

夏季，四月，丁巳日（十七日），梁朝任命兼宕昌王梁弥博为河、凉二州刺史、宕昌王。

梁朝冠军将军孔陵等人率军两万人戍守深杭，鲁方达戍守南安，任僧褒等人戍守石同，共同来抗拒北魏军队。邢峦派遣统军王足率领军队攻打他们，所到之处，都打了胜仗。于是进入剑阁。孔陵等人撤退保守梓潼，王足又进兵攻击，攻破了梓潼。梁州十四郡的土地，从东到西有七百里，从南到北有一千里，都归入北魏版图。

起初，益州刺史邓元起因为母亲年老请求返回故里，朝廷下诏征调他为右卫将军，派遣西昌侯萧渊藻去接替他。萧渊藻是萧懿的儿子。夏侯道迁背叛的时候，尹天宝派遣使者迅速向邓元起报告。等到魏兵侵犯晋寿，王景胤等人都派人前来求救，众人劝邓元起赶快前往救援，邓元起说：“朝廷与这里相隔万里，军队无法马上来到，如果敌人一再深入侵犯，才需要加以扑灭，而且都督征讨的职位，不是我还有谁，何必匆匆忙忙地去援救他们呢！”朝廷诏令邓元起兼摄都督征讨诸军事，援救汉中，但是晋寿已经陷落了。萧渊藻将要到任，邓元起准备回家的行装，城中的粮食储备和各种器械，全部取走，一点儿都没有剩下。萧渊藻入城后，看到这种情况，对邓元起心怀怨恨；萧渊藻又要邓元起的好马，邓元起说：“你一个年轻小伙子，用马干什么呢？”萧渊藻十分恼怒，趁着邓元起酒醉，杀掉了他。邓元起的部下听说他被杀，把城池包围起来，一面痛哭，一面询问杀邓元起的缘故，萧渊藻说："天子有令。"众人这才散去。于是萧渊藻上书诬告邓元起造反，梁武帝萧衍对此感到怀疑。邓元起的旧吏广汉人罗研来到京师为邓元起雪冤，梁武帝萧衍说："果然和我想的一样。"派遣使者责备萧渊藻说："邓元起为你报了父仇，你却为仇人报仇，忠孝之道在哪里呢？"于是把萧渊藻贬为冠军将军，追赠邓元起为征西将军，谥号为忠侯。

◆唐代李延寿评论说：元起勤勉王事，体贴下属，奉事朝廷，有开疆拓土的大功，勋劳还没奖赏，却已经遭遇了横祸。贬萧渊藻为冠军将军，在刑罚上实在太轻了，梁朝的政令、刑律，在这一点上是为缺失。袒护宗室的弊端，自这件事开启，国运不能长久，不是应该的？◆

益州百姓焦僧护聚集徒众叛乱，萧渊藻年纪不满二十，集合僚佐商讨亲自前往攻击；有人说不可，萧渊藻大怒，将他在台阶旁边斩首。于是乘着平肩舆到乱贼的营垒前巡视，贼寇的弓箭乱射，箭下如雨，跟随的人举起盾牌来抵挡乱箭，萧渊藻下令将盾牌拿开。因此人心大为安定，进攻焦僧护等乱党，把他们平定了。

六月，庚戌日（十一日），梁朝开始建立孔子庙。

豫州刺史王超宗率领军队围攻北魏的小岘。丁卯日（二十八日），北魏扬州刺史薛真度派遣统军李叔仁等攻击王超宗，王超宗的军队大败。

梁朝冠军将军王景胤、李畎、辅国将军鲁方达等人与北魏王足交战，屡次被打败。秋季，七月，王足进兵逼近涪城。

八月，壬寅日（初四日），北魏中山王元英入侵雍州。

庚戌日（十二日），梁朝秦、梁二州刺史鲁方达和北魏王足的统军纪洪雅、卢祖迁交战，战败，鲁方达等十五名将领全部战死。壬子日（十四日），王景胤等人又和卢祖迁交战，战败，王景胤等二十四名将领也都战死。

杨公则到达洛口，和北魏豫州长史石荣交战，杀了他。甲寅日（十六日），梁朝将军姜庆真与北魏军队在羊石交战，没有取胜。杨公则退兵屯驻在马头。

雍州的蛮人沔东太守田青喜反叛梁朝投降了北魏。

北魏太极殿的西庑长了灵芝，北魏宣武帝元恪将它拿给侍中崔光看，崔光上奏章，认为："这就是《庄子》书里所讲的'气蒸成菌'（地气上升，化而为地蕈）罢了。这种柔脆之物，生长在废墟角落污秽潮湿的地方，不应当生长在殿堂宽敞亮丽的处所；现在忽然有这种东西，它的形状又长得扶疏，实在是奇怪呀！那本应当生长在荒野的树木却生长在朝廷，野鸟飞入宗庙，古人都认为是败亡的兆象，因此商朝太戊、中宗对于灾异心怀恐惧，勤于修德，殷朝的帝业因此昌盛起来，这就是所谓'家道将要大利，怪异会先发生；国家将要兴盛，妖物会先出现'的原因了。现在西方、南方，战事没有停息，京郊周围，大旱灾持续很久，百姓劳苦，物力消歇，已经到了十分严重的地步，这是承受天命抚育百姓的人所当怜悯救助的。伏愿陛下躬亲政事，留意民情，弘扬圣道，节制晚上饮宴的欢乐，保养年轻的身体，那么魏朝的国运就可以长久兴隆，皇上的寿命就可以等同山岳了。"这时宣武帝萧衍喜好宴饮欢乐，所以崔光的话提到这一点。

九月，己巳日（初一日），杨公则等人和北魏扬州刺史元嵩交战，杨公则大败。

冬季，十月，丙午日（初五日），梁武帝萧衍大举讨伐北魏，任命扬州刺史临川王萧宏都督北讨诸军事，尚书右仆射柳惔担任副手，王公以下各献上封国收入的租税和田地收入的稻谷来资助军队。萧宏驻军在洛口。

杨集起、杨集义拥立杨绍先为皇帝，他们自己都称王。十一月，戊辰朔日（初一日），北魏派遣光禄大夫杨椿率领军队讨伐他们。

北魏王足围攻涪城，蜀人非常恐惧，益州城的守兵投降北魏的有十分之二三，百姓自己呈上名籍投降北魏的有五万多户。邢峦上表给宣武帝元恪，请求乘胜进兵攻取蜀地，认为："建康与成都，相隔万里，陆路已经断绝，交通只靠水路，水军由东到西，没有一年不可能到达，益州周围没有援军，这是可以进兵的第一点理由。益州不久前经历了刘季连的叛乱，邓元起的围剿进攻，储备的物资已经空虚耗尽，官吏百姓都不再有坚决防守的心意，这是可以进兵的第二点理由。萧渊藻是个年轻人，不熟习治理的事务，旧日的名将，很多被囚禁或杀戮，现在所任用的人，都是他亲近的年轻人，这是可以进兵的第三点理由。蜀地所仗恃的，只有剑阁天险，现在已经攻克南安，夺取了它的天险，已经占据它全境的三分之一；从南安到涪城，道路宽阔，两部车可以并行无阻，他们的前方军队多次打败仗，后方的民众已经胆寒，这是可以进兵的第四点理由。萧渊藻是萧衍的骨肉至亲，一定不会死守，如果攻克了涪城，萧渊藻怎肯在城中坐等而受困，一定会望风逃走；假如他出来战斗，庸、蜀两地的士兵驽钝而胆怯，弓箭又少又弱，这是可以进兵的第五点理由。我是朝内的文官，不熟习军旅事务，依赖将士们竭尽全力，多次打了胜仗。既然已经攻克重要的险阻，民心都有归顺的意思，瞻望涪城和成都，旦夕之间可以攻取，只是因为军队不够，粮食缺乏，不宜发兵前往。假如现在不攻取，以后再要图谋便困难了。何况益州是殷实的地方，户口有十万户，和寿春及义阳相比，它的利益有三倍。朝廷如果想要攻取益州，时机不可失去；假如只想保住已经夺取的土地，安抚民心，那么我在此地无事可做，请求回去奉养父母。”宣武帝元恪下诏说：“平定蜀地的行动，应该再等待进一步的指示。寇难没有弭平，怎么可以拿奉养父母做借口呢？”邢峦又上表说：“从前邓艾、钟会率领十八万军队，用尽中国所储备的物资，才能平定蜀地，之所以这样，是用实力相搏斗的缘故。况且我的才能比不上古人，怎么能凭借两万的军队就平定蜀地呢？之所以敢如此，正是因为占据了要害险阻，士民都有归附的心意，凭此去讨伐蜀地容易，他们前来防守则很困难，假如我们尽力去攻取，按照道理来说应该是可以成功的。现在王足已经逼近涪城，如果得到涪城，那么益州是待擒的东西，只是得到它有早晚的分别罢了。而且梓潼已经归附的百姓有数万户，朝廷怎能弃去而不守呢？再说剑阁是天险，已经得到而又放弃，确实太可惜了。我当然知道战争是危险的事情，不可以轻易进行。自从军队越过剑阁以来，我的鬓发已经斑白，日夜都焦虑不安，心里紧张得无法承受！所以勉强支持，是因为既然已经得到了此地，又不驻守而径自撤退，深恐辜负陛下的爵位俸禄啊！而且我的打算，正是想先攻取涪城，然后逐次推进。假如夺得涪城，就可以把益州的土地切成两半，阻断了水路及陆路的要冲，他们外面没有援军，独守一座孤城，怎么能长久呢？我目前想要让各支军队靠近屯驻，使声势相连接，先做到万无一失，然后再图谋进取的大功。能够攻下益州自是大利，不能够攻下益州也可以保全自己。再者，巴西与南郑，相隔一千四百里，离州城十分遥远，常常有骚乱的事情。从前在齐朝的时候，因为这个地方在形势上管理起来很困难，曾经设立巴州，来镇抚夷人和獠人，梁州的官员贪图该地的利益，因此上表奏请罢去。该地的大族，有严、蒲、何、杨等，不只一姓，虽然聚居在山谷之中，但是豪门很多，文章风流之士，也为数不少，只是因为离开州城太远，不能得到仕进的机会，甚至连州府的上层僚佐，都无法跻身其中。因此他们愤愤不平，往往生出异心。到了夏侯道迁起义来归的初期，严玄思自封为巴州刺史，攻克州城后，照旧让他担任刺史之职。巴西地方有千里之广，户口有四万多户，假如在那儿设立州府，镇抚华人和獠族，那么就可以大大地安定民心，垫江以西的地方，不需要征伐的辛劳，自然会为我国所拥有。”宣武帝元恪没有听从。

早先，宣武帝元恪任命王足代理益州刺史。梁武帝萧衍派遣天门太守张齐率领军队救援益州，还没有到达，宣武帝元恪改派梁州军司泰山人羊祉为益州刺史。王足听说了这件事，十分不高兴，就率领军队回去，因此不能平定蜀地。过了一段时间，王足从北魏来投奔梁朝。邢峦在梁州，依照礼节接待当地豪族，用恩惠安抚当地小民，州人对他心悦诚服。邢峦攻克巴西以后，派军主李仲迁驻守。李仲迁沉溺酒色，将军用物资都耗费散尽，所有公事的咨询及上禀，都无法找到他。邢峦非常愤怒，咬牙切齿，李仲迁恐惧，密谋反叛，城中人将李仲迁的头砍了，献出城池投降梁朝。

十二月，庚申日（二十四日），宣武帝元恪派遣骠骑大将军源怀讨伐武兴的氐族，邢峦等人都接受源怀的指挥调遣。

梁朝司徒、尚书令谢朏因为母亲去世去职。

这一年，农作物大丰收，米价每斛三十钱。

天监五年（丙戌，公元506年）

春季，正月，丁卯朔日（初一日），北魏的于皇后生了一个儿子，取名为元昌，大赦天下。

杨集义围攻北魏的关城，邢峦派遣建武将军傅竖眼前往征讨，杨集义发兵迎战，傅竖眼把他击破。傅竖眼乘着胜利的余威，追赶败逃的军队，壬申日（初六日），傅竖眼攻克了武兴，俘虏了杨绍先，送到洛阳。杨集起、杨集义相继逃走，傅竖眼于是灭掉他们的国家，设立武兴镇，后来又改为东益州。

乙亥日（初九日），梁朝任命前司徒谢朏为中书监、司徒。

梁朝冀州刺史桓和攻打北魏的南青州，没有攻克。

北魏秦州屠各王法智聚集党羽两千人，拥戴秦州主簿吕苟儿为首领，改年号为建明，设置百官，攻打州郡。泾州的百姓陈瞻也聚集群众，自封为王，改年号为圣明。

己卯日（十三日），杨集起兄弟相继投降北魏。

甲申日（十八日），梁朝封皇子萧纲为晋安王。

二月，丙辰日（二十一日），宣武帝元恪下诏令王公以下官员直言忠谏，治书侍御史阳固上表，认为："目前的要务，应该亲近宗室，勤于庶政，重视农桑，抑制工商，杜绝一切谈论虚妄穷究幽微的议论，减省佛门无用的经费，用来救济饥寒痛苦的百姓。"这时宣武帝元恪信任高肇，疏远宗室，喜好佛门法术，不亲自处理政事，所以阳固说了这些。

戊午日（二十三日），北魏派遣右卫将军元丽督率各路军队讨伐吕苟儿。元丽，是小新成的儿子。

乙丑日（三十日），梁朝徐州刺史历阳人昌义之同北魏平南将军陈伯之在梁城交战，昌义之大败。

梁朝将军萧昞率兵攻击北魏的徐州，包围淮阳。

三月，丙寅朔日（初一日），发生日食。

己卯日（十四日），北魏荆州刺史赵怡、平南将军奚康生救援淮阳。

北魏咸阳王元禧的儿子元翼，遇赦后请求安葬他的父亲，多次在宣武帝元恪面前流着泪请求，宣武帝元恪不答应。癸未日（十八日），元翼和他的弟弟元昌、元晔投奔梁朝。梁武帝萧衍封元翼为咸阳王，元翼因为元晔是他的嫡母李妃的儿子，请求将爵位让给元晔，梁武帝萧衍不准许。

梁朝辅国将军刘思效在胶水打败北魏青州刺史元系。

临川王萧宏派遣记室吴兴人丘迟写信给陈伯之说："探究你离开我朝，投奔魏朝，并没有别的原因，只是因为自己不能自省，又受到外面流言的蛊惑，所以思想迷乱，行为乖张，以至于到了今天的地步。皇上枉曲法律，以申恩泽，即使您犯了再大的罪，皇上也能宽恕。将军先人的坟墓没有受到毁坏，亲戚都安居乐业，您的宅第不曾被摧毁，爱妾还守在家中，而将军像鱼一在沸鼎里游泳；又像燕子在动荡的帐幕上筑巢，不是太不聪明了吗？希望你勉励，早一点儿想好主意，自己谋求未来的幸福。"庚寅日（二十五日），陈伯之从寿阳梁城率领八千士兵前来归降，北魏杀了他的儿子陈虎牙。梁武帝萧衍下诏再任命陈伯之为西豫州刺史，还没有到任，又改任他为通直散骑常侍。很久之后，陈伯之在家中去世。

起初，北魏御史中尉甄琛上表说："《周礼》一书里，管理山林川泽有虞、衡的官吏，为山林川泽定下严厉的禁令，这是为了让百姓在适合的时节取用，不让山林川泽受到伤害罢了！所以虽然设置了官吏，实际上是为百姓守卫啊！一家的家长，一定要抚养子孙；天下的君主，一定要惠养万民，从来没有为人父母的却吝啬他的醯醢，富有天下万物的君主却独占一物。现今朝廷独霸河东盐池专收其利，这等于是单单奉养口腹而不顾及四肢啊！天子富有四海，何必担心贫穷呢？请求皇上放开盐禁，和百姓共享。”录尚书事元勰、尚书邢峦上奏章，认为：“甄琛上陈的，只就口头上谈论，高明合理；实施起来，却难以推行。我们私底下推想古时善于治理百姓的人，必定升降依时，丰俭随事，管理他们，抚育他们，调节有无来成就他们的性命。假如听任他们自生自长，随便他们任意取食，那是把百姓当作刍狗，是不仁德的行为，还要君主干什么呢？所以圣人获取山林川泽里面的物资，用以放宽田亩的赋税；收取关市的捐税，用以补助十分取一的田赋的不足，这两项资税的开征，都不是为了皇上本人，这就是所谓利用天地间所出产的物资，来加惠天地间的百姓呀！况且现在盐池的禁令，已经很长时间了，将盐收聚起来再分散出去，用来维持国家军事及其他方面的开支，并不是专门用来供给皇宫的饮食和后宫的服饰玩物。既然不是为了皇帝您自己的享乐，那么百姓获利同国家获利应该是没有分别的。可是自从禁盐以来，负责的官吏往往怠于职守，出入之间，常有不符合法令的情形。所以使得百姓叹息怨恨，招致商人们许多的批评，这是执行法令的人做得不好，不是制定法令的人的失误。一旦突然将法令改变，恐会与当初制定法令的本意相违背。一会儿实行，一会儿改掉，政令就像下棋那样没有定规。参照各方面的道理来考虑，应该遵行旧法。”宣武帝元恪最终还是听从了甄琛的建议。夏季，四月，乙未日（初一日），宣武帝元恪撤销了盐池的禁令。

庚戌日（十六日），北魏任命中山王元英为征南将军，都督扬、徐二州诸军事，率领军队十几万人抵抗梁朝军队，指挥各州郡的人马，所到之处由他便宜行事。

梁朝江州刺史王茂率兵数万人侵犯北魏的荆州，引诱北魏边境上的百姓以及各蛮族部落另外设立宛州，派遣他所管辖的宛州刺史雷豹狼等人袭取北魏的河南城。北魏派遣平南将军杨大眼都督各路军队攻击王茂。辛酉日（二十七日），王茂打了败仗，损失军士两千多人。杨大眼进攻河南城，王茂逃回梁国；杨大眼追到了汉水边上，沿路攻占了五座城池。

北魏征虏将军宇文福进犯司州，俘虏一千余人后离去。

五月，辛未日（初七日），梁朝太子右卫率张惠绍等人入侵北魏的徐州，攻占宿预，俘虏城主马成龙。乙亥日（十一日），梁朝北徐州刺史昌义之攻占梁城。

豫州刺史韦叡派遣长史王超等人去攻打小岘，没有攻克，韦叡出来巡视围栅，魏军派出数百人在城门外列阵，韦叡想要攻击他们，诸将都说："我们刚才是轻装简从来到这里，没有作战的准备，慢慢回去调动军队，才可以进攻。"韦叡说："不是这样。北魏城中有两千多人，有足够力量固守，现在无缘无故派出一些人到外面来，这些人一定是他们勇敢善战的军士。假如能够把他们打败，那城池就一定能攻占了。"众人还在犹豫迟疑，韦叡指着他的旄节说："朝廷把这个旄节颁授给我，不是用来当作装饰的，我韦叡的法令不可以违抗！"于是前进发动攻击，士兵都拼死作战，魏兵战败逃走，韦叡趁机积极攻城，隔了一夜就把小岘攻陷，于是率军抵达合肥。

此前，梁朝右军司马胡景略等人围攻合肥，很长时间没有攻下，韦叡到达后，巡视山川形势，夜晚率领部队筑堤截住肥水，不久，堤堰筑成，水路打通，船舰相继到达，魏军构筑东西两个小城保护合肥，韦叡先攻打这两座小城，北魏的将领杨灵胤率领五万军队突然来到，大家害怕无法取胜，请求上奏梁武帝萧衍增加军队，韦叡笑着说："敌人已经到了城下，才要求增兵，怎么来得及呢？况且我们请求增兵，他们也会增兵，用兵之道，贵在出奇制胜，哪里在人数众多呢？"于是攻击杨灵胤，打败了他。韦叡派遣军主王怀静在岸边筑城来守护堤堰，魏军把它攻占，城中的一千多个梁兵全都被杀死。魏人乘胜来到堤堰之下，兵势非常强大，诸将想要退回巢湖，有的提出保守三叉，韦叡发怒说："哪有这样的事？"命令取来伞扇及麾幢，竖立在堤堰之下，表示没有撤退的决心。魏人来凿堤堰，韦叡亲自和他们打斗，魏兵退去，韦叡于是率军在堤坝上构筑营垒来巩固己方。韦叡发动战舰，高度和合肥城等齐，四面把城包围，城里的人都哭起来。守将杜元伦登城监督作战，被弓箭射中死了。辛巳日（十七日），合肥城被韦叡攻陷，俘虏斩首一万多人，虏获的牛羊数以万计。

韦叡的身体一向羸弱，没有骑过马。每当作战时，都乘坐在板舆上监督、激励将士，勇气无人相比；白天接待宾客和来访者，夜半起床，计算军书，点着灯火一直到天亮。安抚他的部属，常常担心不周到，因此投身军旅的将士争着归附他。他驻扎的地方，营舍及围墙都合乎法度。

各路军马前进到东陵，梁武帝萧衍下诏书命令班师返回，东陵距离北魏城池已经很近，诸将非常担心魏军追击，韦叡将辎重部队全部派遣在前头先走，自己乘着小车殿后，魏人畏服韦叡的威名，远远望着他却不敢逼近，最终全师而退。从此梁朝把豫州治所迁到合肥。

壬午日（十八日），北魏派遣尚书元遥南下抗击梁朝军队。

癸未日（十九日），北魏派遣征西将军于劲指挥、调遣秦、陇诸军。

丁亥日（二十三日），庐江太守闻喜人裴邃攻克北魏的羊石城；庚寅日（二十六日），又攻克霍丘城。

六月，庚子日（初七日），青、冀二州刺史桓和攻占北魏朐山城。

乙巳日（十二日），北魏的安西将军元丽攻击王法智，打败了他，斩杀六千人。

张惠绍和代理徐州刺史的宋黑分别从水路及陆路一起进兵，直逼彭城，围攻高冢戍。北魏武卫将军奚康生率领军队前来救援，丁未日（十四日），张惠绍战事不利，宋黑战死。

太子萧统年方五岁，能够完整背诵《五经》全文；庚戌日（十七日），太子萧统开始从禁中搬出居住在东宫。

丁巳日（二十四日），北魏任命度支尚书邢峦都督东讨诸军事。

北魏骠骑将军冯翊惠公源怀去世。源怀性情宽厚直率，不喜欢烦琐之事，经常说："做贵人应当把握要点，何必每一件事都仔细呢？就像盖房子，只要外表看起来高达宽敞，楹柱及栋梁平正，地基和墙壁完好牢固，足够了，斧斤劈得不平，切削得不细密，不是房屋的毛病。"

秋季，七月，丙寅日（初三日），桓和攻打北魏的兖州，攻占固城。

梁朝吕苟儿率领部众十几万人屯驻在孤山，围逼秦州，元丽进兵发动攻击，打败吕苟儿。代理秦州刺史李韶偷袭孤山，俘虏了吕苟儿的父母妻子儿女，庚辰日（十七日），吕苟儿率领他的部下向元丽投降。

北魏兼太仆的卿杨椿另外发兵讨伐陈瞻，陈瞻据守险要抗拒。诸将中有的请求在山路上设伏兵，断绝陈瞻的出入，等他粮食耗尽再发动进攻；有的想要砍伐树林，放火烧山，然后进兵讨伐。杨椿说："这都不是好办法。自从官军来到，所到之处都打胜仗，敌人之所以逃入深山，正是为了逃避死亡。现在约束所有的军队，不要再行侵犯，敌人一定认为我军见到险阻不敢前进；等到他们没有戒备，然后我军奋力攻击，可以一下子将他们平定！"于是停军屯驻而不进攻。贼兵果然出来掠夺，杨椿又用马畜作为诱饵，不追讨他们。经过一段时间，杨椿暗中挑选精兵，趁黑夜衔枚发动偷袭，将陈瞻杀了，把他的首级传送到各地，于是秦、泾两州都被平定。

戊子日（二十五日），徐州刺史王伯敖和北魏中山王元英在阴陵交战，王伯敖的军队打了败仗，损失了五千多人。

己丑日（二十六日），北魏征发定、冀、瀛、相、并、肆六州的士兵十万人增援南征的军队。梁武帝萧衍派遣将军角念率兵一万人驻扎在蒙山，招收接纳兖州的百姓，前来投降的百姓很多。这时，将军萧及驻扎在固城，桓和驻扎在孤山。北魏邢峦调遣统军樊鲁攻打桓和，别将元恒攻打萧及，统军毕祖朽攻打角念。壬寅日（初十日），樊鲁在孤山大败桓和，元恒攻克固城，毕祖朽攻击角念，角念逃跑。

己酉日（十七日），宣武帝元恪下诏令平南将军安乐王元诠督率后发的各路军队赶赴淮南。元诠是元长乐的儿子。

梁朝将军蓝怀恭和北魏将军邢峦在睢口交战，蓝怀恭打了败仗，邢峦进兵包围宿预。蓝怀恭又在清水南边修筑城池，邢峦和平南将军杨大眼合力攻城，九月，癸酉日（十一日），攻陷城池，杀了蓝怀恭，斩杀、俘获梁兵数以万计。张惠绍放弃宿预，萧爵放弃淮阳，都逃回梁国。

临川王萧宏凭借皇帝弟弟的身份率领军队，武器装备精良，军容非常盛大，北方人认为是百十来年所不曾见过的。军队屯驻在洛口，前锋军队攻克梁城，诸将想要乘胜深入进击，但是萧宏生性懦弱胆怯，处置事情不合正道。北魏诏令邢峦率领军队渡过淮水，和中山王元英合力攻击梁城。萧宏听到了这个消息，害怕起来，召集将领商议要回师。吕僧珍说："知道困难而退军，不是很好吗？"萧宏说："我也认为这样很好。"柳惔说："自从我们大军来到，哪个城池不被攻破，什么叫作困难呢？"裴邃说："这一次行动，本来就是要找到敌人和他激战一番，什么困难可以让我们躲避呢？"马仙琕说："大王怎么可以说出亡国的泄气话！梁武帝萧衍把全国的军队交托给大王，只有拼死而前进一尺，绝不能苟活而后退一寸！"昌义之大怒，须发全都张开，说："吕僧珍应该斩首！哪里有百万雄师出征尚未遇到敌人，就突然望风撤退，这样，有什么脸面见圣明的主上呢？"朱僧勇、胡辛生拔出宝剑从座位上一跃而起，说："要撤退的自己撤退吧！下官愿意向前与敌人交锋，决一死战。"参与商议的人讨论完毕退出来以后，吕僧珍向诸将道歉说："殿下昨日风疾发作，心意不在军事，我深切担心大军失气而战败，所以想要全师返回罢了。"萧宏不敢立即违背大家的意见，就按兵不动。魏人知道他胆怯，送给他女人的巾帼，并且编一首歌传唱，说："不害怕萧娘（指萧宏）和吕姥（指吕僧珍），只害怕合肥有韦虎。”韦虎，是指韦叡。吕僧珍叹息说：“假如是始兴王萧憺或吴平侯萧昺当统帅而我辅佐他们，难道会像这样被敌人羞辱吗？”吕僧珍想派遣裴邃另外率领一部分军队攻打寿阳，其余的大军停驻在洛口，萧宏固执不听，下令军中说：“人马有前进的就斩首！”于是将士人人都心怀愤怒。北魏的奚康生派遣杨大眼骑着快马前往中山王元英处说：“梁人自从攻陷梁城后，军队长久不再推进，他们的情势可以看得出来，一定是害怕我们。大王如果进兵占据洛水，他们一定会溃败逃走。”元英说：“临川王萧宏虽然呆傻，但是他的部下有韦叡、裴邃等良将，不可以轻视，应该暂且观察形势，不要和他们作战。”

张惠绍号令严明，所到之处，无不克敌制胜，军队驻扎在下邳，下邳很多人要向他投降，张惠绍晓谕他们说：“我如果攻破城池，各位就是本国的人；如果不能把城池攻下，徒然让各位失去乡里，无家可归，这不是朝廷抚慰百姓的本意。现在你们暂且安居，返回你们的旧业，不要胡乱辛苦了。”投降的人都很高兴。

己丑日（二十七日），晚上，洛口有暴风雨，军中受了惊动，临川王萧宏和另外几个人骑着马逃走。将士们寻不着萧宏，都四散归来，丢弃的盔甲和兵器，填满了水中和陆地，抛弃了生病的和老弱的士兵，死者将近五万人。萧宏乘着小船渡过长江，在夜间来到白石垒，叩打城门请求进城。临汝侯萧渊猷登上城楼对他说：“你统率百万军队，一朝做鸟兽散，国家存亡，无法预料。我担心奸邪的人利用这个机会叛变，城门不能够在夜晚开启。”萧宏无言以对，于是萧渊猷下令把食物从城上缒下来给他果腹。萧渊猷是萧渊藻的弟弟。这时昌义之驻扎在梁城，听说洛口兵败，和张惠绍都率领军队撤退。

宣武帝元恪诏令中山王元英乘胜平定东南，元英追逐逃亡的梁军直到马头，攻陷马头，城里面所储备的粮食，魏人全都搬移到北方。人们都议论说：“魏军把米粮运回北方，应当不会再向南进兵。”梁武帝萧衍说：“不对，这一定是想向南进兵，故意伪装的一种策略。”于是命令修筑钟离城，同时下令昌义之做好防守的准备。

冬季，十月，元英进兵围攻钟离城，宣武帝萧衍诏令邢峦率领军队前来会合。邢峦上表说：“南方的部队虽然在野战方面不是我们的对手，可是在守城方面却有余力，现在调动所有的精锐部队攻打钟离，得了它没有多少好处，得不到它亏损可就大了。况且钟离城隔在淮水南面，假使它不抗拒而归顺我们，还担心没有粮食难以守住，何况损折士兵来进攻它呢？再说征南的士兵从军已经有两年，疲惫死伤的情形，不问也可以推想得知。虽然有乘势进攻的资粮，恐怕没有可以使用的兵力。依下臣的愚见，应该修复旧的城池，安抚各州，等待以后再进一步行动，江东的可乘之机，不担心以后找不到。”宣武帝元恪下诏书说：“你渡过淮水和中山王元英形成掎角之势，这事已如前敕所令，怎能允许你还在那儿徘徊不前，提出这样的请求呢？你应该急速进军！”邢峦又上表，认为：“现在中山王元英进兵钟离城，我实在不明白他的意思。假如做冒险的打算，不做万全的考虑，直接偷袭广陵，出其不备，或许侥幸成功也说不定，假如想要凭借八十天的粮食攻取钟离城，下臣没听说过有这种事情。梁军牢牢地守住城池，不出来和我们交战，钟离城壕的水很深，不是能够填塞的。结果是在城下徒然耗到春天，士兵自然疲惫。如派遣下臣赶赴那里，从何处得到粮食呢？夏天出动的军队，没有准备冬天的服装，如果遇到冰雪，从哪里找来衣物御寒？下臣宁可受到怯懦不敢进兵的责罚，也不愿接受损兵折将空跑一趟的罪名。钟离城是天然险要的地方，这是朝廷贵臣全都知晓的。假如城内有内应，那成败就不可知；假如没有内应，一定无法攻克。假如皇上听信我的话，希望能够允许臣停军在这儿；假如皇上认为下臣害怕前往，那就请求收还我所率领的军队，将他们全部交给中山王元英，听凭他去处置，我只是以个人的身份跟随他行动。我多次担任将帅，非常清楚何事可行何事不可行，我既然认为是困难的事，何必还要勉强派遣呢？”于是宣武帝元恪将邢峦召还朝廷，改命镇东将军萧宝寅和中山王元英共同围攻钟离。

侍中卢昶一向厌恶邢峦，和侍中、领右卫将军元晖共同说邢峦的坏话，并指使御史中尉崔亮弹劾邢峦在汉中掳掠百姓当作奴婢。邢峦用在汉中得到的美女贿赂元晖，元晖对宣武帝元恪说："邢峦刚立过大功，不应该用大赦前的一件小事来追究他的罪。"宣武帝元恪认为不错，于是不再过问。

元晖与卢昶都受到宣武帝元恪的宠爱，因而贪污放纵，当时人称呼他们为"饿虎将军""饥鹰侍中"。元晖不久升迁为吏部尚书，任用官吏都有一定的价钱，大郡的太守要交纳两千匹绸缎，次郡太守和下郡太守依次递减一半的绸缎，其余的官位各有等差，选官的人称他为"市曹"。

丁酉日（初六日），围攻义阳的梁朝军队趁夜晚逃走，北魏郢州刺史娄悦从后面追击，把梁军打败。

柔然库者可汗去世，他的儿子伏图继承汗位，号佗汗可汗，改年号为始平。戊申日（十七日），佗汗可汗派遣使者纥奚勿六跋到北魏请和，宣武帝元恪不派使者回报，对勿六跋说："蠕蠕人的远祖社仑，是北魏的叛臣，过去我们包容他，暂且听任彼此通使往来，现在蠕蠕已经衰落，比不上往日强盛；而大魏的德业，正兴隆得可以和周、汉相比，正是因为江南还没有平定，所以向北方征讨的事情稍为宽缓，关于两国讲和的事，不能够答应。假如柔然修藩臣的礼节，诚心诚意的话，我一定不会辜负你们。"

北魏京兆王元愉及广平王元怀藩国中的大臣大多骄奢放纵，公然营私舞弊，横行不法，宣武帝元恪下诏让中尉崔亮彻底追究，因此被判罪处死的有三十多人，没被处死的全部除去名籍成为平民。只有广平王右常侍杨昱、文学崔楷两人因为忠谏而得以免罪。杨昱是杨椿的儿子。

十一月，乙丑日（初四日），梁朝大赦天下。梁武帝萧衍下诏派右卫将军曹景宗都督二十万军队救援钟离。梁武帝命令曹景宗停顿在道人洲，等待各路军马汇集以后一起进兵。曹景宗再三请求先占领邵阳洲尾，梁武帝萧衍不答应。曹景宗希望专得功劳，违反诏命进兵，恰好遇到暴风突然刮起，溺死很多人，曹景宗只好退回屯守道人洲。梁武帝萧衍听说了这件事，说："曹景宗不能够前进，这是天意。假如孤军前进，城池不能及时建立，一定会狼狈不堪。现在打败敌人是一定的了。"

起初，成汉归义侯刘势到末年，被称为獠人的少数民族才开始从山中出来活动，北从汉中，南到邛、笮，布满在山谷之间。刘势去世以后，蜀民大多向东边迁徙，山谷中的空地都被群獠所占据。那些靠近郡县和华族杂居的獠人，往往还向官府交纳租税；远居在深山里的群獠，郡县就无法控制了。梁、益两州每年都要讨伐獠族来获取利益，于公于私都得到好处。等到邢峦做梁州刺史，靠近郡县的獠族都安居乐业，远在山中的也不敢出来抢掠。邢峦被调走之后，北魏任命羊祉为梁州刺史，傅竖眼为益州刺史。羊祉的性格残酷暴虐，不得人心。獠王赵清荆引导梁兵进入州境抢掠，羊祉派兵将他们打败。傅竖眼施行恩惠，讲求信用，深得獠族的拥护。

十二月，癸卯日（十二日），梁朝都亭靖侯谢朏去世。

魏人讨论乐律的事情，很久都没有结果。

天监六年（丁亥，公元507年）

春季，正月，北魏公孙崇请求委任卫军将军、尚书右仆射高肇监督这件事情（指议乐事），宣武帝元恪知道高肇不学无术，下诏让太常卿刘芳辅佐他。

北魏中山王元英与平东将军杨大眼等人的部队数十万人围攻钟离。钟离城的北面隔着淮水，魏人在邵阳洲的两岸建造桥梁，竖立木栅数百步，跨过淮水，作为通道。元英据守南岸攻城，杨大眼据守北岸建立城池，以便转运粮食。城里的守兵只有三千人，昌义之指挥着将士，随机应变地抵御。魏人利用车子装载泥土填护城沟，并派遣士兵背负泥土跟在后面，同时命令严厉的骑兵随后催促，有人行动太慢，来不及回转，就被土埋进去了。不久，护城沟填满了。魏人就开始用冲车撞击城墙，撞得城墙上的土纷纷掉下来，昌义之赶紧用土再把它补好，所以魏人的冲车虽撞入城墙但不能撞坏城墙。魏人艰苦地攻城，日夜不停，分班轮流接替，从云梯上坠了下去又爬上来，没有退却的。一日之内，接连交战数十回合，前后被杀伤的数以万计，魏人的尸体与城墙齐平。

二月，宣武帝元恪诏令元英回兵，元英上表说："下臣的心意是计划将敌人歼灭，但自从月初以来，雨下个不停，倘若三月时天放晴，必定可以将城池攻下来，希望主上多给我一些时间。"宣武帝元恪又下诏说："那里的土地潮湿，不适合长久停留，依照形势来看虽然一定可以攻克，这是将军的深远计谋；但是军队在外太久，力量将会耗尽，这也是朝廷所担忧的。"元英还是上表说一定可以攻克，宣武帝派遣步兵校尉范绍来到元英处商讨攻取的情势。范绍看到钟离城池坚固，劝元英率领军队回朝，元英不听。

梁武帝萧衍命令豫州刺史韦叡率军援救钟离，接受曹景宗的指挥。韦叡从合肥取直道，从阴陵经大泽前进，遇到涧谷，就在两山之间搭上飞桥走过去。军士害怕魏兵人多势众，多劝韦叡慢走，韦叡说："钟离城的守军现在开凿地洞作为居住之所，背着门板去打水，情况是这样危急，我们车驰卒奔，火速前往救援，恐怕时间还来不及，何况慢慢行走呢？魏人我自有办法对付，你们不必担心。"赶了十几天的路，军队已经来到邵阳。梁武帝萧衍预先告诫曹景宗说："韦叡是你同乡的望族，你应该好好礼遇他。"曹景宗见了韦叡，对他很恭敬，梁武帝瞔听说后说："两位将军和谐，军队一定可以打胜仗了！"

曹景宗与韦叡进兵驻扎在邵阳洲，韦叡在离曹景宗营前二十里的地方趁夜晚开掘了一条长沟，竖起鹿角，把水洲分开成为两半，构筑了一座城池，距离魏城仅有一百多步。南梁太守冯道根能够走马量地，计算马的步数，分配每个人筑城时的工作量，到了天明，城垒已经构筑起来，魏中山王元英看了大为震惊，用杖击地说："这是哪位神灵啊！"曹景宗等人的兵器盔甲，不但好而且新，军容非常盛大，魏人看了，勇气都丧失了。曹景宗担心城里危险恐慌，招募军士言文达等人从水底潜行，携带圣旨进城，城里的人方才知道有了外援，勇气倍增。

杨大眼的勇敢，在全军中数第一，率领了一万多骑兵前来交战，所到之处敌军都望风披靡。韦叡把车子靠在一起列成阵势，杨大眼聚集骑兵前来围攻，韦叡将强弩两千枚一起发射，弩箭贯彻战甲射入心脏，杀伤的人很多。有一支箭射穿了杨大眼的右臂，杨大眼这才退走。第二天早上，元英亲自率领军队前来交战，韦叡乘着白色的木舆，手拿着白角如意来指挥军队，一天里面交战了好几回，元英才退走。魏军又趁晚上前来攻城，射来的箭像下雨那样密集。韦叡的儿子韦黯请韦叡下城躲避弓箭，韦叡不肯；军中惊慌，韦叡在城上大声地呵责，军心这才安定下来。前往淮水北岸割取牧草的牧人都被杨大眼劫夺而去，曹景宗招募了勇敢的士兵一千多人，在杨大眼的城南数里之处修建营垒，杨大眼前来进攻，曹景宗把他击退。营垒筑成以后，曹景宗派遣别将赵草前往戍守，有来劫掠的魏兵，都被赵草俘虏。从此以后，牧民们才可以任意在淮河以北割草放牧。

梁武帝萧衍命令曹景宗等人预先装备高舰，让舰的高度和魏军的城桥等齐，实施火攻计划。梁武帝命令曹景宗和韦叡各自进攻一座城桥，韦叡攻打南面的桥，曹景宗攻打北面的桥。三月，淮水突然高涨了六七尺，韦叡让冯道根与庐江太守裴邃、秦郡太守李文钊等人乘着战舰一起出发，攻击在水洲上的魏军，将他们都歼灭。另外用小船载着干草，灌上油脂，焚烧魏军的城桥，大风助长火势，烟尘弥漫，天昏地暗。敢死的军士拔起木栅，砍断城桥，水势又迅急，一会儿，城桥与木栅都破坏光了。冯道根等人都亲自参加战斗，士兵们奋勇争先，喊叫之声震动天地，无不以一当百。魏军大败，元英看到桥断，弃城逃走，杨大眼也焚烧军营跟着离开。各城垒相继土崩瓦解，全都丢弃武器盔甲，争先投水逃命，淹死在水中的有十几万人，被斩首的也差不多有这个数目。韦叡派使者向昌义之报告，昌义之悲喜交加，来不及答话，只是大叫道：“得救了！得救了！”各路军队追逐败退的魏军一直到水边，元英一个人骑着马冲入梁城。沿着淮水的一百余里，尸体相互枕藉，被生擒的有五万人，把魏军的辎重、器械收聚在一起，像山丘一样，缴获的牛马驴骡不可胜数。

昌义之感激曹景宗及韦叡，请两人一起聚会，筹了二十万钱，在官廨里赌博。曹景宗掷采得了雉，韦叡慢慢掷下去得到的是卢，马上把其中一子扳成反面，说：“怪事啊！”于是成为塞。曹景宗和群帅争先向朝廷报告战胜的消息，唯独韦叡最后上捷书，世人因为此事认为韦叡有德行。梁武帝萧衍下诏增加曹景宗和韦叡的爵邑，昌义之等人也都受到不同等级的赏赐。

夏季，四月，己酉日（二十日），梁朝任命江州刺史王茂为尚书右仆射，安成王萧秀为江州刺史。萧秀将要出发赴任的时候，主事的人要求用坚固的船只装载府中财物，萧秀说：“我难道会爱惜钱财却不爱惜人才吗？”于是将坚固的船只给幕僚人员乘坐，下等的船才用来负载物资。后来遇到大风，运载物资的船沉没。

丁巳日（二十八日），梁朝任命临川王萧宏为骠骑将军、开府仪同三司，建安王萧伟为扬州刺史，右光禄大夫沈约为尚书左仆射，左仆射王莹为中军将军。

六月，丙午日（十八日），冯翊等七个郡背叛梁朝投降北魏。

秋季，七月，丁亥日（三十日），梁朝任命尚书右仆射王茂为中军将军。

八月，戊子日（初一日），梁朝大赦天下。

北魏有司上奏说：“中山王元英谋划失策，齐王萧宝寅等人没有守住大桥，都应判处死刑。”己亥日（十二日），宣武帝元恪下诏元英、萧宝寅免去死刑，除去名籍成为庶民，杨大眼发配到营州去当士兵。朝廷任命中护军李崇为征南将军、扬州刺史。李崇多经营产业，征南长史狄道人辛琛多次劝谏他，李崇都不接受，于是互相上书揭发弹劾，宣武帝元恪下诏对两人都不予追究。李崇于是设酒席对辛琛说：

"长史以后一定会成为刺史，只是不知道担任你上佐的会是什么样的人！"辛琛说："万一托福能忝为刺史，得到一位方正的长史，让我早晚可以听到自己的过错，这是我的愿望。"李崇听了，满面愧色。

九月，己亥日（九月无此日），北魏任命司空高阳王元雍为太尉，尚书令广阳王元嘉为司空。

甲子日（初八日），北魏开辟斜谷旧道。

冬季，十月，壬寅日（十六日），梁朝任命五兵尚书徐勉为吏部尚书。徐勉精力过人，虽然文案上堆满了要处理的公文，宾客满座，徐勉应对如流，手中的笔还不停地批阅公文。他又熟悉各个家族的情况，对于各家的短处都予以讳避。他曾经与门人晚上聚会，门客虞暠向他请求詹事五官的职位，徐勉正色说："今晚只可以谈论风月，不可以涉及公事。"当时的人都佩服他的公正无私。

闰月，乙丑日（初十日），梁朝任命临川王萧宏为司徒、代理太子太傅，尚书左仆射沈约为尚书令、代理太子少傅，吏部尚书袁昂为右仆射。

丁卯日（十二日），北魏皇后于氏过世。这时高贵嫔受到宣武帝元恪的宠爱但善妒，高肇权倾朝廷内外。皇后忽然得急病去世，人们都归咎于高氏，宫禁里面的事情神秘莫测，究竟如何不得而知。

甲申日（二十九日），梁朝任命光禄大夫夏侯详为尚书左仆射。

乙酉日（三十日），北魏在永泰陵安葬顺皇后于氏。

十二月，丙辰日（初二），梁朝丰城景公夏侯详过世。

乙丑日（十一日），北魏淮阳镇都军主常邕和献出城池投降梁朝。

资治通鉴卷第一百四十七　梁纪三

起戊子（公元508年），止甲午（公元514年），共七年。

【**题解**】本卷记录了公元508年至514年，即梁武帝萧衍天监七年至天监十三年共七年间南梁与北魏两国的大事。主要记录了魏国外戚高肇杀害皇子元昌、皇叔彭城王元勰、皇弟元愉；邢峦攻克悬瓠，平定豫州；高车归服魏国，大胜柔然，派使入贡。魏主反对梁主交换战俘，停战讲和的建议；魏将卢昶在朐山被梁将马仙琕打败，损失惨重；梁武帝对亲贵、士族礼敬，对百姓严厉，社会严重动荡；北魏扬州刺史李崇管理寿阳的坚贞表现；高肇率领大军伐蜀；梁武帝在钟离修建大坝，企图水灌寿阳；此外还记录了魏主取消立太子而杀太后的制度，以及魏主元恪崇信佛法，洛阳佛寺众多，远近承风，等等。

高祖武皇帝三

天监七年（戊子，公元508年）

春季，正月，北魏颍川太守王神念前来投奔。

壬子日（二十八日），梁朝任命卫尉吴平侯萧昺兼任领军将军。

齐武帝萧赜下诏让吏部尚书徐勉厘定百官九品划分为十八个等级，以等级多者为尊贵。二月，乙丑日（十一日），增置镇军将军、卫军将军以下的为十品，一共二十四个等级；不在十品以内的，另外分成八个等级，又为少数民族归附的以及外国前来投降的将军设置二十四个等级，一共一百零九个名号。

庚午日（十六日），梁武帝萧衍下诏设置州望、郡宗、乡豪各一人，专管搜求才能之士向上荐举。

乙亥日（二十一日），梁朝任命南兖州刺史吕僧珍为领军将军。

领军掌管内外的军事要务，宋朝孝武帝刘骏孝建年间以来，制局监用事，与领军分掌兵权，从典事以上的职位都可以上奏建议，领军却没事可干。等到吴平侯萧昺任领军将军，认真负责，执法严厉，官府里一片肃然。制局监里的人都是皇上的亲近宠幸，对于他的做法很是受不了，所以萧昺无法长久留在禁中，丙子日（二十二日），萧昺被外放为雍州刺史。

三月，戊子日（初五日），北魏皇子元昌去世，是由于侍御医师王显治疗失误，当时人们都认为他是秉承高肇的意旨行事。

夏季，四月，乙卯日（初二日），梁朝皇太子萧统娶妃子，大赦天下。

五月，己亥日（十七日），梁武帝萧衍下诏重新设置宗正、太仆、大匠、鸿胪等官职，又增加了太府与太舟，和前朝一样成为十二卿。

癸卯日（二十一日），梁朝任命安成王萧秀为荆州刺史。先前，巴陵马营蛮沿着长江为寇，州郡不能讨平，萧秀派遣防阁文炽率领部队烧掉了江边的树林，蛮人失去险阻，州境之内再也没有盗寇。

秋季，七月，甲午日（十三日），北魏册立高贵嫔为皇后。尚书令高肇更加尊贵专权。高肇经常改变先朝旧制，减削他人封秩，压制有功勋的人，因此怨声载道。群臣和宗室都谄媚他，唯有度支尚书元匡和高肇相抗衡，先自己造了一口棺材放在中庭，想要抬着棺材前往宫中讲论高肇的罪恶，用自杀的办法来劝谏宣武帝元恪；高肇听了此事十分憎恶元匡。恰逢元匡与太常刘芳讨论度量衡的事情，高肇赞成刘芳的意见，元匡于是与高肇大声吵了起来，元匡上表说高肇指鹿为马，蒙蔽国君。御史中尉王显上奏章弹劾元匡诬告毁谤宰相，有司将元匡判处死刑，宣武帝元恪下诏免除元匡死罪，降职为光禄大夫。

八月，癸丑日（初二日），梁朝竟陵壮公曹景宗去世。

起初，宣武帝元恪为京兆王元愉娶了于皇后的妹妹为妃，元愉不喜欢她，喜欢小妾李氏，李氏生了一个儿子叫宝月。于皇后宣召李氏入宫，予以鞭打。元愉骄矜奢侈，贪婪放纵，所做的事情大多不符合法律。宣武帝元恪宣召元愉入宫加以追究，将元愉杖责了五十下，外放为冀州刺史。元愉觉得自己年纪较大，可是权势地位都比不上他的两位弟弟，暗怀愧恨之心。加上自己与小妾李氏多次被鞭打羞辱，高肇又常常毁谤元愉的兄弟们，元愉气不过；癸亥日（十二日），元愉杀死了长史羊灵引、司马李遵，假称得到了清河王元怿的密函，说“高肇弑君叛逆”。于是在信都的南面修筑了一座坛，登上皇帝位，大赦天下，改元建平，册立李氏为皇后。法曹参军崔伯骥不顺从，元愉杀了他。北方的州镇都怀疑魏国的朝廷有了变故，定州刺史安乐王元诠将事情的来龙去脉详细地告诉他们，州镇这才安定下来。乙丑日（十四日），北魏任命尚书李平为都督北讨诸军、行冀州事出兵讨伐元愉。李平是李崇的堂弟。

丁卯日（十六日），北魏实行大赦，改年号为永平。

元愉派遣使者游说平原太守清河人房亮，房亮斩杀了元愉的使者；元愉派遣他手下的将领张灵和攻打房亮，被房亮打败。李平的军队到达了经县，各路军队会师。夜晚，有数千蛮兵侵犯李平的营垒，箭射到李平的帐中，李平一直躺着没有动，不久事情就自己平定下来。九月，辛巳朔日（初一日），元愉在城南草桥迎战，李平奋力攻击，大破元愉的军队，元愉脱身逃入城中，李平进兵包围信都城。壬辰日（十二日），安乐王元诠又在城北大败元愉的军队。

癸巳日（十三日），梁朝册立皇子萧绩为南康王。

北魏宣武帝元恪在册立高皇后时，彭城武宣王元勰一再谏诤，宣武帝元恪不听。高肇因此怨恨元勰，好多次在宣武帝元恪面前说元勰的坏话，宣武帝不相信。元勰推荐自己的舅舅潘僧固为长乐太守，京兆王元愉造反时，胁迫潘僧固和他一起行动，高肇趁机诬告元勰和北方的元愉勾结，招募南方的蛮贼。元勰手下的彭城郎中令魏偃、前防阁高祖珍两人希望得到高肇的提拔，共同构陷元勰。高肇命令侍中元晖将此事上奏宣武帝元恪，元晖没有听从，高肇又命令左卫元珍进言。宣武帝元恪向元晖询问虚实，元晖说明元勰不会如此；宣武帝元恪又向高肇询问，高肇叫来魏偃、高祖珍两人做证，宣武帝于是相信了他。戊戌日（十八日），宣武帝元恪下诏请元勰与高阳王元雍、广阳王元嘉、清河王元怿、广平王元怀、高肇一起到宫中赴宴。元勰的妃子李氏正要生产，元勰坚决推辞不肯赴宴。中使一个接一个来宣召他，元勰不得已，和李妃诀别登车而去，进入东掖门，过小桥时，牛不肯前进，鞭打它一段时间，又有使者来责备元勰到得太迟，元勰于是舍弃了牛，叫人挽着车前进。在宫中宴饮，到了晚上，大家都醉了，各自在别院休息，不久，元珍率领武士送来毒酒。元勰说："我无罪，希望和皇上见一面，死了也没有遗憾！"元珍说："皇上哪可能再见到呢？"元勰说："皇上圣明，不应无故杀我，请求和告我的人对质来辨明曲直！"武士用刀镮刺他，元勰大声喊道："冤枉啊，苍天！对国家尽忠却被杀害。"武士又刺他，元勰于是喝下毒酒，武士上前把他杀了。到了早晨，用被褥裹着元勰的尸体，用车子载回到他的宅第，说大王酒醉死去。李妃号啕大哭，高声喊道："高肇伤天害理，冤杀好人，老天爷有灵，你怎能够得到好死！"宣武帝元恪在东堂为元勰举哀，赠官和葬礼都很优厚，超越了等级。朝廷上的大小官员，没有不垂头丧气的。道路上行走的人，无论男女都流着眼泪说："高令公冤杀了贤王。"从此以后，朝内朝外对高肇更加憎恨。

京兆王元愉无法守住信都，癸卯日（二十三日），放火烧了城门，携带着李氏和他的四个儿子在一百多名骑兵的护卫下突围逃走。李平进入信都城，杀元愉所安排的冀州牧韦超等人，派遣统军叔孙头追捕元愉，抓住了他，将他看押在信都，向宣武帝元恪奏闻。群臣请求将元愉杀了，宣武帝元恪不答应，命令将他戴上枷锁解送洛阳，用家法来训责他。押送元愉到野王，高肇秘密地派人将他杀了。他的几个儿子到了洛阳，宣武帝元恪赦免了他们。

宣武帝元恪要杀掉元愉的小妾李氏，中书令崔光进谏说："李氏怀孕，对李氏用刑就会伤及她腹中的胎儿，这是桀、纣的暴行，残酷而不符合法度。请求等待她生产以后，再对她行刑。"宣武帝元恪听从了他的建议。

李平拘捕元愉的残余党羽共一千多人，计划要将他们全部杀了，录事参军高颢说："这些人都是受到胁迫才随从元愉造反的，前些时已经答应免去他们的罪，应该上表将他们的情形向皇上报告并替他们求情。"李平听从，因此这些人都能够免死。高颢是高祐的孙子。

济州刺史高植率领州军攻击元愉，有功劳应当受到封赏，高植不接受，说："我家受到国家的重恩，现在为国家舍身报效，这是普通的节操，哪里敢要求封赏呢？"高植是高肇的儿子。

宣武帝元恪加封李平散骑常侍的官职。高肇及中尉王显一向忌恨李平，王显弹劾李平在冀州的时候把应该抄没入宫的叛党家属据为己有，高肇上奏从出入宫门的名册中除去李平的名字。

起初，在显祖献文帝拓跋弘时期，柔然有一万多口投降北魏，北魏把他们安置在高平与薄骨律两个镇。到了高祖孝文帝元宏太和末年，大部分都叛逃走了，只剩下一千多户。太中大夫王通请求把他们迁徙安置到淮水北边，以杜绝他们背叛，宣武帝元恪下诏让太仆卿杨椿持节前往迁移他们。杨椿进言说："先朝把他们安置在边境上，这是为了招纳不同风俗的人前来归附，用来区分华族和戎族。现在新来归附的人很多，倘若原先归附的人被迁移，新近归附的人一定不自安，这等于是驱迫他们背叛。再说这些人穿的是皮毛，食的是肉类，喜欢冬天，能耐寒冷。南方闷热，湿气又重，他们到那边将会全部生病而死，这件事如果施行，进一步说将失去归附的心意，退一步说也失去了藩卫的好处，将他们安置在中夏，或许要产生后患，这不是好的计策。"宣武帝元恪不听从。于是将柔然人迁移到济州，沿着黄河边居住。等到京兆王元愉叛乱时，这些人都渡过黄河投奔元愉，到处劫掠，正如杨椿所说的那样。

庚子日（二十日），北魏郢州司马彭珍等人背叛北魏，暗中引导梁兵前往义阳，三关戍的主将侯登等人献出城池投降梁朝。郢州刺史娄悦绕城守备，北魏派中山王元英都督南征诸军事，统率步兵和骑兵三万人从汝南出发赶来救援。

冬季，十月，北魏悬瓠军主白早生杀死了豫州刺史司马悦，自号平北将军，向梁朝司州马仙琕求救，当时荆州刺史安成王萧秀为都督，马仙琕将情况写在木简上送给萧秀，请求荆州派遣军队前去接应，诸僚属都认为应该奏报朝廷等待回复，萧秀说："他等待我军前往接应来自求生存，援救行动应该迅捷，按照旧例应当是等待朝廷命令，但这不是应对急事的办法。"萧秀立即派遣军队前往。梁武帝萧衍也下诏马仙琕援救白早生。马仙琕进军驻扎楚王城，派遣副将齐苟儿率领两千名士兵帮助守卫悬瓠。梁武帝萧衍下诏任命白早生为司州刺史。

丙寅日（十六日），梁朝任命吴兴太守张稷为尚书左仆射。

北魏任命尚书邢峦代理豫州刺史，率领军队攻打白早生。宣武帝元恪问他说："卿说白早生是会逃走，还是会防守？什么时候可以平定？"邢峦回答说："白早生并没有深谋大智，只是因为司马悦残暴凶虐，白早生于是利用众怒起来作乱，百姓被他的凶威所胁迫，不得已跟随他。就算梁兵进了城，水路不通，粮食运输无法持续，也只会被我军擒获。白早生得了梁兵的援助，沉溺在利欲之中，一定会防守而不会逃走。假如朝廷派遣军队前去讨伐，士民一定会幡然悔悟归顺我们，不超过今年，应当可以把敌将的首级传送到京师。"宣武帝元恪听了很高兴，命令邢峦先出发，派遣中山王元英随后前往。

邢峦率领骑兵八百人，加快速度赶路，五天就到了鲍口。丙子日（二十六日），白早生派遣他属下的大将胡孝智率兵七千人，在离悬瓠城二百里的地方前来迎战，邢峦奋力进攻，大破胡孝智的军队，趁着胜利长驱直入到达悬瓠。白早生出城迎战，邢峦又打败了他，乘胜渡过淮水，包围了悬瓠城。宣武帝元恪诏令加封邢峦都督南征诸军事。

丁丑日（二十七日），北魏镇东参军成景儁杀了宿豫的戍主严仲贤，献城投降梁朝。这时北魏郢、豫两州，从悬瓠以南一直到安陆的城池都沦陷了，只有义阳一城还在被魏军坚守。蛮人的统帅田益宗率领群蛮归附北魏，北魏封他为东豫州刺史，梁武帝萧衍用车骑大将军、开府仪同三司、五千户郡公等职衔招降他，田益宗不接受。

十一月，庚寅日（十一日），北魏派遣安东将军杨椿率军四万人攻打宿豫。

宣武帝元恪听说邢峦多次打胜，命令中山王元英赶往义阳，元英因为兵少，多次上表请求增加军队，宣武帝元恪不准许。元英到达悬瓠，就和邢峦一同攻城。十二月，己未日（初十日），齐苟儿等人打开城门出来投降，斩杀白早生及他的同党几十人。元英于是率兵赶往义阳，宁朔将军张道凝原先驻扎在楚王城，癸亥日（十四日），张道凝弃城逃走，元英从后追击，斩杀张道凝。

北魏义阳太守狄道人辛祥与娄悦一同防守义阳，梁国将军胡武城、陶平虏两人攻打义阳，辛祥在夜晚出城偷袭他们的营地，活捉陶平虏，杀死胡武城，因此郢州境内获得保全。论功劳辛祥应当受赏，娄悦因为自己功劳比辛祥小感到羞耻，就向当权的高肇诋毁他，封赏之事因此没有实行。

壬申日（二十三日），北魏东荆州官员上表说："桓晖的弟弟桓叔兴前后招抚太阳蛮，前来归附的有一万余户，请求设置十六个郡，五十个县。"朝廷诏令前镇东府长史郦道元前往考察情况具体实施。郦道元是郦范的儿子。

这一年，柔然佗汗可汗再次派遣纥奚勿六跋向北魏进献貂鼠皮裘，宣武帝元恪不接受，回复他的话跟上回一样。

起初，高车太子穷奇被嚈哒所杀，嚈哒将他的儿子弥俄突虏走了，他的部属分散，有的投奔北魏，有的投奔柔然。宣武帝元恪派遣羽林监河南人孟威安抚接纳归降的人，将他们安置在高平镇。高车王阿伏至罗残暴无道，国人将他杀死，拥立与他同宗的跋利延为王。嚈哒带着弥俄突来讨伐高车，高车国人杀掉跋利延，迎接弥俄突回去立为王。弥俄突和佗汗可汗在蒲类海交战，没有战胜，向西逃走三百多里。佗汗可汗将军队驻扎在伊吾北山。恰逢高昌王麴嘉请求迁移到魏国境内，当时孟威是龙骧将军，宣武帝元恪派遣孟威率领凉州的士兵三千人前往迎接，到达伊吾，柔然佗汗可汗看见了孟威的军队，惊慌地逃走。弥俄突听说他惊慌离去，从后追击，大败佗汗可汗，在蒲类海的北边杀死他，将他的头发割下来送给孟威，并且派遣使者向北魏进贡。宣武帝元恪派遣东城子于亮回复他，赐赠了很多东西。高昌王麴嘉没有在约定的时间前来，孟威率兵回来。

佗汗可汗的儿子丑奴即位，号为豆罗伏跋豆伐可汗，改年号为建昌。

宋、齐两朝的旧仪，祭祀天时皇帝都穿着衮冕，兼著作郎的高阳人许懋请求制作大裘，梁武帝萧衍听从了。

梁武帝萧衍将要前往太庙祭祀，下诏说："斋敬的日子禁止音乐，从现在开始，舆驾出宫时，乐队跟随在后面不吹奏；回宫时，遵照平日的礼节奏乐。"

天监八年（己丑，公元509年）

春季，正月，辛巳日（初三日），梁武帝萧衍到南郊祭祀，大赦天下。这时有人请求在会稽、国山封禅，梁武帝萧衍命令群儒起草封禅礼仪，想要实行。许懋建议，认为："大舜在泰山焚柴祭天，这是为了巡狩。可是郑玄引《孝经钩命诀》说：'在封太山时，考核诸侯的成绩，烧柴祭天；在禅梁甫时，刻字于石，以纪帝号。'这是纬书的曲说，不是正式经书的本意。大舜五年巡狩一次，春夏秋冬四季巡遍四岳，倘若是为了封禅，为什么次数这样频繁呢？又如管夷吾所说的七十二位君王，在燧人氏以前，世风质朴，百姓淳厚，怎么能够用金屑涂饰用玉版书写呢？用绳索打结，来记数目，又怎么能够镌刻文字来报告成功呢？管夷吾又说：'只有受有天命的国君才可以封禅。'周成王不是受有天命的国君，为何能够封于泰山禅于社首呢？神农就是炎帝，而管夷吾分成两人，实在是太荒唐了。倘若是圣明的皇帝，不需要封禅；假如是平凡的君主，不应该封禅。因为齐桓公想要实行封禅的事，管夷吾知道那是不可以的，因此列举种种怪异的事物来使他打消念头。后来秦始皇封禅泰山，孙皓曾经派遣兼司空的董朝到阳羡封禅国山，这都不是有盛德的人所做的事，不值得效法。如此说来，所谓封禅的礼节，全都是道听途说，失掉了它原来的用意，原因是在上的国君喜好虚名，在下的臣子逢迎皇帝的意旨啊！古时候祭祀天地，有一定的礼数，表示恭敬的意思，这些礼数就已经完备了。至于封禅，那是下臣所不敢乱说的。”梁武帝萧衍赞许并采纳了他的意见，扩展了许懋的议论，作为皇上的旨意来回答请求封禅的人，封禅之事因此没有实行。

北魏中山王元英到达义阳，将要攻取三关，事先商讨计策说：“三关互相依赖，就像左右手一样，倘若攻克一关，其他两关不需要攻打自然得手。攻打困难的不如攻打容易的，应当首先攻打东关。”又担心三关的兵力集中在东关，就派遣长史李华率领五统军的士兵攻击西关，来分散三关的兵力，元英自己率领各路军队攻打东关。

早先，马仙琕派遣云骑将军马广驻扎在长薄，军主胡文超驻扎在松岘。丙申日（十八日），元英到达长薄，戊戌日（二十日），长薄兵败，马广逃入武阳，元英进兵包围武阳。梁武帝萧衍派遣冠军将军彭瓮生、骠骑将军徐元季率领军队救援武阳，元英故意放他们入城，说：“我观察这座城的形势容易被攻克。”彭瓮生等人进入城池后，元英催促士兵攻城，经过六天将城攻破，俘虏了三名将领和七千多名士兵。然后元英进兵攻打广岘，太子左卫率李元履弃城逃跑；元英又进攻西关，马仙琕也弃城逃跑。

梁武帝萧衍派遣南郡太守韦叡率兵救援马仙琕，韦叡到了安陆，增筑城墙达两丈多高，重新开凿深广的护城壕，修建高大的城楼。大家讥笑他显出胆怯的样子，韦叡说：“话不是这样说，当将帅的应该有胆怯的时候，不可以一味逞勇敢。”中山王元英急追马仙琕，准备要洗雪邵阳的耻辱，听说韦叡来到，这才退走。梁武帝萧衍也有诏书下令罢兵。

起初，北魏派遣中书舍人鲖阳人董绍慰劳叛城，白早生偷袭他，将他俘虏，送到建康。宣武帝元恪攻陷悬瓠后，命令在齐苟儿等四位将领中分出两人，要扬州做行文用他们来交换董绍和司马悦的首级。行文还没有到达，领军将军吕僧珍和董绍谈话，喜欢他说话有文采有深度，向梁武帝萧衍报告，梁武帝派遣主书霍灵超对董绍说："现在放你回去，让你充当桥梁来沟通两国的友谊，使彼此的百姓得到休息，那不是很好吗？"于是召见董绍，赏赐给他衣服等，命令舍人周舍慰问他，并且说："战争持续多年，生灵涂炭，我因此先倡议和魏朝通好，不将此看作羞耻，最近也曾经有书信送给魏朝，魏朝全无回复，你应当详细地讲明我这个意思。现在派遣传达诏命的霍（据严校，"霍"改"周"）灵秀送你到国境，等待你的好消息。"又对董绍说："你知道为何能够不死吗？现在得到你，实在是天意。国家立君是为了百姓，所有在百姓上面的人，难道可以不考虑百姓吗？倘若魏朝有意通好，现在就把宿豫还给你们，你们也应该把汉中归还我们。"董绍回国以后传达了这个意思，宣武帝元恪不答应。

三月，北魏荆州刺史元志率兵七万进犯潺沟，驱逐逼迫那里的少数民族，他们全部渡过汉水前来归降梁朝，雍州刺史吴平侯萧昺接纳了他们。刺史府内地位较高的官员都认为蛮族多次侵犯边境，是大的祸患，不如利用这个时机除掉他们，萧昺说："人家走投无路前来归降，我杀了他们不吉祥。而且魏人来进犯时，我可以利用蛮族作为屏障，不是很好吗？"于是打开樊城接受他们投降，命令司马朱思远等人在潺沟对元志展开攻击，将他打得大败，斩敌一万多人。元志是元齐的孙子。

夏季，四月，戊申日（初一日），梁武帝萧衍任命临川王萧宏为司空，加封车骑将军王茂开府仪同三司。

丁卯日（二十日），北魏楚王城的城主李国兴献城来归降梁朝。

秋季，七月，癸巳日（十七日），巴陵王萧宝义去世。

九月，辛巳日（初六日），北魏封故北海王元详的儿子元颢为北海王。

北魏公孙崇造乐尺，把十二黍作为一寸；刘芳认为不对，改用十黍为一寸。尚书令高肇等人上奏说："公孙崇所造的八音乐器及度量都和经传所载不同，追问他为何这样，他说：'如果依照经文，声音就不和谐。'请求改令刘芳依据《周礼》制造乐器，等到造成后集合大家的意见一起呈上，然后择善而从。"宣武帝元恪下诏听从这个建议。

冬季，十月，癸丑日（初九日），北魏任命司空广阳王元嘉为司徒。

十一月，己丑日（十五日），宣武帝元恪在式乾殿为群僧和朝臣讲解《维摩诘经》。此时宣武帝元恪一心侍奉佛法，不读儒家经籍，中书侍郎河东人裴延儁上奏疏，认为："汉光武帝刘秀及魏武帝曹操，即使在战争的时候，也不曾废书不读。先帝孝文帝元宏无论迁都或者行军，也都手不释卷，实在是因为学问有很多好处，不可以一刻中断。陛下升上法座，亲自讲解佛经，凡是参加听讲的人，尘俗的障蔽都被您扫净。但是五经是治世的楷模，应对事务以此为首要，下臣衷心希望皇上把佛经和儒书一起览读，孔、释两家并存其说，那就治心治世全都顾到，真谛与俗谛都畅通无阻了。"

此时在洛阳佛教非常盛行，沙门以外，从西域远来的有三千多人，宣武帝萧衍另外建立永明寺用一千多间房屋来安置他们。处士南阳人冯亮有巧思，宣武帝元恪派遣他和河南尹甄琛、沙门统领僧暹选择嵩山风景优胜的所在修建闲居寺，极尽岩壑土木之美。因此远近各地受到影响，没有不事奉佛法的，到了宣武帝元恪延昌年间，州郡共有一万三千多个佛寺。

这一年，北魏宗正卿元树前来投奔梁朝，梁武帝萧衍赐他爵位为邺王。元树是元翼的弟弟。这时元翼在梁朝做青、冀二州刺史，镇守郁洲。过了一段时间，元翼密谋举州投降北魏，因消息泄露被杀。

天监九年（庚寅，公元510年）

春季，正月，乙亥日（初二日），梁武帝萧衍任命尚书令沈约为左光禄大夫，右光禄大夫王莹为尚书令。沈约的文学名气在当时最高，但是贪图荣华富贵，他执政十多年，在政治方面的措施，只是听从众人的议论罢了，没有主见。沈约久为尚书令，有志于三公的位置，议事的人也认为他合适，然而梁武帝萧衍始终没有任用他；沈约请求外放，又不获准许。徐勉替他请求开府同三司的礼仪，梁武帝萧衍没有答应。

庚寅日（十七日），梁朝在秦淮河两岸修建第二条大堤坝，北岸从石头城起到东冶止，南岸从后渚篱门起到三桥止。

三月，丙戌日（十四日），北魏皇子元诩诞生。元诩的母亲胡充华是临泾人，父亲胡国珍袭封为武始伯。胡充华刚刚被选入宫廷的时候，与胡充华身份相同的妃嫔按照惯例祝福她说："希望您生诸王、公主，不要生太子。"胡充华说："我的心思与大家不一样，怎么可以害怕自身的死亡而使得国家没有储君呢？"等到她怀孕，众妃嫔劝告她拿掉，胡充华不答应，私自发誓说："倘若侥幸生个男孩，按照顺序当长子，就算男孩生下而妾身死亡，我也不感到遗憾。"胡充华不久就生了元诩。

在此之前，宣武帝元恪一再地失去皇子，元诩渐渐长大，宣武帝元恪对他特别小心保护，挑选良家适宜生子的女子当保姆，养在别宫，皇后、胡充华都不可以亲近。

己丑日（十七日），梁武帝萧衍驾临国子学，亲自到讲堂视察。乙未日（二十三日），下诏皇太子萧统以下以及王侯的儿子年纪可以从师的全都入学。

按照旧日的规矩：尚书五都令史都任用寒门。夏季，四月，丁巳日（十六日），梁武帝萧衍下诏说："尚书五都的职位，是参与朝政的重要职务，不仅总领众局，而且和左右丞并驾，可改用士族出身的人担任，来操持全局。"于是将都令史比照奉朝请用人的规矩，任命太学博士刘纳兼殿中都，司空法曹参军刘显兼吏部都，太学博士孔虔孙兼金部都，司空法曹参军萧轨兼左右户都，宣毅墨曹参军王颙兼中兵都。这些人都是才能和出身兼美，因此被优先选用。

六月，宣城郡吏吴承伯凭借妖术聚众造反，癸丑日（十三日），攻击郡城，杀死了宣城太守朱僧勇，转而屠杀旁县。闰月，己丑日（十九日），吴承伯翻过山岭突然到了吴兴。东边的人一向不熟习军事，官吏和百姓惊慌逃散。有人劝太守蔡撙躲避离开，蔡撙不同意，招募勇敢之士关闭城门拒守。吴承伯竭尽全力进攻，蔡撙率领大家出城交战，大败乱党，并在阵前将吴承伯斩首。蔡撙是蔡兴宗的儿子。吴承伯的余党逃入新安，攻陷了黟、歙等几个县。太守谢览派遣军队抵抗他们，没有获胜，逃奔到会稽，朝廷的军队出动讨贼，将他们平定了。谢览是谢瀹的儿子。

冬季，十月，北魏中山献武王元英去世。

梁武帝萧衍即位的第三年，下诏制定新的历法。员外散骑侍郎祖暅上奏说他父亲祖冲之考订古法是正确的，不可以改变。到了梁武帝萧衍即位的第八年，梁武帝又下诏太史研究新旧两种历法的得失，新历严密，旧历粗疏，这一年，开始实行祖冲之的《大明历》。

北魏刘芳上奏说："所造的乐器及教的文武二舞、登歌、鼓吹曲等已经完成，请求依照从前的命令召集公卿群儒讨论决定，和旧乐一起进呈。倘若下臣等所造的乐器形制符合古法，击拊符合节奏，请求在来年元旦朝会时采用。"宣武帝元恪下诏说："舞蹈可以采用新的，其余暂且仍用旧的。"

天监十年（辛卯，公元511年）

春季，正月，辛丑日（初四日），梁武帝萧衍到南郊祭祀，大赦天下。

尚书左仆射张稷认为自己功劳大而赏赐少，曾经在乐寿殿侍宴，酒酣之时，怨恨表现到面色言语上来，梁武帝萧衍说："你的哥哥杀了郡守，你的弟弟杀了他的国君，有什么值得夸耀的呢？"张稷说：

"臣是没有值得夸耀的，但是对于陛下来说，不能说没有功劳。东昏侯萧宝卷暴虐无道，起义的军队也来讨伐他，岂止是臣下而已。"梁武帝萧衍捋他的胡须说："张公真是吓人！"张稷既恐惧又怨恨，于是请求外放；癸卯日（十六日），梁武帝萧衍任命张稷为青、冀两州刺史。

王珍国也心怀怨恨，被罢免梁、秦二州刺史回朝，酒后在座上启禀梁武帝说："下臣前不久进入梁山便忍不住哭泣。"梁武帝萧衍大惊说："卿倘若是哭东昏侯萧宝卷，那么为时已晚；倘若是哭我，我还没死。"王珍国起来下拜谢罪，梁武帝萧衍始终不理他，酒宴就散了。因此梁武帝疏远王珍国而不用，过了很久，梁武帝萧衍任命他为都官尚书。

丁巳日（二十日），北魏汾州的山胡刘龙驹聚众反叛，侵扰夏州，宣武帝元恪诏令谏议大夫薛和调动东秦、汾、华、夏四州的兵力讨伐刘龙驹。

辛酉日（二十四日），梁武帝萧衍到明堂祭祀。

三月，琅邪百姓王万寿杀了东莞、琅邪二郡的太守刘晣，占据了朐山，召请魏军前来。

壬戌日（二十六日），北魏广阳懿烈王元嘉去世。

北魏徐州刺史卢昶派遣郯城戍副张天惠、琅邪戍主傅文骥相继前往朐山，青、冀二州刺史张稷派遣军队抗拒他们，没有取胜。夏季，四月，傅文骥等人占据朐山，梁武帝萧衍下诏振远将军马仙琕攻打他们。北魏又派遣假安南将军萧宝寅、假平东将军天水人赵遐率兵据守朐山，接受卢昶的指挥调遣。

甲戌日（初九日），北魏的薛和打败刘龙驹，消灭他的全部党羽，并上表设置东夏州。

五月，丙辰日（二十一日），北魏禁止天文学。

梁朝任命国子祭酒张充为尚书左仆射。张充是张绪的儿子。

马仙琕围攻朐山，张稷临时驻扎在六里外监督粮食的运输，梁武帝萧衍多次发兵协助他。秋季，北魏的卢昶上表请求增兵六千人，调拨米十万石，宣武帝元恪给了他士兵四千人。冬季，十一月，己亥日（初七日），宣武帝元恪下诏扬州刺史李崇等人从寿阳出兵，用来分散朐山的兵力。卢昶本来是个儒生，不熟悉军旅的事情。朐山城里的粮米和薪柴都用完，傅文骥献城投降。十二月，庚辰日（十九日），卢昶率军先行逃跑，各军相继溃散，恰好遇到大雪，军士被冻死以及跌断手足的有三分之二，马仙琕加以追击，大获全胜。方圆两百里之内，冻僵的死尸相连接，魏兵逃过这一劫的只有十分之一二，缴获的粮米、牲畜及器械，多得无法计算。卢昶单骑逃走，丢弃自己的符节、传信、仪仗。到了郯城，借用赵遐的符节作为军威。宣武帝元恪命令黄门侍郎甄琛乘快马赶来锁拿卢昶，盘问他战败的情状，卢昶和赵遐都被免除官职，只有萧宝寅保全军队回去。

卢昶在朐山的时候，御史中尉游肇向宣武帝元恪进言说："朐山地方很小，又在偏僻的海边，地势低下，湿气又重，难以居住，对我们来说不是紧要之地，对敌人却是有利之地。是有利之地，因此一定拼死命地争夺；不是紧要之地，因此不得已而作战。凭借不得已而作战的军队，攻击拼命作战的军队，恐怕要拖延岁月，耗费很大。即使我们得到朐山，徒然招致彼此的争夺战，最终还是很难保有，这就是所谓的无用之地。听说敌人多次请求要用宿豫来交换朐山，倘若真能如此，用这块无用的土地，换回旧有的疆土，兵役及时解除，是比较有利的。"宣武帝元恪将要听从他的建议，恰好卢昶打了败仗，于是将游肇升迁为侍中。游肇是游明根的儿子。

马仙琕做将帅，能够与士兵同甘苦，所穿的衣服不过是布帛一类，所住的地方没有帷幕衾屏，饮食和柴薪炊烹与最低等的人相同。他在边境上的时候，经常一个人偷偷潜入敌境，察看敌人的壁垒村落及险要之处，打仗往往取胜，士兵们也都乐意替他效命。

北魏任命甄琛为河南尹，甄琛上表说："我国在代地建都的时候，盗贼很多，以此为患。世祖皇帝拓跋焘发愤，广泛地设置主司、里宰，全都选用有智谋才略的人代替卸任的县令、县长以及五等散男，并且多设置吏士作为他们的羽翼，尊敬他们重用他们，盗窃才能够禁止。迁都以来，国家的土地更为广大，四方的远人赶来聚会，事情超过代都，五方之人众多杂乱，寇盗公然行事，里正职位轻，事务琐碎，他们又多半才能低下，人人抱着得过且过的心理，无法起到督察的作用。请求选派武官八品将军以下坚贞干练能办事的人，带着本官俸恤兼任里尉的责任，高等的兼任六部尉，中等的兼任经途尉，下等的兼任里正。不然，请求稍稍提高里尉的品级，挑选下品中应该升官的人晋升担任，让督察的责任有所专属，那么京师盗窃的风气有望好转。”宣武帝元恪下诏说：“里正的品级可升为勋官初品，经途尉升为从九品，六部尉升为正九品。这些职位的选任，不一定需要武人。”甄琛又上奏请求将羽林军作为游军，在各个坊巷中巡逻查访盗贼，于是洛阳城变得清净无事。后来常沿用这个办法。

这一年，梁朝境内有二十三个州，三百五十个郡，一千零二十二个县。这以后州名逐渐增多，有时废止有时设立，时离时合，没有办法详细记载。北魏的情况也相同。

梁武帝萧衍敦睦九族宗亲，优容朝廷群臣，有犯罪的人，都绕开法律为他们开脱。可是百姓有罪，就依照法律办理；株连犯罪，连老人和小孩都不免于刑戮。一个人逃亡，全家人当人质，罚他们服劳役。百姓已经穷困不堪，作奸犯科的情形更加严重。有一次梁武帝萧衍举行郊祀典礼，有一位秣陵地方的老人拦住梁武帝萧衍的车驾进言说：“陛下执行法律，对于百姓过于严厉，对于权贵则太宽容，这不是长久的办法。倘若能够反过来做，那天下百姓真是有福了。”梁武帝萧衍于是考虑将法律放宽。

天监十一年（壬辰，公元512年）

春季，正月，壬辰日（初一日），梁武帝萧衍下诏：“从今以后，逃犯的家属及有罪应留为人质服劳役的，假如有老人或小孩，可以停止移送。”

梁朝任命临川王萧宏为太尉，骠骑将军王茂为司空、尚书令。

丙辰日（二十五日），北魏任命车骑大将军、尚书令高肇为司徒，清河王元怿为司空，广平王元怀进号骠骑大将军、加仪同三司。高肇虽然登上了三司的职位，但认为自己离开尚书令这重要的职务，不满意的心情显现到言语和脸色上来，看到的人都嗤笑他。尚书右丞高绰、国子博士封轨，一向都以正直自勉，等到高肇做司空，高绰在那儿送往迎来，封轨竟然始终不去拜访高肇。高绰转头没有看到封轨，于是立即回家，叹息着说："我平生认为做事不违背规矩，今天的行为，比不上封先生太多了。"高绰是高允的孙子，封轨是封懿的族孙。

清河王元怿有才学和名望。鉴于彭城王元勰的无罪被杀，他趁着侍宴的机会，对高肇说："天子的兄弟能有多少人，被你杀得差不多了。从前王莽是秃头，凭借皇帝渭阳（舅父）的身份，篡夺了汉朝天下；现在你是个驼背，也恐怕最终会成为祸乱的根源。"恰好遇到大旱灾，高肇擅自重新审问囚犯，想要借此招揽人心。元怿对宣武帝元恪说："从前季氏在泰山举行祭祀，孔子痛恨他，实在是因为君臣的名分，应该防微杜渐，不可以轻易冒犯。减少膳食的费用及重新审问囚犯，这是陛下的事情；现在司徒高肇去做了，这难道是当人臣的本分吗？圣明的君主失之于上，奸邪的臣子窃之于下，祸乱的根源，就在这里了。"宣武帝元恪笑了笑，没有回答。

夏季，四月，北魏下诏命尚书及有司审理狱讼案件，让饥饿的百姓到燕、恒两州及六镇就食。

乙酉日（二十五日），北魏实行大赦，改年号为延昌。

冬季，十月，乙亥日（十八日），北魏立皇子元诩为太子，从此不杀太子的母亲。任命尚书右仆射郭祚兼任太子少师。郭祚曾经跟随宣武帝元恪驾临东宫，怀中揣着黄瓜给太子吃，此时应诏左右赵桃弓深受宣武帝元恪的信任，郭祚私底下巴结他，当时人称呼他为"桃弓仆射""黄𤓰少师"。

十一月，乙未日（初九日），梁朝任命吴郡太守袁昂兼任尚书右仆射。

起初，南齐太子步兵校尉平昌人伏曼容上表请求制作一代的礼乐，齐世祖武帝萧赜下诏选拔学士十人修定五礼，由丹杨尹王俭总领其事。王俭去世，将这件事情交托给国子祭酒何胤。何胤回东山后，齐明帝萧鸾命令尚书令徐孝嗣负责此事。徐孝嗣被东昏侯萧宝卷被诛杀后，资料大部分散失，皇帝东昏侯萧宝卷又下诏骠骑将军何佟之负责这件事。经过齐朝末年的兵火之灾，保留下来的已经很少。梁武帝萧衍即位，何佟之上奏皇帝请示此事该设置还是取消，梁武帝萧衍命令朝廷群臣详细讨论后奏闻，当时尚书认为王业初创，应该等待隆平之时，想要暂时撤销礼局，将该局的事务还给尚书仪曹。梁武帝萧衍下诏说："礼乐坏缺，确实应该及时修订。前些时候只是因为没有找到合适的修撰人选，所以经历这么多年没有成就，以致有名无实。礼乐既然是治理国家最重要的事，应该立即加以修撰整理。"于是尚书仆射沈约等人上奏："请求五礼各自设置旧学士一人，让他们自己举荐学古一人帮助誊抄撰写，其中有疑问不能解决的，依照石渠、白虎的旧例，请求皇上下诏裁决。"于是梁武帝萧衍任命右军记室明山宾等人分别掌管五礼，由何佟之全面负责。何佟之去世，任命镇北谘议参军伏暅接替他。伏暅是伏曼容的儿子。到了这时，《五礼》修撰完成，条举奏上，合起来共有八千零一十九条，梁武帝萧衍下诏有司遵照施行。

己酉日（二十三日），临川王萧宏因为公事被降职为骠骑大将军。

这一年，北魏任命桓叔兴为南并州刺史，将安昌作为州府治所，隶属于东荆州。

天监十二年（癸巳，公元513年）

春季，正月，辛卯日（初六日），梁武帝萧衍到南郊祭祀，大赦天下。

二月，辛酉日（初六日），梁朝任命兼尚书右仆射袁昂做右仆射。

己卯日（二十四日），北魏高阳王元雍进位太保。

郁洲紧邻北魏边境，当地百姓往往私下和魏人交易。朐山之乱时，有些人暗中和魏人勾结，等到朐山平定，这些人心中非常不安。青、冀二州刺史张稷仕途不得志，政令宽松，僚吏多侵犯凌辱百姓。

庚辰日（二十五日），郁洲百姓徐道角等人趁着夜晚袭击州城，杀死张稷，将他的首级送到北魏投降，北魏派遣前南兖州刺史樊鲁率兵前往接应。这时北魏闹饥荒，百姓饿死的有几万人，侍中游肇上表进谏，认为："朐山濒临海边，地势低洼，湿气很重，郁洲又在海中，得到它更加没有用处。该地距离敌国很近，距离我国很远，又不是军事要塞。凭借距离远的军队去攻打距离近的军队，这是没有办法获胜的。目前年岁歉收，百姓贫困，只应安静无事，朝廷却劳师远征，耗费粮饷，下臣我只看见害处，看不见好处。"宣武帝元恪不听从，又派遣平西将军奚康生率军前往接应。奚康生还没有出发，梁朝北兖州刺史康绚派遣司马霍奉伯将徐道角等人讨平。

辛巳日（二十六日），梁朝新造太极殿。

梁武帝萧衍曾经与侍中、太子少傅建昌侯沈约各自写出有关栗子的典故，沈约少写了三点，出来以后对别人说："这位先生护短，倘若我不这样，他会羞死。"梁武帝萧衍听了以后大怒，想要治他的罪，徐勉一再谏诤方才作罢。梁武帝萧衍对于张稷心怀怨恨，从容地和沈约谈到这件事，沈约说："左仆射张稷已经外放当边州刺史，从前的事情，何必再计较呢？"皇上认为沈约和张稷两家有婚姻关系因而相互维护，生气地说："你这样说话，难道是忠臣吗？"于是坐上辇车回到内殿。沈约害怕，没有发觉梁武帝萧衍站起来走了，还依旧坐在那儿。等回到家里，还没到达床榻的地方，沈约一足踏空，头下脚上地跌倒在门边，因此生病。沈约梦见齐和帝萧宝融用宝剑割断他的舌头，于是请来道士向上天奏呈赤色的奏章，说"禅代的事，不是出于自己的本心"。梁武帝萧衍派遣主书黄穆之探望沈约的病，晚上才回去，对于病情的轻重没有能及时奏闻，担心皇上怪罪，于是奏陈赤章的事情。梁武帝萧衍大怒，好几次派遣中使责备沈约，沈约更加害怕，闰月，乙丑日（十一日），沈约去世。有司上谥号叫“文”，梁武帝萧衍说：“心事不尽叫作‘隐’。”于是改谥号为隐侯。

夏季，五月，寿阳城因为久雨成灾，大水进入城中，屋舍都淹没了。北魏扬州刺史李崇指挥军队屯驻在城上，水势上涨不停，于是乘船靠在女墙，城墙没有被水淹没的部分只剩下两个墙板。将佐们劝告李崇舍弃寿阳驻守北面的八公山，李崇说：“我愧为刺史守卫南方重镇，因为德薄招致水灾，淮南万里的土地，维系在我一个人的身上，我一旦离开，百姓就崩溃四散，扬州这地方，恐怕不再是我国所有，我哪敢爱惜自己的身子，以致有愧于王尊？只是可怜士民没有罪过却和我同死，可以叫他们编结木筏前往高地，自谋生路，我决心与这座城池共存亡，希望你们不要再说了。”

扬州治中裴绚率领城南数千家百姓乘船向南边逃走，到高原地带躲避水灾，他认为李崇回到北方去了，就自称豫州刺史，与别驾郑祖起等送人质前来梁朝请求投降。马仙琕派遣军队前往接应他们。

李崇听闻裴绚背叛，不知道是真是假，派遣国侍郎韩方兴乘船召请他。裴绚听说李崇还在城中，又惊又悔，十分难过，回复说：“先前因为大水颠沛流离，被众人所推举。现在大计已经如此，形势无法改变，深恐百姓不再是您的百姓，官吏不再是您的官吏，希望您早些离去，不要冒犯将士。”李崇派遣他的堂弟宁朔将军李神等人率领水军征讨他，裴绚战败，李神追上去攻占他的营垒。裴绚逃走时，被村民捉住，送他回来，到了尉升湖，裴绚说：“我有什么脸面见李公呢？”于是投水自杀。裴绚是裴叔业兄长的孙子。郑祖起等人都被依法处死。李崇上表因为水灾请求解除扬州刺史的职位，宣武帝元恪没有答应。

李崇个性深沉，待人宽厚，有谋略，得到士族百姓的拥戴，在寿春十年，曾经养有数千名壮士，外敌入侵全都被打败，邻近的敌人称他作“卧虎”。梁武帝萧衍多次利用反间计策想让宣武帝元恪对他起疑心，还封李崇车骑大将军、开府仪同三司、万户郡公，他的几个儿子都被封为县侯；但是宣武帝元恪一向知道李崇忠贞不贰，对他信任不疑。

六月，癸巳日（初十日），梁朝新建成太庙。

秋季，八月，戊午日（初七日），梁武帝萧衍任命临川王萧宏为司空。

北魏的恒、肆二州发生地震及山鸣，一年多还没有停止，百姓被埋压而死伤的很多。

宣武帝元恪临幸东宫，派中书监崔光做太子少傅，命令太子元诩向他行拜礼；崔光推辞不敢接受，宣武帝元恪不准许。太子元诩面朝南拜了两拜，詹事王显上奏请求跟随太子行拜礼，于是东宫僚属都下拜；崔光面朝北站立，不敢答礼，只是面朝西拜谢然后离去。

天监十三年（甲午，公元514年）

春季，二月，丁亥日（初八日），梁武帝萧衍到藉田耕作，大赦天下。宋、齐两代到藉田耕作都在正月，到这时开始改为二月，并且对神农炎帝举行斋祀礼。

北魏的东豫州刺史田益宗年老体弱，与他的一群子孙聚敛财物，贪得无厌，辖区内的吏民不胜其苦，都说想要背叛。宣武帝元恪派遣中书舍人刘桃符慰劳田益宗，刘桃符回朝，上奏田益宗侵扰吏民的情状。宣武帝元恪赐田益宗诏书说：“刘桃符听说你的儿子田鲁生在淮水南面贪污残暴，如此下去而不停止，会损害你诚心报国的忠心。可叫田鲁生到京师来，当有别的任用。”田鲁生很长时间不到，宣武帝元恪下诏迁田益宗为镇东将军、济州刺史；又担心田益宗不接受他人前往接替，派遣后将军李世哲和刘桃符率军趁其没有防备时攻击他，突然地进入广陵。田鲁生和他的弟弟田鲁贤、田超秀都逃往关南，招引梁兵，攻占光城以南几个城戍。梁武帝萧衍任用田鲁生为北司州刺史，田鲁贤为北豫州刺史，田超秀为定州刺史。三月，北魏李世哲攻打田鲁生等人，打败他们，重新设置郡戍。将田益宗带回洛阳，封他为征南将军、金紫光禄大夫。田益宗上表说是被刘桃符谗害，并说："田鲁生等被刘桃符驱迫因而背叛，请求找来刘桃符与下臣对质，以便辨明虚实。"宣武帝元恪下诏不准，说："既然已经赦免了谋叛的罪，不许再兴诉讼。"

秋季，七月，乙亥日（二十九日），梁武帝萧衍立皇子萧纶为邵陵王，萧绎为湘东王，萧纪为武陵王。

冬季，十月，庚辰日（初五日），北魏宣武帝元恪派遣骁骑将军马义舒前往慰抚柔然。

北魏王足入侵益州的时候，梁武帝萧衍命令宁州刺史涪人李略抵御他，答应战乱平定以后任用他为益州刺史。等到王足退兵，梁武帝萧衍却没有任用他，李略心怀怨恨，有背叛的想法，梁武帝将他杀了。他哥哥的儿子李苗投奔北魏，步兵校尉泰山人淳于诞曾经做益州主簿，从汉中投奔北魏，二人一同拿攻取蜀地的策略游说宣武帝元恪，宣武帝元恪相信了他们。辛亥日（初六日），宣武帝元恪任命司徒高肇为大将军、平蜀大都督，率领步兵、骑兵十五万人进犯益州；同时命令益州刺史傅竖眼从巴郡以北进兵，梁州刺史羊祉从涪城进兵，安西将军奚康生从绵竹进兵，抚军将军甄琛从剑阁进兵；乙卯日（初十日），任命中护军元遥为征南将军，在梁、楚之间坐镇指挥。游肇进谏，认为："现在连年发生水灾和旱灾，不应该再劳动百姓。过去开拓边疆，都是因为城主献城归降，因而有征无战。目前献计的人真假难以分辨，也许是对梁朝有怨气，他们的话不可以完全相信。蜀地形势险要，防守严密，无隙可乘，怎么能够听信靠不住的言辞而发动大军？行动不能在开始时慎重，以后再要后悔怎么来得及呢？"宣武帝元恪不听从，任命淳于诞为骁骑将军，让李苗兼摄龙骧将军，令他们充当各路向导人员的统领。

北魏的降将王足献计，请求筑堰围堵淮水来灌淹寿阳城。梁武帝萧衍同意他的看法，派遣水工陈承伯、材官将军祖暅察看地形，他们两人都认为："淮水内的沙土松软不坚实，无法成功。"梁武帝萧衍不听，征调徐、扬两州百姓每二十户人家出五个壮丁从事筑堰，派遣太子右卫率康绚兼摄都督淮上诸军事，并且守护筑堰工作，官署设置在钟离城。工役及战士共二十万人，南面从浮山开始，北面到巉石为止，沿着两岸向中流筑堤，在中流会合。

北魏任命前定州刺史杨津为华州刺史，杨津是杨椿的弟弟。先前，官府征收调绢来抵户税，尺度特别长，任事的人趁机为奸，看纳税的人是否贿赂，来决定尺度的长短，百姓为此感到痛苦。杨津下令全部依据公尺，如果缴纳的调绢品质特别优良，赏纳税的人一杯酒喝；所缴纳的调绢品质较劣，也接受下来，只是不赏酒喝，表示羞耻。因此大家争着互相勉励，官府调赋收入更胜于昔日。

北魏太子元诩年纪还小，每次出入东宫，身边只有乳母跟随，宫里的臣子都不知道。詹事杨昱上言说："请求从现在起召见太子一定要发下手令，让下臣等能够保护跟从。"宣武帝元恪听从，命令值班的宫臣护送到万岁门。

北魏的御史中尉王显对治书侍御史阳固说："我当太府卿，国家的府库充实，你认为怎样？"阳固说："您收取百官俸禄的四分之一，以及州郡缴纳的赃款和赎金，全部输送到京师，用这些来充实府库，不能够算多。况且'与其有专事为君聚敛财货的臣下，不如有从事窃盗国君财货的臣下'，怎能不引以为戒呢？"王显十分不高兴，假借别的事情上奏将阳固免了官职。

资治通鉴卷第一百四十八　梁纪四

起乙未（公元515年），止戊戌（公元518年），共四年。

【题解】本卷记录了公元515年至518年，即梁武帝萧衍天监十四年至天监十七年共四年间南梁与北魏两国的大事。主要记录了魏宣武帝元恪死，七岁的太子元诩继位；高氏党羽发动政变，被于忠剿灭，任城王元澄与高阳王元雍共同执政，朝廷内外心悦诚服；魏人杀外戚高肇，废高太后；魏臣裴植、郭祚联合元雍图谋于忠，结果被杀，元雍被免职；元诩生母胡太后与魏臣于忠、刘腾、侯刚等共同掌权，胡太后肆意妄为，杀死高太后，大修寺庙；梁、魏在陕蜀边境交战，北魏重新占领东益州；梁国劳民伤财筑坝截淮，淮坝崩塌，十余万口丧生海中，而梁武帝萧衍却信佛，假惺惺地用素食祭祀；此外还记录了魏国冀州妖僧作乱，被朝廷讨平；柔然打败高车，重新强大，等等。

高祖武皇帝四

天监十四年（乙未，公元515年）

春季，正月，乙巳朔日（初一日），梁武帝萧衍在太极殿为太子加冠，大赦天下。

辛亥日（初七日），梁武帝萧衍到南郊祭祀。

甲寅日（初十日），北魏宣武帝元恪生病；丁巳日（十三日），宣武帝元恪在式乾殿病故。侍中中书监太子少傅崔光、侍中领军将军于忠、詹事王显、中庶子代人侯刚到东宫把太子元诩迎接出来，来到显阳殿。王显想等到天亮再行即位典礼，崔光说："皇帝的位置不可以片刻空着，为什么要等待天明呢？"王显说："必须奏明皇后。"崔光说："皇帝驾崩，太子即位，这是国家正常的法度，为何必须等皇后的命令呢？"于是崔光等人奏请太子元诩停止哭泣，站在东面；于忠和黄门郎元昭扶着太子元诩面朝西哭了十几声后停止哭泣。崔光暂时代理太尉，捧着策书送上玺绶，太子元诩跪着接受，穿上衮冕，进太极殿，即皇帝位。崔光等人和值夜的群官站立在庭中，面向北行稽首礼高呼万岁。元昭是元遵的曾孙。

高后想要杀掉胡贵嫔，中给事谯郡人刘腾把这件事向侯刚报告，侯刚又告诉了于忠。于忠向崔光请教计策，崔光派人将胡贵嫔安置在别的住所，严密地加以守卫，因此胡贵嫔深深地感激这四个人。戊午日（十四日），北魏实行大赦。己未日（十五日），魏国朝廷下令召回所有西征蜀地以及东面防守的军队。

骠骑大将军广平王元怀抱病入宫，直接来到太极殿的西廊，哀伤地恸哭，喊叫侍中、领军、黄门及左右卫将军说："我想要上殿哭大行皇帝，又须入见新主上。"众人都惊愕地互相看着，没有人敢回答。崔光挽着衰服举起丧杖，引用汉光武帝刘秀驾崩赵熹扶着诸王下殿的旧例，声音和脸色都很严厉地拒绝了元怀，听到的人没有不说好的。元怀哭声停了，眼泪也止了，说："侍中用古代的事例教导我，我怎敢不服呢？"于是就回去，还一再地派遣左右前来谢罪。

先前，高肇专揽权柄，对有名望的宗室尤其猜忌，太子太傅任城王元澄多次被高肇进谗言，害怕不能自保，于是每天喝得烂醉，行为如发狂一样，朝廷的机密要事全都不参与。等到世宗宣武帝元恪驾崩，高肇在外面拥有重兵，朝野都感到不安。于忠与门下省商议，因为肃宗孝明帝元诩年纪幼小，不能够亲自处理政事，应该让太保高阳王元雍入居西柏堂处理裁决所有政事，任用任城王元澄为尚书令，总理百官，奏明皇后请求立即用手书授权给二王。王显一向被世宗宣武帝元恪宠幸，依仗权势，作威作福，被众人痛恨，担心不被元澄等人包容，和中常侍孙伏连等人密谋搁置门下省的奏章，伪造皇后的命令，任用高肇录尚书事，任用王显与渤海公高猛同为侍中。于忠等人听到这个消息，以医治世宗没有见效为借口，在宫中把王显逮捕，下诏削去他的爵位和官职。王显刚被拘捕时大呼冤枉，直阁用刀镮撞击他的腋下，送到右卫府，过了一夜就死了。庚申日（十六日），朝廷下诏遵照门下省所奏请的办理，百官都听命于高阳王元雍和任城王元澄，朝内朝外都心悦诚服。

二月，庚辰日（初七日），尊皇后为皇太后。

北魏孝明帝元诩写信向高肇报丧，并且召请他还朝。高肇承受这种变故，心里忧惧，早晚都在哭泣，以致身体羸弱憔悴，回到瀍涧，他的家人前来迎接他，高肇不与他们见面；辛巳日（初八日），高肇抵达京师，穿上丧服号啕大哭，登上太极殿尽哀。高阳王元雍和于忠密谋，埋伏值寝邢豹等十多人在舍人省内，高肇哭过之后，被引入太极殿的西侧房，清河诸王都看着他窃窃私语，用眼睛扫视着他。高肇进了舍人省，邢豹等人把他扼杀，下诏书表明他的罪恶，说高肇自杀，其余的亲戚党羽全部不予追究，将高肇削除职务及爵位，用士礼埋葬他。等到黄昏，从侧门把高肇的尸体送回他的家中。

魏人伐蜀的时候，军队抵达晋寿，蜀人震惊恐慌。傅竖眼率领步兵三万人攻击巴北，梁武帝萧衍派遣宁州刺史任太洪从阴平走小路进入益州，招诱氐人及蜀人，断绝魏军的粮道。恰好遇到北魏大军北还，任太洪进行偷袭，攻破北魏的东洛和除口两个据点，对外发布消息说梁兵将要继续到来，氐人与蜀人全都跟从他。任太洪进兵包围关城，傅竖眼派遣统军姜喜等人进攻任太洪，大败任太洪，任太洪丢弃关城逃回宁州。

癸未日（初十日），北魏任命高阳王元雍为太傅，兼领太尉，清河王元怿为司徒，广平王元怀为司空。

甲午日（二十一日），北魏将宣武帝元恪安葬在景陵，庙号为世宗。己亥日（二十六日），尊封胡贵嫔为皇太妃。三月，甲辰朔日（初一日），废高太后为尼，迁居金墉瑶光寺，不是重大的节日庆典，不可以入宫。

北魏左仆射郭祚上表说："萧衍狂乱胡为，想要截断川流，丁役劳苦，百姓劳困，败亡的迹象已经显现出来，应当命将领出兵，长驱讨伐。”北魏下诏平南将军杨大眼监督诸军，镇守荆山。

北魏的于忠已经担任侍中，又兼领军将军，于是专揽朝廷政事，权势之大一时无二。起初，孝文帝元宏太和年间，国家多事，战事频繁，高祖孝文帝因为国家用度不足，百官的俸禄削减四分之一，于忠下令将所削减的俸禄全部归还。依据旧法：百姓缴税时缴绢一匹则另外缴纳绵八两，缴布一匹时另外缴纳麻十五斤，于忠将这些规定全部废止。乙丑日（二十二日），朝廷下诏文武群臣各进爵位一级。

夏季，四月，浮山堰修成又垮掉。有人说蛟龙能驾着风雨撞破堤堰，蛟龙最厌恶铁，于是从东、西二冶运来几千万斤铁器沉入水中，也无法让堤堰在中流合脊。于是砍伐树木做成井栏，将大石头装在里面，外面加上泥土；沿着淮水一百里以内的树木和石头，无论大小都被取用一空，挑担的人肩膀都磨破，又碰上夏天传染病流行，死亡的人互相枕藉，苍蝇及蚊虫昼夜鸣声相继。

北魏梁州刺史薛怀吉在沮水一带打败叛乱的氐人。薛怀吉是薛真度的儿子。五月，甲寅日（十二日），南秦州刺史崔暹又将叛乱的氐人打败，解除叛军对武兴的围困。

六月，北魏冀州僧人法庆凭借妖术蛊惑百姓，与渤海人李归伯一同作乱，推举法庆为首领。法庆娶尼姑惠晖为妻子，任命李归伯为十住菩萨、平魔军司、定汉王，自称大乘。又配置狂药，让人服后，父子兄弟不再相识，只知道杀人。刺史萧宝寅派遣兼长史崔伯驎攻打他，崔伯驎战败而死。乱党的气焰更加嚣张，所到之处损毁寺舍，斩杀僧尼，烧毁佛经佛像，说：“新佛已经出世，必须除去众魔。”秋季，七月，丁未日（初六日），朝廷下诏命右光禄大夫元遥暂时代理征北大将军前往讨伐法庆。

北魏尚书裴植，认为自己无论人望和门第都不比王肃差，但朝廷给他的官职不够高，心中常闷闷不乐，上表请求辞去职位，退隐嵩山，世宗宣武帝元恪没有准许，怪罪他。等裴植做了尚书，志高气傲，经常对别人说：“不是我想要尚书的职位，尚书的职位也需要我。”每次进宫参与议论政事，喜好当面讥讽伤害群官，又上表诋毁征南将军田益宗说："华和夷不同族类，不应当位在百代衣冠的上面。"于忠与元昭看见奏表，对他十分痛恨。

尚书左仆射郭祚积极地钻营谋求加官晋爵，认为自己是太子的师傅，希望封侯、仪同三司，朝廷下诏任命郭祚为都督雍、岐、华三州诸军事、征西将军、雍州刺史。

郭祚与裴植都讨厌于忠专横，秘密地劝告高阳王元雍将他外放；于忠听说这个消息，非常愤怒，下令有司以不实的罪过弹劾他们。一名尚书上奏说："羊祉控告裴植的姑表兄弟皇甫仲达说：'受到裴植的指示，假称受到诏令，率领部属想要谋杀于忠。'臣等详细拷问，他一直不肯伏罪；但是众证人的证词都很明确，按照法律应该处死。众证人虽然没有看到裴植，都说：'皇甫仲达受到裴植的指使，裴植找皇甫仲达去责问而不告诉他人询问的问题。'推论情状，看不出他们有什么区别，不能等同一般案件，在刑罚上有所减轻，拟比照皇甫仲达之例判处裴植死刑。但裴植亲自率领寿阳城众归附我朝，应该依照八议之律从轻论罪，请求做出裁断。"于忠假传诏令说："凶恶的意图既然如此，罪过不应该饶恕；虽然有归附我朝的忠心，也无须依照八议之律减轻其罪，也无须等到秋后再判处死刑。"八月，己亥日（二十九日），裴植和郭祚及都水使者杜陵人韦儁全都被赐死。韦儁是郭祚的亲家。于忠又想杀高阳王元雍，崔光坚决不肯，于是免去元雍的官职，以亲王的身份家居。朝野人士都感到愤愤不平，对于忠十分痛恨。

丙子日（初六日），北魏尊封胡太妃为皇太后，住在崇训宫。于忠兼领崇训卫尉；刘腾为崇训太仆，加侍中；侯刚为侍中、抚军将军。又任用太后的父亲胡国珍为光禄大夫。

庚辰日（初十日），梁朝定州刺史田超秀率领部众三千人投降北魏。

戊子日（十八日），北魏大赦天下。

己丑日（十九日），北魏清河王元怿进位太傅，兼领太尉；广平王元怀为太保，兼领司徒；任城王元澄为司空。庚寅日（二十日），北魏任命车骑大将军于忠为尚书令，破格提拔崔光为车骑大将军，并加开府仪同三司。

北魏的江阳王元继，是元熙的曾孙，先前当过青州刺史，因为掠夺良家女子当作奴婢被削夺爵位。元继的儿子元叉娶胡太后的妹妹为妻，壬辰日（二十二日），朝廷下诏恢复元继的封爵，任命元叉为通直散骑侍郎，元叉的妻子为新平郡君，还任命她为女侍中。

群臣奏请胡太后临朝代行天子之事，九月，乙未日（初五日），胡太后开始临朝听政，决断政事的时候仍然称令，群臣上书的时候称殿下。胡太后聪明颖悟，喜好读书作文，射箭能够射中针孔，政事都由她亲笔决断施行。朝廷加封胡国珍为侍中，封安定公。

郭祚等人死后，诏令和生杀大权都掌握在于忠的手中，王公大臣害怕他，为之蹑足屏气。太后已经亲政，就解除了于忠侍中、领军、崇训卫尉等职位，只剩下仪同三司、尚书令。十几天后，太后召集门下侍官到崇训宫，询问他们说："于忠位居首辅，他的声望怎么样？"大家都说："不能够胜任。"于是外放于忠为都督冀、定、瀛三州诸军事、征北大将军、冀州刺史；任用司空元澄兼领尚书令。元澄上奏说："安定公胡国珍应当出入宫中，参与商讨重大政务。"胡太后下诏采纳他的建议。

甲寅日（十四日），北魏的元遥打败自称大乘的妖僧法庆率领的贼军，逮捕了法庆及头目一百多人，将他们的首级传送到洛阳。

梁朝左游击将军赵祖悦偷袭北魏的西硖石，将它攻占，来威胁寿阳。赵祖悦又修建了外城，迁徙淮水沿岸的百姓充实城内。将军田道龙等人分别攻打各戍，北魏扬州刺史李崇分别派遣诸将抵御。癸亥日（二十三日），北魏派遣假镇南将军崔亮攻打西硖石，又派遣镇东将军萧宝寅破坏淮水堤堰。

冬季，十月，乙酉日（十六日），北魏任命胡国珍为中书监、仪同三司，侍中的职位照旧。

甲午日（二十五日），梁朝弘化太守杜桂举郡投降北魏。

起初，北魏于忠当权，说世宗宣武帝元恪答应提升他的官职；太傅元雍等人都不敢违背，加封于忠为车骑大将军。于忠又说他在新老国君交替之际有安定社稷的功劳，暗示百官给自己加封，元雍等人商议封于忠为常山郡公。于忠又认为自己单独受封有所不便，于是暗示朝廷，在门下省任职的人都赐予封邑，元雍等人不得已又封崔光为博平县公，可是尚书元昭等人不断上诉。太后下令公卿重新商议，太傅元怿等人进言："先帝仙逝，奉迎车驾，侍卫宫禁，这是臣子的常职，不应该因此认为有功。臣等先前商议封于忠爵邑，只是畏惧他的权势，苟且免于暴戾的缘故。倘若拿功过相抵，全都不应该封赏，请求全部予以撤销。"崔光也奉上章绶茅土，上表十余通请求缴回，胡太后听从了。

高阳王元雍上表弹劾自己，说："臣刚入柏堂任职时，见到皇帝的圣旨颁布完全由门下省操纵，大臣提出意见由君主遵照执行，我深知道这是不可以的，却不能够加以禁止；于忠专权，生杀朝臣完全自作主张，可是下臣却不敢违背他的旨意。于忠图谋想要杀害下臣，依赖在位任事的大臣坚持而没有实行；下臣想要把于忠外放，心存此意尚未实行，反而被于忠免去官职。我空居官职，干拿薪俸，辜负国家厚恩，请求辞官家居，静候司寇的制裁。"太后因为于忠有保护她的功劳，不追究他的罪过。十二月，辛丑日（初三日），任命于忠为太师，兼领司州牧，不久又总领尚书事，和太傅元怿、太保元怀、侍中胡国珍入居门下省，共同治理国政。

己酉日（十一日），北魏崔亮到达硖石，赵祖悦迎战失利，关闭城门自守，崔亮进兵包围他。

乙卯日（二十九日），北魏孝明帝元诩以及太后前往晋谒景陵。

这一年的冬天，特别寒冷，淮水和泗水全都结冰，浮山堰的士兵死了十分之七八。

北魏益州刺史傅竖眼，生性廉洁清白，汉人百姓和被称为獠族的少数民族都怀念他。龙骧将军元法僧代替傅竖眼做益州刺史，他本来没有治事才能，加上性情贪婪残暴，王、贾等姓，是本州士族，元法僧都征召他们当兵。葭萌的百姓任令宗利用大家不满北魏的心理，杀了北魏的晋寿太守，献城投降梁朝，獠民很多响应他；益州刺史鄱阳王元恢派遣巴西、梓潼两郡太守张齐率兵三万人前去迎战。元法僧是元熙的曾孙。

北魏岐州刺史赵王元谧，是元干的儿子，为政暴虐。有一天早上，关闭城门大肆搜索，随意捕人加以拷打，手段极为残暴，又无故将六个人斩首，全城恐惧；众人于是大声呼喊，占据城门，元谧登楼毁梯用以保护自己。胡太后派遣游击将军王靖乘驿车劝说岐州城内暴乱的百姓，城人才开门谢罪，送上锁钥，于是胡太后罢免元谧刺史的职位。元谧的妃子，是太后的侄女。元谧到了洛阳，被任命为大司农卿。

胡太后因为魏主孝明帝元诩年纪幼小，无法亲自祭祀，想代替他行祭祀之事；礼官广泛地思考商议，认为不可以。胡太后拿这件事询问侍中崔光，崔光举出汉和熹年间邓太后祭祀宗庙的旧例，胡太后十分高兴，于是代替行祭祀之事。

北魏南荆州刺史恒叔兴上表请求不再隶属东荆州，获得准许。

天监十五年（丙申，公元516年）

春季，正月，戊辰朔日（初一日），北魏实行大赦，改年号为熙平。

北魏崔亮攻打硖石没能攻下，和李崇相约水陆一同进军，李崇多次违背约定没有前往会合。胡太后因为将领间不和睦，于是任命吏部尚书李平为使持节、镇军大将军兼尚书右仆射，率领步兵和骑兵两千人前往寿阳，另外设立行台，节度各军，倘若有违抗命令，按照军法处理。萧宝寅派遣轻车将军刘智文等人渡过淮水，攻克三座城垒；二月，乙巳日（初八日），又在淮水北边打败将军垣孟孙等人。李平到了硖石，监督李崇、崔亮等人水陆两路一同进攻，没有人敢违逆，作战往往有功绩。

梁武帝萧衍派遣左卫将军昌义之率领军队救援浮山，援军还没有到达，康绚已经对魏兵发动攻击，将他们击退。梁武帝萧衍派遣昌义之与直阁王神念沿着淮水往上救援硖石。崔亮派遣将军博陵人崔延伯防守下蔡，崔延伯和别将伊甕生夹淮水构筑营垒，崔延伯命取来车轮拿掉车轮外框，将车辐削尖，两两对接，揉曲竹子制成大索，将它们互相连接，共十余道并排，横在水上当作桥梁，两边装上大滑轮，可以随意出没，没有办法用火烧或者用刀斫断。既阻断赵祖悦的退路，又使得战舰无法通行，昌义之、王神念驻扎在梁城无法前进。李平指挥水陆两军进攻硖石，将外城攻下；乙丑日（二十八日），赵祖悦出城投降，李平将他斩首，俘虏他的所有部属。

胡太后给崔亮一封书信，要求他趁着胜利的余威深入进攻。李平指挥诸将，水陆两路一同进军，攻打浮山堰；崔亮违背李平的指挥，借口生病请求还朝。李平上奏请求将崔亮处死，胡太后下令说：“崔亮去留自作主张，违反我的策略，虽然有小胜，怎么能够免除大罪？只是我代理天子之事，不愿多有杀戮，特准他将功补过。”北魏的军队于是班师还朝。

北魏的中尉元匡上奏弹劾于忠：“乘国家有难，专揽朝政，让裴植和郭祚受到冤杀，宰辅之臣遭到黜退的羞辱。又假称圣旨自封为仪同三司、尚书令，兼领崇训卫尉，考察他这样做的本意，是想唯我独尊，目无圣上。事情既然发生在赦恩之后，应当加以杀戮来显示罪恶。请求派遣御史一人到冀州将他处死。从去年宣武帝元恪晏驾以后，皇太后没有亲政以前，所有事情不遵循程序，有时由门下省发布诏书，有时由中书省宣布敕令，擅自相互授予官职，已经蒙受恩宥的，可以免除他们专擅的罪过，但是所拜授的官职应当一概撤销。”胡太后下令说：“于忠已经受到特别宽宥，不应该再行追究他的罪过；其余的按照所奏办理。”

元匡又弹劾侍中侯刚击杀羽林军。侯刚本来因为善于烹调被任为尚食典御，一共任职三十年，因为对太后有恩，任事非常专横放肆，王公贵人都因害怕而依附他。廷尉将侯刚处以大辟之刑，胡太后说："侯刚因为公事而拷问羽林卫士，致人死命纯属偶然，对于法律并没有冒犯。"少卿陈郡人袁翻说："所谓'邂逅'，是指情形已经明显，隐瞒罪行而不引伏，依理拷问的状况。现在这个羽林军，一问之下就招供事实的首尾，侯刚口里喊着：'打杀他！'违反情理施以酷刑而致死，怎么可以叫作'邂逅'？"胡太后于是削减侯刚食邑三百户，解除了他尝（据严校："尝"改"尚"）食典御的职务。

三月，戊戌朔日（三月无此日），出现日食。

北魏讨论攻打西硖石的功劳，辛未日（初四日），任命李崇为骠骑将军，加仪同三司；李平为尚书右仆射，崔亮进号镇北将军。崔亮和李平在宫禁中争功劳，胡太后任命崔亮为殿中尚书。

北魏的萧宝寅在淮堰时，梁武帝萧衍亲自写了一封书信诱降他，请他偷袭彭城，答应将他的国庙以及家室随从送回北边；萧宝寅上表将这封书信呈给北魏朝廷。

夏季，四月，梁国的淮堰完成，长度为九里，下边宽一百四十丈，上边宽四十五丈，高度二十丈，种上了杞柳，军垒成列地构筑在堤堰上面。

有人对康绚说："四条河渎，是上天用来调节宣泄天地之气的，不可以长久地堵塞，倘若开了泄水渠让水东流，那就水流宽缓，堤堰可以不致溃坏。"康绚于是开了泄水渠让水东流。又向魏军施反间计说："梁人所害怕的是开泄水渠，不害怕野战。"萧宝寅相信了，开凿山洞深达五丈，开了泄水渠让水北流，水日夜不停地分流都不见减少，魏军终于疲敝而归。水所淹没的魏国地区，沿淮水两岸方圆数百里之广。李崇在硖石戍修建了一座浮桥，又在八公山的东南方修筑了魏昌城以为防备。寿阳城颓坏，居民四散避往山冈高丘，水流清澈，俯视水下，房舍和冢墓清晰可辨。

起初，堤堰从徐州境内开始，刺史张豹子对外宣言，认为自己一定会负责修筑堤堰的事情；后来康绚凭借其他官衔前来监作，张豹子非常羞愧。不久梁武帝萧衍命令张豹子接受康绚的节度，张豹子于是进谗言说康绚和魏人相勾结，梁武帝萧衍虽然不相信他的话，还是在堤堰修筑完成以后征召康绚回朝。

北魏胡太后追念于忠的功勋，说："怎么可以因为一次犯错就将他其余的勋劳都弃置不予考虑了呢？"于是又加封于忠为灵寿县公，也加封崔光为平恩县侯。

北魏元法僧派遣他的儿子元景隆率兵抗拒张齐，张齐与他在葭萌展开交战，将他打得大败，屠杀十几个城，最后包围武兴。元法僧绕城自守，境内其他地方全都背叛，元法僧派遣使者走小路向北魏朝廷求救。北魏传驿站车马征召镇南将军傅竖眼于淮南，任命为益州刺史、西征都督，率领步兵和骑兵三千人前往救援。傅竖眼进入益州境内，转战三天，行军两百多里，九次交战都取得胜利。五月，傅竖眼击杀梁州刺史任太洪。蜀民与獠族听说傅竖眼到来，都十分欢喜，在道路上迎接行礼的人前后相连。张齐退兵保守白水，傅竖眼进入武兴，白水以东百姓都能安居乐业。

北魏梓潼太守苟金龙兼领关城戍主，梁朝军队来到时，苟金龙生病，没有办法指挥，他的妻子刘氏激励城中百姓，带领着他们登城抗战，持续一百多天，士兵死伤大半。戍副高景密谋背叛，刘氏将高景和他的同党数千人杀了，其余的将士，平分衣服和饮食，劳逸的情况一定相同，大家莫不畏惧佩服她。井在城面，被梁兵占据，刚好遇到天下大雨，刘氏下令拿出公家和私有的布绢及衣服悬挂，绞干取水，城中所有瓶、罂、瓮、盎等杂物全部储满水。傅竖眼到后，梁兵才退走，北魏封她的儿子为平昌县子。

六月，庚子日（初五日），梁朝任命尚书令王莹为左光禄大夫、开府仪同三司，尚书右仆射袁昂为左仆射，吏部尚书王暕为右仆射。王暕是王俭的儿子。

张齐多次从白水出兵，进犯北魏的葭萌，傅竖眼派遣虎威将军强虬攻打信义将军杨兴起，将他杀了，重新攻克白水。梁朝宁朔将军王光昭又在阴平打了败仗，张齐亲自率领骁勇将士二万多人和傅竖眼交战。秋季，七月，张齐的军队大败，逃了回去，小剑、大剑诸戍的守兵都弃城而逃，东益州又落入魏人手中。

八月，乙巳日（十一日），北魏任命胡国珍为骠骑大将军、开府仪同三司、雍州刺史。胡国珍已经年老，胡太后实在不想将他外放，只想显示担任要职的荣耀，所以最终没有赴任。

康绚回到梁朝，张豹子不再修治淮堰。九月，丁丑日（十三日），淮水忽然高涨，堤堰崩塌，发出如雷鸣一样的声音，三百里以外都可以听到，淮水沿岸的城戍和村落十多万人都被漂流入海。起初，魏人对淮堰很感到头痛，任命任城王元澄为大将军、大都督南讨诸军事，率领军队十万人，打算从徐州出发攻打堤堰，尚书右仆射李平认为："不需要用兵力，堤堰最终会自己崩坏。"等到听了淮堰崩溃的消息，胡太后大为高兴，对李平的赏赐很优厚，元澄于是没有出发。

壬辰日（二十八日），梁朝大赦天下。

北魏胡太后多次临幸皇室宗亲和功勋显贵的家里，侍中崔光上表进谏说："《礼》上说：诸侯不是为探望疾病或者慰问丧事而进入群臣的家中，这称作君臣相戏谑。没有说到王后夫人，表明王后夫人没有到臣子家中的道理。王后夫人，当娘家父母还在的时候有亲自归宁的礼节，父母已经去世就派遣大臣代为归宁。汉朝上官皇后将要废掉昌邑王时，霍光是外祖父，当宰辅，皇后都还坐在武帐来接见群臣，这是为了表明男女有别。现在皇帝的宗族生子，或者勋贵之家增秩升官，凡有吉庆，都恭请太后临幸，恐怕会成为常例。希望太后停止游幸，那全国就仰赖多多，臣民都大为欢喜。"

任城王元澄因为北边的镇将在选用时越来越轻率，担心贼虏进犯边境，皇帝陵墓受到威胁，上奏请求对镇边将领的选用要特别慎重，部署警备要格外严密，胡太后下诏交付公卿讨论。廷尉少卿袁翻发表意见，认为："近来沿边的州郡，任用官吏往往不选择人才，只是考虑出身。有时用到贪污的人，大量增加戍守巡逻的兵士，过多设置统帅的职位，或是任用他的左右姻亲，或是接受他人的钱财请托，都没有防备敌人的打算，只是一味地聚敛财物。那些勇敢有力的士兵，驱使他们从事劫掠的勾当，假如遇到强敌，就被俘虏成为奴隶；假如有所斩获，就夺为己有以便增加自己的财富。那些羸弱老幼的人，略微懂得一点冶金炼铁的技术，或者稍微熟习一点营造建筑的方法，全都将他们从营垒里搜寻出来，使他们从事各种辛苦的劳役。其余的士兵，有的叫他们到深山中砍伐木材，有的叫他们割除杂草填平陆地，从事商贸往来的，道路上络绎不绝。这些人薪俸不多，财货也有限，但都向他们收取满额的绢，发给他们的却是不足的粟，榨尽他们的劳力，却让他们穿不暖；坐享他们的劳动果实，却让他们吃不饱，从冬天一直到夏天都是如此，再加上疾病，死在沟壑中的经常有十之七八。因此邻近的敌人趁着我们不备，骚扰我们的边疆，这都是边将的任用没有得到合适人选的缘故。愚臣认为从今而后，南北边各藩镇以及它们所统辖的郡县，自府佐、统军以至于戍主，全都命令朝臣王公以下各自举荐他们所熟悉的人，一定要从其中选拔才能之士予以任命，不管他的出身如何。倘若胜任职位或者败坏公事，连同举荐的人按照事情轻重一起接受奖赏或者予以惩罚。"胡太后没有采纳他的建议。到了孝明帝元诩正光末年，北边盗贼蜂拥而起，进逼旧都，冒犯皇帝陵墓，正如同元澄所忧虑的情形。

冬季，十一月，梁朝交州刺史李畟将交州地方造反的阮宗孝斩首，把他的首级传送到建康。

起初，北魏世宗宣武帝元恪兴建瑶光寺，还没有落成；这一年，胡太后又兴建永宁寺，这两座寺庙都在皇宫的旁边；又在伊阙口兴建石窟寺，这些寺庙在土木建筑方面可以说美到极点。永宁寺尤为壮观，有高一丈八尺的金像一座，与人一样高的金像十座，玉像两座。修建一座九层高的塔，挖掘地基，深达黄泉；塔高九十丈，塔的上柱又高十丈，每当夜深人静，塔上铃铎的声音十里以外都可以听到。佛殿建得仿佛太极殿一样堂皇，南门就如同端门一般。僧房有一千间，所陈设的珠玉锦绣，叫人看了为之心惊。自从佛法传入中国，寺庙的盛况，没有能跟它相比的。扬州刺史李崇上表，认为："高祖孝文帝元宏迁都以来将近三十年，明堂没有修建，太学也荒废了，城阙和府寺也多有颓坏的地方，这不是继承先志，成为万国表率的做法。现在国子监虽然有学官的名义，却没有教授的实质内容，这和兔丝、燕麦、南箕、北斗这些有名无实的东西有何不同呢？没有办法两件事情同时进行，必须有轻重缓急。应该停止尚方机构奢靡的器物制作，省掉永宁寺土木建筑的工作，减少瑶光寺材瓦营造的力量，减轻石窟寺雕琢佛像的辛劳，以及所有不是紧急的劳役都予以暂停，在三时农暇之际修建上举各事，使得国家的观瞻威严显盛，礼乐兴起，教化盛行，这不是很美好吗？"胡太后用嘉许的命令回答他，却没能够采纳他的建议。

胡太后喜好奉事佛陀，很多百姓出家当沙门因而断绝香火，高阳王元雍的僚属李玚上言："三千种罪过没有比不孝更大的，最大的不孝没有超过断绝祭祀的，怎么可以随便听任违背礼教的情感，放纵那趋向佛法的心意？自己的双亲年老，却抛弃家庭，断绝奉养，怎么可以用违背现世的礼法去求得来世的福报呢？ 孔子说：'对于生前的事情都还了解得不够透彻，又如何知道死后的事？'怎么能抛弃光明正大的政教而去信从鬼教呢？再说现在南部边疆不安定，各种劳役还很烦剧，百姓出家，他们的目的多数是逃避众役，倘若再听任他们这样做，恐怕都要捐弃父慈子孝的天伦之情，每家都是沙门了。"都统僧暹等人对于李玚称他们为鬼教大为不满，认为是毁谤佛陀，向胡太后流泪控诉。太后责备李玚，李玚说："天称为神，地称为祇，人称为鬼，《礼记》上说：'光明的地方有礼乐，幽微的地方有鬼神。'因此光明的是为堂堂，幽微的是为鬼教。佛陀本来是由人变成的，称他为鬼，愚臣认为不是毁谤。"太后虽然明白李玚说的话不错，但是难以违背僧暹等人的意思，罚李玚一两金子。

北魏的征南大将军田益宗请求当东豫州刺史，以便招降他的两个儿子，胡太后不答应，田益宗最终死在洛阳。

柔然伏跋可汗，身体强壮，善于用兵。这一年，对西边的高车发动攻击，将高车打得大败，俘虏高车的王弥俄突，将他的脚绑在驽马上，拖曳着把他杀死，将他的头取下来上漆作为饮器。邻国中原先附庸于柔然后来背叛的小国，伏跋都将他们攻灭，柔然又强盛起来。

天监十六年（丁酉，公元517年）

春季，正月，辛未日（初九日），梁武帝萧衍到南郊祭祀。

北魏的大乘余党又相聚成一股，闯入瀛州，瀛州刺史宇文福的儿子员外散骑侍郎宇文延率领奴仆佃客抗御他们。贼党放火焚烧斋阁，宇文延突入火中将父亲宇文福抱出来，自己的肌肉毛发都被烧焦，他指挥部属苦战，乱党溃散逃走，宇文延率众追讨，消灭了他们。

甲戌日（十二日），北魏实行大赦。

北魏初年，民间都不使用钱币，高祖孝文帝元宏太和十九年开始铸造太和五铢钱，派遣钱工在工场铸造，百姓有想铸钱的，准许他们利用官炉，但是必须使用精良的铜，不可以有杂质混淆。世宗宣武帝元恪永平三年，又铸造五铢钱，禁止国内使用不合标准的钱。后来洛阳以及各州镇所使用的钱币各不相同，商货无法流通。尚书令任城王元澄上书进言，认为："不能通行的钱，法律有明确的规定，指的是鸡眼及凿边的钱币，再没有其他的禁令。估计河南各州现今所通行的钱币全都不在禁令范围，前些时予以禁止，愚臣私下里觉得疑惑。另外，河北既没有新钱，又禁止旧钱，只好用单丝的缣、疏缕的布，那缣布幅狭窄，长度又短，不符合常规，将成匹的裁剪成为尺，来救助没有的人，徒然耗费了织工的辛劳，无法使他们免于饥寒的痛苦，实在有违救济冻馁、抚育庶民的心意。钱币的使用，用绳子贯穿使之相连属，不需要度量，既公平又简便，愚臣认为是很好的有益于百姓的办法。请求同时命令各方州镇，太和钱和新铸的五铢钱以及用起来方便的各种古钱，只要内外完好无缺，即使有大小的差别，都可以通行。至于贵贱的差别，分别按乡里的物价折合。这样，货币可以流通全国，于公家于私人都畅通无碍。至于那鸡眼、凿边以及盗铸钱币、将大钱化成小钱、用各种花招造假钱，不依照规定的，便按照法律加以制裁。”胡太后下诏采纳这个建议。但是由于河北少钱，百姓还是使用物品交易，钱币没有在市场流通。

北魏假冒军功的人很多，尚书左丞卢同审阅吏部记录功勋的簿籍，从而加以审核，查到窃冒军功的有三百多人，于是上奏：“请求集中吏部及中兵两局的功劳簿，对照奏案，重新编造两份，一份交付吏部，一份留在兵局。另外在军中杀敌积成一阶以上的，就叫行台军司给予票券，票券从当中竖着分开，一半交付有功勋的人，一半送到门下省，借以防备造假。”胡太后听从这个建议。卢同是卢玄的族孙。中尉元匡上奏调取宣武帝元恪景明元年以来内外考核的账簿、吏部任职文书、中兵功劳查询档案以及官府考核中所有的第一名和最后一名，想要究办窃盗官阶的人，胡太后答应了。尚书令任城王元澄上表认为：“法令最怕烦扰苛刻，为政贵在清廉简约。御史的职责，是主持风闻，倘若听说有窃冒功勋盗取官阶的情况，只应当调阅这个人的簿籍，研判考核虚实，给予处罚。哪有调取尚书省全省的档案、追究将近二十年的事情的道理？像这样寻求过错，谁能够受得了这种罪刑呢？这实在是圣朝所应当特别慎重的。”胡太后于是作罢。又因为多次没有听从元匡所说的话，担心他辞去官职，想要奖励他使他安于职位，于是加封他为镇东将军。二月，丁未日（十六日），册立元匡为东平王。

三月，丙子日（十五日），梁朝下令织官织锦的图形不可以做仙人鸟兽的形状，因为裁剪的时候毁坏形体，和仁恕之道相违背。

丁亥日（二十六日），北魏广平文穆王元怀去世。

夏季，四月，戊申日（十八日），北魏任命中书监胡国珍为司徒。

梁武帝萧衍下诏，宗庙中用牺牲祭祀有损亡灵的福泽，应当全部用面粉代替。于是朝野喧哗，认为宗庙去掉牺牲，意味着国家灭亡，梁武帝萧衍最后还是没有采纳大家的意见。朝中高官于是议定用大脯代替牛。

秋季，八月，丁未日（十八日），北魏下诏太师高阳王元雍入居门下省，参与决断尚书省的奏事。

冬季，十月，梁武帝萧衍因为宗庙祭祀还是用干肉，下诏予以制止，再行商议用他物替代，于是用大饼替代干肉，其余全部用蔬菜水果。又修建至敬殿、景阳台，设置七庙中的神位，每月两次供祭蔬果面食一类的素食。

乙卯日（二十七日），北魏下诏旧都平城还没有迁移的士民全部听任他们永久居留下来。

十一月，甲子日（初七日），巴州刺史牟汉宠背叛梁朝，投降北魏。

十二月，柔然伏跋可汗派遣俟近尉比建等人到北魏请求议和，采用平等国家的礼节。

这一年，梁朝任用右卫将军冯道根为豫州刺史。冯道根谨慎厚道，不善言辞，带兵时能够约束士卒，士卒也愿意听从他调遣。诸将争功劳，只有冯道根默然无语。他为政清廉简约，百姓都怀念他。梁武帝萧衍曾经叹息说："冯道根在的地方不给朝廷添麻烦，朝廷不记得有这一州。"

北魏尚书崔亮上奏请求在王屋等山开采铜矿来铸造钱币，朝廷听从他的建议。从此以后百姓常常私自铸钱，钱币比较薄小，用过一段时间更显得轻了。

天监十七年（戊戌，公元518年）

春季，正月，甲子日（初八日），北魏任命氐族首领杨定为阴平王。

北魏秦州的羌人造反。

二月，癸巳日（初七日），安成康王萧秀去世。萧秀虽然和梁武帝萧衍是平民时期的亲兄弟，等后来成了君臣，小心恭敬的程度却超过疏远的宗亲低贱的臣子，梁武帝萧衍因此更加认为他了不起。萧秀和弟弟始兴王萧憺互相友爱，萧憺长久担任荆州刺史，将他的俸禄平分一半送给萧秀，萧秀愉快地接受，也不说太多推辞的话。

甲辰日（十八日），梁朝大赦天下。

己酉日（二十三日），北魏大赦天下，改年号为神龟。

北魏东益州的氐人造反。

北魏孝明帝元诩接见柔然使者，责备他们没有尽到藩国的礼节，议定采用汉朝对待匈奴的旧例，约为兄弟之国，派遣使者回报。司农少卿张伦上表，认为："太祖拓跋珪经略帝业，没有余暇，于是让社仑得以称雄漠北；也是中原战乱频仍，优先处理华夏之事而缓慢处理夷狄之事的缘故。高祖孝文帝元宏忙于迁都洛阳，没来得及北伐。世宗宣武帝元恪遵从先帝遗志，柔然派使者前来时，虽然接受觐见却没有派使者回报。这是因为圣明的君主在位，国富兵强，拒绝敌人的礼节，有什么畏惧的要答应他们的请求，有什么好处而要去做呢？现在柔然虽然仰慕我国的德业，派遣使臣前来求和，也是想探探我国的强弱情形，倘若大王的使者奉命出使柔然，和他们约为兄弟，恐怕不是祖宗的愿望。如果实在不得已，应当下达诏书，显示上下君臣的礼节，命令宰臣传送书信，把归顺的道理告诉他们，看他们是答应还是不答应，然后慢慢地或进而用恩或者退而用威，那么王者的态度就得其正。怎么能够因为戎狄相互兼并，从而亏损礼节呢？"朝廷没有听从他的话。张伦是张白泽的儿子。

三月，辛未日（十六日），北魏灵寿武敬公于忠去世。

北魏南秦州的氐人造反，朝廷派遣龙骧将军崔袭持节前往晓谕。

夏季，四月，丁酉日（十二日），北魏秦文宣公胡国珍去世，朝廷赠假黄钺、相国、都督中外诸军事、太师等职，赐尊号为太上秦公，采用隆重的礼节埋葬，赠送殓服和仪卫，丧事极为优厚。又迎接太后母亲皇甫氏的灵柩与胡国珍合葬，称她为太上秦孝穆君。谏议大夫常山人张普惠认为前代皇后的父亲没有称作“太上”的，“太上”的名称不能用在臣子身上，前往宫阙上疏说明自己的看法，左右近臣不敢替他传达。恰好遇到胡氏挖掘墓穴，下面有大的石头，于是张普惠秘密上表，认为：“天上没有两个太阳，地上没有两个君王，‘太上’一词是因‘上’字而出现的名称，皇太后称‘令’系属在皇帝的‘敕’字的底下，这是采取三从的道理，可以媲美周武王时期的文母列在十个善于治理的大臣之中，现在司徒胡国珍称为‘太上’，恐怕和系‘令’于‘敕’下的贤明做法不合。孔子说：‘一定先要正名！’最近挑选司徒墓穴时，已经获得吉兆决定地点，而又因为墓穴太浅改卜他地，这也许是天地神灵来宣示至深的警戒，开启圣上的心意吧！伏愿取消与帝王一样的称号，以求取谦让带来的福佑。”胡太后于是亲自到胡国珍的宅第，召集五品以上的群臣广泛讨论。王公贵人为迎合太后的意思，争着诘难张普惠，张普惠随机辩论，没有人能驳倒他。太后派遣元叉传命令给张普惠说：“我所施行的，是孝子的心意；你所陈说的，是忠臣的道理。群公已经有了定议，你不可以狠心改变朕的心意。此后倘若有什么见解，也不要知而不言。”

胡太后为太上君修建寺庙，其壮丽可以媲美永宁寺。

尚书奏请再向百姓征收棉麻的捐税，张普惠上疏，认为：“高祖孝文帝元宏废弃大斗，去掉长尺，改革重秤，用以爱护百姓，减轻赋税。因为国家、军队需要棉麻制品，所以在绢外加征绵八两的税，在布外加征麻十五斤的税，百姓因为校订秤尺所减少的赋税，不止棉麻两项，所以踊跃缴纳。从此以后，所征绢、布的税，渐渐加长加宽，百姓怨恨叹息的声音，朝野都可以听到。宰相不推究根本原因在于幅宽度长，突然停止征收棉麻。不久尚书因为军队国家的用度不足，又想要征收棉麻。这种做法是失掉百姓的信任，抛弃已经施行的既定诏令，想要补救过失于前，不觉间又犯了过失于后。没有考虑到国库中棉麻很多，而群臣正在共同盗取。为什么这样说呢？百姓所供输的东西，有时一斤多缴纳一百铢，从没听说有司按照律令处罚州郡官员；有时质量稍微差一点，一家之主就要被判罪，邻长、里长及党长要受到连坐。因此在国库里的绢布，逾越规定的占大部分，群臣领受俸禄，每人都要求长阔厚重，没有止境，没听说因为端幅有余而要求交还给官府的。现在又想征取棉麻的捐税，应该先行校准秤、尺的规格，明确地制定严格的禁令，不可以放滥，使得全国知道圣上和太后是如此的爱民惜法，那么太和时的政治盛况就要在陛下神龟年间再行出现。”

张普惠又因为北魏孝明帝元诩喜好在苑囿中游猎玩乐，不亲临主持朝政，过分尊崇佛法，郊庙祭祀的事情大多交给有司，上疏恳切地谏诤，认为：“做没有理智的死后功德，耗损百姓巨大的财物，减少大臣俸禄，剥削民力，亲自供奉无所事事的僧徒；把寺庙装修得宏伟壮丽，追求未来不可知的报答。天还没有十分亮时，群臣入朝在外面磕头；讲求玄虚的僧侣，却在里面游玩。违背礼法，不合时宜，人和神灵都不和睦。愚臣以为整天修行，来祈求不受劫难，不如收纳万国的欢心来事奉父母，使得天下和平，灾害不生。希望陛下能谨慎威仪，归于至善，做万国的表率，亲自主持郊庙祭祀来显示虔敬的诚意，同时亲自主持朔望的典礼，祭奠先圣先师，尽心于耕田的事情，斟酌裁减僧寺不急需的浮华，归还百官长久以来被削减的俸禄，已经开工建造的寺庙务必力求简约，早日完成；还没开工建造的寺庙，一律不再施工。那么圣上孝悌的精诚可以上通神明，道德的教化可以广被四海，节约用度，爱护百姓，则法律和风俗全都有所依赖。”不久北魏孝明帝元诩下令外朝讨论祭奠先师的礼节，又从此时起孝明帝每月接见群臣一次，这都是采纳张普惠的建议。

张普惠又上表议论时政得失，胡太后和孝明帝元诩在宣光殿召见张普惠，就每件事情提出质问及驳难。

临川王萧宏小妾的弟弟吴法寿杀人躲藏在萧宏的府邸里，梁武帝萧衍下令萧宏将他交出来，当天就把吴法寿正法。御史台上奏罢免萧宏的官职，梁武帝在奏折上批示说："怜爱萧宏是因为他是朕的兄弟私亲，但是罢免萧宏却是为了维护王者的正法，所奏照准。"五月，戊寅日（二十四日），司徒、骠骑大将军、扬州刺史临川王萧宏被免去各项官职。

萧宏自从兵败洛口后，心中时常感到愤恨羞愧。京师中有窃盗发生，往往利用萧宏的名号，他多次被有司参奏，梁武帝萧衍总是赦免他。梁武帝临幸光宅寺，有盗贼埋伏在萧宏府前的骠骑航下，等待晚上梁武帝出来；梁武帝萧衍将要出发，心中感觉有异，于是改从朱雀航经过。事情被揭发，盗贼说是受到萧宏的指使。梁武帝萧衍流着泪对萧宏说："我的人才胜过你百倍，在这个位置上都担心不能胜任，你算是何等样人呢？我不是不能像汉文帝杀掉淮南王刘安那样杀掉你，只是考虑你愚昧罢了！"萧宏磕头说没有这回事。如今便借着藏匿吴法寿的事罢免萧宏的官职。

萧宏奢侈僭越没有限度，聚敛财物，贪得无厌。他有仓库将近一百间，在内堂的后面，锁得很严密，有人怀疑里面藏的是铠甲和兵器，秘密地向梁武帝萧衍上奏。梁武帝对于萧宏十分友爱，听说这件事以后很不高兴。后来有一天，梁武帝萧衍送丰盛的酒席给萧宏的爱妾江氏，说："我当到你那里欢宴。"便独自带着老朋友射声校尉丘佗卿前往，和萧宏及江氏痛快饮酒，半醉以后，对萧宏说："我今天想到你的后院走一走。"即刻叫来轿子直接向堂屋的后面走去。萧宏担心梁武帝萧衍看见他的财货，脸色惊怖，梁武帝的内心更加怀疑。于是每一个房间都加以查看，发现萧宏每百万钱作一堆，用黄榜标示，千万为一库，挂着一个紫色的标示，像这样的有三十多间。梁武帝萧衍和丘佗卿屈指计算，现钱有三亿多万，其余的房子贮存布、绢、丝、绵、漆、蜜、纻、蜡等杂货，只看见仓库里面堆得满满的，不知道有多少。梁武帝萧衍知道藏的不是兵器以后，十分高兴，说："老六，你的日子过得不错！"于是再次畅饮直到晚上，举着蜡烛回宫。兄弟这才重新恢复友爱。

萧宏在京师有几十处府邸，他出借金钱立契约，经常将人家的田宅邸店当作抵押品明载在文契上，期满以后，便驱赶券主硬夺他的房宅，京都和东土的百姓许多人因而流离失所。梁武帝萧衍后来知道这件事，下令不能再用抵押借款的文契驱夺债务人的财产，这一规定就是从这时开始的。

侍中、领军将军吴平侯萧昺，颇有风骨，受到梁武帝萧衍的推重，军国大事都与他商议决断，任他为安右将军，监守扬州。萧昺认为自己逾越同宗之亲而居守扬州不合适，涕泣恳切推辞，梁武帝萧衍不准许。萧昺在扬州尤其以贤明果断著称，政令严整。

辛巳日（二十七日），梁武帝萧衍任用萧宏为中军将军、中书监，六月，乙酉日（初一日），又派他以中军将军、中书监的本号兼领司徒。

◆臣司马光说：萧宏做将领使全军覆灭，做大臣又涉嫌犯上作乱，梁武帝萧衍赦免他的死罪是可以的。几十天后，重新让他位至三公，从兄弟情分上讲确实是深厚的，但君王的法度又在哪里呢？◆

起初，洛阳有汉代所建立的《三字石经》（古文、小篆、汉隶），虽然多次遭遇丧乱，可是一点都没有损坏。到了北魏，冯熙、常伯夫相继做洛州刺史，将石经破坏取来建造塔庙和精舍，于是石碑大都倾倒，剩下的丢弃在草丛中，僧徒和百姓随意取去。侍中兼领国子祭酒崔光奏请朝廷派遣官吏看守，命令国子博士李郁等人修补石经残缺的部分，胡太后准许。恰好遇到元叉、刘腾作乱，这件事情因而作罢。

秋季，七月，北魏河州的羌人却铁忽造反，自称水池王。魏孝明帝元诩下诏任命主客郎源子恭为行台前去讨伐。源子恭到达河州，严格约束州郡及各军，丝毫不得侵犯百姓，也不得轻易与叛党交战，然后将刑罚恩德宣示他们，让他们知道后悔恐惧。八月，却铁忽等人相继向源子恭投降，前后不到二十天。源子恭是源怀的儿子。

北魏的宦员刘腾，不会书写文字，可是内心多奸谋，善于揣摩他人的心意；胡太后因他保护自己有功，使他多次升迁，刘腾升官到侍中、右光禄大夫，干预朝政，收取财物替他人求官，没有不成功的。河间人王琛是王简的儿子，做定州刺史，因贪污放纵而著名，当他被解除定州刺史的职位回到朝廷，胡太后说："王琛在定州，只是没把中山宫搬来，此外无所不取，这样的人哪可再任用呢？"于是废黜居家。王琛就设法认刘腾为养父，向刘腾贿赂金宝，数目以巨万计。刘腾替他向胡太后求情，王琛得以兼都官尚书，外放为秦州刺史。恰好这时刘腾生了重病，太后想在他活着的时候让他更加富贵荣耀，九月，癸未朔日（初一日），任命刘腾为卫将军，加仪同三司。

北魏胡太后因为天象有异常的情况发生，想让崇宪高太后来担受。戊申日（二十六日）的晚上，高太后突然去世；冬季，十月，丁卯日（十五日），依照尼姑的礼节把她埋葬在北邙山，赐谥号为顺皇后。百官穿着单衣、头上戴着驱邪的头巾送丧到墓地，葬事完毕以后立即改换服装。

乙亥日（二十三日），梁朝任命临川王萧宏为司徒。

北魏胡太后派遣使者宋云和僧人惠生前往西域求取佛经，司空任城王元澄上奏："从前高祖孝文帝元宏迁都，京城内只准许设立和尚和尼姑的寺院各一座，其余的都设到城外；这是因为出家与俗世是不同的，想要让他们居住在远离尘俗的地方，不受尘俗的干扰。宣武帝元恪正始三年，沙门统惠深开始违背这项禁令，从此皇帝命令无法贯彻，偷偷拜谒的人更多，京师里面，寺院超过五百座，占夺民房将近三分之一，以致寺院和屠肆、酒坊等尘俗杂业相连接在一起。从前代郡北边有法秀的反叛，冀州有大乘的叛变。孝文帝元宏太和年间、宣武帝元恪景明年间的制度，不只是使出家人和俗人分开，同时也是为了防微杜渐。从前如来佛阐扬教义，大都在山林里面，现在这些僧徒，贪恋城邑，实在是因为受到利欲的诱惑，无法控制自己。这乃是释氏的糟粕，佛祖的社鼠，是佛教戒律所不容许、国法所共弃的。臣认为京城内的寺院还没有落成可以迁移的，应当全部迁到城外，僧徒不满五十人的小寺，合并到大寺；外边的州郡也按此办理。”但是他的建议最后还是没能实行。

这一年，北魏太师元雍等人上奏：“盐池是天然资源，养育众生，先朝为此立下禁令，也不是为了要和小百姓争利。只是利益起于天然盐池，取用没有具体办法，或者受到富豪贵人的垄断，或者是被附近百姓吝啬地固守，贫弱的人和远道而来的人，望池兴叹，难得其利。因此设置主管官吏，命令他督察裁断，希望对强者和弱者都能兼顾，让他们各得其所。至于十分之一的税率，这是古来就有的，重要的是使远近的人都能够获得公平待遇，对公家对私人彼此两便。等到甄琛上启请求解除盐池的禁令，于是盐池被四周百姓尉保光等人擅自固护。据说他阻禁的情况，比起官司还要加倍。他们自己却自由地取用，盐价贵贱由他们随意开口。请求依照先朝予以禁止较为妥当。”孝明帝元诩下诏听从这项建议。

资治通鉴卷第一百四十九　梁纪五

起己亥（公元519年），止癸亥（公元523年），共五年。

【题解】本卷记录了公元519年至523年，即梁武帝萧衍天监十八年至普通四年共五年间南梁与北魏两国的大事。主要记录了北魏征西将军张彝之子张仲瑀上奏打压武人，朝廷禁卫暴乱，打死张彝，张氏府第被抄；魏臣崔亮任吏部尚书，按资历选拔官员，被继任者沿用；魏国皇室与官僚贵族的奢华生活，河间王元琛与高阳王元雍斗富；魏国幸佞刘腾、元叉杀害清河王元怿，禁闭胡太后，控制小皇帝，执掌朝政；相州刺史元熙起兵讨伐刘腾、元叉，失败被杀；柔然内乱；宦官刘腾死，元继、元叉父子贪婪，公然请托，人心不定；魏人破六韩拔陵叛乱，北方诸镇混乱不堪；此外还记录了魏国到西域乾罗国取经；萧衍养子萧正德逃到魏国，不受重视返归，萧衍恢复其官职；以及高欢出世，等等。

高祖武皇帝五

天监十八年（己亥，公元519年）

春季，正月，甲申日（初四日），梁朝任命尚书左仆射袁昂为尚令，右仆射王暕为左仆射，太子詹事徐勉为右仆射。

丁亥日（初七日），北魏孝明帝元诩下诏，说："太后临朝听政，为时已将六年，应当称'诏'来号令国内。"

辛卯日（十一日），梁武帝萧衍到南郊祭祀。

北魏征西将军张彝的儿子张仲瑀呈上密封的奏章，请求修改选官的规定，排抑武人，不让他们参与清流。因此喧哗怒骂的声音充满道路，武人在道路中间竖立告示，约定日期会合，要杀害张彝全家。

张彝父子安然自若，不将这件事放在心上。二月，庚午日（二十日），羽林军和虎贲军将近一千人，集结到尚书省诟骂，搜寻张仲瑀的兄长左民郎中张始均，没有找到，就用瓦片与石块击打尚书省的大门；朝廷上下为之惊惧，不敢禁止或讨伐。于是他们就用火点燃道旁的薪柴蒿草，用木杖和瓦石当作兵器，直接来到张彝的府第，将张彝拖到堂下，肆意加以捶打羞辱，焚烧他们的屋舍。张始均跳墙逃跑，很快又回来向乱党行礼，请求饶了他父亲的性命，乱党进而殴打他，将他丢在火中活活烧死。张仲瑀受重伤，逃开而免于一死，张彝只剩下一口气，隔两个晚上就死了。远近的人感到震惊。胡太后逮捕羽林军和虎贲军中特别凶横残暴的八个人将他们斩首，其余的不再追究。乙亥日（二十五日），用大赦来安抚他们，下令武官也能够按照资历入选清流。有远见的人知道北魏就要发生变故。

这时官吏选补的缺额很少，应选的人很多，吏部尚书李韶因为选补停顿，招致很多怨恨，朝廷改派殿中尚书崔亮做吏部尚书。崔亮上奏请求建立制度，不管士的贤良或者愚笨，专门依据待选的时间长短做决断，待选时间长的人称赞他能干。崔亮的外甥司空谘议刘景安给崔亮一封信说："殷、周的时候，由乡塾贡举人才；两汉之际，由州、郡举荐人才，魏、晋两朝因循旧制，又设立中正官来权衡人品，虽然不能说是尽善尽美，应当可以延揽人才的十分之六七。可是朝廷贡选人才，只求他的文辞好，不看文中所说的道理；察举孝廉只看他的章句通达精熟，不看治理国家的方法；设立中正官不考核才能品行，只是在那里分辨姓氏；选取人才的途径不广阔，淘汰的办法不够谨严。舅父现在负责遴选人才，应当改弦更张，为何反而设立按资历长短来选拔的制度加以限制？这样一来，天下的士子谁还会修名厉行呢？"崔亮回信说："你所说的话很有道理。但我日前立下这个制度，是有原因的。古时与现在不同，因时制宜，也应该有所改变。从前子产铸刑书来挽救时弊，叔向依照正法讥笑他，这与你用古礼来反对我的权宜办法有何不同呢？"洛阳令代人薛琡上书说："百姓的性命，维系在长吏的手中，倘若选曹候补官吏只问年资，不管他是否有能力，大家根据年资像排队飞翔的大雁一样按先后次序进用，或像串在一起的鱼由前往后，口中唱名，只要一个官吏就够了，数着人名依次进用，这算什么遴选人才呢？”奏书呈上，没有得到回音。后来他就请求晋见，又上奏说：“请求下令让王公贵臣举荐贤才来补郡县官吏的空缺。”北魏下诏公卿讨论此事，也不了了之。其后甄琛等人继崔亮之后当吏部尚书，因为这个办法对自己方便有利，继续沿用。北魏选拔人才失当，从崔亮开始。

起初，后燕燕郡太守高湖投奔北魏，他的儿子高谧为魏国的侍御史，犯法被放逐到怀朔镇，世代居住在北边，于是习染鲜卑的风俗。高谧的孙子高欢，深沉有大志，家中贫穷，在平城操持贱役糊口，富人娄氏的女儿见了他，觉得他不同寻常，于是嫁给他。高欢这才开始有了马，能够在乡里当送信的使者。高欢到了洛阳，看到张彝死亡，回到家中，散尽家财来结交宾客，有人问他是什么缘故，高欢说：“宫廷侍卫成群结队地焚烧大臣的府邸，朝廷害怕他们作乱，不敢治罪，朝政竟然到如此地步，事情可以知道，财物怎么可能长久保有呢？”高欢和怀朔省事云中人司马子如、秀容人刘贵、中山人贾显智、户曹史咸阳人孙腾、外兵史怀朔人侯景、狱掾善无人尉景、广宁人蔡儁特别亲密友善，一起因为行侠仗义称雄乡里。

夏季，四月，丁巳日（初八日），梁朝大赦天下。

五月，戊戌日（二十日），北魏任命任城王元澄为司徒，京兆王元继为司空。

北魏历代强盛，东夷、西域贡献不断，又建立互市制度来取得南方物产，到这时府库充盈。胡太后曾经临幸储藏绢的仓库，下令王公嫔主随行的一百多人各自背负丝绢，尽自己的力量能取多少就取多少，拿得少的也不下百余匹。尚书令、仪同三司李崇、章武王元融因为负绢过重，跌倒在地，李崇伤了腰，元融坏了脚，太后将他们的绢夺下，请他们空手出去，当时大家都讥笑他们。元融是元太洛的儿子。侍中崔光只拿了两匹，太后奇怪他拿得少，崔光回答说："臣两只手只能拿两匹。"大家听了都觉得羞愧。

当时北魏宗室和当权受宠的群臣，争着攀比奢侈豪华，高阳王元雍，富贵居全国第一，宫室以及园囿和禁苑差不多，奴仆有六千人，艺伎有五百人，出门时仪仗卫队挤满道路，回到家就日夜吹拉弹唱，一餐饭值几万钱。李崇的财富和元雍相当，可是他生性悭吝，曾经对别人说："高阳王元雍吃一餐饭，可以让我吃一千日。"

河间王元琛多次想要跟元雍争富，他的十几匹骏马，都用银子做食槽，窗户上面，有玉凤衔铃、金龙吐旆。元琛曾经邀集诸王宴饮，酒器中有水晶锋（一本"锋"作"钟"）、玛瑙碗、赤玉卮等，制作精巧，都是中原没有的。他又陈列出艺伎、名马及各种稀奇宝物，并引导诸王参观所有府库，金钱和布帛等多得无法计算，他转头对章武王元融说："我没有见到石崇不遗憾，遗憾的是石崇没有能够见到我。"元融一向因富有而自负，参观回来，叹息了三天。京光王元继听说后去探视他，对他说："您的财物估计不比他少，为何如此羡慕惭愧呢？"元融说："我当初以为比我富有的只有高阳王元壅而已，没想到还有河间王元琛！"元继说："您好比袁术在淮南，不知道世间还有刘备罢了。"元融于是笑着起床了。

胡太后喜欢佛法，修建各种寺院，没完没了，下令各州分别修建五层的塔，百姓疲于奔命。诸王、贵人、宦官和羽林军都各自在洛阳建有寺院，互相用寺庙的壮丽夸耀自己。胡太后多次举行斋会，施舍给僧人的东西一次就以万钱计算，赏赐身边的人没有节度，耗费得极多，可是未曾施恩惠在百姓身上。府库渐渐空虚，于是削减百官的俸禄及所用差役。任城王元澄上表，认为："萧衍一直对我们有窥伺的意图，应当趁着国家强盛、兵强马壮的时候，早日图谋统一天下的功劳。近年以来，公家和私人渐趋贫困，应当节省不必要的开销，用来办理紧急的事务。"胡太后虽然没有采纳他的建议，但对他优礼有加。

北魏自从宣武帝元恪永平年间以来，营建明堂和太学，所有的工役经常不超过一千人，有司又常常借调他们去修建寺院或者做其他的事，经过十多年竟然还没有完工。起部郎源子恭上书，认为："废置治国的重要事务，供应无关紧要的花费，应当裁减其他各种劳役，早日把明堂、太学建造完成，使得祖宗有严父配天的期日，苍生有礼乐的盛大威仪。"朝廷下诏听从他的意见，但是明堂和太学仍然没有完成。

北魏人陈仲儒请求根据西汉京房的办法设立律准来调和八音，有司质问陈仲儒："京房的律准，目前虽然有这种器物，但明白其中道理的人很少，陈仲儒所受教的是哪一位老师？出自哪一部典籍？"陈仲儒回答说："我生性喜好琴瑟，又曾经读过西晋司马彪的《续汉书》，看到京房设立律准的办法，所推出的数字极为清楚，于是竭尽愚臣的心力，钻研了很久，有一些收获。用音准代替音律，就是取它的分度，来调校乐器。臣私下研究调声的体式，宫、商应当低沉，徵、羽应当轻清。倘若按照公孙崇的说法，只是用十二律声划分乐音，而又说变换音调，清浊就都具备。因为黄钟管最长，所以定黄钟为宫音，就往往跑调。假如调和八音，还必须错取众音，配成其美。假如定应钟为宫音，蕤宾为徵音，那就徵浊而宫清，虽然有它的韵，不能成为乐曲。假如定中吕为宫音，那就十二律中全无所取。现在按照京房的说法，中吕为宫音，那就以减弱的音为商音，用起始的音为徵音，然后才能成韵律。可是公孙崇却以中吕为宫音，仍旧用林钟为徵音，怎么能够和谐呢？然而音声的道理很精微，史传记载太简略，过去记载定律数准用十三弦，隐间九尺，没说需不需要有柱。而且一寸音节之内有一万九千六百八十三分音，那长度太微细，不容易把握。我曾经私自考验，准应当有柱，只要向调中间的弦柱，以此来确定音准的分度，那么相生的韵自然会合适。它中弦的粗细，必须与琴宫相似，然后用轸来调声，使得与黄钟合拍。中弦以下按照度数区划六十律清浊的节度，其余十二弦必须像筝一样安上柱，即用中弦按遍一周之声，依照度数标注在十二弦上面。然后按照相生的方法，按次序运行，定取十二律的商、徵两音。商、徵二音取定之后，又按照琴五调调声的办法来协调乐器，然后错采众声加以文饰，假如不这样做，声音就不和谐。况且燧人氏没有老师而发明钻木取火的方法，京房的老师焦延寿无所师承而变十二律为六十律，所以说明白的人想教别人却不知从何教起，心思敏捷的人自然明白而不需要老师。假如有一点点收获，都是用心思索的效果，哪里是必须经过老师传授才能创造大事业呢？”尚书萧宝寅上奏说陈仲儒的学问没有师承，轻率地制定音律，不敢依准；此事因而作罢。

北魏中尉东平王元匡因为自己的议论多次被任城王元澄驳斥，十分恼怒，重新修理他和高肇抗争时的旧棺材，打算上奏攻击元澄。元澄于是弹劾元匡，罪状有三十多条，廷尉将元匡判处死刑。秋季，八月，己未日（十二日），朝廷下令赦免他的死刑，削夺官爵，任命车骑将军侯刚代领中尉。三公郎中辛雄上奏替元匡辩护，认为元匡“历事三朝，有刚正不阿的事迹，朝野人士全都了解，所以高祖孝文帝元宏赐名为匡。先帝宣武帝元恪已在从前包容他，陛下也应该在现在宽恕他，假如永远贬黜他，我担心会堵塞忠臣的言路”。不久，孝明帝元诩又起用元匡为平州刺史。辛雄是辛琛的族孙。

九月，庚寅朔日（十四日），胡太后巡幸嵩高山；癸巳日（十七日），回到宫中。

胡太后和兼中书舍人杨昱闲谈，对他说：“假如我的亲戚在外任官，不受百姓欢迎，你倘若听到什么，切不可有所隐瞒。”杨昱弹劾扬州刺史李崇用五车装载财物、相州刺史杨钧打造银食器，馈赠给领军元叉。胡太后召来元叉夫妇，流着泪责备他们，元叉因此怨恨杨昱。杨昱叔父杨舒的妻子，是武昌王元和的妹妹，元和是元叉的从祖。杨舒去世，元氏多次请求分居，杨昱的父亲杨椿流着泪责备她，不答应她的请求，元氏因而怨恨他。正好瀛州百姓刘宣明密谋造反，事情被发现，逃走。元叉指使元和和元氏诬告杨昱藏匿刘宣明，并且说：“杨昱的父亲定州刺史杨椿，叔父华州刺史杨津，都送了甲胄和兵器三百具，图谋造反。”元叉又从中使他们的罪名成立。派遣羽林军五百人在夜晚包围杨昱的宅第，加以搜索，结果一无所获。胡太后询问事实的真相，杨昱详细回答受到元氏怨恨的经过。胡太后解除杨昱的拘押，判处元和和元氏死刑，后来元叉加以营救，元和只是免除官职，元氏没有受到惩罚。

冬季，十二月，癸丑日（初八日），北魏任城文宣王元澄去世。

庚申日（十五日），北魏实行大赦。

这一年，高句丽王高云去世，太子高安即位。

北魏因为缴纳财物授予郎官的人有贤良有不肖，大量予以淘汰，只有朱元旭、辛雄、羊深、源子恭及范阳人祖莹等八人因为有才能而被留用，其余的都被罢职遣散。羊深是羊祉的儿子。

普通元年（庚子，公元520年）

春季，正月，乙亥朔日（初一日），梁朝改年号为普通，大赦天下。

丙子日（初二日），发生日食。

己卯日（初五日），梁朝任命临川王萧宏为太尉、扬州刺史，金紫光禄大夫王份为尚书左仆射。王份是王奂的弟弟。

左军将军豫宁威伯冯道根去世。冯道根去世的这一天正是正月，梁武帝萧衍祭祀太庙及小庙，已经出宫，有司将冯道根的死讯奏闻。梁武帝萧衍问中书舍人朱异：“吉礼与凶礼同在一天，今日我可以去吊丧吗？”朱异回答说：“从前卫献公听说柳庄死了，不脱下祭服就前往吊唁。冯道根虽然不算社稷之臣，对于王室也有功劳，前往哭祭，礼当如此。”梁武帝萧衍于是前往冯道根的府第吊唁，哭得很悲恸。

高句丽的太子高安派遣使者入贡。二月，癸丑日（初九日），梁武帝萧衍任命高安为宁东将军、高句丽王，派遣使者江法盛授予高安衣冠及宝剑玉佩。北魏光州的士兵从海中将江法盛俘虏，押送到洛阳。

北魏太傅、侍中、清河文献王元怿，风度翩翩，胡太后逼迫他私通。元怿一向有才能，辅政多能匡正补益，爱好文学，对士人恭敬有礼，在当时声望很高。侍中、领军将军元叉在门下省，兼总领禁兵，倚仗太后的宠幸骄傲放肆，贪得无厌，元怿多次用法律制裁他，元叉因此怀恨。卫将军、仪同三司刘腾，权势倾动内外，吏部迎合刘腾的意思，上奏任命刘腾的弟弟为郡守，因为刘腾弟弟的才能和资历都不合格，元怿将这件事压下来而不奏闻，刘腾也怨恨他。龙骧府长史宋维，是宋弁的儿子，元怿推荐他为通直郎，宋维轻薄无行。元叉答应给他荣华富贵，使他诬告司染都尉韩文殊父子图谋作乱拥立元怿。元怿因而被监禁，侦查的结果，没有谋反的事实，元怿得以被释放，宋维应该以诬告治罪。元叉向胡太后说："现在把宋维杀了，以后有真正谋反的人，再没有人敢上告了。"于是贬黜宋维为昌平郡守。

元叉担心元怿最后成为自己的祸害，于是和刘腾秘密商量，使负责御食的中黄门胡定自陈，说："元怿收买我，要我毒杀皇上，假如他能够成为皇帝，答应我可以长享富贵。"孝明帝元诩这时十一岁，相信了他的话。秋季，七月，丙子日（初四日），胡太后在嘉福殿，没有到前殿来，元叉拥着孝明帝元诩进显阳殿，刘腾关闭永巷门，胡太后无法出来。元怿进来，在含章殿的后面遇到元叉，元叉厉声禁止元怿进入，元怿说："你想造反吗？"元叉说："我不造反，正要捆绑造反的人罢了！"命令宗士和直斋捉住元怿的衣袂，引入含章殿的东省，派人看守他。刘腾宣布诏令召集公卿商议，定元怿大逆的罪；大家都害怕元叉，没有人敢反对，只有仆射新泰文贞公游肇高声说不可以这样，始终不肯下笔署名。

元叉、刘腾拿着公卿的决定入见孝明帝元诩，不久就获得准许，当夜就将元怿杀了。元叉、刘腾伪造太后的诏令，自称有病，将政权交还给孝明帝元诩。他们将胡太后囚禁在北宫宣光殿，宫门日夜长闭，内外断绝，刘腾掌管钥匙，孝明帝也无法探视，只允许传送食物。太后的穿着饮食都不如从前，不免受到饥寒之苦，于是叹息说：

“养虎反被虎咬，说的就是我呀！”元叉又派遣中常侍贾粲侍奉孝明帝元诩读书，暗中命令他提防监视孝明帝的动静。元叉和高阳王元雍等人一同辅政，孝明帝元诩称元叉为姨父。元叉和刘腾内外勾结，专揽权势，元叉抵挡朝廷之外的攻击，刘腾负责监视朝廷内部，他们经常在宫中当值，共同决定刑赏，政事无论大小，都由他们两个人决定，威势震动内外，百官十分害怕，不敢轻举妄动。

朝野人士听说元怿死了，没有不痛心疾首的，胡夷以刀割面的有数百人，游肇气愤抑郁而死。

己卯日（初七日），长江、淮河和海水都高涨，泛滥四溢。

辛卯日（十九日），孝明帝元诩改穿成人衣冠，实行大赦，改年号为正光。

北魏相州刺史中山文庄王元熙是元英的儿子，和他的弟弟给事黄门侍郎元略、司徒祭酒元纂都受到清河王元怿的优厚礼遇，他们听说元怿死了，在邺城起兵，上表要求杀死元叉和刘腾，元纂逃到邺。过了十天，长史柳元章等人率领着城中平民鼓噪着闯进去，杀他们的左右亲近，俘虏了元熙、元纂以及他们的几个儿子，将他们安置在高楼。八月，甲寅日（十三日），元叉派遣尚书左丞卢同将元熙在邺城的街道就地斩首，同时处决他的子弟。

元熙爱好文学，有风骨，讲义气，当时名士大多与他相交往，元熙将要被杀时，给老朋友写信说：“我和弟弟一起蒙受皇太后的知遇之恩，兄长镇守大州，弟弟入侍身侧，太后对我们言辞诚恳，恩惠有如慈母。现在皇太后被废置在北宫，太傅清河王元怿无端遭到残酷杀害，主上年纪幼小，在前殿任人摆布。君亲如此，我们无法保全自己，所以率领军队和百姓想要伸张大义于天下。只因为智力低微，不久就被囚禁，对上来说愧对朝廷，对下来说愧对知己。我起兵本来是要树立名节伸张正义，不得不如此，因此遭到杀害，身首异处，又有什么话说呢？所有君子，各自谨慎你们的威仪，为了国家也为了自己，好好地以名节自励吧！”听到的人都同情他。元熙的首级被送到洛阳，亲戚故旧都不敢探视，只有前骁骑将军刁整挺身出来替他收尸，将尸体藏起来。刁整是刁雍的孙子。卢同迎合元叉的意旨，彻底究办元熙的党羽，将济阴内史杨昱用枷锁了押送到邺城，审问拷打一百天，才放他回任所。元叉任命卢同为黄门侍郎。

元略逃亡到老友河内人司马始宾的家中，司马始宾和元略编荻草成筏趁夜晚渡过孟津，到达屯留人栗法光的家中，辗转投奔西河太守刁双，刁双将他藏匿一年。这时北魏悬赏通缉元略极为紧急，元略害怕，请求将他送出境外，刁双说："每人都有一死，难以遇到的是为知己而死，希望你不要忧虑。"元略坚决要求南奔，刁双于是派遣侄儿刁昌送元略渡过长江，投奔梁朝，梁武帝萧衍封元略为中山王。刁双是刁雍的族孙。元叉诬告刁整送元略南奔，连他的子弟一起逮捕下狱，御史王基等人竭力替他申辩，这才得以免罪。

甲子日（二十三日），梁朝侍中、车骑将军永昌严侯韦叡去世。当时梁武帝萧衍崇信佛教，士人和百姓全都跟着信佛，只有韦叡认为身为大臣，不愿随俗俯仰，立身行事跟从前一样。

九月，戊戌日（二十七日），北魏任命高阳王元雍为丞相，总理内外政事，和元叉共同裁决所有事情。

起初，柔然佗汗可汗娶伏名敦的妻子候吕陵氏为夫人，生了伏跋可汗和阿那瑰等六个儿子。伏跋可汗即位以后，忽然丢失他的幼子祖惠，多方查访没有消息。有一位叫地万的巫婆说祖惠目前在天上，我能喊他下来，于是在大泽中搭起帐幌，祭祀天神，祖惠忽然出现在帐中，说自己一直在天上。伏跋可汗十分欢喜，称地万为圣女，纳为正室。地万既擅长邪术，同时又有姿色，伏跋敬爱她，信任她的话，因而干预扰乱国家的政事。过了几年，祖惠渐渐长大，对他的母亲说："我那时一直在地万家里，不曾升天，升天是地万教我说的。"他的母亲将这件事向伏跋可汗详细报告，伏跋说："地万能预知未来的事情，你不要说她的坏话。"后来地万害怕，向伏跋进祖惠的谗言，使得祖惠被杀害。候吕陵氏派遣他的大臣具列等人绞杀了地万，伏跋可汗大怒，要杀死具列等人。恰好遇到阿至罗入侵，伏跋发兵攻击阿至罗，打了败仗回来。候吕陵氏和大臣一同谋杀伏跋，拥立他的弟弟阿那瑰为可汗。阿那瑰即位十天，他的族兄示发率领部属数万人攻打他，阿那瑰战败，与他的弟弟乙居伐带着少数的骑兵投奔北魏，示发杀了候吕陵氏以及阿那瑰其余的两个弟弟。

北魏清河王元怿被杀，汝南王元悦全无怨恨元叉的心思，将桑落酒送给元叉，极尽个人对他的谄媚。元叉大为欢喜，冬季，十月，乙卯日（十五日），任命元悦为侍中、太尉。元悦向元怿的儿子元亶索取元怿的服饰古玩等物，元亶没有及时送上，后来送上的又不合元悦的心意，元悦将元亶杖打一百下，元亶差点儿死去。

柔然可汗阿那瑰将到北魏，孝明帝元诩派遣司空京兆王元继、侍中崔光等人相继前往迎接，对他的赏赐十分优厚。孝明帝在显阳殿接见阿那瑰，设下酒宴，将阿那瑰的座位安排在亲王的下面。宴会即将结束，阿那瑰拿着书信站立在座位的后面，孝明帝元诩下诏将他引导到御座的前面，阿那瑰再拜说道："臣因为家中发生变故，轻骑前来朝拜陛下，本国臣民都已经逃散。陛下恩惠比天高比地厚，请求派兵送我回国，消灭叛贼，聚合亡散，臣一定统率遗留的臣民，事奉陛下。言语未能尽意，另有书信奉陈。"立即把书信交中书舍人常景奏闻。常景是常爽的孙子。

十一月，己亥日（二十九日），北魏立阿那瑰为朔方公、蠕蠕王，赐给他衣服及轺车，所享受的俸禄和仪卫，完全与亲王一样。这时北魏正强盛，在洛水桥南御道的东边修建四座客馆，御道的西边设四个里巷：从江南前来投降的人将他安置在金陵馆，三年以后赐给住宅在归正里；从北夷前来归顺的人将他安置在燕然馆，赐给住宅在归德里；从东夷前来投奔的人将他安置在扶桑馆，赐给住宅在慕化里；从西夷前来归顺的人将他安置在崦嵫馆，赐给住宅在慕义里。等到阿那瑰入朝，将他安置在燕然馆。阿那瑰多次请求回国，朝廷群臣有的赞成有的反对，无法决定。阿那瑰用金子一百斤贿赂元叉，于是北魏允许他北归。十二月，壬子日（十三日），北魏下令怀朔都督选拔精锐骑兵两千人护送阿那瓌到达边境，观看时机实行招纳，假如柔然人前来迎候阿那瓌，应赐给丝帛车马，按照礼节饯别然后回来；假如他们不接受阿那瓌，允许他回到朝廷。他的行装资费，交付尚书省配发。

辛酉日（二十二日），北魏任命京兆王元继为司徒。

北魏派遣使者刘善明出使梁朝，两国重新通好。

普通二年（辛丑，公元521年）

春季，正月，辛巳日（十二日），梁武帝萧衍到南郊祭祀。

梁朝在建康设置孤独园，用来收养穷困无依的百姓。

戊子日（十九日），梁朝大赦天下。

北魏南秦州的氐人造反。

北魏征发京师洛阳附近各郡士兵一万五千人，派遣怀朔镇将杨钧率领，送柔然可汗阿那瓌归国。尚书左丞张普惠上疏，认为："蠕蠕国长期以来是边境上的祸患，现在上天降下丧乱，荼毒他们的内心，是要使他们懂得按照天道行事才可以安乐有道，让他们悔过自新来事奉魏朝。陛下应该安抚百姓，敬慎威仪，来使他们心悦诚服。阿那瓌前来归顺，安抚就可以；却又先自劳扰，发动京师附近的军队，将他们送到荒僻之处，救援历代的强敌，帮助老天爷要使他灭亡的野蛮人，下臣愚昧认为是不可以的。这是边关将领贪求一时的功劳，却没想到出动士兵是凶器，王者在不得已的时候才使用它。况且现在旱灾严重，圣上和太后为之减膳，却发动一万五千人派遣杨钧为将领，想要平定蠕蠕国，违背时势而贸然兴兵，难道会成功吗？假如发生颠覆战败的事，杨钧的肉，吃了足以谢罪吗？宰辅只是喜好小小的声名，不考虑安危的大计，这是令微臣感到寒心的事。再说阿那瓌不能够回国，我们有什么信义可背负呢？臣因为职卑，没有参加讨论，但是文书过手，不敢不把臣的看法上奏。"阿那瓌在西堂辞行，孝明帝元诩下诏赐给他军器、衣被、杂采、粮畜等，样样都极为优厚，命令侍中崔光等人送到外城，慰劳有加。

阿那瑰逃到南方的时候，他同祖父的哥哥婆罗门率领部众数万人征讨示发，将他打败，示发投奔地豆干，地豆干将他杀了，柔然人推举婆罗门为弥偶可社句可汗。杨钧上表说："柔然已经立了君长，要杀掉哥哥的人不会到远郊迎接他的弟弟，轻率前往会徒劳而返，白白地损害国家的威信。假如不大量地增加军队，无法送他进入北国。"二月，北魏派遣从前奉命出使柔然的人牒云具仁前往晓谕婆罗门，让他迎接阿那瑰回去。

辛丑日（初三日），梁武帝萧衍到明堂祭祀。

庚戌日（十二日），北魏派遣代抚军将军邴虬征讨南秦州背叛的氐人。

北魏元叉、刘腾幽禁胡太后的时候，右卫将军奚康生参加这项密谋，元叉任命奚康生为抚军大将军、河南尹，仍旧让他兼领御仗左右。奚康生的儿子奚难当娶了侍中、左卫将军侯刚的女儿，侯刚的儿子是元叉的妹夫，元叉因为与奚康生有通姻之谊，对他十分信任，三人经常一起在宫中过夜，有时轮流出宫，又让奚难当拿着千牛刀随侍左右。奚康生性子粗暴，言语不驯，元叉有一点害怕他，经常表现在脸色上，奚康生也有一点恐惧不安。

甲午日（二月无此日），孝明帝元诩到西林园朝见太后，文武百官侍坐，酒吃到酣醉的时候，轮番跳舞，奚康生就跳力士舞，当身体回旋的时候，多次转头注视太后，举手、踏足、瞪眼、点头，做出执杀的姿势，太后领悟他的意思却不敢说话。黄昏，太后想带着孝明帝元诩在宣光殿过夜，侯刚说："皇上已经朝见完毕，嫔御在南宫，何必要留下来过夜呢？"奚康生说："皇上是太后陛下的儿子，随太后陛下的意思愿意去哪儿就去哪儿，还需要问谁呢？"群臣没有人敢回答。太后起来扶着孝明帝元诩的臂膀，下堂离开。奚康生大声呼喊高唱万岁，孝明帝元诩前头走进阁内，身边侍臣相互拥挤，阁门无法关上。奚康生夺取奚难当的千牛刀，砍杀在孝明帝身边警卫的元思辅，局势才安定下来。孝明帝元诩在宣光殿升殿，左右侍臣全都站在西阶下面。奚康生趁着酒势将要安排布置，被元叉所拘捕，锁在门下省。光禄勋贾粲欺骗胡太后说："左右侍臣心怀恐惧，太后陛下应该亲自安慰他们。"太后相信了他，刚刚下殿，贾粲就扶着皇帝元诩走出东序，前往显阳殿，将胡太后闭锁在宣光殿。到了晚上，元叉还没有出宫，命令侍中、黄门、仆射、尚书等十多人到奚康生拘禁的处所就地审讯，判处奚康生斩刑、奚难当绞刑。元叉和侯刚两人都在内宫，伪造诏书裁决这个案子。奚康生按照所奏处以斩刑，奚难当赦免死罪改为流放。奚难当哭着向父亲辞行，奚康生意气慷慨但不悲伤，说："我不是由于造反而被处死，你哭什么呢？"这时天色已经昏暗，有司将奚康生带到刑场，斩首。尚食典御奚混因为曾与奚康生一起拿着刀入宫，也被判处绞刑。奚难当因为是侯刚的女婿，得以留置一百多天，最后流放安州；过了很长时间，元叉派遣行台卢同前去杀了他。刘腾被任命为司空，权倾一时。八坐、九卿经常在早晨造访刘腾的宅第，谒见他的脸色，然后前往省府，也有整天不能见到刘腾的时候。刘腾贪得无厌，公私请托，只看财货多少，没有办不通的。舟车的利益，山泽的物产，到处据为已有而予以课税，他还对六镇敲诈勒索，交通互市，一年的收入数以百亿，他又强夺邻近的屋舍来扩建他的府第，远近的人都受到他的迫害。

京兆王元继认为自已与元义父子俩权位太高，坚决请求把司徒的职位让给车骑大将军、仪同三司崔光。夏季，四月，庚子日（初三日），朝廷任命元继为太保，侍中照旧，元继坚决推辞，未获准许。壬寅日（初五日），朝廷任命崔光为司徒，侍中、祭酒、著作等职位照旧。

北魏的牒云具仁出使柔然，婆罗门态度极为傲慢，没有谦逊礼让的心，要求牒云具仁对他行礼，牒云具仁不屈服，婆罗门于是派遣大臣丘升头等人率领两千士兵随着牒云具仁迎接阿那瑰。五月，牒云具仁回到怀朔镇，将情况详细报告，阿那瑰心怀恐惧，不敢前进，上表请求返回洛阳。

辛巳日（十四日），北魏南荆州刺史恒叔兴率领部属投降梁朝。

六月，丁卯日（初一日），梁朝义州刺史文僧明、边城太守田守德带着部属投降北魏，这两人都是蛮人的酋长。北魏任命文僧明为西豫州刺史，田守德为义州刺史。

癸卯日（六月无此日），梁朝琬琰殿发生火灾，火势蔓延，烧掉后宫三千间房屋。

秋季，七月，丁酉日（初一日），梁朝任命大匠卿裴邃为信武将军，持着符节，监督各军征讨义州，在檀公岘将北魏义州刺史封寿打败，包围义州城；封寿请求投降，裴邃又攻取义州。北魏任命尚书左丞张普惠为行台，率领军队援救，但已经来不及。

梁朝任命裴邃为豫州刺史，镇守合肥。裴邃想要偷袭寿阳，暗中结交寿阳百姓李瓜花等人作为内应。裴邃已经部署好军队决定日期，担心魏人发觉，先向北魏扬州发出通告说："魏国当初在马头设置据点，听说又想修建白捺故城，假如这样，便是要发动进攻，我们这边也必须修筑欧阳城，设置边境上的警备。现在筑城的士兵已经集合，只等待你们的回复。"扬州刺史长孙稚和他的幕僚商议，大家都说："这边没有修建白捺故城的打算，应该将实情回复。"录事参军杨侃说："白捺是座小城，本来不是重要据点；裴邃喜好玩弄阴谋诡计，现在集合士兵遣送移文，恐怕有其他的企图。"长孙稚突然醒悟过来说："录事参军杨侃可快些做移文回复。"杨侃回复移文说："你们集合军队，想必另有企图，为何要胡乱拿白捺城做借口？'别人有心事，我来加以猜测'，可不要认为魏国没有人。"裴邃得了移文，认为魏人已经发觉，就解散军队。李瓜花等人因为到了日期而不能如约，就互相告发检举，因而犯法被诛杀的有十几家。长孙稚是长孙观的儿子；杨侃是杨播的儿子。

起初，高车王弥俄突去世，他的部众全部归属嚈哒；过了几年，嚈哒派遣弥俄突的弟弟伊匐率领余下的部众回国。伊匐攻打柔然可汗婆罗门，将他打得大败，婆罗门率领十个部落到达凉州，向北魏请求投降。柔然国的其余部众数万人一起迎接阿那瑰，阿那瑰给孝明帝元诩上表说："本国发生大的动乱，各族各姓都分开居住，往往互相侵犯劫掠。现在北方人伸长脖子盼望魏国拯救，请求您按照从前恩赐我那样，赐给下臣一万精兵，送臣回到漠北，安抚战乱中的百姓。"孝明帝元诩下诏交付中书及门下二省广泛商议，凉州刺史袁翻认为："自从国家建都洛阳以来，蠕蠕、高车互相吞并，开始是蠕蠕国首领被杀，随后是高车王被擒，现在高车能在衰败中发愤图强，报仇雪耻，实在是因为种族繁多，永远无法消灭。自从这两个外敌相互争斗，边境上安静无事，有几十年的时间，这是中原王朝的好处。现今蠕蠕国的两个首领先后归降，虽说戎狄野性难改，总不会有坚固的节操，但是使危亡的国家幸存下去，这是帝王的本来任务。假如拒绝而不接受，那就伤害我朝的大德；倘若接纳而予以抚养，那就损失我朝的物资储备；假如将他们全部迁徙内地，不但他们内心不情愿，也恐怕最后他们变成祸患，晋代刘渊、石勒的乱事便是例子。况且蠕蠕国还存在，那高车国就还有内顾之忧，没有余暇窥伺我国；如果蠕蠕国灭亡，那高车国嚣张的姿态，岂是容易知道？目前蠕蠕国虽然大乱，可是部落还很多，散布在各地，盼望着过去的君主，高车国尽管强盛，无法将他们全部征服。愚臣认为蠕蠕国的两个首领应该一起并存，让阿那瑰居住在东边，婆罗门居住在西边，将归降的百姓分成两部，使他们各有所属。阿那瑰居住的地方因为我没有到过，不敢胡乱猜测；至于婆罗门，请求修筑西海旧城来安置他。西海在酒泉北面，距离高车所在的金山有一千多里，实是北虏来往的要冲，土地肥沃平坦，非常适宜耕种。应当派遣一位良将，配给他军队，让他监护婆罗门，同时命令他在当地屯田，以便省掉辗转运输的辛劳。它的北边面临大漠，是野兽聚集的地方，让蠕蠕国从事射猎，彼此相互支援，足以巩固自己。对外可以帮助微弱的蠕蠕国，对内也防范高车国的跋扈，这是安定边境及保护边塞的好策略。假如婆罗门能够收聚离散的人民，复兴他的国家，就命令他渐渐向北迁移，穿过沙漠，成为我国的外藩，高车国的劲敌，西北的边患可以不必担心。假如蠕蠕国心怀诡诈、反复无常，不过成为流亡的盗寇，对我国有什么损失呢？”群臣都认为他说得不错。

九月，柔然可汗俟匿伐来到怀朔镇请求援兵，同时迎接阿那瑰。俟匿伐是阿那瑰的哥哥。冬季，十月，录尚书事高阳王元雍等人上奏：“怀朔镇北面的吐若奚泉，原野平坦土地肥沃，请把阿那瑰安置在吐若奚泉，把婆罗门安置在从前的西海郡，命令他们各自率领部落，收集离散的百姓。阿那瑰所住的地方既然是在境外，遣送时对他应该稍微优厚些，婆罗门不可和他相比。那些婆罗门还没投降之前归降的蠕蠕国人民，下令各州镇全部送到怀朔镇交付阿那瑰。”孝明帝元诩下诏听从。

十一月，癸丑日（十九日），北魏侍中、车骑大将军侯刚加仪同三司。

北魏因为东益州及南秦州的氐人反叛，庚辰日（十一月无此日），任命秦州刺史河间王元琛为行台予以征讨。元琛仗恃刘腾的权势，贪婪残暴，无所顾忌，被氐人打得大败。中尉上奏章弹劾他，恰好遇到赦免罪犯，只除去元琛的名籍，不久又恢复了他的爵位。

北魏任命安西将军元洪超兼尚书行台，前往敦煌安置柔然国的婆罗门。

普通三年（壬寅，公元522年）

春季，正月，庚子日（初七日），梁朝任命尚书令袁昂为中书监，吴郡太守王暕为尚书左仆射。

辛亥日（十八日），孝明帝元诩举行耕种田地仪式。

北魏宋云与惠生从洛阳向西行走了四千里，到达赤岭，才出北魏的国境，又向西走，过了两年，到达乾罗国然后返回。二月，他们抵达洛阳，求得佛经一百七十部。

高车王伊匐派遣使者向魏朝进贡。夏季，四月，庚辰日（十九日），北魏任命伊匐为镇西将军、西海郡公、高车王。很久以后，伊匐和柔然交战失利，他的弟弟越居杀了伊匐自立为王。

五月，壬辰朔日（初一日），发生日全食。

癸巳日（初二日），梁朝大赦天下。

冬季，十一月，甲午日（初六日），梁朝领军将军始兴忠武王萧憺去世。

乙巳日（十七日），孝明帝元诩到圜丘祭祀。

起初，魏世祖宣武帝元恪因为《玄始历》渐渐不准确，下命重新制定历法。到了这时，著作郎崔光上表取得荡寇将军张龙祥等九家所奏呈的新历法，予以校验得失，合并成为一部新历法，用壬子做发端，取它与北魏的水德相合，命名叫《正光历》。丙午日（十八日），开始实行《正光历》，实行大赦。

十二月，乙酉日（二十七日），北魏任命车骑大将军、尚书右仆射元钦为仪同三司，太保京兆王元继为太傅，司徒崔光为太保。

起初，太子萧统还没有出生的时候，梁武帝萧衍认养临川王萧宏的儿子萧正德做儿子。萧正德年幼时粗暴狡诈，梁武帝萧衍即位，萧正德希望能成为太子。等到太子萧统诞生，萧正德回宗，赐爵为西丰侯。萧正德心怀怨恨，常存有不轨的企图。这一年，萧正德从黄门侍郎调任轻车将军，不久，逃亡投奔北魏，说自己是被废太子，躲避灾祸而来。北魏尚书左仆射萧宝寅上表说："哪有伯父当天子、父亲当扬州刺史，却抛弃亲情，投奔远方异国的事情！不如将他杀了。"因此魏人对待他很冷淡，萧正德于是杀了一个小孩子，对外说是自己的儿子，到远方寻找埋葬的地方；魏人不怀疑，过了一年，他又从北魏逃回，梁武帝萧衍流着泪训斥他，恢复他的封爵。

柔然阿那瓌请求给他们谷子做种子，北魏给了他一万石。

婆罗门率领部落背叛北魏，逃去归附嚈哒。北魏任命平西府长史代人费穆兼任尚书右丞西北道行台，率领军队征讨他，柔然人逃走。费穆对诸将说："戎狄的一贯作风，看到敌人就跑，看到有机可乘便又会来，如果不让他们吓破胆，怕终会让我们疲于奔命。”于是选派精锐骑兵，埋伏在山谷，派瘦弱的士兵在外面扎营，柔然人果然来了，费穆尽全力发动攻击，将柔然人打得大败。婆罗门被凉州军抓获，押送到洛阳。

普通四年（癸卯，公元523年）

春季，正月，辛卯日（初四日），梁武帝萧衍到南郊祭祀，大赦天下。丙午日（十九日），梁武帝萧衍到明堂祭祀。二月，乙亥日（十八日），梁武帝亲自耕种藉田。

柔然发生大饥荒，阿那瑰率领他的部下进入北魏境内，上表请求赈济。己亥日（二十二日），北魏任命尚书左丞元孚为行台尚书，拿着符节前往安抚柔然。元孚是元谭的孙子。临行前，上表陈述意见，认为：“蠕蠕国长久以来就强大，从前在代京，经常对他们做严密的防备。现在上天保佑大魏，让他们自己乱亡，向我朝稽首请求归服。朝廷收集他们散亡的人，礼送他们回去，应当趁此时仔细考虑长远的计策。以前汉宣帝刘询时代，呼韩邪单于前来朝见，汉朝派遣董忠、韩昌率领边郡的兵马送他出朔方，就此留在呼韩邪单于身边保护帮助他，还有汉光武帝刘秀时也曾派遣中郎将段彬设置安集掾史，跟随单于行动，观察他们的情况。目前应当大致按照旧例，借给他们空闲的土地，让他们随意种植或放牧，大略设置官属，表示抚慰。在边境上严密部署军队，防备侦察这些柔然人，使得柔然人亲近不至于心怀狡诈，疏远却不容许他反叛，这是最可行的策略。”朝廷没有听从。

柔然可汗俟匿伐到北魏朝见孝明帝元诩。

三月，北魏司空刘腾去世，宦官中当他的义子为他穿重孝服的有四十多人，穿着衰绖替他送葬的有几百人，送葬的朝廷显贵挤满道路，遍布原野。

夏季，四月，北魏元孚拿着白虎幡到柔玄、怀荒两镇之间抚慰阿那瑰。阿那瑰的部属号称三十万，暗中有叛乱的企图，于是就将元孚扣留，用辒车载着他。阿那瓌每当召集部属，安排元孚坐在东厢，称作行台，对他十分恭敬有礼。阿那瓌领兵南下，所经过的地方都被劫掠一空，到了平城，才让元孚回来。有司上奏弹劾元孚有辱使命，须处以相当的罪刑。甲申日（二十八日），北魏派遣尚书令李崇、左仆射元纂率领骑兵十万人攻打柔然。阿那瓌听到这消息，驱赶着良家子弟两千人以及公私的马牛羊几十万只向北逃去，李崇追逐三千多里，没能追上，无功而返。

元纂派遣铠曹参军于谨率领骑兵两千人追击柔然，直到郁对原，前后交战了十七次，多次将柔然打败。于谨是于忠的从曾孙，他性情深沉，有见识有气量，广泛涉猎经典史传。于谨年轻时，住在乡间，不求仕进，有人劝他入仕做官，他说："州郡的职务，前人所轻视；宰辅的位置，必须等待时机才可以获得。"元纂听了他的名气因而征召他。后来于谨率领轻骑远出塞外侦察敌情，恰好遇到几千名铁勒骑兵，他认为寡不敌众，撤退一定会被歼灭，于是将众骑分散，要他们躲藏在草丛里，又派人爬到山上指挥，仿佛在部署军队。铁勒骑兵远远看见，虽然怀疑有伏兵，但仗恃自己人多势众，进军向于谨逼近。于谨经常骑的骏马，一匹紫色一匹浅黄色，铁勒人都认得，于是他派遣两个人各骑一马突阵而出，铁勒人以为是于谨，争先追赶这两人，于谨率领其余的士兵攻打铁勒的骑兵，铁勒人于是逃走，于谨因而能回到塞内。

李崇的长史巨鹿人魏兰根向李崇进言说："从前沿着国境开始设置各镇的时候，土地广阔人口稀少，有时就征发中原的强宗子弟，或者皇室的宗亲，交付他们保卫边疆的职责。中期以来，有司称他们为'府户'，像对待奴隶一样役使他们，婚姻及入仕时分别等第，以致丧失了清流的地位，而他们原来的族类，各自居于荣华显要的位置，彼此观望比较，难免有怨恨不平的想法。应当改镇立州，分别设置郡县，凡是府户，全部释放成为百姓，在入仕和升迁方面，完全按照旧制，文武兼用，恩威并施。假如这个办法施行，国家可望没有北面的忧患。”李崇替他奏闻朝廷，事情不了了之，没有得到回音。

起初，元叉幽囚胡太后后，经常入宫在孝明帝元诩所住的殿侧值夜，极尽谄媚的能事，孝明帝因此宠信他。元叉出入皇宫，经常命令勇士手执兵器在自己的身前身后保护。有时出来到千秋门外休息，就设置木栏盾，派遣心腹守护，防备别人阴谋刺杀他，士人和百姓求见他的，只能遥遥相对而已。当他刚开始掌管朝政的时候，伪装粉饰自己，以谦虚殷勤的态度对待人，对于时事得失，颇为关心。得势以后，就傲慢起来，嗜好饮酒，又喜欢女色，贪恋宝物财货，任意夺取，纲纪破坏混乱。他的父亲京兆王元继更加贪婪无度，与他的妻子儿女各自接受贿赂，替人向有司请托，没有人敢违背他们的意思。甚至郡县的小吏也无法公开选拔，牧、守、令、长大都是贪污的人，因此弄得百姓困窘，每个人都想造反。

武卫将军于景，是于忠的弟弟，图谋废黜元叉，元叉把他贬为荒僻地方的镇将。等到柔然人入侵，镇民请求赈济粮食，于景不肯发给，镇民不胜气愤，于是反叛，把于景捉住杀掉。不久，沃野镇的百姓破六韩拔陵聚集百姓造反，杀了镇将，改年号为真王，各镇华、夷的百姓纷纷响应，破六韩拔陵率兵向南进犯，派遣别将卫可孤围攻武川镇，又攻打怀朔镇。尖山人贺拔度拔和他的三个儿子贺拔允、贺拔胜、贺拔岳都有才干和勇气，怀朔镇将杨钧提拔贺拔度拔做统军，他的三个儿子做军主，用来对抗卫可孤。

北魏宣武帝元恪景明初年，世宗宣武帝命令宦官白整替高祖孝文帝元宏和文昭高后在龙门山开凿两座佛龛，都高达一百尺。宣武帝永平年中，刘腾又替世宗宣武帝开凿了佛龛，到现在已经二十四年，共用了十八万两千多个工时还没有完工。

秋季，七月，辛亥日（二十七日），北魏下诏：“现任朝廷上的官员，按照法令达七十岁应当退休的，可以支领本官一半的薪俸，直到去世为止。”

九月，北魏下诏侍中、太尉汝南王元悦入居门下省，和丞相高阳王元雍共同裁决尚书所奏的事情。

冬季，十月，庚午日（十七日），梁朝任命中书监、中卫将军袁昂为尚书令，就本号开府仪同三司。

北魏平恩文宣公崔光病危，孝明帝元诩亲自到他家探视慰问，任命他的儿子崔励为齐州刺史，并因为他的病取消音乐，停止游玩。丁酉日（十月无此日），崔光去世，孝明帝元诩前往吊祭，哭得很伤心，为此减少平常的膳食。

崔光性情宽和，乐于行善，整日和和乐乐，不曾生过气。于忠、元叉掌权，因为崔光是前辈有德望，都尊敬他，有事情经常向他请教后裁决，但他没有办法挽救裴植、郭祚以及清河王元怿，当时的人将他比作张禹、胡广。

崔光去世时，推荐都官尚书贾思伯担任侍讲。孝明帝元诩跟随贾思伯学习《春秋》，贾思伯虽然贵显，却能够谦虚下士，有人问贾思伯："公为什么能够不骄傲自满？"贾思伯说："衰败来临便会骄矜，富贵哪能常有呢？"当时的人把他的话传为佳话。

十一月，癸未朔日（初一日），发生日食。甲辰日（二十二日），梁朝尚书左仆射王暕去世。

梁朝初年的时候，只有扬、荆、郢、江、湘、梁、益七个州使用铜钱，交州和广州使用金银，其他的州杂用稻谷布帛交易。

梁武帝萧衍于是铸五铢钱，钱体、钱眼及钱郭全都具备，另外铸造没有钱体的钱，被称作"女钱"。民间私底下用女钱交易，虽然下令禁止却无法执行，于是商议将所有铜钱都停用。十二月，戊午日（初六日），开始铸造铁钱。

北魏任命汝南王元悦为太保。